GRUNDRISSE DES RECHTS

Schwarz · Verfassungsprozessrecht

Verfassungsprozessrecht

von

Dr. Kyrill-Alexander Schwarz
o. Professor an der
Julius-Maximilians-Universität Würzburg

2021

C.H.BECK

Zitiervorschlag: *Schwarz* VerfProzR § … Rn. …

www.beck.de

ISBN 978 3 406 77999 2
ISBN E-Book 978 3 406 78000 4

Wilhelmstraße 9, 80801 München
Druck und Bindung: Druckerei C.H.Beck Nördlingen
(Adresse wie Verlag)

Satz: Thomas Schäfer, www.schaefer-buchsatz.de
Umschlaggestaltung: Druckerei C.H.Beck Nördlingen

Gedruckt auf säurefreiem, alterungsbeständigem Papier
(hergestellt aus chlorfrei gebleichtem Zellstoff)

Vorwort

Im siebzigsten Jahr der Tätigkeit des Bundesverfassungsgerichts ein Lehrbuch zum Verfassungsprozessrecht vorzulegen, ist ein Wagnis in Ansehung der mittlerweile über 150 Bände der amtlichen Sammlung der Entscheidungen des Bundesverfassungsgerichts. Verfassungsprozessrecht ist gelebtes materielles Verfassungsrecht – es ist mehr als nur das Verfahrensrecht der für die Auslegung des Grundgesetzes als freiheitlicher Verfassung maßgeblichen Institution im System der Gewaltenteilung. Unternimmt man den Versuch, das Verfassungsrecht als Spiegel der Verfassungsgeschichte der Bundesrepublik Deutschland zu begreifen, dann zeigt sich deutlich, dass gerade unter den Aspekten der Europäisierung und der Internationalisierung des Rechts sowie mit Blick auf die Herausforderungen einer sich zunehmend fragmentarisch darstellenden Gesellschaft dem Verfassungsprozessrecht eine zentrale Funktion für die Erhaltung und Sicherung eines freiheitlichen Gemeinwesens zukommt. Das hier vorgelegte Buch will wissenschaftliches Lehrbuch, Nachschlagewerk und Lernhilfe zur Klausurvorbereitung in einem sein und verbindet Prozessrecht mit dem materiellen Recht; es ist von der Erkenntnis geleitet, dass das Verständnis von Verfassungsrecht die Beherrschung beider Rechtsgebiete voraussetzt und sieht sich daher als Ergänzung und Vertiefung zu den grundständigen Vorlesungen „Staatsorganisationsrecht" und „Grundrechte".

Mein Dank gilt zunächst dem Verlag C. H. Beck und hier in Sonderheit Herrn Dr. Wasmuth als Lektor für die verlegerische Betreuung des Werkes; ferner danke ich meinen Mitarbeitern für die sorgfältige Erschließung und Aufbereitung des kaum noch zu überblickenden Materials sowie für die Mühe des Korrekturlesens. Ein ganz besonderer Dank gilt schließlich meinem wissenschaftlichen Mitarbeiter, Herrn Referendar Andreas Fuchs, ohne dessen steten und umsichtigen Einsatz und seine Bereitschaft, immer wieder das Manuskript zu diskutieren und verbessern, dieses Werk so nicht hätte erscheinen können. Die Verantwortung für alle gleichwohl nicht auszuschließenden Fehler trägt der Verfasser allein.

Würzburg, im Juni 2021 *Kyrill-A. Schwarz*

Inhaltsverzeichnis

4. Teil. Kontradiktorische Verfahren

5. Teil. Verfassungsschutzverfahren

Ausgewählte Rechtsprechung und Literatur

I. Lehrbücher, Handbücher und Grundrisse des Verfassungsprozessrechts

Badura, Peter/Dreier, Horst (Hrsg.), Festschrift 50 Jahre Bundesverfassungsgericht. Band 1: Verfassungsgerichtsbarkeit, Verfassungsprozess; Band 2: Klärung und Fortbildung des Verfassungsrechts, 2001.

Benda, Ernst/Klein, Eckart/Klein, Oliver, Verfassungsprozessrecht, 4. Aufl. 2020.

Fleury, Roland, Verfassungsprozessrecht, 10. Aufl. 2015.

Hillgruber, Christian/Goos, Christoph, Verfassungsprozessrecht, 5. Aufl. 2020.

Pestalozza, Christian, Verfassungsprozessrecht, 3. Aufl. 1991.

Schlaich, Klaus/Korioth, Stefan, Das Bundesverfassungsgericht – Stellung, Verfahren und Entscheidungen, 11. Aufl. 2018.

Starck, Christian (Hrsg.), Bundesverfassungsgericht und Grundgesetz. Festgabe aus Anlass des 25-jährigen Bestehens des Bundesverfassungsgerichts. Erster Band: Verfassungsgerichtsbarkeit, Zweiter Band: Verfassungsauslegung, 1976.

Zuck, Rüdiger, Das Recht der Verfassungsbeschwerde, 5. Aufl. 2017.

II. Kommentare zum Grundgesetz und zum Bundesverfassungsgerichtsgesetz

Barczak, Tristan (Hrsg.), Mitarbeiterkommentar zum Bundesverfassungsgerichtsgesetz, 2018

Dreier, Horst (Hrsg.), Grundgesetz – Kommentar, 3. Aufl. 2013–2018

Epping, Volker/Hillgruber, Christian (Hrsg.), Beck'scher Online-Kommentar Grundgesetz, 47. Edition (Stand: 15.5.2021)

Friauf, Karl Heinrich/Höfling, Wolfram, Berliner Kommentar zum Grundgesetz, Loseblattsammlung (Stand: Lfg. 2/20)

Kahl, Wolfgang/Waldhoff, Christian/Walter, Christian (Hrsg.), Bonner Kommentar zum Grundgesetz, Loseblattsammlung (Stand: 211. Aktualisierung, 2021)

Lechner, Hans/Zuck, Rüdiger, Bundesverfassungsgerichtsgesetz, 8. Aufl. 2019

Lenz, Christofer/Hansel, Ronald, Bundesverfassungsgerichtsgesetz, 3. Aufl. 2020

v. Mangoldt, Hermann/Klein, Friedrich/Starck, Christian (Begr./Forts.), Grundgesetz – Kommentar, 7. Aufl. 2018, hrsg. von Peter M. Huber und Andreas Voßkuhle

Maunz, Theodor/Dürig, Günter (Begr.), Grundgesetz – Kommentar, Loseblattsammlung (Stand: 93. EL Oktober 2020), hrsg. von Roman Herzog, Matthias Herdegen, Rupert Scholz und Hans H. Klein

Maunz, Theodor/Schmidt-Bleibtreu, Bruno/Klein, Franz/Bethge, Herbert (Hrsg.), Bundesverfassungsgerichtsgesetz – Kommentar, Loseblattsammlung (Stand: 60. EL Juli 2020)
v. Münch, Ingo/Kunig, Philip (Hrsg.), Grundgesetz – Kommentar, 7. Aufl. 2021
Sachs, Michael (Hrsg.), Grundgesetz – Kommentar, 9. Aufl. 2021
Walter, Christian/Grünewald, Benedikt (Hrsg.), Beck'scher Online-Kommentar Bundesverfassungsgerichtsgesetz, 10. Edition (Stand: 1.1.2021)

III. Bedeutende Entscheidungen des BVerfG zum Verfassungsprozessrecht

BVerfGE 1, 14 – *Südweststaat* (Urt. v. 23.10.1951, 2 BvG 1/51),
BVerfGE 1, 117 – *Finanzausgleichsgesetz* (Urt. v. 20.2.1952, 1 BvF 2/51),
BVerfGE 1, 184 – *Normenkontrolle I* (Urt. v. 20.3.1952, 1 BvL 12/51 u. a.),
BVerfGE 1, 208 – *7,5%-Sperrklausel (*Urt. v. 5.4.1952, 2 BvH 1/52),
BVerfGE 1, 351 – *Petersberger Abkommen* (Urt. v. 29.7.1952, 2 BvE 3/51),
BVerfGE 1, 396 – *Deutschlandvertrag* (Urt. v. 30.7.1952, 1 BvF 1/52),
BVerfGE 2, 1 – *SRP-Verbot* (Urt. v. 23.10.1952, 1 BvB 1/51),
BVerfGE 2,124 – *Normenkontrolle II* (Urt. v. 24.2.1953, 1 BvL 21/51),
BVerfGE 2, 143 – *EVG-Vertrag* (Urt. v. 7.3.1953, 2 BvE 4/52),
BVerfGE 2, 307 – *Gerichtsbezirke* (Beschl. v. 10.6.1953, 1 BvF 1/53),
BVerfGE 4, 31 – *5%-Sperrklausel* (Urt. v. 11.8.1954, 2 BvK 2/54),
BVerfGE 5, 85 – *KPD-Verbot* (Urt. v. 17.8.1956 – 1 BvB 2/51),
BVerfGE 6, 257 – *Teilweises gesetzgeberisches Unterlassen* (Beschl. v. 20.2.1957, 1 BvR 441/53),
BVerfGE 6, 32 – *Elfes* (Urt. v. 16.1.1957, 1 BvR 253/56),
BVerfGE 6, 55 – *Steuersplitting* (Beschl. v. 17.1.1957, 1 BvL 4/54),
BVerfGE 7, 198 – *Lüth* (Urt. v. 15.1.1958, 1 BvR 400/51),
BVerfGE 10, 118 – *Berufsverbot I* (Beschl. v. 6.10.1959, 1 BvL 118/53),
BVerfGE 12, 205 – *Deutschland-Fernsehen-GmbH* (Beschl. v. 28.2.1961, 2 BvG 1/60 u. a.),
BVerfGE 12, 296 – *Parteienprivileg* (Urt. v. 21.3.1961, 2 BvR 27/60),
BVerfGE 13, 132 – *Bayerische Feiertage* (Beschl. v. 3.10.1961, 2 BvR 4/60),
BVerfGE 13, 54 – *Neugliederung Hessen* (Urt. v. 11.7.1961, 2 BvG 2/58),
BVerfGE 15, 25 – *Jugoslawische Militärmission* (Beschl. v. 30.10.1962, 2 BvM 1/60),
BVerfGE 181, 385 – *Teilung einer Kirchengemeinde* (Beschl. v. 17.2.1965, 1 BvR 732/64),
BVerfGE 18, 85 – *Spezifisches Verfassungsrecht* (Beschl. v. 10.7,1964, 1 BvR 37/63)
BVerfGE 19, 88 – *Ausschuss* (Beschl. v. 16.6.1965, 1 BvR 124/65),
BVerfGE 20, 56 – *Parteienfinanzierung I* (Urt. v. 19.7.1966, 2 BvF 1/65),
BVerfGE 21, 52 – *Deutsche Friedensunion* (Beschl. v. 20.12.1966, 1 BvF 2/65),
BVerfGE 22, 175 – *Normenkontrolle III* (Beschl. v. 11.7.1967, 1 BvL 11/67),
BVerfGE 22, 293 – *EWG-Verordnungen* (Beschl. v. 18.10.1967, 1 BvR 284/64 u. a.),

BVerfGE 23, 288 – *Kriegsfolgenlast II* (Beschl. v. 14.5.1968, 2 BvR 544/63),
BVerfGE 25, 88 – *Berufsverbot II* (Beschl. v. 15.1.1969, 1 BvR 438/65),
BVerfGE 28, 119 – *Spielbank* (Beschl. v. 18.3.1970, 2 BvO 1/65),
BVerfGE 30, 173 – *Mephisto* (Beschl. v. 24.2.1971, 1 BvR 435/68),
BVerfGE 36, 1 – *Grundlagenvertrag* (Urt. v. 31.07.1973, 2 BvF 1/73),
BVerfGE 37, 271 – *Solange I* (Beschl. v. 29.05.1974, 2 BvL 52/71),
BVerfGE 39, 1 – *Schwangerschaftsabbruch I* (Urt. v. 25.2.1975, 1 BvF 1/64 u. a.),
BVerfGE 40, 88 – *Führerschein* (Beschl. v. 10.6.1975, 2 BvR 1018/74),
BVerfGE 41, 88 – *Gemeinschaftsschule* (Beschl. v. 17.12.1975, 1 BvR 548/68),
BVerfGE 42, 312 – *Inkompatibilität* (Beschl. v. 21.9.1976, 2 BvR 350/75),
BVerfGE 44, 125 – *Öffentlichkeitsarbeit* (Urt. v. 2.3.1977, 2 BvE 1/76),
BVerfGE 47, 146 – *Schnelle Brüter* (Beschl. v. 31.1.1978, 2 BvL 8/77),
BVerfGE 52, 187 – *Vielleicht-Beschluss* (Beschl. v. 25.7.1979, 2 BvL 6/77),
BVerfGE 58, 1 – *Eurocontrol I* (Beschl. v. 23.6.1981, 2 BvR 1107/77 u. a.),
BVerfGE 59, 63 – *Eurocontrol II* (Beschl. v. 10.11.1981, 2 BvR 1058/79),
BVerfGE 60, 175 – *Startbahn West* (Beschl. v. 24.3.1982, 2 BvH 1/82 u. a.),
BVerfGE 62, 1 – *Bundesagsauflösung I* (Urt. v. 25.1.1983, 2 BvE 1 /83 u. a.),
BVerfGE 64, 1 – *National Iranian Oil Company* (Beschl. v. 12.4.1983, 2 BvR 678/81 u. a.),
BVerfGE 73, 339 – *Solange II* (Beschl. v. 22.10.1986, 2 BvR 197/83),
BVerfGE 74, 102 – *Erziehunsmaßregeln* (Beschl. v. 13.1.1987, 2 BvR 209/84),
BVerfGE 74, 358 – *Unschuldsvermutung* (Beschl. v. 26.3.1987, 2 BvR 589/79 u. a.),
BVerfGE 76, 107 – *Landes-Raumordnungsprogramm Niedersachsen* (Beschl. v. 23.7.1987, 2 BvR 826/83),
BVerfGE 79, 331 – *Nordhorn* (Beschl. v. 21.6.1988, 2 BvR 602/83),
BVerfGE 80, 137 – *Reiten im Walde* (Beschl. v. 6.7.1989, 1 BvR 921/85),
BVerfGE 83, 37 – *Ausländerwahlrecht I* (Urt. v. 31.10.1990, 2 BvF 2/89 u. a.),
BVerfGE 85, 264 – *Parteienfinanzierung II* (Urt. v. 9.4.1992, 2 BvE 2/89),
BVerfGE 88, 203 – *Schwangerschaftsabbruch II* (Urt. v. 28.5.1993, 2 BvF 2/90 u. a.),
BVerfGE 89, 155 – *Maastricht* (Urt. v. 12.10.1993, 2 BvR 2134/92 u. a.),
BVerfGE 91, 186 – *Kohlepfennig* (Beschl. v. 11.10.1994, 2 BvR 633/86),
BVerfGE 96, 245 – *Besonders schwerer Nachteil* (Beschl. v. 9.7.1997, 2 BvR 1371/96),
BVerfGE 96, 260 – *Normwiederholung* (Beschl. v. 15.7.1997, 1 BvL 20/94 u. a.),
BVerfGE 96, 345 – *Landesverfassungsgerichte* (Beschl. v. 15.10.1997, 2 BvN 1/95),
BVerfGE 97, 117 – *Fortgeltung von DDR-Strafrecht* (Beschl. v. 21.12.1997, 2 BvL 6/95),
BVerfGE 99,1 – *Bayerische Kommunalwahlen* (Beschl. v. 16.7.1998, 2 BvR 1953/95),
BVerfGE 102, 147 – *Bananenmarktbeschluss* (Beschl. v. 7.6.2000, 2 BvL 1/97),
BVerfGE 104, 305 – *LER-Schlichtungsvorschlag* (Beschl. v. 11.12.2001, 1 BvF 1/96 u. a.),

BVerfGE 107, 339 – *NPD-Verbotsverfahren I* (Beschl. v. 18.3.2003, 2 BvB 1/01 u. a.),
BVerfGE 111, 307 – *EGMR-Entscheidung* (Beschl. v. 15.10.2004, 2 BvR 1481/04),
BVerfGE 115, 118 – *Luftsicherheitsgesetz* (Urt. v. 15.2.2006, 1 BvR 357/05),
BVerfGE 118, 79 – *Treibhausgas-Emissionsberechtigungen* (Beschl. v. 13.3.2007, 1 BvF 1/05),
BVerfGE 123, 267 – *Lissabon* (Urt. v. 30.6.2009, 2 BvE 2/08 u. a.),
BVerfGE 124, 300 – *Rudolf Heß-Gedenkfeier* (Beschl. v. 4.11.2009, 1 BvR 2150/08),
BVerfGE 125, 260 – *Vorratsdatenspeicherung* (Urt. v. 2.3.2010, 1 BvR 256/08 u. a.),
BVerfGE 126, 286 – *Honeywell* (Beschl. v. 6.7.2010, 2 BvR 2661/06),
BVerfGE 128, 186 – *Investitionszulagengesetz* (Beschl. v. 4.10.2011, 1 BvL 3/08),
BVerfGE 128, 226 – *Fraport* (Urt. v. 23.11.2010, 1 BvR 699/06),
BVerfGE 128, 326 – *EGMR-Sicherungsverwahrung* (Urt. v. 4.5.2011, 2 BvR 2365/09 u. a.),
BVerfGE 129, 124 – *EFS* (Urt. v. 7.9.2011, 2 BR 987/10 u. a.),
BVerfGE 129, 78 – *Anwendungserweiterung* (Beschl. v. 19.7.2011, 1 BvR 1916/09),
BVerfGE 129, 186 – *Investitionszulagengesetz* (Beschl. v. 4.10.2011, 1 BvL 3/08),
BVerfGE 134, 366 – *OMT-Beschluss* (Beschl. v. 14.01.2014, 2 BvR 2728/13 u. a.),
BVerfGE 138, 296 – *Kopftuchverbot Nordrhein-Westfahlen* (Beschl. v. 27.1.2015, 1 BvR 471/10 u. a.),
BVerfGE 140, 317 – *Identitätskontrolle / Europäischer Haftbefehl II* (Beschl. v. 15.12.2015, 2 BvR 2735/14),
BVerfGE 142, 123 – *OMT-Programm* (Urt. v. 21.06.2016, 2 BvR 2728/13 u. a.),
BVerfGE 142, 313 – *Zwangsbehandlung* (Beschl. v. 26.07.2016, 1 BvL 8/15),
BVerfGE 143, 10 – *G10-Kommission* (Beschl. v. 20.9.2016, 2 BvE 5/15),
BVerfGE 144, 20 – *NPD-Verbotsverfahren II* (Urt. v. 17.1.2017, 2 BvB 1/13),
BVerfGE 146, 216 – *PSPP-Vorlagebeschluss* (Beschl. v. 18.7.2017, 2 BvR 859/15 u. a.),
BVerfGE 148, 296 – *Streikverbot für Beamte* (Beschl. v. 12.6.2018, 2 BvR 1738/12 u. a.),
BVerfGE 152, 152 – *Recht auf Vergessen I* (Beschl. v. 6.11.2019, 1 BvR 16/13),
BVerfGE 152, 216 – *Recht auf Vergessen II* (Beschl. v. 6.11.2019, 1 BvR 276/17),
BVerfGE 154, 17 – *PSPP* (Urt. v. 5.5.2020, 2 BvR 859/15 u. a.),
BVerfG, Beschl. v. 1.12.2020, 2 BvR 1845/18 u. a., in: NJW 2021, 1518 ff. – *Europäischer Haftbefehl III*,
BVerfG, Beschl. v. 24.3.2021, 1 BvR 2656/18 u. a., in: NJW 2021, 1723 ff. – *Klimabeschluss.*

1. Teil. Grundlagen des Verfassungsprozessrechts

§ 1 Die Entwicklung deutscher Verfassungsgerichtsbarkeit

I. Was ist Verfassungsgerichtsbarkeit?

1. Zum Begriff der Verfassungsgerichtsbarkeit

Auf die an sich leicht klingende, aber zugleich für das Verfassungsverständnis ganz grundlegende Frage „*Was ist Verfassungsgerichtsbarkeit*" findet sich keine einfache Antwort; ein einheitlicher Begriff der Verfassungsgerichtsbarkeit existiert nicht. Der Terminus der Verfassungsgerichtsbarkeit lässt sich zwar zunächst durch Zerlegung des Kompositums als *Gerichtsbarkeit über Fragen des Verfassungslebens* verstehen; ein wirklicher Erkenntnisgewinn und ein substanzieller Mehrwert resultieren hieraus indes nicht. Weder das Grundgesetz noch das Bundesverfassungsgerichtsgesetz enthalten in Gestalt einer rechtswegeröffnenden Generalklausel (vgl. so zum Beispiel § 40 Abs. 1 S. 1 VwGO für die Verwaltungsgerichtsbarkeit) eine Annäherung an den Begriff der Verfassungsgerichtsbarkeit, die ihr jedenfalls eine äußere Kontur verleihen könnte. Vielmehr findet sich in Art. 93 GG und, nach Maßgabe der Öffnungsklausel in Art. 93 Abs. 1 Nr. 5 GG, über das Grundgesetz verteilt lediglich ein enumerativer Katalog der Zuständigkeiten des Bundesverfassungsgerichts, in denen sich die positivrechtliche Absteckung der bundesrepublikanischen Verfassungsgerichtsbarkeit erschöpft. Der normative Befund des Grundgesetzes entspricht der schon älteren und aus der Weimarer Staatsrechtslehre stammenden Vorstellung, Verfassungsgerichtsbarkeit sei letztlich eine „*Sammelbezeichnung für verschiedene Arten von Rechtsprechung*" (*Friesenhahn*, HdbDStR II, 1932, 526). 1

Für die **bundesdeutsche Verfassungsgerichtsbarkeit** mag diese Annahme im Wesentlichen zutreffen. Diese ist durch die Verfassung ausschließlich normativ geprägt und nur in Akzessorietät zu dieser zu verstehen. Als Ausprägung der Bundesstaatsgewalt bedürfen ihre Zuständigkeiten, ihre Verfahren und die Wirkungen ihrer Entschei- 2 dungen einer (verfassungs-)gesetzlichen Ermächtigung, von der sie sowohl konstituiert als auch zugleich limitiert werden. Das Bundesverfassungsgericht übt damit Verfassungsgerichtsbarkeit im **formellen Sinne** aus; **Verfassungsgerichtsbarkeit** ist insoweit die **Summe der positivrechtlichen Zuständigkeiten des Bundesverfassungsgerichts**. Da das Grundgesetz das Bundesverfassungsgericht als eigenständiges Gericht etabliert, lässt sich dies letztlich auf die Formel bringen: Die Verfassungsgerichtsbarkeit des Bundes entspricht der Institution des Bundesverfassungsgerichts.

Zum *formellen Verständnis* der bundesdeutschen Verfassungsgerichtsbarkeit siehe nur aus dem Schrifttum: *Bethge*, in: Maunz/Schmidt/Bleibtreu/Klein/Bethge, BVerfGG (60. EL Juli 2020), Vorbemerkung Rn. 24ff.; *Friesenhahn*, Die Staatsgerichtsbarkeit, in: Anschütz/Thoma (Hrsg.), Handbuch des Deutschen Staatsrechts, Bd. II, 1932, 523 (526); *Schlaich/Korioth*, Das Bundesverfassungsgericht, 11. Aufl. 2018, Rn. 9ff.

3 Diese zutreffende – und zugleich doch verengte – Begriffsbestimmung für den *status quo* der Verfassungsgerichtsbarkeit der Bundesrepublik Deutschland lässt gleichwohl nur Rückschlüsse auf eben jene zu; sie existiert nur im zeitlichen und örtlichen Konnex der sie bestimmenden Verfassungsordnung. Da ein solches Begriffsverständnis weder historische noch globale Gültigkeit beanspruchen kann, finden sich zahlreiche Versuche, dem Begriff der Verfassungsgerichtsbarkeit über den Inhalt ihrer Tätigkeit auch im **materiellen Sinne** zu begegnen, was zugleich auch den Wandel von einem formellen Rechtsstaatsverständnis hin zu einem materiellen Rechtsstaatsverständnis nachzeichnet. Ein solcher, originärer Näherungsversuch zeigt sich zunächst bei *Heinrich Triepel*, dem zu verdanken ist, dass der eigentlich der österreichischen Staatsrechtslehre entlehnte Begriff der *„Verfassungsgerichtsbarkeit"* überhaupt erst in der deutschen Rechtswissenschaft Einzug hielt und den bis dato vorherrschenden Begriff der *„Staatsgerichtsbarkeit"* verdrängte. Bei ihm ist die Verfassungsgerichtsbarkeit nicht ohne ein inhaltliches Element zu verstehen; sie sei *„Gerichtsbarkeit in Sachen der materiellen Verfassung"* mit dem Zweck, dieser *„in gerichtsförmiger Weise Bestand und Gewähr"* zu verschaffen. (*Triepel*, Wesen und Entwicklung der Staatsgerichtsbarkeit, 1929, 5f.). *Ulrich Scheuner* sieht in dieser Hinsicht konsequent dann auch die Verfassungsgerichtsbarkeit als *„Gerichtsbarkeit über Fragen des Verfassungslebens, die aber nur solche Verfahren erfasst, die echte Rechtsprechung […] darstellen und in de-*

nen die Entscheidung über Rechtsfragen der Verfassung einen Hauptpunkt bedeutet" (*Scheuner*, Die Überlieferung der deutschen Staatsgerichtsbarkeit im 19. und 20. Jahrhundert, in: Starck (Hrsg.), Festgabe 25 Jahre Bundesverfassungsgericht, Bd. I, 1976, 1 (4)).

Weiter knüpft etwa *Konrad Hesse* an den Zweck der Verfassungsgerichtsbarkeit an, die „*ausschließlich der Wahrung der Verfassung*" diene (*ders.*, Grundzüge des Verfassungsrechts der Bundesrepublik Deutschland, 20. Aufl. 1995, Neudruck 1999, 561). Auf die Suche nach allen Verfassungsgerichten zu Grunde liegenden Grundgedanken aus der „*Einheit des Zwecks, der Einheit des Gegenstandes und der nur den Verfassungsgerichten eigentümlichen Doppelfunktion*" begibt sich ferner *Josef Wintrich* (*ders.*, Aufgaben, Wesen und Grenzen der Verfassungsgerichtsbarkeit, in: Maunz (Hrsg.), Festschrift für Hans Nawiasky, 1956, 191 (199)). 4

Für den aktuellen Befund bundesdeutscher Verfassungsgerichtsbarkeit versprechen diese Ansätze keinen größeren Erkenntnisgewinn. Abseits aller Kritik der Beliebigkeit und Diffusität sind sie zwar nicht institutionsgebunden, gleichwohl aber auch unabhängig vom normativen Korsett ihres Verfassungskontextes zu verstehen. Nichtsdestotrotz eröffnen sie den Blick auf die Verfassungsgerichtsbarkeit als „*Krönung*" (*Brugger*, in: JuS 2003, 320) einer Entwicklung, die auf einem Fundament historischer Linien (hierzu unter IV.) und der Kulmination eines mehrere Jahrhunderte umspannenden, ideengeschichtlichen Fundus ruht (sogleich unter 2.). 5

Literatur: *Dolzer*, Die staatstheoretische und staatsrechtliche Stellung des Bundesverfassungsgerichts, 1972; *Friesenhahn*, Die Staatsgerichtsbarkeit, in: Anschütz/Thoma (Hrsg.), Handbuch des Deutschen Staatsrechts, Bd. II, 1932, 523 ff.; *ders.*, Die Verfassungsgerichtsbarkeit der Bundesrepublik Deutschland, 1963; *ders.*, Über Begriff und Arten der Rechtsprechung unter besonderer Berücksichtigung der Staatsgerichtsbarkeit nach dem Grundgesetz und den westdeutschen Landesverfassungen, in: Festschrift für Richard Thoma, 1950, 21 ff.; *Hesse*, Grundzüge des Verfassungsrechts der Bundesrepublik Deutschland, 20. Aufl. 1995, Neudruck 1999; *Heun*, Funktionellrechtliche Grenzen der Verfassungsgerichtsbarkeit – Reichweite und Grenzen einer dogmatischen Argumentationsfigur, 1992; *Klein*, Zum Begriff und zur Grenze der Verfassungsgerichtsbarkeit, in: DÖV 1964, 471 ff.; *Korinek*, Die Verfassungsgerichtsbarkeit im Gefüge der Staatsfunktionen, in: VVDStRL 39 (1981), 7 ff.; *Scheuner*, Die Überlieferung der deutschen Staatsgerichtsbarkeit im 19. und 20. Jahrhundert, in: Starck (Hrsg.), Festgabe 25 Jahre Bundesverfassungsgericht, Bd. 1, 1976, 1 ff.; *Triepel*, Wesen und Entwicklung der Staatsgerichtsbarkeit, 1929; *Wintrich*, Aufgaben, Wesen und Grenzen der Verfassungsgerichtsbarkeit, in: Maunz (Hrsg.), Festschrift für Hans Nawiasky, 1956, 191 ff.; *ders.*, Über Eigenart und Methode verfassungsrechtlicher Rechtsprechung, in: Süsterhenn (Hrsg.), Festschrift für Wilhelm Laforet, 1952, 227ff.

2. Ideengeschichtliches Fundament

6 *Conditio sine qua non* der modernen Verfassungsgerichtsbarkeit ist die Idee der **Normativität der Verfassung**. Ausgang eines jeden Verfassungsverständnisses ist daher der jeweilige Verfassungsbegriff. „*Verfassung*" meint dabei zweierlei: die Beschaffenheit eines politischen Gebildes als pure Zustandsbeschreibung, also dessen „Konstitution" einerseits, das Recht, das die Ausübung der Staatsgewalt in einem solchen Gebilde regelt andererseits: „*Jede politische Einheit* ***ist*** *eine Verfassung. Aber nicht jede* ***hat*** *eine Verfassung*" (*Grimm*, HdbStR, Bd. I, 3. Aufl. 2003, § 1 Rn. 1). Mit dem sich ab dem 14. Jahrhundert vollziehenden Wandel, der die staatstheoretischen Überlegungen weg von der Frage, welche Verfassung ein Staat *hat*, hin zu der Frage, welche Verfassung ein Staat haben *soll* (*Dreier*, Idee und Gestalt des freiheitlichen Verfassungsstaates, 2014, 4) lenkte, begann eine zunehmende Verrechtlichung des Verfassungsbegriffes. Erste Anknüpfungspunkte für das selbstständige Recht als verbindliche Instanz finden sich bereits in den Fundamentalrechtssätzen des 14. bis 16. Jahrhunderts, ihren Höhepunkt erreichten die Entwicklungen um die *Konstitutionalisierung* indes Ende des 18. Jahrhunderts. Mit den Brüchen der französischen und amerikanischen Revolution bedurfte es einer neuen Herleitung legitimer politischer Gewalt und die Idee einer positivrechtlichen und rechtsförmigen Grundordnung des Staates war vollends geboren. Die – normative – Verfassung neuer Gestalt ist nunmehr nicht deklamatorischer oder *deskriptiver* Natur, sie ist *präskriptiv*: Der verfasste Staat ist nicht als eine vom Recht nachzuformende Materie vorgegeben, sondern erfährt seine Begründung erst durch die Rechtsordnung der Verfassung, oder: „*government without a constitution, is power without a right*" (*Paine*, Rights of Man, 1792 Zweiter Teil, Kapitel IV). Die Verfassung wird damit auch Rechtmäßigkeitsvoraussetzung für die Ausübung staatlicher Gewalt; mit ihrem *Rahmencharakter* beschränkt sie nicht nur die konstituierte staatliche Gewalt, sondern ermöglicht erst ihre legitime Ausübung innerhalb der durch die Verfassung gezogenen Grenzen.

Grundlegend zum Verfassungsbegriff vgl. *Dreier*, Idee und Gestalt des freiheitlichen Verfassungsstaates, 2014, 3ff.; *Grimm*, Ursprung und Wandel der Verfassung, in: Isensee/Kirchhof (Hrsg.), Handbuch des Staatsrechts, 3. Aufl.

2003, § 1. Ferner *Hofmann*, Zur Idee des Staatsgrundgesetzes, in: ders., Recht – Politik – Verfassung, 1986; 261 ff.; *Unruh*, Der Verfassungsbegriff des Grundgesetzes – eine verfassungstheoretische Rekonstruktion, 2002, 11 f.

Als Vorbedingung der Verfassungsgerichtsbarkeit findet sich auch die Theorie der **Gewaltenteilung** in der Verfassungstradition Frankreichs und Nordamerikas. Es war die Leistung von *Emmanuel Joseph Sieyès*, aufbauend auf seinem modernen Verfassungsverständnis, das den Verfassungsgeber und den verfassungsändernden Gesetzgeber (*pouvoir constituant*) nunmehr klar vom einfachen Gesetzgeber (*pouvoir constitué*) trennt, 1795 die Schaffung einer „*jury constitutionnaire*" vorzuschlagen, die als Kassationstribunal über die Einhaltung der Verfassung wachen sollte. Ein ähnlicher Ansatz findet sich auch bei *Johann Gottlieb Fichte*, der 1796 in einer nach spartanischem Vorbild „*Ephorat*" getauften Institution die Aufsicht über das Verfahren der öffentlichen Macht führen und die negative Gewalt des „*Staatsinterdicts*" zu ihrer Suspendierung vereinen wollte. 7

Vergleiche zur Konzeption bei *Sieyès* nur *ders.*, Was ist der dritte Stand? (1789), in: Schmitt/Reichardt (Hrsg.), Politische Schriften 1788–1790, 1975, 167; *ders.* Rede zu seinem Verfassungsentwurf am 2. Thermidor des Jahres III (19.7.1795) vor der französischen Nationalversammlung. Zum Entwurf *Fichtes* vgl. *ders.*, Grundlage des Naturrechts und nach Principien der Wissenschaftslehre (1796), in: Fichte (Hrsg.), Fichtes Werke, Bd. III, 1971, insb. 160 ff. Instruktiv auch *Robbers*, Emmanuel Joseph Sieyès – Die Idee einer Verfassungsgerichtsbarkeit in der Französischen Revolution, in: Fürst/Herzog/Umbach (Hrsg.), Festschrift für Wolfgang Zeidler, Bd. II, 1987, 247 ff.; *Schild*, Das Problem eines Hüters der Verfassung – Philosophische Anmerkungen zu einem juristischen Topos, in: Guggenberger/Würtenberger (Hrsg.), Hüter der Verfassung oder Lenker der Politik? Das Bundesverfassungsgericht im Widerstreit, 1. Aufl. 1998, 13 (25 ff.).

Die **moderne Verfassungsgerichtsbarkeit** wurzelt indes maßgeblich in der **nordamerikanischen Verfassungstradition**, die als untrennbare Bedingung für die tatsächliche Entfaltung der Normativität der Verfassung dem Konzept des **Vorrangs der Verfassung** zum Durchbruch verhalf. Den maßgeblichen Anknüpfungspunkt findet diese Entwicklung in der **Idee der Volkssouveränität**, in der die Verfassung als Rechtsordnung zur Emanation des Volkswillens wird. *James Iredell*, später einer der ersten Richter des *Supreme Court of the United States*, skizzierte bereits 1783 das Bild einer Republik, „*where the law is superior to any or all individuals, and the constitution superior even to the Legislature, and of which the judges are the* 8 *guardians and protectors*" (zitiert nach *Stourzh*, Wege zur Grundrechtsdemokratie – Studien zur Begriffs- und Institutionsgeschichte des liberalen Verfassungsstaates, 1989, 64) – eine klare Absage an die englische Doktrin der „*Sovereignty of King/Queen in Parliament*", nach der keine Instanz über dem Gesetzgeber stehen und deswegen die Rolle eines obersten Richters über das Gesetz auch nur von der Legislative ausgeübt werden könne. Bei *Alexander Hamilton* findet sich vor allem auch ein demokratischer Begründungsansatz: Kein Akt der Legislative, der der Verfassung widerspricht, kann gültig sein, weil sich damit letztlich die Repräsentanten des Volkes über das Volk als verfassungsgebende Gewalt erheben.

9 „*There is no position which depends on clearer principles, than that every act of a delegated authority, contrary to the tenor of the commission under which it is exercised, is void. No legislative act, therefore, contrary to the Constitution, can be valid. To deny this, would be to affirm, that the deputy is greater than his principal; that the servant is above his master; that the representatives of the people are superior to the people themselves; that men acting by virtue of powers, may do not only what their powers do not authorize, but what they forbid.*" (*Hamilton*, The Federalist No. 78 v. 28.5.1788).

10 Während die Väter der amerikanischen Verfassung sich zwar auf die Gewaltenteilungslehre *Montesquieus* beriefen, teilten sie dessen geringschätzige Haltung zur Bedeutung der Judikative aber dezidiert nicht (*Montesquieus* Befund ist im Apodiktum der richterlichen Gewalt als „*en quel façon nulle*" berühmt geworden) und werteten die Judikative daher erheblich auf. Die sich aus dem Vorrang der Verfassung ergebende Notwendigkeit der Aufsicht über die Verfassungsmäßigkeit der staatlichen Gewaltausübung verortete *Alexander Hamilton* daher auch bei einer zu institutionalisierenden Verfassungsgerichtsbarkeit. Zum einen, weil *Hamilton* die Judikative als die Schwächste der drei Gewalten betrachtete, da sie weder Einfluss auf das „*Schwert*" der Exekutive noch auf den „*Geldbeutel*" der Legislative auszuüben vermochte und von ihr deswegen die geringste Gefahr für die politischen Rechte der Verfassung ausging. Zum anderen sieht er die Auslegung und Anwendung von Gesetzen als genuine Aufgabe der Justiz und in der Interpretation der Verfassung keine Ausnahme hiervon. *Alexander Hamiltons* Konzeption der Verfassungsgerichtsbarkeit als „*guardians of the constitution*" zeigt sich daher nicht nur institutionell prägend, sondern findet auch Widerhall in der virulenten (deutschen) Diskussion um den „*Hüter der Verfassung*" (hierzu sogleich unter V.)

Vergleiche hierzu nur *Heun*, Verfassung und Verfassungsgerichtsbarkeit im Vergleich, 2014, 44ff.; *Unruh*, Der Verfassungsbegriff des Grundgesetzes – eine verfassungstheoretische Rekonstruktion, 2002, 110ff.; *Starck*, Vorrang der Verfassung und Verfassungsgerichtsbarkeit, in: Starck/Weber (Hrsg.), Verfassungsgerichtsbarkeit in Westeuropa Teilbd. I, 1986, 11ff.; *Steinberger*, 200 Jahre amerikanische Bundesverfassung – Zu Einflüssen des amerikanischen Verfassungsrechts auf die deutsche Verfassungsentwicklung, 1987; *Wahl*, Der Vorrang der Verfassung, in: Der Staat 20 (1981), 485ff.

Mit der Rezeption der **Theorie *Hamiltons*** in der amerikanischen Verfassung war der **Grundstein eines Instituts des verfassungsrechtlichen *„judicial review"*** zwar gesetzt, dieses indes nicht vollends begründet. Ausweislich des sechsten Verfassungsartikels hatte zwar der Vorrang der Verfassung als *„supreme law of the land"* Einzug gefunden, jedoch fand sich weder eine eindeutige Regelung des Vorrangs der Verfassung vor Akten der Bundesgewalt, noch eine ausdrücklich geregelte Zuständigkeit des Supreme Court für die Kontrolle der Bundesgewalt am Maßstab der Verfassung. Dieses Recht sollte der Supreme Court erst 1803 mit seiner berühmten und maßstabbildenden Entscheidung **Marbury v. Madison** für sich beanspruchen. 11

Als *Thomas Jefferson* in der Präsidentschaftswahl des Jahres 1800 den Amtsinhaber *John Adams* besiegte, war der Streit zwischen den *Federalists* (hierzu zählte auch *Adams*) und den sich gerade stärker formierenden *Republicans* (wie *Jefferson*) um die Konzentration von Herrschaftsgewalt auf Bundesebene im vollen Gange. In Ansehung des bevorstehenden Machtwechsels nutzte die vor der Ablösung stehende Regierung *Adams* und der gleichfalls von den *Federalists* beherrschte Kongress die verfassungsrechtlich vorgesehene Zwischenzeit von der Wahl *Jeffersons* am 17.2.1801 und seinem Amtsantritt am 4.3.1801, um die föderalistische Dominanz noch in die Amtszeit *Jeffersons* hinein zu verlängern. Hierzu ergriffen *Adams* und der Kongress zahlreiche Maßnahmen, um vor allem in der Justiz Machtverschiebungen zu Gunsten der *Federalists* herbeizuführen. Hierzu zählte einerseits der *Circuit Courts Act of 1801*, der die Berufungsgerichtsbarkeit des Bundes ausbaute und die Richter des Supreme Court von ihrer Verpflichtung entband, auch an diesen Gerichten tätig zu sein, vor allem jedoch der am 27.2. durch den Kongress verabschiedete *District of Columbia Organic Act of 1801*, der den Präsidenten zur Ernennung von Friedensrichtern (*„Justice of the Peace"*) im District of Columbia, dem Sitz der Hauptstadt, ermächtigte. Am 2.3.1801 nominierte *Adams* auf der Grundlage dieses Gesetzes noch 42 (jedenfalls weitgehende) Anhänger der *Federalists* für diese Positionen; der Senat bestätigte sie am 3.3.1801, wenige Stunden vor dem Amtsantritt *Jeffersons*. Die von *Adams* unterzeichneten und von seinem (noch) zuständigen Secretary of State *John Marshall* ausgefertigten Ernennungsurkunden konnten in einer Nacht- und 12

Nebelaktion fast vollständig noch vor Mitternacht zugestellt werden (die berufenen Richter erhielten daher auch die Bezeichnung *„Midnight Judges"*). Einige wenige Urkunden waren indes noch nicht zugestellt, als *Jefferson* am 4.3.1801 vereidigt wurde und sogleich seinen neuen Außenminister, *James Madison*, anwies, die verbliebenen Ernennungsurkunden nicht mehr zuzustellen. Zu den Richtern, deren Urkunden nicht mehr rechtzeitig zugestellt werden konnten, gehörte auch *William Marbury*, dem *Madison* über den Verlauf der nächsten Monate beständig die Zustellung der Ernennungsurkunde verweigerte. Im Dezember 1801 erhob *Marbury* daher Klage vor dem Supreme Court of the United States auf Zustellung der Ernennungsurkunde (*writ of mandamus*).

13 Strittiger als die Frage, ob der Antrag *Marburys* materiell begründet war – dies bejahte der damalige Chief Justice *John Marshall* im Ergebnis – war indes die Frage der Zulässigkeit des Antrags: Die erstinstanzliche Zuständigkeit des Supreme Court of the United States für den Fall *Marburys* ergab sich aus dem *Judiciary Act of 1789*, der einzelne Verfahrensgegenstände, für die nach dem dritten Verfassungsartikel der Supreme Court nur als Berufungsinstanz zuständig war, nunmehr zu dessen originären Zuständigkeiten erklärte (*Section 13*). Der spektakuläre Beitrag zur Verfassungsgerichtsbarkeit folgt nunmehr in zwei Schritten: Ausgehend von dem Vorrang der Verfassung, der auch umfasse, dass ein Akt der Legislative, der im Widerspruch zur Verfassung steht, nichtig sein müsse, beansprucht *Marshall* für den Supreme Court zunächst die Interpretationshoheit für den Verfassungstext: *„It is emphatically the province and duty of the Judicial Department to say what the law ist" (Marbury v. Madison,* 5 U.S. 137, 177 (1803)). Hieraus folgert *Marshall*, dass es Aufgabe der Judikative sei festzustellen, ob ein Akt der Legislative gegen die Verfassung verstößt und etablierte damit die Zuständigkeit der Verfassungsgerichtsbarkeit für eine Normenkontrolle am Maßstab der Verfassung. Ein als verfassungswidrig erkanntes Gesetz könne sodann von den Gerichten nicht mehr angewendet werden; ihm sei die Durchsetzung zu verwehren:

14 *„Thus, the particular phraseology of the Constitution of the United States confirms and strengthens the principle, supposed to be essential to all written Constitutions, that a law repugnant to the Constitution is void, and that courts, as well as other departments, are bound by that instrument. The rule must be discharged." (Marbury v. Madison,* 5 U.S. 137, 180 (1803))

15 Mit dieser *„Inthronisation der Verfassungsgerichtsbarkeit als Hüter der Verfassung"* (*Brugger*, Grundrechte und Verfassungsgerichtsbar-

keit in den Vereinigten Staaten von Amerika, 1987, 5) war der Bogen vom bloßen Vorrang der Verfassung zu einem Vorrang der Verfassungsgerichtsbarkeit endgültig geschlagen und *John Lockes* Dogma des *„inter legislatorem et populum nullus in terris est judex"* (*Locke*, Epistola de Tolerantia, 1689) endgültig (Verfassungs-)Geschichte.

Der Fall *Marbury v. Madison* findet sich in der Entscheidungssammlung des U.S. Supreme Court unter 5. U.S. 137 (1803). Vertiefend hierzu siehe nur *van Alystne*, A Critical Guide to Marbury v. Madison, in: Duke Law Journal 1969, 1 ff.; *Brugger*, Grundrechte und Verfassungsgerichtsbarkeit in den Vereinigten Staaten von Amerika, 1987; *ders.*, Demokratie, Freiheit und Gleichheit – Studien zum Verfassungsrecht der USA, 2002, 27 ff.; *ders.*, Kampf um die Verfassungsgerichtsbarkeit: 200 Jahre Marbury v Madison, in: JuS 2003, 320 ff.; *Corwin*, The Doctrine of Judicial Review, 1963; *Heun*, Die Geburt der Verfassungsgerichtsbarkeit – 200 Jahre Marbury v. Madison, in: Der Staat 42 (2003), 267 ff.; *ders.*, Verfassung und Verfassungsgerichtsbarkeit im Vergleich, 2014, 38 ff.; *Höreth*, Die Etablierung verfassungsgerichtlicher Streitschlichtung – „Marbury v. Madison" als richterliche Selbstautorisierung und sanfte Revolution, in: Amerikastudien 54 (2009), 211 ff.; *Klein*, Das richterliche Prüfungsrecht in den Vereinigten Staaten zu Beginn des vorigen Jahrhunderts – Zur Auslegung von Art. VI Abs. 2 US-Verfassung, in: ZaöRV 34 (1974), 83 ff.

3. Verfassungsgerichtsbarkeit als Rechtsprechung

Mit der Frage *„Ist Verfassungsgerichtsbarkeit Rechtsprechung?"* ist **16**
wohl eine der schwierigsten und bedeutendsten Fragen der ideengeschichtlichen und rechtlichen Entwicklung der Verfassungsgerichtsbarkeit gestellt. Der Frage zu Grunde liegt die **Prämisse**, dass der gegenständlichen Rechtsmaterie der **Verfassungsgerichtsbarkeit**, dem Verfassungsrecht, immer auch etwas **Politisches** innewohnt. Die Verfassung regelt den Zugang zur staatlichen Entscheidungsmacht, sie steht nicht außerhalb des *„Gravitationsfeldes"* der stetigen Auseinandersetzung um Gewinnung, Ausübung und Erhalt politischer Macht, sondern gerade in deren Zentrum (*Böckenförde*, NJW 1999, 9 (11)). **Verfassungsrecht** ist immer auch **politisches Recht**, **verfassungsrechtliche Streitigkeiten** sind immer auch **politische Streitigkeiten**. Dieser Befund wird ferner durch die Tatsache bestärkt, dass die vor dem Verfassungsgericht agierenden Beteiligten nicht selten zugleich dem Zirkel der obersten Leitungsorgane des Staates angehören. Sie streiten dabei nicht als der einhegenden, ausdifferenzierten Rechtsordnung Unterworfene, sondern als gerade von ihr berechtigte Inhaber staatlicher Macht; der Entscheidung kommt daher zumeist auch

eine weit über den konkreten Fall hinausgehende Bedeutung zu. Gleichzeitig gestaltet sich die Durchsetzung und Vollstreckung der Entscheidungen schwierig, soweit sie sich gegen die Inhaber der politischen Leitungsgewalt des Staates richten; die Verfassungsgerichtsbarkeit muss daher Vorsorge für die Anerkennung und Befolgung ihrer Entscheidungen treffen (*Roellecke*, HdbStR III, 2005, § 67 Rn. 31).

Vgl. zum Verfassungsrecht als politisches Recht auszugsweise nur: *Isensee*, Verfassungsrecht als „politisches Recht", in: Isensee/Kirchhof (Hrsg.), Handbuch des Staatsrechts, Bd. XII, 3. Aufl. 2014, § 268; *Schmitt*, Der Begriff des Politischen, 1932; *Smend*, Die politische Gewalt im Verfassungsstaat und das Problem der Staatsform (1923), in: ders., Staatsrechtliche Abhandlungen, 2. Aufl. 1968, 68 (82); *Stern*, Das Staatsrecht der Bundesrepublik Deutschland, Bd. I, 2. Aufl. 1984, 14 ff.

17 Angesichts dieser Erkenntnisse müssen sich beinahe zwangsläufig die Fragen anschließen, ob es sich bei **Verfassungsgerichtsbarkeit** überhaupt noch um **Gerichtsbarkeit im eigentlichen Sinne** handeln kann und wie Rechtsprechung in einem derart politisch determinierten Raum funktionieren mag. Die durch Gerichte auszuübende **Rechtsprechung** stellt sich zunächst als *„Anwendung gegebenen Rechts auf gegebene Tatbestände in einem förmlichen Verfahren bei sachlicher Unabhängigkeit der Richter mit der Wirkung der Rechtskraft und der Vollstreckbarkeit"* dar (*Lechner/Zuck*, BVerfGG, 8. Aufl. 2019, § 1 Rn. 1).

18 Versuche einer materiellen Definition der Rechtsprechung gibt es zwar zahlreiche; indes ist es bislang weder der Rechtsprechung noch der Rechtswissenschaft gelungen, eine widerspruchsfreie und zudem allgemeingültige Definition zu formulieren. Vgl. insoweit nur die Ansätze bei *Bettermann*, Die rechtsprechende Gewalt, in: Isensee/Kirchhof (Hrsg.), Handbuch des Staatsrechts, Bd. III, 2. Aufl. 1988, § 73 Rn 17 ff.; *Eberl*, Verfassung und Richterspruch, 2006, 4 f.; *Schmidt-Aßmann*, Der Rechtsstaat, in: Isensee/Kirchhof (Hrsg.), Handbuch des Staatsrechts, Bd. III, 3. Aufl. 2004, § 26 Rn. 52; *Stern*, Das Staatsrecht der Bundesrepublik Deutschland, Bd. II, 2. Aufl. 1984, 898.

19 Die Zuschreibung der Eigenschaft als Gericht bedarf zunächst der Zuweisung eines anzuwendenden, **gegebenen Rechts**, auf dessen Grundlage zu entscheiden ist. Trotz der oben dargestellten Besonderheiten der Verfassungsordnung ist auch Verfassungsrecht *Recht*. Es ist in Ansehung des Rahmencharakters der Verfassung gleichwohl unvollständiger und offener (Verfassungsrecht als *„lex imperfecta"*), als dies für die Rechtsordnung im Übrigen zutreffen mag; Verfassungsgerichtsbarkeit vollzieht sich aufgrund der in Fülle Verwendung findenden, unbestimmten Rechtsbegriffe in besonders hohem Maße in der Interpretation und Findung von auf den konkreten Fall anwendbaren Wertungen. Die den Verfassungsgerichten damit zukommende, nicht zu unterschätzende Interpretationsmacht bedeutet indes nicht, dass diese rechtsschöpferisch tätig würden: Die Entscheidung über den materiellen Inhalt einer Norm ist Teil jeglicher rechtsprechenden Tätigkeiten, im Falle der Verfassungsgerichtsbarkeit erfolgt sie allein *letztverbindlich* (zur Frage der Interpretation der Verfassung vgl. unten unter § 4 I 3).

Rechtsprechung findet immer anhand **gegebener Tatbestände** 20
statt; ihr Anlass und ihr Gegenstand muss also ein konkreter Streitfall sein. In diesem Erfordernis manifestiert sich eine der bedeutenden Beschränkungen der Verfassungsgerichte, die sie von zur politischen Gestaltung berufenen Organen des Staates unterscheidet. Ihr Tätigwerden bedarf eines Antrages, der ihnen überhaupt erst die Möglichkeit der Entscheidung über den konkreten, dem Gericht vorgelegten Fall eröffnet – nicht mehr und nicht weniger. Kraft Tätigwerdens als Gericht sind den Verfassungsgerichten ohne Antragstellung auch bei noch so gravierenden Verfassungsverstößen die Hände gebunden; soweit sie angerufen werden, hat sich die Entscheidung auf die relevanten Rechtsfragen des vorgelegten Sachverhalts zu beschränken (siehe dazu das Sondervotum *Lübbe-Wolff* in BVerfGE 112, 1 (44): *„Der Senat antwortet auf Fragen, die der Fall nicht aufwirft, mit Verfassungsgrundsätzen, die das Grundgesetz nicht enthält.“*; vgl. zum Antragserfordernis unten § 5 II 1). Die rechtsprechende Tätigkeit vollzieht sich ferner in einem **förmlichen**, das heißt auch gesetzlich geregelten Verfahren. Hierzu finden sich detailliert ausgeformte Prozessordnungen (vgl. für die deutsche Zivilgerichtsbarkeit etwa die ZPO), nach denen das Verfahren zu führen ist. Für die Verfassungsgerichtsbarkeit findet sich diese im Verfassungsprozessrecht, für das Bundesverfassungsgericht im Bundesverfassungsgerichtsgesetz. Diesem fehlt indes das Maß der Determination, von dem sich das übrige Prozessrecht des Bundes gekennzeichnet sieht, es ist in weiten Teilen lücken- und bruchstückhaft. Seinen Grund findet dies zum einen in dem Umstand, dass sich das verfassungsgerichtliche Verfahren in zahlreiche, zu einem gewissen Maß als selbständig zu betrachtende Verfahren gliedert, die kaum eine einheitliche Regelung erfahren können. Zum anderen jedoch dürfte es aufgrund der politischen Konnotation der Verfassungsrechtsmaterie schwerlich zu antizipieren sein, welche prozessualen Regelungen der Aufgabe der Verfassungsge-

richtsbarkeit, die Verfassung zu wahren und durchzusetzen, optimal gerecht werden können.

21 Es ist dem Bundesverfassungsgericht daher auch überlassen, die Lücken des Verfassungsprozessrechts in eigener Rechtsfortbildung selbst zu schließen; ein Freibrief, der das Gericht zum *„Herrn des Verfahrens“* (BVerfGE 1, 108 (110f.) – *Rückmeldegebühr*; 33, 247 (261) – *Klagestop Kriegsfolgen*) macht, ist dies aber nicht (vgl. hierzu unten unter § 5 I). Sein Gerichtscharakter wird ferner auch dadurch deutlich, dass es gleichsam den rechtsstaatlichen Gewährleistungen für den gerichtlichen Rechtsschutz unterliegt (z. B. Art. 101 Abs. 1 S. 2, Art. 103 Abs. 1 GG).

22 Rechtsprechende Institutionen müssen zudem **unabhängig** sein. Je nach ihrer Ausgestaltung ergibt sich die Unabhängigkeit der Verfassungsgerichte bereits aus ihrer Natur als oberster Gerichtshof oder bedarf einer entsprechenden Manifestation. In jedem Falle ist die gerichtlich tätig werdende Verfassungsgerichtsbarkeit nur Recht und Gesetz unterworfen. Im Falle des Bundesverfassungsgerichts ergibt sich dies qua Doppelrolle sowohl aus seiner Stellung als Verfassungsorgan des Bundes, als auch als Gerichtshof des Bundes (Art. 92 GG). Zur **wirksamen Rechtsdurchsetzung** haben die Entscheidungen **Rechtskraft und sind vollstreckbar**. Dies gilt auch für das Bundesverfassungsgericht. Nach § 31 BVerfGG binden seine Entscheidungen alle Verfassungsorgane des Bundes und der Länder sowie alle Gerichte und Behörden. Die Rechtskraft der Entscheidung besteht – auch insoweit besteht eine Rückkoppelung an die übrige Gerichtsbarkeit – nur zwischen den beteiligten Parteien. Eine Besonderheit stellt hingegen § 31 Abs. 2 BVerfGG dar, wonach ausnahmsweise manchen Entscheidungen des Gerichts Gesetzeskraft zukommt. Die Entscheidungen des Bundesverfassungsgerichts sind nach Maßgabe des § 35 BVerfGG auch vollstreckbar. Aus dieser Betrachtung der geschilderten Anforderungen vermag sich ob der mannigfaltigen Möglichkeiten der Ausgestaltungen einer Verfassungsgerichtsbarkeit keine allgemeine Aussage treffen lassen, ob *jede* Verfassungsgerichtsbarkeit auch Rechtsprechung ist. Gesichert erscheint hingegen der Befund, dass jedenfalls das **Bundesverfassungsgericht rechtsprechend tätig** wird.

Literatur: *Böckenförde*, Verfassungsgerichtsbarkeit: Strukturfragen, Organisation, Legitimation, in: NJW 1999, 9ff.; *Lechner/Zuck*, BVerfGG, 8. Aufl. 2019, § 1; *Roellecke*, Aufgaben und Stellung des Bundesverfassungsgerichts im Verfassungsgefüge, in: Isensee/Kirchhof (Hrsg.), Handbuch des Staatsrechts, Bd. III, 3. Aufl. 2005, § 67; *Volp*, in: Barczak (Hrsg.), BVerfGG, 2018, § 1 Rn 46ff.

4. Verfassungsgerichtsbarkeit als positivrechtliche Entscheidung

Trotz des reichlich bestehenden ideengeschichtlichen und historischen Fundaments der Verfassungsgerichtsbarkeit ist diese im modernen Verfassungsstaat kein *präterkonstitutionelles necessitum*, das der Verfassung schon vorausgesetzt wäre, sondern Ausdruck einer positivrechtlichen Entscheidung des Verfassungsgebers. Sie ist logische Konsequenz des Vorrangs der Verfassung und zugleich die Antwort auf die Frage nach dessen Durchsetzung. Als verfassungsgestaltende Entscheidung versetzt sie diese in einen „*Zustand erhöhter rechtlicher und faktischer Geltungskraft*". 23

Siehe die Erläuterungen hierzu und die rechtsvergleichende Perspektive bei *Tomuschat*, Das Bundesverfassungsgericht im Kreise anderer nationaler Verfassungsorgane, in: Badura/Dreier (Hrsg.), Festschrift 50 Jahre Bundesverfassungsgericht, Bd. I, 2001, 245 (245).

Im Grundgesetz wurzelt die Verfassungsgerichtsbarkeit nicht nur in den institutionellen Garantien des Bundesverfassungsgerichts, sondern auch in der Grundentscheidung für den Verfassungsstaat an sich. Die normative Verfassung, die sämtliche Staatsgewalt bindet (Art. 1 Abs. 3, Art. 20 Abs. 3 GG), setzt denklogisch auch eine Funktion oder Institution voraus, die den *Vorrang der Verfassung* sichert. Auch die Entscheidung für eine prononciert *grundrechtsgeprägte Verfassung* legt eine Verfassungsgerichtsbarkeit nahe. So zeigt sich die Verfassungsgerichtsbarkeit in der Gestalt des Bundesverfassungsgerichts letztlich als „Krönung" des Rechtsschutzsystems, die den Anforderungen an die effektive Justizgewähr in besonderem Maße gerecht wird (Art. 19 Abs. 4 GG). Teil der änderungsfesten und integrationsresistenten Identität des deutschen Verfassungsstaates wird sie damit indes nicht: Verfassungsgerichtsbarkeit mag die logisch konsequente Entscheidung des Verfassungsgebers sein, die einzig mögliche ist sie nicht. Auch wenn der Vorrang der Verfassung und die Garantie der Menschenwürde funktionell einer Instanz der Rechtswahrung bedürfen, muss es sich dabei nicht zwingend um Verfassungsgerichtsbarkeit handeln. 24

Ob und inwieweit der Rechtsschutz in justizieller Gestalt änderungsfest garantiert ist, wird in der Rechtswissenschaft kontrovers diskutiert. Vgl. hierzu grundlegend aus der Rechtsprechung BVerfGE 30, 1 (24 ff.) – *Abhörurteil*. Ferner *Bethge*, in: Maunz/Schmidt-Bleibtreu/Klein/Bethge, BVerfGG (Stand: 60. EL Juli 2020), Vorbemerkung Rn. 2 ff.; *Bryde*, Verfassungsentwicklung – 25

Stabilität und Dynamik im Verfassungsrecht der Bundesrepublik Deutschland, 1982, 237; *Dreier*, in: ders. (Hrsg.), GG, Bd. II, 3. Aufl. 2015, Art. 79 Rn. 53.

Literatur: *Benda/Klein*, Verfassungsprozessrecht, 4. Aufl. 2020, Rn. 16 ff.; *Bethge*, in: Maunz/Schmidt-Bleibtreu/Klein/Bethge, BVerfGG (Stand: 60. EL Juli 2020), Vorbemerkung Rn. 2 ff.; *Hesse*, Stufen der Entwicklung der deutschen Verfassungsgerichtsbarkeit, in: JöR 46 (1998), 1 ff.; *Roellecke*, Aufgaben und Stellung des Bundesverfassungsgerichts im Verfassungsgefüge, in: Isensee/Kirchhof (Hrsg.), Handbuch des Staatsrechts, Bd. III, 3. Aufl. 2005, § 67, insb. Rn 35; *Tomuschat*, Das Bundesverfassungsgericht im Kreise anderer nationaler Verfassungsorgane, in: Badura/Dreier (Hrsg.), Festschrift 50 Jahre Bundesverfassungsgericht, Bd. I, 2001, 245 ff.

II. Zum Begriff des Verfassungsprozessrechts

26 Weniger Schwierigkeiten als die Umschreibung der Verfassungsgerichtsbarkeit bereitet demgegenüber die Beschreibung des Verfassungsprozessrechts. Vor Verfassungsgerichten finden im Rahmen eines formalisierten Verfahrens Verfassungsprozesse statt, die in einer verbindlichen Entscheidung münden. Der Verfassungsprozess unterscheidet sich insoweit in seiner dienenden Funktion grundsätzlich nicht von anderen Gerichtsverfahren: Sie sind gemeinhin **Mittel der Realisierung und Sicherung des materiellen Rechts**. Das Verfassungsprozessrecht steht daher in existenzieller Abhängigkeit zu der maßgeblich determinierenden Rechtsmaterie des Verfassungsrechts, dessen Realisierung es dienen und zu dessen Durchsetzung es geeignete Verfahren bereitstellen soll. Hierzu bedarf es im modernen Verfassungsstaat rechtsstaatlicher Prägung eines *„geordneten Rechtsgangs"* (*Henckel*, Prozeßrecht und materielles Recht, 1970, 8) und damit der Bestimmung von Regeln, nach deren Maßgabe ein Prozess überhaupt zu führen ist.

27 Der Verfassungsprozess dient – jedenfalls jenseits der grundrechtlichen Fragestellungen im Rahmen der Verfassungsbeschwerde – in erster Linie nicht etwa der Durchsetzung *subjektiver* Rechte und Interessen, sondern vor allem der Aufrechterhaltung der *objektiven* Ordnung der Verfassung. Seine herausgehobene Bedeutung erhält die Verfassungsgerichtsbarkeit nicht durch den konkreten, ihr zur Entscheidung vorgelegten Fall selbst, sondern durch die ihm zu Grunde liegenden Fragen des Verfassungsrechts, über dessen Auslegung es zu befinden hat (BVerfGE 1, 351 (359) – *Petersberger Abkommen*). Gleichwohl vollzieht sich diese Tätigkeit der Verfassungs-

gerichtsbarkeit qua Stellung als Gericht in justizförmigen Verfahren. Das Verfassungsprozessrecht des Bundes kennt hierzu Verfahren der objektiven Rechtsfeststellung, hat aber auch subjektive Verfahren wie etwa die Verfassungsbeschwerde dazu dienbar gemacht, das „*Verfassungsrecht zu wahren sowie seiner Auslegung und Fortbildung zu dienen*" (BVerfGE 98, 218 (243) – *Rechtschreibreform*).

Hierzu hat das Bundesverfassungsgericht etwa trotz der subjektiven Antragsrücknahme eines Beschwerdeführers über eine Verfassungsbeschwerde entschieden (BVerfGE 98, 218 – *Rechtschreibreform*) oder das Verfahren trotz des inzwischen eingetretenen Todes des Beschwerdeführers fortgesetzt (BVerfGE 124, 300 – *Wunsiedel*). Vgl. zu dieser subjektiven und objektiven Doppelfunktion nur *Marsch*, Die objektive Funktion der Verfassungsbeschwerde in der Rechtsprechung des Bundesverfassungsgerichts, in: AöR 137 (2012), 592ff.; *Wagner*, Einzelfallentscheidung oder Paradigmenwechsel? Zum Verhältnis zwischen objektiver und subjektiver Funktion der Verfassungsbeschwerde nach dem Urteil des BVerfG zur Rechtschreibreform vom 14.7.1998, in: NJW 1998, 2638ff. 28

Für diese Verfahren hat das Verfassungsprozessrecht Festlegungen hinsichtlich der Verfahrensbeteiligten, des Verfahrensganges, der Beibringung von Beweismitteln oder der Wirkungen der Entscheidungen des Verfassungsgerichts zu treffen, um den Geschäftsgang des Verfassungsprozesses in eben jene geordneten Bahnen zu lenken. 29

Jenseits der reinen Prozessualisierung der Verfassung erfüllt das Verfassungsprozessrecht aber zugleich auch andere Funktionen. Im gleichen Maße wie es die Verfassungsgerichtsbarkeit zur Durchsetzung der Verfassung befähigt, **begrenzt** es sie auch hierin. Verfassungsprozessrecht als Kompetenzrecht normiert auch den Zugang zur Verfassungsgerichtsbarkeit, den Kontrollumfang ihrer Verfahren, ihre Entscheidungsbefugnisse und Entscheidungswirkungen; es stellt einen Ausgleich zwischen der (formal) interpretatorischen Allmacht der Verfassungsgerichtsbarkeit und den anderen Gewalten her. 30

Ein Beispiel einer solchen Balancierung findet sich etwa mit den – im Interesse der Rechtssicherheit gezogenen – Fristen einer Normenkontrolle mittels Rechtssatzverfassungsbeschwerde (§ 93 Abs. 3 BVerfGG); die Möglichkeit des Zugangs zu einer infiniten Normenkontrolle behalten sich die politischen Leitungsorgane von Bund und Länder selbst vor (§ 76 Abs. 1 BVerfGG). 31

Letztlich dient das Verfassungsprozessrecht auch der Sicherstellung der **Funktionsfähigkeit** der Verfassungsgerichte. Es trifft daher etwa Regelungen darüber, wie es sich vor einer überlastenden Inanspruchnahme schützen kann (vgl. etwa den kleinen Kreis der Antrag- 32 steller in zahlreichen Verfahren vor dem Bundesverfassungsgericht oder das Hindernis der Subsidiarität und der Annahme der Verfassungsbeschwerde, Art. 94 Abs. 2 S. 2 GG) oder wie die Einheitlichkeit seiner Rechtsprechung sicherzustellen ist (vgl. § 16 Abs. 1 BVerfGG).

Literatur: *Geiger*, Einige Besonderheiten im verfassungsgerichtlichen Prozeß, 1981; *Henckel*, Prozeßrecht und materielles Recht, 1970; *Jauernig*, Materielles Recht und Prozeßrecht, in: JuS 1971, 329 ff.; *Klein*, Verfahrensgestaltung durch Gesetz und Richterspruch – Das „Prozeßrecht“ des Bundesverfassungsgerichts, in: Badura/Dreier (Hrsg.), Festschrift 50 Jahre Bundesverfassungsgericht, Bd. I, 2001, 507 ff.; *ders.*, Verfassungsprozessrecht – Versuch einer Systematik anhand der Rechtsprechung des Bundesverfassungsgerichts, in: AöR 108 (1983), 410 ff.; *Lorenz*, Grundrechte und Verfahrensordnung, in: NJW 1977, 865 ff.; *Knies*, Auf dem Weg in den „verfassungsgerichtlichen Jurisdiktionsstaat“?, in: Burmeister (Hrsg.), Festschrift für Klaus Stern, 1997, 1155 ff.

III. Typenlehre der Verfassungsgerichtsbarkeit

33 Sowohl historisch als auch ideengeschichtlich hat die Verfassungsgerichtsbarkeit durchaus unterschiedliche Gestalten angenommen. In Akzessorietät zur jeweiligen Verfassungsordnung lässt sich ihr gerichtsförmiger Schutz in vielen verschiedenen Ausprägungen verwirklichen. Dennoch lassen sich Grundentscheidungen feststellen, nach denen die Entscheidungen für die Verfassungsgerichtsbarkeit eines Staates typisiert werden können.

34 Zum einen lässt sich die Verfassungsgerichtsbarkeit *funktionell* oder *institutionell* verstehen und organisieren. Im *institutionellen Modell* wird sie als verselbstständigtes, auf die verfassungsgerichtliche Tätigkeit spezialisiertes Gericht außerhalb der ordentlichen Gerichtsbarkeit errichtet. In diesem **Trennungsmodell** besteht zu den ordentlichen Gerichten kein Über- oder Unterordnungs-, sondern ein Nebenordnungsverhältnis; das Beschreiten des verfassungsgerichtlichen Weges ist somit nicht ordentliches Rechtsmittel. In dieser Tradition steht auch das *Bundesverfassungsgericht*, ferner aber auch der *Österreichische Verfassungsgerichtshof* sowie die Verfassungsgerichte zahlreicher Staaten Mittel- und Osteuropas, Portugals, Spaniens oder der Türkei. Demgegenüber wird im Rahmen einer *funktionellen Organisation* die Verfassungsgerichtsbarkeit nicht von einer selbstständigen Institution wahrgenommen, sondern auf ein Gericht vereinigt, das

zugleich die Funktion des obersten Gerichts der ordentlichen Gerichtsbarkeit einnimmt. In einer nach diesem **Einheitsmodell** organisierten Verfassungsgerichtsbarkeit bleibt die Verfassungsgerichtsbarkeit in die normale Rechtsprechung einbezogen; die verfassungsrechtliche Prüfung und gegebenenfalls die Nichtanwendung verfassungswidriger Normen obliegen dabei in dekonzentrierter Zuständigkeit grundsätzlich allen Richtern, das oberste Gericht entscheidet hierüber nur letztverbindlich. Dieses, manchmal nach dem Vorbild des *Supreme Court of the United States* auch *amerikanisches Modell* genannte Konzept findet – neben den Vereinigten Staaten – auch in zahlreichen Staaten des Commonwealth, in Skandinavien, in Israel (*Beit HaMishpat HaElyon*) oder etwa der Schweiz Anwendung.

Eine andere Möglichkeit der Typisierung der Verfassungsgerichts- 35
barkeit besteht in der Betrachtung seiner *Kompetenzen*. Zur groben Unterscheidung lassen sich diese in der Funktion als **Staatsgerichtshof** oder als **Verfassungsgerichtshof** systematisieren. Ersterem obliegt es, über die Einhaltung der kompetenziellen Zuweisungen der Verfassungen zu wachen und daher etwa über Streitigkeiten zwischen den Organen einer Verfassung zu entscheiden. Besondere Bedeutung kommt der staatsgerichthoflichen Tätigkeit im Bundesstaat zu, als ein Staatsgerichtshof auch in Angelegenheiten des Verhältnisses von Gliedstaaten und Gesamtstaat zu befinden hat. Die Organisation als *Verfassungsgerichtshof* begründet demgegenüber zumeist umfangreichere Zuständigkeiten, als dem Gericht gegenüber den anderen Gewalten auch Überprüfungs- und Verwerfungskompetenzen eingeräumt werden. In der Praxis kann sich dies vor allem in der Befugnis zur prinzipalen Normenkontrolle oder aber auch zur Kassation exekutiver und judikativer Akte widerspiegeln.

Literatur: *Böckenförde*, Verfassungsgerichtsbarkeit: Strukturfragen, Organisation, Legitimation, in: NJW 1999, 9ff.; *v. Brünneck*, Verfassungsgerichtsbarkeit in den westlichen Demokratien – Ein systematischer Verfassungsvergleich, 1992; *Cappeletti/Ritterspach*, Die gerichtliche Kontrolle der Verfassungsmäßigkeit der Gesetze in rechtsvergleichender Betrachtung, in: JöR 20 (1971), 65ff.; *Grote*, Rechtskreise im öffentlichen Recht, in: AöR 126 (2001), 10 (45ff.); *Häberle*, Verfassungsvergleichung in Europa- und weltbürgerlicher Absicht – Späte Schriften, 2009; *Schulz*, Verfassungsgerichtsbarkeit im globalen Kontext, in: GIGA Focus Global 5 (2010), 1ff.; *Wahl*, Das Bundesverfassungsgericht im europäischen und internationalen Umfeld, in: v. Ooyen/Möllers (Hrsg.), Handbuch Bundesverfassungsgericht im politischen System, 2. Aufl. 2015, 825ff.

IV. Ursprünge und historische Entwicklung deutscher Verfassungsgerichtsbarkeit

36 Mit dem Bundesverfassungsgericht hat ein „Novum in der deutschen Verfassungsgeschichte" (Stern, Staatsrecht II, 1980, 944) Einzug in das Grundgesetz gefunden, ein Gericht „das nicht so war und nicht so sein wollte, wie deutsche Gerichte üblicherweise sind" (*Schönberger*, Anmerkungen zu Karlsruhe, in: Jestaedt et al. (Hrsg.), Das entgrenzte Gericht, 1. Aufl. 2011, 11). Gleichwohl lässt sich daraus nicht folgern, das Bundesverfassungsgericht sei ohne Vorbilder und ohne Vorgeschichte in einer verfassungsrechtlichen Genesis vom Himmel gefallen: Verfassungsgerichtsbarkeit ist vielmehr ein Teil deutscher Rechtstradition.

37 Wie zahlreiche andere Grundentscheidungen des Grundgesetzes kommt auch die Herleitung der Verfassungsgerichtsbarkeit zwar nicht ohne Bezugnahme zu Weimarer Erfahrungen aus, findet dort jedoch keineswegs ihren geschichtlichen Ursprung. Anklänge an eine Verfassungsgerichtsbarkeit finden sich schon in der mittelalterlichen **Austrägalgerichtsbarkeit** des Heiligen Römischen Reichs (deutscher Nation), die seit dem 14. Jahrhundert von regionalen Landfriedensschlüssen und Reichsständen als eine Art Schiedsgerichtsbarkeit etabliert wurde, um quasi-föderale Streitigkeiten zwischen den Territorialherren beizulegen. Mit der auf dem Reichstag zu Worms 1495 im ewigen Reichsfrieden erteilten Absage an das mittelalterliche Fehderecht wurden Streitigkeiten zwischen Lehnsherren und Vasallen nunmehr in einer justizförmigen Streitbeilegung ausgetragen, die dem **Reichskammergericht** (und später auf Betreiben von Kaiser Maximilian I. auch dem konkurrierend eingerichteten **Reichshofrat**) zugewiesen waren. Vor dem Reichskammergericht und dem Reichshofrat ließen sich sowohl Streitigkeiten zwischen den Reichsständen beilegen, als auch Gesetze der Territorien auf Ihre Vereinbarkeit mit Reichsrecht sowie Reichsgesetze jedenfalls auf ihre formelle Rechtmäßigkeit hin überprüfen; gewisse Ähnlichkeiten zu Verfahren der föderalen Streitigkeit wie zu Normenkontrollverfahren lassen sich kaum von der Hand weisen. Das Reichskammergericht gewährleistete den reichsunmittelbaren Untertanen ferner Rechtsschutz im Falle der Rechtsverweigerung durch die territoriale Gerichtsbarkeit, so dass sich auch rudimentäre Konturen einer Verfassungsbe-

schwerde erkennen lassen. An dem Dualismus von habsburgischem Kaisertum und ständischem Reich nahm insoweit auch das Reichskammergericht teil, als die Reichsstände an der Besetzung beteiligt waren und dessen Rechtsprechung legitimierten. Anders als dies für die moderne Verfassungsgerichtsbarkeit gilt, leiteten Reichskammergericht und Reichshofrat ihre Autorität indes nicht aus dem Vorrang einer Verfassung, sondern vielmehr aus der Gerichthoheit des Kaisers ab. Entsprechend fehlte es den Entscheidungen von Reichskammergericht und Reichshofrat an Letztverbindlichkeit; gegen sie konnte der Reichstag beziehungsweise der Kaiser angerufen werden.

Vertiefend hierzu *Hoke*, Verfassungsgerichtsbarkeit in den deutschen Ländern in der Tradition der deutschen Staatsgerichtsbarkeit, in: Starck/Stern (Hrsg.), Landesverfassungsgerichtsbarkeit, Bd. I, 1983, 25 ff.; *Mitteis*, Lehnrecht und Staatsgewalt, 1958; *Westphal*, Reichskammergericht, Reichshofrat und Landfrieden als Schutzinstitute der Reichsverfassung, in: Simon/Kalwoda, Schutz der Verfassung – Normen, Institutionen, Höchst- und Verfassungsgerichtsbarkeit, 2014, 13 ff.

Den beschränkten Kompetenzen des 1815 begründeten **Deutschen** 38
Bundes entsprechend fokussierte sich die Entwicklung der Verfassungsgerichtsbarkeit auf die Länder; auf die Einführung einer originären Verfassungsgerichtsbarkeit des Bundes hatte man sich auf dem Wiener Kongress nicht einigen können. Insbesondere Bayern, Hessen-Darmstadt und Württemberg hatten den Verzicht zu Gunsten von schiedsgerichtlichen Austrägalverfahren durchgesetzt, in denen – anders als dies für die bereits früher eingerichtete Austrägalgerichtsbarkeit galt – nun indes obligatorisch die letztverbindliche Entscheidung des obersten Gerichts eines Gliedstaates einzuholen war. So enthielten die in allen Ländern nach Art. 13 der Verfassung des Deutschen Bundes (Bundesakte) einzuführenden *landständischen Verfassungen* jedenfalls weitgehend Abschnitte über die Gewähr und den Schutz der Verfassung und bedienten sich zumindest in Teilen auch einer institutionalisierten Verfassungsgerichtsbarkeit (so zum Beispiel die Einrichtung eines sächsischen Staatsgerichtshofes zum „*gerichtlichen Schutz der Verfassung*“, vgl. § 142 der Verfassungsurkunde für das Königreich Sachsen). Auf Ebene des Deutschen Bundes erteilte die Bundesakte der *Bundesversammlung* die Befugnis, über Streitigkeiten zwischen den Mitgliedern des Deutschen Bundes zu entscheiden. Nach Art. 60 der Wiener Schlussakte umfasste dies auch die Möglichkeit, „*auf Anrufen der Beteiligten, die Verfassung aufrecht zu erhalten, und die über Auslegung oder Anwendung derselben ent-*

standenen Irrungen, so fern dafür nicht anderweitig Mittel und Wege gesetzlich vorgeschrieben sind, durch gütliche Vermittlung oder compromissarische Entscheidung beizulegen" und damit die Vorform eines Landesorganstreitverfahrens vor einer (wenngleich nicht gerichtlichen) Instanz des Bundes. Auf gliedstaatlicher Ebene fand sich beispielsweise in der Bayerischen Verfassung von 1818 die Möglichkeit einer über die Ständeversammlung bzw. den Landtag gemittelten *Individualbeschwerde* der Staatsbürger, die für den Fall der Verletzung der Verfassung die Entscheidung des Königs und damit eine Art außerordentlichen Rechtsbehelf vorsah (vgl. insoweit § 21 des VII. Titels sowie § 5 des X. Titels der Bayerischen Verfassung von 1818). Gleichwohl war die Möglichkeit der Individualbeschwerde weniger Ausweis des staatsbürgerlichen Rechtsschutzes als der parlamentarischen Kontrolle des Landtages über die Exekutive.

Vgl. hierzu nur *Kreuzer*, Vorläufer der Verfassungsgerichtsbarkeit im süddeutschen Konstitutionalismus, in: EuGRZ 1986, 94 ff.; *Robbers*, Geschichtliche Entwicklung der Verfassungsgerichtsbarkeit, in: Umbach/Clemens/Dollinger (Hrsg.), BVerfGG – Kommentar, 2. Aufl. 2005, Rn. 10 f.; *Scheuner*, Die Überlieferung der deutschen Staatsgerichtsbarkeit im 19. und 20. Jahrhundert, in: Starck (Hrsg.), Festgabe 25 Jahre Bundesverfassungsgericht, Bd. I, 1976, 1 ff.; *Walter*, in: Maunz/Dürig, GG (Stand: 93. EL Oktober 2020), Art. 93 Rn. 13 ff.

39 Eine genuine Bundesverfassungsgerichtsbarkeit fand hingegen Niederschlag in den §§ 125–129 der in jeder Hinsicht fortschrittlichen Verfassung des Deutschen Reiches vom 28.3.1849 (auch Frankfurter Reichsverfassung (FRV) oder **Paulskirchenverfassung**). Als wohl bedeutendste Neuerung wies sie in § 126 lit. g dem *Reichsgericht* nunmehr die Zuständigkeit für eine Verfassungsbeschwerde „*wegen Verletzung der durch die Reichsverfassung [...] gewährten Rechte*", insbesondere der im VI. Abschnitt vorgesehenen Grundrechte, zu. Auf die genaue Ausgestaltung der Verfassungsbeschwerde hatte man sich im Verfassungsausschuss nicht einigen können und diese dem Gesetzgeber überlassen (§ 126 lit. g S. 2 FRV). Eine allgemeine Normenkontrollbefugnis des Reichsgerichts fand sich nicht; in § 126 lit. a FRV lassen sich Anklänge an eine föderal konnotierte, abstrakte Normenkontrolle erkennen. Zwar scheiterte die Paulskirchenverfassung letztlich am Widerstand der größeren deutschen Staaten und insbesondere an Preußen, indes finden sich in der Enumeration der an den Kompetenzen des *Supreme Court of the United States* orientierten Zuständigkeiten des Reichsgerichts in § 126 letztlich kaum zu verleugnende Parallelen zu der Regelung, die das Grundgesetz in Art. 93 einhundert Jahre später tatsächlich vorsehen sollte.

Instruktiv vgl. nur *Faller*, Die Verfassungsgerichtsbarkeit in der Frankfurter Reichsverfassung vom 28. März 1949, in: Leibholz/Faller/Mikat/Reis (Hrsg.), Festschrift für Willi Geiger, 1974, 827 ff.; *Scheuner*, Die Überlieferung der deutschen Staatsgerichtsbarkeit im 19. und 20. Jahrhundert, in: Starck (Hrsg.), Festgabe 25 Jahre Bundesverfassungsgericht, Bd. I, 1976, 1 ff.; *Unruh*, Der Verfassungsbegriff des Grundgesetzes – Eine verfassungstheoretische Rekonstruktion, 2002.

Mit dem Scheitern der Paulskirchenverfassung versank zunächst auch die Idee einer reichseinheitlichen Verfassungsgerichtsbarkeit, der Fokus richtete sich vermehrt auf die nicht-justizförmige Bewältigung von Verfassungsstreitigkeiten. Die **Bismarcksche Reichsverfassung** vom 16.4.1871 wie die Verfassung des **Norddeutschen Bundes** kannten beide kein Verfassungsgericht auf Reichs- bzw. Bundesebene und wiesen – ihrer föderalistischen Struktur entsprechend – Entscheidungen über Streitigkeiten zwischen den Bundesstaaten dem Bundesrat zu. Rudimente einer Verfassungsbeschwerde fanden sich nur in der in Art. 77 der Verfassung des Norddeutschen Bundes vorgesehenen Möglichkeit der Befassung des Bundesrates im Falle der bundesstaatlichen Justizverweigerung. Die Zuweisung an ein politisches Organ statt an eine unabhängige Gerichtsbarkeit sicherte nicht zuletzt die Hegemonialstellung Preußens, dem im Bundesrat die Stimmführerschaft zukam (Art. 6 Abs. 1 der Reichsverfassung von 1871). 40

Vgl. nur *Huber*, Deutsche Verfassungsgeschichte seit 1789, Bd. III, 3. Aufl. 1988, 1055 ff.; *Scheuner*, Die Überlieferung der deutschen Staatsgerichtsbarkeit im 19. und 20. Jahrhundert, in: Starck (Hrsg.), Festgabe 25 Jahre Bundesverfassungsgericht, Bd. I, 1976, 1 ff.

Die in Art. 108 der **Weimarer Reichsverfassung** vorgesehene Konzeption eines *Staatsgerichtshofs* blieb trotz der umfassenden grundrechtlichen Gewährleistungen der Weimarer Reichsverfassung weit hinter dem Entwurf der Paulskirchenverfassung zurück. Zu den Zuständigkeiten des Staatsgerichtshofes zählte weder ein Reichsorganstreitverfahren noch die justizförmige Durchsetzung der Grundrechte in einem Verfassungsbeschwerdeverfahren. Vielmehr konzentrierten sich seine Kompetenzen auf die Entscheidung über Streitigkeiten föderaler Natur, etwa Streitigkeiten zwischen verschiedenen Ländern oder dem Reich und einem Land sowie ersatzweise 41 diejenigen innerhalb eines Landes (Art. 19 WRV). Ein Überprüfungsmonopol für die Verfassungsmäßigkeit von Gesetzen kam dem Staatsgerichtshof zu Gunsten einer gleichermaßen verfassungsgerichtlichen Funktion des *Reichsgerichts* (Art. 13 Abs. 2 WRV) ebenso nicht zu. Entsprechend hatte der Staatsgerichtshof für die Verfassungsgerichtsbarkeit der Weimarer Republik eine eher untergeordnete Rolle. Von nachhaltiger Bedeutung blieb hingegen die Entscheidung des im Verfahren *Preußen contra Reich* (StGH 25.7.1932, StGH 15/32, RGZ 137, 65 ff.) um das Notverordnungsrecht des Reichspräsidenten hinsichtlich des sogenannten **„Preußenschlags"** insoweit, als sie jedenfalls das Bild der Staatsorgane der ersten deutschen Demokratie komplettierte, die nicht Willens und in der Lage waren, sich dem anbahnenden, autoritären Regime des Nationalsozialismus hinreichend entgegenzustellen.

Vgl. vertiefend nur *Dreier*, Verfassungsgerichtsbarkeit in Weimar, in: DÖV 2019, 609 ff.; *Gusy*, Die Weimarer Reichsverfassung, 1997, 207 ff.; *Stolleis*, Geschichte des öffentlichen Rechts in Deutschland, Bd. III, 1999, 117 ff.; *Triepel*, Streitigkeiten zwischen Reich und Ländern, in: Berliner Festgabe für Wilhelm Kahl, 1923, 51 ff.; *Wendenburg*, Die Debatte um die Verfassungsgerichtsbarkeit und der Methodenstreit der Staatsrechtslehre in der Weimarer Zeit, 1984.

42 Dass der Verfassungsgerichtsbarkeit des Staatsgerichtshofes in der Zeit des **nationalsozialistischen Deutschlands** keine Bedeutung zukam, bedarf keiner weiteren Erläuterung und zeigt sich nicht zuletzt daran, dass man es nach dem 30.1.1933 nicht einmal für erforderlich hielt, den Staatsgerichtshof formal abzuschaffen; er stellte nach seiner letzten Entscheidung am 21.2.1933 schlichtweg seine Arbeit ein.

Vertiefend hierzu nur *Wehler*, Der Staatsgerichtshof für das Deutsche Reich – Die politische Rolle der Verfassungsgerichtsbarkeit in der Zeit der Weimarer Republik, 1979, 335 ff.

Insgesamt zu den historischen Bezügen: *Barczak*, in: ders. (Hrsg.), BVerfGG, 2018, Einleitung Rn. 11 ff.; *Robbers*, Die historische Entwicklung der Verfassungsgerichtsbarkeit, in: JuS 1990, 257 ff.; *Scheuner*, Die Überlieferung der deutschen Staatsgerichtsbarkeit im 19. und 20. Jahrhundert, in: Starck (Hrsg.), Festgabe 25 Jahre Bundesverfassungsgericht, Bd. I, 1976, 1 ff.

V. Die Entscheidung für die Verfassungsgerichtsbarkeit im Grundgesetz

Die herausgehobene Bedeutung und Verantwortung des Bundesverfassungsgerichts für den Grundrechtsschutz entsprechen im besonderen Maße der Intention seiner Einrichtung. Nicht als der bundesstaatlichen Struktur geschuldete Notwendigkeit des Verfassungslebens, sondern als genuine Absage an die unmenschlichen Gräuel des Nationalsozialismus fand das Bundesverfassungsgericht Einzug in das Grundgesetz, als Institution gewordenes *Über-Ich* eines neu verfassten Deutschlands. 43

a) Die Ausgestaltung des Bundesverfassungsgerichts ist die bundesrepublikanische Antwort auf den *Weimarer Methoden- und Richtungsstreit* der 1920er Jahre um das richterliche Prüfungsrecht und Umfang und Grenzen einer Verfassungsgerichtsbarkeit, der letztlich in der Frage kulminierte: Wer ist **„Hüter der Verfassung"**? Ihre Protagonisten fand die Debatte hauptsächlich im Berliner Staatsrechtler *Heinrich Triepel* sowie *Carl Schmitt* auf der einen Seite sowie dem Wiener Verfassungsrechtler *Hans Kelsen* auf der anderen Seite und ihren Höhepunkt auf der berühmten Wiener Tagung der Deutschen Staatsrechtslehrer 1928. *Triepel*, dessen Lehre noch immer dem vor allem im 19. Jahrhundert prominenten *strengen Rechtspositivismus* zugeneigt war, verstand Staat und Recht in der tradierten Linie eines preußisch-konservativen Etatismus; ihnen verblieb ein Rest von *„hoher"* und *„schöpferischer"* Politik, so dass das *„Wesen der Verfassung [...] bis zu einem gewissen Grade mit dem Wesen der Verfassungsgerichtsbarkeit im Widerspruch"* stehe. Nach seinem Verständnis gerät die Abgrenzung der vor einer Verfassungsgerichtsbarkeit zu führenden *rechtlichen* Verfassungsstreitigkeiten von sonst wie geführten politischen Streitigkeiten künstlich; das Politische ließe sich qua Verfassungsbezug nicht aus dem Verfassungsstreit tilgen (*Triepel*, in: VVDStRL 5 (1928), 2 (7 ff.)). 44

Allgemein zu *Heinrich Triepels* Konzeption von Verfassung und Verfassungsgerichtsbarkeit *Triepel*, Die Staatsverfassung und die politischen Parteien, 1927; *ders.*, Staatsrecht und Politik, 1927; *ders.*, Wesen und Entwicklung der Staatsgerichtsbarkeit, in: VVDStRL 5 (1928), 2 ff. Instruktiv ferner *Gassner*, Heinrich Triepel – Leben und Werk, 1999; *Hollerbach*, Zu Leben und Werk Heinrich Triepels, in: AöR 91 (1966), 417 ff.; *Wendenburg*, Die Debatte um die Verfassungsgerichtsbarkeit und der Methodenstreit der Staatsrechtslehre in der Weimarer Zeit, 1984.

45 Mit dieser Fokussierung auf das *„Politische"* der Verfassung stand *Triepel* stellvertretend für Bedenken, mit einer unabhängigen Verfassungsgerichtsbarkeit drohe die *„Politisierung des Justiziellen"*. Auch *Herrmann Heller* betonte eine peinliche Politisierung der Gerichtsbarkeit in den Vereinigten Staaten von Amerika, indem *„das Verfassungsgericht nicht selten diejenigen politischen Entscheidungen fällt, welchen der demokratische Politiker ihrer Unpopularität wegen gern ausweichen möchte"* (*Heller*, in: VVDStRL 5 (1928), 111 (113)). Besonders fulminant fand sich dies jedoch in den Werken *Carl Schmitts*, der auf der Wiener Tagung 1928 zwar nicht physisch, indes im Geiste präsent war. Anders als *Triepel*, der einer Verfassungsgerichtsbarkeit – wenn schon nicht begrüßend – jedenfalls nicht kategorisch entgegenstand, setzte *Schmitt* Staat und Verfassung *„das Politische"* voraus und proklamierte radikal die Unvereinbarkeit von Justiz und Politik und damit der Verfassungsgerichtsbarkeit an sich.

46 *„Eine hemmungslose Expansion der Justiz würde nicht etwa den Staat in Gerichtsbarkeit, sondern umgekehrt Gerichte in politische Instanzen verwandeln. Es würde nicht etwa die Politik juridifiziert, sondern die Justiz politisiert. Verfassungsjustiz wäre dann ein Widerspruch in sich."* (*C. Schmitt*, Staatsethik und pluralistischer Staat, in ders., Positionen und Begriffe im Kampf mit Weimar – Genf – Versailles 1923–1939, 3. Aufl. 1994, 164). Bei der „Juridifizierung" des Politischen – dahingehend die bekannt gewordene Paraphrasierung von François Guizuot – habe die *„Politik nichts zu gewinnen und die Justiz alles zu verlieren" (C. Schmitt,* Der Hüter der Verfassung, 4. Aufl. 1996, 35).

47 Die Rolle eines *„Hüters der Verfassung"* wollte er daher nicht bei den Gerichten (oder gar dem Reichstag, dem *Schmitt* als Hort eines *„degenerierten Parlamentarismus"* ohnehin nicht viel abgewinnen wollte), wohl aber beim Reichpräsidenten als *„neutrale Instanz"* verortet wissen. Zu wichtig sei nach Ansicht *Schmitts* die Entscheidung über Zweifel und Meinungsverschiedenheiten des Verfassungstextes, als dass man sie einem Gerichtshof als *„Verfassungsgesetzgeber in hochpolitischer Funktion"* überlassen könne: In Anbetracht der *„dilatorischen Formelkompromisse"* einer Verfassung sei die Auslegung *„in Wahrheit überhaupt erst die wirkliche Normierung."*

Vgl. zu dieser Konzeption der Verfassung und der Verfassungsgerichtsbarkeit *Carl Schmitts* paradigmatisch nur *ders.*, Der Hüter der Verfassung, 1929; zuvor auch schon ders., Der Hüter der Verfassung, in: AöR 16 (1929), 161ff.

Zum Begriff der *„dilatorischen Formelkompromisse"* der Verfassung siehe schon *C. Schmitt*, Verfassungslehre, 1928, 31 f. Ferner auch *ders.*, Der Begriff des Politischen, 6. Aufl. 1996. Instruktiv ferner *Lembcke*, Hüter der Verfassung – eine institutionentheoretische Studie zur Autorität des Bundesverfassungsgerichts, 2007, 15 ff.; *v. Ooyen*, der Streit um die Staatsgerichtsbarkeit in Weimar aus demokratietheoretischer Sicht: Triepel – Kelsen – Schmitt – Leibholz, in: ders./Möllers (Hrsg.), Das Bundesverfassungsgericht im politischen System, 2. Aufl. 2015, 99 ff.

Der Antipode dieser Auffassung, *Hans Kelsen,* hatte die Tagung **48**
1928 nicht zuletzt auch nutzen wollen, um die 1920 maßgeblich unter seiner Federführung in der österreichischen Bundesverfassung niedergelegte Verfassungsgerichtsbarkeit vorzustellen. Als Anhänger eines *normhierarchischen Rechtspositivismus* sah er eine institutionalisierte Verfassungsgerichtsbarkeit als logische Notwendigkeit, um den Vorrang und damit die Verbindlichkeit der Verfassung im rechtsstaatlichen Sinne sicherzustellen. Dabei wies *Kelsen* die Probleme, die sich insbesondere aus den von *Schmitt* beklagten *„Formelkompromissen"* der Verfassung ergeben können und die Bedenken vor einer „unerträglichen" Machtvollkommenheit der Verfassungsgesetzgebung nicht grundsätzlich zurück, lenkte sie jedoch eher in die Bahnen einer determinierten Verfassungsgebung unter Enthaltung „jeder derartiger Phraseologie" als in die eines generellen Verzichts auf eine Verfassungsgerichtsbarkeit (*Kelsen*, in: VVDStRL 5 (1929). 30 (70)). In *Kelsens* Verfassungsverständnis, das so dann auch die von ihm entwickelte *„Reine Rechtslehre"* prägte, ist die Verfassung in einem *verfassungsgesetzlichen* Sinne letztlich nur eine *„Ordnung und als solche ein Komplex von inhaltlich bestimmten Normen"* (*Kelsen*, Wer soll Hüter der Verfassung sein? 1931, 5); die verfassungsgerichtliche Kontrolle beschränkt sich daher auf die Überprüfung des Vollzugs der Verfassung durch Akte der anderen Staatsgewalt. Spiegelbildlich zur *kreativen Funktion* der Gesetzgebung weist *Kelsen* denn auch dem Hüter der Verfassung die *negative Funktion* der Überprüfung und (gegebenenfalls) Aufhebung eben jenes Kreativen zu. Bei ihm sind Gesetzgebung und Rechtsprechung zwar institutionell, nicht jedoch in ihrem Handlungsrational getrennt.

Vertiefend zum Verfassungs- und Verfassungsgerichtsbarkeitsverständnis *Hans Kelsens* vgl. *ders.*, Wesen und Entwicklung der Staatsgerichtsbarkeit, in: VVDStRL 5 (1929), 30 ff.; *ders.* Wer soll Hüter der Verfassung sein?, 1931. Instruktiv ferner *Adamovich*, Verfassungsgerichtsbarkeit und Reine Rechtslehre, in: ÖJZ 1968, 617 ff.; *Haller*, Hans Kelsen – Schöpfer der verfassungsgerichtlichen Gesetzesprüfung? Reihe Rechtswissenschaft der Wirtschaftsuniversität Wien, Bd. IV, 1977; *Lembcke*, Hüter der Verfassung – eine institutionentheoretisch Studie zur Autorität des Bundesverfassungsgerichts, 2007, 21 ff.; *v. Ooyen*, der Streit um die Staatsgerichtsbarkeit in Weimar aus demokratietheoretischer Sicht: Triepel – Kelsen – Schmitt – Leibholz, in: ders./Möllers, (Hrsg.) Das Bundesverfassungsgericht im politischen System, 2. Aufl. 2015, 99 ff.; umfassend zum Methodenstreit auch *Stolleis*, Geschichte des öffentlichen Rechts in Deutschland, Bd. III, 1999, 153 ff.

49 b) Dass sich eine neu zu errichtende Bundesrepublik Deutschland nicht mehr an der Weimarer Konzeption orientieren würde, dürfte untrennbar mit ihrem Scheitern verbunden sein; die These vom Reichspräsidenten als Hüter der Verfassung hatte die Geschichte widerlegt. Mittels der Ausübung der Notstandsbefugnisse der Weimarer Reichsverfassung war der Reichspräsident vom Schutzherrn zum *„Totengräber"* (*Dreher*, in: NJW 1951, 377) der Verfassung metamorphosiert; er hütete sie nicht, sondern lieferte sie 1933 ihren Feinden aus (*Mayer*, in: AöR 129 (2004), 411 (412)). Schon deshalb bestand bereits im August 1948 tagenden Verfassungskonvent von Herrenchiemsee weitgehend Einigkeit darüber, dass der Schutz der Verfassung nicht mehr einem Präsidenten oder dem Parlament, sondern einer wirkungsmächtigen Verfassungsgerichtsbarkeit überantwortet werden müsse. Gleichsam geprägt wurde die Idee der Verfassungsgerichtsbarkeit auf Bundesebene durch die *Paulskirchenverfassung* von 1848, die Regelung der Landesverfassungsgerichtsbarkeit in der am 8.12.1946 in Kraft getretenen *Bayerischen Verfassung* sowie durch den im Auftrag der Bayerischen Staatsregierung erarbeiteten *„Bayerischen Entwurf eines Grundgesetzes"* von *Hans Nawiasky*, der in den Artikeln 61–63 die Einrichtung eines *„Bundesverfassungsgerichtshofes"* vorsah. Weniger Einigkeit bestand hingegen über die institutionelle Ausgestaltung der Bundesverfassungsgerichtsbarkeit; im Raum standen dabei insbesondere die Zuweisung an ein einheitliches oberstes Bundesgericht nach dem Vorbild des Supreme Court of the United States (Einheitsmodell) sowie die Einrichtung eines institutionell selbstständigen Verfassungsgerichtshofs in der Tradition des Weimarer Staatsgerichtshofes oder der Landesverfassungsgerichte (Trennungsmodell). So ließ der Herrenchiemseer Verfassungsentwurf diese Entscheidung noch offen, legte sich jedoch bereits auf die Bezeichnung *„Bundesverfassungsgericht"* fest und enumerierte in Art. 98 HChE dem Gericht zugewiesene Zuständigkeiten. Hierzu zählte maßgeblich auch die bereits so bezeichnete Verfassungsbeschwerde.

Vgl. hierzu nur *Säcker*, Die Verfassungsgerichtsbarkeit im Konvent von Herrenchiemsee, in: Festschrift für Wolfgang Zeidler, Bd. I, 1987, 265 ff.; *Wesel*, Der Gang nach Karlsruhe – Das Bundesverfassungsgericht in der Geschichte der Bundesrepublik, 2004, 30 ff.; *Wilms*, Die Vorbildfunktion des United States Supreme Court für das BVerfG, in: NJW 1999, 1527.

c) Während sich die Mitglieder des Verfassungskonvents von Herrenchiemsee politischer Auffassungen über die generelle Rolle der Verfassungsgerichtsbarkeit noch weitgehend enthielten, brachen sich diese in den Beratungen des **Parlamentarischen Rates** zur Verfassungsgerichtsbarkeit weitaus kontroverser Bahn. Einen maßgeblichen Entwurf skizzierte dabei zunächst der rheinland-pfälzische Justiz- und Kultusminister *Adolf Süsterhenn* (CDU), der die Verfassungsgerichtsbarkeit zum einen in die Tradition eines föderalen Streitschlichters rückte, zum anderen – durchaus auch mit einem unüberhörbaren antiparlamentarischem Unterton – in der Verantwortung der Sicherstellung des Grundrechtsschutzes auch gegenüber einer *„parlamentarischen Diktatur"* der Mehrheit und damit primär als Kontrollinstanz der Regierung und insbesondere des Parlaments sah. Im Gegenentwurf des nordrhein-westfälischen Landtagsabgeordneten *Walter Menzel* (SPD) spiegelte sich vor allem die kritische Rezeption der Rolle der Gerichtsbarkeit in der Weimarer Republik sowie im Dritten Reich; er forderte vor allem Garantien für die Verhinderung eines Missbrauchs der richterlichen Unabhängigkeit und wollte damit die Kontrollwirkung des Bundesverfassungsgerichts auch in Richtung der Justiz lenken. 50

Maßgeblich aufgrund der neben *Walter Menzel* auch von *August Zinn* (SPD) vorgebrachten Befürchtungen fand die Möglichkeit einer Richteranklage vor dem Bundesverfassungsgericht Einzug in das Grundgesetz, vgl. hierzu Art. 98 Abs. 2 und 5 GG sowie die Ausführungen unten unter § 21. 51

Der zuständige Ausschuss des Parlamentarischen Rates *für Verfassungsgerichtsbarkeit und Rechtspflege* legte seinen Beratungen über die Verfassungsgerichtsbarkeit den Zuständigkeitskatalog des Art. 98 HChE zu Grunde. Bedenken begegnete dabei die Zuständigkeit für den *Organstreit*, als man diesen vor allem als politische Streitigkeit empfand, die einer Verfassungsgerichtsbarkeit nicht zugänglich sei. Im Entwurf des *Allgemeinen Redaktionsausschusses* fand sich daher – anders als noch in Art. 98 Nr. 2 HChE – die Zuständigkeit des Bundesverfassungsgerichts für Streitigkeiten *„über den Umfang der Rechte und Pflichten eines Obersten Bundesorgans oder eines Betei-* 52 *ligten*", um die Entscheidung des Gerichts eindeutig auf solche Fragen des Verfassungsrechts zu beschränken. Das Organstreitverfahren fand nahezu unverändert Eingang in die Lesungen des Hauptausschusses und letztlich in das Grundgesetz. Die in Art. 98 Nr. 8 HChE vorgesehene Verfassungsbeschwerde hat der Parlamentarische Rat indes zunächst nicht in das Grundgesetz übernommen; sie sollte später zunächst nur einfachgesetzlich in den §§ 90f. BVerfGG und erst 1969 in Art. 93 Abs. 1 Nr. 4a GG geregelt werden. Zum anderen lief das Bundesverfassungsgericht im Hinblick auf die Organisation des Gerichts zunächst Gefahr, durch das geplante Oberste Bundesgericht verdrängt, später von diesem vereinnahmt zu werden. Letztlich votierte der Parlamentarische Rat indes eindeutig für ein eigenständiges Bundesverfassungsgericht.

Weiterführend zur Verfassungsgerichtsbarkeit im Parlamentarischen Rat 1948 vgl. *Fronz*, Das Bundesverfassungsgericht im politischen System der BRD – Eine Analyse der Beratungen im Parlamentarischen Rat, in: Sozialwissenschaftliches Jahrbuch für Politik, Bd. II, 1971, 629ff.; *Höreth*, Verfassungsgerichtsbarkeit in der Bundesrepublik Deutschland, 2014; *Niclauß*, Der Parlamentarische Rat und das Bundesverfassungsgericht, in: v. Ooyen/Möllers (Hrsg.), Das Bundesverfassungsgericht im politischen System, 2. Aufl. 2015, 191ff.; *Wieland*, in: Dreier (Hrsg.), GG, Bd. III, 3. Aufl. 2018, Art. 93 Rn. 15.

53 d) Weitgehend unbeantwortet blieben indes noch Fragen der Organisation des Gerichts; die Ausgestaltung der Institution des Bundesverfassungsgerichts ist ausweislich Art. 94 GG fast vollständig einem einfachrechtlichen Bundesgesetz überlassen. Schon bald begannen daher – insbesondere auf Seiten der oppositionellen SPD – die Bestrebungen um ein **Gesetz über das Bundesverfassungsgericht**; der Eifer der Regierungsparteien der Regierung *Konrad Adenauers* zur Einführung einer unabhängigen verfassungsgerichtlichen Kontrollinstanz hielt sich hingegen – erwartbar – eher in Grenzen. Meinungsverschiedenheiten bestanden zunächst hinsichtlich der Stellung des Gerichts. Ein erster Regierungsentwurf, der das Bundesverfassungsgericht noch dem Geschäftsbereich des Bundesministeriums der Justiz zuordnete (BR-Drs. 125/50 v. 24.2.1950, S. 1), wurde indes schnell verworfen und durch die Bestimmung der Selbstständigkeit des Bundesverfassungsgerichts ersetzt. Auch die Besetzung des Gerichts sowie seine Organisation als Zwillingsgericht waren Gegenstand der parlamentarischen Auseinandersetzung. Zur Vermeidung eines allein durch Regierungsmehrheit beschlossenen Gesetzes konnten die verschiedenen Vorstellungen mithin zusammengeführt werden; das Bun-

desverfassungsgerichtsgesetz zeigt sich damit auch heute noch als Kompromiss zwischen unterschiedlichen Vorstellungen von Verfassungsgerichtsbarkeit.

Vertiefend zur Entstehung des BVerfGG siehe nur *Dreher*, Glanz und Elend der Staatsgerichtsbarkeit – Zum Gesetz über das Bundesverfassungsgericht vom 12. März 1951, in: NJW 1951, 377f.; *Laufer*, Verfassungsgerichtsbarkeit und politischer Prozeß – Studien zum Bundesverfassungsgericht der Bundesrepublik Deutschland, 1968, 278ff.; *Schiffers*, Grundlegung der Verfassungsgerichtsbarkeit – Das Gesetz über das Bundesverfassungsgericht vom 12. März 1951, 1984; *Schönberger*, Anmerkungen zu Karlsruhe, in: Schönberger/Jestaedt/Lepsius/Möllers, Das entgrenzte Gericht – Eine kritische Bilanz nach sechzig Jahren Bundesverfassungsgericht, 1. Aufl. 2011, 9 (16ff.)*Wesel*, Der Gang nach Karlsruhe – Das Bundesverfassungsgericht in der Geschichte der Bundesrepublik, 2004, 38ff.

Nach Inkrafttreten des Grundgesetzes am 24.5.1949 vergingen **54**
zwei Jahre, bis auch das BVerfGG am 17.4.1951 in Kraft trat und das Bundesverfassungsgericht am 29.9.1951 offiziell seine Arbeit aufnehmen konnte. Die gelegentliche Titulierung des Bundesverfassungsgerichts als *„verspätetes Verfassungsorgan"* des Grundgesetzes erfolgt daher nicht gänzlich ohne Berechtigung.

Zur Entwicklung der Verfassungsgerichtsbarkeit des Grundgesetzes allgemein: *Dreher*, Glanz und Elend der Staatsgerichtsbarkeit, in: NJW 1951, 377ff.; *Höfe*, Wer hütet die Verfassung vor ihren Hütern?, in: Stolleis (Hrsg.), Herzkammern der Republik – Die Deutschen und das Bundesverfassungsgericht, 2011, 124ff.; *Lembcke*, Hüter der Verfassung – Eine institutionstheoretische Studie zur Autorität des Bundesverfassungsgerichts, 2007; *Mayer*, Wer soll Hüter der europäischen Verfassung sein?, in: AöR 129 (2004), 411ff.; *Schiffers*, Grundlegung der Verfassungsgerichtsbarkeit – Das Gesetz über das Bundesverfassungsgericht vom 12. März 1951, in: Bracher/Morsey/Schwarz (Hrsg.), Quellen zur Geschichte des Parlamentarismus und der politischen Parteien, Vierte Reihe, Bd. II, 1984, S.VII.; *Stolleis*, Geschichte des öffentlichen Rechts in Deutschland, Bd. III, 1999, 153ff.; *Wendenburg*, Die Debatte um die Verfassungsgerichtsbarkeit und der Methodenstreit der Staatsrechtslehre in der Weimarer Republik 1984; *Voßkuhle*, Stabilität, Zukunftsoffenheit und Vielfaltssicherung – Die Pflege des verfassungsrechtlichen Quellcodes durch das BVerfG, in: JZ 2009, 917ff.

§ 2 Verfassungsgerichtsbarkeit im Bundesstaat

I. Verfassungsräume im Bundesstaat

1 Zu den zentralen Wesensmerkmalen der föderalen Grundordnung der Bundesrepublik Deutschland gehört die – zudem über Art. 79 Abs. 3 GG geschützte – **Eigenstaatlichkeit** der Länder. Als Glieder des Bundes sind die Länder Staaten mit eigener, nicht vom Bund abgeleiteter, sondern von ihm anerkannter staatlicher Hoheitsmacht (BVerfGE 60, 175 (207) – *Startbahn West*). Die souveräne Staatlichkeit der Länder findet jedoch ihre Schranken in der allein dem Bund übertragenen Kompetenz-Kompetenz (BVerfGE 13, 54 (78 f.) – *Neugliederung Hessen*) sowie den für sie verbindlichen Vorgaben des Grundgesetzes aus Art. 28 Abs. 1 GG.

2 Auch wenn die Frage der Eigenstaatlichkeit der Länder damit recht simpel beantwortet zu sein scheint, ist der Befund des Bundesstaates doch wesentlich komplexer und beschäftigt Rechtsprechung und Literatur in einem schier unerschöpflichen Fundus rechtswissenschaftlicher Schaffenskraft. Grundlegend zur Einordnung des Bundesstaates des Grundgesetzes vgl. nur *Isensee*, Idee und Gestalt des Föderalismus im Grundgesetz, in: ders./Kirchhof (Hrsg.), Handbuch des Staatsrechts, Bd. VI, 3. Aufl. 2008, § 126; *Schwarz*, Der Bundesstaat des Grundgesetzes, in: Willoweit (Hrsg.), Föderalismus in Deutschland, 2019, 387 ff.; *Voßkuhle/Kaufhold*, Grundwissen – Öffentliches Recht: Das Bundesstaatsprinzip, in: JuS 2010, 873 ff.

3 Gleichwohl entspricht die Respektierung der Eigenstaatlichkeit der Länder auch der ständigen Rechtsprechung des Bundesverfassungsgerichts (BVerfGE 6, 309 (347) – *Reichskonkordat*; 101, 158 (221) – *Finanzausgleich III*). Aus der Eigenstaatlichkeit der Länder resultieren dabei zuvorderst ihre **Verfassungshoheit** und **Verfassungsautonomie**, die den Ländern bei der Ausgestaltung der Landesverfassungen sowie der Schaffung der Landesverfassungsorgane einen weiten Freiraum eröffnen (BVerfGE 1, 14 (34) – *Südweststaat*; BVerfGE 41, 88 (119) – *Gemeinschaftsschule;* 60, 175 (207) – *Startbahn West*). Dem entspricht es auch, dass die Verfassungsräume von Bund und Ländern grundsätzlich **getrennt nebeneinanderstehen** (BVerfGE 4, 178 (189) – *Landesgesetze über die Verwaltungsgerichtsbarkeit*; 6, 376 (382) – *Wahlrechtsbeschwerde*). Schon deshalb ergibt sich grundsätzlich auch die Notwendigkeit einer restriktiven Auslegung der **Homo-**

genitätsklausel des Art. 28 Abs. 1 S. 1 GG. Diese dient der Sicherung eines zur bundesverfassungsrechtlichen Konstituierbarkeit erforderlichen Mindestmaßes an Homogenität im Bundesstaat, nicht jedoch einer Konformität oder gar Uniformität der Gliedstaaten (BVerfGE 9, 268 (279) – *Bremer Personalvertretung*; 41, 88 (119) – *Gemeinschaftsschule*).

Literatur: *Bartlsperger*, Das Verfassungsrecht der Länder in der gesamtstaatlichen Verfassungsordnung, in: Isensee/Kirchhof (Hrsg.), Handbuch des Staatsrechts, Bd. VI, 3. Aufl. 2008, § 128; *Dittmann*, Verfassungshoheit der Länder und bundesstaatliche Verfassungshomogenität, in: Isensee/Kirchhof (Hrsg.), Handbuch des Staatsrechts, Bd. VI, 3. Aufl. 2008, § 127; *Isensee*, Idee und Gestalt des Föderalismus im Grundgesetz, in: ders./Kirchhof (Hrsg.), Handbuch des Staatsrechts, Bd. VI, 3. Aufl. 2008, § 126; *Reissfelder*, Verfassungsautonomie und Verfassungshomogenität der deutschen Einzelstaaten in den Verfassungssystemen seit 1815, 1959; *Schmidt-Aßmann*, Thesen zum föderativen System der Bundesrepublik Deutschland (Bund, Länder, Gemeinden und Gemeindeverbände), in: JURA 1987, 449 ff.; *Vitzthum*, Die Bedeutung gliedstaatlichen Verfassungsrechts in der Gegenwart, in: VVDStRL 46 (1988), 1 ff.

II. Bundes- und Landesverfassungsgerichtsbarkeit

1. Zuständigkeiten der Verfassungsgerichtsbarkeiten

An diese vorstehend skizzierte Verfassungsautonomie der Länder 4
geknüpft ergibt sich damit auch die Möglichkeit (und Notwendigkeit) einer eigenen Landesverfassungsgerichtsbarkeit, die den Vorrang der Landesverfassung in ihrem Verfassungsraum sichert. Von dieser Möglichkeit haben heute alle Länder Gebrauch gemacht, zum Teil jedoch in Gestalt einer reinen Staatsgerichtsbarkeit, die kein Verfahren der landesverfassungsgerichtlichen Individualverfassungsbeschwerde kennt. Akzessorisch zur Trennung der Verfassungsräume von Bund und Ländern bewirkt die Eigenstaatlichkeit der Länder auch die weitgehende Trennung der Kompetenzen des Bundes- und der Landesverfassungsgerichte, die ihre jeweiligen Verfassungsräume determinieren. So überprüft das Bundesverfassungsgericht grundsätzlich nicht am Maßstab des Landesverfassungsrechts, die Landesverfassungsgerichte umgekehrt nicht an dem des Grundgesetzes oder – soweit für das Bundesverfassungsgericht vorgesehen – des einfachen Bundesrechts (BVerfGE 6, 376 (381 ff.) – *Wahlrechtsbeschwerde*; 41, 88 (118 ff.) – *Gemeinschaftsschule*). Durch diese Doppelspurigkeit der

Verfassungsgerichtsbarkeit nehmen letztlich auch die Landesverfassungsgerichte an der gewaltenteilenden Funktion des Föderalismus Teil.

5 Während es aufgrund des im deutschen Föderalstaat herrschenden Instanzenzuges der Fachgerichte durchweg üblich ist, dass Gerichten der Länder auch Akte der Bundesgewalt zur Rechtmäßigkeitskontrolle vorgelegt werden, erstreckt sich die **Zuständigkeit der Landesverfassungsgerichte** allein auf die Kontrolle der Akte der Landesstaatsgewalt; eine sie auch zur Kontrolle der Bundesgewalt ermächtigende, bundesrechtliche Norm existiert aufgrund der getrennten Verfassungsräume gerade nicht. Eine reziproke Beschränkung der **Zuständigkeit des Bundesverfassungsgerichts** hinsichtlich der Akte der Landesstaatsgewalten besteht hingegen nicht: Das Bundesverfassungsgericht ist vielmehr zur Kontrolle von Akten sowohl der Bundes- als auch der Landesstaatsgewalten gleichermaßen berufen. Verfahren vor dem Bundesverfassungsgericht die Landesstaatsgewalt betreffend sind grundsätzlich **nicht subsidiär** zu den landesverfassungsgerichtlichen Verfahren. Besondere Relevanz erhält dies für die Individualverfassungsbeschwerde, bei der auch eine parallele Antragstellung vor beiden Gerichten möglich erscheint (§ 90 Abs. 3 BVerfGG), die jeweils anhand des ihnen zugewiesenen Prüfungsmaßstabes entscheiden. Eine solche, parallele Antragstellung kann jedoch durch Landesrecht für die Landesverfassungsgerichte ausgeschlossen sein (vgl. insoweit z. B. § 55 Abs. 1 Hs. 2 VerfGHG BW).

6 Die **Subsidiarität** des Rechtsweges zum Bundesverfassungsgericht wird jedoch ausdrücklich angeordnet für die Kommunalverfassungsbeschwerde nach Art. 93 Abs. 1 Nr. 4b Hs. 2 GG, § 91 S. 2 BVerfGG, soweit die Verletzung von Landesrecht gerügt wird und der Rechtsweg zu den Landesverfassungsgerichten eröffnet ist.

7 Die Verfassungsbeschwerde zum Landesverfassungsgericht ist nicht Teil des Rechtswegs, weswegen ihre vorherige (erfolglose) Erhebung auch nicht zur **Erschöpfung des Rechtsweges** für eine Verfassungsbeschwerde vor dem Bundesverfassungsgericht erforderlich ist. Die parallele Einlegung beider Rechtsbehelfe kann insbesondere angezeigt sein, weil die Landesverfassungsbeschwerde – gerade, weil sie nicht Teil des Rechtsweges ist – nicht die Frist des § 93 Abs. 1 BVerfGG hemmt und eine Verfassungsbeschwerde vor dem Bundesverfassungsgericht somit zu verfristen droht (BVerfGK 8, 169 (171 f.)).

Literatur: *Bartlsperger*, Das Verfassungsrecht der Länder in der gesamtstaatlichen Verfassungsordnung, in: Isensee/Kirchhof (Hrsg.), Handbuch des Staatsrechts, Bd. VI, 3. Aufl. 2008, § 128; *Bethge*, Verfassungsgerichtsbarkeit im Bundesstaat, in: BayVBl. 1985, 257ff.; *Bock*, Zur Verfassungsgerichtsbarkeit der Länder, in: LKV 1991, 182ff.; *Böckenförde*, Kollisionsfälle und Geltungsprobleme im Verhältnis von Bundesrecht und Landesverfassung, in: DÖV 1971, 119ff.; *Brocker*, Landesverfassungsgerichtsbarkeit(en): Von Verbundstrategien und Gravitationsfeldern, in: DÖV 2021, 1ff.; *Dreier*, Grundrechtsschutz durch Landesverfassungsgerichte, 2002; *Grawert*, Die Bedeutung gliedstaatlichen Verfassungsrechts in der Gegenwart, in: NJW 1987, 2329ff.; *Lepsius*, Normenhierarchie und Stufenaufbau der Rechtsordnung, in: JuS 2018, 950ff.; *Lindner*, Landesgrundrechte, in: JuS 2018, 233ff.; *ders.*, Landesverfassungsgerichte als funktionale Bundes-Verfassungsgerichte? – Zur Dogmatik funktionaler Gerichtsbarkeiten im Mehrebenensystem, in: DÖV 2021, 12ff.; *Menzel*, Landesverfassungsrecht – Verfassungshoheit und Homogenität im grundgesetzlichen Bundesstaat, 2002; *Möstl*, Landesverfassungsrecht – zum Schattendasein verurteilt?, in: AöR 130 (2005), 350ff.; *Scheffczyk*, Organisation und Aufgaben der Verfassungsgerichte der Länder und ihr Verhältnis zum Bundesverfassungsgericht, in: LKV 2017, 392ff.; *Starck*, Verfassungsgerichtsbarkeit der Länder, in: Isensee/Kirchhof (Hrsg.), Handbuch des Staatsrechts, Bd. VI, 3. Aufl. 2008, § 130; *Voßkuhle/Kaufhold*, Grundwissen – Öffentliches Recht: Das Bundesstaatsprinzip, in: JuS 2010, 873ff.

2. Prüfungs- und Entscheidungsmaßstäbe

a) Die wohl wichtigsten Implikationen für die Entscheidungen von Bundesverfassungsgericht und Landesverfassungsgerichten leiten sich aus den ihnen jeweils zugewiesenen **Prüfungsmaßstäben** ab. Das Bundesverfassungsgericht zieht auch bei der Überprüfung von Akten der Landesstaatsgewalt grundsätzlich nicht das Landesverfassungsrecht heran, sondern allein das Grundgesetz sowie das einfache Bundesrecht (BVerfGE 41, 88 (119f.) – *Gemeinschaftsschule*). Eine Ausnahme von diesem Grundsatz ergibt sich nur, soweit das Bundesverfassungsgericht kraft grundgesetzlicher Zuständigkeit hilfsweise als Landesverfassungsgericht tätig wird, so etwa in den Verfahren nach Art. 99 GG i. V. m. § 13 Nr. 10 BVerfGG (*Verfassungsstreitigkeiten innerhalb eines Landes*) oder nach Art. 93 Abs. 1 Nr. 4 Var. 3 GG i. V. m. § 13 Nr. 8 Var. 3 BVerfGG (*Landesorganstreitverfahren*). 8

Da heute alle 16 Länder über ein eigenes Landesverfassungsgericht verfügen, kommt dem Bundesverfassungsgericht als Ersatzlandesverfassungsgericht nach Art. 99 GG in der Praxis keine Relevanz mehr zu. Bis 2008 jedoch verzichtete *Schleswig-Holstein* auf die Einrichtung eines Landesverfassungsgerichts, so dass für landesverfassungsrechtliche Streitigkeiten nach Art. 51 9

SHVerf. a. F. i. V. m. Art. 99 GG der Rechtsweg zum Bundesverfassungsgericht zu beschreiten war. Vgl. vertiefend hierzu nur *Flor*, 6 Jahre Schleswig-Holsteinisches Landesverfassungsgericht, in: SchlHA 2014, 115 ff.

10 Der Prüfungsmaßstab der Verfassungsgerichte der Länder ist allein die jeweilige Landesverfassung. Die Beschränkung auf ihren landesverfassungsrechtlichen Prüfungsmaßstab entbindet die Landesverfassungsgerichte jedoch nicht von ihrer Bindung an Recht und Gesetz. Normen des Landesverfassungsrechts, die gegen das Grundgesetz oder einfaches Bundesrecht verstoßen, sind daher auch durch Landesverfassungsgerichte nach Art. 100 Abs. 1 GG dem Bundesverfassungsgericht zur Entscheidung vorzulegen (BVerfGE 36, 342 (346 ff.) – *Niedersächsisches Landesbesoldungsgesetz*).

11 b) Die Beschränkung der Landesverfassungsgerichte auf die Landesverfassung als Prüfungsmaßstab führt in der Praxis durchaus zu Problemen: Zahlreiche Akte der Landesstaatsgewalt sind durch die Anwendung von Bundesrecht gekennzeichnet, so dass sich auch die Frage stellt, inwieweit die Anwendung von Bundesrecht Gegenstand einer am Maßstab der Landesverfassung durchzuführenden, landesverfassungsgerichtlichen Überprüfung sein kann. Bedenken hiergegen ergeben sich schon aus Art. 31 Abs. 1 GG, da eine solche Überprüfung die Anwendung von Bundesrecht unter einen landesverfassungsrechtlichen Vorbehalt stellen würde. In der Praxis ergibt sich eine solche Konstellation vor allem bei der landesverfassungsgerichtlichen **Kontrolle landesgerichtlicher Entscheidungen**. Das Bundesverfassungsgericht hält dabei die Kontrolle und letztlich auch die Kassation von Akten der Landesstaatsgewalt im Hinblick auf die Anwendung des Prozessrechts des Bundes (wie die StPO oder VwGO) grundsätzlich unter Bedingungen für möglich (BVerfGE 96, 345 ff. – *Landesverfassungsgerichte*).

12 Erforderlich hierzu ist zunächst, dass die Beschwer des Beschwerdeführers im landesverfassungsgerichtlichen Verfahren *allein aus einer landesgerichtlichen*, nicht jedoch einer bundesgerichtlichen Entscheidung resultiert. Zur Entfaltung einer Kassationswirkung muss die Landesverfassungsbeschwerde aufgrund der föderalen Kompetenzordnung landesrechtlich *subsidiär gegenüber dem fachgerichtlichen Rechtsweg* ausgestaltet sein. Die gerügte fehlerhafte Verfahrensgestaltung muss ferner einen *Anwendungsfall für ein Landesgrundrecht begründen* können. Dies ist jedenfalls dann nicht der Fall, wenn der Vorgang abschließend durch Bundesrecht geregelt ist, weil das bundesrechtliche Prozessrecht der Landesstaatsgewalt keinen Entscheidungsspielraum mehr überlässt. Darüber hinaus muss das Landesgrundrecht dem Inhalt nach einem

Grundrecht des Grundgesetzes gleichen. Schließlich müssen eine Anwendung des Landesgrundrechts und eine hypothetische Anwendung des inhaltsgleichen Grundrechts des Grundgesetzes zu demselben Ergebnis führen. Sind diese Voraussetzungen nicht erfüllt, so ist die Verfassungsbeschwerde zum Landesverfassungsgericht bereits unzulässig (BVerfGE 96, 345 (363 ff.) – *Landesverfassungsgerichte*). Ob diese Konzeption für das Prozessrecht auch auf das materielle Recht übertragbar ist, hat das Bundesverfassungsgericht bislang offengelassen; schlüssige Gründe für eine Differenzierung von Prozessrecht und materiellem Recht finden sich hingegen nicht. Vertiefend zu diesem Gesamtkomplex *Benda/Klein*, Verfassungsprozessrecht, 4. Aufl. 2020, Rn. 48; *Hain*, Urteilsanmerkungen, in: JZ 1998, 620 ff.; *Menzel*, Verfahrensgrundrechte vor Landesverfassungsgerichten – Noch ein Kooperationsverhältnis?, in: NVwZ 1999, 1314 ff.; *Schlaich/Korioth*, Das Bundesverfassungsgericht, 11. Aufl. 2018, Rn. 351 ff.

Relevant wurde diese Frage beispielsweise in der **Honecker-Entscheidung** des Berliner Verfassungsgerichtshofes von 1993 (BerlVerfGH, Beschl. v. 12.1.1993, VerfGH 55/92, in: NJW 1993, 515 ff.), mit der dieser Beschlüsse des Land- und Kammergerichts über die Ablehnung der Einstellung des Verfahrens und die Aufhebung des Haftbefehls nach der – bundesgesetzlichen – StPO aufhob, weil sie den Beschwerdeführer in seiner landesverfassungsrechtlich gewährleisteten Menschenwürde verletzen. 13

Der Berliner Verfassungsgerichtshof monierte damit die spezifische Anwendung von Bundesrecht durch die Fachgerichte auf Grundlage landesverfassungsrechtlicher Grundrechtsgewährleistungen. (Vertiefend *Berkemann*, Ein Landesverfassungsgericht als Revisionsgericht – Der Streitfall Honecker, in: NVwZ 1993, 409 ff.; *Lemhöfer*, Landesverfassungsgerichte als kleine Bundesverfassungsgerichte, in: NJW 1996, 1714 ff.; *Menzel*, Verfahrensgrundrechte vor Landesverfassungsgerichten – Noch ein Kooperationsverhältnis?, in: NVwZ 1999, 1314 ff.; *Starck*, Der Honecker-Beschluß des Berliner VerfGH, in: JZ 1993, 231 ff.). 14

c) Zwar sind die Landesverfassungsgerichte auf die Landesverfassung als Prüfungsmaßstab verwiesen (BVerfGE 36, 342 (368) – *Niedersächsisches Landesbesoldungsgesetz*), jedoch finden sich wenige Ausnahmefälle, in denen auch **Bundesrecht als Prüfungsmaßstab der Landesverfassungsgerichte** fungieren kann. 15

(1) Eine direkte Heranziehung der Grundrechte des Grundgesetzes ist den Landesverfassungsgerichten grundsätzlich verwehrt. Ausnahmsweise möglich erscheint dies jedoch, soweit eine Landesverfassung die Grundrechte des Grundgesetzes durch eine Rezeptionsklausel als Bestandteil der Landesverfassung inkorporiert (vgl. Art. 2 16

Abs. 1 VerfBW, Art. 4 Abs. 1 VerfNRW). Die Grundrechte des Grundgesetzes werden damit in ihrer jeweils aktuell geltenden Fassung unmittelbar geltendes Recht der Landesverfassung.

17 (2) Ferner ergibt sich eine Durchbrechung der getrennten Verfassungsräume auch aus einer Vorfragekompetenz der Landesverfassungsgerichte, die zur Wahrung eines gesetzmäßigen Prüfungsmaßstabes das Landesverfassungsrecht inzident auch auf seine Vereinbarkeit mit dem Grundgesetz zu überprüfen haben. Dies setzt letztlich implizit auch Art. 100 Abs. 1 und 3 GG voraus. Eine gegen das Grundgesetz verstoßende Norm der Landesverfassung wäre nach Art. 31 GG nichtig und könnte im vorgelegten Verfahren nicht als tauglicher Prüfungsmaßstab herangezogen werden (BVerfGE 103, 332 (352) – *Naturschutzgesetz Schleswig-Holstein*). Das Bundesrecht wird hierdurch jedoch nicht zum Prüfungsmaßstab „*in der Sache*".

18 (3) Die Heranziehung von Bundesrecht als Prüfungsmaßstab der Landesverfassungsgerichte kann letztlich auch für den Fall des **Hineinwirkens des Bundesverfassungsrechts** in das Landesverfassungsrecht eröffnet sein. Nach Rechtsprechung des Bundesverfassungsgerichts ergibt sich das Landesverfassungsrecht nicht alleine aus den kodifizierten Landesverfassungen, sondern auch aus Elementen der Bundesverfassung, die eine Ausstrahlungswirkung für die Landesverfassungen haben (BVerfGE 1, 208 (232 f.) – *7,5%-Sperrklausel*).

19 Dies wird etwa für Art. 21 GG angenommen (BVerfGE 1, 208 (227) – *7,5%-Sperrklausel*; 4, 375 (378) – *Schwerpunktparteien*; 66, 107 (114)), jedoch auch für den in Art. 20 Abs. 3 GG normierten Grundsatz der Bindung des Gesetzgebers an die verfassungsmäßige Ordnung oder für die Grundsätze der Gleichheit der Wahl sowie der Chancengleichheit der Wahlbewerber (BVerfGE 120, 82 (101 ff.) – *Sperrklausel Kommunalwahl*).

20 In ähnlicher Weise hat das Bundesverfassungsgericht auch die **Kompetenznormen** des Grundgesetzes zu dem dem Grundgesetz entlehnten Prüfungsmaßstab der Landesverfassungsgerichte erklärt, so dass Landesverfassungsgerichte Fragen der grundgesetzlichen Zuständigkeit abschließend im Rahmen ihrer Vorfragenkompetenz entscheiden können (BVerfGE 60, 175 (206) – *Startbahn West*). Diese Rechtsprechung des Bundesverfassungsgerichts stößt maßgeblich wegen der Durchbrechung der getrennten Verfassungsräume von Bund und Ländern sowie einer Umgehung von Art. 28 Abs. 1 GG auf deutliche Kritik.

Vgl. hierzu nur *Dietlein*, Das Verhältnis von Bundes- und Landesverfassungsrecht, in: Festschrift zum 50-jährigen Bestehen des Verfassungsgerichtshofs für das Land Nordrhein-Westfalen, 2002, 203 ff.; *Löwer*, NdsVbl. 2010, 138 ff.; *Sachs*, Anmerkungen zu BVerfG 24.3.1982, 2 BvH 1/82, in: DÖV 1982, 595 ff.; siehe aber auch StGH Bremen, NVwZ 2013, 1335 ff. zur Frage der Beachtung der bundesstaatlichen Kompetenzordnung aus der Perspektive des Landesgesetzgebers am Beispiel der Reichweite von Art. 73 Abs. 1 Nr. 14 GG; anders dagegen der BayVerfGH, der die bundesstaatliche Kompetenzordnung als Teil des landesverfassungsrechtlichen Rechtsstaatsprinzips ansieht, vgl. BayVerfGH, NVwZ-RR 2020, 1124 zur Wiedererrichtung der Bayerischen Grenzpolizei.

In allen dargestellten Fällen bleibt bei streng formaler Betrachtung das Landesverfassungsrecht maßgeblicher Prüfungsmaßstab der Landesverfassungsgerichte, da das Bundesrecht – durch Inkorporation oder „*Hineinwirken*“ – mit der Aufnahme in die Rechtssphäre der Landesverfassungen **autochthones Landesverfassungsrecht** wird. 21

Literatur: *Berkemann*, Ein Landesverfassungsgericht als Revisionsgericht – Der Streitfall Honecker, in: NVwZ 1993, 409 ff.; *Brocker*, Landesverfassungsgerichtsbarkeit(en): Von Verbundstrategien und Gravitationsfeldern, in: DÖV 2021, 1 ff.; *v. Coelln*, Anwendung von Bundesrecht nach Maßgabe der Landesgrundrechte?, 2001; *Dietlein*, Die Kontrollbefugnis der Landesverfassungsgerichte, in: JURA 2000, 19 ff.; *Enders*, Die neue Subsidiarität des Bundesverfassungsgerichts, in: JuS 2011, 462 ff.; *Friesenhahn*, Zur Zuständigkeitsabgrenzung zwischen Bundesverfassungsgerichtsbarkeit u. Landesverfassungsgerichtsbarkeit, in: Starck (Hrsg.), Festgabe 25 Jahre Bundesverfassungsgericht, Bd. 1, 1976, 748 ff.; *Gallwas*, Konkurrenz von Bundes- und Landesgrundrechten, in: JA 1981, 536; *Hain*, Landesverfassungsbeschwerde in bundesrechtlich geregelten Verfahren, in: NJW 1998, 1296 ff.; *Held*, Die Verfassungsbeschwerde zum Verfassungsgerichtshof Rheinland-Pfalz – Zugleich ein Beitrag zu Umfang und Grenzen landesverfassungsgerichtlicher Jurisdiktionsgewalt im Bundesstaat, in: NVwZ 1995, 534 ff.; *Klein/Haratsch*, Landesverfassung und Bundesrecht, in: JuS 1994, 559 ff.; *Lange*, Kontrolle bundesrechtlich geregelter Verfahren durch Landesverfassungsgerichte?, in: NJW 1998, 1278 ff.; *Lemhöfer*, Landesverfassungsgerichte als kleine Bundesverfassungsgerichte?, in: NJW 1996, 714 ff.; *Lindner*, Landesverfassungsgerichte als funktionale Bundes-Verfassungsgerichte? – Zur Dogmatik funktionaler Gerichtsbarkeiten im Mehrebenensystem, in: DÖV 2021, 12 ff.; *Löwer*, Bundesverfassungstextliche Ergänzungen der Landesverfassungen zur Gewinnung landesverfassungsgerichtlicher Prüfungsmaßstäbe, in NdsVbl. 2010, 138 ff.; *Menzel*, Verfahrensgrundrechte vor Landesverfassungsgerichten – Noch ein Kooperationsverhältnis?, in: NVwZ 1999, 1314 ff.; *Rozek*, Landesverfassungsgerichtsbarkeit, Landesgrundrechte und die Anwendung von Bundesrecht / Landesverfassungsgerichtliche Kontrolle der Anwendung von Bundesrecht durch Landesgerichte am Maßstab der Landesgrundrechte?, in: AöR

119 (1994), 450ff.; *ders.*, Das Grundgesetz als Prüfungs- und Entscheidungsmaßstab der Landesverfassungsgerichte, 1993; *Scheffczyk*, Organisation und Aufgaben der Verfassungsgerichte der Länder und ihr Verhältnis zum Bundesverfassungsgericht, in: LKV 2017, 392ff.; *Voßkuhle*, Die Landesverfassungsgerichtsbarkeit im föderalen und europäischen Verfassungsgerichtsverbund, in JöR n. F. 59 (2011), 215ff.; *Zierlein*, Prüfungs- und Entscheidungskompetenzen der Landesverfassungsgerichte bei Verfassungsbeschwerden gegen landesrechtliche Hoheitsakte, die auf Bundesrecht beruhen oder in einem bundesrechtlich geregelten Verfahren ergangen sind, in: AöR 120 (1995), 205ff.

3. Bundesverfassungsgerichtliche Kontrolle landesverfassungsgerichtlicher Entscheidungen

22 Aufgrund der getrennten Verfassungsräume von Bund und Ländern stehen das Bundesverfassungsgericht und die Landesverfassungsgerichte in **keinem instanziellen Über- oder Unterordnungsverhältnis** zueinander (BVerfGE 6, 376 (382) – *Wahlrechtsbeschwerde*; 6, 445 (449) – *Mandatsverlust*; 60, 175 (208) – *Startbahn West*). Dennoch dürfen auch in den Verfassungsräumen der Länder die verbindlichen Vorgaben des Grundgesetzes nicht unterlaufen werden; das Grundgesetz ist nach Art. 31 GG auch den Landesverfassungen normativ übergeordnet. Daher können und müssen auch Entscheidungen der Landesverfassungsgerichte Prüfungsgegenstand eines bundesverfassungsgerichtlichen Verfahrens sein. Landesverfassungsgerichte unterscheiden sich insoweit nicht von der übrigen **öffentlichen Gewalt**: Auch sie unterliegen der Grundrechtsbindung der Art. 1 Abs. 3 GG und Art. 20 Abs. 3 GG; ihre Entscheidungen können durch das Bundesverfassungsgericht auf ihre Vereinbarkeit mit den Grundrechten des Grundgesetzes überprüft werden (BVerfGE 13, 132 (140) – *Bayerische Feiertage*; 34, 81 (95) – *Wahlgleichheit*; 42, 312 (325) – *Inkompatibilität*).

23 Von diesem Grundsatz hat das Bundesverfassungsgericht jedoch **Ausnahmen** gemacht. So verneint das Bundesverfassungsgericht die Möglichkeit der Rüge einer Verletzung grundrechtsgleicher Gewährleistungen, soweit das Landesverfassungsgericht über eine **ausschließlich landesverfassungsrechtliche Streitigkeit** abschließend entscheidet und die Länder im Hinblick auf die Einrichtung der Landesverfassungsgerichte den Homogenitätsanforderungen des Art. 28 Abs. 1 GG genügen (BVerfGE 96, 231 (243) – *Müllkonzept*). Ebenso wenig prüft das Bundesverfassungsgericht Entscheidungen, soweit sie die Rüge einer Verletzung des **Art. 2 Abs. 1 GG** dadurch, dass ein durch landesverfassungsgerichtliche Entscheidung gebilligter Eingriff gegen das Landesverfassungsrecht verstößt, zum Inhalt hat. Ein solches Verfahren würde das Bundesverfassungsgericht letztlich zur Interpretation des Landesverfassungsrechts zwingen und die dahingehende Kompetenz der Landesverfassungsgerichte aushöhlen (BVerfGE 41, 88 (118 ff.) – *Gemeinschaftsschule*; 60, 175 (209) – *Startbahn West*). Ausnahmen von der Möglichkeit einer Kontrolle finden sich insbesondere auch im Hinblick auf die **Kommunal- und Landtagswahlen**. Diesbezüglicher Prüfungsmaßstab des Bundesverfassungsgerichts ist insbesondere Art. 38 Abs. 1 S. 1 GG, der für Wahlen auf Landesebene jedoch gerade nicht gilt. So sieht das Bundesverfassungsgericht für den subjektiv-rechtlichen Schutz des Wahlrechts zu den Volksvertretungen der Verfassungsräume der Länder allein die Länder innerhalb ihres Verfassungsraumes in der Verpflichtung. Nach Ansicht des Bundesverfassungsgerichts können die Grundsätze der Allgemeinheit und Gleichheit der Wahl nicht (mehr) als Anwendungsfälle des allgemeinen Gleichheitssatzes aus Art. 3 Abs. 1 GG angesehen werden, weshalb auch die Rügefähigkeit einer Verletzung der Wahlrechtsgleichheit durch die Entscheidung eines Landesverfassungsgerichts nicht gegeben ist (BVerfGE 99, 1 (10 ff.) – *Bayerische Kommunalwahlen*). Die Entscheidungen der Landesverfassungsgerichte sind in Landeswahlsachen – soweit sie in der Landesverfassung überhaupt vorgesehen sind – endgültig.

Mit dieser Rechtsprechung hat sich das Bundesverfassungsgericht von einer **24**
langen Linie der ständigen, entgegenstehenden Rechtsprechung distanziert, vgl. anders zuvor noch BVerfGE 18, 172 (180) – *Inkompatibilität/Oberstadtdirektor*; 24, 300 (340) –*Wahlkampfkostenpauschale*; 28, 220 (225) – *Heimatbund Badenerland*; 85, 148 (157) – *Wahlprüfungsumfang*.

Literatur: *Brocker*, Landesverfassungsgerichtsbarkeit(en): Von Verbundstrategien und Gravitationsfeldern, in: DÖV 2021, 1 ff.; *Huber*, die Landesverfassungsgerichtsbarkeit zwischen Anspruch und Wirklichkeit, in: ThürVBl. 2003, 73 ff.; *Lindner*, Landesverfassungsgerichte als funktionale Bundes-Verfassungsgerichte? – Zur Dogmatik funktionaler Gerichtsbarkeiten im Mehrebenensystem, in: DÖV 2021, 12 ff.; *Tietje*, Die Wahlrechtsgleichheit im Verfassungsprozeßrecht, in: JuS 1999, 957 ff.; *Sachs*, Anmerkung zum Beschluss des BVerfG v. 16.7.1998, in: JuS 2000, 79 ff.

§ 3 Deutsche Verfassungsgerichtsbarkeit in Europa und der Welt

I. Das Bundesverfassungsgericht und die Europäische Union

1. Das Bundesverfassungsgericht im „Kooperationsverhältnis“ des „Europäischen Verfassungsgerichtsverbunds“

1 Mit der Europäischen Integration ist die Systematik des deutschen verfassungsgerichtlichen Rechtsschutzes, der zunächst nur von föderalen Herausforderungen geprägt war, um eine neue Facette mit weitreichenden Implikationen ergänzt worden. Wenn sich das Bundesverfassungsgericht selbst in einem „*Kooperationsverhältnis*“ (BVerfGE 89, 155 (175) – *Maastricht*) eines „*Europäischen Verfassungsgerichtsverbundes*“ (*Voßkuhle*, in: NVwZ 2010, 1ff.; *Laenarts*, in: EuR 2015, 3ff.) sieht, so dürfte dies vor allem wohl dazu dienen, seine Gleichrangigkeit mit dem Europäischen Gerichtshof und dem Europäischen Gerichtshof für Menschenrechte zu betonen.

2 Dabei ist bereits zu bemerken, dass beide gewählten Begriffe dem Grunde nach unzutreffend sind: Denn das Bundesverfassungsgericht und der Gerichtshof der Europäischen Union stehen – idealiter – mehr in einem **Komplementär**- denn Kooperationsverhältnis und der Europäische Gerichtshof sowie der Europäische Gerichtshof der Menschenrechte sind mangels einer durch sie auszulegenden Verfassung **keine Verfassungsgerichte**.

3 Die Tatsache, dass weder das Unionsrecht noch das Grundgesetz eine normative Handhabe für Fragen der Kollision von mitgliedstaatlicher Verfassungsidentität und Unionsrecht bereithalten, hat das Bundesverfassungsgericht und den Europäischen Gerichtshof als maßgebliche Interpreten des Verfassungs- bzw. Vertragsrechts zwangsläufig auf den Plan rufen müssen. So verständlich es vor dem Hintergrund der letzten Entscheidungen des Bundesverfassungsgerichts etwa zu den *Outright Monetary Transactions* (BVerfGE 134, 366; 142, 123), dem *Europäischen Haftbefehl* (BVerfGE 140, 317) dem *Recht auf Vergessen* (BVerfGE 152, 152 – *Recht auf Vergessen I*; 152, 216 – *Recht auf Vergessen II*) oder dem *Public Sector Purchase Programme* (BVerfGE 154, 17) und dem zunehmend rauer werdenden Ton erscheint, das Verhältnis der beiden Gerichte zu einem von

Eitelkeiten erfüllten, unwürdigen „*Showdown*" zu skandalisieren, so bleibt beiden Gerichten ob ihrer durchaus konfliktträchtigen, institutionellen Mandate kaum etwas anderes übrig, als die durch die nationalen und mitgliedstaatlichen Gesetzgeber ungeregelten und auch nicht regelbaren Konfliktlagen – mehr oder minder offen – auszutragen.

Im Hinblick auf das **Verhältnis von deutschem Verfassungsrecht** einerseits und **Unionsrecht** andererseits verbindet den Europäischen Gerichtshof und das Bundesverfassungsgericht eigentlich weit mehr als sie trennt: Dass das Unionsrecht dem mitgliedstaatlichen Recht und damit auch dem deutschen Verfassungsrecht grundsätzlich vorgeht, zweifeln weder das Bundesverfassungsgericht noch der Europäische Gerichtshof an. Auch die Tatsache, dass Unionsrecht konfligierendes mitgliedstaatliches Recht suspendiert (**Anwendungsvorrang**), nicht jedoch rechtsvernichtend derogiert (Geltungsvorrang), ist Konsens. 4

Sedes materiae des Konfliktpotenzials der Rechtsordnungen ist insoweit gar nicht so sehr die Frage, „*ob*" Unionsrecht dem Grundgesetz vorgeht, sondern vielmehr die Frage „*inwieweit*". An genau dieser Frage manifestiert sich denn auch konsequenterweise das Konfliktpotenzial der Rechtsordnungen in einem Konflikt ihrer Gerichtsbarkeiten: Der Europäische Gerichtshof und das Bundesverfassungsgericht kommen bei der Beantwortung aus unions- bzw. national-verfassungsrechtlicher Perspektive zu unterschiedlichen Ergebnissen. Aus der Perspektive des **Europäischen Gerichtshofs** bedingt das Interesse an einer unionsweit einheitlichen Anwendung und Wirksamkeit des Unionsrechts einen **absoluten Anwendungsvorrang**. Dass dem Unionsrecht „*keine wie auch immer gearteten innerstaatlichen Rechtsvorschriften vorgehen*" können, weil dieses „*aus einer autonomen Rechtsquelle*" fließt, etablierte der Europäische Gerichtshof schon im Jahre 1964 in der Rechtssache **Costa/E.N.E.L.** (EuGH, Urt. v. 15.7.1964, Rs. 6/64, Slg. 1964, 1259 ff.). In seiner Entscheidung in der Rechtssache *Internationale Handelsgesellschaft* machte er nochmals unmissverständlich deutlich, dass von der suspendierenden Wirkung des Unionsrechts auch nationales Verfassungsrecht der Mitgliedstaaten verdrängt werde (EuGH, Urt. v. 17.12.1970, Rs. 11/70, Slg. 1970, 1125 ff.). Damit ist nicht gesagt, dass das Unionsrecht blind für die Bedeutung des nationalen Verfassungsrechts seiner Mitgliedstaaten wäre: Sowohl das Unionsrecht selbst (vgl. etwa Art. 4 Abs. 1 S. 1, Art. 6 Abs. 3 EUV) als auch die 5

Rechtsprechung des Europäischen Gerichtshofs (vgl. etwa EuGH, Urt. v. 17.12.1970, Rs. 11/70, Slg. 1970, 1125 ff., Rn. 4 – *Internationale Handelsgesellschaft*) betonen beständig die Bedeutung der gemeinsamen *„Verfassungsüberlieferungen der Mitgliedstaaten"* als Rechtserkenntnisquelle auch im Unionsrecht. Diese Rücksichtnahme auf verfassungsrechtliche Befindlichkeiten ist damit aber dezidiert unionsrechtlichen Ursprungs und gerade nicht etwa Ausdruck einer nationalstaatlichen Souveränitätsreserve gegenüber der Europäischen Union.

6 Während die These der autonomen Rechtsquelle des Unionsrechts auch in der Rechtsprechung des Bundesverfassungsgerichts Einzug gefunden hat (vgl. etwa BVerfGE 22, 293 (296) – *EWG-Verordnungen*; 37, 271 (277 f.) – *Solange I*; 58, 1 (27) – *Eurocontrol I*), differenziert das Gericht aber dann zwischen der Quelle des Unionsrechts einerseits und der Quelle unionaler Hoheitsgewalt im Geltungsbereich des Grundgesetzes andererseits. Bei letzterer handelt es sich in der **Perspektive des Bundesverfassungsgerichts** um keine autonome Hoheitsgewalt, sondern – nach Maßgabe des Art. 23 Abs. 1 GG – allein um **abgeleitete Hoheitsgewalt** (BVerfGE 73, 339 (375) – *Solange II*; 123, 267 (402) – Lissabon; 126, 286 (301 f.) – *Honeywell*). Unionsrechtsakte können damit nicht schon auf unionsvertraglicher Grundlage, sondern ausschließlich kraft eines nationalen Rechtsanwendungsbefehls, der über die *„Brücke"* des Zustimmungsgesetzes des Bundesgesetzgebers in Verbindung mit Art. 23 Abs. 1 GG ergeht, innerstaatliche Geltung und Anwendungsvorrang erlangen (BVerfGE 142, 123 (187). Diese zunächst müßig anmutende Differenzierung hat weitreichende Konsequenzen: Der Anwendungsvorrangs des Unionsrechts kann aus verfassungsrechtlicher Sicht damit nur soweit reichen, wie das Zustimmungsgesetz die Übertragung von Hoheitsrechten tatsächlich vorsieht und das Grundgesetz dies überhaupt zulässt. Dieser nur **relative Anwendungsvorrang** des Unionsrechts versetzt das Bundesverfassungsgericht in die Position – und auch in die verfassungsrechtliche Pflicht –, über die Grenzen der Übertragung und der Übertragbarkeit zu wachen.

7 Die Wahrnehmung einer solchen verfassungsgerichtlichen *„Reservekompetenz"* (BVerfGE 123, 267 (400) – *Lissabon*) birgt indes das Potenzial, die Europäische Rechtsgemeinschaft zu erschüttern – die ersten Reaktionen auf die Entscheidung zum PSPP-Programm vermochten dies eindrücklich zu zeigen. Schon deshalb sieht sich das Bundesverfassungsgericht auch zu einer europarechtsfreundlichen

Zurückhaltung veranlasst und muss dies auch: Gleichsam dem Europäischen Gerichtshof, der nach Art. 4 Abs. 2 EUV die nationalen Verfassungsidentitäten der Mitgliedstaaten in seinen Entscheidungen zu berücksichtigen hat, mandatiert die Europarechtsfreundlichkeit des Grundgesetzes das Bundesverfassungsgericht auch dazu, seine Kontrollbefugnis subsidiär und restriktiv als „*Ultima Ratio*" zu begreifen (BVerfGE 123, 267 (347, 354) – *Lissabon*; 126, 286 (303) – *Honeywell*). Allein dieses Gebot der gegenseitigen Rücksichtnahme mag den Sinn des vom Bundesverfassungsgericht beschworenen „*Kooperationsverhältnisses*" begründen: Wenn Unions- und Verfassungsrechtsordnung schon (zwangsläufig) kollidieren, haben sich die maßgeblichen Gerichte jedenfalls darauf zu besinnen, einem eskalierenden juristischen Auf- und Wettrüsten durch Austausch und Kenntnisnahme auf Augenhöhe entgegenzutreten.

Vertiefend hierzu vgl. *Dederer*, Die Grenzen des Vorrangs des Unionsrechts – Zur Vereinheitlichung von Grundrechts-, Ultra-vires- und Identitätskontrolle, in: JZ 2014, 313 ff.; *Funke*, Der Anwendungsvorrang des Gemeinschaftsrechts, in; DÖV 2007, 733 ff.; *Hwang*, Anwendungsvorrang statt Geltungsvorrang? Normlogische und institutionelle Überlegungen zum Vorrang des Unionsrechts, in: EuR 2016, 355 ff.; *Herdegen*, Europarecht, 21. Aufl. 2019, § 10 Rn. 19 ff.; *Hufeld*, Anwendung des europäischen Rechts in Grenzen des Verfassungsrechts, in: Isensee/Kirchhof (Hrsg.), Handbuch des Staatsrechts, Bd. X, 4. Aufl. 2020, § 215; *Kirchhof*, Der deutsche Staat im Prozess der europäischen Integration, in: Isensee/Kirchhof (Hrsg.), Handbuch des Staatsrechts, Bd. X, 4. Aufl. 2020, § 214; *ders.*, Brauchen wir ein erneuertes Grundgesetz?, 1992, 36 ff.; Lenaerts, Kooperation und Spannung im Verhältnis von EuGH und nationalen Verfassungsgerichten, in: EuR 2015, 3 ff.; *Ludwigs*, Scherbenhaufen oder Chance? Zwölf Thesen zum PSPP-Urteil des BVerfG vom 5.5.2020, EuZW 2020, 530 ff.; *Ludwigs/Sikora*, Der Vorrang des Unionsrechts unter Kontrollvorbehalt des BVerfG, in: EWS 2016, 121 ff.; *Mayer*, Der Ultra vires Akt, in: JZ 2020, 725 ff.; *Polzin*, Das Rangverhältnis von Verfassungs- und Unionsrecht nach der neuesten Rechtsprechung des BVerfG, in: JuS 2012, 1 ff.; *Schorkopf*, Wer wandelt die Verfassung?, in: JZ 2020, 734 ff.; *Voßkuhle*, Der europäische Verfassungsgerichtsverbund, in: NVwZ 2010, 1 (5 ff.); *Wernsmann/Sandberg*, Parlamentarische Mitwirkung bei unionaler Sekundärrechtsetzung, in: DÖV 2014, 49 ff.; *Sauer*, Europas Richter Hand in Hand? Das Kooperationsverhältnis zwischen BVerfG und EuGH nach Honeywell, in: EuZW 2011, 94 ff.; *Terhechte*, Grundwissen – Öffentliches Recht: Der Vorrang des Unionsrechts, in: JuS 2008, 403 ff.

2. Integrationsschranken des Grundgesetzes

8 Die Integration der Bundesrepublik Deutschland in eine Europäische Union ist als Staatszielbestimmung (Art. 23 Abs. 1 S. 1 GG) primär ein normativ gewünschtes Ziel; der deutsche Gesetzgeber ist daher in Art. 23 Abs. 1 GG zu ihrer Weiterentwicklung ermächtigt, Hoheitsrechte auf die Union zu übertragen. Mit der Übertragung von Hoheitsrechten an die Europäische Union vollzieht die Bundesrepublik Deutschland jedoch eine **Freistellung dieser Hoheitsgewalt von der für die deutsche öffentliche Gewalt geltenden Bindung an das Grundgesetz**. Dieser *„Einbruch in die bestehende Verfassungsordnung"* (*Herdegen*, Europarecht, 21. Aufl. 2019, § 10 Rn. 20) macht es aus verfassungsrechtlicher Perspektive denknotwendig erforderlich, dass einer solchen Übertragung Grenzen gesetzt sein müssen. Die europarechtsfreundliche Öffnung des Grundgesetzes für eine europäische Integration endet dort, wo die Identität der Verfassungsordnung bzw. die sie konstituierenden Strukturprinzipien berührt werden (BVerfGE 37, 271 (279 f.) – *Solange I*; 73, 339 (375 f.) – *Solange II*). Diese Integrationsschranken finden seit 1992 ihren normativen Halt im ersten Absatz des *„Europaartikels"* (Art. 23 Abs. 1 GG). Dabei finden sich in der **Strukturklausel** des Art. 23 Abs. 1 S. 1 GG positive Vorgaben für die Europäische Union als Übertragungsadressaten, während die **Verfassungsbestandsklausel** des Art. 23 Abs. 1 S. 3 GG i. V. m. Art. 79 Abs. 3 GG die negativen verfassungsrechtlichen Grenzen des Übertragbaren absteckt, oder einfacher gesagt: Auf eine Europäische Union, die nicht *„demokratischen, rechtsstaatlichen, sozialen und föderativen Grundsätzen und dem Grundsatz der Subsidiarität verpflichtet ist und einen diesem Grundgesetz im Wesentlichen vergleichbaren Grundrechtsschutz gewährleitet"* dürfen keine Hoheitsrechte übertragen werden und unabhängig hiervon dürfen die grundlegenden Verfassungsstrukturprinzipien des Art. 79 Abs. 3 GG auch nicht im Rahmen der Europäischen Integration aufgegeben werden.

9 Die Strukturklausel und die Verfassungsbestandsklausel haben in materieller Hinsicht Überschneidungen. Die in Art. 23 Abs. 1 S. 1 GG genannten Strukturanforderungen sind auch in den Grundsätzen des über Art. 23 Abs. 1 S. 3 GG i. V. m. Art. 79 Abs. 3 GG maßgeblichen Art. 20 GG enthalten. Ergänzend finden sich indes die **Bestandsgarantie der Bundesrepublik Deutschland** und das Verbot, diese durch Übertragung einer Kompetenz-Kompetenz etwa in ei-

nem europäischen Bundesstaat aufgehen zu lassen (BVerfGE 123, 267 (349 f.) – *Lissabon*). Gleichsam richtet sich die Verpflichtung auf **föderative Grundsätze** nicht allein auf eine Garantie des Kernbestands der unübertragbaren Kompetenzen der Länder, sondern gerade auch auf einen dezentralen Aufbau der Europäischen Union selbst. Weitere inhaltliche Grenzen ergeben sich insbesondere aus dem Demokratieprinzip, weshalb etwa dem Bundestag bei der Übertragung von Hoheitsrechten **Aufgaben und Befugnisse von substantiellem politischem Gewicht** (BVerfGE 89, 155 (182) – *Maastricht*; 123, 267 (330, 356) – *Lissabon*) und seine **haushaltspolitische Gesamtverantwortung** verbleiben müssen (BVerfGE 132, 195 (239) – *ESM*; 142, 123 (195) – *OMT-Programm*).

In der Lissabon-Entscheidung hatte sich das Bundesverfassungsgericht bemüht, besonders sensible und in ihrem Kernbestand **integrationsfeste Reservate** zu definieren. Hierzu sollen das formelle und materielle Strafrecht, das äußere sowie innere Gewaltmonopol, das parlamentarische Budgetrecht, die sozialstaatliche Gestaltung der Lebensverhältnisse und die kulturell besonders bedeutsamen Entscheidungen des Familienrechts, des Schul- und Bildungssystems sowie der Umgang mit religiösen Gemeinschaften zählen (BVerfGE 123, 267 (359 ff.)). Weiterführend vgl. nur *Bäcker*, Solange IIa oder Basta I, in: EuR 2011, 103 ff.; *Classen*, Legitime Stärkung des Bundestages oder verfassungsrechtliches Prokrustesbett?, in: JZ 2009, 881 ff. 10

Zur Wahrung dieser Integrationsschranken hat sich das Bundesverfassungsgericht ein unionsbezogenes Instrumentarium von **Kontrollvorbehalten** eröffnet, mittels derer es noch nicht in Kraft getretenem Primärrecht das Inkrafttreten verweigert und bereits in Kraft getretenem Unionsrecht oder Maßnahmen von Einrichtungen der Union in Deutschland die Anwendung versagen kann. 11

Vertiefend hierzu vgl. nur *Schwerdtfeger*, Europäisches Unionsrecht in der Rechtsprechung des Bundesverfassungsgericht – Grundrechts-, ultra-vires- und Identitätskontrolle im gewaltenteiligen Mehrebenensystem, in: EUR 2015, 290 ff.; *Sommermann*, Integrationsgrenzen und europäischer Verfassungsverbund: Brauchen wir eine neue Verfassung?, in: DÖV 2013, 708.

3. Deutsche Staatsgewalt als unmittelbarer Verfahrensgegenstand

Die dem Bundesverfassungsgericht schon als *„Hüter der Verfassung"* zukommende Überwachung der Integrationsschranken kann gleichwohl nicht bedeuten, dass die im Europäischen Gerichtsverbund grundsätzlich bestehende Aufgabenverteilung zwischen mitgliedstaatlicher und europäischer Gerichtsbarkeit vollständig durch- 12 brochen wird. Maßgebliche Vorfrage der Bemessung der verfassungsgerichtlichen Kompetenzreichweite muss daher sein, **welche Rechtsakte** überhaupt einer bundesverfassungsgerichtlichen Kontrolle unterfallen. Dabei können **Rechtsakte der Europäischen Union und ihrer Organe** schon deshalb nicht zum unmittelbaren Verfahrensgenstand vor dem Bundesverfassungsgericht gemacht werden, weil sie nicht Teil der an das Grundgesetz gebundenen, deutschen öffentlichen Gewalt sind (129, 124 (175f.) – *EFS*; 142, 123 (179f.) – *OMT-Programm*). Dass dies besonderer Erwähnung bedarf, ist vor allem das Resultat einer nicht immer einheitlichen, bisweilen widersprüchlichen Rechtsprechung des Bundesverfassungsgerichts. Prägend für die dahingehende Verwirrung dürfte wohl maßgeblich die *Maastricht-Entscheidung* des Bundesverfassungsgerichts sein, in der es seine Zuständigkeit akzessorisch zur Integrationsoffenheit für den *„Schutz der Grundrechte für die Einwohner Deutschlands auch gegenüber der Hoheitsgewalt der Gemeinschaften“ „räumlich erweitert“* sah (BVerfGE 89, 155 (174) – *Maastricht*) und damit seine vorhergehende Anerkennung (BVerfGE 58, 1 (27) – *Eurocontrol I*) der grundrechtlichen Exemtion von Unionsorganen aufgab.

13 Dass es sich dabei nur um ein redaktionelles Versehen handelt, dürfte aufgrund der nachfolgenden Kammerrechtsprechung wohl ausgeschlossen sein, die aus der Maastricht-Entscheidung schloss, *„dass auch Akte einer nichtdeutschen Hoheitsgewalt die Grundrechtsberechtigten in Deutschland betreffen können und das BVerfG die Aufgabe hat, auch gegenüber solchen Rechtsakten Grundrechtsschutz zu gewähren“* (BVerfG, Beschl. v. 27.1.2020, 2 BvR 2253/06, in: NVwZ 2010, 641 (642); ferner auch BVerfGK 17, 266ff.).

14 Erst mit den Urteilen zur Europäischen *Finanzstabilisierungsfazilität* sowie zum *OMT-Programm* machte das Bundesverfassungsgericht deutlich, dass Unionsrechtsakte nicht unmittelbar vor dem Bundesverfassungsgericht angegriffen werden können (BVerfGE 129, 124 (175f.) – *EFS*; 142, 123 (179f.) – *OMT-Programm*). Soweit Unionsrechtsakte indes Grundrechtsberechtigte in Deutschland betreffen und damit auch die Aufgabe des Bundesverfassungsgerichts, den Grundrechtsschutz in Deutschland nicht nur gegenüber deutschen Staatsorganen zu gewährleisten, kann dem Bundesverfassungsgericht eine **Vorfragenkompetenz** zukommen, innerhalb derer es Rechtsakte der Union und ihrer Organe mittelbar überprüft (BVerfGE 142, 123 (180) – *OMT-Programm*; 154, 17 (81f.) – *PSPP*). Prozessualer Anknüpfungspunkt einer solchen inzidenten Prüfung muss jedoch im-

mer eine Handlung oder Unterlassung eines deutschen Staatsorganes sein, die entweder auf dem Unionsrechtsakt beruht (BVerfGE 126, 286 (301 ff.) – *Honeywell*; 134, 366 (382) – *OMT-Beschluss*; 142, 123 (180) – *OMT-Programm*) oder aber aus der ihnen obliegenden Integrationsverantwortung folgende Aktions- und Reaktionspflichten (BVerfGE 134, 366 (394 ff.) – *OMT-Beschluss*; 135, 317 (146) – *ESM-Vertrag*).

Instruktiv zur Integrationsverantwortung der deutschen Verfassungsorgane vgl. nur *Ludwigs*, Scherbenhaufen oder Chance? Zwölf Thesen zum PSPP-Urteil des BVerfG vom 5.5.2020, EuZW 2020, 530 ff.; *Mayer*, Der Ultra vires-Akt, in: JZ 2020, 725 ff.; *Nettesheim*, Die Integrationsverantwortung – Vorgaben des BVerfG und gesetzgeberische Umsetzung, in: NJW 2010, 177 ff.; *Sauer*, Der novellierte Kontrollzugriff des Bundesverfassungsgerichts auf das Unionsrecht, in: EuR 2017, 186 ff.; *Schorkopf*, Wer wandelt die Verfassung?, in: JZ 2020, 734 ff.; *Weiß*, Die Integrationsverantwortung der Verfassungsorgane, in: JuS 2018, 1046 ff.

Dem Zweiten Senat redaktionell missglückt ist die Entscheidung zum *Public Sector Purchase Programme* vom Mai 2020 insoweit, als er sowohl anführt, das Bundesverfassungsgericht prüfe Maßnahmen von Organen und Einrichtungen der Union „*als Vorfrage*“ und damit die Linie der OMT-Entscheidung fortsetzt, im gleichen Absatz jedoch auch davon spricht, dass ein Rechtsakt des Sekundär- und Tertiärrechts zum tauglichen „*Gegenstand einer Verfassungsbeschwerde*“ würde (BVerfGE 154, 17 (82)). Ein erneuter Wandel der Rechtsprechung des Bundesverfassungsgerichts dürfte sich hierhinter indes nicht verbergen. 15

4. Der Kontrollzugriff des Bundesverfassungsgerichts

Zur Absicherung der Wahrung der Integrationsschranken des Grundgesetzes und zur prozessualen Durchsetzung der Integrationsverantwortung der deutschen Staatsgewalt bedient sich das Bundesverfassungsgericht im wesentlichen dreier **Kontrollvorbehalte**: Einer – bedingt suspendierten – Grundrechtskontrolle am Maßstab des Grundgesetzes (a), einer Ultra-vires-Kontrolle der Einhaltung der kompetenziellen Grenzen der Union (b) sowie einer Identitätskontrolle, die die Wahrung der integrationsfesten Verfassungsidentität des Grundgesetzes sicherstellen soll (c). Die Kontrollvorbehalte des Bundesverfassungsgerichts sind – abseits der Grundrechtskontrolle – grundsätzlich **verfahrensunabhängig**; der in der Lissabon-Entscheidung enthaltenen Anregung zur Schaffung dezidierter Verfahrensar- 16 ten für die Kontrollvorbehalte des Bundesverfassungsgerichts (BVerfGE 123, 267 (355) – *Lissabon*) ist der verfassungsändernde Gesetzgeber nicht nachgekommen. Der Kontrollzugriff kann daher im prozessualen Gewand der abstrakten Normenkontrolle (Art. 93 Abs. 1 Nr. 2 GG), der konkreten Normenkontrolle (Art. 100 Abs. 1 GG), des Bund-Länder-Streits (Art. 93 Abs. 1 Nr. 3 GG) oder des Bundesorganstreits (Art. 93 Abs. 1 Nr. 1 GG) eingekleidet sein. Als in der verfassungsgerichtlichen Praxis relevantestes Verfahren hat sich jedoch die Individualverfassungsbeschwerde (Art. 93 Abs. 1 Nr. 4a GG) erwiesen, die das Bundesverfassungsgericht durch eine Subjektivierung des Demokratieprinzips über Art. 38 Abs. 1 S. 1 GG als prozessualen Zugang erschlossen hat (BVerfGE 89, 155 (171) – *Maastricht*; 123, 267 (330 f.) – *Lissabon*).

17 **a. Die Wahrung adäquaten Grundrechtsschutzes: Grundrechtskontrolle am Maßstab der Grundrechte des Grundgesetzes. aa. Exemtion von Unionsrechtsakten unter dem Solange-Vorbehalt.** Dass Art. 23 Abs. 1 S. 1 GG heute *expressis verbis* die Mitwirkung der Bundesrepublik Deutschland nur an einer Europäischen Union zulässt, die *„einen diesem Grundgesetz im wesentlichen vergleichbaren Grundrechtsschutz gewährleistet"* ist nicht der Ausgang, sondern die Folge einer mittlerweile gefestigten Rechtsprechung des Bundesverfassungsgerichts. Weil die deutschen Grundrechte bei Rechtsakten der Europäischen Union oder unionsrechtlich determinierten Rechtsakten **durch die Unionsgrundrechte verdrängt** werden (BVerfGE 73, 339 (387) – *Solange II*; 123, 267 (398 ff.) – *Lissabon*; 129, 78 (99) – *Anwendungserweiterung*; 140, 317 (335 ff.) – *Identitätskontrolle*), muss deren Schutzversprechen durch einen wirksamen unionsgrundrechtlichen Grundrechtsschutz substituiert werden. Die Suspendierung der deutschen Grundrechte steht daher unter dem Vorbehalt, dass der Schutz der Unionsgrundrechte dem vom Grundgesetz jeweils als unabdingbar gebotenen Grundrechtsschutz im Wesentlichen gleich zu achten ist und den Wesensgehalt der Grundrechte generell verbürgt (BVerfGE 73, 339 (376 (387) – *Solange II*; 102, 147 (162 ff.) – *Bananenmarktordnung*; 118, 79 (95) – *Treibhausgas-Emissionsberechtigungen*). Dieser Vorbehalt bezüglich der Anerkennung des Anwendungsvorrangs des gemeinschafts- bzw. unionsrechtlichen Rechtsschutzes ist das Ergebnis einer– nicht immer stringenten – Judikatur, die heute unter dem Begriff der ***„Solange"*-Rechtsprechung** des Bundesverfassungsgerichts zusammengefasst wird.

Bereits in der Frühphase der Europäischen Integration hatte sich das Bundesverfassungsgericht mit der Frage auseinanderzusetzen, inwieweit Rechtsakte mit gemeinschaftsrechtlichem Bezug an den nationalen Grundrechten des Grundgesetzes gemessen werden können. Auf die Rechtsprechung des Europäischen Gerichtshofs rekurrierend, ging das Bundesverfassungsgericht dabei zu Beginn davon aus, Rechtsakte der Europäischen Gemeinschaft seien **seiner Kontrolle entzogen**, da diese einer autonomen (nämlich gemeinschaftsrechtlichen) Rechtsordnung entstammen (BVerfGE 22, 293 (296) – *EWG-Verordnungen*; BVerfGE 58, 1 (27) – *Eurocontrol I*). Vor einer Ergänzung des auf europäischer Ebene gewährleisteten Rechtsschutzes durch die nationalen Gerichte der Gemeinschaftsstaaten warnte das Bundesverfassungsgericht seinerzeit noch ausdrücklich, als dies zur *„Verwischung der Grenzen zwischen nationaler und supranationaler Gerichtsbarkeit und zu ungleichmäßigem Rechtsschutz in den Mitgliedstaaten"* führen könnte (BVerfGE 22, 293 (298) – *EWG-Verordnungen*). 18

Von dieser Auffassung distanzierte sich das Bundesverfassungsgericht in seiner **Solange I-Entscheidung** (BVerfGE 37, 271) erstmals ausdrücklich und vereinnahmte, angesichts des zum damaligen Zeitpunkt auf Gemeinschaftsebene noch bestehenden Grundrechtsvakuums, auch den Grundrechtsschutz bezüglich der Anwendung von Gemeinschaftsrecht durch die nach Art. 1 Abs. 3 GG grundrechtsgebundene deutsche Staatsgewalt. Die Wahrnehmung einer mitgliedstaatlichen Kontrollbefugnis sei erforderlich, *„solange der Integrationsprozess der Gemeinschaft nicht so weit fortgeschritten ist, dass das Gemeinschaftsrecht auch einen von einem Parlament beschlossenen und in Geltung stehenden formulierten Katalog von Grundrechten enthält, der dem Grundrechtskatalog des Grundgesetzes adäquat ist"* (BVerfGE 37, 271 (amtl. LS) – *Solange I*). 19

Weit bevor auf Unionsebene jedoch in Gestalt der Europäischen Grundrechtecharta ein solcher kodifizierter Katalog von Grundrechten parlamentarisch beschlossen wurde, hat das Bundesverfassungsgericht in Anerkennung der Rechtsprechung des Europäischen Gerichtshofs zu den ungeschriebenen Rechtsgrundsatz-Grundrechten (vgl. heute Art. 6 Abs. 3 EUV) jedoch seine vorherige Rechtsprechung in der konsequenterweise als **„Solange II"** betitelten Entscheidung (BVerfGE 73, 339) in ihr Gegenteil verkehrt: Das Bundesverfassungsgericht sieht nunmehr von einer Grundrechtskontrolle gegenüber Unionsrechtsakten ab, *„solange die Europäischen Gemein-* 20 *schaften [...] einen wirksamen Schutz der Grundrechte gegenüber der Hoheitsgewalt der Gemeinschaften generell gewährleisten, der dem vom Grundgesetz als unabdingbar gebotenen Grundrechtsschutz im wesentlichen gleichzuachten ist, zumal den Wesensgehalt der Grundrechte generell verbürgt*" (BVerfGE 73, 339 (387) – *Solange II*). An dieser selbstauferlegten Zurücknahme des eigenen Kontrollanspruchs hat Karlsruhe auch in seiner **Maastricht-Entscheidung** festgehalten und das – schon im Original apostrophierte – „*Kooperationsverhältnis*" mit dem Europäischen Gerichtshof zur Gewährleistung des Grundrechtsschutzes betont (BVerfGE 89, 155 (174f.) – *Maastricht*). Die weitgehend bis heute gültige Fassung des „*Solange-Vorbehalts*" erhielt dieser im Jahr 2000 durch den **Bananenmarkt-Beschluss** (BVerfGE 102, 147). Das Bundesverfassungsgericht schärfte die Darlegungslast des Gerichts (im Falle einer konkreten Normenkontrolle nach Art. 100 Abs. 1 GG) bzw. des Beschwerdeführers (im Falle einer Verfassungsbeschwerde nach Art. 93 Abs. 1 Nr. 4a GG) insoweit nach, als dass diese im Einzelnen darzulegen hätten, „*dass der jeweils als unabdingbar gebotene Grundrechtsschutz generell nicht mehr gewährleistet ist*" (BVerfGE 102, 147 (161) – *Bananenmarktordnung*). **Nachzuweisen** ist daher ein **strukturelles Defizit des Unionsrechtsschutzes** in Bezug auf die jeweilige grundrechtliche Gewährleistung; dem EuGH wird damit auch eine gewisse Fehlertoleranz im Einzelfall zugestanden. An dieser Formel haben sich – trotz anfänglicher Vermutungen – weder mit der **Lissabon-Entscheidung** (BVerfGE 123, 267) noch mit der Entscheidung zur **Identitätskontrolle** (BVerfGE 140, 317) größere Modifikationen ergeben (zur Kontrolle am Maßstab des Art. 1 Abs. 1 GG vgl. unten unter cc.) Dass sich das Bundesverfassungsgericht seit seinen Entscheidungen zum Recht auf Vergessen (BVerfGE 152, 216 – *Recht auf Vergessen II*) nunmehr auch zur Kontrolle der fachgerichtlichen Anwendung der Unionsgrundrechte berufen sieht und damit die Unionsgrundrechte als Prüfungsmaßstab heranzieht, weil dem Einzelnen die Möglichkeit fehle, eine Verletzung der Unionsgrundrechte durch deutsche Gerichte vor dem Europäischen Gerichtshof geltend zu machen, mag die verfassungsprozessualen Grenzen der Verfassungsbeschwerde bis aufs Äußerste strapazieren. Änderungen des souveränitätsbedingten Kontrollzugriffs am Maßstab der Grundrechte des Grundgesetzes ergeben sich hieraus indes nicht. Mit der langen Linie der Solange-Rechtsprechung des Bundesverfassungsgerichts ist der grundgesetzliche Grundrechtsschutz gegenüber unionsrechtlich determinierten

Rechtsakten **in der Praxis obsolet** geworden; die dahingehenden Ausführungen des Bundesverfassungsgerichts erschöpfen sich insoweit in der Feststellung, dass nach derzeitigem Stand des Unionsrechts von der Gleichwertigkeit des Grundrechtsschutzes nach Unionsrecht auszugehen sei (BVerfGE 73, 339 (387) – *Solange II*; 129, 186 (199) – *Investititonszulagengesetz*; 152, 216 (236) – *Recht auf Vergessen II*). In der – durchaus kritikwürdigen – Rechtsprechung des Bundesverfassungsgerichts fußt dies jedoch gerade nicht auf einer Suspendierung der Geltung der Grundrechte des Grundgesetzes, sondern allein auf der **Suspendierung ihrer verfassungsgerichtlichen Durchsetzbarkeit**: Die Nichtdurchsetzung der deutschen Grundrechte ist insoweit Folge des aus Gründen der Europarechtsfreundlichkeit zurückgenommenen Kontrollanspruchs des Bundesverfassungsgerichts, nicht jedoch eines abstrakten Mangels der materiell-rechtlichen Wirkung (vgl. BVerfGE 152, 216 (235) – *Recht auf Vergessen II*).

Weiterführend vgl. *Bäcker*, Solange IIa oder Basta I?, in: EuR 2011, 103ff.; *Calliess*, 70 Jahre Grundgesetz und europäische Integration: „Take back control“ oder „Mehr Demokratie wagen“?, in: NVwZ 2019, 684ff.; *Kämmerer/Kotzur*, Vollendung des Grundrechtsverbunds oder Heimholung des Grundrechtsschutzes?, in: NVwZ 2020, 177ff.; *Ludwigs/Sikora*, Grundrechtsschutz im Spannungsfeld vom Grundgesetz, EMRK und Grundrechtecharta, in: JuS 2017, 385ff.; *Michels*, Die dreidimensionale Reservekompetenz des BVerfG im Europarecht – Von der Solange-Rechtsprechung zum Honeywell-Beschluss, in: JA 2012, 515ff.; *Neumann/Eichberger*, Die Unionsgrundrechte vor dem Bundesverfassungsgericht, in: JuS 2020, 502ff.; *Polzin*, Das Rangverhältnis von Verfassungs- und Unionsrecht nach der neuesten Rechtsprechung des BVerfG, in: JuS 2012, 1ff.

bb. Erstreckung auf die deutsche öffentliche Gewalt. Diese 21
Exemtion von der Durchsetzbarkeit deutscher Grundrechtsgewährleistungen erstreckt sich in der Rechtsprechung des Bundesverfassungsgerichts – abgesehen von der *„Maastricht-Eskapade“* – einhellig auf **Rechtsakte von Organen und Einrichtungen der Europäischen Union** (BVerfGE 58, 1 (27) – *Eurocontrol I*; 140, 317 (334) – *Identitätskontrolle*; 142, 123 (179f.) – *OMT-Programm*). Dies erschließt sich auch vor dem rechtspolitischen Hintergrund, dass eine Heranziehung der Grundrechtsgewährleistungen des Grundgesetzes sowohl die unmittelbare Geltung als auch den Anwendungsvorrang und nicht zuletzt die Einheitlichkeit des Unionsrechts zwangsläufig in Zweifel ziehen würden. Eine differenziertere Betrachtung erfor-

dert indes die Frage, ob sich diese Freistellung von der Grundrechtsbindung auch auf die **deutsche öffentliche Gewalt, die Unionsrecht umsetzt, durchführt oder anwendet** erstreckt. Sind **nationale Umsetzungsakte vollständig unionsrechtlich** determiniert, so unterliegen diese ebenso wenig einer Überprüfung am Maßstab der Grundrechte des Grundgesetzes wie der zu Grunde liegende Unionsrechtsakt selbst (BVerfGE 118, 79 (95) – *Treibhausgas-Emissionsberechtigungen*; 122, 1 (20); 140, 317 (335) – *Identitätskontrolle*; 142, 123 (179f.) – *OMT-Programm*). Würde das Bundesverfassungsgericht auch solche nationalen Rechtsakte einer Grundrechtskontrolle unterziehen, so entspräche dies – unter formaler Anknüpfung an einen Akt der deutschen öffentlichen Gewalt – im Ergebnis einer mittelbaren Überprüfung von Unionsrechtsakten, die auf Grund des Anwendungsvorrangs des Unionsrechts jedoch gerade ausgeschlossen ist. Vor allem jedoch soll die Suspendierung der Grundrechtsbindung das Spannungsverhältnis zwischen den mitgliedstaatlichen Pflichten aus Art. 4 Abs. 3 EUV und denen, die sich aus den grundrechtlichen Gewährleistungen des Grundgesetzes ergeben, auflösen, so dass etwa den Gesetzgeber nicht gleichzeitig die unionsrechtliche Pflicht und das verfassungsrechtliche Verbot des Erlasses einer Norm treffen kann. Die Freistellung der deutschen öffentlichen Gewalt bei zwingenden unionsrechtlichen Vorgaben kann daher auch nur soweit gelten, wie ihre Rechtsakte selbst unionsrechtskonform sind. Unionsrechtswidrige nationale Maßnahmen zur Umsetzung von Unionsrecht sind daher potentiell auch am Maßstab der deutschen Grundrechte kontrollierbar (BVerfGE 110, 141 (155f.) – *Kampfhunde*).

22 Mit der in seiner **Recht auf Vergessen II-Entscheidung** ungefragt und en passant eingefügten Bemerkung, er habe im vorliegenden Fall nicht darüber zu entscheiden *„ob und wieweit für diese Konstellationen hieran festzuhalten ist"* (BVerfGE 152, 216 (237) – *Recht auf Vergessen II*), nährt der Erste Senat des Bundesverfassungsgerichts jedenfalls Zweifel daran, ob er diese Rechtsprechungslinie der Grundrechtsexemtion der unionsrechtumsetzenden deutschen Staatsgewalt weiter verfolgen möchte.

23 Anders ist dies indes für solche nationalen Rechtsakte zu beurteilen, denen bei der Umsetzung von Unionsrechts ein **mitgliedstaatlicher Gestaltungsspielraum** verbleibt. Ein Ausschluss der Kontrolle am Maßstab der Grundrechte kommt hier nicht in Betracht, die deutsche öffentliche Gewalt hat ihren Gestaltungsspielraum insoweit zu nutzen, als unter den unionsrechtlich zulässigen Alternativen eine je-

denfalls deutsche Grundrechte nicht verletzende Modalität der Umsetzung zu wählen ist (BVerfGE 113, 273 (306f.) – *Europäischer Haftbefehl*; 121, 1 (15) – *Vorratsdatenspeicherung*; 122, 1 (20f.); 129, 78 (90f.) – *Anwendungserweiterung*; 140, 317 (335f.) – *Identitätskontrolle*). Ob bei der Umsetzung von Unionsrecht ein Gestaltungsspielraum verbleibt, ist von den Fachgerichten – gegenfügig auch mittels Anrufung des Europäischen Gerichtshofes – zu klären (BVerfGE 129, 186 (186f.) – *Investitionszulagengesetz*). An dieser Einschätzung hat auch die jüngst in seiner Rechtsprechung zum **Recht auf Vergessen** vollzogene Wende des Bundesverfassungsgerichts nichts geändert, derartige Rechtsakte der deutschen Staatsgewalt nunmehr parallel den Unionsgrundrechten als auch den Grundrechten des Grundgesetzes zu unterwerfen. Das Bundesverfassungsgericht sieht sich in solchen Konstellationen nämlich trotzdem primär auf den Grundrechtsschutz am Maßstab der deutschen Grundrechte verpflichtet (BVerfGE 152, 152 (170, 179ff.) – *Recht auf Vergessen I*).

cc. Sonderfall der Menschenwürdegarantie aus Art. 1 Abs. 1 GG. 24
Einen gesondert zu betrachtenden Fall der Reservebefugnisse bei der Kontrolle eines Grundrechts stellt indes die der **Garantie der Menschenwürde des Art. 1 Abs. 1 GG** dar. Dies hat weniger mit der Debatte um die Grundrechtsqualität des Art. 1 Abs. 1 GG als vielmehr mit der Tatsache zu tun, dass die Garantie der Menschenwürde Teil der nach Maßgabe des Art. 79 Abs. 3 GG unverbrüchlichen Verfassungsidentität des Grundgesetzes ist, die nach Art. 23 Abs. 1 S. 3 GG i. V. m. Art. 79 Abs. 3 GG auch nicht zur Disposition des Integrationsgesetzgebers stehen kann (BVerfGE 140, 317 (335ff.) – *Identitätskontrolle*). Die insoweit integrationsfesten Schutzgüter sind auch keiner Relativierung im Einzelfall zugänglich (BVerfGE 113, 273 (295ff.) – *Europäischer Haftbefehl*; 123, 267 (344) – *Lissabon*; 140, 317 (341) – *Identitätskontrolle*), weshalb das Bundesverfassungsgericht den nach Art. 23 Abs. 1 S. 3 GG i. V. m. Art. 79 Abs. 3 GG und Art. 1 Abs. 1 GG gebotenen Grundrechtsschutz nicht erst bei einem generellen Absinken des jeweiligen grundrechtlichen Schutzniveaus (*Solange-Rechtsprechung*), sondern bereits im Einzelfall wahrnimmt. Bei einer solchen Kontrolle am Maßstab des Art. 1 Abs. 1 GG handelt es sich dann jedoch auch nicht mehr um einen Fall des allgemeinen grundrechtlichen Kontrollvorbehalts, sondern der Identitätskontrolle.

Vertiefend hierzu vgl. nur *Borchardt*, Die Ausübung der Identitätskontrolle durch das Bundesverfassungsgericht, in: ZaöRV 2016, 527 (543f.); *Eßlinger/*

Herzmann. Die verfassungsgerichtliche Identitätskontrolle und ihre Konkretisierung durch die Entscheidung 2 BvR 2735/14 – „Identitätskontrolle I" als Vorbote von „Solange III"?, in: JURA 2016, 852ff.; *Reinbacher/Wendel*, Menschenwürde und Europäischer Haftbefehl, in: EuGRZ 2016, 333ff.; *Sauer*, „Solange" geht in Altersteilzeit – Der unbedingte Vorrang der Menschenwürde vor dem Unionsrecht, in: NJW 2016, 1134ff.

25 **b. Die Wahrung der kompetenziellen Grenzen der Europäischen Union: Die Ultra-vires-Kontrolle.** Als supranationaler Staatenverbund sui generis verfügt die Europäische Union über keine Kompetenz-Kompetenz und ist daher auf die Übertragung von Befugnissen durch die Mitgliedstaaten im Wege der begrenzten Einzelermächtigung (Art. 5 Abs. 1 S. 1, Abs. 2 EUV) angewiesen. Maßnahmen unionaler Organe oder Einrichtungen, die auf einer Handhabung der Europäischen Verträge beruhen, wie sie von den Verträgen, die den deutschen Zustimmungsgesetzen zu Grunde liegen, nicht mehr gedeckt wären, könnten daher in Deutschland in Ermangelung hinreichender demokratischer Legitimation keine Verbindlichkeit erlangen (BVerfGE 142, 123 (199) – *OMT-Programm*). Die Kontrolle der Ausübung der Kompetenzen übernimmt dabei primär der Europäische Gerichtshof, jedoch nimmt auch das Bundesverfassungsgericht im Rahmen einer **Ultra-vires-Kontrolle** eine Überprüfung vor, ob Rechtsakte von Organen der Europäischen Union sich unter Wahrung des unionsrechtlichen Subsidiaritätsprinzips (Art. 5 Abs. 1 S. 2, Abs. 3 EUV) in den Grenzen der ihr im Wege der begrenzten Einzelermächtigung (Art. 5 Abs. 1 S. 1, Abs. 2 S. 1 EUV) durch das Integrationsprogramm eingeräumten Hoheitsrechte halten (BVerfGE 123, 267 (353f.) – *Lissabon*). Diese in der Maastricht-Entscheidung aus völkerrechtlicher Perspektive noch etwas inkohärent unter dem Begriff des *„ausbrechenden Rechtsaktes"* (BVerfGE 89, 155 (188) – *Maastricht*) entwickelte Kontrolle wurde durch die **Lissabon-Entscheidung** 2009 und den Honeywell-Beschluss 2010 maßgeblich präzisiert. Aus Gründen der grundgesetzlich gebotenen Europarechtsfreundlichkeit beschränkt das Bundesverfassungsgericht seine Kontrolle auf *„ersichtliche Grenzüberschreitungen"*, die einen *„hinreichend qualifizierten Kompetenzverstoß"* darstellen. Ein solcher soll vorliegen, soweit das kompetenzwidrige Handeln der Union offensichtlich ist und der angegriffene Akt im Gefüge von Mitgliedstaaten und Europäischer Union zu einer *„strukturell bedeutsamen Verschiebung zulasten der Mitgliedstaaten"* führt (BVerfGE 126, 286 (309) – *Honeywell*; 134, 366 (392) – *OMT-Vorlagebeschluss*; 142, 123 (200) – *OMT-Programm*).

Dass die Ultra-vires-Kontrolle in der verfassungsgerichtlichen Praxis überhaupt eine bedeutsame Rolle spielt, dürfte maßgeblich an der **Ausdehnung ihres prozessualen Zugangs** liegen. Bereits mit der Maastricht- und Lissabon-Entscheidung hatte das Bundesverfassungsgericht das Demokratieprinzip aus Art. 20 Abs. 1 GG über Art. 38 Abs. 1 S. 1 GG subjektiviert und damit für den Bürger im Rahmen der Verfassungsbeschwerde nach Art. 93 Abs. 1 Nr. 4a GG rügbar gemacht (BVerfGE 89, 155 (171) – *Maastricht*; 123, 267 (330 f.) – *Lissabon*). Mit dem OMT-Vorlagebeschluss machte Karlsruhe aber unumstößlich klar, dass ein solches *„Grundrecht auf Demokratie"* nicht etwa allein auf die Überprüfung von Vertragsänderungen begrenzt sei, sondern potenziell eine Überprüfung des gesamten Handelns der Europäischen Union auslösen kann. 26

Diese Subjektivierung des Demokratieprinzips ist zum Teil heftig kritisiert und dem Bundesverfassungsgericht eine Untergrabung der vorrangigen Zuständigkeiten des Europäischen Gerichtshofs vorgeworfen worden. Vgl. insoweit schon das *Sondervotum des Richters Gerhardt* (BVerfGE 134, 366 (430 ff.)) sowie ferner *Gött*, Die ultra vires-Rüge nach dem OMT-Vorlagebeschluss des Bundesverfassungsgerichts, in: EuR 2014, 514 ff.; *Nettesheim*, Ein Individualrecht auf Staatlichkeit?, in: NJW 2009, 2867 ff.; *Ruffert*, An den Grenzen des Integrationsverfassungsrechts: Das Urteil des BVerfG zum Vertrag von Lissabon, in: DVBl. 2009, 1197 ff. 27

Die *Ultra-vires*-Kontrolle stellt nichtsdestotrotz gerade **kein allgemeines Unionsaufsichtsverfahren** dar und bedarf einer europarechtsfreundlichen Ausübung. Die nationale verfassungsgerichtliche Tätigkeit ist insoweit mit der nach Art. 19 Abs. 1 S. 2 EUV, Art. 267 AEUV bestehenden Verpflichtung des Europäischen Gerichtshofs zu koordinieren, die Verträge auszulegen und anzuwenden (BVerfGE 154, 17 (90 f.) – *PSPP*). Unter Berufung auf den Grundsatz der Europarechtsfreundlichkeit des Grundgesetzes behält sich das Bundesverfassungsgericht auch – praeter legem – ähnlich Art. 100 Abs. 1 GG das **Monopol hinsichtlich der Ultra-vires-Kontrolle** vor (BVerfGE 123, 267 (354) – *Lissabon*; 140, 317 (337) – *Identitätskontrolle*; 142, 123 (204) – *OMT-Programm*). Kommen die deutschen Fachgerichte zur Einschätzung, ein Rechtsakt der Union könnte nicht mehr von den eingeräumten Hoheitsrechten gedeckt sein, so können sie den Unionsakt nicht einfach außer Anwendung lassen, sondern haben zunächst dem EuGH im Wege der Vorabentscheidung Gelegenheit zu geben, selbst über die Vereinbarkeit des Aktes mit Unionsrecht zu entscheiden (BVerfGE 118, 79 (97) – *Treibhausgas-Emissionsberechti-* 28 *gungen*). Die Unterlassung einer Vorlage stellt eine Verletzung des grundrechtsgleichen Rechts auf den gesetzlichen Richter aus Art. 101 Abs. 1 S. 2 GG dar, die mittels Verfassungsbeschwerde gerügt werden kann (BVerfGE 73, 339 (366 ff.) – *Solange II*; 82, 158 (192 ff.)). Geht der Europäische Gerichtshof von einer Vertragskonformität aus und das Fachgericht hält an seiner Auffassung fest, so hat es das Bundesverfassungsgericht in Analogie zur konkreten Normenkontrolle nach Art. 100 Abs. 1 GG um Entscheidung über die *Ultra-vires*-Natur des Rechtsakts zu ersuchen (BVerfGE 123, 267 (353 f.) – *Lissabon*). Eine gleiche Verpflichtung zur vorherigen Ersuchung des Europäischen Gerichtshofs um Vorabentscheidung trifft aus Gründen der Europarechtsfreundlichkeit des Grundgesetzes auch das Bundesverfassungsgericht. Sind Fragen der Auslegung des Unionsrechts für dessen Entscheidung maßgeblich, so hat es dem Europäischen Gerichtshof vor einer Ultra-vires-Kontrolle ebenso die Möglichkeit zur Auslegung der Verträge zu geben (BVerfGE 123, 267 (353) – *Lissabon*; 126, 286 (304) – *Honeywell*). Bis jetzt – dahingehend sind jedenfalls die Vorlagebeschlüsse zum *Outright Monetary Transactions-Programm* (BVerfGE 134, 366 ff.) sowie zum *Public Sector Purchase Programme* (BVerfGE 146, 216 ff.) der Europäischen Zentralbank zu verstehen – gedenkt das Bundesverfassungsgericht, sich an diese Verpflichtung auch zu halten, wenngleich beide Entscheidungen auch verdeutlichen, welche Erwartungen das Bundesverfassungsgericht mit einer Vorlage verbindet.

29 Die Ultra-vires-Kontrolle als verfassungsgerichtliches Mittel der nationalsouveränen Kompetenzwahrung ist **kein deutsches Spezifikum**: Die Kontrolle, ob sich unionale Gewalt über ihre Kompetenzen hinaus in den den Mitgliedstaaten allein verbliebenen Bereich der Hoheitsausübung ausdehnt, erfolgt auch in anderen Mitgliedstaaten der Europäischen Union. So hatten bereits das Verfassungsgericht der Tschechischen Republik (*Ústavní soud*) mit Urteil vom 31.1.2012 (Rs. *Landtová*, Pl. ÚS 5/12) sowie der Dänische Oberste Gerichtshof (*Højesteret*) mit Entscheidung vom 6.12.2016 (Rs. *Dansk Industri (Ajos)*, Nr. 15/2014.) Entscheidungen des Europäischen Gerichtshof als *ultra vires* qualifiziert und ihnen die Gefolgschaft versagt.

Vertiefend hierzu auch *Elkan/Holgaard/Schaldemose*, From Cooperation to collision: The ECJ's Ajos ruling and the Danish Supreme Court's refusal to comply, in: Common Market Law Review (CML-Rev) 55 (2018), 17 ff.; *Faix*, Genesis eines mehrpoligen Justizkonflikts: Das Verfassungsgericht der

Tschechischen Republik wertet ein EuGH-Urteil als Ultra-vires-Akt, in: EuGRZ 2012, 597 ff.

Dementsprechend mag die im Mai 2020 ergangene Entscheidung des Bundesverfassungsgerichts (BVerfGE 154, 17), zum **Public Sector Purchase Programme** der Europäischen Zentralbank eine Ausnahmeerscheinung sein; sie ist jedoch weder so singulär wie der durch sie provozierte Aufschrei vermuten lässt, noch vermag sie wirklich zu überraschen. Bereits mit der OMT-Vorlage (BVerfGE, 134, 366), dem Vorlagebeschluss zum PSPP (BVerfGE 146, 216 ff.) und der Entscheidung zur Europäischen Bankenunion (BVerfGE 151, 202) hatte das Bundesverfassungsgericht seine Bedenken hinsichtlich einer – aus seiner Perspektive – zu oberflächlichen Rechtsmäßigkeitskontrolle sowie einer zu weiten Fassung des Mandats der Europäischen Zentralbank deutlich geäußert. Die gleichfalls als arrogant kritisierte Wortwahl des Bundesverfassungsgerichts, dem Europäischen Gerichtshof eine „*schlechterdings nicht mehr nachvollziehbare*“ und „*objektiv willkürliche*“ Auslegung der Verträge (BVerfGE 154, 17 (96 ff.) – *PSPP*) vorzuwerfen, sollte dabei genauso wenig überbewertet werden. Denn um die aus Gründen der Europarechtsfreundlichkeit (BVerfGE 142, 123 (201) – *OMT-Programm*) erhöhten Hürden für eine Ultra-Vires-Kontrolle zu überwinden, musste das Bundesverfassungsgericht zwangsläufig auch artikulatorisch große Geschütze auffahren. 30

Die PSPP-Entscheidung ist heftig kritisiert worden. Die Befassung mit der rechtswissenschaftlichen Auseinandersetzung im Schrifttum kann gerade im Studium jedoch mühselig sein, da die Debatte um die Europäische Integration schon seit geraumer Zeit hauptsächlich von staatsrechtlichen bzw. unionsrechtlichen Extrempositionen aus zu Lasten der um Verständigung bemühten Zwischentöne geführt wird. Einen guten Überblick über die rechtlichen Fragestellungen liefern etwa *Haltern*, Ultra-vires-Kontrolle im Dienst europäischer Demokratie, in: NVwZ 2020, 817 ff.; *Ludwigs*, Scherbenhaufen oder Chance? Zwölf Thesen zum PSPP-Urteil des BVerfG vom 5.5.2020, in: EuZW 2020, 530 ff.; *Mayer*, Der Ultra vires-Akt, in: JZ 2020, 725 ff.; *Ogorek*, PSPP-Beschlüsse der EZB und EuGH-Entscheidung „ultra vires“, in: JA 2020, 795 ff.; *Ruffert*, Europarecht und Verfassungsrecht – Ultra-vires-Kontrolle über EZB-Anleihekäufe und EuGH-Urteil, in: JuS 2020, 574 ff.; *Schorkopf*, Wer wandelt die Verfassung?, in: JZ 2020, 734 ff. 31

c. Die Wahrung des integrationsfesten Kerns des Grundgesetzes: Die Identitätskontrolle. Anders als dies für die Grundrechtskontrolle und prinzipiell auch für die Ultra-vires-Kontrolle gilt, be- 32 steht das Bundesverfassungsgericht auf die auch im Einzelfall überprüfbare **Unantastbarkeit des Kerngehalts der Verfassungsidentität**. Das ist – staatsrechtlich-deduktiv – konsequent und stellt den Gleichlauf von rein innerstaatlichen Verfassungsänderungen und solchen zum Zwecke der Fortentwicklung der Europäischen Integration her: Der Mindeststandard, der auch nicht zur Disposition des verfassungsändernden Gesetzgebers steht, soll nach Art. 23 Abs. 1 S. 3 GG i. V. m. Art. 79 Abs. 3 GG auch durch die Einbindung Deutschlands in überstaatliche Strukturen nicht unterschritten werden (BVerfGE 123, 267 (348) – *Lissabon*; 142, 123 (195) – *OMT-Programm*). Das Bundesverfassungsgericht prüft daher seit dem Lissabon-Urteil im Rahmen einer **Identitätskontrolle**, ob in Folge des Handelns europäischer Organe die von der Ewigkeitsgarantie des Art. 79 Abs. 3 GG umfassten Grundsätze der Art. 1 und 20 GG verletzt werden (BVerfGE 123, 267 (354) – *Lissabon*; 134, 366 (384 f.) – *OMT-Beschluss*; 140, 317 (337) – *Identitätskontrolle*). Dies betrifft zuvorderst die Wahrung des Menschenwürdekerns der Grundrechte (BVerfGE 140, 317 (341) – *Identitätskontrolle*) ebenso wie die Grundsätze, die das Demokratie-, Rechts-, Sozial- und Bundesstaatsprinzip im Sinne des Art. 20 GG prägen. Im Hinblick auf das Demokratieprinzip ist unter anderem sicherzustellen, dass dem Bundestag bei der Übertragung von Hoheitsrechten Aufgaben und Befugnisse von substantiellem politischem Gewicht (BVerfGE 89, 155 (182) – *Maastricht*; 123, 267 (330, 356) – *Lissabon*) und seine haushaltspolitische Gesamtverantwortung verbleiben (BVerfGE 132, 195 (239) – *ESM*; 142, 123 (195) – *OMT-Programm*).

33 Wie auch bei der Ultra-vires-Kontrolle beansprucht das Bundesverfassungsgericht für die Versagung der Anwendbarkeit von Unionsrechtsakten aufgrund einer Verletzung der Verfassungsidentität ein **Entscheidungsmonopol**; Fachgerichten und der Exekutive ist dies aus Gründen der Europarechtsfreundlichkeit versagt. Die Ausübung und Ausgestaltung der Identitätskontrolle haben aus demselben Grund integrationsfreundlich-restriktiv zu erfolgen (BVerfGE 111, 307 (319) – *Görgülü-Beschluss*; 123, 267 (354) – *Lissabon*).

34 Wie genau das Bundesverfassungsgericht sich eine europarechtsfreundliche Identitätskontrolle vorstellt, bleibt indes nebulös: In seiner Entscheidung zum Europäischen Haftbefehl erwähnt es zwar, dass sich die strengen Anforderungen für die Aktivierung der Identitätskontrolle in ***„erhöhten Zulässigkeitsanforderungen an entsprechende Verfassungsbeschwerden“*** niederschlagen müssten. Durch den Beschwerdeführer müsse die Identitätsverletzung – in jenem

Fall eine solche des Art. 1 Abs. 1 GG – *„im Einzelnen substantiiert dargelegt werden"* (BVerfGE 140, 317 (341 f.) – *Identitätskontrolle*). Mit dieser Behauptung lässt es das Bundesverfassungsgericht jedoch auch bewenden. Weder dürfte es einer erhöhten Darlegungslast entsprechen, im Vergleich zum Solange-Vorbehalt gerade kein strukturelles Defizit nachweisen zu müssen, noch wird dem Beschwerdeführer irgendetwas abverlangt, was er nicht auch bei der Erhebung einer Verfassungsbeschwerde ohne Unionsrechtsbezug vorzutragen hätte. Vertiefend hierzu vgl. nur *Burchardt*, Die Ausübung der Identitätskontrolle durch das Bundesverfassungsgericht, in: ZaöRV 2016, 527 (533 f.); *Sauer*, „Solange" geht in Altersteilzeit, in: NJW 2016, 1134 ff.

Einen Sonderfall der Identitätskontrolle stellt die **Grundrechtskontrolle am Maßstab des Art. 1 Abs. 1 GG** dar: Demnach erstreckt sich die durch die Solange-Rechtsprechung bewirkte Suspendierung der grundrechtlichen Kontrolle am Maßstab des Grundgesetzes nicht auf eine solche am Maßstab der Menschenwürdegarantie des Art. 1 Abs. 1 GG, weil dieser durch seine explizite Nennung in Art. 79 Abs. 3 GG zur nicht abwägungsfähigen Verfassungsidentität des Grundgesetzes zähle (BVerfGE 113, 273 (295 ff.) – *Europäischer Haftbefehl*; 140, 317 (341) – *Identitätskontrolle*). 35

Dass es das Bundesverfassungsgericht mit der Verteidigung der Menschenwürdegarantie auch im Einzelfall durchaus ernst meint, hat es in der Entscheidung zum **Europäischen Haftbefehl** gezeigt, in der es die Vollstreckung eines auf Bitten Italiens ausgestellten Europäischen Haftbefehls als verfassungswidrig beurteilte, weil die in Italien bestehende Möglichkeit der strafrechtlichen Verurteilung in Abwesenheit des Angeklagten gegen das in der Menschenwürde verankerte Schuldprinzip verstößt, (BVerfGE 140, 317 (334 f.) – *Identitätskontrolle*). 36

Der verfassungsrechtlichen Absicherung der Verfassungsidentität in Art. 23 Abs. 1 S. 3 GG i. V. m. Art. 79 Abs. 3 GG entspricht spiegelbildlich der Schutz der nationalen Identitäten der Mitgliedstaten durch die Union nach Art. 4 Abs. 2 EUV. Das Bundesverfassungsgericht betont insoweit, dass die Identitätskontrolle im Unionsrecht *„der Sache nach angelegt"* sei (BVerfGE 140, 317 (337) – *Identitätskontrolle*). Die suggerierte, versöhnliche Auflösung des bestehenden Grundsatzkonflikts zwischen Bundesverfassungsgericht und Europäischem Gerichtshof um die Reichweite des Anwendungsvorrang des Unionsrecht findet sich in Art. 4 Abs. 2 EUV jedoch gerade nicht. Zum einen dürfte Art. 4 Abs. 2 EUV eher analog einer Staatszielbestimmung zu verstehen sein, zum anderen schützt diese nur den – institutionell jedenfalls unional zu bestimmenden – Kerngehalt der mit- 37 gliedstaatlichen Verfassungsidentität, die daher nicht blankoartig allein durch die nationalen Verfassungsgerichte der Mitgliedstaaten auszufüllen sein dürfte; zu *„Gralshütern"* der Integrationsgrenzen werden sie auf diesem Wege nicht. Gleichwohl bietet Art. 4 Abs. 2 EUV zumindest die Chance, dass sich der Europäische Gerichtshof und das Bundesverfassungsgerichtshof bei ihrer Rechtsprechung weiter annähern, als dies bei der Grundrechts- oder Ultra-vires-Kontrolle absehbar der Fall ist.

Vertiefend *Burchardt*, Die Ausübung der Identitätskontrolle durch das Bundesverfassungsgericht, in: ZaöRV 76 (2016), 527ff.; *Calliess*, 70 Jahre Grundgesetz und europäische Integration: „Take back control" oder „Mehr Demokratie wagen"?, in: NVwZ 2019, 684ff.; *Dederer*, Die Grenzen des Vorrangs des Unionsrechts – Zur Vereinheitlichung von Grundrechts- Ultra-vires- und Identitätskontrolle, in: JZ 2014, 313ff. *Ruffert*, An den Grenzen des Unionsverfassungsrechts: Das Urteil des BVerfG zum Vertrag von Lissabon, in: DVBl. 2009, 1197ff.; *Sauer*, „Solange" geht in Altersteilzeit – Der unbedingte Vorrang der Menschenwürde vor dem Unionsrecht, in: NJW 2016, 1134ff.

5. Konflikte nationaler und unionaler Grundrechte

38 Mit den Beschlüssen des Europäischen Rates in *Köln* und *Tampere* bestand seit 1999 das Bestreben, die sich auf Unionsebene bislang im Verweis auf die EMRK und die gemeinsamen Verfassungsüberlieferungen der Mitgliedstaaten erschöpfenden Grundrechte (vgl. Art. 6 Abs. 3 EUV) zu kodifizieren. Mit der Charta der Grundrechte der Europäischen Union (EuGRCh) findet sich seit deren Inkrafttreten 2009 eine kodifizierte Ergänzung der Grundfreiheiten der Verträge um echte Freiheits- und Gleichheitsrechte, die vor allem die Hoheitsgewalt der Europäischen Union binden. Nach Art. 51 Abs. 1 S. 1 EuGRCh sind jedoch auch die Mitgliedstaaten bei der **Durchführung von Unionsrecht** an die Unionsgrundrechte gebunden. Über die Einhaltung der EuGRCh wacht der Europäische Gerichtshof. Verletzt ein Rechtsakt der Union die Charta, so kann ihn der EuGH für ungültig erklären; er ist mithin von den Mitgliedstaaten nicht mehr zu vollziehen.

39 Was genau unter der *„Durchführung von Unionsrecht"* zu verstehen ist und wo und wie die Trennlinie der Anwendbarkeit der Grundrechte beider Rechtsordnungen zu verorten ist, ist der Auslöser eines weiteren Konflikts zwischen Bundesverfassungsgericht und Europäischem Gerichtshof. Der Europäische Gerichtshof sah durch

die Fassung des Art. 51 Abs. 1 S. 1 EuGRCh seine vorhergehende Rechtsprechung zum Anwendungsbereich der Rechtsgrundsatz-Grundrechte, die seit jeher einer eher extensiven Auslegung des Anwendungsbereichs der Unionsgrundrechte anhing, weitgehend bestätigt (EuGH, Urt. v. 26.2.2013, Rs. C-617/10, Rn. 18, 20 – *Åkerberg Fransson*).

Zur vorhergehenden Rechtsprechung des EuGHs zu den noch nicht kodifizierten Rechtsgrundsatz-Grundrechten vgl. nur EuGH, Urt. v. 18.6.1991, Rs. C-260/89, Rn. 42 – *ERT*; Urt. v. 29.5.1997, Rs. C-299/95, Rn. 15 – *Kremzow*; Urt. v. 15.11.2011, Rs. C-256/11, Rn. 72 – *Dereci u. a.*.

Die *„Durchführung des Unionsrecht"* entspreche insoweit dem **Anwendungsbereich des Unionsrechts** und umfasse damit auch solche Konstellationen, in denen den Mitgliedstaaten bei der Umsetzung von Unionsrecht ein Gestaltungsspielraum zukomme (EuGH, Urt. v. 27.6.2006, Rs. C-540/03 – *Parlament/Rat;* Urt. v. 21.12.2011, Rs. C-411/10 u. C-493/10, Rn. 64 ff.). Nach Interpretation des EuGHs seien *„keine Fallgestaltungen denkbar, die vom Unionsecht erfasst würden, ohne dass die Grundrechte anwendbare wären"* (EuGH, Urt. v. 26.2.2013, Rs. C-617/10, Rn. 21 – *Åkerberg Fransson*). Die mitgliedstaatlichen Grundrechte bleiben in der Rechtsprechung des Europäischen Gerichtshofs zwar prinzipiell parallel anwendbar (**Kumulationsmodell**), dies indes nur, wenn und soweit durch den Rückgriff weder das Schutzniveau der Charta noch der *„Vorrang, die Einheit und die Wirksamkeit des Unionsrechts"* beeinträchtigt werden (EuGH, Urt. v. 26.2.2013, Rs. C-617/10, Rn. 29 – *Åkerberg Fransson*). Die bisweilen reichlich konstruiert wirkenden und insoweit zu Recht kritisierten Entscheidungen in den Rechtssachen *Åkerberg Fransson* und *Melloni* des Jahres 2013 hatten zwar die teilweise bestehenden Hoffnungen enttäuscht, der Luxemburger *„Grundrechtsexpansionismus"* könnte mit Einführung der Grundrechtecharta ein Ende finden, wirklich überraschen durften sie im Ergebnis indes nicht. 40

Vgl. EuGH, Urt. v. 26.2.2013, Rs. C-617/10 – *Åkerberg Fransson*; Urt. v. 26.2.2013, Rs. C-399/11 – *Melloni*. Zur Kritik siehe nur *Kingreen*, Ne bis in idem: Zum Grundrechtswettbewerb um die Deutungshoheit über die Grundrechte, in: EuR 2013, 446 (451 ff.); *Weiß*, Grundrechtsschutz durch den EuGH: Tendenzen seit Lissabon, in: EuZW 2013, 287 ff.

Dass in Karlsruhe ob dieser beträchtlichen Konzentration des Grundrechtsschutzes gar von einem Luxemburger *„Staatsstreich"* die 41

Rede gewesen sein soll, vermag sich erst vor dem Hintergrund der Rechtsauffassung des Bundesverfassungsgerichts bezüglich des Konkurrenzverhältnisses der Grundrechtsordnungen erschließen. Denn anders als der Europäische Gerichtshof, der Unionsgrundrechte und mitgliedstaatliche Grundrechte als parallel anwendbar erachtet, versuchte das Bundesverfassungsgericht seit geraumer Zeit, eine saubere Trennung der Sphären von Unionsgrundrechten und den Grundrechten des Grundgesetzes herauszuarbeiten (**Trennungsmodell**). Dementsprechend sollten beide Grundrechte nicht parallel anwendbar sein, sondern im Verhältnis der Alternativität zueinanderstehen (BVerfGE 73, 339 (387) – *Solange II*; 102, 147 (165) – *Bananenmarktordnung*). Bei der Frage, ob nationale Rechtsakte den Unionsgrundrechten unterfallen, setzte das Bundesverfassungsgericht auf die aus der Solange-Rechtsprechung bekannte Differenzierung: Setzen deutsche Verfassungsorgane in einem unionsrechtlich determinierten Bereich allein zwingende Vorgaben des Unionsrechts um, ohne dabei einen eigenen Gestaltungsspielraum zu haben, richtet sich der Grundrechtsschutz allein nach den Unionsgrundrechten (BVerfGE 118, 79 (95) – *Treibhausgas-Emissionsberechtigungen*; 121, 1 (15); 125, 260 (306) – *Vorratsdatenspeicherung*). Verbleibt dem deutschen Gesetzgeber bei der Umsetzung hingegen ein Gestaltungsspielraum, sollen ausschließlich die nationalen Grundrechte Anwendung finden (BVerfGE 121, 1 (15); 125, 260 (306f.) – *Vorratsdatenspeicherung*). Konsequenterweise musste das Bundesverfassungsgericht die expansive Ausdehnung der Unionsgrundrechte als Beschränkung der eigenen Kontrollbefugnis am Maßstab der Grundrechte begreifen. In seiner **Antiterrordatei-Entscheidung** drohte das Bundesverfassungsgericht dem EuGH recht unverhohlen mit der Nichtbefolgung seiner Entscheidung: Es sei aus Gründen des Kooperationsverhältnisses davon auszugehen, dass der Entscheidung des Europäischen Gerichtshofs keine Lesart unterlegt werden dürfe, nach der diese *„offensichtlich als Ultra-vires-Akt zu beurteilen wäre"* oder *„die Identität der durch das Grundgesetz errichteten Verfassungsordnung in Frage stellte"* (BVerfGE 133, 277 (316) – *Antiterrordateigesetz*).

42 In jüngerer Zeit zeichnen sich jedoch erste Indikatoren einer Entspannung ab. Zum einen hat der Europäische Gerichtshof die harsche Kritik aus Karlsruhe zum Anlass genommen, seine Rechtsprechung zur Durchführung des Unionsrechts nachzuschärfen und zur Eröffnung des Anwendungsbereichs der Grundrechtecharta zumindest einen in den **Siragusa-Kriterien** konkretisierten, *„hinreichenden Zu-*

sammenhang von einem gewissen Grad" zum Unionsrecht zu verlangen (EuGH, Urt. v. Rs. C-206/13, Rn. 24 – *Siragusa*; Urt. v. 10.7.2014, Rs. C-198/13, Rn. 34 – *Hernández*). Auch die Feststellung, dass nur mittelbare Auswirkungen auf das Unionsrecht keine Durchführung des Unionsrechts begründen, darf als Konzession auf die Kritik der *Åkerberg Fransson*-Entscheidung verstanden werden. Eine Abkehr vom Grundsatz des expansiven Unionsrechtsschutzes ist dies indes nicht. Auch die jüngere Rechtsprechung des Bundesverfassungsgerichts zeigt jedoch Wege aus dem Konflikt der Gerichte auf: So hat Karlsruhe mit seinen Entscheidungen zum **Recht auf Vergessen** das von ihm vertretene Trennungsmodell zu Gunsten des Kumulationsmodells aufgegeben und hält für Rechtsakte der deutschen Staatsgewalt, denen bei der Umsetzung von Unionsrecht ein Gestaltungsspielraum verbleibt, nunmehr **parallel die Unionsgrundrechte sowie die Grundrechte des Grundgesetzes anwendbar** (BVerfGE 152, 152 (168) – *Recht auf Vergessen I*). Trotzdem will sich das Bundesverfassungsgericht primär auf eine Kontrolle am Maßstab der deutschen Grundrechte beschränken, weil – widerleglich – davon auszugehen sei, dass das Schutzniveau der Charta, wie sie vom Europäischen Gerichtshof ausgelegt wird, dabei mitgewährleistet ist (BVerfGE 152, 152 (180 ff.) – *Recht auf Vergessen I*).

Zweifel, ob der maßgeblich für die Solange-Judikatur verantwortliche Zweite Senat des Bundesverfassungsgerichts diesem Kurs des traditionell eher integrationsfreundlichen Ersten Senats zu folgen gedenkt, haben sich mit dessen Entscheidung zum **Europäischen Haftbefehl III** (BVerfG, Beschl. v. 1.12.2020 – 2 BvR 1845/18, in: NJW 2021, 1518 ff.) zerstreut. Die Kammerrechtsprechung des Jahres 2021 verweist im Hinblick auf die gefundene Lösung zur Kollision der Grundrechte des Grundgesetzes und der Unionsgrundrechte folglich nur noch darauf, dass die maßgeblichen verfassungsrechtlichen Fragen „*durch das Bundesverfassungsgericht bereits entschieden*" seien (BVerfG(K), Beschl. v. 27.04.2021 – 2 BvR 156/21, BeckRS 2021, 10582). 43

Darüber hinaus hat sich das Bundesverfassungsgericht aber jüngst auch einen **Kontrollzugriff auf die fachgerichtliche Anwendung der Unionsgrundrechte** eröffnet (BVerfGE 152, 216 (243 ff.) – *Recht auf Vergessen II*; BVerfG, in: NJW 2021, 1518 (1519 f.) – *Europäischer Haftbefehl III*). Damit ist es der sich durch die Unitarisierung des Grundrechtsschutzes zunehmend abzeichnenden Entmachtung seiner selbst zu Gunsten der Fachgerichte und des Europäischen Gerichtshofs jedenfalls in einer Weise entgegengetreten, die nicht zwangsläufig zu weiterem Konfliktpotenzial mit der Unionsgerichts- 44 barkeit führen muss. Diese Erweiterung des eigenen Prüfungsmaßstabes um die Unionsgrundrechte ist – abseits ihres verfassungsrechtlich keineswegs sicheren Standes – jedoch nur zum Preis einer erhöhten Anlehnung an den Europäischen Gerichtshof zu haben. Der von dieser Erweiterung ausgehende Entspannungseffekt dürfte daher maßgeblich davon abhängen, inwieweit das Bundesverfassungsgericht sich an das selbst betonte Gebot zu halten gedenkt, die Unionsgrundrechte im Lichte der Rechtsprechung des Europäischen Gerichtshofs auszulegen, ihm offene Rechtsfragen gegenfügig nach Art. 267 Abs. 1 AEUV vorzulegen und damit der Versuchung zu widerstehen, zum mitgliedstaatlichen Zweitinterpreten der Charta zu mutieren.

Zu diesen Europäisierungstendenzen des nationalen Grundrechtsschutzes vgl. nur *Bäcker*, Das Grundgesetz als Implementierungsgarant der Unionsgrundrechte, in: EuR 2016, 389 ff.; *Dederer*, Die Architektonik des europäischen Grundrechteraums, in: ZaöRV 2006, 575 (583 ff.); *Frenzel*, Die Charta der Grundrechte als Maßstab für mitgliedstaatliches Handeln zwischen Effektivierung und Hyperintegration, in: Der Staat 53 (2014), 1 (19); *Hoffmann*, Unionsgrundrechte als verfassungsrechtlicher Prüfungsmaßstab, in: NVwZ 2020, 33 ff.; *Kämmerer/Kotzur*, Vollendung des Grundrechtsverbunds oder Heimholung des Grundrechtsschutzes?, in: NVwZ 2020, 177 ff.; *Masing*, Einheit und Vielfalt des Europäischen Grundrechtsschutzes, in: JZ 2015, 477 ff.; *Neumann/Eichberger*, Die Unionsgrundrechte vor dem Bundesverfassungsgericht, in: JuS 2020, 502 ff.; *Ruffert/Grischek/Schramm*, Europarecht im Examen – Die Grundrechte, in: JuS 2020, 1022 ff.

45 Sind nunmehr mit zunehmender Wahrscheinlichkeit die Grundrechte der Grundrechtecharta und die des Grundgesetzes gleichzeitig anwendbar, ist als Kollisionsregel hierfür primär **Art. 53 EuGrCh** heranzuziehen. Diese Günstigkeitsklausel bedeutet jedoch gerade nicht, dass unionaler und mitgliedstaatlicher Grundrechtsschutz in einem sich gegenseitig verstärkenden Verhältnis koexistieren. Zum Schutz der Unionsrechtsordnung kann dies vielmehr nur der Fall sein, wenn durch die Anwendung der mitgliedstaatlichen Grundrechte nicht *„der Vorrang, die Einheit und die Wirksamkeit des Unionsrechts beeinträchtigt werden“* (EuGH, Urt. v. 26.2.2013, Rs. C-617/10, Rn. 29 – *Åkerberg Fransson*). Besteht hierfür keine Gewähr, soll der Anwendungsvorrang des Unionsrechts die nationalen Grundrechte verdrängen. Nach der Rechtsprechung des Bundesverfassungsgerichts muss die insoweit bestehende Suspendierung der Grundrechte des Grundgesetzes jedoch in der unverbrüchlichen und nach Art. 23 Abs. 1 S. 3 i. V. m. Art. 79 Abs. 3 GG auch integrationsfesten

Verfassungsidentität des Grundgesetzes ihre Grenzen finden (BVerfGE 140, 317 (336 ff.) – *Identitätskontrolle*). Keine abschließende Lösung hält Art. 53 EuGRCh jedoch auch für multipolare Konstellationen bereit, in denen etwa der Ausgleich zwischen einer Schutzpflicht gegenüber einem Grundrechtsberechtigten und dem Abwehrrecht eines anderen Grundrechtsberechtigten zu finden ist und daher eine klassische, im Bürger-Staat-Verhältnis herangezogene „*Günstigkeitslösung*" versagt.

Weiterführend *Geiß*, Europäischer Grundrechtsschutz ohne Grenzen?, in: DÖV 2014, 265 ff.; *Honer*, Die Geltung der EU-Grundrechte für die Mitgliedstaaten nach Art. 51 I GRCh, in: JuS 2017, 409 ff.; *Jarass*, Die Bindung der Mitgliedstaaten an die EU-Grundrechte, in: NVwZ 2012, 457 ff.; *Kingreen*, Die Grundrechte des Grundgesetzes im europäischen Grundrechtsföderalismus, in: JZ 2013, 801 ff.; *Kühling*, Das „Recht auf Vergessenwerden" vor dem BVerfG – November(r)evolution für die Grundrechtsarchitektur im Mehrebenensystem, in: NJW 2020, 275 ff.; *Latzel*, Die Anwendungsbereiche des Unionsrechts, in: EuZW 2015, 658 ff.; *Ludwigs*, Kooperativer Grundrechtsschutz zwischen EuGH, BVerfG und EGMR, in: EuGRZ 2014, 273 ff.; *Neumann/Eichberger*, Die Unionsgrundrechte vor dem Bundesverfassungsgericht, in: JuS 2020, 502 ff.; *Ohler*, Grundrechtliche Bindung der Mitgliedstaaten nach Art. 51 GRCh, in: NVwZ 2013, 1433 ff.; *Starke*, Die Anwendbarkeit der Europäischen Grundrechtecharta auf rein nationale Gesetzgebungsakte, in: DVBl. 2017, 721 ff.; *Streinz*, Europarecht: Präzisierung des Anwendungsbereichs des Unionsrechts, in: JuS 2015, 281 ff.; *Thym*, Die Reichweite der EU-Grundrechtecharta – Zu viel Grundrechteschutz?, in: NVwZ 2013, 889 ff.; *Voßkuhle/Wischmeyer*, Grundwissen – Öffentliches Recht: Grundrechte im Unionsrecht, in: JuS 2017, 1171 ff.

6. Die Vorlagepflicht des Bundesverfassungsgerichts

Nach Art. 267 Abs. 1, 2 AEUV sind nationale Gerichte der Mit- **46**
gliedstaaten bei Fragen über die Auslegung des Unionsrechts oder über die Gültigkeit von Unionsrecht dazu verpflichtet, den Europäischen Gerichtshof anzurufen. Mittels des Vorabentscheidungsverfahrens erfüllt der Europäische Gerichtshof seine Funktion der Sicherstellung der Einheitlichkeit der Unionsrechts-Judikatur und nimmt insoweit auch die Funktion des gesetzlichen Richters im Sinne des Art. 101 Abs. 1 S. 2 GG ein.

Vgl. insoweit nur BVerfGE 73, 339 (366 f.) – *Solange II;* 75, 223 (233 f.) – *Kloppenburg;* 82, 159 (192) – *Absatzfonds;* 126, 286 (315) – *Honeywell;* 128, 157 (186 f.) – *Betriebsübergang;* 129, 78 (105) – *Anwendungserweiterung;* 135, 155 (230) – *Filmabgabe.* Konsequenterweise handelt es sich daher auch um einen verfassungsrechtlichen Fall des Entzugs des gesetzlichen Richters, wenn deutsche Gerichte ihrer Pflicht zur Anrufung des Europäischen Gerichtshofs im Wege des Vorabentscheidungsverfahrens nach Art. 267 Abs. 3 AEUV nicht nachkommen. Zu den sich im Rahmen der Rüge einer Nichtvorlage zum EuGH ergebenden Defizite vgl. nur *Schröder*, Die Vorlagepflicht zum EuGH aus europarechtlicher und nationaler Perspektive, in: EuR 2011, 808 ff.

47 Während alle Gerichte der Mitgliedstaaten grundsätzlich zu einer Vorlage berechtigt sind, sind diejenigen nationalen Gerichte, deren Entscheidungen selbst nicht mehr mit Rechtsmitteln des innerstaatlichen Rechts angefochten werden können, zu einer Vorlage verpflichtet. Die Vorlagepflicht kann daher auch das Bundesverfassungsgericht selbst treffen (BVerfGE 37, 271 (282)). Den ersten Vorlagebeschluss fasste das Bundesverfassungsgericht am 14.1.2014 im Verfahren um die Ankündigung von *Outright*-Geschäften durch die Europäische Zentralbank (BVerfGE 134, 366 – *OMT-Beschluss*). Gleichsam gegen Maßnahmen der Europäischen Zentralbank richtet sich die zweite Vorlage vom 18.7.2017, die den Europäischen Gerichtshof nach der Vereinbarkeit des Beschlusses zum Ankauf von Wertpapieren und insbesondere Staatsanleihen auf dem Sekundärmarkt (*Public Sector Purchase Programme*) mit den Verträgen fragt (BVerfGE 146, 216 – *PSPP-Vorlagebeschluss*). Neue Impulse für Vorlagen an den Europäischen Gerichtshofs dürften sich auch aus der Rechtsprechung des Bundesverfassungsgerichts zum Recht auf Vergessen ergeben: Denn überprüft das Bundesverfassungsgericht in Zukunft auch die fachgerichtliche Anwendung der Unionsgrundrechte (BVerfGE 152, 216 (236) – *Recht auf Vergessen II*; BVerfG, in: NJW 2021, 1518 (1519 f.) – *Europäischer Haftbefehl III*), so hat es offene Fragen der Auslegung der Grundrechtecharta auch dem Europäischen Gerichtshof vorzulegen.

Weiterführend hierzu nur *Classen*, Europäische Rechtsgemeinschaft à l'allemande?, in: EuR 2016, 592 ff.; *Ergen*, Das Mandat der EZB in der „Eurokrise" – Vom OMT-Beschluss zum Quantitative Easing-Programm, in: Würzburger Online-Schriften zum Europarecht, Nr. 6 (2016); *Feige*, Bundesverfassungsgericht und Vorabentscheidungskompetenz des Gerichtshofes der Europäischen Union, in: AöR 100 (1975), 530 ff.; *Gentzsch*, Gerichtliche Kontrollen geldpolitischer Entscheidungen der EZB am Beispiel des Public Sector Purchase Programme, in: EuR 2019, 279 ff.; *Ludwigs*, Die Krisenpolitik der EZB zwischen Verfassungs- und Unionsrecht, in: NJW 2017, 3564; *Mayer*, Der Ultra vires-Akt, in: JZ 2020, 725 ff.; *Meyer*, Rebels without a cause? Zur OMT-Vorlage des Bundesverfassungsgerichts, in: EuR 2014, 473 ff.; *Schorkopf*, Wer wandelt die Verfassung?, in: JZ 2020, 734 ff.

II. Das Bundesverfassungsgericht und internationaler Menschenrechtsschutz

1. Die Europäische Menschenrechtskonvention im deutschen Grundrechtsschutz

Als historisch eng an das Ende des zweiten Weltkriegs geknüpfte Antwort auf die Verbrechen des Krieges und insbesondere des Dritten Reichs stellt die Europäische Menschenrechtskonvention das wohl älteste Vertragswerk seiner Genese dar. Als erster Vertrag über den internationalen Menschenrechtsschutz überhaupt sah die EMRK die Möglichkeit vor, die verbürgten Rechte auch mittels eines justizförmigen Verfahrens durchzusetzen. Vor allem auf Initiative des Anfang Mai 1948 etablierten „*Congress of Europe*" hin, dem unter anderem *Winston Churchill* und *Konrad Adenauer* angehörten, erarbeitete die Beratende Versammlung des Europarats den Entwurfstext einer Menschenrechtserklärung, der letztlich in geänderter Fassung 1950 angenommen wurde und nach Erfolg der zumindest erforderlichen zehn Ratifikationen am 3.9.1953 in Kraft trat. Der EMRK sind heute alle 47 Staaten des Europarats beigetreten. 48

Seit geraumer Zeit versucht auch die Europäische Union sich als Vertragspartei der EMRK zu unterwerfen. Dies scheiterte zunächst an der fehlenden Kompetenz der Europäischen Gemeinschaft für Menschenrechte oder den Abschluss diesbezüglicher internationaler Abkommen (vgl. insoweit das Gutachten des Europäischen Gerichtshofes 2/94), seit Inkrafttreten des Vertrages von Lissabon 2010 daran, dass die Teilhabe der Europäischen Union an der EMRK die Besonderheiten des Unionsrechts beeinträchtigen könnte (Gutachten des Europäischen Gerichtshofs 2/13). 49

Der EMRK kommt als völkerrechtlicher Vertrag bei streng normenhierarchischer Betrachtung der **Rang einfachen Bundesrechts** zu, der durch den Rechtsanwendungsbefehl des Zustimmungsgesetzes gemittelt wird, Art. 59 Abs. 2 GG. Die enthaltenen Garantien haben daher weder übergesetzlichen noch verfassungsrechtlichen Rang; ihre Verletzung kann mithin auch nicht direkt vor dem Bundesverfassungsgericht mittels Verfassungsbeschwerde gerügt werden, da diese nach Art. 93 Abs. 1 Nr. 4 GG, § 90 BVerfGG allein die Verletzung von grundgesetzlich geschützten Grundrechten oder grundrechtsgleichen Rechten zum Maßstab hat. (BVerfGE 10, 271 (274); 74, 102 (128) – *Erziehungsmaßregeln*; 111, 307 (317) – *Görgülü-Beschluss*). 50

51 Eine Rüge der Verletzung von Konventionsrecht mittels Verfassungsbeschwerde ist indes möglich, soweit der Beschwerdeführer eine Verletzung der EMRK durch Landesrecht rügt; diesem geht die EMRK gemäß Art. 31 GG vor und wird damit Teil des Prüfungsmaßstabes (vgl. BVerfGK 10, 234 (239); BVerfGE 138, 296 (356) – *Kopftuchverbot Nordrhein-Westfahlen*).

52 Gleichwohl prägt die EMRK auch den nationalen deutschen Grundrechtsschutz. So sieht sich das Bundesverfassungsgericht dazu berufen, einer Verletzung des Völkerrechts durch fehlerhafte oder Nichtanwendung völkerrechtlicher Bestimmungen durch deutsche Gerichte abzuhelfen, die eine Verantwortlichkeit der Bundesrepublik Deutschland begründen kann (BVerfGE 58, 1 (34) – *Eurocontrol I*; 59, 63 (89) – *Eurocontrol II*; 109, 13 (23)). Vor allem kommt der EMRK jedoch Bedeutung bei der Auslegung deutschen *Verfassungsrechts* zu: So dient die EMRK als **Auslegungshilfe** bei Bestimmung von Inhalt und Reichweite auch der Grundrechte und rechtsstaatlichen Garantien des Grundgesetzes. Dies reicht indes nur soweit, wie diese Auslegung nicht den Grundrechtsschutz des Grundgesetzes mindert (BVerfGE 128, 326 (367f.) – *EGMR Sicherungsverwahrung*) – eine Einschränkung, die ausweislich Art. 53 EMRK auch von dieser selbst intendiert war.

53 Als Beispiel für die Heranziehung als Auslegungshilfe zeigt sich die Aufnahme der im Grundgesetz nicht, wohl jedoch in Art. 6 Abs. 2 EMRK verbürgten Unschuldsvermutung durch das Bundesverfassungsgericht in die durch Art. 2 Abs. 1 GG i. V. m. dem Rechtsstaatsprinzip mit der Verfassungsbeschwerde rügefähigen Rechte (BVerfGE 74, 358 (370) – *Unschuldsvermutung*).

54 Durch die Rezeption des Bundesverfassungsgerichts erhält die EMRK damit jedenfalls einen **quasiverfassungsrechtlichen Status**. Auf Ebene des *einfachen Rechts* ist die EMRK als Teil der bundesdeutschen Rechtsordnung von den Fachgerichten wegen deren Bindung an Gesetz und Recht aus Art. 20 Abs. 3 GG verbindlich zu beachten.

Literatur: *Barczak*, in: ders. (Hrsg.), BVerfGG, 2018, Einleitung Rn. 60ff.; *Braasch*, Einführung in die Europäische Menschenrechtskonvention, in: JuS 2013, 602ff.; *Cammareri*, Die Bedeutung der EMRK und der Urteile des EGMR für die nationalen Gerichte, in: JuS 2016, 791ff.; *Hwang*, Die EMRK im Lichte der Rechtsprechung des BVerfG: Die Entwicklung eines Grundrechtspluralismus zur Überwindung des Gegensatzes von Monismus und Dualismus, in: EuR 2017, 512ff.; *Kirchhof*, Verfassungsgerichtlicher und internationaler Schutz der Menschenrechte – Konkurrenz oder Ergänzung, in:

EuGRZ 1994, 16ff.; *Ludwigs/Sikora*, Grundrechtsschutz im Spannungsfeld von Grundgesetz, EMRK und Grundrechtecharta, in: JuS 2017, 385ff.; *Payandeh*, Die EMRK als grundrechtsbeschränkendes Gesetz?, in: JuS 2009, 212ff.; *Schaffarzik*, Europäische Menschenrechte unter der Ägide des Bundesverfassungsgerichts, in: DÖV 2005, 860ff.; *Voßkuhle*, Der Europäische Verfassungsgerichtsverbund, in: NVwZ 2010, 1ff.; *ders.*, Der Rechtsanwalt und das Bundesverfassungsgericht – Aktuelle Herausforderungen der Verfassungsrechtsprechung, in: NJW 2013, 1329ff.; *ders./Wischmeyer*, Grundwissen – Öffentliches Recht: Grundrechte im Unionsrecht, in: JuS 2017, 1171ff.

2. Das Bundesverfassungsgericht und der Europäische Gerichtshof für Menschenrechte

Die Stellung des Europäischen Gerichtshofs für Menschenrechte folgt – gleich dem Bundesverfassungsgericht – akzessorisch dem Rang des durch ihn auszulegenden Rechts. Während der EMRK zwar aus deutscher nationaler Perspektive nur der Rang einfachen Bundesrechts zukommt, hat der EGMR die EMRK als objektiv verbindliches Instrument des europäischen grundrechtlichen *ordre public* ausgelegt (EGMR (GK) v. 18.12.1996, 15318/89 – *Loizidou v. Turkey*, Slg. 1996-VI, Tz. 75) und damit eher in die Richtung einer europäischen Grundrechtskodifikation gerückt. Mit der auch für das deutsche Verfassungsrecht steigenden Bedeutung der Europäischen Menschenrechtskonvention steigt zugleich auch die Bedeutung der Entscheidungen des Europäischen Gerichtshofes für Menschenrechte, weil dieser als **primärer Interpret der EMRK** den aktuellen Entwicklungsstand der Konvention aufzeigt. Die Rechtsprechung des EGMR besitzt auch über den Einzelfall hinaus eine normative Leitfunktion, an der sich die Konventionsstaaten zu orientieren haben (BVerfGE 128, 326 (366ff.); *EGMR Sicherungsverwahrung*; BVerwGE 149, 117 (129)). Die Entscheidungen des EGMR sind grundsätzlich feststellender Natur; die innerstaatliche Wirkung der Entscheidungen richtet sich dabei nach nationalem Recht der Vertragsstaaten. Eine Kassation eines vor dem EGMR gerügten Urteils, Verwaltungsakts oder anderen Handelns findet daher nicht statt. 55

Die Judikatur des EGMR findet auch insoweit in der des Bundesverfassungsgerichts Widerhall, als dieses bemüht ist, die Rechtsprechung des EGMR durch eine konventionsfreundliche Auslegung des Grundgesetzes schonend in das deutsche Rechtssystem einzupassen (BVerfGE 111, 307 (327) – *Görgülü-Beschluss*; 128, 326 (371f.) – *EGMR Sicherungsverwahrung*). Neben der Heranziehung als Ausle- 56 gungshilfe muss es nach Ansicht des Bundesverfassungsgerichts auch möglich sein, „*gestützt auf das einschlägige Grundrecht, in einem Verfahren vor dem Bundesverfassungsgericht zu rügen, staatliche Organe hätten eine Entscheidung des Gerichtshofs missachtet oder nicht berücksichtigt. Dabei steht das Grundrecht in einem engen Zusammenhang mit dem im Rechtsstaatsprinzip verankerten Vorrang des Gesetzes*" (BVerfGE 111, 307 (329f.) – *Görgülü-Beschluss*). Als Öffnungsklausel für die Einbettung der Rechtsprechung des EGMR zieht das Bundesverfassungsgericht damit das betroffene Grundrecht in Verbindung mit dem Rechtsstaatsprinzip heran (BVerfGE 111, 307 (324) – *Görgülü-Beschluss*; 128, 326 (371f.) – *EGMR Sicherungsverwahrung*). Damit ist eine Verletzung von Konventionsrecht jedenfalls **indirekt auch vor dem Bundesverfassungsgericht rügefähig.**

57 Relevante Auswirkungen dieser Heranziehung der Rechtsprechung des EGMR zeigen sich beispielsweise im *zweiten NPD-Verbotsverfahren* (BVerfGE 144, 20ff.). Dass das Bundesverfassungsgericht die Verbotsanträge mit Verweis darauf zurückwies, dass es dem verfassungsfeindlichen Vorgehen der NPD an Anhaltspunkten für einen möglichen Erfolg fehle, lag maßgeblich auch an der Rechtsprechung des EGMR, der im Hinblick auf Art. 11 Abs. 2 EMRK jedenfalls die Notwendigkeit einer realen Chance der Herbeiführung von Veränderungen als erforderlich sah (EGMR, Urt. v. 9.4.2002, 22723/93 – *People's Labour Party (HEP) v. Turkey*).

58 Das Bundesverfassungsgericht und der EGMR kennen mit der sich einer Verfassungsbeschwerde nach Art. 93 Abs. 1 Nr. 4 a GG annähernden **Individualbeschwerde nach Art. 34 EMRK** auch eine entscheidende Gemeinsamkeit. Beide Gerichte versuchen im Rahmen dieser Verfahren gleichsam durch die Auslegung des Verfassungsbzw. Konventionsrechts die nationalen Rechtsordnungen zu beeinflussen. Zulässigkeitsvoraussetzung für die Erhebung einer Beschwerde vor dem EGMR ist die Erschöpfung aller nationalen Rechtsbehelfe (Art. 35 Abs. 1 EMRK); zur Erschöpfung des deutschen Rechtswegs ist daher auch der Weg vor das Bundesverfassungsgericht zu beschreiten. Umgekehrt können Entscheidungen des Bundesverfassungsgerichts ebenso Gegenstand von Verfahren des EGMR werden (EGMR, Urt. v. 12.6.2003, 44672/98 – *Herz v. Deutschland*). Der EGMR entscheidet indes nicht als Revisionsinstanz über eine Verletzung des Grundgesetzes, sondern alleine darüber, ob das Bundesverfassungsgericht gegen menschenrechtliche Garantien wie beispielsweise das Recht auf rechtliches Gehör (Art. 6 EMRK) verstoßen hat.

Eine Menschenrechtsverletzung durch das Bundesverfassungsgericht kann sich jedoch auch daraus ergeben, dass das Bundesverfassungsgericht im Rahmen seiner gerichtlichen Überprüfung dem Konventionsrecht nach Ansicht des EGMR nicht in hinreichendem Maße gerecht geworden ist. In der Praxis fand sich ein solcher Befund beispielsweise in Presserechtsfällen Prominenter (EGMR, Urt. v. 24.6.2004, 59320/00 – *Caroline von Hannover/Monaco v. Deutschland*) oder bezüglich der aus einer Drohung mit einer unmenschlichen Behandlung zu ziehenden, rechtlichen Schlüsse für ein Strafverfahren (EGMR, Urt. v. 1.6.2010, 22978/05 – *Gäfgen II*). 59

Die Urteile des EGMR sind nach Art. 44 Abs. 1 EMRK endgültig und für den beklagten Staat **bindend**. Mit dem Urteil verbunden ist die Verpflichtung zur Beendigung der Verletzung sowie das Verbot der Wiederholung der festgestellten Konventionsverletzung. Im Einzelfall – und dies ist ein Unterschied zu den Entscheidungen des Bundesverfassungsgerichts – kann der Gerichtshof **nach Art. 41 EMRK** der verletzten Partei eine **gerechte Entschädigung** zusprechen, wenn dies notwendig ist. 60

Literatur: *Bleckmann*, Bundesverfassungsgericht versus Europäischer Gerichtshof für Menschenrechte, in: EuGRZ 1995, 387 ff.; *Dörr*, Rechtsprechungskonkurrenz zwischen nationalen und europäischen Verfassungsgerichten, in: DVBl. 2006, 1088 ff.; *Klein*, Straßburger Wolken am Karlsruher Himmel – Zum geänderten Verhältnis zwischen Bundesverfassungsgericht und Europäischem Gerichtshof für Menschenrechte seit 1998, in: NVwZ 2010, 221 ff.; *Oeter/Merli*, Rechtsprechungskonkurrenz zwischen nationalen Verfassungsgerichten, Europäischem Gerichtshof und Europäischem Gerichtshof für Menschenrechte, in: VVDStRL 66 (2007), 361 ff.; *Uerpmann-Wittzack*, Die Bedeutung der EMRK für den deutschen und den unionalen Grundrechtsschutz, in: JURA 2014, 916 ff.; *Voßkuhle*, Der Europäische Verfassungsgerichtsverbund, in: NVwZ 2010, 1 ff.; *ders.*, Der Rechtsanwalt und das Bundesverfassungsgericht – Aktuelle Herausforderungen der Verfassungsrechtsprechung, in: NJW 2013, 1329 ff.

§ 4 Das Bundesverfassungsgericht

I. Das Bundesverfassungsgericht im Gefüge des Grundgesetzes

1. Das Bundesverfassungsgericht als Gericht von Verfassungs wegen

1 Obwohl das Bundes*verfassungsgericht* schon nach seiner verfassungsrechtlichen Bezeichnung als Gericht firmiert, bereitet seine Einordnung weit mehr Schwierigkeiten, als der erste Blick vermuten lässt. Das Grundgesetz rechnet das Bundesverfassungsgericht ausweislich der Unterstellung der einschlägigen Normen unter den IX. Abschnitt des Grundgesetzes („*Rechtsprechung*“) zweifelsohne der rechtsprechenden Gewalt zu. Art. 92 GG deklariert als Eröffnungsnorm insoweit eindeutig: „*Die rechtsprechende Gewalt ist den Richtern anvertraut; sie wird durch das Bundesverfassungsgericht [...] ausgeübt*“.

2 Gleichwohl reicht die Entscheidungssphäre des Bundesverfassungsgerichts weit über die Sphäre der Judikative hinaus, wie diese jedenfalls im Allgemeinen für die (Fach-)Gerichte abzustecken ist. Kein anderes Gericht tangiert derart die dem Gesetzgeber vorbehaltene, legislative Gewalt wie das Bundesverfassungsgericht. So ordnet § 31 Abs. 2 S. 1 BVerfGG etwa an: „*In den Fällen des § 13 Nr. 6, 6a, 11, 12 und 14 hat die Entscheidung des Bundesverfassungsgerichts Gesetzeskraft*“. Bei der Inkraftsetzung von „*Übergangsregelungen*“ (vgl. hierzu unten unter § 5 III 7) nach § 35 BVerfGG fällt die Abgrenzung des Bundesverfassungsgerichts als Gericht oder (Ersatz-)Gesetzgeber noch schwieriger. Das Bundesverfassungsgericht steht damit in der langen Tradition der Befundung des legislativen Einflusses der Verfassungsgerichtsbarkeit: Bei *Karl Loewenstein* wird das Prüfungsrecht der Verfassungsgerichtsbarkeit zu einer legislativen Funktion, bei *Carl Schmitt* zur politisierten Gesetzgebungs- oder Exekutivtätigkeit, die nur noch den formalen Anschein des Justiziellen hat.

Vgl. insoweit nur *Loewenstein*, Verfassungslehre, 4. Aufl. 2000, 249; *C. Schmitt*, Das Reichsgericht als Hüter der Verfassung (1929), in: *ders.*, Verfassungsrechtliche Aufsätze aus den Jahren 1924–1954 – Materialien zu einer Verfassungslehre, 1958, 63 (73 ff.).

Bei genauerer Betrachtung entpuppt sich die erhebliche, manchmal rechtpolitisch anmutende Gewalt des Bundesverfassungsgerichts jedoch selbstredend als begrenzter: Durch das Antragsprinzip zur justizförmigen Passivität verpflichtet und sämtlicher Eigeninitiative beraubt, wird es – anders als die gesetzgebende Gewalt – nicht *rechtsgestaltend*, sondern *rechtsprechend* tätig, wenn es die ihm vorgelegten Verfahrensgegenstände auf ihre Vereinbarkeit mit dem Grundgesetz überprüft. 3

Soweit sich hierbei Abgrenzungsschwierigkeiten ergeben, obliegt es dem Bundesverfassungsgericht selbst, den Verlauf der die Rechtsgestaltung und die Rechtsprechung trennenden Demarkation zu bestimmen – eine Aufgabe, die zwischen der dem angelsächsischen Rechtsraum entnommenen Begriffspaarung des *„judicial self-restraint"* und *„judicial activism"* zu verorten ist. Der Grundsatz richterlicher Selbstbeschränkung meint dabei die Bindung des Gerichts an die Justizförmigkeit des Verfahrens und die dem Verfahren zu Grunde liegenden, gerichtlichen Aufgaben und Kompetenzen. Soweit hieraus indes ein Gebot einer darüberhinausgehenden Selbstbeschränkung abgeleitet werden soll, ist dies schon deshalb zurückzuweisen, weil die Nichtentscheidung des Bundesverfassungsgerichts bei bestehender Entscheidungszuständigkeit einer unzulässigen Rechtsprechungsverweigerung gleichkäme. 4

Der Topos der richterlichen Selbstbeschränkung wird auch durch das Bundesverfassungsgericht selbst aufgegriffen, vgl. insoweit nur BVerfGE 36, 1 (14) – *Grundlagenvertrag*; 59, 360 (377) – *Schülerberater*. Eine Ausprägung dieses Grundsatzes findet sich so auch in der Frage der legislativen Prärogative, also eines Einschätzungsspielraums des Gesetzgebers, der im Hinblick auf die Zweckmäßigkeit oder sachliche Richtigkeit einer verfassungsgerichtlichen Kontrolle weitgehend entzogen ist. **Vertiefend zu Begriff und Problematik der richterlichen Selbstbeschränkung** *Hesse*, Funktionale Grenzen der Verfassungsgerichtsbarkeit, in: Eichenberger/Müller (Hrsg.), Festschrift für Hans Huber zum 80. Geburtstag, 1981, 261 ff.; *Heun*, Funktional-rechtliche Schranken der Verfassungsgerichtsbarkeit, 1992; *Schlaich/Korioth*, Das Bundesverfassungsgericht, 11. Aufl. 2018, Rn. 505; *Spielmann/Röper*, Von Holmes zu Brown v. Board of Education – Die Konturen des Judicial Self-restraint, in: DÖV 2018, 928 ff. 5

Allen Überlegungen zum Trotz erfüllt das Bundesverfassungsgericht alle Merkmale eines mit unabhängigen Richtern besetzten Gerichts, die verbindlich anhand von Rechtsnormen zu entscheiden haben und bleibt damit *qua definitionem* Gericht. 6

Vertiefend zur Stellung als Gericht vgl. *Benda/Klein*, Verfassungsprozessrecht, 4. Aufl. 2020, Rn. 103; *Fleury*, Verfassungsprozessrecht, 10. Aufl. 2015, Rn. 2 ff. Zur verfassungsrechtlich nicht gegeben, dennoch vorausgesetzten Definition der rechtsprechenden Gewalt siehe nur *Wilke*, Die rechtsprechende Gewalt, in: Isensee/Kirchhof, HdbStR, Bd. V, 3. Aufl. 2007, § 112 Rn. 14 ff.; *Stern*, Das Staatsrecht der Bundesrepublik Deutschland, Bd. II, 939 ff.

7 Ob das Bundesverfassungsgericht **Verfassungsorgan** des Grundgesetzes ist, hat der Verfassungsgeber jedenfalls insoweit offengelassen, als er darauf verzichtet hat, den das Gericht regelnden Normen gleich den anderen Verfassungsorganen ein eigenes Kapitel zu widmen.

Eine andere Handhabung wählen hier beispielsweise einige Landesverfassungen, die der Landesverfassungsgerichtsbarkeit ein eigenes Kapitel widmen. Vgl. insoweit die Verfassung des Freistaates Bayern (Erster Hauptteil, fünfter Abschnitt – *„Der Verfassungsgerichtshof“*), Verfassung des Landes Hessen (Zweiter Hauptteil, achter Abschnitt – *„Der Staatsgerichtshof“*),Verfassung des Landes Mecklenburg-Vorpommern (Zweiter Abschnitt, drittes Kapitel – *„Landesverfassungsgericht“*), Verfassung für das Land Nordrhein-Westfalen (Dritter Teil, Fünfter Abschnitt – *„Der Verfassungsgerichtshof“*), Verfassung des Freistaats Thüringen (Zweiter Teil, vierter Abschnitt – *„Der Verfassungsgerichtshof“*).

8 Dabei handelt es sich keineswegs um einen redaktionellen Fauxpas. Betrachtet man die Historie des Verfassungstextes, hatte doch der Herrenchiemseer Entwurf noch den VIII. Abschnitt mit *„Das Bundesverfassungsgericht“* überschrieben, um die *„grundsätzliche Bedeutung dieser Institution“* sowie die *„Gleichbehandlung dieses höchsten Organs mit der dritten Gewalt gegenüber den anderen Gewalten“* hervorzuheben. Auch die Betitelung des Gerichts mit Bundes*verfassungs*gericht insinuiert nicht die *Stellung von Verfassungs Gnaden*, sondern nur die *Rechtsprechung anhand und am Maßstab der Verfassung*.

9 Der Auseinandersetzung mit der Frage um den Status darf jedoch mit einem gebührenden Maß Skepsis begegnet werden, da das Grundgesetz den Begriff *Verfassungsorgan* nicht kennt und eine solche Etikettierung auch bei den anderen als Verfassungsorgan bezeichneten Staatsorganen vergeblich zu suchen wäre. Vor allem jedoch scheint nicht von selbst einleuchtend, warum eine Verfassung als normatives Gebilde zwangsläufig *„für sie“* handelnder Organe bedürfe.

Siehe hierzu nur den darstellenden Teil des Berichts des Verfassungskonvents auf Herrenchiemsee, VIII. Abschnitt; ferner auch *Schlaich/Korioth*, Das

Bundesverfassungsgericht, 10. Aufl. 2015, Rn. 34; *Pestalozza*, Verfassungsprozessrecht, 3. Aufl. 1991, § 2 Rn. 13; *Knies*, Auf dem Weg in den ‚verfassungsgerichtlichen Jurisdiktionsstaat?' in: Burmeister (Hrsg.), Festschrift für Klaus Stern, 1997, 1155 (1166).

Die Diskussion um den Verfassungsorganstatus des Bundesverfassungsgerichts mag zunächst müßig erscheinen, kommt ihr doch oberflächlich mehr konzeptionelle denn tatsächlich rechtliche Bedeutung zu; in beiden Fällen bleibt das Gericht als Teil der verfassten Gewalt des Grundgesetzes an den verfassungs- und prozessrechtlichen Rahmen gebunden, dessen Ausgestaltung und Änderung den gesetzgebenden Organen vorbehalten bleibt. Jedoch darf nicht verkannt werden, dass das Bundesverfassungsgericht als *„Hüter der Verfassung"* maßgeblich von der ihm zugemessenen Autorität lebt – insbesondere auch bei dem Unterfangen, sich den anderen Verfassungsorganen des Bundes sowie den Ländern auf Augenhöhe zu nähern und sich ihnen gegenüber im Zweifel auch zu behaupten. 10

Die Aufgabenstellung als *„Hüter der Verfassung"* schreibt sich das Bundesverfassungsgericht gerne selbst zu, vgl. BVerfGE 1, 184 (195, 197) – *Normenkontrolle I*; 1, 396 (408) – *Deutschlandvertrag*; 2, 124 (129) – *Normenkontrolle II*; 6, 300 (304); 37, 271 (303) – *Solange I*; 40, 88 (93) – *Führerschein*. Kritisch hierzu *Voßkuhle*, in: JZ 2009, 917 (918), der dies als *„paternalistische und zumindest terminologisch missverständliche Selbstcharakterisierung"* bemängelt.

Dass Befürchtungen um die mangelnde Durchsetzungsfähigkeit nicht aus der Luft gegriffen sind, zeigte sich insbesondere in der Auseinandersetzung von Bundestag, Bundesregierung und Bundesverfassungsgericht: Das Verhältnis von Karlsruhe und den anderen Machtapparaten der Bonner Republik war jedenfalls nicht von Beginn an von gegenseitigem Respekt und Achtung geprägt. So hielt es *Gerhard Leibholz* in der Einleitung zur an die anderen obersten Bundesorgane gerichteten **Status-Denkschrift** des Bundesverfassungsgerichts vom 27.6.1952 für nötig, darauf aufmerksam zu machen, dass das Bundesverfassungsgericht als oberster Hüter der Verfassung *„in eine ganz andere Ebene als alle anderen Gerichte gerückt"* sei. Die Mitglieder des Bundesverfassungsgerichts haben juristisch gesehen *„die Qualitäten eines Herrn und nicht eines Dieners"* mit *„eigener Autorität und Würde"*. Eine Selbstbeschreibung, die das Bundesministerium der Justiz durch ein Rechtsgutachten des Staatsrechtlers *Richard Thoma* als *„bedenkliche rhetorische Entgleisung"* zurückweisen ließ, worauf sich das Plenum des Bundesverfassungsgerichts zu einer nicht minder stichelnden Entgegnung verleitet sah. 11

12 Die Beiträge und Entgegnungen im Rahmen der Status-Denkschrift sind bis heute grundlegend für die Stellung des Bundesverfassungsgerichts als Gericht und Verfassungsorgan und ungebrochen lesenswert, vgl. insoweit: *Leibholz*, Einleitung, in: JöR 6 (1957), 110ff.; *ders.*, Bericht des Berichterstatters an das Plenum des Bundesverfassungsgerichts zur „Status"-Frage, in: JöR 6 (1957), 120ff.; *Thoma*, Rechtsgutachten betreffend die Stellung des Bundesverfassungsgerichts, in: JöR 6 (1957), 161 (167); *Plenum des Bundesverfassungsgerichts*, Bemerkungen des Bundesverfassungsgerichts zu dem Rechtsgutachten von Professor Richard Thoma, in: JöR 6 (1957), 194ff.

13 Aller mangelnden terminologischen Präzision zum Trotz hat sich der Begriff des Verfassungsorgans im Rechtsraum des Grundgesetzes etabliert und findet in Rechtsprechung wie Literatur rege Verwendung – vielleicht auch, weil der Gesetzgeber und das Bundesverfassungsgericht letztlich größere Bedenken schon ob der von Selbstverständlichkeit geprägten und Selbstbewusstsein strotzenden Verwendung des Begriffes gar nicht erst zugelassen haben.

14 En passant reklamiert das Bundesverfassungsgericht so in § 19 GeschO-BVerfG schließlich die Stellung als Verfassungsorgan für sich: *„Soweit sich aus der Stellung des Gerichts als eines obersten kollegialen Verfassungsorgans […] nichts anderes ergibt […]"*. Die Regierungsbegründung zum Bundesverfassungsgerichtsgesetz statuiert als ersten Satz zwar *„Das Grundgesetz sieht als eines der obersten Verfassungsorgane des Bundes ein Bundesverfassungsgericht vor."* (BT-Drs. 1/788, S. 23), der mit dem Entwurf vorgelegte Gesetzestext selbst schweigt sich hierzu hingegen aus. Vertiefend hierzu: *Hesse*, Grundzüge des Verfassungsrechts der Bundesrepublik Deutschland, 12. Aufl. 1980, 263; *Maunz*, Deutsches Staatsrecht, 22. Aufl., 1978, 289f.; *Schiffers*, Grundlegung der Verfassungsgerichtsbarkeit – Das Gesetz über das Bundesverfassungsgericht vom 12. März 1951, in: Bracher/Morsey/Schwarz (Hrsg.), Quellen zur Geschichte des Parlamentarismus und der politischen Parteien, Vierte Reihe, Bd. II, 1984, VII.

15 Von Bedeutung dürfte dabei die mit der Verfassungsorganstellung einhergehende und in § 1 Abs. 3 BVerfGG (so jedoch erst seit 1986) normativ festgeschriebene **Geschäftsordnungsautonomie** des Bundesverfassungsgerichts sein, als dem Bundesverfassungsgericht die Befugnis zum Erlass einer solchen normativ nicht schon aus dem Grundgesetz zusteht. Gleichwohl entspricht es gerade der Stellung als Verfassungsorgan, dass das Bundesverfassungsgericht sich zur Regelung der inneren Angelegenheiten des Gerichts eine Geschäftsordnung geben darf, weswegen § 1 Abs. 3 BVerfGG überwiegend deklaratorischer Charakter zukommt.

16 Ausgenommen von dieser rein deklaratorischen Wirkung des § 1 Abs. 3 BVerfGG ergibt sich aus der Formulierung der Norm nun konstitutiv eine

Pflicht zum Erlass einer Geschäftsordnung; zuvor erfolgte dies nach eigenem Ermessen.

Das Bundesverfassungsgericht unterliegt ferner keiner Dienst-, Fach- oder Rechtsaufsicht einer anderen staatlichen Stelle, ist keinem Ministerium zugeordnet und führt einen eigenen Haushalt. Weitreichendere Konsequenzen lassen sich hieraus indes nicht ableiten. So ist das Bundesverfassungsgericht ob des ihm auferlegten verfassungs- und prozessrechtlichen Rahmens auch nicht *„Herr seines Verfahrens"* (BVerfGE 13, 54 (94) – *Neugliederung Hessen*); 36, 342 (357) – *Niedersächsisches Landesbesoldungsgesetz*; 60, 175 (213) – *Startbahn West*), soweit damit mehr als nur die ihm zugestandene, protokollarische und geschäftsmäßige Herrschaft im Rahmen des verfassungs- und prozessrechtlich Vorgesehenen gemeint ist. 17

Ausführlich zu den an den Begriff des Verfassungsorgans geknüpften Rechtsfolgen: *Benda/Klein*, Verfassungsprozessrecht, 4. Aufl. 2020, Rn. 106; *Schlaich/Korioth*, Das Bundesverfassungsgericht, 11. Aufl. 2018, Rn. 28 ff.

2. Rollen und funktionelle Ausprägungen

Die Verfassungsgerichtsbarkeit ist in ihrer Manifestation des Grundgesetzes als institutionalisierte Verfassungsrechtsprechung zunächst ein *„Gericht und nichts als ein Gericht"* (*Hopfauf*, in: Schmidt-Bleibtreu/Hofman/Henneke (Hrsg.), GG, 13. Aufl. 2014, Art. 93 Rn. 35). Die bestehende Entscheidungsmacht des Bundesverfassungsgerichts lebt aber *wegen* und *trotz* seiner Stellung als Gericht von einer Rollenfusion. 18

a) Das Bundesverfassungsgericht wacht kraft grundgesetzlicher Zuständigkeitsbegründung über die Einhaltung der Verfassungsordnung und sichert den Vorrang der Verfassung gegenüber sämtlicher Staatsgewalt. Es ist in dieser Funktion **„Hüter der Verfassung"** (so auch die Selbstbeschreibung bei BVerfGE 1, 184 (195, 197) – *Normenkontrolle I*; 1, 396 (408) – *Deutschlandvertrag*; 2, 124 (129) – *Normenkontrolle II*; 6, 300 (304); 37, 271 (303) – *Solange I*; 40, 88 (93) – *Führerschein*). Dies knüpft weniger an den historischen Maßstab des Begriffes an, der stets auch mit den Erfahrungen des Untergangs des ersten demokratischen Deutschlands durch die Machtübernahme der Nationalsozialisten konnotiert ist und nach Maßgabe dessen das Bundesverfassungsgericht in einer glücklichen historischen Fügung bislang nicht maßgeblich in Erscheinung treten musste. Funktionskonstituierend ist vielmehr die Wahrnehmung der verfas- 19 sungsgerichtlichen Aufgabe in verfahrenstechnischer Konzentration der verbindlichen Klärung verfassungsrechtlicher Rechtsfragen sowie des Grundrechtsschutzes. Der Hüter der Verfassung prüft exekutive und legislative Maßnahmen auf ihre Vereinbarkeit mit der Verfassung und bedient sich – *idealiter* – einer nachprüfbaren Normintepretationsmethodik, um der Verfassung einen über den textualen Wortlaut hinausgehenden Bedeutungsgehalt beizumessen. Es entscheidet im Ergebnis verbindlich über die Bestätigung oder die Kassation des vorgelegten Prüfungsgegenstandes.

20 Soweit die Stellung als „*Hüter der Verfassung*" auch zum Anlass genommen wird, der Verfassungsgerichtsbarkeit eine *authentische Verfassungsinterpretation* zuzuschreiben (*Schäller*, Präjudizien als selbstreferenzielle Geltungsressource des Bundesverfassungsgerichts, in: Vorländer (Hrsg.), Die Deutungsmacht des Bundesverfassungsgerichts, 2006, 205ff.), nach der einmal getroffene Entscheidungen des Verfassungsgerichts bis zu einer Verfassungsänderung unverändert fortwirken („*the constitution is what the judges say it is*" – *Hughes*, Speech Before the Elmira Chamber of Commerce (1907), in: Adresses and Papers of Charles Evans Hughes 1906 –1916, 1916, 185), muss dies für das Bundesverfassungsgericht jedenfalls *de jure* verneint werden. Seine Entscheidungen entfalten alleine für den konkreten Fall rechtliche Bindungswirkung. Das Bundesverfassungsgericht ist in seiner Rolle als Verfassungsgericht zwar Letztinterpret der Verfassung, nicht jedoch „*Verfassungsgeber in Permanenz*" (*Isensee*, HdbStR, Bd. XII, 3. Aufl. 2014, § 268 Rn. 63). Sofern dieser Befund dennoch in Teilen der Praxis entsprechen mag, ist das gleichwohl mehr Ausdruck einer Selbstbindung des Gerichts sowie von Vorwirkungen des Bundesverfassungsgerichts, nicht jedoch des Rechts.

21 b) Von einer anderen Seite zeigt sich das Bundesverfassungsgericht in kontradiktorischen Verfahren. Lassen sich die Konflikte der am Verfassungsleben Beteiligten nicht auf politischem Wege auflösen, so wird das Recht zum „*Medium für die Austragung gesellschaftlicher Konflikte*" (*Christensen/Kudlich*, Gesetzesbindung – Vom vertikalen zum horizontalen Verständnis, 2008, 195) und das Bundesverfassungsgericht zum **„Streitschlichter"** (*Vorländer*, in: APuZ 35–36 (2001), 15 (16)). Dies ist zunächst nicht weiter bedenklich, als die Lösung eines konkret vorgebrachten Konflikts maßgeblicher Inhalt der gerichtlichen Tätigkeit ist. Gleichwohl wird mit der Verschiebung des Fokus des Verfahrens auf die Streitbeilegung auch die objektive Verfassungsordnung prozedural instrumentalisiert und damit in ihrer Bedeutung sekundarisiert: Eine verfassungsgerichtliche Entscheidung ist daher „*gut*", wenn sie die streitenden Parteien einigt oder – unter beiderseitigem Nachgeben – einen Kompromiss darstellt, den alle

streitenden Parteien akzeptieren. Die dergestaltige Interpretation der verfassungsgerichtlichen Kompetenzen darf durchaus auf Kritik stoßen. Soweit das Bundesverfassungsgericht in kontradiktorischen Streitigkeiten tätig wird, wacht es – als *Hüter der Verfassung* – nur *„über die Einhaltung bestimmter Spielregeln"* (*Schneider*, Richter oder Schlichter?, 1987, 293 (295)). Ein *„gegenseitiges Nachgeben"* scheint mit dieser Tätigkeit kaum vereinbar; die vom Bundesverfassungsgericht auszulegende Verfassung kann keiner Interessenlage weichen. Es ist daher auch als *„Streitschlichter"* nicht zur konfliktvermittelnden, sondern allein zur verbindlichen Entscheidung über Rechtsfragen der Verfassung berufen. Auch in der Kontradiktion gilt: *Karlsruhe locuta – causa finita*. Dass das Bundesverfassungsgericht sich trotz dieses Befundes auch zur konfliktvermittelnden Verfassungsrechtsprechung berufen sieht, zeigt sich bereits mit der Spruchpraxis des Gerichts in der Aufrechterhaltung von Normen in der sich *„aus den Gründen ergebenden Auslegung"* (so etwa BVerfGE 36, 1 (26) – *Grundlagenvertrag*), tritt spätestens seit dem Vergleichsvorschlag im Verfahren um das brandenburgische Schulgesetz (BVerfGE 104, 305 – *LER-Schlichtungsvorschlag*) jedoch offen zu Tage (vgl. hierzu unter § 5 III 5 b).

c) Darüber hinaus lässt sich auch eine Rolle des Bundesverfas- 22
sungsgerichts als **„Mitbegründer"** des demokratischen Verfassungsstaates beobachten. Als solcher interpretiert es Verfassungsnormen und weist ihnen einen spezifischen Bedeutungsgehalt zu, der dem Verfassungstext als solchen nicht zu entnehmen ist. Dies vollzieht sich indes gerade nicht als defensive, verfassungshüterische Interpretation, sondern als offensive, werteorientierte Exegese. In ihr mutiert das Verfassungsgericht zum Gestalter der normativen Ordnung und zum Treiber des rechtstaatlichen und demokratischen Transformationsprozesses. Ein solches verfassungsgerichtliches Tätigwerden zeigt sich indes als höchst problematisch. Die Rechtsfortbildung ist den Gerichten zwar grundsätzlich aufgegeben, in der Dimension des Verfassungsrechts werden Werteentscheidungen gleichwohl zu Entscheidungen über die politische Identität des Staates: Das Bundesverfassungsgericht macht sich damit mit dem Gesetzgeber gemein und begibt sich auf ein wackeliges Fundament demokratischer Legitimation.

d) Wie sich werteorientierte, verfassungsgerichtliche Tätigkeit aus- 23
wirkt, sobald die demokratische Identität eines Staates auch verfassungsrechtlich *„begründet"* ist, darf unter der dem Bundesverfas-

sungsgericht – dezidiert kritisch – zugeschrieben Rolle des **„Ersatzgesetzgebers“** summiert werden. Gerade auch wegen der Wertedetermination und der Teilhabe an der Entwicklung der politischen Identität des Staates hat sich das Bundesverfassungsgericht immer stärker in das Gravitationsfeld des Politischen hineinziehen lassen (müssen) und beansprucht de facto die *„Teilhabe an der politischen Staatsleitung“* (*Hesse*, Grundzüge des Verfassungsrechts der Bundesrepublik Deutschland, 1995, 278). Ist das Verfassungsrecht erst als allumfassende Werteordnung etabliert, hat das Verfassungsgericht – kraft aufgeladener Verfassung – auch zu jedem Sachverhalt etwas zu sagen. In Folge wird dem Gericht zahlreich vorgeworfen, den (einfachen) Gesetzgeber zunehmend in seinem Gestaltungsspielraum zu beschneiden und die Balance der verfassungspolitischen Kontrolle zu Gunsten rechtspolitischer Gestaltung verloren. Zum anderen lässt sich eine ersatzgesetzgeberische Tätigkeit des Verfassungsgerichts auch aus den zahlreichen *Vorwirkungen* konstruieren, die dessen Rechtsprechung mittlerweile auf die politische Staatsleitung entfaltet.

24 e) Schon lange wird den Entscheidungen des Bundesverfassungsgerichts auch eine **gesellschaftspolitisch integrierende Funktion** zugeschrieben. Dies leitet sich zunächst schon von der durch die Verfassungsgerichtsbarkeit zu interpretierenden Verfassung ab: Zum einen, weil sie kraft Wertekonsens und Einheitssymbolik ein *„Wir-Gefühl“* schafft, zum anderen weil sie in ihren Gewährleistungen gerade ob der gesellschaftlichen Diversität ein institutionalisiertes Integrationsprogramm für das Zusammenleben darstellt.

Vgl. zur integrativen Funktion der Verfassung nur *Korioth*, Europäische und nationale Identität – Integration durch Verfassungsrecht?, in: VVDStRL 62 (2003), 118ff.; *Lübbe-Wolff*, Verfassung als Integrationsprogramm, in: APuZ 16–17 (2019), 43ff.; *Schaal*, Integration durch Verfassung und Verfassungsrechtsprechung? 2000; *Vorländer*, Integration durch Verfassung?, in: ders. (Hrsg.), Integration durch Verfassung, 2002, 9ff.

25 Rückhalt findet dieser Befund aber auch in der Tatsache, dass das Verfassungsgericht schon qua seiner Außenwirkung als Gericht, das im Ergebnis nur eine Entscheidung treffen kann, weit weniger von den Zentrifugalkräften des demokratischen Pluralismus erfasst scheint, als dies für die Organe der politischen Staatsleitung gilt (*Herzog*, Das Bundesverfassungsgericht als Hüter der Ordnung, Referat gehalten am 17.7.1987 anl. einer Tagung der Evang. Akademie Tutzing). Solange sich die gesellschaftsintegrative Funktion des Bundesverfassungsgerichts in den Wirkungen der verfassungsgerichtlichen Rechtsfindung erschöpft, lässt sich über den Befund zwar streiten, hierin aber zumindest kein grundsätzliches Problem erkennen. Etwas anderes muss indes gelten, wenn die Integration gerade zum Inhalt des verfassungsgerichtlichen Tätigwerdens wird und das Verfassungsrecht deswegen zum Gegenstand nicht einer objektiven, sondern einer *„vermittelnden"* Auslegung wird. So sieht sich das Bundesverfassungsgericht dazu berufen, mittels seiner Entscheidungen *„den Rechtsfrieden für die Zukunft zu sichern"* (BVerfGE 1, 351 (359) – *Petersberger Abkommen*). Niederschlag findet diese Selbstmandatierung etwa in einem zunehmend *„werbenden Charakter"* der Entscheidungen des Gerichts, in dem Streben *„nach Anerkennung und Akzeptanz in Politik und Gesellschaft"* (*Pagenkopf*, in: ZRP 2012, 42 (44)).

Literatur: *Abendroth*, Das Bundesverfassungsgericht als Ersatzgesetzgeber, in: Blätter für deutsche und internationale Politik 18 (1973), 705ff.; *Barczak*, in ders. (Hrsg.), BVerfGG, 2018, Einleitung Rn. 16ff.; *Boulanger*, Rollen und Funktionen der Verfassungsgerichtsbarkeit – eine theoretische Annäherung, in: Wrase/Boulanger (Hrsg.), Die Politik des Verfassungsrechts, 1. Aufl. 2013, 67ff.; *ders.*, Hüten, richten, gründen: Rollen der Verfassungsgerichte in der Demokratisierung Deutschlands und Ungarns, 2013; *Ebsen*, Das Bundesverfassungsgericht als Element gesellschaftlicher Selbstregulierung, 1985, insb. 340ff.; *Geiger*, Das Verhältnis von Recht und Politik im Verständnis des Bundesverfassungsgerichts, in: ders., Vom Selbstverständnis des Bundesverfassungsgerichts 1979, 5ff.; *Häberle*, Verfassungsgerichtsbarkeit als politische Kraft, in: ders., Verfassungsgerichtsbarkeit zwischen Politik und Rechtswissenschaft, 1980, 68ff.; *Haltern*, Mythos als Integration – Zur symbolischen Bedeutung des Bundesverfassungsgerichts, in: v. Ooyen /Möllers (Hrsg.), Handbuch Bundesverfassungsgericht im politischen System, 2. Aufl. 2015, 47ff; *Hesse*, Stufen der Entwicklung der deutschen Verfassungsgerichtsbarkeit, in: JÖR 46 (1998), 1ff.; *Kneip*, Rolle und Einfluss des Bundesverfassungsgerichts in international vergleichender Perspektive, in: ZfP 60 (2013), 72ff.; *Kranenpohl*, Funktionen des Bundesverfassungsgerichts – eine politikwissenschaftliche Analyse, in: APuZ B 50–51 (2004), 39ff.; *Lhotta*, Vermitteln statt Richten, in: ZfP 12 (2002), 1073ff.; *Limbach*, Die Integrationskraft des Bundesverfassungsgerichts, in: Vorländer (Hrsg.), Integration durch Verfassung, 2002, 315ff.; *Nocke*, Das Bundesverfassungsgericht als Konsensrunde?, in: Albrecht/Goldschmidt/Stuby (Hrsg.), Die Welt zwischen Recht und Gewalt, 2003, 32ff.; *v. Ooyen*, Integration – Die antidemokratische Staatstheorie von Rudolf Smend im politischen System der Bundesrepublik, 2014, 63ff.; *Pagenkopf*, Vorschläge zu Verfahrensänderungen im BVerfGG, in: ZRP 2012, 42ff.; *Schaal*, Das Bundesverfassungsgericht als Motor gesellschaftlicher Integration?, in: APuZ 35–36 (2011), 29ff.; *Schlink*, Die Entthronung der Staatsrechtswissenschaft durch die Verfassungsgerichtsbarkeit, in: Der Staat 28 (1989), 161 ff.; *Schneider*, Richter oder Schlichter? Das Bundesverfassungsgericht als Integrationsfaktor, in: Fürst/Herzog/Umbach (Hrsg.), Festschrift für Wolfgang Zeidler, 1987, 293 ff.

3. Das Bundesverfassungsgericht als Letztinterpret der Verfassung?

26 Die Verfassungsinterpretation ist eine deutlich verbreitetere Übung, als es die gern bemühte Rhetorik vom Bundesverfassungsgericht als *„maßgeblichem Interpreten"* (BVerfGE 40, 88 (93) – *Führerschein*) auf den ersten Blick erscheinen lässt. Grundsätzlich sind alle Verfassungsorgane dazu berufen, die ihr Handeln determinierenden Normen der Verfassung auszulegen, um sich der Vereinbarkeit zu versichern. Die besondere Bedeutung des Bundesverfassungsgerichts wurzelt daher nicht in der Verfassungsauslegung an sich, sondern in deren **Letztverbindlichkeit**, die allein dem Bundesverfassungsgericht selbst oder dem *pouvoir constitutant* zu weichen hat.

27 Die Letztinterpretation der Verfassung ist dabei in einem *konkreten* Bezug zu sehen, nicht in einem *abstrakten*; das Bundesverfassungsgericht ist **autoritativer Letztinterpret** der Verfassung. Es obliegt allein ihm, in einem Verfahren letztverbindlich darüber zu befinden, welcher materielle Gehalt einer Norm des Verfassungsrechts zukommt. Die Ausstrahlungswirkung seiner Verfassungsauslegung ist indes auf eben diesen konkret zu entscheidenden Fall beschränkt, es bestimmt gerade nicht abstrakt und prozessual losgelöst den Inhalt der Verfassung. Die Auslegung *aus Anlass* des Verfahrens durch das Bundesverfassungsgericht wird damit allein zur Vorfrage der eigentlichen Entscheidung, der erkannte materielle Gehalt der Verfassung allein zum Präjudiz. Die aus seinen Entscheidungen als *Gerichts*entscheidungen erwachsende materielle Rechtskraft erstreckt sich daher nur auf den konkreten Entscheidungsausspruch und die konkret am Verfahren beteiligten Parteien – Verfassungsgerichtsbarkeit bleibt gerichtliche *Rechtserkenntnis* und mutiert nicht zur *Ersatzverfassungsgebung*. Damit verbunden steht dem Bundesverfassungsgericht gerade **nicht die authentische Letztinterpretation** der Verfassung zu, soweit diese als in Permanenz verbindliche Auslegung der Verfassung durch das Bundesverfassungsgericht verstanden wird, die allein durch eine formelle Verfassungsänderung zu revidieren wäre. Der berühmt gewordene Befund des US-Amerikanischen Verfassungsrichters *Charles Evans Hughes*, *„the constitution is what the* *judges say it is*“ (*ders.*, Speech Before the Elmira Chamber of Commerce (1907), in: Adresses and Papers of Charles Evans Hughes 1906 –1916, 1916, 185), trifft auf das Bundesverfassungsgericht daher nicht zu, da ihm die Verfassung als Maßstab vorgegeben ist und nicht zu dessen freier Disposition steht.

Eine über den konkreten Fall hinausreichende Bedeutung kommt 28
den Entscheidungen des Bundesverfassungsgerichts daher erst durch die (einfachgesetzlich angeordnete) **Bindungswirkung** des § 31 BVerfGG zu. Nicht von Verfassungs wegen, sondern kraft verfassungsprozessualer Anordnung erstrecken sich die Wirkungen der Entscheidungen des Gerichts auf die staatlichen Organe (§ 31 Abs. 1 BVerfGG) oder wirken mit Gesetzeskraft *erga omnes* (§ 31 Abs. 2 BVerfGG), weil und soweit die *„Funktion des Bundesverfassungsgerichts als maßgeblicher Interpret und Hüter der Verfassung dies erfordert*“ (BVerfGE 40, 88 (93) – *Führerschein*). Die Entscheidungen nehmen am Vorrang der Verfassung Teil, werden aber hierdurch nicht zu Verfassungsrecht.

Aus dieser nur autoritativen Verfassungsauslegung ergibt sich letzt- 29
lich auch die Wandelbarkeit bundesverfassungsgerichtlicher Rechtserkenntnis: Es ist **an seine Verfassungsauslegung selbst nicht gebunden** (BVerfGE 4, 31 (38) – 5%-*Sperrklausel*; 20, 56 (87) – *Parteienfinanzierung I*). So hat das Bundesverfassungsgericht in der Vergangenheit – auch unter ausdrücklicher Aufgabe seiner früheren Rechtsprechung (vgl. etwa BVerfGE 85, 264 – *Parteienfinanzierung II*; 92, 1 – *Sitzblockaden*; 131, 316 – *Landeslisten*) – mehrmals seine maßgebliche Auslegung der Verfassung geändert. Hierin manifestiert sich gleichermaßen der unumgängliche, menschliche Einfluss. Auch im Rechtsstaat – *idealiter „government of laws, and not of men*“ (Marbury v. Madison, 5. U.S. 137, 163 (1803)) – kann das Recht nur *durch* den Menschen herrschen: Mit wechselnder Besetzung der Richterbank wandelt sich daher auch die Rechtserkenntnis des Bundesverfassungsgerichts.

Zur Rolle des Bundesverfassungsgerichts als maßgeblicher Verfassungsinterpret: *Böckenförde*, Verfassungsgerichtsbarkeit: Strukturen, Organisation, Legitimation, in: NJW 1999, 9 ff.; *Hofmann-Riem*, Beharrung oder Innovation – Zur Bindungswirkung verfassungsgerichtlicher Entscheidungen, in: Der Staat 13 (1974), 335 ff.; *Hillgruber/Goos,* Verfassungsprozessrecht, 5. Aufl. 2020, Rn. 10 ff.; *Jestaedt*, Grundrechtsentfaltung im Gesetz, 1999; *Kreuter-Kirchhof*, Verfassungsgerichtsbarkeit im Dienst der Verfassung, in: Isensee/Kirchhof (Hrsg.), Handbuch des Staatsrechts, Bd. XII, 3. Aufl. 2014, § 272 Rn. 44 ff.; *Leisner*, Das letzte Wort – Der Richter späte Gewalt, 2003;

Ziekow, Abweichung von bindenden Verfassungsentscheidungen?, in: NVwZ 1995, 247ff.

30 In diesen Kontext des Veränderlichen ist auch die Lehre des **Verfassungswandels** zu rücken. Bedürfen die Bestimmungen des Grundgesetzes ob ihres vor Pathos strotzenden, aber teils wenig sprechenden Wortlautes der Verfassungsinterpretation, um ihren Gehalt konkret und begreifbar und operationalisierbar zu machen, ist damit auch eine Türe zur *Dynamisierung der Verfassung* geöffnet. Das Grundgesetz ist damit nicht nur *„Gegebenes"*, sondern zugleich auch *„Aufgegebenes, aufgegeben zur Fortentwicklung"* (*Hoffmann-Riem*, Modernisierung von Recht und Justiz, 2001, 171). Dieser Auftrag richtet sich – kraft Stellung als *Letztinterpret* – nicht ausschließlich, doch in der Praxis zweifelsohne zuvorderst an das Bundesverfassungsgericht. Wahrgenommen hat es ihn etwa bei der *Gleichstellung von Ehe und eingetragener Lebenspartnerschaft* (BVerfGE 105, 313, später auch BVerfGE 126, 400– *Erbschaftssteuer*; 132, 179 – *Sukzessivadoption*), in der Frage der *Eintragungsmöglichkeit eines „Dritten Geschlechts"* (BVerfGE 147, 1) oder im Rahmen der *Europäischen Integration*. Allen Entscheidungen gemein ist der Versuch, die Verfassung durch interpretative Änderung mit den gesellschaftlichen Veränderungen seit dem Inkrafttreten des Grundgesetztes Schritt halten zu lassen. Dies weckte nicht allein Sorgen vor einer *„dezisionistischen Anbiederung der Verfassung an den Zeitgeist"* (*Voßkuhle*, in: JuS 2019, 417 (418). Vor allem erwachsen aus der Möglichkeit der *„Sinnänderung ohne Textänderung"* (*Dreier*, Bestandssicherung kodifizierten Verfassungsrechts am Beispiel des Grundgesetzes, in: Behrends/Seller (Hrsg.), Der Kodifikationsgedanke und das Modell des Bürgerlichen Gesetzbuches, 2000, 119 (138)) eine kaum zu überschätzende Machtfülle, die den Weg in den lange gefürchteten *„Jurisdiktionsstaat"* ebnen kann. Gerade deshalb bedarf es einer besonders ausgeprägten Rationalisierung der Verfassungsinterpretation, wenn sich das Bundesverfassungsgericht zum *„Motor"* des Verfassungswandels aufschwingt.

Zum Verfassungswandel: *Chiariello*, Der Richter als Verfassungsgeber? 2009; *Krings*, Vom Differenzierungsgebot zum Differenzierungsverbot – Hinterbliebenenversorgung eingetragener Lebenspartner, in: NVwZ 2011, 26ff.; *Hillgruber*, Ohne rechtes Maß? Eine Kritik der Rechtsprechung des Bundesverfassungsgerichts nach 60 Jahren, in: JZ 2011, 861ff.; *Roellecke*, Kommen Kinder aus der Klinik?, in: NJW 2002, 2539ff.; *Schaefer*, Die ‚Ehe für alle' und die Grenzen der Verfassungsfortbildung, in: AöR 143 (2018), 393ff.;

Volkmann, Zum „Suchbild Verfassung“, in: VVDStRL 67 (2008), 57ff.; *ders.,* Verfassungsänderung und Verfassungswandel, in: JZ 2018, 265ff.; *Voßkuhle,* Stabilität, Zukunftsoffenheit und Vielfaltssicherung – Die Pflege des verfassungsrechtlichen „Quellcodes“ durch das BVerfG, in: JZ 2009, 917ff.; *ders.,* Der Wandel der Verfassung und seine Grenzen, in: JuS 2019, 417ff.; *Wischmeyer,* Der „Wille des Gesetzgebers, in: JZ 2015, 957ff.

4. Die Autorität des Bundesverfassungsgerichts

In der Sache vollkommen zutreffend erfreut sich die stetige Wiedergabe des Befundes des höchsten Ansehens und der größten Autorität des Bundesverfassungsgerichts. Dies gilt nicht nur für den Betrieb der Berliner Verfassungsorgane, die den Karlsruher Entscheidungen folgen, oder die Staatsrechtswissenschaft, die sich auf die – mal mehr, mal weniger kritische – Kommentierung der Entscheidungen des Bundesverfassungsgerichts zurückgezogen hat. Vor allem genießt das Bundesverfassungsgericht anders als die übrigen Staatsorgane auch in der Bevölkerung ungebrochen großen Zuspruch. 31

Siehe insoweit nur *Hillgruber/Goos*, Verfassungsprozessrecht, 5. Aufl. 2020, Rn. 51ff.; *Jestaedt*, Verfassungsgerichtspositivismus – Die Ohnmacht des Verfassungsgesetzgebers im verfassungsgerichtlichen Jurisdiktionsstaat, in: Depenheuer/Heintzen/Axer/Jestaedt (Hrsg.), Nomos und Ethos – Hommage anläßlich des 65. Geburtstags von Josef Isensee, 2002, 183ff.; *Schlaich/Korioth*, Das Bundesverfassungsgericht, 11. Aufl. 2018, Rn. 548.

Das Ansehen des Bundesverfassungsgerichts speist sich zum einen aus dem Verfassungstext, zu dessen Durchsetzung es berufen ist und den sich die deutsche Bevölkerung wie keinen anderen zuvor zu eigen gemacht hat. Die Autorität des Grundgesetzes färbt auf *„sein“* Verfassungsgericht ab; wer *Verfassungspatriot* ist, ist auch *Bundesverfassungsgerichtspatriot*. Vor allem steht das Vertrauen gegenüber dem Gericht jedoch in der Folge einer Reihe von Entscheidungen – genannt seien hier nur diejenigen in der Debatte um die Wiederbewaffnung, die Rundfunkentscheidung von 1961 (BVerfGE 12, 205 – *Deutschland-Fernsehen-GmbH*), oder die Entscheidungen zu den sozialliberalen Reformen in den 1970er Jahren –, in denen sich das Gericht in den Augen der Öffentlichkeit als glaubhafte, überparteiliche Instanz positioniert und bewährt hat. Dies mag gleichwohl nicht bedeuten, dass Entscheidungen des Bundesverfassungsgerichts bei politischen Akteuren über alle Kritik erhaben wären: Schon 1961, als das Bundesverfassungsgericht gerade die Einrichtung eines regierungsnahen zweiten Deutschen Fernsehens durch die Regierung *Konrad* 32

Adenauers gekippt hatte, ließ dieser das Bundeskabinett beschließen, dass die Entscheidung des Bundesverfassungsgerichts „*falsch*" sei. Gleichwohl sah selbst *Adenauer*, der mit dem Bundesverfassungsgericht Zeit seiner Amtszeit nie wirklich warm wurde (seine andere Erwartungshaltung an Karlsruhe ist im rheinländischen Bonmot „*Dat ham wir uns so nicht vorjestellt*" überliefert), sich dazu genötigt, umgehend klarzustellen, dass an der Pflicht, der Entscheidung nachzukommen, keine Zweifel bestünden (Vgl. BT-PlenProt 3/147 v. 8.3.1961, 8308). *Adenauer* ist jedoch bei weitem nicht Solitär bundesverfassungsgerichtlicher Kritik. Auch die Entscheidung um die Beleidigung von Soldaten mit dem *Kurt Tucholskys* Glosse „*Der bewachte Kriegsschauplatz*" entnommenen „*Soldaten sind Mörder*" (BVerfGE 93, 266) wurde 1995 im regierenden politischen Bonn zum nicht hinnehmbaren politischen Skandal oder gar zur „*Schande für die deutsche Justiz*" erklärt. Die Linie ließe sich dabei beliebig fortzeichnen, so etwa mit dem Vorwurf der Usurpation gesetzgeberischer Gestaltungsmacht hinsichtlich der des *Kruzifix-Beschlusses* von 1995 (BVerfGE 93, 1) der Entscheidung zur Fünf-*Prozent-Sperrklausel bei der Europawahl* von 2009 (BVerfGE 129, 300), der Entscheidungen im *Kopftuchstreit* 2003 und 2015 (BVerfGE 108, 282 und 138, 296) oder der Kritik an der Rechtsprechung zum Verhältnis von Freiheit und Sicherheit bis letztlich zur kompletten Befolgungsverweigerung in der Causa der *Vermietung der Wetzlarer Stadthalle an die NPD* im Jahr 2018 (1 BvQ 18/18 v. 24.3.2018): Die Karlsruher Judikatur ist keineswegs unangefochten.

33 Die Besorgnis des In-Frage-Stellens ist dabei jeder bedeutenden Entscheidung des Bundesverfassungsgerichts immanent: Als Gericht hat es über ihm vorgelegte Verfahren letztverbindlich zu entscheiden und meißelt Obsiegen oder Unterliegen in Stein; als *Verfassungs*gericht entscheidet es über Fragen solch allgemeiner Relevanz, dass die Wirkungen der Entscheidung nicht allein auf die Parteien des Verfahrens beschränkt bleiben. Gerade deshalb ist das öffentliche Vertrauen zum Bundesverfassungsgericht sein wichtigstes Kapital und größte Machtressource: Es verdichtet sich zu einem **Schutzschild der öffentlichen Meinung** (*Barczak*, in ders., BVerfGG, 2018, § 1 Rn. 72), der es anderen Organen des Staates verwehrt, sich den Entscheidungen Karlsruhes offen zu widersetzen. Der Rückhalt des Gerichts ist schon von institutioneller Bedeutung, als weder das Bundesverfassungsgericht noch die Verfassungsgerichtsbarkeit an sich der Disposition des verfassungsändernden Gesetzgebers entzogen ist. Vor allem jedoch darf der Chor des Hohelieds verfassungsgerichtlicher Autorität nicht über deren fragiles Fundament hinwegtäuschen. *Alexander Hamilton* befand schon 1788, dass es sich bei der Justiz um die schwächste der drei Gewalten handele; ihr stünden weder das Schwert der Exekutive noch der Geldbeutel der Legislative zur Verfügung (*Hamilton*, Federalist No. 78 v. 28.5.1788). Mag sich das Bundesverfassungsgericht auch noch so determiniert zum *Herren der Vollstreckung* seiner eigenen Entscheidungen erklären (BVerfGE 6, 300 (304)), fehlen ihm abseits der eng gefassten Möglichkeiten des § 35 BVerfGG effektive Möglichkeiten der Durchsetzung seiner Entscheidungen. Durchsetzungsfähige Autorität hat die Verfassungsgerichtsbarkeit daher nur, wenn die politische Leitungsgewalt des Staates ausgerechnet in den Fällen, in denen ihr durch die Verfassungsgerichtsbarkeit eine Niederlage beigebracht wird, auf ihre Macht verzichtet, um eine wirksame Verfassungsgerichtsbarkeit überhaupt erst zu ermöglichen (*Lembcke*, Autorität der Verfassungsgerichtsbarkeit, 2013, 37 (38)).

Literatur: *Haltern*, Mythos als Integration – Zur symbolischen Bedeutung des Bundesverfassungsgerichts, in: v. Ooyen /Möllers (Hrsg.), Handbuch Bundesverfassungsgericht im politischen System, 2. Aufl. 2015, 47 ff; *Isensee*, Verfassungsgerichtsbarkeit in Deutschland, in: Wiesner/Stolz (Hrsg.), Verfassungsrecht und Verfassungsgerichtsbarkeit an der Schwelle zum 21. Jahrhundert, 2000, 15 ff.; *Lembcke*, Autorität der Verfassungsgerichtsbarkeit – eine Skizze in vergleichender Absicht, in: Wrase/Boulanger (Hrsg.), Die Politik des Verfassungsrechts, 1. Aufl. 2013, 37 ff.; *Jestaedt*, Verfassungsgerichtspositivismus – Die Ohnmacht des Verfassungsgesetzgebers im verfassungsgerichtlichen im Jurisdiktionsstaat, in: Depenheuer/Heintzen/Axer/Jestaedt (Hrsg.), Nomos und Ethos – Hommage anläßlich des 65. Geburtstags von Josef Isensee, 2002, 183 ff.; *ders.*, Phänomen Bundesverfassungsgericht – Was das Gericht zu dem macht, was es ist, in: Schönberger/Jestaedt/Lepsius/Möllers, Das entgrenzte Gericht – Eine kritische Bilanz nach sechzig Jahren Bundesverfassungsgericht, 1. Aufl. 2011, 77 ff.; *Lamprecht*, Bewusstseinswandel durch Rechtsprechung – Karlsruher Urteile als Lektion in Staatsbürgerkunde, in: NJW 2001, 2942 ff.; *ders.*, Zur Demontage des Bundesverfassungsgerichts, 1.Aufl. 1996; *Lembcke*, Hüter der Verfassung – Eine institutionstheoretische Studie zur Autorität des Bundesverfassungsgerichts, 2007; *ders.*, Über das Ansehen des Bundesverfassungsgerichts, 2006; *Lerche*, Rechtswissenschaft und Verfassungsgerichtsbarkeit, in: BayVBl. 2002, 649 ff.; *Patzelt*, Warum mögen die Deutschen ihr Verfassungsgericht so sehr?, in: v. Ooyen /Möllers (Hrsg.), Handbuch Bundesverfassungsgericht im politischen System, 2. Aufl. 2015, 313 ff.; *Schlink*, Abschied von der Dogmatik – Verfassungsrechtsprechung und Verfassungsrechtswissenschaft im Wandel, in: JZ 2007, 157 ff. *Vorländer/Brodocz*, Das Vertrauen in das Bundesverfassungsgericht, in: Vorländer

(Hrsg.), Die Deutungsmacht der Verfassungsgerichtsbarkeit, 2006, 259ff.; *ders.*, Deutungsmacht – Die Macht der Verfassungsgerichtsbarkeit, in: ebd., 9ff.

II. Die Binnenorganisation des Bundesverfassungsgerichts

1. Die Senate, das Plenum und die Kammern

34 Da im Parlamentarischen Rat noch über die grundsätzliche Ausgestaltung einer Verfassungsgerichtsbarkeit für die neue deutsche Verfassung gestritten wurde, entzieht sich die Binnenorganisation des Bundesverfassungsgerichts weitgehend einer Regelung durch das Grundgesetz selbst. Die maßgeblichen Entscheidungen gehen daher auf die Entstehung des **Bundesverfassungsgerichtsgesetzes** zurück.

35 Das Bundesverfassungsgericht ist als **Zwillingsgericht** organisiert, in dem sich zwei Senate, jeweils selbst Spruchkörper des Bundesverfassungsgerichts, gegenüberstehen (§ 2 Abs. 1 BVerfGG). Die Entscheidung, das Bundesverfassungsgericht in zwei Senate zu gliedern, kam insoweit durchaus überraschend, als man im Parlamentarischen Rat jedenfalls noch von einem einheitlichen Spruchkörper des Gerichts ausging. Der Entwurf der Bundesregierung zum BVerfGG konstituierte gleichfalls ein Einheitsgericht, in dem insgesamt zwölf Bundesrichter und zwölf *„andere Mitglieder"* in einer roulierenden Besetzung von *„Sitzgruppen"* mit je neun Richtern als Spruchkörper tätig werden (BT-Drs. 1/788), der Gegenentwurf der SPD sah ebenfalls einen einzigen Spruchkörper mit zehn ständigen Mitgliedern nebst Stellvertretern vor (BT-Drs. 1/238). Aufgrund der Unwägbarkeiten eines *„roulierenden Systems"* einerseits sowie der schon befürchteten Arbeitslast des Gerichts andererseits einigte man sich schließlich auf die Zwillingssenate als Kompromiss.

Vgl. die Begründung des Regierungsentwurfes zum ersten Änderungsgesetz v. 25.5.1955, BR-Drs. 178/55, 8; schriftlicher Bericht des Ausschusses für Rechtswesen und Verfassungsrecht v. 16.5.1956, BT-Drs. 2/2388, 1; schriftlicher Bericht des Rechtsausschusses zum vierten Änderungsgesetz v. 26.11.1970, BT-Drs. 6/1471, 2.

36 Heute wird die Doppelstruktur der beiden **Senate** kaum mehr in Frage gestellt. Sie sind unabhängig voneinander tätig und in den ihnen zugewiesenen Verfahren jeweils *„Das Bundesverfassungsgericht"* (BVerfGE 1, 14 (29) – *Südweststaat;* 2, 79 (95) – *Plenargutachten*

Heuß). Die Unüberprüfbarkeit der Entscheidungen des Senats erstreckt sich daher auch auf die Binnenorganisation des Gerichts: Gegen die Entscheidung eines Senats kann weder der andere Senat, noch das Plenum des Bundesverfassungsgerichts angerufen werden (BVerfGE 1, 89 (90); 7, 17 (18)). Im Hinblick auf die Besetzung der Senate bemerkenswert erscheint die – auch bei im Verlauf der Zeit wechselnder Senatsstärke als Konstante verbliebene – **gerade Zahl** ihrer Richter, die jedenfalls die Möglichkeit einer Stimmengleichheit und damit einer Pattsituation verursacht. Diese Besonderheit ist insoweit dem deutschen Föderalismus geschuldet, als man die in Art. 94 Abs. 1 S. 2 GG vorgesehene paritätische Wahl der Mitglieder des Bundesverfassungsgerichts durch Bundestag und Bundesrat einfach auf die paritätische Wahl der Senate erstreckte (§ 5 Abs. 1 S. 1 BVerfGG), um ein politisches Ungleichgewicht der Senate zu verhindern. Die mittlerweile vorgesehene Anzahl von **acht Richtern je Senat** ist nunmehr die dritte Gestalt der Besetzung der Senate; in der ursprünglichen Fassung des Bundesverfassungsgerichtsgesetzes von 1951 bestanden diese noch aus zwölf, in einer Übergangszeit zwischen dem ersten Änderungsgesetz 1956 vom 21.7.1956 und dem 31.8.1963 aus zehn. Aufgrund der Eigenständigkeit der beiden Senate werden die Richter unmittelbar durch den Wahlakt „*ihrem*" Senat zugeordnet, weswegen auch ein *Wechsel* zwischen den beiden Senaten ausgeschlossen ist. Eine Verteilung der Richter auf die Spruchkörper durch das Präsidium (vgl. so § 21e GVG) kennt das Bundesverfassungsgericht nicht. Eine *Vertretung* durch ein Mitglied des anderen Senats ist nur ausnahmsweise unter den eng gefassten Voraussetzungen des § 15 Abs. 1 S. 2–4 BVerfGG (Verfahren besonderer Dringlichkeit) sowie des § 19 Abs. 4 BVerfGG (Ablehnung oder Selbstablehnung eines Richters) möglich. Die Leitung der Senate obliegt dem jeweils im ersten oder zweiten Senat Vorsitz führenden Präsidenten und Vizepräsidenten des Bundesverfassungsgerichts. Eine herausgehobene Tätigkeit in der Rechtsprechung geht damit indes nicht einher – als Mitglieder ihres Senats sind sie jeweils *primus inter pares*.

Zum Senatedualismus des Bundesverfassungsgerichts siehe nur *Hermes*, Senate und Kammern, in: Badura/Dreier (Hrsg.), Festschrift 50 Jahre Bundesverfassungsgericht, Bd. I, 2001, S. 725 ff.; *Kutscher*, Politisierung oder Verrechtlichung? Der Streit um die Verfassungsgerichtsbarkeit in Deutschland (1921–1958), 2016, 143 ff.; *Volp*, in: Barczak (Hrsg.), BVerfGG, 2018, § 2 Rn. 9 ff.

37 Die Richter beider Senate bilden gemeinsam das **Plenum** des Bundesverfassungsgerichtes, dem sowohl rechtsprechende wie auch verwaltungstechnische Aufgaben obliegen. Zur Wahrung der Einheitlichkeit der Rechtsprechung des Bundesverfassungsgerichts entscheidet das Plenum vor allem in sogenannten *Divergenzvorlagen* nach § 16 BVerfGG, soweit ein Senat in seiner Rechtsprechung von einer entscheidungstragenden Rechtsauffassung des anderen Senats abweichen möchte und dieser nicht nach § 47 Abs. 2 GeschO–BVerfG erklärt, nicht mehr an seiner Rechtsauffassung festhalten zu wollen. Gleiches gilt auch für den Fall, dass ein Senat von der Rechtsauffassung eines bereits ergangenen Plenarentschlusses abweichen will. Damit wird das Plenum jedoch nicht zu einem den Senaten instanziell übergeordneten Spruchkörper. Der anrufende Senat ist an die Entscheidung des Plenums im konkreten Verfahren gebunden; dem Plenum steht es hingegen frei, auf erneute Anrufung seine Auffassung zu ändern. Abseits seiner rechtsprechenden Funktion konstituiert sich das Plenum auch als *Verwaltungsplenum*, das sich vor allem mit Angelegenheiten der Geschäftsordnung des Gerichts (§ 1 Abs. 3 BVerfGG), des Haushaltsplans sowie solchen Fragen, die die Mitglieder des Gerichts, ihren Status und ihre Arbeitsbedingungen unmittelbar betreffen, befasst.

Vertiefend zu Plenarentscheidungen vgl. *Berg*, Die Einheitlichkeit höchstrichterlicher Verfassungsrechtsprechung im Rahmen des § 16 Abs. 1 BVerfGG, 2016; *Hong*, Ein Gericht oder zwei Gerichte?, in: Der Staat 54 (2015), 409 ff.; *Sattler*, Die Zuständigkeit der Senate und die Sicherung der Einheitlichkeit der Rechtsprechung (§§ 14, 16 BVerfGG), in: Starck (Hrsg.), Festgabe 25 Jahre Bundesverfassungsgericht, Bd. I, 1970, 104 ff.; *Wittreck*, Die Verwaltung der Dritten Gewalt, 2006, 275.

38 Auch die 1985 eingeführten **Kammern** sind als selbstständige Spruchkörper *„das Bundesverfassungsgericht"*. Sie treten in die Nachfolge der Vorprüfungsausschüsse (sog. *Dreier-Ausschüsse*), die bereits zuvor mit den Fällen der konkreten Normenkontrolle und den eingehenden Verfassungsbeschwerden befasst waren (vgl. BVerfGE 7, 241 (243); 18, 440 (440)). Sie werden auf Dauer eines Geschäftsjahres im Voraus durch Beschlüsse der Senate gebildet und sind mit drei Richtern besetzt (§ 15a Abs. 1 S. 1 und 2 BVerfGG).

39 Die Zuständigkeit der Kammern ist auf Verfahren der konkreten Normenkontrolle sowie der Verfassungsbeschwerde begrenzt. Die Entscheidungskompetenzen der Kammern beschränken sich auf die Zurückweisung einer konkreten Normenkontrolle (§ 81a Abs. 1 S. 1

BVerfGG) sowie die Entscheidung über die Annahme der Verfassungsbeschwerde nach §§ 93a ff. BVerfGG. Ausnahmsweise kann die Kammer einer Verfassungsbeschwerde (nicht jedoch einer Rechtssatzverfassungsbeschwerde) nach § 93c Abs. 1 S. 1 BVerfGG auch stattgeben, soweit sie offensichtlich begründet ist; die Entscheidung der Kammer steht dann einer Senatsentscheidung gleich (§ 93 Abs. 1 S. 3 BVerfGG). Diese weitergehende Entlastung der Senate durch die Kammern steht indes unter dem Vorbehalt, dass diese nur im Rahmen der bereits durch den Senat entschiedenen Rechtsfragen tätig werden; sie sollen gerade *„keinen substanziellen Beitrag zur Auslegung und Weiterentwicklung des Verfassungsrechts"* leisten (BMJ (Hrsg.), Entlastung des Bundesverfassungsgerichts – Bericht der Kommission, 1998, 29).

Nach § 15a Abs. 1 S. 1 BVerfGG berufen die Senate (recht unpräzise) *mehrere Kammern*, in der Praxis indes stets drei oder vier, weswegen mindestens ein Richter jedes Senats zwei Kammern angehört. Im Übrigen ist die Besetzung der Kammern in das Ermessen des Gerichts gestellt; zwar wird zumeist auf eine ausgewogene Besetzung der Kammern hinsichtlich der politischen Couleur, die die Richter vorgeschlagen hat, geachtet; eine gesetzliche Notwendigkeit hierfür besteht indes nicht. Um einer *„Versteinerung"* (BT-Drs. 10/2951, 9) des Meinungsbildes der Kammern vorzubeugen, soll ihre personelle Besetzung nach § 15a Abs. 1 S. 3 BVerfGG nicht länger als drei Jahre unverändert fortbestehen. Die in § 97c Abs. 1 BVerfGG eingerichtete **Beschwerdekammer** ist keine Kammer im eigentlichen Sinne, sondern ein Unterausschuss des Plenums, der im Verfahren der Verzögerungsbeschwerde (§§ 97a–97e BVerfGG) unanfechtbar entscheidet. 40

Vertiefend zu den Kammern siehe nur *Adler,* Alle Macht den Kammern? Die Kompetenzverteilung zwischen Senaten und Kammern im Annahmeverfahren und ihre praktische Handhabung am Bundesverfassungsgericht, 2013; *Benda/Klein,* Verfassungsprozessrecht, 4. Aufl. 2020, Rn. 157 ff.; *Heüveldop*, Verfassungsrechtliche Anforderungen an das Besetzungsverfahren für die Kammern des BVerfG, in: NJW 1990, 28 f.; *Zuck*, Die Bedeutung der Kammerrechtsprechung des Bundesverfassungsgerichts in Verfassungsbeschwerdesachen, in: EuGRZ 2013, 662 ff.

2. Zuständigkeiten und Geschäftsverteilung

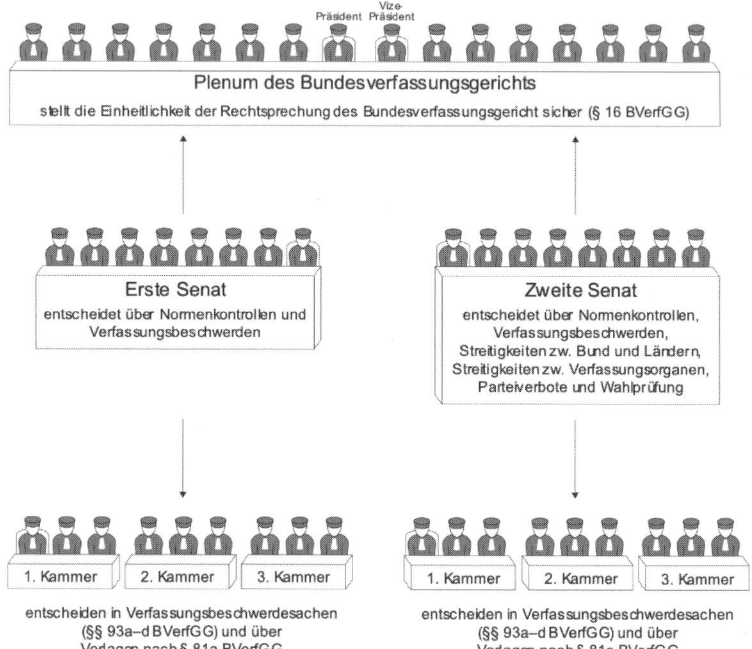

41 Anders als dies für andere Gerichte der Fall ist, ist die **Zuständigkeit der Senate** des Bundesverfassungsgerichts dem Grunde nach gesetzlich geregelt. § 14 BVerfGG teilt das Bundesverfassungsgericht dem *Zwillingscharakter* der Senate entsprechend in einen **„Grundrechtssenat"** (Erster Senat) und einen als **„Staatsgerichthof"** agierenden Zweiten Senat. Nach den Ausgangsregeln des § 14 Abs. 1–3 BVerfGG ist der **Erste Senat** daher für *Verfassungsbeschwerden* (nicht jedoch für Kommunalverfassungsbeschwerden nach § 91 BVerfGG und Verfassungsbeschwerden aus dem Bereich des Wahlrechts) sowie für *abstrakte* und *konkrete Normenkontrollen* (§ 13 Nr. 6 und 11 BVerfGG), in denen überwiegend die *Unvereinbarkeit einer Vorschrift mit Grundrechten oder grundrechtsgleichen Rechten* aus Art. 33, 101, 103 und 104 GG gelten gemacht wird.

Dies gilt auch, soweit eine Landesregierung zusammen mit einem Antrag auf eine abstrakte Normenkontrolle einen Antrag hinsichtlich der *Voraussetzungen des Art. 72 Abs. 2 GG* (§ 13 Nr. 6a BVerfGG) oder hinsichtlich des *nachträglichen Entfallens der Voraussetzungen des Art. 72 Abs. 2 GG* (§ 13 Nr. 6b BVerfGG) stellt; dies hat angesichts der Verfahrensquantität eher untergeordnete Bedeutung. Eine Zuständigkeit des Ersten Senats ergibt sich nach § 14 Abs. 3 auch für *Verfassungsstreitigkeiten innerhalb eines Landes*, die dem Bundesverfassungsgericht durch Landesgesetz zugewiesen sind (§ 13 Nr. 10 BVerfGG) sowie für *Divergenzvorlagen der Landesverfassungsgerichte* (§ 13 Nr. 13 BVerfGG), soweit der Erste Senat für eine entsprechende Angelegenheit im Bund zuständig wäre, § 14 Abs. 3 BVerfGG. 42

Der **Zweite Senat** ist nach § 14 Abs. 1–3 BVerfGG zunächst zuständig für alle *Normenkontrollverfahren* und *Verfassungsbeschwerden*, für die *nicht die Zuständigkeit des Ersten Senats* begründet ist, weil es gerade nicht überwiegend um die Unvereinbarkeit einer Vorschrift mit Grundrechten oder grundrechtsgleichen Rechten aus Art. 33, 101, 103 und 104 GG geht. Im Umkehrschluss zu § 14 Abs. 1 S. 2, Abs. 3 BVerfGG ist der Zweite Senat auch für Verfahren nach § 13, Nr. 6a, 6b, 10 und 13 BVerfGG zuständig, soweit sie nicht in die Zuständigkeit des Ersten Senats fallen. Im Übrigen normiert § 14 Abs. 2 BVerfGG die Zuständigkeit des Zweiten Senats in den Fällen des § 13 Nr. 1–5, 7–9, 11a, 12 und 14 BVerfGG. 43

Dies umfasst das *Grundrechtsverwirkungsverfahren* (§ 13 Nr. 1 BVerfGG), das *Parteiverbotsverfahren* (§ 13 Nr. 2 BVerfGG), das *Parteienfinanzierungsausschlussverfahren* (§ 13 Nr. 2a BVerfGG), die *Wahlprüfungsbeschwerde* (§ 13 Nr. 3 BVerfGG), die *Nichtanerkennungsbeschwerde* (§ 13 Nr. 3a BVerfGG), die *Anklage gegen den Bundespräsidenten* (§ 13 Nr. 4 BVerfGG), *Organstreitverfahren* (§ 13 Nr. 5 BVerfGG), die *Bund-Länder-Streitigkeit* (§ 13 Nr. 7 BVerfGG), die *anderen föderativen Streitigkeiten* nach Maßgabe des § 13 Nr. 8 BVerfGG, die *Richteranklage* (§ 13 Nr. 9 BVerfGG), die *Verfahren nach dem Untersuchungsausschussgesetz* (§ 13 Nr. 11a BVerfGG), das *Normenverifikationsverfahren* (§ 13 Nr. 12 BVerfGG) sowie das *Normenqualifikationsverfahren* (§ 13 Nr. 14 BVerfGG). 44

Diese Aufteilung des Gerichts folgte dem Gedanken, die jeweils einheitliche Rechtsprechung des Grundrechtssenats für *Grundrechtsfragen* sowie des Staatsgerichtshofs-Senats für Fragen des *Staatsorganisationsrecht* sicherzustellen. Schon bald nach Aufnahme des Gerichtsbetriebs stellte sich jedoch ein unvorhergesehener, derart großer Anfall an Normenkontrollvorlagen sowie Verfassungsbeschwerden ein, dass der Erste Senat weit übermäßig durch die Verfahrenseingänge belastet wurde. 1956 fand daher § 14 Abs. 4 S. 1 45

BVerfGG in seiner heutigen Fassung Einzug in das Bundesverfassungsgerichtsgesetz, der es dem Gericht ermöglicht, von der in § 14 Abs. 1–3 BVerfGG vorgesehenen Ausgangsregel durch **Plenumsbeschluss abzuweichen**, soweit dies in Folge einer Überlastung eines Senats unabweislich geworden ist. Von dieser Möglichkeit macht das Bundesverfassungsgericht mit sich regelmäßig ändernden, auf seiner Website abrufbaren Plenumsbeschlüssen Gebrauch, mit denen die Zuständigkeiten des Zweiten Senats für Verfassungsbeschwerden und Normenkontrollverfahren zur Entlastung des Ersten Senats erheblich vergrößert wurden. Die ursprüngliche Unterteilung in *Grundrechts-* und *Staatsgerichtshof*-Senat ist damit heute passé.

46 In Einzelfällen kann es zweifelhaft sein, welcher Senat für ein Verfahren zuständig ist. Über eine **Zuweisung** entscheidet dann der sogenannte *Sechserausschuss*, der – paritätisch – mit dem Präsidenten, dem Vizepräsidenten sowie je zwei weiteren Richtern der beiden Senate besetzt und damit dem Zwillingscharakter des Gerichts nachempfunden ist, § 14 Abs. 5 BVerfGG. Der Sechserausschuss stellt im Hinblick auf die rechtsprechende Funktion des Gerichts die einzige Durchbrechung des Grundsatzes dar, dass dem Präsidenten als *primus inter pares* keine herausgehobene richterliche Bedeutung zukommt: Nach § 14 Abs. 5 S. 2 BVerfGG zählt bei Stimmengleichheit seine Stimme doppelt. In der Praxis kommt dem Sechserausschuss keine maßgebliche Bedeutung zu; Zuordnungsfragen lassen sich zwischen den Senaten zumeist informell oder auf anderem Wege wie etwa die Abgabe des Verfahrens nach § 44 Abs. 2 GeschO–BVerfG klären.

47 Die Regelung der **senatsinternen Geschäftsverteilung** erfolgt durch einen Beschluss über die Grundsätze, nach denen die Verfahren zur Berichterstattung auf die einzelnen Richter des Senats für das kommende Geschäftsjahr zu verteilen sind. Zwar sieht § 15a Abs. 2 BVerfGG dies nur für Verfahren der Verfassungsbeschwerde sowie der konkreten Normenkontrolle vor, indes beschließt das Bundesverfassungsgericht nach § 20 Abs. 1 GeschO–BVerfG gesammelt über die Verteilung aller Verfahren. In der Praxis findet hierzu die Zuordnung von Richtern zu Sachgebieten statt, für diese sie im kommenden Geschäftsjahr zuständig sind. Die Geschäftsverteilung auf die durch Beschluss einzurichtenden und zu besetzenden Kammern verläuft akzessorisch zur Berichterstatterzuständigkeit der ihr ordentlich angehörenden Mitglieder für Verfassungsbeschwerden und konkrete Normenkontrollen, § 40 Abs. 1 S. 1 GeschO–BVerfG. Im

Falle von Zuständigkeitsstreitigkeiten innerhalb eines Senats ist die Zuständigkeit letztverbindlich durch Senatsbeschluss festzustellen (§ 20 Abs. 2 S. 2 GeschO–BVerfG). In der Praxis entfällt die Notwendigkeit einer Entscheidung jedoch zumeist aufgrund informeller Klärung.

Literatur: *Federer*, Aufbau, Zuständigkeit und Verfahren des Bundesverfassungsgerichts, in: Das Bundesverfassungsgericht, 1963, 59ff.; *Kirch-Heim*, in: Barczak (Hrsg.), BVerfGG, §§ 14, 15a BVerfGG; *Sattler*, Die Zuständigkeit der Senate und die Sicherung der Einheitlichkeit der Rechtsprechung (§§ 14 und 16 BVerfGG), in: Starck (Hrsg.), Festgabe 25 Jahre Bundesverfassungsgericht, 1976, 105ff.; *Ulsamer*, Neue gesetzliche Regelung der Entlastung und Sicherung der Funktionsfähigkeit des Bundesverfassungsgerichts, in: EuGRZ 1986, 110ff.

3. Die Verwaltung des Bundesverfassungsgerichts

Als eigenständiges Verfassungsorgan obliegen dem Bundesverfassungsgericht auch Fragen der Verwaltungstätigkeit, die für Gerichte üblicherweise durch das zuständige Justizministerium wahrgenommen werden. Die Wahrnehmung der Verwaltungsaufgaben obliegt nach Maßgabe seiner Geschäftsordnung dem Plenum des Bundesverfassungsgerichts sowie dem Präsidenten (§ 1 Abs. 1 GeschO–BVerfG). Für die Aufstellung des Haushaltsplanes des Gerichts, für Fragen der allgemeinen Grundsätze der Gerichtsverwaltung sowie für Fragen betreffend die Richter, ihres Status und ihrer Arbeitsbedingungen ist nach § 1 Abs. 2 GeschO–BVerfG das Plenum des Gerichts zuständig. Zur Entlastung und Erleichterung des Plenarbetriebes werden Plenarausschüsse gebildet; ständige Ausschüsse sind nach § 3 Abs. 1 S. 1 GeschO–BVerfGG der Geschäftsordnungsausschuss, der Protokollausschuss, der Haushalts- und Personalausschuss sowie der Bibliotheksausschuss. Zur Vollziehung der Plenarbeschlüsse ist der Präsident berufen (§ 1 Abs. 3 S. 1 Hs. 2 GeschO–BVerfGG). 48

Die „*Verwaltungsherrschaft*" des Plenums findet seine Grenzen in den gesetzlichen Befugnissen des **Präsidenten** des Bundesverfassungsgerichts, die dieser in eigener Verantwortung und Zuständigkeit wahrnimmt. Im Einzelnen führt der Präsident die Verwaltung des Gerichts (§ 1 Abs. 3 GeschO-BVerfG) und ist damit Dienstvorgesetzter aller Beamten und Angestellten des Bundesverfassungsgerichts (§ 129 S. 1 BBG), nicht jedoch der Richter. Ferner leitet er Sitzungen des Plenums und beruft dieses ein (§ 2 Abs. 1 und 7 GeschO-BVerfG), führt in den Plenumsausschüssen, denen er nach Maßgabe 49 der Geschäftsordnung angehört, den Vorsitz (§ 3 Abs. 4 GeschO-BVerfG), übt das Hausrecht über die Diensträume des Bundesverfassungsgerichts aus (§ 6 GeschO-BVerfG) und regelt die Verteilung der Verwaltungsgeschäfte (§ 14 Abs. 1 GeschO-BVerfG). Ferner trifft er die versorgungsrechtlichen Entscheidungen (§ 103 S. 2 BVerfGG). Für den Fall seiner Verhinderung wird der Präsident durch den Vizepräsidenten, im Falle dessen Verhinderung durch das nach Anciennität bzw. bei gleichem Dienstalter nach Seniorität älteste, anwesende Mitglied des Gerichts vertreten (§ 15 Abs. 1 S. 2 BVerfGG bzw. § 4 GeschO-BVerfG). Dem Präsidenten obliegt auch die **Vertretung des Gerichtes nach außen** sowie gegenüber den anderen Verfassungsorganen des Bundes (§ 5 Abs. 1 und 2 GeschO-BVerfG), er nimmt in der staatspraktischen *protokollarischen Rangfolge* der Bundesrepublik hinter dem Bundespräsidenten, dem Präsidenten des Deutschen Bundestages, dem Bundeskanzler und dem Präsidenten des Bundesrates den fünften Platz ein.

50 Ähnlich dem Deutschen Bundestag und Bundesrat ist auch dem Präsidenten des Bundesverfassungsgerichts bei der Leitung der Verwaltung ein **Direktor beim Bundesverfassungsgericht** zur Seite gestellt, dem durch den Präsidenten bestimmte Angelegenheiten der Verwaltung zur eigenständigen Erledigung übertragen werden können (§ 14 Abs. 1 S. 2 GeschO–BVerfG). Dem Direktor nachgeordnet ist ein Verwaltungsapparat nach ministerialem Muster, der die anfallenden allgemeinen Verwaltungsaufgaben des Gerichts bewältigt.

51 In der Rechtsprechungsfunktion des Gerichts findet das Gericht seinen Verwaltungsunterbau in der aus den beiden Senatsgeschäftsstellen, dem Rechtspflegedient und dem Allgemeinen Register bestehenden **Justizverwaltung** des Gerichts; die zuvor von den Präsidialräten wahrgenommenen Tätigkeiten der Verwaltung fallen seit ihrer faktischen Abschaffung nunmehr den dienstältesten wissenschaftlichen Mitarbeitern der Senatsvorsitzenden zu (vgl. unten unter 4.).

52 Besondere Bedeutung kommt dabei dem **Allgemeinen Register** (AR) des Gerichts zu. In dieses werden Eingaben an das Bundesverfassungsgericht eingetragen und als Justizverwaltungsangelegenheiten behandelt, die weder eine Verwaltungsangelegenheit betreffen noch nach dem Bundesverfassungsgerichtsgesetz statthaft sind, in der Praxis häufig Anfragen zur Rechtsprechung des Gerichts oder unbestimmte Eingaben (§ 63 Abs. 1 S. 2 GeschO–BVerfG). Ferner können aber auch offensichtlich unzulässig oder offensichtlich erfolglose Verfassungsbeschwerden sowie andere offensichtlich unzulässige Verfah-

rensanträge registriert werden. Die Entscheidung über die Aufnahme einer Eingabe in das Allgemeine Register treffen nach § 64 Abs. 1 S. 1 GeschO–BVerfG grundsätzlich die Senatsvorsitzenden; von der Möglichkeit der Übertragung nach § 64 Abs. 1 S. 2 GeschO–BVerfG wurde jedoch Gebrauch gemacht, so dass die Entscheidung nunmehr den Referenten des Allgemeinen Registers – jeweils Mitarbeiter mit der Befähigung zum Richteramt – obliegt. In der Praxis handelt es sich bei den meisten Aufnahmen in das Allgemeine Register um Verfassungsbeschwerden, die nach Einschätzung der Referenten offensichtlich unzulässig oder erfolglos sind. Mit der Eintragung in das Register werden die Beschwerdeführer über die Bedenken hinsichtlich ihrer Eingabe informiert; bestehen sie trotz der Einschätzung auf eine richterliche Entscheidung, so werden diese in das Verfahrensregister des Gerichts umgeschrieben und der Vorgang dem Dezernat des zuständigen Berichterstatters zugeleitet (§ 64 Abs. 2 GeschO–BVerfG). Damit übernimmt das Allgemeine Register vor allem die Funktion der Filterung offensichtlich aussichtsloser Verfahren.

Literatur: *Benda/Klein*, Verfassungsprozessrecht, 4. Aufl. 2020, Rn. 177 ff.; *Ritterspach*, Die Geschäftsordnung des Bundesverfassungsgerichts, in: EuGRZ 1976, 57 ff.; *Wand*, Fragen zur Geschäftsordnung des Bundesverfassungsgerichts, in: Ritterspach/Geiger (Hrsg.) – Festschrift für Gebhard Müller, 1970, 563 ff.; *Wittreck*, Die Verwaltung der Dritten Gewalt, 2006, 274 ff.

4. Die Wissenschaftlichen Mitarbeiter

Den in teils mit einem gewissen Ernst, teils mit einem Augenzwin- 53
kern betitelten „*Dritten Senat*" des Bundesverfassungsgerichts bilden die wissenschaftlichen Mitarbeiter des Bundesverfassungsgerichts. Das Konzept der Tätigkeit wissenschaftlicher Mitarbeiter an Gerichten findet sich **an allen obersten Gerichtshöfen** des Bundes und ist an die *judicial clerkships* der amerikanischen Gerichtsordnung angelehnt. Eine gesetzliche Verankerung ihrer Tätigkeit findet sich im Bundesverfassungsgerichtsgesetz nicht; lediglich § 13 Abs. 1 S. 1 GeschO–BVerfG sieht vor, dass die wissenschaftlichen Mitarbeiter die Bundesverfassungsrichter bei deren dienstlicher Tätigkeit unterstützen. Ursprünglich fanden sich wissenschaftliche Mitarbeiter nur an dem zu seiner Zeit alleine für Verfassungsbeschwerden zuständigen Ersten Senat, um dem Verfahrensaufkommen Herr zu werden.

54 Als erster wissenschaftlichen Mitarbeiter des Bundesverfassungsgerichts gilt die satirische Kunstfigur *Friedrich Gottlob Nagelmann,* dem für das Bundesverfassungsgericht damit eine ähnliche Rolle zukommt, wie dem SPD-Abgeordneten *Jakob Maria Mierscheid* für den Deutschen Bundestag oder dem deutschen Diplomat *Edmund Friedemann Dräcker* für das Auswärtige Amt. Der Legende um den früheren preußischen Forstbeamten Nagelmann widmete das Bundesverfassungsgericht im Jahre 1984 eine *„Gedächtnisschrift für F. G. Nagelmann"*.

55 Mittlerweile finden sich – bei gleichzeitiger Zuständigkeit auch des zweiten Senats für Verfassungsbeschwerden – an beiden Senaten insgesamt rund 64 wissenschaftliche Mitarbeiter. Ihre Tätigkeit besteht hauptsächlich in der Vorbereitung der Voten und Entscheidungsentwürfe des Verfassungsrichters, dem sie zum Dienste **weisungsgebunden** (§ 13 Abs. 1 S. 2 GeschO–BVerfG) zugewiesen sind. Obwohl sie **keine spruchrichterliche Tätigkeit** wahrnehmen und diese innerhalb der Zuständigkeit des Dezernats alleine dem Verfassungsrichter zukommt, üben sie damit – auch angesichts der schieren Zahl der Verfahrenseingänge – einen nicht unwesentlichen Einfluss auf die richterliche Entscheidungsfindung am Bundesverfassungsgericht aus.

56 Dies stößt auch auf Kritik: Die Rechtsprechung ist nach Art. 92 GG den Richtern anvertraut. Angesichts der enormen Arbeitsbelastung auch durch die Lektüre der den Verfahrenseingängen beigefügten Schriftsätze, Gerichtsentscheidungen und sonstiger Unterlagen und Beweismittel steht das Argument der formalen Letztverantwortlichkeit der Verfassungsrichter jedenfalls auf einem nicht unumstrittenen Fundament. Gefordert wird daher unter anderem eine gesetzliche Regelung der Tätigkeit der wissenschaftlichen Mitarbeiter, vgl. nur *Zuck*, WiMis – Die Gesetzlosen, in: NJW 1996, 1656 ff.

57 Die wissenschaftlichen Mitarbeiter entstammen überwiegend der Gerichtsbarkeit der Länder und werden zumeist für die Dauer von zwei bis drei Jahren an das Bundesverfassungsgericht abgeordnet; aufgrund der wissenschaftlichen Prägung der Richterbank finden sich aber auch wissenschaftliche Mitarbeiter der universitären Lehrstühle oder von Forschungseinrichtungen. Die **Auswahl** der wissenschaftlichen Mitarbeiter obliegt nach § 13 Abs. 2 S. 1 GeschO–BVerfG letztlich den Verfassungsrichtern selbst in freier Entscheidung.

Literatur: *Hiéramente*, Der „Dritte Senat" des Bundesverfassungsgerichts – Zur Rolle der Wissenschaftlichen Mitarbeiter, in: ZRP 2020, 56 ff.; *Klein*, Der Dritte Senat am Bundesverfassungsgericht, in: Umbach/Urban/Fritz/Böttcher/v. Bargen (Hrsg.), Gedächtnisschrift für F. G. Nagelmann, 1984,

377ff.; *Kohl*, Die wissenschaftlichen Mitarbeiter und der Grundsatz des gesetzlichen Richters – oder:... und die anderen sieht man nicht, in: Umbach/ Urban/Fritz/Böttcher/v. Bargen (Hrsg.), Gedächtnisschrift für F. G. Nagelmann, 1984, 387ff.; *Wieland*, Der Beitrag der Wissenschaftlichen Mitarbeiter im Entscheidungsprozess des Bundesverfassungsgerichts, in: Ellermann (Hrsg.), Verfassungsgeschichte im Vergleich, 1988, 258ff.; *Wittreck*, Die Verwaltung der Dritten Gewalt, 2006, 277f.; *Zuck*, WiMis – Die Gesetzlosen, in: NJW 1996, 1656ff.; *ders.*, Die wissenschaftlichen Mitarbeiter des Bundesverfassungsgerichts, in: v. Ooyen/Möllers (Hrsg.), Handbuch Bundesverfassungsgericht im politischen System, 2. Aufl. 2015, 443ff.

III. Die Richter des Bundesverfassungsgerichts

1. Status und persönliche Rechtsstellung der Richter

a) Mit der Stellung des Bundesverfassungsgerichts als Verfassungsorgan des Bundes geht auch eine besondere verfassungsrechtliche Stellung seiner Mitglieder einher; sie sind den Mitgliedern der anderen Verfassungsorgane ebenbürtig. Gerade aufgrund dieses herausgehobenen Verhältnisses ist ihr Amtsverhältnis nicht mit dem der Beamten des Bundes oder anderer Bundesbediensteten vergleichbar. Ihre Amtsbezeichnung lautet – anders als dies für die übrige Gerichtsbarkeit üblich ist – nicht Richter *am* Bundesverfassungsgericht, sondern Richter *des* Bundesverfassungsgerichts. Ihre **persönliche Rechtsstellung** st – unabhängig davon, ob sie als Bundesrichter oder als „*andere Mitglieder*" im Sinne des Art. 94 Abs. 1 S. 1 GG berufen wurden – einheitlich im Bundesverfassungsgerichtsgesetz geregelt. Hinsichtlich der Ausübung ihrer rechtsprechenden Tätigkeit wird dieses durch Regelungen des Deutschen Richtergesetzes ergänzt, „soweit *sie mit der besonderen Rechtsstellung dieser Richter nach dem Grundgesetz und nach dem Gesetz über das Bundesverfassungsgericht vereinbar sind*" (§ 69 DRiG). Zu den sich hieraus ergebenden Konturen des bundesverfassungsrichterlichen Amtsverhältnisses zählen etwa: 58

- die Bestimmung ihrer *Amtszeit* (§§ 4, 12 BVerfGG),
- ihre *Ernennung* durch den Bundespräsidenten (§ 10 BVerfGG, § 17 DRiG),
- der von ihnen zu leistende *Amtseid* (§ 11 BVerfGG),
- ihr *frühzeitiger Ruhestand* oder ihre *frühzeitige Entlassung* aus dem Amt (§§ 98, 105 BVerfGG); die Möglichkeit der *Richteranklage* nach Art. 98 Abs. 2 GG, §§ 58ff. BVerfGG ist gegen einen Richter des Bundesverfassungsgerichts indes nicht eröffnet,

- die *Nichtigkeit* oder *Rücknahme* ihrer Ernennung nach §§ 18, 19 DRiG,
- die Wahrung des *Beratungs- und Abstimmungsgeheimnisses* (§ 43 DRiG, § 30 Abs. 1 S. 2, Abs. 2 BVerfGG). Für die Richter des Bundesverfassungsgerichts ergeben sich mit der *Bekanntgabe des Abstimmungsergebnisses* und dem Verfassen von *Sondervoten* indes Möglichkeiten, die anderen Richtern verwehrt bleiben,
- die *Unmöglichkeit der Versetzung* und *Abordnung* aufgrund ihrer verfassungsrichterlichen Tätigkeit,
- die *freie Verfügung über Urlaub* und *Abwesenheit* (§ 11 S. 1 GeschO-BVerfG),
- ihre *Besoldung* nach dem Gesetz über das Amtsgehalt der Mitglieder des Bundesverfassungsgerichts,
- ihre *Versorgung* nach §§ 98–103 BVerfGG, für die nach § 103 S. 1 BVerfGG, § 46 DRiG im Übrigen auf die Vorschriften für Bundesbeamte verwiesen wird.

59 (Andere) Anwendungsbereiche für die nach § 46 DRiG heranzuziehenden Vorschriften für Bundesbeamte dürften sich aufgrund der verfassungsrichterlichen Tätigkeit kaum finden.

60 b) Die Tätigkeit als Richter des Bundesverfassungsgerichts ist **inkompatibel** mit anderen Tätigkeiten und Zugehörigkeiten. Inkompatibilität besteht zuvorderst mit einer **Zugehörigkeit zu einem legislativen oder exekutiven Verfassungsorgan des Bundes oder der Länder**, Art. 94 Abs. 1 S. 3 GG, § 3 Abs. 3 BVerfGG, weil eine solche (politische) Tätigkeit mit der unabhängigen und unparteiischen Stellung des Bundesverfassungsrichters unvereinbar ist. Eine noch bestehende Zugehörigkeit zu einem solchen Organ steht indes nur der *Ernennung*, nicht jedoch der *Wählbarkeit* eines Bundesverfassungsrichters entgegen; mit seiner Ernennung erlischt sie nach § 3 Abs. 3 S. 2 BVerfGG kraft Gesetzes. Die Regelung in Art. 94 Abs. 1 S. 3 GG ist abschließender Natur. Der Übernahme eines Amtes in einer kommunalen Selbstvertretung oder einem anderen Selbstverwaltungsorgan sowie der Teilnahme an der Bundesversammlung stehen daher jedenfalls rechtlich keine Bedenken entgegen. Unabhängig davon dürfte es eher eine Frage des richterlichen Feingefühls sowie des Respekts gegenüber dem Amt sein, ob ein Bundesverfassungsrichter eine solche Tätigkeit tatsächlich übernehmen wird. Die Mitgliedschaft in einer politischen Partei ist weder ein rechtliches Hindernis noch von Seltenheit: Der gerade auch politische Prozess der Auswahl und Wahl der Verfassungsrichter macht die Ernennung von Richtern, die sich einer politischen Richtung jedenfalls zugehörig fühlen, nicht unwahrscheinlich. Dass Richter des Bundesverfassungsgerichts zum

Bundespräsidenten gewählt werden können, ist seit *Roman Herzog* hinlänglich bekannt; dieser schied aufgrund der Inkompatibilitätsregelung in Art. 55 Abs. 2 GG vor Übernahme des Amtes des Bundespräsidenten durch seine Entlassung aus dem Karlsruher Richteramt aus. Für den Fall der Wahl eines Bundespräsidenten zum Richter des Bundesverfassungsgerichts müsste dieser aufgrund von Art. 55 Abs. 2 GG reziprok durch Demissionserklärung vor der Ernennung zum Richter des Bundesverfassungsgerichts aus dem Amt des Bundespräsidenten ausscheiden (*Schäfer*, in: DÖV 2012, 417 (418)).

c) Auch die gleichzeitige Wahrnehmung einer **anderen beruflichen** 61 **Tätigkeit** ist mit dem Amt des Bundesverfassungsrichters inkompatibel (§ 4 Abs. 4 BVerfGG); diese ist – anders als die der Richter an den deutschen Landesverfassungsgerichten – hauptberuflicher Natur. Ausgenommen von dem Ausschluss einer anderen beruflichen Tätigkeit ist allein die eines *Lehrers des Rechts* an einer deutschen Hochschule (§ 3 Abs. 4 S. 1 BVerfGG), der sie nach § 3 Abs. 4 S. 2 BVerfGG dennoch vorzugehen hat. Durch die Anordnung der Kompatibilität sollte eine enge Verzahnung von rechtswissenschaftlicher Theorie und verfassungsgerichtlicher Praxis ermöglicht werden (BT-Drs. 6/1471, 3), die im Ergebnis gleichwohl zu einer an Personen starken Präsenz der Rechtslehrer am Bundesverfassungsgericht geführt hat. Dieser Umstand hat nicht nur deshalb Kritik ausgelöst, weil man die gleichzeitige Erfüllung der verfassungsrichterlichen und professoralen Pflichten für unmöglich hält (*Mahrenholz*, in: ZRP 1997, 129 (132)), sondern das Bundesverfassungsgericht auch dem Vorwurf ausgesetzt, ein in Teilen zu wissenschaftlich orientiertes ***„Professorengericht"*** zu sein.

Vgl. zu diesem Vorwurf *Jestaedt*, Phänomen Bundesverfassungsgericht – Was das Gericht zu dem macht, was es ist, in: Jestaedt et al. (Hrsg.), Das entgrenzte Gericht, 2001, 77 (129); *Pagenkopf*, Fachkompetenz und Legitimation der Richter des BVerfG, in: ZRP 2011, 229 (229). *Hassemer/Schäuble*, Wie viele Sicherheitsgesetze überlebt der Rechtsstaat? Streitgespräch in der FAZ v. 11.3.2009, 33; *Moes*, Nicht noch ein Professor, in: FAZ v. 17.3.2016, 10.

Letztlich dürfte die Privilegierung der Hochschullehrer dem Um- 62 stand geschuldet sein, dass die Regelung der Inkompatibilität *„den Kreis der in Betracht kommenden Kandidaten für das Richteramt unangemessen beschränken"* würde (BT-Drs. 6/1471, 3). Dass Rechtslehrer im Ergebnis tatsächlich häufig den Weg zur Richterbank des Bundesverfassungsgerichts finden, gründet eher in ihrer Konsensfähigkeit: Das politische Tauziehen der Parteien um die Richterwahl führte in der Vergangenheit oft dazu, dass man sich auf einen Hochschullehrer als Kandidaten einigte, der weniger politischen und öffentlichen Dissens und Widerspruch hervorruft.

63 Den ausgeschlossenen ***„beruflichen"*** Tätigkeiten im Sinne des § 3 Abs. 4 BVerfGG liegt der Berufsbegriff des Art. 12 Abs. 1 GG der *auf Dauer angelegten Tätigkeit zur Schaffung und Erhaltung der Lebensgrundlage* zu Grunde; unentgeltliche oder marginale Tätigkeiten sind von dem Verbot daher dem Grunde nach nicht erfasst. § 3 Abs. 4 BVerfGG verdrängt nicht die sonst für die Nebentätigkeiten der Richter geltenden Vorschriften des Deutschen Richtergesetzes oder des Bundesbeamtengesetzes, so dass auch diese Anwendung finden.

Literatur: *Brandenburg,* Der Verfassungsrichter – Die Rechtsstellung der Richter des Bundesverfassungsgerichts, 1955; Engler, Die Richter des Bundesverfassungsgerichts, in: DRiZ 1961, 28; *Geck*, Wahl und Amtsrecht der Bundesverfassungsrichter, 1986; *Kischel*, Amt, Unabhängigkeit und Wahl der Bundesverfassungsrichter, in: Isensse/Kirchhof (Hrsg.), Handbuch des Staatsrechts, Bd. III, 3. Aufl. 2005, § 69; *Mahrenholz*, Zur Funktionsfähigkeit des BVerfG, in: ZRP 1997, 129 ff.; *Pagenkopf*, Richterbank und Richterwahlen, in: ZRP 2011, 229 ff.; *Reinhardt,* Der Hochschullehrer als Richter – Anmerkungen zu einer parallelen Tätigkeit in Exekutive und Judikative, in: Wallerath (Hrsg.), Festschrift für Peter Krause zum 70. Geburtstag, 2006, 361 ff.; *Steinsdorff,* Das Verfahren der Rekrutierung der Bundesverfassungsrichter: Reformbedürftige Schwachstelle eines Grundpfeilers der politischen Ordnung?, in: Lorenz /Reutter (Hrsg.), Festschrift für Gert-Joachim Glaeßner, 2009, 279.

2. Die Richterwahl

64 **a. Verfassungsrichterwahlen als Politikum.** Die Besetzung des Bundesverfassungsgerichts kann nicht von der Sphäre des Politischen getrennt werden. Dies liegt ob der teilweise auch politisch anmutenden Rolle des Gerichts durchaus in der Natur der Sache: Verfassungsrecht als politisiertes Recht kann sich den Fängen der Politik in Gestalt der tragenden politischen Parteien nicht ausnahmslos entziehen. Gleiches wird demnach für die Institutionen gelten, die mit Letztverbindlichkeit über Verfassungsrecht entscheiden.

Zur auch politischen Rolle vgl. nur *Fromme*, „Karlsruhe": Wie es euch gefällt? Verfassungsgerichtsbarkeit und Politik, in: Kaltenbrunner (Hrsg.), Auf dem Weg zum Richterstaat – Die Folgen politischer Impotenz, 1979, 98 (102 ff.); *ders.,* Verfassungsrichterwahl, in: NJW 2000, 2977 ff.; *Gusy,* Das Bundesverfassungsgericht als politischer Faktor, in: EuGRZ 1982, 93 ff.

Ein gewisser Hang zum **Politischen** wohnt daher auch der **Besetzung der Senate** des Bundesverfassungsgerichts inne. Dies darf insoweit nicht überraschen, als die zur Wahl berufenen Verfassungsorgane des Bundes – Bundestag und Bundesrat – qua Verfassungsverständnis politisch geprägt sind. Kritisch zu betrachten ist dabei jedoch gerade nicht die institutionell bedingte Politisierung an sich, sondern vielmehr dessen praktiziertes Verfahren; der Wahl der Richter des Bundesverfassungsgerichts haftet noch immer etwas Klandestines an. Ihren Ausgang nimmt die Vorbereitung der Wahl in der Vorauswahl von in Frage kommenden Kandidaten. Zwar sind nach § 8 BVerfGG beim Bundesministerium der Justiz hierfür ständige Vorschlagslisten zu führen, jedoch sind diese wegen ihrer internen Führung weder transparent, noch haben sie für die tatsächliche Auswahl der Kandidaten eine maßgebliche Bedeutung. Über die genauen Vorgänge im *Richterwahlausschuss für die Richter des Bundesverfassungsgerichts* des deutschen Bundestages ist schon wegen der Verschwiegenheit der Beratungen (§ 6 Abs. 4 BVerfGG) wenig bekannt; ähnlich gilt dies mit der *Wahlkommission der sechzehn Justizminister der Länder* für den Bundesrat. Als gesetzt darf jedoch gelten, dass über die Vorauswahl der Kandidaten heute weder das Plenum des Bundestages noch das des Bundesrates entscheidet. Vielmehr hat sich die maßgebliche Diskussion und Vorentscheidung zu gesetzlich nicht vorgesehenen Gremien wie „*Findungskommissionen*" oder informellen Runden der *Obleute der Bundestagsfraktionen* verschoben. In der Rechtspraxis der Richterwahl buhlen die Parteien des Bundes und die Regierungen der Länder um die Besetzung der Richterstellen und haben hierzu ein Verteilungssystem etabliert, das mit der Intention des konsensbildenden, qualifizierenden Mehrheitserfordernisses des § 6 Abs. 1 S. 2 BVerfGG nur noch wenig gemein hat. Hierzu war es lange Zeit üblich, die acht Richterstellen jedes Senats auf die beiden großen Parteien des Bundes aufzuteilen, die die Richter(aus)wahl so im Wesentlichen bilateral vollzogen. Die beiden Parteien konnten dabei ihren der Regel nach bevorzugten Koalitionspartnern einen „*ihrer*" Sitze überlassen. Die Parteien besetzten (und besetzen) dabei drei der vier Sitze mit Parteimitgliedern oder der Partei nahestehenden Personen sowie einen mit einer weitgehend „*neutralen*" Persönlichkeit. Für die jeweiligen Sitze der Parteien haben diese das „*alleinige Vorschlagsrecht*" und Einsprüche werden – wenn überhaupt – bereits im informellen Vorverfahren erhoben, in der Hoffnung, diese Zurückhaltung wird bei der nächsten Wahl reziprok er- 65 widert. Die Berufung der Richter kann dabei Teil eines ganzen *Personaltableaus* sein, mit dem gleichzeitig auch die nächsten Richterwahlen im Bundesrat oder die Besetzung völlig außerhalb des Bundesverfassungsgerichts liegender Ämter in einem „*Paketcharakter*" vereinbart werden. Im Bundesrat musste dieser Modus inzwischen abgeändert werden, da *Bündnis90/Die Grünen* aufgrund ihrer zahlreichen Regierungsbeteiligungen in den Ländern den Parteien die Besetzung jeder fünften freiwerdenden Stelle in einer Besetzungsformel *Union/SPD/Union/SPD/Grüne* abtrotzten. Die Hoffnungen, die 2015 mit der Verschiebung des Wahlaktes vom Richterwahlausschuss zum Plenum des Bundestages (BGBl. I, 973) verbunden waren, haben sich mangels einer Änderung dieses Vorentscheidungsmodus daher bisweilen nicht erfüllt.

Zur Kritik siehe nur *Fromme*, Verfassungsrichterwahl, in: NJW 2000, 2977f.; *Meyer*, in: v. Münch/Kunig (Hrsg.), GG, 7. Aufl. 2021, Art. 94 Rn. 18ff.; *Wieland*, in: Dreier (Hrsg.), GG, Bd. III, 3. Aufl. 2018, Art. 94 Rn. 13f.; *Zuck*, Politische Sekundärtugenden: Über die Kunst, Pakete zu schnüren, in: NJW 1994, 497ff.

66 Dass von der Wahl der Richter des Bundesverfassungsgerichts – trotz ihrer kaum zu unterschätzenden gesamtstaatlichen Bedeutung – in der Öffentlichkeit immer noch wenig Notiz genommen wird, bringt schon lange Rufe nach einer stärkeren Personalisierung der Wahl und damit auch einer öffentlichen Auseinandersetzung mit den Kandidaten zu Tage. Zwar ist das gesetzlich geregelte Verfahren in § 6 Abs. 1 und 4 BVerfGG die berechtigte Absage an eine zu befürchtetende, öffentliche „*Demontage*", mit dem Ziel, dem Ansehen und der Autorität des Bundesverfassungsgerichts nicht zu schaden (man denke hier nur an die Berufung *Brett Kavanaughs* und *Amy Coney Barretts* zu *Associate Justices* des *Supreme Court of the United States* 2018 bzw. 2020). Dennoch muss davon Notiz genommen werden, dass die Praxis der Ämterverteilung den Anforderungen des der Wahl eines Verfassungsorgans gebührenden Maßes an demokratischer Legitimation, föderaler Partizipation und Transparenz nur mit Bedenken gerecht werden kann.

67 Neben dieser Politisierung des Wahlprozesses muss in den vergangenen Jahren auch eine Wahl **zunehmend politischer Kandidaten** festgestellt werden. Dass ein veritabler Kreis der Richter des Bundesverfassungsgerichts einer Partei angehört oder sich einer solchen zugehörig fühlt, ist keine neue Entwicklung, sondern ein seit 1951 andauernder Befund. Gleichwohl war lange Zeit darauf verzichtet worden, die Richterbank mit recht nahtlos dem (berufs-)politischen Betrieb entstammenden Kandidaten zu besetzen. Das politische Tauziehen der Parteien und die Zurückhaltung angesichts eines drohenden Dissenses oder Widerspruchs in der öffentlichen Meinung hatte maßgeblich die Praxis getrieben, mehr oder minder konsensfähige Hochschullehrer zu Verfassungsrichtern zu wählen.

Im Streit um die Politisierung der Verfassungsrichterwahl spiegelt 68
sich auch der Streit um die Politisierung der Verfassungsgerichtsbarkeit an sich wider: Betont man ihren Gerichtscharakter, so wird man sich einer politischen Besetzung verwehren, die letztlich zum Ziel hat, das Gericht zum proportionalen Spiegelbild des Parlaments zu machen. Folgt man der Logik einer auch politischen Funktion der Verfassungsgerichtsbarkeit, so scheint ein solcher proportionaler Pluralismus der Richterbank gerade förderlich. Dabei kommt man im Ergebnis nicht um die Feststellung umhin, dass sich die Legislative des Bundes jedenfalls widersprüchlich verhält, wenn sie ob ihr widerstrebender Verfassungsgerichtsentscheidungen allzu gerne die Vereinnahmung politischer Gestaltungsmacht durch das Gericht moniert, die beklagte Politisierung des Gerichts bei der Wahl der Richter indes wieder vergisst.

Literatur: *Bettermann*, Opposition und Verfassungsrichterwahlen, in: Bernstein/Drobnig/Kötz (Hrsg.), Festschrift für Konrad Zweigert, 1981, 723 ff.; *Duc*, Verfassungsgerichtsbarkeit im Fokus der deliberativen Demokratie, 2015; *Frank*, Die „neutralen" Richter des Bundesverfassungsgerichts, in: Fürst/Herzog/Umbach (Hrsg.), Festschrift für Wolfgang Zeidler, 1987, 163 ff.; *Fromme*, Verfassungsrichterwahl, in: NJW 2000, 2977 f.; *Geiger*, Über den Umgang mit dem Recht bei der Besetzung des Bundesverfassungsgerichts, in: EuGRZ 1983, 397 ff.; *Laufer*, Verfassungsgerichtsbarkeit und politischer Prozess, 1968; *Kranenpohl*, Bewährt oder reformbedürftig? Für und Wider das aktuelle Verfahren der Richterauswahl zum Bundesverfassungsgericht, in: ZSE 9 (2011), 76 ff.; *Lamprecht*, „Bis zur Verachtung", in: NJW 1995, 2531 ff.; *Pieper*, Verfassungsrichterwahlen, 1998, 13 ff.; *Schröder*, Die Verfassungsrichterwahl im transparenten Konsens?, in: ZG 2015, 150 ff.; *Steinsdorff*, Das Verfahren der Rekrutierung der Bundesverfassungsrichter: Reformbedürftige Schwachstelle eines Grundpfeilers der politischen Ordnung?, in: Lorenz /Reutter (Hrsg.), Festschrift für Gert-Joachim Glaeßner, 2009, 279 ff.; *Stüwe*, Die Opposition im Bundestag und das Bundesverfassungsgericht, 1997, 140 ff.; *Zuck*, Politische Sekundärtugenden: Über die Kunst, Pakete zu schnüren, in: NJW 1994, 497 ff.

b. Bundesrichterquorum. Das Grundgesetz trifft allein in Art. 94 69
Abs. 1 S. 1 Regelungen zur Besetzung der Richterbank des Bundes-

verfassungsgerichts. Demnach besteht dieses aus **Bundesrichtern** und **anderen Mitgliedern**. Konkretisierung findet diese Regelung in § 2 Abs. 3 BVerfGG, wonach **drei** Richter jedes Senats aus dem Bestand der Richter an den obersten Gerichtshöfen des Bundes zu berufen sind, die wenigstens drei Jahre als Bundesrichter tätig waren. Letztere Einschränkung dürfte vor allem der Verhinderung einer *Ad-hoc*-Wahl eines Verfassungsrichters dadurch, dass er zunächst zum Bundesrichter und unmittelbar danach zum Bundesverfassungsrichter berufen wird, dienen. Auf eine Quote für die sogenannten *„Richter-Richter"* hatte man sich geeinigt, da Bundesrichter ob ihres Erfahrungsschatzes und den damit verbundenen Kenntnissen und Fähigkeiten *„das qualifizierte prozessuale Erfahrungswissen und die handwerklich-richterliche Arbeitsweise"* der obersten Gerichtshöfe auch an das Bundesverfassungsgericht bringen sollten.

Siehe nur *Hömig*, in: Maunz/Schmidt-Bleibtreu/Klein/Bethge, BVerfGG (Stand: 60. EL Juli 2020), § 2 Rn. 15. Weiterführend zu den Gründen für diese Regelung auch *Volp*, in: Barczak (Hrsg.), BVerfGG, 2018, § 2 Rn. 27 ff.

70 Praktisch kann die Zahl der Bundesrichter drei je Senat über-, nicht jedoch unterschreiten. Es ist durchaus zulässig, dass ein Richter eines obersten Gerichtshofes des Bundes nicht als Bundesrichter im Sinne des Art. 94 Abs. 1 S. 1 Alt. 1 GG, sondern vielmehr als *„anderes Mitglied"* gewählt und damit auch bei dem nach § 2 Abs. 3 BVerfGG erforderlichen Bundesrichterquorum mitgezählt wird. Für den Fall des Ausscheidens eines als Bundesrichter gewählten Bundesverfassungsrichters kann daher auch eine Person aus dem Kreis der *„anderen Mitglieder"* nachrücken, soweit insgesamt das Quorum je Senat erfüllt und die Verteilung der Wahlzuständigkeiten gewahrt bleiben.

Stern, Das Staatsrecht der Bundesrepublik Deutschland, Bd. II, 1980, 364; *Stüwe*, Opposition im Bundestag und das Bundesverfassungsgericht, 1997, S. 110; *Hömig*, in: Maunz/Schmidt-Bleibtreu/Klein/Bethge, BVerfGG (Stand: 60. EL Juli 2020), §§ 2, 3.

71 **c. Persönliche Qualifikation.** Mitglieder des Bundesverfassungsgerichts müssen – dahingehend § 3 Abs. 1 BVerfGG – in Analogie zur in Art. 54 Abs. 1 S. 2 GG geregelten Wählbarkeit für das Amt des Bundespräsidenten das **vierzigste Lebensjahr vollendet** haben und gemäß Art. 38 Abs. 3 GG i. V. m. § 15 BWahlG **zum Bundestag wählbar** sein, wobei letzteres mit Ausnahme der Nebenkonstellation

des Ausschlusses nach § 15 Abs. 2 BWahlG im Wesentlichen als Beschränkung der Wählbarkeit auf Deutsche im Sinne des Art. 116 Abs. 1 GG zu verstehen ist. Erforderlich ist nach § 3 Abs. 1 Var. 3 BVerfGG schließlich auch die **schriftliche Erklärung** des Kandidaten gegenüber dem Bundesminister der Justiz, zur Übernahme des Amtes eines Mitglieds des Bundesverfassungsgerichts bereit zu sein. Mit der hierdurch festgestellten, ernsthaften Einbeziehung des Kandidaten in das Wahlverfahren entfällt auch eine separate Annahme der Wahlentscheidung durch diesen.

§ 4 Abs. 2 BVerfGG verfasst das Bundesverfassungsgericht als rei- 72
nes *Juristengericht*. Alle seine Mitglieder müssen jedenfalls **die Befähigung zum Richteramt** nach dem Deutschen Richtergesetz besitzen, also ein rechtswissenschaftliches Studium an einer Universität mit der ersten Prüfung und einen konsekutiven Vorbereitungsdienst mit der zweiten Staatsprüfung abgeschlossen haben (§ 5 DRiG) oder kraft Stellung als ordentlicher Professor der Rechte an einer deutschen Universität zum Richteramt befähigt sein (§ 7 DRiG). Der Gesetzesentwurf der SPD-Fraktion hatte den Bundesrichtern noch *Laienrichter* als andere Mitglieder der Senate zur Seite gestellt (BT-Drs. 1/328 1 (1)).

Ähnlich sah dies auch § 6 Abs. 1 des Entwurfes der Ministerpräsidenten von 73
1949 vor, abgedruckt in: Büro der Ministerpräsidenten des amerikanischen, britischen und französischen Besatzungsgebietes (Hrsg.), Empfehlungen des Juristischen Ausschusses der Ministerpräsidenten, 1949.

Zu groß war die Sorge, auch auf Juristen zurückgreifen zu müssen, 74
die aufgrund ihrer Tätigkeit von 1933–1945 persönliche Lasten aus dem Dritten Reich mit an das neu zu errichtende Bundesverfassungsgericht bringen würden. Eine Erweiterung des Kreises der wählbaren Personen sollte die personelle Diskontinuität zum Dritten Reich und damit die Besetzung der *„anderen Mitglieder"* des Bundesverfassungsgerichts mit nicht zum Richteramt befähigten *„Staatsmänner-Richtern"* (*Katz*, BR-Prot 16/50, 270) ermöglichen. Die vor dem Eindruck der ersten Erfahrungen mit den Landesverfassungsgerichten erzielte Einigung zwischen Bundesregierung und SPD-Fraktion enthielt schließlich die Möglichkeit der Ernennung für den Fall der Befähigung zum Richteramt oder zum höheren Verwaltungsdienst bei hinreichender Erfahrung im öffentlichen Leben und besonderen Kenntnissen im öffentlichen Recht (vgl. insoweit noch das Gesetz über das Bundesverfassungsgericht vom 12.3.1951, BGBl. I 243 (243).

75 Erst die Einführung des Deutschen Richtergesetzes 1961 (BGBl. I, 1655 (1679)) ließ letztgenannte Möglichkeit entfallen und zementierte das **Juristenmonopol** am Bundesverfassungsgericht. Die heutige Fassung erhielt § 3 Abs. 2 BVerfGG erst 2007, um auch Juristen aus den Beitrittsgebieten der ehemaligen Deutschen Demokratischen Republik zu inkludieren, da die juristische Ausbildung der DDR nicht den Voraussetzungen für den Erwerb der Befähigung zum Richteramt nach dem DRiG genügt; vor dieser – insoweit redaktionellen Bereinigung – war dies staatsvertraglich im Einigungsvertrag von 1990 festgehalten worden. Gewisse Zweifel bestehen noch über die Frage, ob die persönlichen Voraussetzungen nach § 3 Abs. 1 und 2 BVerfGG letztlich Wahl- oder Ernennungsvoraussetzungen sind. Auch wenn sich diese Frage praktisch bislang noch nie gestellt hat, lässt sowohl die Formulierung des § 3 Abs. 1 BVerfGG („*Richter müssen*"), als auch der nach § 10 BVerfGG für das Richteramt konstituierende Zwischenschritt der Ernennung durch den Bundespräsidenten den Schluss naheliegen, dass es sich um **Ernennungsvoraussetzungen** handelt.

Literatur: *Geck*, Wahl und Amtsrecht des Bundesverfassungsgerichts, 1952, 15 ff.; *Kischel*, Amt, Unbefangenheit und Wahl der Bundesverfassungsrichter, in: Isensee/Kirchhof (Hrsg.), Handbuch des Staatsrechts, Bd. III, 3. Aufl. 2005, § 69 Rn. 1 ff.; *Pieper*, Verfassungsrichterwahlen, 1998, 23; *Wassermann*, Nichtjuristen als Verfassungsrichter – zum Fall Dahn, in: NJW 1999, 471 ff.

d. Wahl in Bundestag und Bundesrat.

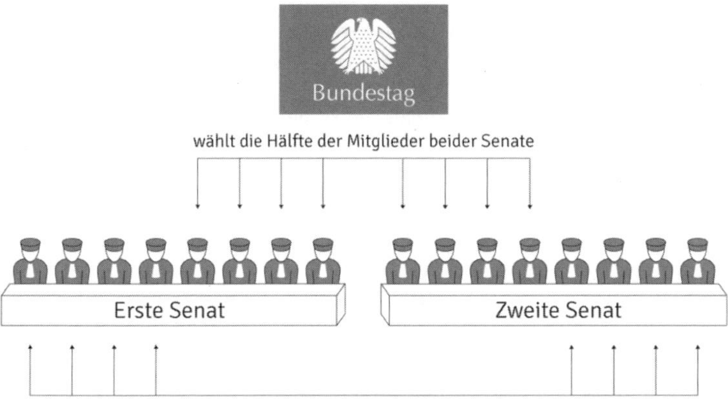

wählt die Hälfte der Mitglieder beider Senate

Art. 94 Abs. 1 S. 2 GG sieht nur vor, dass die Mitglieder hälftig 76
durch Bundestag und Bundesrat zu wählen sind, schweigt sich im Übrigen aber über den *modus operandi* einer solchen Aufteilung aus (BVerfGE 19, 88 (91) – *Ausschuss*) und überlasst ihn dem einfachen Gesetzgeber. Das ist zunächst insoweit nicht zu beanstanden, als Bundestag und Bundesrat als zur Wahl berufene Organe damit ohnehin *in eigener Sache* befasst sind. So wäre von Verfassungs wegen nichts dagegen einzuwenden, wenn der Bundestag den ersten und der Bundesrat den zweiten Senat des Gerichts wählten – ein Verfahren, das ob der Geschäftsverteilung der beiden Senate gleichwohl nicht ohne Bedenken wäre. § 5 Abs. 1 S. 1 BVerfGG greift daher den in Art. 94 Abs. 2 S. 1 GG enthaltenen Gestaltungsauftrag auf und erstreckt den verfassungsrechtlichen Grundsatz der **föderativen Parität** des Gerichts konstitutiv auch auf die Binnenzusammensetzung der Senate. Demnach sind vier Richter je Senat durch den Bundestag, die übrigen vier Richter durch den Bundesrat zu wählen. Eine weniger stringente Ausprägung der föderativen Parität findet sich auch für die *Wahl der Richter-Richter*, als deren Besetzung schon ihres ungeraden Minimums wegen nicht einfach halbiert verteilt werden konnte.

Nach § 5 Abs. 1 S. 2 BVerfGG sind daher zwei Bundesrichterstellen durch eines der Wahlorgane, und eine Stelle durch das andere Wahlorgan zu besetzen; eine Zuschreibung zu Bundestag und Bundestag existiert damit gesetzlich nicht, wohl jedoch durch Konvention. Die Verfassungsorgane Bundestag und Bundesrat sind zur Wahl der Richter des Bundesverfassungsgerichts *berechtigt*, gleichzeitig jedoch auch zur rechtzeitigen Wahl *verpflichtet*, um die Funktionsfähigkeit des Gerichts aufrechtzuerhalten.

77 Ob das **Wahlverfahren im Bundestag** über Jahrzehnte den Anforderungen an die Verfassungsrichterwahl genügte, war Gegenstand heftiger Diskussionen (im Ergebnis bejahend BVerfGE 131, 230 (234 ff.)). Nach § 6 Abs. 3 und 5 BVerfGG a. F. schlug der mit zwölf Abgeordneten paritätisch besetzte *Wahlausschuss für die Richter des Bundesverfassungsgerichts* (§ 6 Abs. 2 BVerfGG) nicht nur Kandidaten vor, sondern wählte sie auch ohne Beteiligung des Bundestagsplenums. Seit 2015 findet sich nunmehr die aktuell geltende Regelung, die die Entscheidung des Plenums auf Vorschlag des Richterwahlausschusses vorsieht; den Bedenken wurde damit begegnet, völlig vom Tisch sind sie indes nicht.

Vergleiche die ausführliche Darstellung der Problematik um die Richterwahl im Richterwahlausschuss bei *Schnelle*, Die indirekte Wahl der Bundesverfassungsrichter durch den Wahlausschuss des Bundestages vor dem Hintergrund der parlamentarischen Repräsentationsfunktion, in: NVwZ 2012, 1597 ff.; *Schlaich/Korioth*, Das Bundesverfassungsgericht, 11. Aufl. 2018, Rn. 46 f.; *Wiefelspütz*, Die Bundesverfassungsrichter werden vom Deutschen Bundestag direkt gewählt!, in: DÖV 2012, 961 ff.; *Wittmann*, in: Barczak (Hrsg.), BVerfGG, 2018, § 6 Rn. 61 ff.

78 Nach dem Zusammentreten eines neuen Bundestages ist nach § 6 Abs. 2 BVerfGG ein mit zwölf Abgeordneten zu besetzender *Richterwahlausschuss* einzurichten. Weder aus der Geschäftsordnung des Bundestages noch aus dem Bundesverfassungsgerichtsgesetz ergibt sich die Notwendigkeit, den Ausschuss nach dem Grundsatz der Spiegelbildlichkeit zusammenzusetzen; in der Praxis findet er indes weitgehend Anwendung. Die Sitzungen des Ausschusses sind nichtöffentlich (§ 69 Abs. 1 S. 1 GeschO–BT) und seine Mitglieder zur Verschwiegenheit über die Beratungen verpflichtet (§ 6 Abs. 4 BVerfGG). Zur Sicherstellung einer jedenfalls hinreichenden Ausgewogenheit der Vorauswahl entscheidet der Richterwahlausschuss nach § 6 Abs. 5 BVerfGG mit einer Mehrheit von acht der zwölf Stimmen über den Wahlvorschlag. Das Vorschlagsrecht für die Rich-

ter des Bundesverfassungsgerichts obliegt alleine dem Richterwahlausschuss; der Bundestag ist an den durch ihn vorgelegten Wahlvorschlag gebunden.

Die Wahl im *Bundestagsplenum* erfolgt ohne Aussprache und mit verdeckten Stimmzetteln (§ 6 Abs. 1 S. 1 BVerfGG). Von einer Aussprache oder gar einer öffentlichen Anhörung hat man zum Schutz der persönlichen Verhältnisse der Vorgeschlagenen sowie der Autorität des Gerichts verzichtet. Der Bundestag entscheidet über den Wahlvorschlag mit einer qualifizierten Zweidrittelmehrheit. Es bedarf einer Mehrheit von zwei Dritteln der abgegebenen Stimmen bei gleichzeitiger Mehrheit der Mitglieder des Bundestages. Scheitert die Wahl, so ist durch den Richterwahlausschuss ein neuer Vorschlag zu unterbreiten. 79

Im Vergleich zu § 6 BVerfGG, der das Wahlverfahren des Bundestages regelt, fällt die entsprechende Normierung des **Wahlverfahrens im Bundesrat** in § 7 BVerfGG bemerkenswert knapp aus. Dieser beschränkt sich darauf festzulegen: „*Die vom Bundesrat zu berufenden Richter werden mit zwei Dritteln der Stimmen des Bundesrates gewählt*". Die Vorbereitung des Wahlverfahrens des Bundesrates ist gleichfalls in Vorauswahlgremien, in aller Regel eine *Wahlkommission der Justizminister der Länder*, ausgelagert. In Ermangelung abweichender Regelungen des Bundesverfassungsgerichtsgesetzes verhandelt der Bundesrat öffentlich (Art. 52 Abs. 3 S. 3 GG); eine *Aussprache* ist anders als beim Bundestag nicht ausgeschlossen, indes trotzdem unüblich. Der Bundesrat ist auch nicht an einen Wahlvorschlag der Wahlkommission gebunden, in der Praxis ergeben sich jedoch kaum Abweichungen zum Verfahren im Bundestag. Der Bundesrat entscheidet durch Handheben (§ 29 Abs. 1 S. 1 GeschO–BR) mit einer Zweidrittelmehrheit seiner Stimmen (§ 7 BVerfGG). 80

Der **Präsident** sowie der **Vizepräsident** des Bundesverfassungsgerichts werden im Wechsel durch Bundestag und Bundesrat gewählt (§ 9 BVerfGG). Als Vorsitzende ihres jeweiligen Senats müssen sie gesetzlich unterschiedlichen Senaten angehören, § 9 Abs. 1 BVerfGG. Die Wahl zum Präsidenten oder Vizepräsidenten erfolgt zwar nach demselben Verfahren wie die Wahl der Richter des Bundesverfassungsgerichts (§ 9 Abs. 3 i. V. m. §§ 6, 7 BVerfGG), gleichwohl handelt es sich um einen eigenständigen Wahlvorgang, bei dem ein bereits zum Richter gewähltes Mitglied des Bundesverfassungsgerichts nunmehr zu dessen Präsidenten oder Vizepräsidenten gewählt wird. Soll die Präsidentschaft oder Vizepräsidentschaft durch eine Person 81 besetzt werden, die nicht dem Verfassungsrichterbestand angehört, sind zwei Wahlakte erforderlich. Im Falle *Stephan Harbarths*, der unmittelbar als Vizepräsident an das Bundesverfassungsgericht wechselte, erfolgte daher die Wahl zum *Richter* des Bundesverfassungsgerichts durch den für die Stellenbesetzung zuständigen Bundestag, die Wahl zu dessen *Vizepräsidenten* durch den im Wechsel zuständigen Bundesrat. Gleichsam wie die Verfassungsrichterwahl an sich ist auch die Wahl des Präsidenten und des Vizepräsidenten von politischen Absprachen und Konventionen geprägt. So bestimmen Union und SPD abwechselnd den Präsidenten des Gerichts, im Gegenzug die jeweils andere Partei während dessen Amtszeit den Vizepräsidenten. Damit einher geht auch eine alternierende Verteilung der Präsidentschaft auf den Ersten und Zweiten Senat sowie – bei Ausscheiden des Präsidenten – eine Sukzession des bisherigen Vizepräsidenten als neuer Präsident: Dem von der SPD vorgeschlagenen Präsidenten *Andreas Voßkuhle* im *Zweiten Senat* folgte der von der Union zunächst als Vizepräsident vorgeschlagene *Stephan Harbarth* nunmehr als Präsident im *Ersten Senat.*

82 Das Amtsverhältnis der Gewählten als Richter des Bundesverfassungsgerichts und alle hieran anknüpfenden Wirkungen werden erst mit der **Ernennung** durch den Bundespräsidenten (§ 10 BVerfGG) wirksam. Die überreichte Ernennungsurkunde sieht ihre Ernennung *„zum/zur Richter(in) des Bundesverfassungsgerichts als Mitglied des Ersten/Zweiten Senats“* vor. Das Recht, die Gewählten auf ihre Eignung hin zu überprüfen, steht dem Bundespräsidenten nicht zu, als ihm kein exekutiver Einfluss auf die Wahl der Mitglieder des Verfassungsorgans Bundesverfassungsgerichts obliegt.

Literatur: *Billing*, Das Problem der Richterwahl zum BVerfG, 1969; *Böckenförde*, Verfassungsfragen der Richterwahl, 1974; *Duden*, Die Wahl der Richterinnen und Richter des BVerfG und der obersten Bundesgerichte, in: JuS 2019, 859ff.; *Eichborn*, Die Bestimmungen über die Wahl der Bundesverfassungsrichter als Verfassungsproblem, 1969; *Erhard*, Über allzu schnelle Kritik an Verfassungsorganen bei der Wahl von Bundesverfassungsrichtern, in: EuGRZ 1987, 3232ff.; *Fischbacher*, Verfassungsrichter in der Schweiz und Deutschland – Aufgaben, Einfluss und Auswahl, 2006; *Geck*, Wahl und Amtsrecht des Bundesverfassungsgerichts, 1986; *ders.*, Amt, Unbefangenheit und Wahl der Bundesverfassungsrichter, in: Isensee/Kirchhof, Handbuch des Staatsrechts, Bd. III, 3. Aufl. 2005, § 69; *Harms-Ziegler*, Verfassungsrichterwahl in Bund und Ländern, in: Macke (Hrsg.), Verfassung und Verfassungsgerichtsbarkeit auf Landesebene, 1998, 191ff.; *Klein*, Verfassungsrichterwahlen: Praxis und Kritik, in: Merten (Hrsg.), Verfassungsgerichtsbarkeit in Deutschland und Österreich, 2008, 65 ff.; *Knöpfle*, Richterbestellung und Richterbank, in: Starck/Stern (Hrsg.), Landesverfassungsgerichtsbarkeit, Teilbd. I, 1983, 234 ff.; *Koch*, Die Wahl der Richter des BVerfG, in: ZRP 1996, 41 ff.; *Kröger*, Richterwahl, in: Starck (Hrsg.), Festgabe 25 Jahre Bundesverfassungsgericht, 1976, 76 ff.; *Lamprecht*, „Bis zur Verachtung“, in: NJW 1995, 2531 ff.; *Landfried*, Die Wahl der Bundesverfassungsrichter und ihre Folgen für die Legitimität der Verfassungsgerichtsbarkeit, in: v. Ooyen/Möllers (Hrsg.), Handbuch Bundesverfassungsgericht im politischen System, 2. Aufl. 2015, 369 ff.; *Pieper*, Verfassungsrichterwahlen, 1998; *Preuß*, Die Wahl der Mitglieder des BVerfG als verfassungsrechtliches und -politisches Problem, in: ZRP 1988, 389 ff.; *Schneider*, Der Schuster und seine Leisten – Brauchen wir ein „Fachgericht für Verfassungsrecht“?, in: NJW 1997, 2030 ff.; *Schnelle*, Die indirekte Wahl der Bundesverfassungsrichter durch den Wahlausschuss des Bundestages vor dem Hintergrund der parlamentarischen Repräsentationsfunktion, in: NVwZ 2012, 1597 ff.; *Wiefelspütz*, Die Bundesverfassungsrichter werden vom Deutschen Bundestag direkt gewählt!, in: DÖV 2012, 961 ff.

3. Amtszeit der Richter

Die heutige Regelung in § 4 Abs. 1 BVerfGG, die die Amtszeit der Richter einheitlich auf das früher eintretende Ereignis des Ablaufes von zwölf Jahren oder des Erreichens der Altersgrenze (§ 4 Abs. 3 BVerfGG) beschränkt, fand erst 1970 ihren gesetzlichen Niederschlag. Zuvor galten aufgrund der von Art. 94 Abs. 1 S. 1 GG angeordneten Teilung der Zusammensetzung des Gerichts – es *„besteht aus Bundesrichtern und anderen Mitgliedern“* – für die Richter eine statusrechtliche Differenzierung der Amtszeit: Berufsrichter an den obersten Gerichtshöfen des Bundes wurden für die Dauer ihrer dortigen Amtszeit zum Richter des Bundesverfassungsgerichts gewählt, die auf Zeit gewählten *„anderen Mitglieder“* für acht Jahre. Der hieraus resultierende, unterschiedlich starke Einfluss auf die Rechtsprechung des Bundesverfassungsgerichts wurde mit dem vierten Änderungsgesetz zum Bundesverfassungsgerichtsgesetz vom 21.12.1970 (BGBl. I, 1765) nivelliert. 83

Anders als Richter an den obersten Gerichtshöfen des Bundes sind die Richter des Bundesverfassungsgerichts damit **nicht auf Lebenszeit** ernannt. Von der zeitlichen Begrenzung der Amtszeit versprach man sich, dass sich die Rechtsprechung des Bundesverfassungsgerichts durch die Impulse aus der stetigen Zuwahl von Richtern synchron mit dem Voranschreiten der gesellschaftlichen Lebenswirklichkeit fortentwickelt (BT-Drs. 6/1471, 3). Gleichzeitig sollte die Vollziehung des Prinzips der Wahl auf Zeit auch ein der Stellung des 84

Bundesverfassungsgerichts als Verfassungsorgan des Bundes gebührendes Maß demokratischer Legitimation sicherstellen.

85 Damit wählte der Gesetzgeber einen anderen Weg, als dies bei zahlreichen andere Verfassungsgerichte der Fall ist: So endet die Amtszeit der Mitglieder des *österreichischen Verfassungsgerichtshofes* etwa mit dem Ablauf des Jahres, in dem sie das 70. Lebensjahr vollenden (Art. 147 Abs. 6 S. 2 B-VG), die Richter des *Supreme Court of the United States* sind gar auf Lebenszeit gewählt (Art. III Sec. 1 United States Constitution).

86 Die Festlegung der regelmäßigen Amtszeit auf die Dauer von **zwölf Jahren** ist im Ergebnis ein Mittelweg. Die demokratische Legitimation und die Entwicklungskapazitäten des Gerichts würden von einer möglichst kurzen, die gleichfalls wichtige Kontinuität der verfassungsgerichtlichen Rechtsprechung sowie die richterliche Unabhängigkeit von einer möglichst langen Amtszeit profitieren. Nach § 4 Abs. 2 BVerfGG sind die Richter des Bundesverfassungsgerichts **nicht wiederwählbar**; die Überlegungen hierzu entsprechen in Teilen denen zur Abwägung der Amtszeitdauer. Vor allem jedoch soll die Wiederwahl auch die Unabhängigkeit der Richter des Gerichts sicherstellen: Kein Mitglied des Gerichts soll sich dem Vorwurf aussetzen müssen, er würde bei seinen Entscheidungen auf politische Befindlichkeiten Rücksicht nehmen, um seine Wiederwahl zu sichern. Die Amtszeit eines Mitglieds des Bundesverfassungsgerichts endet indes alternativ, wenn es vor Ablauf der regelmäßigen Amtszeit die **Altersgrenze** von 68 Jahren erreicht, § 4 Abs. 3 BVerfGG. Verfassungsrechtliche Bedenken hiergegen bestehen nicht, als es dem Gesetzgeber anheim steht, in Ausübung seines Prärogativs eine sachlich gerechtfertigte Grenze für die erforderliche persönliche Leistungsfähigkeit zu ziehen (ausführlich hierzu: *Volp*, in: Barczak (Hrsg.), BVerfGG, 2018, § 4 Rn. 17).

87 Die Tätigkeit als Richter des Bundesverfassungsgerichts kann in einigen Ausnahmefällen die **gesetzlich vorgesehene Dauer überschreiten**. Hierzu zählt zum einen die *geschäftsführende Fortführung* der Amtsgeschäfte eines ausscheidenden Richters bis zur Ernennung des Nachfolgers nach § 4 Abs. 4 BVerfGG. Obwohl das Ende der Amtszeit der Richter lange im Voraus bekannt ist, führen die Interdependenzen des zur Wahl berufenen politischen Betriebs nicht selten zu Verzögerungen bei der Berufung von Verfassungsrichtern, sei es, weil man der Angelegenheit nicht die größte Bedeutung beigemessen hatte, oder, weil die Besetzung der freiwerdenden Stellen Teil ei-

nes umfassenden Personaltableaus ist. Eine sich hieraus ergebende Weiterführung der Geschäfte scheint zunächst nicht besorgniserregend; wäre sie jedoch von der Intention getrieben, eine Neuwahl absichtlich hinauszuzögern, dürften sich im Hinblick auf die Garantie des gesetzlichen Richters (Art. 101 Abs. 1 S. 2 GG) erhebliche Bedenken ergeben.

Vgl. so etwa für den Verfassungsgerichtshof Saarbrücken BVerfGE 82, 286 (300) – *Amtszeit eines Verfassungsrichters*. Das Problem im Hinblick auf das BVerfG ansprechend aber offenlassend BVerfGE 2, 1 (10) – *SRP-Verbot*.

Eine nicht nur geschäftsführende Fortführung, sondern tatsächliche Amtszeitverlängerung gilt für den Fall, dass diese während des *Verteidigungsfalles* endet (Art. 115h Abs. 1 S. 3 GG). Mit dem Ende seiner Amtszeit (oder nach Ende der geschäftsführenden Weiterausübung des Richteramtes) tritt der Richter des Bundesverfassungsgerichts kraft Gesetzes in den *Ruhestand* (§ 98 Abs. 1 BVerfGG). 88

Im Anschluss können die Richter auch eine **neue berufliche Tätigkeit** aufnehmen. Ob und welche konsekutiven Tätigkeiten sie für einen früheren Bundesverfassungsrichter angebracht halten, obliegt ihrem persönlichen Stilempfinden und keiner rechtlichen Regelung. Hieran ändern auch die 2017 vom Plenum des Bundesverfassungsgerichts beschlossenen „*Verhaltensleitlinien für Richterinnen und Richter des Bundesverfassungsgerichts*" nichts, die zwar moralische, nicht jedoch rechtliche Wirkung entfalten. Für Mitglieder des Gerichts, die zuvor in einem Beamten- oder Richterverhältnis standen, können Sonderwirkungen eintreten, vgl. hierzu *Hömig*, in: Maunz/Schmidt-Bleibtreu/Klein/Bethge, BVerfGG, § 4 Rn. 6. 89

Umgekehrt ergeben sich für die Richter des Bundesverfassungsgerichts auch Möglichkeiten des vorzeitigen Ausscheidens aus dem Richteramt. Hierzu zählen vor allem der vorzeitige Ruhestand wegen *dauernder Dienstunfähigkeit* (§§ 98 Abs. 2, 105 Abs. 1 Nr. 1 BVerfGG), die Versetzung in den Ruhestand auf *eigenen Wunsch* (§ 98 Abs. 3 BVerfGG), die *disziplinarrechtliche Entlassung* (§ 105 Abs. 1 Nr. 2 BVerfGG) sowie die *Entlassung auf eigenen Antrag* (§ 12 BVerfGG). Letztere unterstreicht dabei die fortdauernde Freiwilligkeit der richterlichen Tätigkeit am Bundesverfassungsgericht. 90

Literatur: *Dietlein*, Neuregelung für die Verfassungsgerichtsbarkeit, in: DVBl. 1971, 125 ff.; *Geck*, Amt, Unbefangenheit und Wahl der Bundesverfassungsrichter, in: Isensee/Kirchhof (Hrsg.), Handbuch des Staatsrechts, Bd. III, 3. Aufl. 2005, § 69 Rn. 58 ff.; *Höfling/Roth*, Ungesetzliche Verfassungsrichter? Zur Geltung des Art. 101 Abs. 1 S. 2 GG für das Bundesverfassungsgericht, in: DÖV 1997, 67 ff.; *Rüthers*, Nicht wiederholbar!, in: NJW 1996, 1867 ff.; *Sang-*

meister, Manipulierte Richterbank des BVerfG in den Asylverfahren?, in: NJW 1996, 2561 ff.; *Schefold*, Zur Problematik der beschränkten Amtszeit von Verfassungsrichtern, in: JZ 1988, 291 ff.; *Wassermann*, Manipulation bei der Amtsdauer von Bundesverfassungsrichtern?, in: NJW 1996, 702 ff.; *Wilms*, Amtszeitüberschreitung als Dauerverhinderungsgrund für Verfassungsrichter?, in: JuS 1988, 268 ff.

4. Ausschluss und Ablehnung von Richtern, Besetzungsrüge

91 Die Richter des Bundesverfassungsgerichts sind im Rahmen ihrer Zugehörigkeit zu den für die Verfahren des Bundesverfassungsgerichts zuständigen Spruchkörpern gesetzliche Richter im Sinne des Art. 101 Abs. 1 S. 2 GG und sind in der Ausübung ihrer Tätigkeit als Richter unabhängig im Sinne des Art. 97 GG. Die Garantien verleihen jedoch nicht nur dem Richter Unabhängigkeit, sondern auch dem ein Gericht anrufenden Bürger das Recht auf einen unparteiischen und unabhängigen Richter.

92 Auch in verfassungsgerichtlichen Verfahren kann es indes vorkommen, dass Richter des Bundesverfassungsgerichts über Verfahrensgegenstände entscheiden, zu denen sie keine hinreichende persönliche Distanz haben, als dass sie noch als der untrennbar mit der Konzeption eines Gerichts und eines Richters verbundene, unbeteiligte Dritte die richterliche Tätigkeit über den Fall ausüben könnten (zu dieser Vorstellung BVerfGE 21, 139 (145) – *Freiwillige Gerichtsbarkeit*). Probleme hinsichtlich einer in Zweifel stehenden Distanz können sich angesichts der fortschreitenden Besetzung des Bundesverfassungsgerichts mit nahtlos dem politischen Betrieb entstammenden Richtern beispielsweise dann ergeben, wenn neu berufene Richter über Verfahrensgegenstände zu entscheiden haben, an denen sie noch vor kurzem in aktiver politischer Rolle beteiligt waren.

93 Als Beispiel hierfür zeigt sich der Ausschluss des Richters *Müller* im Verfahren über die Besetzung der Arbeitsgruppen des Vermittlungsausschusses, weil dieser als Ministerpräsident des Saarlandes und Mitglied des Vermittlungsausschusses an dem gegenständlichen Vermittlungsverfahren und dem angegriffenen Beschluss über die Besetzung selbst beteiligt war, BVerfGE 140, 115 (136 f.) – *Arbeitsgruppen des Vermittlungsausschusses.*

94 Gleiches kann indes auch für zuvor schon als Richter, Rechtsanwälte oder andere Prozessbevollmächtigte in gleicher Sache tätige Verfassungsrichter zutreffen. Aus diesem Grund kennt auch das Verfassungsprozessrecht Vorschriften über den Ausschluss und die Ablehnung von Richtern, um sie von der normativen Vorausbestim-

mung als gesetzlicher Richter zu entbinden, wenn sie der Gefahr der Distanzlosigkeit ausgesetzt sind.

a) Ein unmittelbarer **Ausschluss eines Richters** kraft Gesetzes kann sich nach § 18 Abs. 1 BVerfGG für den Fall der besonderen Beziehung zum Sachverhalt oder zu einer am Verfahren beteiligten Person ergeben. § 18 Abs. 1 BVerfGG fasst insoweit die in anderem Prozessrecht enumerativ aufgezählten Ausschlussgründe zusammen, geht aber im Umfang über diese nicht hinaus. Der Ausschluss eines Richters – darauf lassen auch § 18 Abs. 2 und 3 BVerfGG schließen – stellt nicht den Regel-, sondern den Ausnahmefall dar, weswegen an die Frage, ob die Beteiligung eines Richters an der Sache dessen Unvoreingenommenheit bei verständiger Würdigung in Zweifel ziehen lässt, ein restriktiver Maßstab anzulegen ist (BVerfGE 133, 163 (165f.); 135, 248 (254)). 95

Der restriktive Maßstab des Bundesverfassungsgerichts zeigt sich insoweit auch in zahlreichen Einzelfällen: Ein Verfassungsrichter, der bereits in *gleich gelagerten Fällen entschieden* hat, ist mangels Verfahrensgegenstandsidentität nicht von einem Verfahren ausgeschlossen (BVerfGK 8, 59 (60)). Gleichsam nicht ausgeschlossen ist der Richter, der an einer zuvor durch das Bundesverfassungsgericht eingeholten Stellungnahme nach § 22 Abs. 5 GeschO-BVerfG mitgewirkt hat (BVerfGE 78, 331 (337f.) – *Nordhorn*; 94, 241 (256) – *Kindererziehungszeiten*). Ebenso nicht ausgeschlossen ist ein Richter, der sich bereits in einem anderen Verfahren zu einer im anhängigen Verfahren entscheidungserheblichen Rechtsfrage geäußert hat, wenn das Verfahren gerade die Änderung dieser Rechtsprechung bezweckt (BVerfGE 78, 331 (337) – *Nordhorn*; 131, 239 (253) – *Lebenspartnerschaft von Beamten*). 96

Nach § 18 Abs. 1 Nr. 1 BVerfGG ist ein Richter kraft Gesetzes von der Mitwirkung am Verfahren zunächst ausgeschlossen, soweit er an der Sache selbst beteiligt ist. **Sache** meint dabei in streng verfahrensbezogener Auslegung das verfassungsgerichtliche Verfahren selbst sowie das diesem vorausgehende Ausgangsverfahren (BVerfGE 47, 105 (108); 72, 278 (288) – *Innerkirchliche Angelegenheiten*). 97

Es reicht daher nicht aus, dass ein Richter mit einem ähnlichen Sachverhalt oder einem solchen, der mit dem konkreten Verfahren in irgendeinem Zusammenhang steht, bereits tätig geworden ist (BVerfG, Beschl. v. 11.8.2009, 2 BvR 343/09). Ausnahmsweise denkbar, weil bislang verfassungsgerichtlich offengelassen, erscheint ein Ausschluss hingegen auch bei einer Tätigkeit in einem anderen als dem anhängigen Verfahren, wenn diese sich „unmittelbar gegen einen Beteiligten des Ausgangsverfahrens richtet und zwischen beiden Verfahren ein enger sachlicher Zusammenhang besteht“ (BVerfGE 72, 278 (288) – *Innerkirchliche Angelegenheiten*). 98

99 An dieser Sache **beteiligt** ist jedenfalls der Richter, der entweder selbst oder die ihm im Sinne des § 18 Abs. 1 Nr. 1 BVerfGG persönlich Nahestehenden bezüglich des anhängigen Verfahrens oder des zu Grunde liegenden Ausgangsverfahren Verfahrensbeteiligte sind (BVerfGE 79, 311 (326) – *Staatsverschuldung*). Der Begriff der Beteiligung ist jedoch über die des reinen Verfahrensbeteiligten hinaus zu erweitern und kann daher auch denjenigen umfassen, der von der Entscheidung des Bundesverfassungsgerichts unmittelbar betroffen ist, weil er unmittelbares rechtliches Interesse an der Sache hat. Für solch eine erweiternde Auslegung des Beteiligungsbegriffes spricht § 18 Abs. 2 BVerfGG, der inhaltlich ins Leere liefe, würde § 18 Abs. 1 BVerfGG nur an die Stellung des direkten Verfahrensbeteiligten anknüpfen.

100 So ist auch ein Richter an einer Sache beteiligt, der als früherer Behördenleiter für einen Verwaltungsakt, der Gegenstand des Ausgangsverfahrens war, Verantwortung trägt (BVerfGE 72, 278 (288) – *Innerkirchliche Angelegenheiten*).

101 Ausgeschlossen von der Ausübung des Richteramtes ist auch derjenige Richter, der in derselben Sache bereits von Amts oder Berufs wegen tätig gewesen ist (§ 18 Abs. 1 Nr. 2 BVerfGG). Die im Vergleich zu Nummer 1 auftretende Variation des Terminus *„der Sache"* zu „dieselbe Sache" ist insoweit überflüssig, als sowohl Nr. 1 als auch Nr. 2 streng verfahrensbezogen auszulegen sind und daher zum gleichen Ergebnis führen (BVerfGE 47, 105 (108)). Nach Maßgabe des § 18 Abs. 1 Nr. 2 BVerfGG führt demnach zu einem Ausschluss:

- die vorherige Tätigkeit eines Richters als **Bevollmächtigter eines Verfahrensbeteiligten** in allen Stadien des Verfahrens (BVerfGE 79, 311 (326)). Während der ohne konkrete Beteiligung am Ausgangsverfahren lediglich passiv zitierte nicht „tätig" wird (BVerfGE 135, 248 (255)), erscheint der Ausschluss eines Richters, der zuvor ein Gutachten für einen Beteiligten erstellt hat, jedenfalls denkbar (offengelassen in BVerfGE 82, 30 (37)).
- die vorherige Tätigkeit als **entscheidender Richter** in einem Verfahren, das Gegenstand des anhängigen Verfahrens ist (BVerfGE 111, 54 (80) – Rechenschaftsbericht). Die frühere Mitwirkung eines Richters an einer gutachterlichen Stellungnahme eines obersten Gerichtshofes des Bundes oder eines obersten Landesgerichts nach § 82 Abs. 4 S. 2 BVerfGG führt hingegen nicht zu einem Ausschluss; maßgebliches Kriterium ist die Übernahme von Entscheidungsverantwortung im konkreten Rechtsstreit (BVerfGE 78, 331 (337 ff.) – *Nordhorn*).
- die vorherige Tätigkeit in der **Behörde** des strafrechtlichen Ermittlungs- oder des dem gerichtlichen Verfahren vorausgehenden Verwaltungsverfahrens (BVerfGE 78, 331 (337) – *Nordhorn*).

Nicht als Beteiligter im Sinne des § 18 Abs. 1 BVerfGG gilt nach **Abs. 2**, wer lediglich aufgrund eines **Gruppenmerkmals**, also seines Familienstandes, seines Berufs, seiner Abstammung, seiner Zugehörigkeit zu einer politischen Partei oder aus einem ähnlich allgemeinen Gesichtspunkt am Ausgang des Verfahrens interessiert ist. Die Norm spiegelt insoweit die Realität wider, dass Richter aufgrund ihrer unterschiedlichen persönlichen Prägung einem anhängigen Verfahren nicht vollkommen gleich und wertneutral begegnen können, gleichwohl erwartet werden darf, allgemeine persönliche Interessen bei der Entscheidungsfindung außer Acht lassen zu können (BVerfGE 30, 149 (153 f.); 78, 331 (337) – *Nordhorn;* 102, 192 (195 f.)). 102

Ferner stellen weder die **Mitwirkung in einem Gesetzgebungsverfahren** noch die **Äußerung einer wissenschaftlichen** Meinung zu einer für das Verfahren anhängigen Rechtsfrage eine einen Ausschluss auslösende Beteiligung dar, § 18 Abs. 3 BVerfGG. Die Ausnahme der gesetzgeberischen Tätigkeit aus den Ausschlussgründen spiegelt die Realität des Gesetzgebungsverfahren wider, das in einem gemeinwohlorientierten Prozess auf eine breite Öffentlichkeitsbeteiligung sowie die Austragung von Meinungs- und Interessenunterschieden angewiesen und angelegt ist, weshalb sich eine Gleichstellung mit den gerichtlichen oder Verwaltungsverfahren verbietet (BVerfGE 82, 30 (36)). 103

Die Mitwirkung im Gesetzgebungsverfahren nach § 18 Abs. 3 BVerfGG umfasst zumindest die parlamentarische Tätigkeit als Abgeordneter (BVerfGE 2, 295 (298 f.); 58, 177 (188) – *Inkompatibilität/Kreisangestellter*). Dabei kommt es nicht allein auf eine Mandatstätigkeit des Richters an; auch die Tätigkeit der Erarbeitung eines Gesetzesentwurfes in einem Ministerium oder einem Partei- oder Abgeordnetenbüro (BVerfGE 135, 248 (256); 142, 302 (309 f.)) oder die gutachterliche Tätigkeit zu verfassungsrechtlichen Fragen eines Gesetzesentwurfes (BVerfGE 1, 66 (67)) stellen einen Fall der Ausnahme des § 18 Abs. 3 BVerfGG dar. 104

Die **Entscheidung** – terminologisch treffender die Feststellung – über den Ausschluss eines Richters hat bei Vorliegen der Voraussetzungen des § 18 Abs. 1 BVerfGG von Amts wegen zu erfolgen. Die Entscheidung über den Ausschluss erfolgt ohne Beteiligung des betroffenen Richters (BVerfGE 46, 34 (35 f.); 78, 331 (339) – *Nordhorn*) und hat – wegen des Ausschlusses kraft Gesetzes – allein **deklaratorische Wirkung** (BVerfGE 46, 34 (37)). Ist in einer Kammer über den Ausschluss eines Richters zu entscheiden, so entscheidet über den Ausschluss die *Kammer* (§ 93d Abs. 1 S. 1 BVerfGG) unter Mitwir- 105 kung eines durch den Senat zu bestimmenden Vertreters des betroffenen Richters, § 15a Abs. 2 BVerfGG. Größere Probleme können sich hingegen bei dem Ausschluss von Richtern eines zur Entscheidung berufenen Senats ergeben. Anders als bei den Kammern werden ausgeschlossene Richter nicht ersetzt, weswegen sich – mit Ausnahme der Verfahren besonderer Dringlichkeit nach § 15 Abs. 2 S. 2 BVerfGG – schnell auch Fragen der Beschlussfähigkeit des Senats stellen können. Die Auffüllung der Richterbank im Losverfahren nach § 19 Abs. 4 BVerfGG ist für den Fall des Ausschlusses kraft Gesetzes jedenfalls nicht übertragbar.

Vertiefend hierzu *Benda/Klein*, Verfassungsprozessrecht, 4. Aufl. 2020, Rn. 239; *Sauer*, in: BeckOK BVerfGG (Stand: 1.1.2021), § 18 Rn. 27.

106 Eine unter Mitwirkung eines kraft Gesetzes ausgeschlossenen Richters zustande gekommene Entscheidung des Bundesverfassungsgerichts bleibt wirksam (BVerfGE 78, 306 (315)).

107 Mangels Anfechtbarkeit der Entscheidungen kann in einem solchen Fall unter Umständen allein die Inanspruchnahme internationaler Institutionen wie des Europäischen Gerichtshofs für Menschenrechte unter Maßgabe des Rechts auf ein faires Verfahren (Art. 6 Abs. 1 S. 1 EMRK) in Frage kommen.

108 b) Abseits der Möglichkeit des Ausschlusses kraft Gesetzes können auch andere Umstände jedenfalls die Besorgnis begründen, ein Richter des Bundesverfassungsgerichts könnte befangen sein. Anders als der Ausschluss von Richtern kraft Gesetzes ist die **Ablehnung von Richtern** stark von Einzelfallwertungen geprägt. Dreh- und Angelpunkt der Ablehnung eines Richters ist nicht die tatsächliche oder selbst empfundene Befangenheit eines Richters, sondern die (berechtigte) Sorge einer Verfahrenspartei um die erforderliche Neutralität eines Richters (BVerfGE 46 34 (41); 98, 134 (137); 102, 192 (195); 108, 122 (129); 148, 1 (6); 152, 332 (342); zuletzt BVerfG, Beschl. vom 12.1.2021 – 2 BvR 2006/15 Rn. 21).

109 Die Besorgnis der Befangenheit ist dabei durch die jeweiligen Verfahrensparteien mit einem Ablehnungsgesuch geltend zu machen. Auch deshalb wendet das Bundesverfassungsgericht § 19 BVerfGG auf die konkrete Normenkontrolle nach Art. 100 Abs. 1 GG nicht an, da es in dem Verfahren keinen Antragsberechtigten gibt (BVerfGE 46, 34 (36 ff.)). Für die Definition der Besorgnis der Befangenheit kann insoweit auf § 42 Abs. 2 ZPO zurückgegriffen werden, wonach die Ablehnung eines Grundes bedarf, der geeignet ist, Zwei-

fel an der Unabhängigkeit des Richters zu begründen. Entscheidend ist allein, *„ob ein am Verfahren Beteiligter bei vernünftiger Würdigung aller Umstände Anlass hat, an der Unvoreingenommenheit und objektiven Einstellung des Richters zu zweifeln"* (BVerfGE 20, 1 (5); 73, 330 (335); 88, 17 (23); 98, 134 (137); 102, 122 (125); 108, 122 (126); 135, 248 (257); 148, 1 (6); zuletzt BVerfG, Beschl. vom 12.1.2021 – 2 BvR 2006/15 Rn. 22) und damit die **objektivierte Sicht** eines Verfahrensbeteiligten.

Dabei begründet nicht einfach jede politische Aussage eines Verfassungsrichters, die dieser beispielsweise im Rahmen einer politischen oder wissenschaftlichen Tätigkeit kundgetan hat, das Besorgnis der Befangenheit, sollen doch auch gerade die, *„die als Repräsentanten von Parteien politische Funktionen in den Parlamenten ausgeübt oder politische Ämter in den Regierungen bekleidet haben, zu Mitgliedern des Bundesverfassungsgerichts gewählt und ernannt werden können, um ihre politischen Erfahrungen für die Verfassungsrechtsprechung fruchtbar zu machen"* (BVerfGE 99, 51 (56 f.); 142, 302 (310 f.)). Auch Äußerungen eines aktiven Verfassungsrichters zu aktuellen politischen Fragen führen nicht automatisch zur berechtigten Besorgnis der Befangenheit, soweit der Richter zum Zeitpunkt der Äußerung nicht damit rechnen musste, dass sie Bedeutung für ein verfassungsgerichtliches Verfahren vor seinem Senat gewinnen würde (BVerfGE 35, 171 (174); siehe zuletzt BVerfG, Beschl. vom 12.1.2021 – 2 BvR 2006/15 Rn. 24; vgl. dazu auch *Walter/Nedelcu*, Der Wallrabenstein-Beschluss und die politische Dimension des Verfassungsprozessrechts, VerfBlog 2021/2/16). 110

Entscheidend ist bei der Beurteilung stets eine **Gesamtwürdigung von Inhalt, Form und Rahmen** der jeweiligen Äußerung sowie der sachliche und zeitliche Bezug zum in Rede stehenden Verfahren (BVerfGE 142, 9 (15)). Für die Bestimmung einer Besorgnis der Befangenheit ist insbesondere auch § 18 Abs. 2 und 3 BVerfGG zu beachten, weswegen die Ablehnung eines Richters nicht ausschließlich auf Gründe gestützt werden kann, die nach § 18 BVerfGG unbeachtlich sein soll (BVerfG, Beschl. v. 5.12.2019 – 1 BvL 7/18). Es bedarf hierzu eines *„zusätzlichen besorgniserregenden Moments"* in der Person des Verfassungsrichters (BVerfGE 148, 290 (295 f.). 111

Eine Ablehnung kann beispielsweise gerechtfertigt sein, soweit die nach § 18 Abs. 3 BVerfGG eigentlich unbedenkliche wissenschaftliche Äußerung eines Verfassungsrichters von einem objektivierten Standpunkt anderer Beteiligter aus die Unterstützung einer Verfahrenspartei bezweckte (BVerfGE 98, 134 (137 f.)). 112

Antragsberechtigt, ein Ablehnungsgesuch zu stellen, sind dabei alle Verfahrensbeteiligten, nicht jedoch lediglich Äußerungsberech- 113 tigte. Das Ablehnungsgesuch ist nach § 19 Abs. 2 S. 1 BVerfGG zu **begründen**; eine Glaubhaftmachung ist nicht erforderlich. Die Ablehnung ist bis spätestens zu Beginn der mündlichen Verhandlung zu erklären, soweit die Umstände, die das Besorgnis der Befangenheit begründen, nicht erst nach Beginn der mündlichen Verhandlung bekannt werden. Der abgelehnte Richter ist nach § 19 Abs. 2 S. 2 BVerfGG zu einer **dienstlichen Stellungnahme** zu dem Ablehnungsgesuch verpflichtet, zu der dem Antragsteller die Möglichkeit der Stellungnahme einzuräumen ist. Zusätzlich sieht § 19 Abs. 3 BVerfGG auch die Möglichkeit der **Selbstablehnung** eines Richters vor. Auch im Rahmen der Selbstablehnung kommt es nicht darauf an, ob der Richter tatsächlich befangen ist oder sich selbst für befangen hält (BVerfGE 88, 1 (3); 98, 134 (137)); es gelten insoweit die gleichen Anforderungen wie bei § 19 Abs. 1 BVerfGG. Bedeutung dürfte die Selbstablehnung eines Richters in der Praxis dann erhalten, wenn die Umstände, aus denen sich die Besorgnis der Befangenheit ergeben könnte, nur dem Richter selbst bekannt sind. Auch über die Selbstablehnung hat der Spruchkörper, dem der Richter angehört, zu entscheiden (BVerfGE 46, 34 (39)).

114 Die Entscheidung über das Ablehnungsgesuch ergeht ohne Beteiligung des betroffenen Richters durch Beschluss, § 19 Abs. 1 Hs. 1 BVerfGG. Anders als bei der Feststellung des Ausschlusses kraft Gesetzes hat die Entscheidung über die Ablehnung konstitutive Wirkung *ex nunc*. Im Falle des Ablehnungsgesuchs gegen den Richter eines *Senats* entscheidet der Senat daher in verminderter Besetzung über den Antrag; bei Stimmengleichheit zählt die Stimme des Vorsitzenden doppelt (§ 19 Abs. 1 Hs. 2 BVerfGG). Hat der Antrag Erfolg, so wird der abgelehnte Richter durch einen durch Losverfahren zu bestimmenden Richter des anderen Senats mit Ausnahme dessen Vorsitzenden ersetzt, so dass sich etwaige Probleme der Beschlussfähigkeit des Senats nicht mehr stellen, § 19 Abs. 4 BVerfGG. Bei einem Ablehnungsgesuch gegen den Richter einer Kammer tritt schon bei der Entscheidung über den Antrag der durch den Senat vorab bestimmte Vertreter an die Stelle des betreffenden Richters (§ 15a Abs. 2 BVerfGG), der bei Erfolg des Antrags auch in der Sache entscheidet.

115 c) Probleme hinsichtlich der für das Verfahren zuständigen Richter des Bundesverfassungsgerichts können sich auch durch die Zusammensetzung der Kammern ergeben. Diese werden gemäß § 15a BVerfGG durch Geschäftsordnungsbeschlüsse der Senate, die einer einfachen Mehrheit bedürfen, für ein Jahr im Voraus berufen. Dieser Besetzungsmodus ist insoweit Kritik ausgesetzt, als die Kammern – anders als die Senate, die aufgrund der erforderlichen Zweidrittelmehrheit der sie berufenden Verfassungsorgane seit jeher parteipolitisch diverser Couleur waren – in ihrer Verteilung eher einer politischen Monokultur glichen.

So erfolgte die Besetzung der 1. Kammer des Ersten Senats 1988 und 1989 **116** ausschließlich mit Richtern, die der SPD angehörten sowie die Besetzung der 3. Kammer des Zweiten Senats 1990 ausschließlich mit Richtern, die der CDU oder CSU angehörten. (Vgl. hierzu *Heüveldop*, Verfassungsrechtliche Anforderungen an das Besetzungsverfahren für die Kammern des BVerfG, in: NJW 1990, 28 ff.).

Daher wurde vereinzelt eine am Maßstab des Art. 94 Abs. 1 S. 2 **117** GG gemessene verfassungswidrige Besetzung der Kammern mittels **Besetzungsrüge** moniert. Die Kammern haben dabei die Besetzungsrüge bislang zurückgewiesen und die Existenz eines Rechtsbehelfs der direkten Anrufung des Senats zur Rüge der Kammerbesetzung verneint (vgl. BVerfG, Beschl. v. 26.6.1989, 2 BvR 1484/88, in: NJW 1990, 39 ff.).

Vertiefend zum Ausschluss und der Ablehnung von Richtern: *Benda*, Befangenes zur Befangenheit, in: NJW 2000, 3620 ff.; *Benda/Klein*, Verfassungsprozessrecht, 4. Aufl. 2020, Rn. 232 ff.; *Brocker*, Ausschluss und Ablehnung von Richtern des Bundesverfassungsgerichts, 1996; *Epping*, Die Selbstablehnung von Richtern am Bundesverfassungsgericht, in: DVBl. 1994, 449 ff.; *Käßner*, Die Rechtsprechung des Bundesverfassungsgerichts zum Ausschluss und zur Ablehnung seiner Mitglieder nach §§ 18, 19 BVerfG, in: Scheffczyk/Wolter (Hrsg.), Linien der Rechtsprechung des Bundesverfassungsgerichts, Bd. IV, 2017, 3 ff.; *Lamprecht*, Karlsruher Befangenheits-Logik, in: NJW 1999, 2791 ff.; *Kischel*, Amt, Unbefangenheit und Wahl der Bundesverfassungsrichter, in: Isensee/Kirchhof (Hrsg.), Handbuch des Staatsrechts, Bd. III, 3. Aufl. 2006, § 69; *Knöpfle*, Besetzung der Richterbank – insbesondere Richterausschluß und Richterablehnung, in: Starck (Hrsg.), Festgabe 25 Jahre Bundesverfassungsgericht, Bd. I, 1976, 142 ff.; *Müller*, Zur Ablehnung von Bundesverfassungsrichtern wegen Besorgnis der Befangenheit nach § 19 BVerfGG, in: NVwZ 1993, 1167 ff.; *Rieß*, Parlamentarische Unvereinbarkeit für Richter, in: DRiZ 1959, 273 ff.; *Zähle*, Die Ausschließung und Ablehnung eines Richters nach §§ 18, 19 BVerfGG in der Rechtsprechung des Bundesverfassungsgerichts, in: AöR 137 (2012), 173 ff.

§ 5 Der Verfassungsprozess

I. Rechtsquellen des Verfassungsprozessrechts

1 Anders als der manchmal für das Bundesverfassungsgericht gebrauchte Terminus *„Herr des Verfahrens"* dies suggerieren mag, obliegt der Verfassungsprozess keineswegs dem verfassungsprozessualen Belieben des Gerichts. Nach Art. 94 Abs. 2 GG wird das Verfahren vor dem Bundesverfassungsgericht durch den Bundesgesetzgeber bestimmt. Dabei werden die Zuständigkeiten des Bundesverfassungsgerichts sogar **verfassungsrechtlich enumerativ** festgelegt. Maßgeblich ordnen damit die Art. 93 Abs. 1 und 2, Art. 100 sowie Art. 21 Abs. 2 GG die Zuständigkeiten des Gerichts; auf eine verfassungsgerichtliche Generalklausel wurde indes verzichtet.

2 Mit dem nach Art. 94 Abs. 2 GG erlassenen Bundesverfassungsgerichtsgesetz findet sich – anders als dies für die Zivil- oder die Verwaltungsprozessordnung gilt – kein umfassendes Regelungswerk für den Verfassungsprozess. Das dahingehend fragmentarische BVerfGG enthält in den §§ 17–35c allgemeine Verfahrensvorschriften für den Verfassungsprozess sowie in den §§ 36–96d sowie §§ 97a–97e Vorschriften über die einzelnen Verfahrensarten vor dem Bundesverfassungsgericht. Entsprechend der Anordnung des § 17 BVerfGG sind ferner auch die allgemeinen Vorschriften des Gerichtsverfassungsgesetzes heranzuziehen. Weitere Verweisungen auf heranzuziehende Rechtsnormen anderer Prozessordnungen finden sich beispielsweise in den §§ 28 Abs. 1, 38 Abs. 1 oder § 61 Abs. 1 und 2 BVerfGG.

3 Sich hierüber hinaus ergebende Lücken stellen indes kein Placet der Verfahrensautonomie dar, sondern bedürfen der Ausfüllung *„im Wege der Analogie zum sonstigen deutschen Verfahrensrecht"*.

4 Diese – wohl vom Bundesverfassungsgericht in Teilen als *„Selbstbeschränkung"* wahrgenommene Einschränkung widerspricht der missglückten Selbstqualifikation des Gerichts als *„Herr des Verfahrens"*, vgl. insoweit nur BVerfGE 1, 108 (110 f.) – *Rückmeldegebühr*; 33, 247 (261) – *Klagestop Kriegsfolgen*; 50, 381 (384). Gleichwohl finden sich in der Literatur auch Stimmen, die auf eine Eigenständigkeit des Verfassungsprozesses gestützt eine weitergehende Verfahrensautonomie propagieren, vgl. insoweit *Häberle*, Die Eigenständigkeit des Verfassungsprozessrechts, in: JZ 1973, 451 ff.; *Schlaich*, Rezension, in: ZZP 86 (1973), 227 ff.; *Zembsch*, Verfahrensautonomie des Bundesverfassungsgerichts, 1971.

Die sich in Teilen zwischen dem Prozessrecht einerseits und der prozessrechtlichen Ausfüllung durch das Gericht ergebende „*Offenheit*" des Verfassungsprozessrechtes wird indes den Eigenarten des verfassungsgerichtlichen Verfahrens gerecht: Nicht alle Grundsätze des deutschen Verfahrensrechts sind ohne Weiteres auf das ohne Zweifel zahlreiche Besonderheiten aufweisende Verfassungsprozessrecht übertragbar, weshalb das Bundesverfassungsgericht auch zutreffend davon ausgeht, dass zur Analogie herangezogenes Verfahrensrecht auf Kompatibilität mit dem Verfassungsprozess zu überprüfen ist (BVerfGE 33, 247 (261) – *Klagestop Kriegsfolgen*; 81, 387 (389)). 5

Dies ist indes nicht ohne Widerspruch geblieben. Dem Bundesverfassungsgerichtsgesetz wurde unter anderem attestiert, ein „*schlechtes Gesetz*" zu sein, das über eine „*Sammlung dilatorischer Formelkompromisse*" nicht hinausreiche, vgl. insoweit *Zuck*, Das Änderungsgesetz zum Bundesverfassungsgerichtsgesetz, in; NJW 1998, 3028 (3030); *ders.*, Die Fünfte Novelle zum Bundesverfassungsgerichtsgesetz, in: NJW 1986, 968 (970). 6

Besonders weitreichende Lücken, die sich kaum durch Analogien zu anderen Verfahrensordnungen auflösen ließen, zeigen sich im Rahmen der Vollstreckung der Entscheidungen des Bundesverfassungsgerichts und der hierfür zentralen Norm des § 35 BVerfGG. 7

Von dem sich im Rahmen der Lückenfüllung ergebenden Spielraum hat das Bundesverfassungsgericht bislang weitgehend restriktiv Gebrauch gemacht; einzelne Gegenbeispiele finden sich indes doch. So erfolgte beispielsweise der Abdruck **des Stimmenverhältnisses der Richter** zunächst ohne jegliche gesetzliche Grundlage und ließ sich auch nicht aus anderen Verfahrensordnungen heranziehen (Vgl. insoweit BVerfGE 21, 312 (328) – *Wasser- und Schiffahrtsverwaltung*). 8

Literatur: *Benda/Klein*, Verfassungsprozessrecht, 4. Aufl. 2020 Rn. 30 ff., 191 ff.; *Klein*, Verfahrensgestaltung durch Gesetz und Richterspruch – Das „Prozeßrecht" des Bundesverfassungsgerichts, in: Badura/Dreier (Hrsg.), Festschrift 50 Jahre Bundesverfassungsgericht, Bd. I, 2001, 507 ff.; *Neutz*, Verfassungsprozessrecht Untersuchung zur These von seiner Eigenständigkeit, 1990; *Schlaich/Korioth*, Das Bundesverfassungsgericht, 11. Aufl. 2018, Rn. 54 ff.

II. Prozessgrundsätze im Verfassungsprozess

Ähnlich wie bei anderen Prozessordnungen können auch vor dem Bundesverfassungsgericht allgemeine Prozessgrundsätze Geltung beanspruchen. Die für den Verfassungsprozess heranzuziehenden 9

Grundsätze speisen sich dabei zum einen aus den allgemeinen (§§ 17ff. BVerfGG) oder besonderen Verfahrensvorschriften des Bundesverfassungsgerichtsgesetzes oder aus den heranzuziehenden Grundsätzen des allgemeinen Prozessrechts.

1. Antragsprinzip

10 Besondere Bedeutung kommt im Verfassungsprozess dem Antragsprinzip zu. Das Tätigwerden des Bundesverfassungsgerichts bedarf eines Antrages eines Dritten außerhalb des Gerichts – das Antragsprinzip bestätigt die Justizförmigkeit der Verfahren des Bundesverfassungsgerichts. Es limitiert die Entscheidungsgewalt des Gerichts auf die ihm vorgelegten Fälle; aus Sicht der Beteiligten stellt es die verfassungsgerichtliche Erörterung einer rechtlichen Streitigkeit in ihre Disposition. Es ermöglicht dem Gericht aber auch – gerade durch die Beraubung des Zugriffes von Amts wegen – die Einnahme der ihm gebührenden unparteilichen und neutralen Stellung.

11 Die einzige normativ geregelte **Abweichung von diesem Grundsatz** stellt das Verfahren nach § 105 BVerfGG dar, das die Entfernung eines Richters des Bundesverfassungsgerichts zum Gegenstand hat. Als Verfahren der *„Selbstreinigung"* obliegt die Einleitung des Verfahrens dabei dem Plenum, § 105 Abs. 2 BVerfGG. Als weitere Abweichung vom Grundsatz des Antragsprinzips hat das Bundesverfassungsgericht in seiner Rechtsprechung die Möglichkeit einer **einstweiligen Anordnung von Amts wegen** in zwei zu unterscheidenden Fällen thematisiert. Besonders problematisch erscheint diese Überlegung für den Fall des Tätigwerdens ex officio, soweit beim Bundesverfassungsgericht noch überhaupt kein Hauptsacheverfahren anhängig ist und der Erlass einer einstweiligen Anordnung auf der zu erwartenden Anhängigkeit eines Hauptsacheverfahrens beruht (Vgl. insoweit die Andeutung in BVerfGE 42, 103 (119f.) – *Staatsvertrag*). Würde das Bundesverfassungsgericht allein aufgrund einer zu erwartenden Anhängigkeit eines Hauptsacheverfahrens bereits eine nicht beantragte einstweilige Anordnung erlassen, so würde es mit dieser Selbstbefassung in Widerspruch zu der gesetzlich intendierten Passivität geraten. Weniger bedenklich erscheint der andere Fall des Erlasses einer nicht beantragten einstweiligen Anordnung für ein bereits anhängig gemachtes Hauptsacheverfahren (Vgl. insoweit BVerfGE 1, 74 (75); 46, 337 (338)). Eine solche Praxis scheint insbesondere dann zweckmäßig, wenn sich beispielsweise eine einstweilige Anordnung

im Fall eines konkreten Normenkontrollverfahrens nach Art. 100 Abs. 1 GG als notwendig erwiese, da es in einem solchen Verfahren keine zur Stellung eines solchen Antrages berechtigten Parteien gibt.

Literatur: *Benda/Klein*, Verfassungsprozessrecht, 4. Aufl. 2020, Rn. 202 ff.; *Hillgruber/Goos*, Verfassungsprozessrecht, 5. Aufl., 2020, Rn. 3 ff.; *Pestalozza*, Verfassungsprozessrecht, 3. Aufl. 1991, 47 f.; *Schlaich/Korioth*, Das Bundesverfassungsgericht, 11. Aufl. 2018, Rn. 512; *Voßkuhle*, in: v. Mangoldt/Klein/Starck (Hrsg.), Grundgesetz, 7. Aufl. 2018, Art. 93 Rn. 21 ff.; *Walter*, in: Beck-OK BVerfGG (Stand: 1.1.2021), § 32 Rn. 69 f.

2. Dispositions- und Offizialmaxime

Von wesentlicher Bedeutung für den Verfassungsprozess ist die Frage, wer über den Streitgegenstand verfügt und damit Herr des Prozessrechtsverhältnisses ist. Allen Verfahren vor dem Bundesverfassungsgericht gleich ist zunächst, dass die Antragsteller jedenfalls über die **Ingangsetzung des Verfahrens** entscheiden – dies ist insoweit Ausdruck des geltenden Antragsprinzips. Die Verfügung über den Streitgegenstand des Verfahrens obliegt jedenfalls zumeist dem Antragsteller des Verfahrens; Ausnahmen zum Grundsatz *„ne ultra petita"* finden sich jedoch etwa in §§ 67 S. 3, 78 S. 2, 95 Abs. 1 S. 2, Abs. 2, Abs. 3 S. 2 BVerfGG. Hierin erschöpfen sich jedoch im Wesentlichen die Gemeinsamkeiten. Die **Heterogenität der Verfahren** vor dem Bundesverfassungsgericht macht eine einheitliche Aussage über die Geltung der Dispositions- oder Offizialmaxime unmöglich; kontradiktorisch-statuarische Verfahren, solche des Grundrechtsschutzes oder Verfassungssicherungs- und Verfassungsschutzverfahren bedingen ob ihrer unterschiedlichen Zwecke auch eine jeweils unterschiedliche prozessuale Handhabung. Besonders strittig dürfte dabei die Frage der Möglichkeit einer Rücknahme der Anträge sein. 12

a) Im (kontradiktorischen) **Zweiparteienprozess** geht das Bundesverfassungsgericht – obgleich es sich um einen Parteienstreit handelt –nur von einer eingeschränkten Dispositionsbefugnis von Antragsteller und Antragsgegner aus. Im prototypischen *Bund-Länder-Streit* können beide nicht über ihre im Grundgesetz festgelegten Kompetenzen verfügen oder gar verzichten (BVerfGE 105, 185 (194) – *UMTS-Erlös*). Ähnlich gilt dies auch im *Bundesorganstreitverfahren*, in dem die Kompetenzen der im Verfahren zur Beteiligung Fähigen gleichfalls indisponibel sind (BVerfGE 132, 1 (21 f.)). Hieraus folgt auch, dass sich das Bundesverfassungsgericht jedenfalls nach mündli- 13 cher Verhandlung vorbehält, die wirksame Rücknahme der Anträge davon abhängig zu machen, ob dem (nach seiner maßgeblichen Ansicht) nicht das öffentliche Interesse entgegensteht (BVerfGE 24, 299 (300)).

14 b) Die Dominanz der *Offizialmaxime* zeigt sich noch stärker im Rahmen der **Verfahren der objektiven Rechtsfeststellung**, wie denen der *abstrakten* oder *konkreten Normenkontrolle*. Sie dienen letztlich der von subjektiven Rechten und Kompetenzen losgelösten Feststellung der Existenz, Qualität oder Bedeutung von Rechtsnormen. Dem Antragsteller kommt nunmehr allein die Rolle als Initiator des Verfahrens zu. Einmal in Gang gesetzt, bestimmt sich der Fortgang des Verfahrens demnach nach dem öffentlichen Interesse (BVerfGE 1, 396 (414f.) – *Deutschlandvertrag*; 68, 346 (350f.)).

15 c) Die in der **Verfassungsbeschwerde** maßgeblichen Grundrechte der Antragsteller mögen unveräußerlich sein, ein Verzicht auf ihre Ausübung ist jedoch grundsätzlich möglich. Die Verfahren dienen daher zuvorderst dem Individualrechtsschutz und bedingen daher auch die Disposition des Antragstellers über die Rücknahme oder Erledigungserklärung seines Antrages (BVerfGE 85, 109 (113)). Das Bundesverfassungsgericht hat die Verfassungsbeschwerde jedoch sekundär auch einer objektiven Funktion dienbar gemacht, weswegen eine Rücknahme ausgeschlossen sein kann, wenn der objektiven Funktion ausnahmsweise gegenüber der Disponibilität des Individualrechtsschutzes Vorrang zukommen muss (BVerfGE 98, 218 (241f.) – *Rechtschreibreform*).

16 d) Die **Wahlprüfungsbeschwerde** (Art. 93 Abs. 1 Nr. 5 i. V. m. Art. 41 Abs. 1 und 2 GG, § 13 Nr. 3 BVerfGG) bezweckt nur sekundär die Effektuierung des subjektiven Wahlrechts; Kern des Verfahrens ist das öffentliche Interesse an der Gültigkeit der Wahl. Einer zulässigen Antragsrücknahme kann daher das objektive Interesse entgegenstehen (BVerfGE 89, 291 (299) – *Wahlprüfungsverfahren*).

17 e) Im Falle der **Präsidenten- und Richteranklage** finden sich normative Regelungen in §§ 52, 58 Abs. 1 BVerfGG, die die Möglichkeit der Rücknahme der Anträge einräumen.

18 Ob und inwieweit die Parteien über einen Streitgegenstand verfügen können, bildet so dann auch etwa die Vorfrage für die Befugnis, im Verfassungsprozess auch **Vergleiche** zu schließen.

Literatur: *Benda/Klein*, Verfassungsprozessrecht, 4. Aufl. 2020, Rn. 327ff.; *Bethge*, in: Maunz/Schmidt-Bleibtreu/Klein/Bethge, BVerfGG (Stand: 60. EL Juli 2020), Vorbemerkungen § 17 Rn. 42ff.; *Cornils*, Zur Rücknahme der Verfassungsbeschwerde – Verfassungsprozessuale Anmerkungen zum Rechtschreibreform-Urteil, in: NJW 1998, 3624ff.; *Engelmann*, Prozeßgrundsätze im Verfassungsprozeßrecht, 1977, 29ff.; *Hund*, Rücknahme von Verfassungsbeschwerden, in: Zeidler/Maunz/Roellecke (Hrsg.), Festschrift Hans Joachim Faller, 1984, 63ff.

3. Amtsbetrieb und Amtsermittlungsgrundsatz

Zu den Prozessgrundsätzen des Verfassungsprozesses gehört auch der Grundsatz des **Amtsbetriebs**. Dieser begründet das Recht und zugleich auch die Pflicht des Bundesverfassungsgerichts, das durch den Antrag einmal eingeleitete Verfahren **ex-officio fortzuführen**. Soweit es überhaupt keine beteiligten Parteien des Verfahrens gibt (wie etwa bei der konkreten Normenkontrolle), erschließt sich der Sinn von selbst; im Übrigen wurzelt der Amtsbetrieb vor allem in der auch objektiven Funktion der Verfahren vor dem Bundesverfassungsgericht. Anders als im Parteiprozess kommt Verfahrensanträgen daher keine leitende Funktion zu; diese verstehen sich mehr als „*Anregung*" der Verfahrensbeteiligten zur Prozessführung, weswegen über sie auch nicht obligatorisch durch einen ablehnenden Beschluss oder sonst wie zu entscheiden wäre. Normativen Niederschlag findet der Amtsbetrieb etwa in §§ 23 Abs. 2, 24, 26, 33 Abs. 1 und 35 BVerfGG. 19

Maßgeblich fällt die Fortführung des Verfahrens dabei dem Vorsitzenden oder dem zuständigen Berichterstatter zu, der gemäß der Geschäftsverteilung durch den Senatsvorsitzenden festgestellt wird (§ 20 Abs. 2 S. 1 GeschO–BVerfG). Die **Zustellung** des Antrages an den ggf. bestehenden Antragsgegner, andere Beteiligte oder Dritte, denen nach § 27a BVerfGG Gelegenheit zur Stellungnahme gegeben werden soll, erfolgt von Amts wegen durch den Vorsitzenden des Senats auf Vorschlag des Berichterstatters oder – im Falle einer nach § 93c BVerfGG möglichen Kammerentscheidung– durch den Berichterstatter selbst (§ 23 Abs. 2 BVerfGG, § 22 GeschO–BVerfG). 20

Aus Gründen der Prozessökonomie kann das Bundesverfassungsgericht auch nach freiem Ermessen die **Verbindung oder Trennung von Verfahren** verfügen. In der Praxis dürfte dies insbesondere bei parallel geführten Verfahren wie etwa mehreren Anträgen auf die Überprüfung eines Gesetzes der Fall sein. Ausweislich der §§ 66, 69 BVerfGG ist die Verbindung und Trennung von Verfahren zwar nur für den Organ- und den Bund-Länder-Streit normativ vorgesehen, in ständiger Rechtsprechung nimmt das Bundesverfassungsgericht diese 21

Möglichkeit jedoch auch in anderen Verfahrensarten in Anspruch (vgl. etwa BVerfGE 129, 208 (209) – *TKÜ-Neuregelung*). Auch die Verbindung unterschiedlicher Verfahrensarten kommt in Frage, soweit den Vorschriften für alle betroffenen Verfahrensarten genüge getan werden kann und die prozessuale Position der Verfahrensbeteiligten hierdurch nicht beeinträchtigt wird (BVerfGE 10, 185 (186); 22, 180 (199) – *Jugendhilfe*).

22 Der Amtsbetrieb ermöglicht auch die Ermessensentscheidung des Bundesverfassungsgerichts über die **Aussetzung des Verfahrens** bis zur Erledigung eines bei einem anderen Gericht anhängigen Verfahrens, soweit die Feststellungen oder die Entscheidung dieses anderen Gerichts von Bedeutung sein könnten (§ 33 Abs. 1 BVerfGG). Größere Relevanz hat dies eigentlich erst in den letzten Jahren erhalten, jedenfalls seitdem das Bundesverfassungsgericht dem Europäischen Gerichtshof Fragen über die Auslegung des Unionsrechts zur Entscheidung vorlegt (vgl. BVerfGE 134, 366 (419) – *OMT-Beschluss*).

23 Vom Amtsbetrieb zu unterscheiden ist der Dualismus von Dispositions- und Offizialmaxime und damit auch die Frage, inwieweit die Rücknahme eines Antrages möglich ist oder das Gericht das Verfahren trotz der Rücknahme fortführen kann.

24 Abzugrenzen ist auch die Frage, wem die Ermittlung des für die Fallentscheidung notwendigen Prozessstoffes obliegt. Die potenziellen Ausgestaltungen lassen sich dabei im Wesentlichen im Schema des (etwa nach § 86 Abs. 1 S. 1 VwGO vor den Verwaltungsgerichten geltenden) *Amtsermittlungsgrundsatzes* einerseits und des (zumeist vor den Zivilgerichten geltenden (vgl. § 282 Abs. 1 ZPO)) *Beibringungsgrundsatzes* andererseits systematisieren. Für die Verfahren vor dem Bundesverfassungsgericht findet dabei ausweislich § 26 Abs. 1 S. 1 BVerfGG der **Amtsermittlungsgrundsatz** einheitlich Anwendung. Es teilt damit insoweit das Schicksal der anderen am Individualrechtsschutz ausgerichteten Fachgerichtsbarkeit (vgl. § 86 Abs. 1 VwGO für die Verwaltungsgerichtsbarkeit, § 103 SGG für die Sozialgerichtsbarkeit und § 76 Abs. 1 FGO für die Finanzgerichtsbarkeit). Die fachgerichtliche Gesellschaft erscheint insoweit konsequent, als der Amtsermittlungsgrundsatz zumeist dort Ausprägung findet, wo nicht nur ein Parteieninteresse, sondern auch ein öffentliches Interesse an der vollständigen und richtigen Aufklärung des der Entscheidung zu Grunde liegenden Sachverhalts besteht. Dies trifft auf das Bundesverfassungsgericht gleich in zweierlei Hinsicht. Als *„Hüter der Verfassung"* wohnt den Verfahren in seiner Zuständigkeit immer

auch eine objektive Funktion, namentlich die der Wahrung der Verfassungsordnung als objektives Rechtsgut, inne. Der vor dem Bundesverfassungsgericht geltende Amtsermittlungsgrundsatz steht jedoch – insbesondere im Verfahren der Verfassungsbeschwerde – auch dem die Beschwerde führenden, *„einfachen Bürger"* zur Seite, dem die Last, die Maßnahmen der sich ihm gegenüber in ihrer Machtfülle manifestierenden Staatsgewalt aufzuklären, nur schwerlich auferlegt werden kann.

Aus dem Amtsermittlungsgrundsatz folgt hingegen **keine unbeschränkte Aufklärungspflicht** und **keine grenzenlose Aufklärungsbefugnis** des Bundesverfassungsgerichts; es hat die funktionale Eigenständigkeit und die Prärogativen anderer Hoheitsträger zu respektieren. Es ist daher nicht dem Bundesverfassungsgericht überantwortet, einen Sachverhalt *„ins Blaue hinein"* zu untersuchen (BVerfGE 115, 166 (180) – *Kommunikationsverbindungsdaten*). Aufzuklären ist allein der nicht zur Überzeugung des Gerichts feststehende Sachverhalt nach Maßgabe des einleitenden Antrags. Die Mitwirkungspflichten der Beteiligten werden durch den Amtsermittlungsgrundsatz nicht tangiert (BVerfGE 68, 1 (111) – *Atomwaffenstationierung*); dem entsprechen so etwa die teilweise erheblichen **Substantiierungspflichten** bei der Stellung eines Antrages sowie die geforderte Angabe von Beweismitteln (§ 23 Abs. 1 S. 2 BVerfGG). 25

Literatur: *Arndt*, Das Bundesverfassungsgericht und die Wahrheitsfrage, in: NJW 1962, 784 ff.; *Benda/Klein*, Verfassungsprozessrecht, 4. Aufl. 2020, Rn. 299 ff.; *Brink*, Tatsachengrundlagen verfassungsgerichtlicher Judikate, in: Rensen/Brink (Hrsg.), Linien der Rechtsprechung des Bundesverfassungsgerichts – erörtert von den wissenschaftlichen Mitarbeiterinnen und Mitarbeitern, Bd. I, 2009, 3 ff.; *Engelmann*, Prozessgrundsätze im Verfassungsprozessrecht – Zugleich ein Beitrag zum materiellen Verständnis des Verfassungsprozessrechts, 1977; *Ossenbühl*, Die Kontrolle von Tatsachenfeststellungen und Prognoseentscheidungen durch das Bundesverfassungsgericht, in: Starck (Hrsg.), Festgabe 25 Jahre Bundesverfassungsgericht, Bd. I, 1976, 458 ff.; *Philippi*, Tatsachenfeststellungen des Bundesverfassungsgerichts, 1971; *Schorkopf*, Die prozessuale Steuerung des Verfassungsrechtsschutzes: Zum Verhältnis von materiellem Recht und Verfassungsprozessrecht, in: AöR 130 (2005) 465 ff.; *Weber-Grellet*, Beweis und Argumentationslast im Verfassungsrecht unter besonderer Berücksichtigung der Rechtsprechung des Bundesverfassungsgerichts, 1979; *Wolf*, Allgemeine Prozeßgrundsätze im Verfahren vor dem BVerfG, in:DVBl. 1966, S. 884; *Zuck*, Die Aussetzung des Verfahrens bei Vorgreiflichkeit, in: Kirchhof/Paetow/Uechtritz (Hrsg.), Festschrift für Klaus-Peter Dolde, 2014, 27 ff.

4. Öffentlichkeitsgrundsatz

26 a) Für das Bundesverfassungsgericht gilt nach Maßgabe der nach § 17 BVerfGG anzuwendenden §§ 169 ff. GVG der Grundsatz der **Gerichtsöffentlichkeit**. Hierunter versteht das deutsche Verfahrensrecht den Zutritt auch nicht am Verfahren Beteiligter Personen zum Sitzungssaal (BGHSt 5, 75 (83)). Die Gerichtsöffentlichkeit erstreckt sich dabei grundsätzlich nur auf die *mündliche Verhandlung* und die durch die Senate zur Vorbereitung durchgeführten *Erörterungstermine* (BVerfGE 107, 339 (349, 352)).

27 Nicht öffentlich sind damit etwa das Verfahren bei einer einstweiligen Anordnung ohne mündliche Verhandlung (§ 32 Abs. 2 BVerfGG), das vereinfachte Verfahren (§ 24 BVerfGG), die Voruntersuchung (§§ 38 Abs. 2, 54 BVerfGG) oder das Beschlussverfahren nach § 93a Abs. 2 oder 3 BVerfGG.

28 Die Gerichtsöffentlichkeit gebietet die grundsätzliche Möglichkeit des Zutritts, nicht jedoch unbeschränkten Zutritt. Soweit also – wie im Falle des Bundesverfassungsgerichts durchaus üblich – aus Raumgründen nur eine begrenzte Anzahl von Zuhörern Zutritt erlangen können, verletzt dies die Gerichtsöffentlichkeit nicht. Streit besteht und bestand auch lange darüber, inwieweit **Rundfunk- und Fernsehübertragungen** aus Gerichtsverhandlungen möglich sind oder sein müssen. § 169 S. 2 GVG, der die Unzulässigkeit von Ton- und Fernseh-Rundfunkaufnahmen in der Gerichtsverhandlung anordnet, wird von § 17a BVerfGG verdrängt, der diese Aufnahmen in der mündlichen Verhandlung bis zur Anwesenheitsfeststellung sowie bei der öffentlichen Verkündung von Entscheidungen nunmehr zulässt. Obgleich diese Regelung erst 1998 Einzug in das Bundesverfassungsgerichtsgesetz fand, hatte das Bundesverfassungsgericht bereits seit Beginn der 1990er Jahre – und damit widerrechtlich – Fernseh- und Rundfunkaufnahmen geduldet (*Wolf*, in: NJW 1994, 681). Der heftigen Kritik an dieser Praxis begegnete der Gesetzgeber dadurch, dass er den begangenen Weg des Bundesverfassungsgerichts der beschränkten Medienöffentlichkeit spezialgesetzlich legitimierte. Ton- und Fernsehaufnahmen können jedoch nach § 17a Abs. 2 BVerfGG auch vollständig untersagt werden, soweit schutzwürdige Interessen der Beteiligten oder Dritter einer Aufzeichnung im Wege stehen. Dies kann in der Praxis etwa bei der Gefährdung schutzwürdiger Persönlichkeitsrechte oder der Gefahr einer Offenbarung von Staatsgeheimnissen erfolgen.

Zur **Gerichtsöffentlichkeit** vgl. *Benda*, Tatort Schlossbezirk, in: NJW 1999, 1524ff.; *Britz*, Court-TV? Zum Stand der Diskussion um § 169 S. 2 GVG, in: jM 2015, 127ff.; *v. Coelln*, Zur Medienöffentlichkeit der Dritten Gewalt, 2005; *Engelmann*, Prozeßgrundsätze im Verfassungsprozeßrecht, 1977, insb. S. 45ff.; *Fromme*, Bundesverfassungsgericht und Öffentlichkeit, in: Zeidler/Maunz/Roellecke (Hrsg.), Festschrift Hans Joachim Faller, 1984, 415ff.; *Gostomzyk*, Informationelle Selbstbestimmung der „öffentlichen Hand? – BVerfG NJW 2001, 1633, in: JuS 2002, 228ff.; *Hofmann*, Der Sonderweg des Bundesverfassungsgerichts bei der Fernsehübertragung von Gerichtsverhandlungen, in: ZRP 1996, 399ff.; *Limperg/Gerhardt*, Gründe gegen Fernsehübertragungen aus dem Gerichtssaal, in: ZRP 2016, 124ff.; *Pernice*, Öffentlichkeit und Medienöffentlichkeit, 2000; *Schneider*, Fernsehübertragung von Vorgängen der Hauptverhandlung – BGHSt 16, 111, in: JuS 1963, 346ff.; *Zuck*, Mainstream-Denken contra Medienöffentlichkeit – Zur Politik der n-tv-Entscheidung des BVerfG, in: NJW 2001, 1623f.

b) Eine – mit Einschränkungen – eröffnete Ausprägung des Öffentlichkeitsgrundsatzes findet sich in der auch vor dem Bundesverfassungsgericht möglichen **Akteneinsicht**. Soweit **Beteiligte** eines Verfahrens vor dem Bundesverfassungsgericht Einsicht in die ihr Verfahren betreffenden Akten nehmen wollen, sind sie nach § 20 BVerfGG hierzu berechtigt. Dieser ist die (erforderliche) einfachgesetzliche Ausgestaltung des schon durch das Recht auf rechtliches Gehör aus Art. 103 Abs. 1 GG verbürgten Rechts, als Vorstufe erforderliche Informationen zu erhalten (BVerfGE 107, 395 (409) – *Rechtsschutz gegen den Richter*). Nicht vom Akteneinsichtsrecht umfasst sind entscheidungsvorbereitende Dokumente wie etwa Entscheidungsentwürfe oder solche, die die Abstimmung betreffen; sie sind nicht Teil der Verfahrensakten (§ 34 S. 1 GeschO–BVerfG). Über die Einsicht entscheidet nach § 35 Abs. 1 GeschO–BVerfG der Vorsitzende des Senats im Einvernehmen mit dem Berichterstatter. 29

Die Akteneinsicht **nichtbeteiligter Dritter** im laufenden Verfahren oder **vormals Beteiligter** nach Abschluss des Verfahrens bestimmt sich nach Maßgabe der §§ 35a–c BVerfGG. Öffentliche Stellen – in der Praxis zumeist Gerichte und Behörden – erhalten Auskunft oder Akteneinsicht nur, soweit dies für den jeweiligen Zweck erforderlich ist. Dies impliziert eine Darlegungslast der antragstellenden öffentlichen Stelle, jedoch kein Prüfungsrecht des Bundesverfassungsgerichts. Anträge von **Privatpersonen** und **nichtöffentlichen Stellen** bedürfen der Darlegung eines berechtigten Interesses. Bei der Entscheidung über die Anträge schuldet das Bundesverfassungsgericht allein pflichtgemäße Ermessensausübung (§ 35b BVerfGG), insbeson- 30 dere im Hinblick auf die Abwägung des öffentlichen Informationsanspruches und den Datenschutzinteressen Betroffener. Auffangend verweist § 35a BVerfGG auf das **Bundesdatenschutzgesetz**. Gleichwohl das Bundesverfassungsgericht im Rahmen der Gewährung von Akteneinsicht Aufgaben der Justizverwaltung wahrnimmt, wird das formell subsidiäre **Informationsfreiheitsrecht** von § 35b BVerfGG verdrängt.

Zur **Akteneinsicht** vgl. *Keller*, Die Akteneinsicht Dritter zu Forschungszwecken, in: NJW 2004, 413 ff.; *Lodde*, Informationsrechte des Bürgers gegen den Staat, 1996; *Otto*, Art. 103 Abs. 1 GG – Der Anspruch auf rechtliches Gehör vor Gericht, in: JuS 2012, 412 ff.; *Peglau*, Die Einsicht in Prozeßakten zu Forschungszwecken, in: NJ 1993, 440 ff.; *Pestalozzi*, Das Bundesverfassungsgericht – Bonner Reform-Allerlei '98, in: JZ 1998, 1039 (1041); *Schoenemann*, Akteneinsicht und Persönlichkeitsschutz, in: DVBl. 1988, 520 ff.; *Weber*, Informationsfreiheitsgesetze und prozessuales Akteneinsichtsrecht, in: NVwZ 2008, 1284 ff.; *Zuck*, Das Änderungsgesetz zum Bundesverfassungsgerichtsgesetz, in: NJW 1998, 3028 (3030).

III. Der Gang des Verfahrens

1. Die Verfahrenseinleitung

31 Der Verfassungsprozess bedarf zur Einleitung grundsätzlich eines dahingehenden Antrages von außen. Ein solcher setzt dabei zum einen Voraus, dass dem Antrag überhaupt ein **passendes Verfahren** zugewiesen werden kann, für das das Bundesverfassungsgericht zuständig ist. Die Zuständigkeiten des Bundesverfassungsgerichts sind dabei enumerativ unter Verzicht auf eine Generalklausel bestimmt: Findet sich kein passendes Verfahren für das Rechtsschutzinteresse des Antragstellers, so ist der Antrag als unzulässig zu verwerfen. Zum anderen setzt ein zulässiger Antrag voraus, dass der **Antragsteller hierzu überhaupt berechtigt** ist. Dabei finden sich im Grundgesetz sowie den besonderen Verfahrensvorschriften des Bundesverfassungsgerichts spezifische Anordnungen dafür, wer für das jeweils vor dem Bundesverfassungsgericht zu führende Verfahren antragsberechtigt ist (vgl. insoweit §§ 36, 43, 48 Abs. 1, 49 Abs. 2, 63, 68, 71, 73, 76, 80, 86, 90 Abs. 1 BVerfGG, Art. 98 Abs. 2, 100 Abs. 2, 3 GG). Die verfahrenseinleitenden Anträge sind beim Bundesverfassungsgericht nach § 23 Abs. 1 BVerfGG **schriftlich** *„unter Angabe der erforderlichen Beweismittel"* einzureichen; Weitergehende Be-

gründungs- und Substantiierungserfordernisse finden sich im besonderen Teil der Verfahrensvorschriften.

Die Antragseinreichung per Telegramm (dazu BVerfGE 4, 7 (12); 32, 365 (368)) oder per Fax (dazu BVerfG, NJW-RR 1995, 441 f.) wahrt die Schriftform des § 23 BVerfGG. Eine Übermittlung per E-Mail genügt dagegen den Anforderungen an die Schriftform nicht (BVerfG, NJW 2016, 788). 32

Zur Stellung eines solchen Antrages bedarf es dabei keiner **anwaltlichen Vertretung**; eine solche ist nur für den Fall einer mündlichen Verhandlung erforderlich, in der sich die Beteiligten nach § 22 Abs. 1 S. 1 Hs. 2 BVerfGG durch einen Anwalt oder einen Rechtslehrer an einer staatlichen oder staatlich anerkannten Hochschule eines Mitgliedsstaates der Europäischen Union vertreten zu lassen haben. Den Beteiligten steht es gleichwohl offen, sich auch während des gesamten Verfahrens vertreten zu lassen (§ 22 Abs. 1 S. 1 Hs. 1 BVerfGG). Für den Bund, die Länder sowie deren Verfassungsorgane können auch Beamte zur Vertretung berechtigt sein (§ 22 Abs. 1 S. 3 BVerfGG), soweit sie die Befähigung zum Richteramt oder zum höheren Staatsdienst erworben haben. 33

Der beim Bundesverfassungsgericht gestellte Antrag wird durch dieses – wie dies für andere Gerichte gleichsam gilt – nicht nach Maßgabe des Wortlauts **ausgelegt**, sondern nach dem eigentlichen Sinn des mit dem Antrag verfolgten Begehrens (BVerfGE 1, 14 (39) – *Südweststaat*; BVerfGE 68, 1 (68 f.) – *Atomwaffenstationierung*). Die Auslegung des Antrages darf jedoch nicht so weit reichen, dass dadurch der Verfahrensgegenstand ausgetauscht (BVerfGE 2, 347 (367) – *Kehler Hafen*) oder der Streitgegenstand oder die Verfahrensart beliebig verändert würde (BVerfGE 2, 347 (367) – *Kehler Hafen;* 68, 132 (143)). Insoweit manifestiert sich auch verfassungsprozessual der Grundsatz *ne ultra petita*. Abseits der für das Rechtsschutzinteresse grundlegenden Bedeutung der Auslegung eines Antrages stellt sich die Frage nach dessen Deutung schon im Rahmen der Geschäftsverteilung, muss der eingegangene Antrag doch dem zuständigen Senat zugeordnet werden. 34

Als weitaus strittigere Frage stellt sich die nach der **Dispositionsbefugnis des Antragstellers nach Antragstellung**. Dabei wird die Disposition des Antragstellers über den Antrag, insbesondere so die **Rücknahme** eines Antrages zwar grundsätzlich für möglich erachtet, jedoch in Teilen von besonderen Bedingungen wie beispielsweise der Zustimmung des Gerichts abhängig gemacht (Vgl. BVerfGE 24, 299). 35

Ähnliches gilt auch für eine **Änderung** des Antrages, für die es in kontradiktorischen Verfahren neben der Zustimmung des Gerichtes auch der Zustimmung der weiteren Verfahrensbeteiligten bedürfen kann. In allen Fällen erachtet sich das Bundesverfassungsgericht jedoch befugt, ein **Verfahren auch trotz einer Antragsrücknahme fortzuführen**, soweit es dies aus Gründen des öffentlichen Interesses für erforderlich hält (BVerfGE 1, 14 (31) – *Südweststaat*; 1, 396 (414) – *Deutschlandvertrag*; 8, 183 (184) – *Volksbefragungsverbot*; 25, 308 (309) – *Bundeshaushaltsplan*, 98, 218 (242f.) – *Rechtschreibreform*).

36 In zahlreichen, wenngleich nicht in allen Fällen, ist die erfolgreiche Verfahrenseinleitung auch von der Einhaltung einer mit dem Antrag verbundenen **Antragsfrist** abhängig (vgl. so z. B. §§ 64 Abs. 3 69, 93 BVerfGG). Zur Wahrung der Frist ist der Antrag auch fristgerecht zu begründen; eine **fristwahrende Antragstellung** bei einem vollständigen Nachschieben der Begründung ist unzulässig (BVerfGE 21, 359 (361); 24, 252 (258f.). Wird die Einhaltung der Antragsfrist durch den Antragsteller versäumt, so ist der Antrag unzulässig; bei den verfassungsprozessualen Antragsfristen handelt es sich mithin um Ausschlussfristen. Zur **Fristberechnung** können die generell hierfür im öffentlichen Recht heranziehbaren §§ 187ff. BGB angewendet werden. Wird die Frist zur Antragstellung durch den Antragsteller versäumt, kommt auch für den Fall der verschuldensfreien Fristversäumnis eine **Wiedereinsetzung in den vorigen Stand** aus Gründen der Rechtssicherheit grundsätzlich nicht in Betracht (BVerfGE 21, 359 (361); 24, 252 (257)). Eine **Ausnahme** hiervon hat der Bundesgesetzgeber mit § 93 Abs. 2 BVerfGG eingeführt, die die Widereinsetzung in die Antragsfrist jedenfalls für die Verfassungsbeschwerde ermöglicht, wobei dies aufgrund der systematischen Stellung gleichwohl nur für die Entscheidungsverfassungsbeschwerde eröffnet werden soll.

37 Die Stellung eines Antrages unter einer Bedingung führt zur Unzulässigkeit des Antrages; das Verfassungsprozessrecht zeigt sich insoweit als **bedingungsfeindlich** (BVerfGE 40, 272 (275)). Unter der Einschränkung, dass auch dieser die allgemeinen Verfahrensvoraussetzungen erfüllt in demselben Verfahren beschieden werden kann, erscheint die Stellung von **Hilfsanträgen** für den Fall, dass ein gestellter Hauptantrag ohne Erfolg bleibt, hingegen zulässig.

38 Unzulässige oder ganz offensichtlich unbegründete Anträge können als sogenannte **a-limine-Abweisung** nach § 24 BVerfGG durch einstimmigen Senatsbeschluss verworfen werden. Als prozedurale

Erleichterung gedacht erfolgt die a-limine-Abweisung ohne mündliche Verhandlung in Form eines Beschlusses, dessen Begründung verzichtbar ist, soweit der Antragsteller zuvor auf die Bedenken des Gerichts hingewiesen wurde. Dies erfolgt üblicherweise durch ein „*Belehrungsschreiben*" des berichterstattenden Mitglieds des Senats, der mit der Verfahrensförderung befasst ist (§ 22 Abs. 3 GeschO–BVerfG). Anders als eine Nichtannahme zur Entscheidung (z. B. einer Verfassungsbeschwerde nach § 93b S. 1 Hs. 1 BVerfGG) stellt die a-limine-Abweisung eine vollwertige Entscheidung dar, der die Rechtskraft und Bindungswirkung des § 31 BVerfGG zu Teil werden.

Literatur: *Cornils*, Zur Rücknahme der Verfassungsbeschwerde – Verfassungsprozessuale Anmerkungen zum Rechtschreibreform-Urteil, in: NJW 1998, 3624 ff.; *Hartmann*, Wahren E-Mails an das BVerfG und die Fachgerichte die Form?, in: NJW 2006, 1390 ff.; *Pfeiffer*, Die Verfassungsbeschwerde in der Praxis, 1959; *Schlaich/Korioth*, Das Bundesverfassungsgericht, 11. Aufl. 2018, Rn. 58 ff.; *Benda/Klein*, Verfassungsprozessrecht, 4. Aufl. 2020, Rn. 202 ff.; *Pestalozza*, Verfassungsprozessrecht, 3. Aufl. 1991, S. 47 ff.

2. Die Verfahrensbeteiligten

Die **Beteiligten** des Verfassungsprozesses bestimmen sich nach 39
Maßgabe der besonderen Verfahrensbestimmungen des Bundesverfassungsgerichtsgesetzes und unterscheiden sich je nach Verfahrensart. Generell unterscheiden lassen sich zum einen **kontradiktorische Verfahren** wie beispielsweise das Bundesorganstreitverfahren nach Art. 93 Abs. 1 Nr. 1 GG, in denen die Parteien, also der Antragsteller und der Antragsgegner, Beteiligte des Verfahrens sind. In den **Verfahren der objektiven Rechtfeststellung** kann entweder der Antragsteller (so für den Fall der abstrakten Normenkontrolle nach Art. 93 Abs. 1 Nr. 2 GG) oder für den Fall der konkreten Normenkontrolle nach Art. 100 Abs. 1 GG niemand originärer Verfahrensbeteiligter werden. In **Verfassungsbeschwerdeverfahren** ist allein der Beschwerdeführer originär Verfahrensbeteiligter.

In Ergänzung zu den originären Verfahrensbeteiligten können 40
auch weitere hierzu Berechtigte durch ihren **Beitritt** Beteiligte werden (Vgl. so beispielsweise §§ 65 Abs. 1, 82 Abs. 2, 94 Abs. 5 S. 1 BVerfGG); die gesetzlich enumerierten Fälle des Beitritts sind abschließend. Mit der Stellung als Verfahrensbeteiligter verbunden sind bestimmte Rechte wie die Akteneinsicht (§ 20 BVerfGG), die Richterablehnung (§ 19 BVerfGG) oder die Teilnahme an der Beweisauf-

nahme (§ 29 BVerfGG). Weitergehend als der Kreis der Beteiligten kann hingegen der Kreis der im Verfahren **Äußerungsberechtigten** ausfallen. Dieser kann – unabhängig von deren Beitritt – je nach Verfahren zunächst vor allem betroffene Verfassungsorgane umfassen, ferner die obersten Gerichtshöfe des Bundes und der Länder (§ 82 Abs. 4 BVerfGG) oder im Falle der Verfassungsbeschwerde auch das *„verletzende Organ"* (§ 94 Abs. 3 BVerfGG). Den Besonderheiten des Verfassungsprozesses geschuldet, der sich nicht selten mit fachlich breit gefächerten Fragen der Fortentwicklung des Verfassungsrechts zu befassen hat, ersucht das Bundesverfassungsgericht auch von sich aus Persönlichkeiten um eine gutachterliche Äußerung zu einer entscheidungserheblichen Frage, die auf einem Gebiet über besondere Kenntnisse verfügen (§ 22 Abs. 5 GeschO–BVerfG).

Zur **Verfahrensbeteiligung** vgl. *Benda/Klein*, Verfassungsprozessrecht, 4. Aufl. 2020, Rn. 216 ff.; *Pestalozza*, Verfassungsprozessrecht, 3. Aufl. 1991, S. 58; *Schlaich/Korioth*, Das Bundesverfassungsgericht, 11. Aufl. 2018, Rn. 61 ff.

3. Die Verfahrensführung

41 § 25 Abs. 1 BVerfGG etabliert den *normativen* Regelfall der Entscheidung des Bundesverfassungsgerichts auf Grund **mündlicher Verhandlung**. Schon der Blick auf die Erledigungszahlen des Bundesverfassungsgerichts angesichts der knappen Ressource der Spruchkörperkapazität offenbart, dass es sich hierbei indes nicht um den faktischen Regelfall handeln kann. Bei der mündlichen Verhandlung, die insbesondere der Sachverhaltsaufklärung, indes auch der Gerichtsöffentlichkeit dient, handelt es sich um ein bedeutendes Instrument zur Gewährung rechtlichen Gehörs (Art. 103 Abs. 1 GG). Wie die Ausnahme sowie die Verzichtsmöglichkeit in § 25 Abs. 1 BVerfGG belegen, ist sie jedoch nicht zwingend. Dass die mündliche Verhandlung des Bundesverfassungsgerichts heute praktisch Seltenheitswert hat, ist auf verschiedene Gründe zurückzuführen:

– Im zahlenmäßig am stärksten repräsentierten Verfahren der Verfassungsbeschwerde werden die meisten Verfahren durch **Kammerentscheidungen** erledigt, die nach § 93d Abs. 1 S. 1 BVerfGG ohne vorherige mündliche Verhandlung ergehen. In den übrigen Fällen ist die Durchführung der mündlichen Verhandlung entbehrlich, wenn von ihr **keine wesentliche Förderung** des Verfahrens zu erwarten ist und die beigetretenen Verfassungsorgane hierauf verzichten (§ 94 Abs. 5 S. 2 BVerfGG).

- Gleichfalls ohne mündliche Verhandlung ergehen die **Beschlüsse** des Bundesverfassungsgerichts (§ 24 BVerfGG). Die Entscheidungen hinsichtlich einer **einstweiligen Anordnung** (§ 32 Abs. 2 S. 1 BVerfGG), des **Wahlprüfungsverfahrens** (§ 48 Abs. 2 BVerfGG) sowie der **Verfahren nach dem Untersuchungsausschussgesetz** (§ 66a BVerfGG) können gleichfalls ohne mündliche Verhandlung ergehen.
- Eine mündliche Verhandlung kann gleichfalls unterbleiben, wenn alle am Verfahren Beteiligten ausdrücklich auf die Durchführung der mündlichen Verhandlung **verzichten**, § 25 Abs. 1 BVerfGG. Der Verzicht aller Beteiligten hindert das Bundesverfassungsgericht gleichwohl nicht daran, die mündliche Verhandlung von Amts wegen anzuordnen (§ 24 Abs. 1 S. 1 GeschO–BVerfG).
- In einigen, wenigen Ausnahmefällen steht die Durchführung der mündlichen Verhandlung nicht zur Disposition der Beteiligten bzw. des Bundesverfassungsgerichts. Hierzu zählt etwa die Präsidentenanklage, über die nach § 55 Abs. 1 BVerfGG – kraft normativer Anordnung als *lex specialis* zu § 25 Abs. 1 BVerfGG – auf Grund einer mündlichen Verhandlung zu entscheiden ist. Entsprechendes gilt aufgrund der Normverweisung auch für die Richteranklage (§ 58 Abs. 1 i. V. m. § 55 Abs. 1 BVerfGG) sowie die Zurruhesetzung und Entlassung eines Bundesverfassungsrichters (§ 105 Abs. 3 i. V. m. § 55 Abs. 1 BVerfGG).

In Summe wurden **2020 insgesamt vier öffentliche Verhandlungen** durchgeführt (BVerfG, Jahresstatistik 2020, 16). Die – de facto – Umkehrung des Regel-Ausnahmeverhältnisses des § 25 Abs. 1 BVerfG stößt vielfach auf Kritik, der indes das Erfordernis der Funktionsfähigkeit des Gerichts und der oftmals nur begrenzte Erkenntnisgewinn einer mündlichen Verhandlung entgegengehalten werden kann. Vgl. zur Kritik dennoch: *Häberle*, Verfassungsprozeßrecht als konkretisiertes Verfassungsrecht, in: JZ 1976, 377 (383 f.); *Oswald*, Verfassungsbeschwerde-Verfahren ohne mündl. Verhandlung?, in: ZRP 1972, 114 f.; *Zuck*, Zur Reform des Verfahrens vor dem BVerfG, in: ZRP 1973, 233.

Faktischer Regelfall der Verfahrensführung vor dem Bundesverfassungsgericht ist damit das schriftliche Verfahren. Soweit trotzdem eine mündliche Verhandlung erfolgt, finden sich für deren Gang nur lückenhafte gesetzliche Regelungen, weshalb sie nach dem Gewohnheitsrecht des Gerichtsgebrauchs von statten geht. Zunächst wird jedoch – zumeist auf Grundlage des Votums des Berichterstatters – durch **Beschluss** ein Termin zur mündlichen Verhandlung anberaumt und der Termin im Rahmen der Ladung an die Beteiligten und Äußerungsberechtigten sowie per Pressemitteilung an die Öffentlichkeit **bekanntgemacht**. Unmittelbar vor der zumeist auf 10:00 Uhr terminierten mündlichen Behandlung finden sich der Senatsvorsitzende, der Berichterstatter sowie die Beteiligten und im Verfahren Äußerungsberechtigten zu einem Vortermin zusammen, in der die erarbei- 42 tete **Gliederung des Verfahrensablaufs** (§ 24 Abs. 2 GeschO-BVerfG) behandelt wird. Die Prozessleitung in der mündlichen Verhandlung obliegt dem Senatsvorsitzenden, der nach der **Einführung** in den Sach- und Streitstand die **Anwesenheit** feststellt, wobei sich die namentlich Aufgerufenen üblicherweise kurz erheben. Der Fortgang des Verfahrens bestimmt sich maßgeblich nach der abgestimmten Verfahrensgliederung, umfasst aber vor allem **einleitende Stellungnahmen** der Beteiligten, sodann die schrittweise Abarbeitung des nach tatsächlichen und rechtlichen Fragen strukturierten Prüfprogramms unter **Befragung** der Beteiligten, Äußerungsberechtigten und sonstigen Auskunftspersonen und endet mit abschließenden Stellungnahmen. Die mündliche Verhandlung vollzieht sich insgesamt in der Form eines staatsrechtlichen Kolloquiums; sie ist auf einen fachlichen Diskurs der strittigen Sach- und Rechtsfragen angelegt. Über die mündliche Verhandlung wird ein **Protokoll** angefertigt (§ 25a S. 1 BVerfGG); zudem erfolgt eine – nicht der Öffentlichkeit zur Verfügung stehende – **Tonbandaufzeichnung** (§ 25a S. 2 BVerfGG).

Literatur: *Brink*, Tatsachengrundlagen verfassungsgerichtlicher Judikate, in: Rensen/Brink (Hrsg.), Linien der Rechtsprechung des Bundesverfassungsgerichts – erörtert von den wissenschaftlichen Mitarbeiterinnen und Mitarbeitern, Bd. I, 2009, 3 ff.; *Geiger*, Einige Besonderheiten im verfassungsgerichtlichen Prozeß, 1981; *Oswald*, Verfassungsbeschwerde-Verfahren ohne mündliche Verhandlung?, in: ZRP 1972, 114 f.; Redeker, Mündliche Verhandlung – Sinn und Wirklichkeit, in: NJW 2002, 192 ff.; *Ritterspach*, Unvorgreifliche Gedanken zu Reformen im verfassungsgerichtlichen Verfahren, in: Avenarius/Engelhardt/Heussner/v. Zezschwitz (Hrsg.), Festschrift für Erwin Stein, 1983, 285 ff.; *Zuck*, Zur Reform des Verfahrens vor dem BVerfG, in: ZRP 1973, 233.

4. Die Beweiserhebung

43 a) In Verfahren vor dem Bundesverfassungsgericht werden zumeist Rechtsfragen und weniger Fragen der Tatsachenfeststellung strittig sein. Zumeist befinden sich die Verfahren, wenn sie das Bundesverfassungsgericht erreichen, schon in einem Stadium, in dem die Sachverhaltsermittlung entweder schon durch die faktisch vorgeschalteten Fachgerichte erfolgte, oder im Falle der alleinigen Beteiligung der Staatsgewalt durch entsprechende parlamentarische oder ministerielle Vorarbeit kaum mehr erforderlich sein dürfte. In den übrigen Fällen dürften die in Teilen hohen Hürden der **Substantiierungs- und Dar-**

legungslast eine Fokussierung des Verfassungsprozesses auf die verfassungsrechtliche Prüfung der aufbereiteten Tatsachenbasis ermöglichen. Soweit jedoch entscheidungserhebliche Tatsachen noch weiterer Aufklärung bedürfen, gebietet und ermöglicht der Amtsermittlungsgrundsatz die Beschaffung der der Entscheidung zu Grunde legenden Tatsachen. Im Verfassungsprozess erhebt das Bundesverfassungsgericht **von Amts wegen** Beweise (§ 26 Abs. 1 BVerfGG).

Die Beweiserhebung gestaltet sich im Verfassungsprozess schon 44
von Grund auf schwieriger als in fachgerichtlichen Verfahren. Während dort der streitgegenständliche Einzelsachverhalt aufzuklären ist, kann es dem Bundesverfassungsgericht etwa in Normenkontrollentscheidungen aufgegeben sein, generelle Tatsachen zu erheben, die der zu prüfenden Norm zu Grunde liegen. An die Tatsachenfeststellungen des Gesetzgebers ist das Bundesverfassungsgericht dabei genauso wenig gebunden, wie an die der Fachgerichte.

Das aus dem Amtsermittlungsgrundsatz resultierende Recht sowie 45
die Pflicht des Bundesverfassungsgerichts zur Tatsachenfeststellung ist aus Gründen der **richterlichen Zurückhaltung** einer Reihe von Einschränkungen unterwerfen:

- Auch wenn das Bundesverfassungsgericht an die Feststellungen des **Gesetzgebers** grundsätzlich nicht gebunden ist und auch dessen Feststellungen im Interesse einer effektiven Kontrolle der Prämissen eines Gesetzes (*legislative facts*) überprüfbar sein müssen, hat das Bundesverfassungsgericht funktionelle Grenzen wahren und darf nicht Befugnisse des demokratisch legitimierten Gesetzgebers usurpieren. Aus diesem Grund räumt das Bundesverfassungsgericht dem Gesetzgeber regelmäßig (mal enger und mal weiter gefasste) **Einschätzungs- und Prognosespielräume** ein, die einer Kontrolle nicht oder nur eingeschränkt zugänglich sind (BVerfGE 38, 61 (87 f.) *Leberpfennig*; 49, 89 (131) – *Kalkar I*).
  Vgl. vertiefend zur Beweiserhebung über generelle Tatsachen (*legislative facts*) nur *Benda/Klein*, Verfassungsprozessrecht, 4. Aufl. 2020, Rn. 310 ff.; *Kluth*, Beweiserhebung und Beweiswürdigung durch das Bundesverfassungsgericht, in: NJW 1999, 3513 (3515 f.); *Ossenbühl*, Die Kontrolle von Tatsachenfeststellungen und Prognoseentscheidungen durch das Bundesverfassungsgericht, in: Starck (Hrsg.), Festgabe 25 Jahre Bundesverfassungsgericht, Bd. I, 1976, 458 (489).
- Zurückhaltung übt das Bundesverfassungsgericht in Entscheidungsverfassungsbeschwerden auch gegenüber den **Fachgerichten**, zu deren Verfahren die Verfassungsbeschwerde formell wie materiell subsidiär ist. Die Nachprüfung fachgerichtlicher Tatsachenfeststellungen ist dem Bundesverfassungsgericht daher insoweit entzogen, „*als nicht Auslegungsfehler sichtbar werden, die auf einer grundsätzlich unrichtigen Anschauung von der Be-*

deutung eines Grundrechts […] beruhen und auch in ihrer materiellen Bedeutung für den konkreten Rechtsfall von einigem Gewicht sind." (BVerfGE 18, 85 (93) – *Spezifisches Verfassungsrecht*). Hier finden also die gebräuchlichen Formeln „*Das Bundesverfassungsgericht ist keine Superrevisionsinstanz*" sowie „*Es prüft allein die Verletzung spezifischen Verfassungsrechts*" ihren Anknüpfungspunkt. Von maßgeblicher Bedeutung bleibt eine fehlerhafte oder unzureichende Tatsachenbehauptung damit vor allem im Rahmen der Verfahrensgrundrechte.

– Von einer eigenen Tatsachenermittlung kann das Bundesverfassungsgericht absehen, soweit es seine Entscheidung auf **tatsächliche Feststelllungen eines rechtskräftigen Urteils** stützt, das in einem Verfahren, für das selbst der **Amtsermittlungsgrundsatz** gilt, ergangen ist (§ 33 Abs. 2 BVerfGG). Dies betrifft zuvorderst straf-, verwaltungs-, finanz- oder sozialgerichtliche Entscheidungen. An diese Feststellungen ist das Bundesverfassungsgericht gleichwohl nicht gebunden.

46 b) Erhebt das Bundesverfassungsgericht Beweis, so richtet sich die Beweisaufnahme nach den §§ 26–29 BVerfGG. Da die Beweisaufnahme wohl in der Regel eine mündliche Verhandlung voraussetzt, fällt die große Zahl der Vorgänge einer **informellen Informationsbeschaffung** zur bloßen Stoffsammlung nicht unter die Beweiserhebung. Hierzu zählen etwa im Wege der Amtshilfe angeforderte Akten oder anderweitige Informationen anderer Gerichte oder Verwaltungsbehörden (§ 27 S. 1 BVerfGG), die beigezogenen Akten des Ausgangsverfahrens (§ 27 S. 2 BVerfGG) oder Stellungnahmen sachkundiger Dritter (§ 27a BVerfGG).

47 Obwohl das Bundesverfassungsgerichtsgesetz nur in § 28 (Zeugen und Sachverständigenbeweis) und in § 26 Abs. 2 (Urkundenbeweis) Regelungen zu den **Beweismitteln** enthält, gibt es im Verfassungsprozess **keinen numerus clausus** der Beweismittel, so dass auch weitere übliche Beweismittel wie die Beteiligtenvernehmung oder der Augenschein zulässig erscheinen. In der Rechtspraxis kommt die wohl größte Bedeutung dem Sachverständigenbeweis zur Aufklärung genereller Tatsachen zu (*Brink*, Tatsachengrundlagen verfassungsgerichtlicher Judikate, 2009, 3 (17)).

48 c) Zur Anordnung einer formellen Beweisaufnahme bedarf es keines besonderen Beschlusses des Senats (BVerfGE 81, 387 (391)). In der formellen Beweisaufnahme gilt grundsätzlich der **Unmitelbarkeitsgrundsatz**, weshalb diese durch den (gesamten) Spruchkörper selbst durchzuführen ist. Ausnahmen hiervon finden sich, soweit das Gericht außerhalb der mündlichen Verhandlung ein Mitglied des Gerichts zur Beweisaufnahme beauftragt oder ein anderes Gericht hie-

rum ersucht (§ 26 Abs. 1 S. 2 BVerfGG), ferner soweit es seiner Entscheidung Tatsachenfeststellungen rechtkräftiger Urteile anderer Gerichte nach § 33 Abs. 2 BVerfGG zu Grunde legt.

d) Der Im Verfassungsprozess geltende Amtsermittlungsgrundsatz verbietet bereits die Geltung einer im Parteienprozess üblichen **subjektiven Beweislastregel**. Gleichwohl kann in einzelnen Verfahren die Wahrheit nicht zur Überzeugung des Gerichts feststellbar sein, eine Tatsache also letztlich weder als erwiesen noch als nicht erwiesen betrachtet werden, so dass eine **objektive Beweislastregel** zu Lasten eines Beteiligten greift, zumeist des Antragstellers. 49

e) Erst mit der **Beweiswürdigung** verschafft sich das Bundesverfassungsgericht auf Grund des Ergebnisses der Beweisaufnahme eine Überzeugung von der Richtigkeit der Beweisbehauptung (§ 30 Abs. 1 S. 1 BVerfGG); die Beweiswürdigung ist das Bindeglied zwischen der Beweisaufnahme und der die Entscheidung tragenden, richterlichen Überzeugung. Entsprechend den allgemeinen prozessualen Regeln erfolgt die Beweiswürdigung nach freier Überzeugung (BVerfGE 1, 299 (316) – *Wohnungsbauförderung*). 50

Literatur: *Arndt*, Das Bundesverfassungsgericht und die Wahrheitsfrage, in: NJW 1962, 784 ff.; *Benda/Klein*, Verfassungsprozessrecht, 4. Aufl. 2020, Rn. 299 ff.; *Brink*, Tatsachengrundlagen verfassungsgerichtlicher Judikate, in: Rensen/Brink (Hrsg.), Linien der Rechtsprechung des Bundesverfassungsgerichts – erörtert von den wissenschaftlichen Mitarbeiterinnen und Mitarbeitern, Bd. I, 2009, 3 ff.; *Haberzettl*, Die Tatsachenfeststellung in Verfahren vor dem BVerfG, in: NVwZ-Extra-1–2/2015, 1 ff.; *Kluth*, Beweiserhebung und Beweiswürdigung durch das Bundesverfassungsgericht, in: NJW 1999, 3513 ff.; *Ossenbühl*, Die Kontrolle von Tatsachenfeststellungen und Prognoseentscheidungen durch das Bundesverfassungsgericht, in: Starck (Hrsg.), Festgabe 25 Jahre Bundesverfassungsgericht, Bd. I, 1976, 458 ff.; *Philippi*, Tatsachenfeststellungen des Bundesverfassungsgerichts, 1971; *Sanders-Preisner*, Begründungspflicht des Gesetzgebers und Sachverhaltsaufklärung im Verfassungsprozess, in: DöV 2015, 761 ff.; *Weber-Grellet*, Beweis und Argumentationslast im Verfassungsrecht unter besonderer Berücksichtigung der Rechtsprechung des Bundesverfassungsgerichts, 1979; *Wolf*, Allgemeine Prozeßgrundsätze im Verfahren vor dem BVerfG, in: DVBl. 1966, S. 884.

5. Die Entscheidung

a. Entscheidungsarten und Entscheidungsformeln. (1) Nach § 25 Abs. 4 BVerfGG ergehen alle Entscheidungen des Bundesverfassungsgerichts **„im Namen des Volkes"**. Materiell kommt der Vorschrift keine konstitutive Bedeutung zu; auch das Bundesverfassungs- 51 gericht übt ohnehin nur vom Volk ausgehende Staatsgewalt aus (Art. 20 Abs. 2 S. 1 GG). Sie gibt vielmehr formell die äußere Gestalt des Entscheidungsausspruches der zu verkündenden oder bekanntzugebenden Entscheidung vor. Um **Urteile** handelt es sich dabei nur, wenn eine mündliche Verhandlung stattgefunden hat; im Übrigen ergehen die Entscheidungen des Bundesverfassungsgerichts als **Beschlüsse** (§ 25 Abs. 2 BVerfGG). Da die Kammern und das Plenum des Gerichts stets ohne mündliche Verhandlung entscheiden, kann es konsequenterweise auch keine Kammer- oder Plenumsurteile geben. Das Bundesverfassungsgericht muss in einem Verfahren nicht über den gesamten Verfahrensgegenstand auf einmal entscheiden, sondern kann auch mehrere Teilentscheidungen treffen (§ 25 Abs. 3 Alt. 1 BVerfGG). Zudem können aus prozessualen Gründen auch Zwischenentscheidungen ergehen, um als Vorfrage der Endentscheidung etwa über die Zulässigkeit einer Antragsänderung oder -rücknahme zu entscheiden (§ 25 Abs. 3 BVerfGG).

52 (2) Komplizierter gerät die Bestimmung und Deutung der **Entscheidungsformel** des Gerichts. Verfassungsprozessual normierte Regelungen für den Fall der **Unzulässigkeit oder Unbegründetheit** einer Beschwerde oder eines Antrages finden sich allein für die Nichtannahme einer Verfassungsbeschwerde (§§ 93 b S. 1, 93 d Abs. 1 und 3 BVerfGG) sowie die a-limine-Verwerfung eines Antrages (§ 24 BVerfGG). Im Übrigen bedienst sich das Bundesverfassungsgericht der in der allgemeinprozessualen Praxis üblichen Aussprüche. Unzulässige Anträge werden daher zumeist *„als unzulässig verworfen"* (BVerfGE 146, 327 (328)) oder *„abgelehnt"* (BVerfGE 137, 29 (30)), unbegründete Anträge hingegen *„zurückgewiesen"* (BVerfGE 136, 323 (324). Im Falle der konkreten Normenkontrolle kann das Bundesverfassungsgericht den Antrag indes nicht nur als unzulässig oder unbegründet verwerfen oder zurückweisen, sondern positiv die Vereinbarkeit des Prüfungsgegenstandes mit dem Grundgesetz feststellen (§ 31 Abs. 2 S. 2 BVerfGG). Im Übrigen ist bei der Bestimmung des Urteilsausspruches im (teilweisen) Erfolgsfalle nach den verschiedenen Verfahrensarten zu differenzieren:

- In **kontradiktorischen Verfahren** stellt das Bundesverfassungsgericht fest, dass *„die beanstandete Maßnahme oder Unterlassung des Antragsgegners gegen eine Bestimmung des Grundgesetzes verstößt"* (§§ 67 S. 1, 69, 72, 74 BVerfGG).
- Die Entscheidungsformel einer stattzugegebenen **Verfassungsbeschwerde** enthält zunächst die Feststellung, *„welche Vorschrift des Grundgesetzes*

und durch welche Handlung oder Unterlassung sie verletzt wurde" (§ 95 Abs. 1 S. 1 BVerfGG). Hieran kann das Bundesverfassungsgericht auch den (präventiven) Ausspruch der Verfassungswidrigkeit einer Wiederholung anschließen (§ 95 Abs. 1 S. 2 BVerfGG). Richtet sich die Verfassungsbeschwerde gegen eine gerichtliche Entscheidung (**Entscheidungsverfassungsbeschwerde**), so wird das Bundesverfassungsgericht die Entscheidung des Ausgangsgerichts (oder ggf. der Ausgangsgerichte) aufheben und sie an das zuständige Gericht zurückverweisen (§ 95 Abs. 2 BVerfGG). Verfassungsbeschwerden gegen ein Gesetz (**Rechtssatzverfassungsbeschwerde**) folgen in ihrem Entscheidungsausspruch im Wesentlichen denen der Normenkontrollverfahren (§ 95 Abs. 3 BVerfGG).
– In den Fällen der zulässigen und begründeten **Normenkontrolle** erklärt das Bundesverfassungsgericht das nach seiner Sicht mit der Verfassung unvereinbare Gesetz für nichtig (§§ 78 S. 1, 82 Abs. 1, 95 Abs. 3 BVerfGG). Dem Nichtigkeitsausspruch des Bundesverfassungsgerichts kommt dabei **allein deklaratorische** Bedeutung zu; Rechtsnormen, die mit einer höheren Rechtsnorm unvereinbar sind, sind *ipso iure* und *ex tunc* nichtig (vgl. hierzu *Gaier*, Die Durchsetzung verfassungsgerichtlicher Entscheidungen, in: JuS 2011, 961 ff.; *Götz*, Der Wirkungsgrad verfassungswidriger Gesetze, in: NJW 1960, 1177 ff.; *Hoffmann*, Die Verwaltung und das verfassungswidrige Gesetz, in: JZ 1961, 193 ff.).

Dogmatisch inkonsequent aber dem Rechtsfrieden und der Rechtssicherheit dienlich erscheint vor diesem Hintergrund die Anordnung des **§ 79 Abs. 2 BVerfGG**, die der dem Nichtigkeitsdogma entspringenden Folge, dass alle (auch vergangenen) auf der nichtigen Norm beruhenden Akte der Staatsgewalt damit das Schicksal der Norm teilen müssten, entgegensteht. Vgl. vertiefend zur Rechtfolge der Nichtigerklärung von Gesetzen nur: *Battis*, Der Verfassungsverstoß und seine Folgen, in Isensee/Kirchhof (Hrsg.), Handbuch des Staatsrechts, Bd. XII, 2014, § 275; *Bethge*, Entscheidungswirkungen und Konsequenzen des Sportwetten-Urteils des Bundesverfassungsgerichts, in: DVBl. 2007, 917 ff.; *Breuer*, Nichtiges Gesetz und vernichtbarer Verwaltungsakt – Überlegungen zur Ratio der Fehlerfolgendifferenzierung bei Norm und Einzelakt, in: DVBl. 2008, 555 ff.; *Ipsen*, Rechtsfolgen der Verfassungswidrigkeit von Norm und Einzelakt, 1980; *Kneser*, Der Einfluss der Nichtigerklärung von Normen auf unanfechtbare Entscheidungen – § 79 BVerfGG, in: AöR 89 (1964), 129 ff.; *Schlaich/Korioth*, Das Bundesverfassungsgericht, 11. Aufl. 2018, Rn. 390 ff.

Die Feststellung der Nichtigkeit muss sich dabei nicht obligatorisch auf ein ganzes Gesetz erstrecken, sondern kann auch als **Teilnichtigkeit** ausgesprochen werden. Sie wird in der Praxis von der Nichtigerklärung nur eines einzelnen Normteils (BVerfGE 143, 246 – *Atomausstieg*) bis zur Nichtigerklärung eines ganzen Gesetzes reichen (vgl. BVerfGE 61, 149 – *Amtshaftung*; 120, 274 – *Online-Durchsuchung*). Da Verfahrens- und Entscheidungsgegenstand nicht **53** zwangsläufig identisch sind, kann das Bundesverfassungsgericht auch **weitere, nicht verfahrensgegenständliche Normen** des gleichen Gesetzes für unvereinbar erklären, soweit diese Feststellung von den gleichen Gründen getragen wird (§ 78 S. 2 BVerfGG).

54 In seiner Rechtsprechung hat das Bundesverfassungsgericht indes auch **Ausnahmen von der grundsätzlichen Nichtigerklärung verfassungswidriger Normen** gemacht. So tenoriert es in einer (bloßen) **Unvereinbarerklärung** Normen nur als *„unvereinbar"* statt *„unvereinbar und daher nichtig"*, wenn *„die Besonderheit der für verfassungswidrig erklärten Norm es aus verfassungsrechtlichen Gründen, insbesondere aus solchen der Rechtssicherheit, notwendig macht, die verfassungswidrige Vorschrift als Regelung für die Übergangszeit bestehen zu lassen, damit in dieser Zeit nicht ein Zustand besteht, der von der verfassungsmäßigen Ordnung noch weiter entfernt ist als der bisherige"* (BVerfGE 61, 319 (356f.) – *Ehegattensplitting;* 111, 191 (224f.) – *Notarkassen*) und weicht damit den Grundsatz der *ipso iure* und *ex tunc*-Nichtigkeit von verfassungswidrigen Normen auf. Verbunden wird die Feststellung der Unvereinbarkeit mit der **Verpflichtung des Gesetzgebers zur Beseitigung** des verfassungswidrigen Zustandes binnen einer ihm (zumeist) gesetzten Frist (vgl. etwa BVerfGE 72, 330 (333) – *Finanzausgleich I*). Gleichwohl folgt hieraus nicht automatisch, dass die *„bloß verfassungswidrigen"* Normen auch weiterhin anwendbar bleiben: Vielmehr folgt auch während der Übergangszeit die Unanwendbarkeit, soweit das Bundesverfassungsgericht nicht selbst die **weitere Anwendbarkeit ausdrücklich anordnet** (vgl. so etwa 107, 133 (148f.) – *Rechtsanwaltsgebühren Ost*; 138, 136 (138) – *Erbschaftsteuer*). Alternativ kann das Bundesverfassungsgericht auch eigene Übergangsregelungen per Vollstreckungsanordnung vorsehen, die den Übergang abmildern sollen.

55 Ein anderer Fall findet sich, wenn das Bundesverfassungsgericht statt der bloßen Vereinbarerklärung auf die (gerade) noch bestehende Vereinbarkeit der Norm erkennt, dies jedoch mit dem **Appell an den Gesetzgeber** verbindet, einen vollumfänglich verfassungsgemäßen Zustand herzustellen (vgl. BVerfGE 54, 11 (39)).

56 Von der Möglichkeit der Appellentscheidung hat das Bundesverfassungsgericht etwa in seiner Entscheidung zur Wahlkreiseinteilung (BVerfGE 16, 130) Gebrauch gemacht, um die sich aus einer Nichtigerklärung zwangsläufig ergebende Fragen der Legitimität der Wahl sowie von Neuwahlen auszuräumen. Andere Beispiele finden sich auch bei einer erst zukünftig eintretenden, aber bereits absehbaren Änderung der Rechtslage, die ein Gesetz jetzt noch verfas-

sungsgemäß, in Zukunft aber verfassungswidrig erscheinen ließe (BVerfGE 101, 158 – *Länderfinanzausgleich*). Vertiefend *Schlaich/Korioth*, Das Bundesverfassungsgericht, 11. Aufl. 2018, Rn. 431 ff.; *Yang*, Die Appellentscheidungen des Bundesverfassungsgerichts, 2003, passim.

Schließlich sieht das Bundesverfassungsgericht auch von einer Nichtigerklärung ab, wenn eine Norm in **verfassungskonformer Auslegung** mit der Verfassung vereinbar erscheint. Lässt eine Norm mehrere Auslegungsvarianten zulässt, die „*teils zu einem verfassungswidrigen, teils zu einem verfassungsgemäßen Ergebnis führen, so ist die Norm verfassungsgemäß und muss verfassungskonform ausgelegt werden*" (BVerfGE 64, 229 (242)). Widerspricht sie hingegen in jeder möglichen Auslegung dem Grundgesetz, so ist sie verfassungswidrig (BVerfGE 19, 1 (5) – *Neuapostolische Kirche*). Grundsätzlich obliegt die verfassungskonforme Auslegung jedem Richter, sie ist insoweit also kein verfassungsgerichtliches Spezifikum. Die Auslegung des Bundesverfassungsgerichts als „*Letztinterpret der Verfassung*" ist jedoch **allgemeinverbindlich**; sie findet insoweit auch in der Entscheidungsformel Widerhall. Der aus der verfassungskonformen Auslegung sprechende „*judicial self-restraint*" des Bundesverfassungsgerichts trägt jedoch nicht jede beliebige Auslegung mit dem Ziel, die Norm zu erhalten und ist – abermals in Gestalt einer richterlichen Zurückhaltung – begrenzt: Das Bundesverfassungsgericht ist kein „*Ersatzgesetzgeber*" und darf sich daher weder über die Wortlautgrenzen der Norm, noch über die Intention und den Willen des Gesetzgebers hinwegsetzen (BVerfGE 138, 296 (350) – *Kopftuchverbot Nordrhein-Westfalen*). 57

Zu den Entscheidungsarten und Entscheidungsformeln vgl. *Aust/Meinel*, Entscheidungsmöglichkeiten des BVerfG – Tenor, Systematik und Wirkungen (Teil 1), in: JuS 2014, 25 ff.; *Bethge*, Die Entscheidungswirkung von Normbeanstandungen des Bundesverfassungsgerichts, in: JURA 2009, 18 ff.; *Drüen*, Wegfall oder Fortgeltung des verfassungswidrigen Erbschaftssteuergesetzes nach dem 30.6.2016?, in: DStR 2016, 643; *Geiger*, Einige Besonderheiten im verfassungsgerichtlichen Prozeß, 1981; *Meier*, Was ist eigentlich…obiter dictum?, in: JuS 2020, 636 ff.; *Müller-Graff*, Zur Geschichte der Formel „im Namen des Volkes", in: ZZP 88 (1975), 442 ff.; *Pestalozza*, „Noch verfassungsmäßige" und „bloß verfassungswidrige" Rechtslagen, in: Starck (Hrsg.), Festgabe 25 Jahre Bundesverfassungsgericht, Bd. I, 1976, 51 ff.; *Sachs*, Tenorierung bei Normenkontrollentscheidungen des BVerfG, in: DÖV 1982, 23 ff.; *Steiner*, Zum Entscheidungsausspruch und seinen Folgen bei der verfassungsgerichtlichen Normenkontrolle, in: Isensee/Lecheler (Hrsg.), Festschrift für Walter Leisner, 1999, 569 ff.

58 **b. Der Vergleich im Verfassungsprozess.** Zwar sieht Art. 93 Abs. 1 GG vor, dass das Bundesverfassungsgericht über die Verfahren seiner Zuständigkeit *„entscheidet"*, jedoch ist der Abschluss eines Verfahrens im Wege eines **Vergleichs** auch verfassungsprozessual nicht völlig ausgeschlossen. Weder im Grundgesetz noch im Bundesverfassungsgerichtsgesetz finden sich Bestimmungen hierzu und für eine Vielzahl der Verfahren – insbesondere solche der *objektiven Rechtsfeststellung* – scheint eine Verfahrensbeendigung durch Vergleich schon mangels Disponibilität der verfassungsrechtlichen Rechte und Pflichten nicht möglich. In *kontradiktorischen verfassungsgerichtlichen Verfahren* scheint jedoch ein Vergleich denkbar, soweit sich der Streit des Verfahrens im Kern um den konkreten Modus der Ausübung von verfassungsrechtlichen oder verfassungsrechtlich geprägten Kompetenzen dreht und die Parteien damit eine Möglichkeit haben, den Streit durch eine in ihre Kompetenzen fallende Art und Weise der Ausübung aufzulösen.

59 Einigermaßen Berühmtheit hat in diesem Kontext der Fall um das **brandenburgische Schulgesetz** erlangt (vgl. BVerfGE 104, 305 – *LER-Schlichtungsvorschlag*). Dabei hatte das Bundesverfassungsgericht auf Antrag von Mitgliedern des Deutschen Bundestages über das Gesetz über die Schulen im Land Brandenburg vom 12.4.1996 im Verfahren der abstrakten Normenkontrolle zu entscheiden. Anders als üblich hat sich das Bundesverfassungsgericht nach allseitiger Bereitschaft zu einer *„Verständigung"* darauf beschränkt, eine *„Vereinbarung zur Beilegung der Verfahren vor dem Bundesverfassungsgericht"* herbeizuführen. Aus prozessrechtlicher Perspektive handelt es sich hierbei dennoch nicht um einen Vergleich, da die Vereinbarung insoweit nicht verfahrensabschließend war, sondern mit dieser nur bestimmte Bedingungen an den brandenburgischen Gesetzgeber gerichtet wurden. Nach eingetretener Umsetzung der formulierten Änderungsvorstellungen wurden die anhängigen Verfahren durch die Antragsteller zurückgenommen; dem übrigen anhängigen Verfahren fehlte es nach Umsetzung der Vereinbarung an der notwendigen Beschwer. Gleichwohl blieb das Vorgehen des Gerichts nicht ohne kritische Rezeption.

Vertiefend zur Möglichkeit des Vergleichs *Benda/Klein*, Verfassungsprozessrecht, 4. Aufl. 2020, Rn. 341; *Kotzur*, Der „Vergleich" im verfassungsgerichtlichen Verfahren, in: JZ 2003, 73 ff.; *Papier*, Das Bundesverfassungsgericht als Mediator? Wann in Karlsruhe „Vergleiche" für die Integrationsfunktion sinnvoll sein können, in: ZRP 2002, 134 ff.; *Schmidt*, LER – Der Vergleich vor dem BVerfG, in: NVwZ 2002, 925; ff. *Schlaich/Korioth*, Das Bundesverfassungsgericht, 11. Aufl. 2018, Rn. 67 f.; *Wolff*, Der Vergleichsvorschlag des Bundesverfassungsgerichts um das Brandenburgische Schulgesetz (LER) – Verfahrensfortbildung contra legem, in: EuGRZ 2003, 463 ff.

c. Entscheidungsberatung und Abstimmung. (1) Entscheidungen im Verfassungsprozess bedürfen zunächst der **Beschlussfähigkeit** des zur Entscheidung berufenen Spruchkörpers des Gerichts; die Anforderungen hieran unterscheiden sich je nach Spruchkörper. Das Quorum eines *Senats* ist nach Maßgabe des § 15 Abs. 2 S. 1 BVerfGG erreicht, wenn mindestens sechs seiner Richter anwesend sind; unterschreitet die Anzahl der Richter im Laufe der Beratungen diese Zahl, so sind die Beratungen nach § 15 Abs. 3 BVerfGG neu zu beginnen. Eine Ausnahme findet sich für Verfahren von besonderer Dringlichkeit in § 15 Abs. 2 S. 2–4 BVerfGG, wonach in solchen Verfahren durch Anordnung des Vorsitzenden Richters des Senats so lange Richter des jeweils anderen Senats per Losverfahren zuzuteilen sind, bis die Mindestanzahl der Richter wieder erreicht ist. Die zugeteilten Richter werden für das in Rede stehende Verfahren mit allen Rechten und Pflichten ausgestattete Mitglieder des anderen Senats. Eine Konkretisierung, welche Fälle genau von besonderer Dringlichkeit sind, findet sich dabei weder im Bundesverfassungsgerichtsgesetz noch in § 38 der GeschO–BVerfG, so dass die konkrete Bestimmung wohl dem anordnenden Vorsitzenden des Senats obliegt. Besondere Dringlichkeit dürfte jedoch zumindest dann nicht vorliegen, wenn *„ohne Gefährdung von wichtigen Interessen des einzelnen oder der Allgemeinheit der Wegfall des Verhinderungsgrundes abgewartet werden kann"* (BT-Drs. 10/2951, S. 9). Alternativ kommt für den Fall der Beschlussunfähigkeit bei besonderer Dringlichkeit des Verfahrens auch der Erlass einer einstweiligen Anordnung in Betracht, soweit den Anforderungen des Verfahrens hierdurch Rechnung getragen werden kann, § 32 Abs. 7 BVerfGG. Das *Plenum* des Bundesverfassungsgerichts ist bei Anwesenheit von jeweils mindestens zwei Dritteln der Richter der beiden Senate beschlussfähig, § 16 Abs. 2 BVerfGG. Für die *Kammern* des Bundesverfassungsgerichts findet sich keine normative Regelung der Beschlussfähigkeit; ihre Beschlussfähigkeit setzt die Anwesenheit aller drei Richter voraus. 60

Vertiefend zur Frage der Beschlussfähigkeit siehe nur *Benda/Klein*, Verfassungsprozessrecht, 4. Aufl. 2020, Rn. 345 ff.; *Braun*, in: Barczak (Hrsg.), BVerfGG, 2018, § 15 Rn. 8 ff.; *von Danwitz*, Qualifizierte Mehrheiten für normverwerfende Entscheidungen des BVerfG? Thesen zur Gewährleistung des judicial self-restraint, in: JZ 1996, 481 ff.

(2) Maßgeblich für die Entscheidung über das Verfahren ist die Beratung des jeweiligen mit dem Verfahren befassten Spruchkörpers. 61

Das Beratungsgeheimnis ist dabei von der verfassungsrechtlich garantierten, richterlichen Unabhängigkeit umfasst, Art. 97 Abs. 1 GG.

62 Das Beratungsgeheimnis ist grundsätzlich nach § 34 DRiG für alle Richter geschützt. Nach § 69 DRiG sind für die Richter des Bundesverfassungsgerichts jedoch insoweit Ausnahmen zum allgemeinen Richterrecht zuzulassen, soweit deren besondere Stellung nach dem Grundgesetz oder nach dem BVerfGG dies erforderlich macht. Für das Beratungsgeheimnis findet sich in § 30 Abs. 2 BVerfGG insoweit eine Ausnahme, als den Richtern des Bundesverfassungsgerichts sowohl die Abfassung zu veröffentlichender Sondervoten als auch die Veröffentlichung des Abstimmungsergebnisses gestattet ist. § 30 Abs. 2 S. 2 BVerfGG legitimiert etwas verspätet die vom Bundesverfassungsgericht schon vor Einfügung der Regelung in Teilen veröffentlichten Stimmenverhältnisse.

63 Die Entscheidung des Bundesverfassungsgerichts basiert dabei auf der *„aus dem Inhalt der Verhandlung und dem Ergebnis der Beweisaufnahme geschöpften Überzeugung"*, § 30 Abs. 1 S. 1 BVerfGG; umfasst ist damit sowohl die mündliche Verhandlung als auch das gesamte schriftliche Verfahren des Prozesses. Die **Beratung** beginnt dabei mit Zusammentreten des Spruchkörpers und der Erörterung und dem Meinungsaustausch zur anhängigen Sache; wird eine mündliche Verhandlung durchgeführt, ist dies üblicherweise der Zeitpunkt der Vorberatung der mündlichen Verhandlung. Die Beratungstermine legen die beiden Senate üblicherweise für das folgende Jahr im Voraus fest; außerordentliche Sitzungen bedürfen eines Senatsbeschlusses, § 21 Abs. 1 S. 2 GeschO-BVerfG. Bei der Beratung sind nur noch die mitwirkenden Richter des Spruchkörpers anwesend (§ 25 GeschO-BVerfG); soweit bei Beginn der Beratung nicht alle Richter des Spruchkörpers anwesend sind, dürfen diese auch später nicht mehr hinzutreten, es sei denn die Beratung müsste neu begonnen werden, weil die Zahl der anwesenden Richter das erforderliche Quorum unterschreitet, § 15 Abs. 3 BVerfGG. Der Gang der Beratung richtet sich dabei nach den allgemeinen, gerichtsverfassungsgesetzlichen Grundsätzen (§§ 17 BVerfGG, 194 GVG) und im Übrigen nach den zweckmäßigen Erwägungen des Senats (§ 27 S. 1 GeschO-BVerfG), wobei üblicherweise auf Grundlage des durch den zuständigen Berichterstatter vorgelegten Votums eine generelle Debatte der für das konkrete Verfahren relevanten Rechtsprobleme erfolgt. Die Beratung wird durch den Vorsitzenden geleitet, § 15 Abs. 1 BVerfGG.

64 (3) Die Beratung wird durch die **Abstimmung** des Spruchkörpers beendet. Aufgrund der zumeist anfallenden Komplexität der anhängi-

gen Verfahren erfolgt die Abstimmung üblicherweise im Wege der Stufenabstimmung. So werden die einzelnen Rechtsfragen des Verfahrens, zumeist in der logischen Reihenfolge der Zulässigkeits- und Begründetheitsfragen, einzeln zur Abstimmung gestellt (§ 27 S. 2 GeschO–BVerfG). Die Richter stimmen bei jeder einzelnen Abstimmung in der Reihenfolge des höchsten Dienstalters, bei Gleichheit des höchsten Lebensalters ab (§§ 17 BVerfGG, 197 S. 1 GVG); als letztes stimmt der Vorsitzende ab. Das jeweils anzuwendende **Mehrheitserfordernis** kann je nach Art des anhängigen Verfahrens variieren, im Grundsatz entscheidet jedoch die (absolute) Mehrheit der Stimmen der an der Entscheidung mitwirkenden Richter (§ 15 Abs. 4 S. 2 BVerfGG). Ausnahmen ergeben sich für diejenigen Verfahren, die ihrer Natur nach strafprozessähnlich ausgestaltet sind. So ist nach § 15 Abs. 4 S. 1 BVerfGG für das

- Grundrechtsverwirkungsverfahren (Art. 18 GG i. V. m. § 13 Nr. 1 BVerfGG),
- das Parteienverbotsverfahren (Art. 21 Abs. 2 und 4 Alt. 1 GG i. V. m. § 13 Nr. 2 BVerfGG),
- das Parteienfinanzierungsausschlussverfahren (Art. 21 Abs. 3 und 4 Alt. 2 GG i. V. m. § 13 Nr. 2a BVerfGG),
- das Verfahren der Anklage gegen den Bundespräsidenten (Art. 61 GG i. V. m. § 13 Nr. 4 BVerfGG),
- das Richteranklageverfahren (Art. 98 Abs. 2 und 5 GG i. V. m. § 13 Nr. 9 BVerfGG)

eine Mehrheit von zwei Dritteln der Mitglieder des Senats also von 65
mindestens sechs Richtern erforderlich, soweit eine für den Antragsgegner nachteilige Entscheidung getroffen werden soll. Welche Entscheidungen genau unter „*nachteilig*" zu subsumieren sind, hängt von dem jeweiligen Verfahren ab; ganz generell werden jedoch alle Entscheidungen umfasst, die die Rechtsposition des Antragsgegners verschlechtern oder negativ beeinflussen können, weshalb nicht nur Sach- sondern auch Prozessentscheidungen hiervon umfasst sind (BVerfGE 107, 339 (356 ff.) – *NPD-Verbotsverfahren I*).

Anders als dies beispielsweise für den *Supreme Court of the United* 66
States gilt, sind die Senate des Bundesverfassungsgerichts mit einer geraden Anzahl von Richtern besetzt, weshalb zwangsläufig die Frage nach dem Umgang mit einer **Stimmengleichheit** zu stellen ist. Die Frage stellt sich nicht zuletzt auch deshalb, weil das Bundesverfassungsgericht einen Antrag, eine Beschwerde oder eine Vorlage nicht ohne Entscheidung zurückweisen kann. Hierzu ordnet § 15 Abs. 4

S. 3 BVerfGG an, dass im Falle der Stimmengleichheit ein Verstoß gegen das Grundgesetz oder Bundesgesetz *nicht* festgestellt werden kann. Im Falle der Stimmengleichheit kommt es daher weder zu einem wie nach § 196 Abs. 4 GVG vorgesehenen Stichentscheid des Vorsitzenden, noch zu einem *non liquet*. Auch im Falle der Abstimmung über die Zulässigkeit des Antrags oder der Beschwerde ist diese(r) als unzulässig zu verwerfen, soweit es zu einer Stimmengleichheit kommt. Die Regelung des § 15 Abs. 4 S. 3 BVerfGG gibt jedoch keine Antwort für den Umgang mit Stimmengleichheit in Verfahren, in denen das Bundesverfassungsgericht nicht den Verstoß gegen das Grundgesetz oder Bundesrecht prüft, so beispielsweise das Normverifikationsverfahren nach Art. 100 Abs. 2 GG i. V. m. § 13 Nr. 2 BVerfGG oder das Normqualifikationsverfahren nach Art. 126 GG i. V. m. § 13 Nr. 14 BVerfGG. In ersterem Fall wird das Bundesverfassungsgericht bei Stimmengleichheit wohl die Existenz einer dem Bundesrecht zugehörigen Regel des Völkerrechts nicht feststellen können, in letzterem die Fortgeltung der Norm als Bundesrecht feststellen.

Vertiefend zur Frage der Beratung und Abstimmung: *Benda/Klein*, Verfassungsprozessrecht, 4. Aufl. 2020, Rn. 348 ff.; *Braun*, in: Barczak (Hrsg.), BVerfGG, 2018, § 15 Rn. 17 ff.; *Brox*, Rechtsprobleme der Abstimmung beim Bundesverfassungsgericht, in: Ritterspach/Geiger (Hrsg.), Festschrift für Gebhard Müller, 1970, 1 ff.; *Kranenpohl,* Hinter dem Schleier des Beratungsgeheimnisses – Der Willensbildungs- und Entscheidungsprozess des Bundesverfassungsgerichts, 2010; *Lorz,* Die Gefahr der Stimmengleichheit – ein wenig beachteter Sprengsatz in der Konstruktion des BVerfG, in: ZRP 2003, 36 ff.; *Schmidt*, Die Entscheidung trotz Stimmengleichheit, in: JZ 2003, 133 ff.

67 **d. Entscheidungsbegründung.** Hat das Bundesverfassungsgericht prozessual oder in der Sache entschieden, so sind die Entscheidungen des Gerichts grundsätzlich schriftlich abzufassen und bedürfen einer **Begründung,** § 30 Abs. 1 S. 2 BVerfGG. Ausnahmen von der Begründungspflicht finden sich beispielsweise in § 93d Abs. 1 S. 3 BVerfGG für den Fall der Nichtannahme einer Verfassungsbeschwerde zur Entscheidung. Auch die sogenannten *a-limine-Abweisung* unzulässiger oder offensichtlich unbegründeter Anträge durch einstimmigen Beschluss bedürfen keiner Begründung, soweit der Antragsteller auf die dahingehenden Bedenken des Gerichts zuvor hingewiesen wurde, § 24 BVerfGG.

68 Die abgefasten Entscheidungen gliedern sich dabei in Rubrum, Tenor und Gründe. Das **Rubrum** der Entscheidung folg unmittelbar

auf die Eingangsformel „*Im Namen des Volkes*" und enthält neben den allgemeinen zur Identifikation des Verfahrens erforderlichen Angaben wie dem Aktenzeichen, der Angabe der geführten Verfahrensart und der Angabe der Verfahrensbeteiligten nach § 28 Abs. 1 GeschO–BVerfG auch die Namen der Richter des Bundesverfassungsgerichts, die an der konkreten Entscheidung mitgewirkt haben.

Die Bezeichnung „*Rubrum*", die sich aus dem lateinischen „*ruber*" (rot) ableitet, geht darauf zurück, dass dieser Teil der Entscheidung früher in roter Tinte verfasst wurde. 69

Der **Tenor** der Entscheidung enthält die Sach- und Kostenentscheidungen des Bundesverfassungsgerichts sowie etwaige Anordnungen hinsichtlich der Vollstreckung der Entscheidungen. Dem Entscheidungstenor kommt schon deshalb besondere Bedeutung zu, weil an ihn die materielle Rechtskraft der Entscheidungen des Bundesverfassungsgerichts anknüpft. Die **Gründe** beinhalten den dem Verfahren zu Grunde liegenden Tatbestand sowie die Rechtserwägungen, die zu der konkreten Entscheidung geführt haben (Entscheidungsgründe). Der *Tatbestand* umfasst dabei wie bei anderen gerichtlichen Entscheidungen auch die tatsächlichen Umstände des Verfahrens, die (Rechts-)Ausführungen der Beteiligten sowie der sonstig Äußerungsberechtigten, Zusammenfassungen oder Ergebnisse der Beweisaufnahme und Hinweise auf die für das Verfahren maßgeblich relevanten Normen. Die eigentlichen Entscheidungsgründe folgen dem logischen Aufbau des Verfahrens und sind deshalb in Rechtsausführungen zur Zulässigkeit und solche zur Begründetheit des Vorbringens strukturiert. Die Entscheidungsgründe müssen den Tenor der Entscheidung tragen, sie müssen also zueinander Kongruenz aufweisen. 70

Eine Besonderheit verfassungsgerichtlicher Entscheidungen findet sich in der Möglichkeit der Richter des Bundesverfassungsgerichts, **Sondervoten** abzufassen, die der Entscheidung beizufügen sind. Diese Möglichkeit eröffnet § 30 Abs. 2 S. 1 BVerfGG seit der vierten Änderungsnovelle vom 21.12.1970. 71

Verfassungsrichterliche Sondervoten sind heute keine Ausnahmeerscheinung mehr, vgl. insoweit auszugsweise nur die abweichende Meinung des Richters *Paulus* zu BVerfGE 136, 9 (60) – *ZDF Staatsvertrag*; der Richter *Gaier, Masing* und *Baer* zu BVerfGE 138, 136 (252ff.) – *Erbschaftssteuergesetz*; der Richter *Schluckebier* und *Hermanns* zu BVerfGE 138, 296 (359f.) – *Kopftuchverbot Nordrhein-Westfahlen*; der Richter *Voßkuhle*, *Hermanns* und 72

Müller zu BVerfGE 139, 321 (371ff.) – *Zeugen Jehovas Bremen*; der Richter *Eichberger* und *Schluckebier* zu BVerfGE 141, 220 (353ff., 362ff.) – *Bundeskriminalamtsgesetz*; des Richters *Huber* zu BVerfGE 142, 234 (257ff.) – *Cybercrime*.

73 Wegbereitend für die Veröffentlichung der abweichenden Meinungen dürfte das Spiegel-Urteil von 1966 (BVerfGE 20, 162) gelten, in dem der Senat aufgrund der sich ergebenden Stimmengleichheit in der schriftlichen Entscheidung, die sich für und wider eine Verletzung der Pressefreiheit ergebenden Argumente darstellte. Der Abdruck auch abweichender Meinungen soll dabei einerseits die Transparenz verfassungsgerichtlicher Entscheidungen erhöhen, zum anderen aber auch der Fortentwicklung des Verfassungsrechts durch frühzeitige Offenlegung sich abzeichnender Schwächen der Rechtsordnung oder neuer Tendenzen der Verfassungsrechtsprechung dienen. Gleichwohl bleibt zu beachten, dass es sich bei Sondervoten zwar durchaus um die verfassungsrechtliche *„herrschende Meinung von morgen"* handeln, die abweichende Meinung indes auch genauso gut auf Dauer eine solche bleiben kann.

74 Die Einführung von Sondervoten fand zwar durchaus Zustimmung in Politik und Literatur, jedoch wiesen kritische Stimmen auch bald darauf hin, dass Sondervoten die gerichtliche Autorität sowie das Beratungsgeheimnis als zentrales Element richterlicher Unabhängigkeit zu unterminieren im Stande sind. So wurde insbesondere die Gefahr einer überkritischen *„Selbstrezension"* des Bundesverfassungsgerichts durch die in der Entscheidung unterlegenen Richter befürchtet (exemplarisch dazu die Abweichende Meinung der Richterin *Lübbe-Wolff* in BVerfGE 112, 1 (44): *„Der Senat antwortet auf Fragen, die der Fall nicht aufwirft, mit Verfassungsgrundsätzen, die das Grundgesetz nicht enthält."*). Trotz des zwar auch positiv bewerteten Einsatzes (auch nur der Androhung) von Sondervoten, um den Senat nochmals zur kritischen Reflektion vor der Entscheidung zu veranlassen, wurde jedoch auch die Gefahr gesehen, die Androhung von Sondervoten als Mittel zur Durchsetzung der eigenen Rechtsauffassung zu nutzen. Gleichwohl dürfte sich letztere Gefahr in Grenzen halten; von *Roman Herzog*, von 1987–1994 Präsident des Bundesverfassungsgerichts, ist auf die Androhung eines Richters, ein Sondervotum abzugeben, das Bonmot veröffentlicht *„Das hat hier noch nie jemanden beeindruckt"* (zitiert nach *Kerscher*, Der Mann des Rucks, in: Süddeutsche Zeitung vom 11.1.2017, S. 5).

75 Für den Inhalt und die Gestaltung der Sondervoten finden sich weder im Bundesverfassungsgerichtsgesetz noch in der Geschäftsordnung Leitlinien. Unterschieden werden dabei im Wesentlichen zwei Arten von Sondervoten unterschieden: Zum einen die sogenannte

„*dissenting opinion*", in der ein genereller Dissens zur Entscheidung formuliert wird, zum anderen die „*concurring opinion*", in der das Einverständnis zwar hinsichtlich des Entscheidungstenors, nicht jedoch der Entscheidungsgründe zum Ausdruck gebracht wird. Die Abgabe von Sondervoten ist dem Senat, so früh es der Stand der Beratungen ermöglicht, vorher anzukündigen (§ 55 Abs. 2 GeschO–BVerfG). Sondervoten werden zusammen mit der Entscheidung bekanntgegeben (§ 55 Abs. 4 GeschO–BVerfG) und werden der Entscheidung am Ende angefügt (§ 30 Abs. 2 S. 1 Hs. 2 BVerfGG).

Vertiefend zu Sondervoten vgl. nur *Isensee*, Bundesverfassungsgericht – quo vadis?, in: JZ 1996, 1085 ff.; *Pagenkopf*, Vorschläge zur Verfahrensänderung im BVerfGG, in: ZRP 2012, 42 (44); *Rüthers*, Krieg der roten Richter?, in: JZ 1996, 784 f. Im Übrigen auch *Fromme*, Das Sondervotum in der Bewährung, in: Leibholz/Faller/Mikat/Reis (Hrsg.), Festschrift für Willi Geiger, 1974, 867 ff.; *Roellecke*, Sondervoten, in: Badura/Dreier (Hrsg.), Festschrift 50 Jahre Bundesverfassungsgericht, Bd. I, 2001, 363 ff.; *Steiner*, Die Bedeutung der Dissenting Opinion für den rechtspolitischen Diskrus – Bereits die Ankündigung kann die Kompromissfähigkeit des Senats beleben, in: ZRP 2007, 245 ff.

Die einer Entscheidung oftmals vorangestellten **Leitsätze** sind 76
zwar durch die Senate des Bundesverfassungsgerichts autorisiert, werden aber nicht Teil der eigentlichen Entscheidung, sondern dienen – als prägnante Zusammenfassung der maßgeblichen Aussagen – vielmehr der redaktionellen Erleichterung bei der Lektüre der Entscheidungen.

Allgemein zur Entscheidungsbegründung: *Benda/Klein*, Verfassungsprozessrecht, 4. Aufl. 2020, Rn. 359 ff.; *Brüggemann*, Die richterliche Begründungspflicht – Verfassungsrechtliche Mindestanforderungen an die Begründung gerichtlicher Entscheidungen, 1971; *Faller*, Beratungsgeheimnis, „dissenting vote" und richterliche Unabhängigkeit, in: DVBl. 1995, 985 ff.; *Starck*, Die Begründung mit Stimmengleichheit erlassener Entscheidungen des Bundesverfassungsgerichts, in: Fiedler/Rees (Hrsg.), Gedächtnisschrift für Wilhelm Karl Geck, 1989, S. 789 ff.; *Steiner*, Die Bedeutung der Dissenting Opinion für den rechtspolitischen Diskurs – Bereits die Ankündigung kann die Kompromissfähigkeit des Senats beleben, in: ZRP 2007, 245 ff.; *Voßkuhle*, Stabilität, Zukunftsoffenheit und Vielfaltssicherung – Die Pflege des verfassungsrechtlichen Quellcodes durch das BVerfG, in: JZ 2009, 917 ff.

e. Bekanntgabe, Verkündung und Veröffentlichung. Alle Ent- 77
scheidungen des Bundesverfassungsgerichts sind den Beteiligten des Verfahrens von Amts wegen **bekanntzugeben** (§ 30 Abs. 3

BVerfGG). Die bis zur fünften Novelle des Bundesverfassungsgerichtsgesetzes vorgesehene Zustellung an die Verfahrensbeteiligung bleibt jedoch im Einzelfall fakultativ weiter möglich. Haben die Beteiligten Prozessbevollmächtige benannt, so wird diesen die Entscheidung zugesandt (§ 22 Abs. 3 BVerfGG).

78 Hat eine mündliche Verhandlung des Bundesverfassungsgerichts stattgefunden, so sind die Urteile unter Mitteilung der wesentlichen Entscheidungsgründe binnen drei Monaten nach der mündlichen Verhandlung durch öffentlich zu **verkünden** (§ 30 Abs. 1 S. 3, 5 BVerfGG). Der Tenor der Entscheidung wird dabei vom Vorsitzenden des Senats verkündet, die wesentlichen Entscheidungsgründe durch den berichterstattenden Richter. Hat ein Richter ein Sondervotum zu einer Entscheidung abgegeben, so darf er den wesentlichen Inhalt seines Sondervotums selbst mitteilen (§ 55 Abs. 3 S. 2 GeschO–BVerfG). Anders als die mündliche Verhandlung, für die dies nur bis zur Feststellung der Anwesenheit der Fall ist, kann und wird die Verkündung regelmäßig vollständig in Rundfunk und Fernsehen übertragen (§ 17a Abs. 1 S. 2 BVerfGG).

79 Die **Veröffentlichung** der Entscheidung ist nur für den Fall der Entscheidung über die Vereinbarkeit, Nichtvereinbarkeit eines Gesetzes mit dem Grundgesetz oder sonstigem Bundesrecht oder dessen Nichtigkeit, also in Verfahren der Normenkontrolle, der Rechtssatzverfassungsbeschwerde oder der kommunalen Verfassungsbeschwerde, sowie in Verfahren der Verifikations- und Qualifizierungsentscheidungen ausdrücklich vorgesehen. Dabei ist die Entscheidungsformel nach § 31 Abs. 2 S. 3 BVerfGG durch das Bundesministerium der Justiz im Bundesgesetzblatt zu veröffentlichen. Entscheidungen der Senate und des Plenums werden in eine durch das Gericht autorisierte **amtliche Sammlung** der Entscheidungen des Bundesverfassungsgerichts (Bundesverfassungsgerichtsentscheidungen – BVerfGE) aufgenommen, § 31 Abs. 1 S. 1 GeschO–BVerfG. Kammerentscheidungen wurden bei einer über den Einzelfall hinausgehenden Bedeutung bis zur Einstellung im Jahr 2004 in einen Sammelband der Kammerentscheidungen des Bundesverfassungsgerichts (BVerfGK) aufgenommen.

80 Heute werden die Entscheidungen des Bundesverfassungsgerichts auch auf der Internetseite des Gerichts im Volltext veröffentlicht. Pressemitteilungen des Gerichts über ergangene Entscheidungen bedürfen der Zustimmung des Vorsitzenden des Senats beziehungsweise der Kammer sowie des Berichterstatters und dürfen erst veröf-

fentlicht werden, soweit anzunehmen ist, dass den Prozessbeteiligten die Entscheidung bereits zugegangen ist (§ 32 Abs. 1 und 2 GeschO-BVerfG).

Literatur: *Benda/Klein*, Verfassungsprozessrecht, 4. Aufl. 2020, Rn. 378 ff.; *Bleiler*, in: Barczak (Hrsg.), BVerfGG, 2018, § 30 Rn. 16 ff.; *Ritterspach*, Unvorgreifliche Gedanken zu Reformen im verfassungsgerichtlichen Verfahren, in: Avenarius/Engelhardt/Heussner/v. Zezschwitz (Hrsg.), Festschrift für Erwin Stein, 1983, 295 (300).

f. Fehlerberichtigung. Nach Bekanntgabe festgestellte **Fehler der** 81
Entscheidung im Tenor oder den tragenden Entscheidungsgründen können durch erneute, gleichartige Entscheidung **berichtigt** werden. Dies betrifft in Sonderheit offenbare Unrichtigkeiten wie Schreibfehler oder redaktionelle Fehler (vgl. dazu auch § 319 ZPO sowie § 118 VwGO), aber auch Fälle der Tatbestandsberichtigung. Auch die Ergänzung der Gründe im Hinblick auf die Entscheidungsgründe im engeren Sinne ist möglich, soweit beispielsweise über einen tatbestandlich festgehaltenen Antrag versehentlich nicht entschieden wurde. (vgl. BVerfGE 104, 42). Nicht gestattet ist hingegen die nachträgliche Änderung eines Urteils in Gestalt einer völligen Andersentscheidung, da die Rechtskraft des ergangenen Urteils auch das Bundesverfassungsgericht bindet. Eine Ausnahme von der unanfechtbaren Bindungswirkung macht das Bundesverfassungsgericht grundsätzlich nur für den Fall groben prozessualen Unrechts (BVerfGE 63, 77 (78 f.); 69, 233 (242)) und wendet dies auch auf seine eigenen Entscheidungen an (vgl. BVerfGE 72, 84).

6. Rechtskraft und Bindungswirkung

Das Bundesverfassungsgericht ist ein Gericht, seine Entscheidun- 82
gen sind *Gerichtsentscheidungen*. Soweit es jedoch dazu berufen ist, als „*Hüter der Verfassung*" das Grundgesetz letztverbindlich auszulegen und zu effektuieren, muss damit zwangsläufig die Frage nach der Verbindlichkeit seiner Entscheidungen gestellt werden.

a) Nicht anders als bei den übrigen zur Rechtsprechung ressortier- 83
enden Institutionen erwachsen auch die Urteile des Bundesverfassungsgerichts in **Rechtskraft** (BVerfGE 78, 320 (328)). Sie sind mit ihrer Verkündung (§ 30 Abs. 1 S. 3 BVerfGG) oder Bekanntgabe an die Beteiligten (§ 30 Abs. 3 BVerfGG) *unanfechtbar* und erwachsen damit in *formelle Rechtskraft*. Die unanfechtbare Entscheidung durch das Bundesverfassungsgericht dient dabei nicht allein dem Rechtsfrie-

den; sie ist auch direkte Folge der maßgeblichen Letztinterpretationshoheit des Bundesverfassungsgerichts über das Grundgesetz. Auf Grundlage dieser formellen Rechtskraft nimmt das Bundesverfassungsgericht für seine Entscheidungen auch die *materielle Rechtskraft* in Anspruch (BVerfGE 4, 31 (38f.) – *5%-Sperrklausel*). Materielle Rechtskraft meint die auch künftige Maßgeblichkeit und Rechtsbeständigkeit des Inhalts der Entscheidung über den Streitgegenstand für die am Prozess Beteiligten. Im Interesse einer abschließenden Regelung sind die Parteien und die öffentliche Gewalt auf die rechtskräftig erkannte Rechtsfolge festgelegt und damit auch über das konkrete Verfahren hinaus daran gebunden, um es den Parteien zu ermöglichen, ihr Verhalten nach dieser Rechtslage auszurichten (BVerfGE 47, 146 (161) – *Schnelle Brüter*). Die aus seinen Entscheidungen als Gerichtsentscheidungen erwachsende Rechtskraft ist jedoch objektiv wie personell begrenzt: *objektiv* bezieht sie sich nur auf die konkrete Entscheidungsformel im Tenor (BVerfGE 4, 31 (38f.) – *5%-Sperrklausel;* 5, 34 (38f.) – *Baden-Abstimmung*) und bindet die Parteien auch nur im Hinblick auf denselben Verfahrensgegenstand (BVerfGE 4, 31 (39) – *5%-Sperrklausel*). *Personell* wirkt die Rechtskraft nur *inter partes*, bindet also nur die am Verfahren beteiligten Parteien (BVerfGE 4, 31 (39) – *5%-Sperrklausel*; 78, 320 (328)).

84 b) Das allgemein dem Prozessrecht inhärente Institut der Rechtskraft stößt angesichts der Aufgaben des Bundesverfassungsgerichts jedoch an seine Wirkungsgrenzen. Wenn die Verfassungsgerichtsbarkeit den Vorrang des Grundgesetzes vor aller staatlichen Gewalt aufrechterhalten soll, dann muss auch ihren Entscheidungen gegenüber den anderen Verfassungsorganen Vorrang und Verbindlichkeit zukommen.

85 (1) Vor diesem Hintergrund wird die von § 31 Abs. 1 BVerfGG angeordnete **Bindungswirkung** wohl zur bedeutsamsten Norm des Verfassungsprozessrechts. Darüber, wie die angeordnete Bindung an die bundesverfassungsgerichtlichen Entscheidungen dogmatisch einzuordnen ist, besteht keine Einigkeit: Sie lässt sich als *subjektive Erstreckung* der materiellen Rechtskraft auch auf den Adressatenkreis des § 31 Abs. 1 BVerfGG oder als ein *Aliud* zur materiellen Rechtskraft verstehen, das gerade nur für die Adressaten, die nicht ohnehin an der Rechtskraft teilnehmen, wirkt. Wohl wegen dieser Unsicherheit hat man sich auf die weitgehende Rechtsinstitutionalisierung als „*Bindungswirkung*" verständigt (so zutreffend *Schlaich/Korioth*, Das Bundesverfassungsgericht, 11. Aufl. 2018, Rn. 482).

Die **personelle Erstreckung** der Bindungswirkung aus § 31 Abs. 1 BVerfGG auf die „*Verfassungsorgane des Bundes und der Länder sowie alle Gerichte und Behörden*" bereitet ob des klaren Textbefundes kaum interpretatorische Schwierigkeiten. Private Dritte gehören damit nicht zum Kreis der Bindungsadressaten und auch sich selbst hat das Bundesverfassungsgericht von der Bindungswirkung ausgenommen (BVerfGE 4, 31 (38) – *5%-Sperrklausel*; 20, 56 (87) – *Parteienfinanzierung I*). Komplexer liegt der Sachverhalt jedoch hinsichtlich der objektiven Reichweite: Nach der – umstrittenen – Ansicht des Bundesverfassungsgerichts umfasst die Bindungswirkung nicht bloß die Entscheidungsformel, sondern auch die tragenden Gründe der Entscheidung (BVerfGE 19, 377 (391 f.) – *Berlin-Vorbehalt II*; 79, 256 (264) – *Kenntnis der eigenen Abstammung*; 104, 151 (197) – *NATO-Konzept*). Ob der Stellung des Bundesverfassungsgerichts als letztverbindlicher Interpret und Hüter der Verfassung mag dies zunächst überzeugen; einer derart weitreichenden Erstreckung dürfte jedoch die lediglich autoritative, nicht jedoch authentische Verfassungsinterpretation durch das Bundesverfassungsgericht im Wege stehen. 86

(2) Gleichermaßen umstritten, jedoch ob der Gewaltenteilung des Grundgesetzes höchst relevant, ist die Frage, ob die Bindungswirkung des § 31 Abs. 1 BVerfGG dem funktionalen Gesetzgeber auch die Möglichkeit versagt, eine nach Feststellung des Bundesverfassungsgerichts verfassungswidrige Norm inhaltsgleich oder -ähnlich unverändert zu erlassen. Über ein solches **Normwiederholungsverbot** besteht schon im Binnenverhältnis des Bundesverfassungsgerichts keine Einigkeit. Während der *Zweite Senat* eine derart weitreichende Bindung des Gesetzgebers jedenfalls nicht ablehnt (BVerfGE 1, 14 (36 f.) – *Südweststaat*), rekurriert der *Erste Senat* auf die besondere Verantwortung des demokratisch legitimierten Gesetzgebers für die Anpassung der Rechtsordnung und lehnt das Bestehen eines Normwiederholungsverbots ab (BVerfGE 77, 84 (103 ff.) – *Arbeitnehmerüberlassung*). Diese Zurückhaltung des Ersten Senats ist schon deswegen zu begrüßen, weil ein aus normverwerfenden Entscheidungen des Bundesverfassungsgerichts resultierendes Normwiederholungsverbot die Rechtsordnung in Stein meißeln würde: Anders als der Gesetzgeber kann das Bundesverfassungsgericht seine Rechtsprechung nämlich nicht aus eigener Initiative korrigieren. Die sich hieraus ergebende Gestaltungsfreiheit des Gesetzgebers entspricht allerdings nicht einer unbeschränkten Befugnis zum Verfassungsver- 87

stoß. Es steht ihm schließlich nicht frei, die vom Bundesverfassungsgericht festgestellten Gründe der Verfassungswidrigkeit einfach zu übergehen (BVerfGE 96, 260 (263) – *Normwiederholung*) und damit das Bundesverfassungsgericht zu brüskieren.

88 c) Die Vervollständigung der subjektiven Erstreckung der Rechtskraftwirkung erfahren die Entscheidungen des Bundesverfassungsgerichts in der **Gesetzeskraft**. Nach Art. 94 Abs. 2 S. 1 Var. 3 GG, § 31 Abs. 2 BVerfGG kommt ihnen in den bezeichneten Fällen der – im weitestgehenden Sinne – Prüfung der Verfassungsmäßigkeit von Gesetzen nicht nur Bindungswirkung gegenüber den Verfassungsorganen, Gerichten und Behörden zu, sondern Verbindlichkeit gegenüber jedermann (*erga omnes*). Der Wortlaut der Norm ist auf den ersten Blick mißverständlich; die Entscheidungen des Bundesverfassungsgerichts werden nach § 31 Abs. 2 BVerfGG nicht selbst zum Gesetz. Vielmehr erschöpft sich die Norm in der Anordnung ihrer deklaratorischen Maßgeblichkeit: Durch die verwerfende Entscheidung des Bundesverfassungsgerichts erwächst nur Gewissheit, dass die gegen höherrangiges Recht verstoßende und daher *ipso iure* und *ex tunc* nichtige Norm eben dies ist. Gesetzeskraft kommt allein der **Entscheidungsformel** des Gerichts zu (BVerfG, Beschl. v. 27. 6.2014 – 2 BvR 429/12, Rn. 18).

Literatur: *Bethge*, Die Rechtskraft im Verfassungsprozessrecht, in: Heinrich (Hrsg.), Festschrift für Hans-Joachim Musielak, 2004, 77ff.; *ders.*, Die Entscheidungswirkung von Normbeanstandungen des Bundesverfassungsgerichts, in: JURA 2009, 18; *Heckmann,* Geltungskraft und Geltungsverlust von Rechtsnormen, 1997; *Hensel,* Bindungswirkung und Verfahren. Zur Bindungswirkung verfassungsgerichtlicher Entscheidungen durch das Verfahren der Urteilsverfassungsbeschwerde, in: Der Staat 50 (2011), 581 ff.; *Hoffmann-Riem,* Beharrung oder Innovation – Zur Bindungswirkung verfassungsgerichtlicher Entscheidungen, in: Der Staat 13 (1974), 335 ff.; *Ipsen*, Rechtsfolgen der Verfassungswidrigkeit von Norm und Einzelakt, 1980; *Kischel*, Darf der Gesetzgeber das Bundesverfassungsgericht ignorieren? Zum erneuten Erlaß für nichtig erklärter Gesetze, in: AöR 131 (2006), 219ff.: *Korioth,* Die Bindungswirkung normverwerfender Entscheidungen des Bundesverfassungsgerichts für den Gesetzgeber, in: Der Staat (1991), 562ff.; *Lepsius*, Zur Bindungswirkung von Bundesverfassungsgerichtsentscheidungen, in: Scholz u. a. (Hrsg.), Realitätsprägung durch Verfassungsrecht, 2008, 103ff.; *Rennert*, Historisches zur Bindungswirkung und Gesetzeskraft verfassungsgerichtlicher Entscheidungen, in: Der Staat 32 (1993), 527; *Rixen*, Zur Bindungswirkung stattgebender Kammerentscheidungen des BVerfG (§ 93c I 2 i. V. m. § 31 I BVerfGG), in: NVwZ 2000, 364ff.; *Sachs*, Die Bindung des Bundesverfassungsgerichts an seine Entscheidungen, 1977; *ders.*, Umfang der Rechts- und

Gesetzeskraft von Normenkontrollurteilen, in: JuS 2000, 916 ff.; *Schulze-Fielitz*, Wirkung und Befolgung verfassungsgerichtlicher Entscheidungen, in: Badura/Dreier (Hrsg.), Festschrift 50 Jahre Bundesverfassungsgericht, Bd. I, 2001, 385 ff.; *Vogel*, Rechtskraft und Gesetzeskraft der Entscheidungen des Bundesverfassungsgerichts, in: Starck (Hrsg.), Festgabe 25 Jahre Bundesverfassungsgericht, Bd. I, 1976, 568 ff.; *Wiederin*, Die Gesetzeskraft der Entscheidungen des Bundesverfassungsgerichts, in: Brenner/Huber/Möstl (Hrsg.), Festschrift für Peter Badura, 2004, 605 ff.; *Ziekow*, Abweichung von bindenden Verfassungsgerichtsentscheidungen?, in: NVwZ 1995, 247 ff.; *Zuck*, Die Bindungswirkung von Kammerentscheidungen des Bundesverfassungsgerichts, in: EuGRZ 2018, 619 ff.

7. Vollstreckung von Entscheidungen

a) Schon der relativ knappe normative Befund des § 35 BVerfGG **89** verlangt dem Bundesverfassungsgericht bei der Sicherung der Wirkungen seiner Entscheidungen exegetische Kreativität ab. Es interpretiert ihn zunächst im denkbar weitesten Sinne und ernennt sich zum ***„Herrn der Vollstreckung"*** seiner Entscheidungen (BVerfGE 6, 300 (304)). In § 35 BVerfGG erblickt das Gericht scheinbar ein weitreichendes *Blankett*, das ihm die *„volle Freiheit, das Gebotene in der jeweils sachgerechtesten, raschesten, zweckmäßigsten, einfachsten und wirksamsten Weise zu erreichen"* übertrage (BVerfGE 6, 300 (304)); nichts soll der Durchsetzung verfassungsgerichtlicher Entscheidungen im Wege stehen. Was zunächst nach *schrankenloser Ermächtigung* klingt, erweckt schnell die Besorgnis des sich bahnenden Jurisdiktionsstaates. Das selbstvergewissernde Apodiktum, die *„Vollstreckung in der Hand des Bundesverfassungsgerichts sichert, daß die umfassende Ermächtigung des § 35 nicht mißbraucht wird"* mag daran nichts zu ändern (BVerfGE 6, 300 (304)). Bei Lichte betrachtet erscheint es zwar erforderlich, dass das zum *„Hüter der Verfassung"* berufene Bundesverfassungsgericht außerordentlicher Befugnisse bedarf, um den Vorrang der Verfassung gegenüber aller staatlichen Gewalt zu sichern. Es bleibt jedoch in den (verfassungs-)rechtlichen Befugnissen als Verfassungsgericht limitiert; § 35 BVerfGG stellt hierzu keine Ausnahme dar. So hat das Bundesverfassungsgericht richtigerweise die Befugnisse des § 35 BVerfGG unter den (selbstbeschränkenden) Vorbehalt, sie berechtigten nur zu denjenigen Anordnungen, *„die erforderlich sind, um seinen verfahrensabschließenden Sachentscheidungen Geltung zu verschaffen"* gestellt (BVerfGE 68, 132 (140). Auch in der Wahl der Vollstreckungsmittel gegenüber den anderen Verfassungsorganen bleibt das Bundesverfassungsgericht auf den Verhältnismäßigkeitsgrundsatz verpflichtet.

90 b) § 35 BVerfGG kommt schon deshalb eine exzeptionelle Bedeutung für die Durchsetzungsmacht des Bundesverfassungsgerichts zu, weil es über *„keinen Gerichtsvollzieher"*, über **keine eigenen Vollzugsmittel** verfügt. Die in der *Weimarer Reichsverfassung* (Art. 19 Abs. 2 WRV) oder heute in der *österreichischen Verfassung* (Art. 146 Abs. 2 B-VG) vorgesehene Exekution von verfassungsgerichtlichen Entscheidungen durch den deutschen Reichs- bzw. den österreichischen Bundespräsidenten konnte für das Bundesverfassungsgericht in Ansehung der geschwächten Stellung des Bundespräsidenten nicht mehr tragen. § 35 BVerfGG ermächtigt daher das Bundesverfassungsgericht, instanziell losgelöst und unter Durchbrechung aller kompetenziellen oder föderalen Zugriffe alle staatlichen Behörden und Organe als Vollstreckungsbeauftragte für sich in Anspruch zu nehmen.

91 c) **Zuständig** für den Erlass einer Vollstreckungsanordnung ist der Spruchkörper des Bundesverfassungsgerichts, der auch mit der Sachentscheidung befasst ist. Die Vollstreckung ist **akzessorisch an die Sachentscheidung des Gerichts gekoppelt**; sie darf diese nicht ergänzen, erweitern oder sonst wie modifizieren (BVerfGE 100, 263 (265)). Zwar ist in der Regel davon auszugehen, dass das Bundesverfassungsgericht die Vollstreckungsanordnung mit dem Ausspruch der Sachentscheidung verbinden wird. Ein obligatorisches **zeitliches Junktim** besteht hingegen nicht, so dass das Bundesverfassungsgericht auch nachträglich selbstständige Vollstreckungsanordnungen treffen kann (BVerfGE 2, 139 (142); 68, 132 (140); 142, 116 (120)). Eines **Antrages** bedarf die Vollstreckungsanordnung nicht; sie wird durch das Bundesverfassungsgericht von Amts wegen getroffen, da sie allein der Realisierung der (bereits beantragten) Sachentscheidung dient.

92 d) Die Vollstreckungsanordnungen können dabei zahlreiche Gestalten annehmen, die immer im Dienste der Sicherung der Entscheidungen des Bundesverfassungsgerichts stehen.

93 (1) Das Bundesverfassungsgericht trifft auf Grundlage des § 35 BVerfGG zunächst **Vollstreckungsanordnungen im engeren Sinne**. Hierzu beauftragt es andere staatliche Stellen mit der Durchsetzung der von ihm getroffenen Sachentscheidungen.

94 Eine solchen Vollstreckungsanordnung ergeht etwa, wenn das Bundesverfassungsgericht im Rahmen eines *Parteiverbotsverfahrens* den Innenminister eines Landes anweist, die Ersatzorganisation einer durch das Bundesverfas-

sungsgericht verbotenen Partei aufzulösen (BVerfGE 2, 1 (2, 77ff.) – *SRP-Verbot*; BVerfGE 5, 85 (87, 393) – *KPD-Verbot*). Eine Vollstreckungsanordnung trifft es aber auch, wenn ein in einem Ausgangsverfahren zuständiger Ermittlungsrichter angewiesen wird, „als ausführendes Organ des Bundesverfassungsgerichts" beschlagnahmte Dokumente vor der Weitergabe an einen parlamentarischen Untersuchungsausschuss auf ihren Beweiswert zu überprüfen (BVerfGE 74, 7 (7f.)).

(2) Das Bundesverfassungsgericht hat auf § 35 BVerfGG allerdings auch bei (eigentlich nur feststellenden) **normbezogenen Entscheidungen** rekurriert. Soweit das Bundesverfassungsgericht über die Unvereinbarkeit einer Norm mit seinem Prüfungsmaßstab befindet, bedarf es einer Vollstreckungsanordnung dem Grunde nach nicht. Recht, das gegen höherrangiges Recht verstößt, ist *ipso iure* und *ex tunc* nichtig. Mit dem bloß deklaratorischen Ausspruch der Unvereinbarkeit durch das Bundesverfassungsgericht (Art. 100 Abs. 1 GG) ist letztlich allein der eventuell noch bestehende Rechtsschein der Gültigkeit des Gesetzes aufgehoben; die Entscheidung des Bundesverfassungsgerichts ist „*self-executing*" (*Gaier*, in: JuS 2011, 961 (962)). Das Bundesverfassungsgericht sieht sich aber dazu berufen, erforderlichenfalls Übergangsregelungen und Rechtsfolgeanordnungen zu treffen, um der Sachentscheidung Geltung zu verschaffen (BVerfGE 112, 268 (277) – *Kinderbetreuungskosten*). Normbezogene Vollstreckungsanordnungen können notwendig werden, wenn im Interesse des Gemeinwohls ein schonender Übergang von der verfassungswidrigen zu einer verfassungsgemäßen Rechtslage geboten und anders nicht zu erreichen ist (BVerfGE 91, 186 (207) – *Kohlepfennig*). Von dieser Befugnis macht das Bundesverfassungsgericht in zweierlei Hinsicht Gebrauch: Zum einen ordnet es bisweilen die **Weitergeltung** von als verfassungswidrig erkannten Normen an, zumeist verbunden mit einer (in ihrer Intention an den Gesetzgeber gerichteten) Frist. 95

Beispiele hierzu finden sich etwa in der Weitererhebung der Sonderabgabe nach dem Dritten Verstromungsgesetz (BVerfGE 91, 186 (187, 207) – *Kohlepfennig*), oder in der Fortgeltung von Ausnahmen des gesetzlichen Rauchverbots (BVerfGE 130, 131 (132, 150f.). Zur Fristsetzung für die Weitergeltung siehe nur BVerfGE 93, 121 (122) – *Einheitswerte II*; 117, 1 (2) – *Erbschaftssteuer*. 96

Zum anderen schafft das Bundesverfassungsgericht aber auf Grundlage des § 35 BVerfGG auch – in Teilen sehr detailreiche – **Übergangsregelungen** und gestaltet damit die Rechtslage nach der Normverwerfung selbst. 97

98 Beispielhaft hat das Bundesverfassungsgericht etwa in seinen Entscheidungen zur *Strafbarkeit des Schwangerschaftsabbruchs* (BVerfGE 39, 1; 88), in denen est jeweils die Verfassungswidrigkeit der überprüften Normen feststellte, eine auch nur vorrübergehende Fortgeltung der Rechtsnormen abgelehnt, weil dies der sich auch auf das entwickelnde Leben erstreckenden Garantie des Lebensschutzes zuwiderliefe. Gleichzeitig wäre mit der bloßen Nichtigerklärung der Norm sämtlicher Schutz des werdenden Lebens entfallen, weswegen es diese mit einer vermittelnden Übergangsregelung verband. In der Frage der *angemessenen Alimentation* verheirateter Beamter mit mehr als zwei Unterhaltsberechtigten hat das Bundesverfassungsgericht auf Grundlage des § 35 BVerfGG nicht nur eine (schon zuvor ergangene) Aufforderung an den Gesetzgeber zur Neugestaltung der Rechtslage formuliert, sondern für den Fall dessen (erneuter) Verweigerung eine konkret quantifizierte Erhöhung der familienbezogenen Gehaltsbestandteile angeordnet (BVerfGE 99, 300 (331 f.)).

99 Es sind gerade auch diese normbezogenen Anordnungen, die das Bundesverfassungsgericht mit dem Vorwurf konfrontieren, es würde sich als **Ersatzgesetzgeber** betätigen. Derartige normbezogene Anordnungen betreffen genau genommen nicht mehr die *Vollstreckung* der Entscheidung, sondern dienen der Bewältigung der durch die Entscheidung entstehenden Folgen. Besonders bedenklich werden insbesondere Übergangsvorschriften, soweit sie ein so detailliertes und konkretes Maß eigener Regelungen enthalten, dass man sie als Blaupause für den Gesetzgeber verstehen müsste, nach dessen Präjudiz er eine dann verfassungsgemäße Neuregelung zu gestalten habe (so etwa *Schneider*, in: NJW 1994, 2590 ff.). Dass das Bundesverfassungsgericht mit der Schaffung von Übergangsregelung bisweilen gesetzgeberischen Boden betritt, lässt sich kaum bestreiten. Weil ihm aber die Rolle als Gesetzgeber von Verfassungs wegen nicht zusteht, hat es sich bei seiner Betätigung als *„Notgesetzgeber auf Zeit"* (*Lerche*, Das Bundesverfassungsgericht als Notgesetzgeber, 2005, 509 ff.) in Zurückhaltung zu üben. Eine lediglich restriktive Handhabung des Ausnahmerechts erscheint im Ergebnis nicht zu beanstanden, insbesondere weil es letztlich der Legislative obliegt, den Zustand des judikativen Interimsrechts jederzeit durch gesetzgeberisches Tätigwerden zu beenden.

100 e) Auch wenn das Bundesverfassungsgericht in einer Vollstreckungsanordnung Übergangsregelungen schafft, kommt ihr **keine Gesetzeskraft** nach § 31 Abs. 2 S. 1 BVerfGG zu; sie ist lediglich für alle Verfassungsorgane des Bundes und der Länder sowie für alle Gerichte und Behörden bindende (§ 31 Abs. 1 BVerfGG). Die Vollstreckungsanordnung des Bundesverfassungsgerichts selbst ist **unanfechtbar**.

Für die **konkrete Vollstreckungsmaßnahme** der zur Vollstreckung berufenen staatlichen Stelle kann entweder der gegen eine solche Maßnahme zur Verfügung stehende, *ordentliche Rechtsbehelf* oder eine *unmittelbare Beschwerde an das Bundesverfassungsgeric*ht statthaft sein, abhängig davon, ob das Bundesverfassungsgericht die konkrete Art der Vollstreckung in das Ermessen der Stelle gestellt hat, oder diese mittels eines konkreten Vollstreckungsauftrages zum ausführenden Organ des Bundesverfassungsgerichts gemacht hat, BVerfGE 2, 139 (142 f.). 101

Literatur: *Frenz*, Die Rechtsfolgenregelung durch das Bundesverfassungsgericht bei verfassungswidrigen Gesetzen, in: DÖV 1993, 847 ff.; *Gaier*, Die Durchsetzung verfassungsgerichtlicher Entscheidungen, in: JuS 2011, 961 ff.; *Graßhof*, Die Vollstreckung von Normenkontrollentscheidungen des Bundesverfassungsgerichts, 2003; *Herzog*, Die Vollstreckung von Entscheidungen des Bundesverfassungsgerichts, in: Der Staat 4 (1965), 37 ff.; *Laumen*, Die Vollstreckungskompetenz nach § 35 BVerfGG – Eine systematische Darstellung, 1997; *Lerche*, Das Bundesverfassungsgericht als Notgesetzgeber, in: Heinze/Schmitt (Hrsg.), Festschrift für Wolfgang Gitter, 1995, 509 ff.; *ders.*, Aktuelle Fragen zur verfassungsgerichtlichen Anordnung der Weitergeltung verfassungswidriger Normen, in: Bröhmer et al. (Hrsg.), Festschrift für Georg Ress, 2005, 1221 ff.; *Pestalozza,* „Noch verfassungsmäßige" und „bloß verfassungswidrige" Rechtslagen, in: Starck (Hrsg.), – Festgabe 25 Jahre Bundesverfassungsgericht, Bd. I 1976, 519 ff.; *Roth*, Grundlage und Grenzen von Übergangsanordnungen des Bundesverfassungsgerichts zur Bewältigung möglicher Folgeprobleme seiner Entscheidungen, in: AöR 124 (1999), 470; *Schneider*, Die Vollstreckungskompetenz nach § 35 BVerfGG – Ein Notverordnungsrecht des Bundesverfassungsgerichts?, in: NJW 1994, 2590 ff.; *Weiß*, Die Vollstreckung von Entscheidungen des Bundesverfassungsgerichts, 1976.

IV. Verfahrenskosten

Das Verfahren vor dem Bundesverfassungsgericht ist – anders als dies für die anderen Gerichte gilt – grundsätzlich **kostenfrei**, § 34 Abs. 1 BVerfGG. Die Kostenfreiheit ist dabei elementarer Bestandteil der Sicherstellung des Zugangs zum Bundesverfassungsgericht als Bürgergericht: Finanzielle Gründe sollen niemanden davon abhalten, seinen verfassungsrechtlich garantierten Rechten mit Hilfe des Bundesverfassungsgerichts zur Geltung zu verhelfen. Sie folgt aber auch aus der selbst im Individualrechtsschutz fortdauernden Aufgabe des Bundesverfassungsgerichts zur objektiven Wahrung der grundgesetzlichen Rechtsordnung. Letztlich kommen für eine Vielzahl von Verfahren ohnehin nur solche staatliche Beteiligte in Betracht, deren 102

Kosten aus öffentlichen Mitteln bestritten nur inner- oder zwischenstaatlich verschoben würden. Die im Einzelplan 19 des Bundeshaushaltsplan 2021 ausgewiesenen Gesamtausgaben für das Bundesverfassungsgericht in Höhe von rund 37,2 Millionen Euro lassen sich daher durchaus als staatliche Investition in die deutsche Rechtsstaatlichkeit verstehen.

103 Abseits des generellen Grundsatzes der Kostenfreiheit finden sich indes Ausnahmefälle, in denen auch das Verfahren vor dem Bundesverfassungsgericht mit Kosten verbunden sein kann. Zentrales Motiv der Auferlegung von Verfahrensgebühren stellt die Begrenzung des Arbeitspensums des Gerichts dar, das im Jahr 2020 5.529 Verfahrenseingänge zu verzeichnen hatte. Die Notwendigkeit von Maßnahmen, die die Fallzahlen auf einem zu bewältigenden Niveau halten, zeigt nicht zuletzt die Tatsache, dass sich von insgesamt 5.361 entschiedenen Verfassungsbeschwerdeverfahren nur 111 als erfolgreich erwiesen.

104 Als zentrales Instrument zur Sanktionierung zeigt sich die **Missbrauchsgebühr** nach § 34 Abs. 2 BVerfGG. § 34 Abs. 1 und Abs. 2 stehen dabei in einem Regel- Ausnahme-Verhältnis zueinander. Abs. 2 regelt, unter welchen Voraussetzungen der Grundsatz der Kostenfreiheit verfassungsgerichtlicher Verfahren in Gestalt einer Missbrauchsgebühr durchbrochen wird und ermöglicht dem Bundesverfassungsgericht die Erhebung einer solchen bis zu einer Höhe von 2.600 Euro für den Fall, dass eine Verfassungsbeschwerde, eine Beschwerde über die Entscheidung des Bundestages in Wahl- oder Mandatsprüfungsangelegenheiten nach Art. 42 Abs. 2 GG oder ein Antrag auf einstweilige Anordnung missbräuchlich gestellt wird. Die restriktive Fassung der einer Missbrauchsgebühr zugänglichen Verfahren ist Ausdruck der Zweckrichtung, die Stellung solcher aussichtslosen Anträge zu verhindern oder jedenfalls im Sinne einer präventiven Hemmungswirkung sorgsam zu prüfen, die den Geschäftsgang des Bundesverfassungsgericht in besonderem Maße zu beeinträchtigen im Stande sind. Letztlich dient eine Hemmung aussichtloser Anträge insbesondere auch der Gewährung zeitnahen Rechtsschutzes in aussichtsreicheren Verfahren (vgl. insoweit auch BVerfGK 3, 219 (222); 6, 219 (219 f.); 10, 94 (97)).

105 Wann genau sich eine Antragstellung als missbräuchlich darstellt, unterliegt dabei keiner allgemeingültigen Definition. Vielmehr haben sich aufgrund der denkbar vielzähligen, möglichen Konstellationen der Verfahren Fallgruppen herauskristallisiert, in denen die Erhebung einer Missbrauchsgebühr jedenfalls denkbar erscheint:

- **Wiederholungsfall:** Umfasst werden Fälle, in denen trotz mehrerer gleich gelagerter Nichtannahme- oder Ablehnungsentscheidungen fortdauernd ähnliche Verfassungsbeschwerden ohne wesentlich neue Erwägungen anhängig gemacht werden (vgl. insoweit BVerfGK 6, 219 (219); 10, 94 (97f.)).
- **Bagatellfall:** Einen Missbrauch kann auch die Erhebung einer unzulässigen oder offensichtlich unbegründeten Verfassungsbeschwerde in einem Verfahren wirtschaftlich geringwertiger Bedeutung darstellen (vgl. BVerfG, NJW 1993, 1273 (1274)).
- Ein Missbrauch der verfassungsgerichtlichen Verfahren kann auch darin liegen, dass der Beschwerdeführer **unvollständige oder unwahre Aussagen** über entscheidungserhebliche Tatsachen macht oder dessen Aussagen **beleidigender oder verletzender Charakter** zukommt (vgl. BVerfGK 14, 468 (470f.); BVerfG, NJW 2008, 838 (838); NJW 1999, 207 (207)).
- Die Erhebung einer Missbrauchsgebühr kann auch für den Fall einer gänzlich **sinn- und substanzlosen Verfassungsbeschwerde** in Frage kommen (vgl. BVerfG, Beschl. v. 1.12.1999, 1 BvR 1559/99).
- Verfahren des anwaltlich oder anderweitig vertretenen Beschwerdeführers können auch bei einer **groben Verletzung der an einen anwaltlich Vertretenen Beschwerdeführer zu stellenden Sorgfaltsanforderungen** eine Missbrauchsgebühr nach sich ziehen, die gleichwohl gegen den Bevollmächtigten zu verhängen sein dürfte (BVerfG, NJW 2004, 2959 (2959)).

Die Verhängung der Missbrauchsgebühr ist dabei in das **Ermessen** 106 des Bundesverfassungsgerichts gestellt. Das gilt sowohl für das Entschließungsermessen als auch die Bestimmung der Höhe der Gebühr. Bei 2020 zuletzt vier verhängten Gebühren in einer Gesamthöhe von 2.500 € bleibt es bei einer recht restriktiven Handhabung dieses Instruments. **Schuldner** der Missbrauchsgebühr ist grundsätzlich derjenige, dem die missbräuchliche Handlung zuzurechnen ist. Zwar ist § 85 Abs. 1 S. 1 ZPO insoweit heranzuziehen, dass auch im Falle der Vertretung durch einen Bevollmächtigen grundsätzlich der Beschwerdeführer oder Antragsteller selbst richtiger Adressat der Gebührenschuld bleiben kann, indes verhängt das Bundesverfassungsgericht die Missbrauchsgebühr auch gegen Bevollmächtige, soweit diesem das konkret in Rede stehende Verhalten zuzurechnen ist. (Vgl. BVerfGK 6, 219 (220). Ein Anspruch hierauf lässt sich indes nicht herleiten.

Abseits der bereits etablierten Ausnahmen von der Kostenfreiheit 107 finden sich auch immer wieder Rufe nach einem weiteren Ausbau der Kosten- und Gebührenerhebung durch das Bundesverfassungsgericht. Im Zentrum der Debatte steht dabei die wiederholt ins Spiel gebrachte **Mutwillensgebühr** für Verfassungsbeschwerdeverfahren (vgl. insoweit die Schilderung des Plenumsvorschlages bei *Zuck*, in: NVwZ

2012, 1292 ff.; *Schluckebier*, in: ZRP 2012, 133 ff.). Die Gebühr soll dabei für die Fälle auferlegt werden, in denen ein Beschwerdeführer oder Antragsteller trotz eines Hinweises auf die bestehende Aussichtslosigkeit des Begehrens auf eine richterliche Entscheidung nach Entrichtung der Gebühr besteht. Mittels der Erhebung einer Mutwillensgebühr solle die Verfahrensflut insbesondere der Verfassungsbeschwerdeverfahren eingedämmt werden. Mangels politischer Mehrheit für eine derartige Änderung des Bundesverfassungsgerichtsgesetzes blieb es bislang jedoch bei einer entsprechenden Forderung.

108 Die in Verfahren vor dem Bundesverfassungsgericht entstehenden Auslagen der Beteiligten – so zum Beispiel für die Inanspruchnahme eines Prozessbevollmächtigen – sind grundsätzlich der **Auslagenerstattung** zugänglich. Zentralnorm für die Auslagenerstattung ist dabei § 34a BVerfGG. Abseits des in der Praxis weniger bedeutenden Falles des § 34a Abs. 1 BVerfGG normiert § 34a Abs. 2 BVerfGG die obligatorische Auslagenerstattung notwendiger Auslagen im Falle einer erfolgreichen Verfassungsbeschwerde. Erstattungsfähig sind die Auslagen, die für eine zweckentsprechende Rechtsverfolgung unter Berücksichtigung der Besonderheiten des verfassungsgerichtlichen Verfahrens notwendig sind (BVerfGE 98, 163 (166)). In allen anderen Fällen kann das Bundesverfassungsgericht bei Vorliegen besonderer Billigkeitsgründe auch fakultativ die Auslagenerstattung anordnen, § 34a Abs. 3 BVerfGG.

Vertiefend zur Frage der Auslagenerstattung siehe nur *Engler*, Kostenfragen in Verfahren vor dem Bundesverfassungsgericht, in: NJW 1995, 996 ff.; *Zuck*, Der Rechtsanwalt im Verfassungsbeschwerdeverfahren – Nachrichten aus der anwaltlichen Parallelwelt, in: NJW 2013, 2248 ff.; *Benda/Klein*, Verfassungsprozessrecht, 4. Aufl. 2020, Rn. 393 ff.

Literatur: *Benda/Klein*, Verfassungsprozessrecht, 4. Aufl. 2020, Rn. 385 ff; *Barczak*, Rechtsschutz bei Verzögerung verfassungsgerichtlicher Verfahren – Zugleich die Konturierung eines verfassungsrechtlichen Anspruchs auf Verzögerungsfolgenkompensation, in: AöR 138 (2013), 536 ff.; *Kröpil*, Missbräuchliche Einlegung von Verfassungsbeschwerden im Vergleich zum Missbrauch im Strafverfahren, in: NdsVbl. 2000, 82 ff.; *Küchenhoff*, Die Missbrauchsgebühr des Bundesverfassungsgerichts, in: NJ 2011, 92 ff.; *Schluckebier*, Warum hält das Bundesverfassungsgericht eine „Mutwillensgebühr“ für erforderlich?, in: ZRP 2012, 133 ff.; *Schoreit*, 50 Jahre Missbrauchsgebühr, in: ZRP 2002, 148 ff.; *Walter*, Verfassungsprozessuale Umbrüche – Eine rechtsvergleichende Untersuchung zur französischen Question prioriatire constitutionnalité, 2015, S. 105 f., 318; *Zuck*, Die Mutwillensgebühr im Verfassungsbeschwerdeverfahren, in: NVwZ 2012, 1292 ff.

2. Teil. Verfahren der objektiven Rechtsfeststellung

§ 6 Die abstrakte Normenkontrolle (Art. 93 Abs. 1 Nr. 2 GG)

Grundlegende Literatur: *Brunner*, Die abstrakte Normenkontrolle vor dem Bundesverfassungsgericht in der Fallbearbeitung, in: JA 2014, 838 ff.; *Geis/Schmidt*, Grundfälle zur abstrakten und zur konkreten Normenkontrolle, in: JuS 2012, 121 ff.; *Mückl*, Die abstrakte Normenkontrolle vor dem Bundesverfassungsgericht gemäß Art. 93 I Nr. 2, 2a, §§ 13 Nr. 6, 6a BVerfGG, in: JURA 2005, 463 ff.; *v. Mutius*, Die abstrakte Normenkontrolle vor dem Bundesverfassungsgericht, in: JURA 1987, 534 ff.; *Renck*, Der Charakter des Verfahrens nach Art. 93 I Nr. 2a GG, in: JuS 2014, 770 ff.

Bedeutende Entscheidungen: BVerfGE 1, 396 – *Deutschlandvertrag*; BVerfGE 2, 307 – *Gerichtsbezirke*; BVerfGE 36, 1 – *Grundlagenvertrag*; BVerfGE 39, 1 – *Schwangerschaftsabbruch I*; BVerfGE 69, 1 – *Kriegsdienstverweigerung*; BVerfGE 72, 330 – *Länderfinanzausgleich I*; BVerfGE 73, 119 – *Nds. Landesrundfunkgesetz*; BVerfGE 83, 37 – *Ausländerwahlrecht I*; BVerfGE 86, 148 – *Länderfinanzausgleich II*; BVerfGE 88, 203 – *Schwangerschaftsabbruch II*; BVerfGE 100, 249 – *Allgemeine Verwaltungsvorschriften*; BVerfGE 101, 158 – *Länderfinanzausgleich III*; BVerfGE 116, 327 – *Berliner Haushalt*; BVerfGE 131, 316 – *Negatives Stimmgewicht*; BVerfGE 136, 69 – *KFZ-Überlänge-Verordnung*; BVerfGE 150, 1 – *Zensus 2011*.

I. Kontext des Verfahrens

Art. 93 Abs. 1 Nr. 2 GG weist dem Bundesverfassungsgericht die 1
Zuständigkeit zur Entscheidung bei *„Meinungsverschiedenheiten oder Zweifeln über die förmliche und sachliche Vereinbarkeit von Bundesrecht oder Landesrecht mit diesem Grundgesetze oder die Vereinbarkeit von Landesrecht mit sonstigem Bundesrechte"* zu. Dass das Verfahren als *„abstrakte Normenkontrolle"* zu bezeichnen ist, erschließt sich nicht aus dem Grundgesetz, wohl jedoch aus der Ausgestaltung des Verfahrens. Im Gegensatz zu dem als *„konkrete Normenkontrolle"* bezeichneten Verfahren nach Art. 100 Abs. 1 GG, das das *„richterliche Prüfung- und Verwerfungsrecht"* verfassungsrechtlich kodifiziert, bedarf es im Falle der abstrakten Normenkontrolle

gerade keines anhängigen Verfahrens. Die Kontrolle erfolgt objektiv und damit **abstrahiert von jedem konkreten Streitfall**.

Vgl. dahingehend bereits *Friesenhahn*, § 98, in: Anschütz/Thoma (Hrsg.), Handbuch des Deutschen Staatsrechts, Bd. II, 1932, 523 (526).

2 In der grundgesetzlichen Ausgestaltung ist die abstrakte Normenkontrolle weitgehend **ohne Präzedenz**: Die Weimarer Reichsverfassung kannte zwar die abstrakte Kontrolle von Landesrecht am Maßstab des Reichsrechts (Art. 13 Abs. 2 WRV); soweit, einem Gericht auch die Kontrolle von Reichsrecht am Maßstab der Verfassung zu übertragen, wollte der Verfassungsgeber indes bis zur Entstehung des Grundgesetzes nicht gehen. Das Reichsgericht nahm eine solche Kompetenz für sich seit 1925 zwar in Anspruch (RGZ 111, 320 (322f.) – *Aufwertungsgesetz*), war dabei jedoch noch immer auf ein anhängiges strittiges Verfahren verwiesen. Im Herrenchiemseer Verfassungsentwurf fand sich noch ausschließlich die konkrete Normenkontrolle, im Parlamentarischen Rat einigte man sich indes, dass die Antragsberechtigung für eine Normenkontrolle auch den Exekutiven von Bund und Ländern sowie einem Bundestagsquorum zukommen sollte.

3 Hinter dem heute wie selbstverständlich etablierten Verfahren der abstrakten Normenkontrolle verbirgt sich die wohl zentrale Frage der Theorie einer Verfassungsgerichtsbarkeit: Darf ein Gericht die Rechtsetzung eines unmittelbar demokratisch legitimierten Gesetzgebers kontrollieren? Jahrhunderte währende Auseinandersetzungen hierum haben im modernen Verfassungsstaat indes eine klare Antwort gefunden: Wenn auch der (einfachgesetzliche) Gesetzgeber an die Verfassung gebunden ist (Art. 1 Abs. 3, 20 Abs. 3 GG), so sind auch die von ihm erlassenen Gesetze der Verfassung unterworfen. Zur **effektiven Sicherung des „Vorrangs der Verfassung“** bedarf es daher einer Instanz, die die Vereinbarkeit der Gesetze mit der Verfassung überprüft. Die Ausgestaltung einer institutionalisierten Verfassungsgerichtsbarkeit ist damit nicht zwingend, jedoch naheliegend. Damit ist jedoch nicht verbunden, dass sich das Verfassungsgericht den Gesetzgeber – *dominum terrae* – untertan macht: Im Verfassungsstaat steht nicht das Verfassungsgericht über dem Gesetzgeber, sondern die Verfassung selbst. Das Bundesverfassungsgericht übt daher mit einer Normenkontrollentscheidung auch keine *„negative Gesetzgebung“* aus und betätigt sich nicht als *„Ersatzgesetzgeber“*: Durch das Antragserfordernis begrenzt und vor dem Hintergrund

der *eo ipso-* und *ex tunc*-Nichtigkeit verfassungswidriger Normen obliegt dem Bundesverfassungsgericht allein die „*Klärung der verfassungsrechtlichen Lage*" (BVerfGE 1, 396 (413) – *Deutschlandvertrag*).

Diesem Zweck dient das Verfahren der abstrakten Normenkontrolle dabei in besonderem Maße: Regelmäßig charakterisieren es das Bundesverfassungsgericht (BVerfGE 1, 208 (219) – *7,5%-Sperrklausel;* 2, 213 (217) – *Straffreiheitsgesetz*; 20, 56 (86) – *Parteienfinanzierung*) und weite Teile der Lehre als **„objektives Verfahren"**, das gerade nicht der Durchsetzung subjektiver Rechtspositionen eines Antragstellers dient, sondern das Bundesverfassungsgericht als „*Hüter der Verfassung*" zum Schutze der verfassungsmäßigen Rechtsordnung an sich beruft (BVerfGE 1, 396 (407) – *Deutschlandvertrag*; 83, 37 (49) – *Ausländerwahlrecht I*). Die Antragsberechtigten – Bundesregierung, Landesregierungen und ein Quorum eines Viertels der Mitglieder des Bundestages – sind damit zwar auf eine Anstoßfunktion reduziert, die sie aufgrund der umfassenden gerichtlichen Prüfung dieser Verfahrensart jedoch in die Position von „*Garanten der verfassungsmäßigen Rechtsordnung*" (BVerfGE 101, 151 (213) – *Umsatzsteuerbefreiung*; 101, 158 (213) – *Finanzausgleich III*) rückt. In der verfassungsgerichtlichen Praxis der abstrakten Normenkontrolle ist von diesem ehernen Pathos nur wenig verblieben; die objektive Natur ist insoweit auf die prozessuale Ausgestaltung beschränkt. Tatsächlich ist die abstrakte Normenkontrolle ein politisches Kampfmittel der parlamentarischen Opposition, die – wenn schon der Regierungsmehrheit politisch unterlegen – doch zumindest nicht unversucht lassen möchte, auf verfassungsrechtlichem Terrain zu gewinnen. Damit werden Opposition und Regierungsmehrheit zumeist inzident zu Parteien des Verfahrens; es erhält rechtspraktisch eine de facto-kontradiktorische Prägung. Solange das Ausmaß des Politischen jedoch darauf beschränkt bleibt, dass das Grundgesetz die politische Opportunität der Opposition zur Aufrechterhaltung der verfassungsmäßigen Ordnung instrumentalisiert, ist hierin nichts Verwerfliches zu erblicken. 4

Vertiefend hierzu vgl. *Löwer*, Zuständigkeiten und Verfahren des Bundesverfassungsgerichts, in: Isensee/Kirchhof (Hrsg.), Handbuch des Staatsrechts, Bd. III, 3. Aufl. 2005, § 70 Rn. 55 ff.; *Mendes*, Die abstrakte Normenkontrolle vor dem Bundesverfassungsgericht, 1991, 54 ff.; *Schlaich/Korioth*, Das Bundesverfassungsgericht, 11. Aufl. 2018, Rn. 111 ff., 123 ff.

II. Zulässigkeitsvoraussetzungen

1. Antragsberechtigung

5 Auch wenn sich die Antragsberechtigung im Verfahren der abstrakten Normenkontrolle im Wesentlichen auf eine „*Anstoßfunktion*" beschränkt und dem Kreis der Antragsberechtigten im weiteren Verlauf kein maßgeblicher Einfluss auf den Verfassungsprozess zugedacht ist, kommt der Antragsberechtigung dennoch eine weitreichende Bedeutung zu. Da die abstrakte Normenkontrolle zu ihrer Zulässigkeit keiner subjektiven Rechtsverletzung des Antragstellers bedarf, muss die Verhütung einer das Bundesverfassungsgericht über Gebühr beanspruchenden Verfahrensflut auf Ebene der Antragsberechtigung geschehen. Zum anderen gilt es vor dem Hintergrund des Zwecks des Verfahrens aber auch sorgsam abzuwägen, welchem Kreis der Antragsteller die Wahrnehmung der Gesamtverantwortung als „*Garanten der verfassungsgemäßen Rechtsordnung*" (BVerfGE 101, 151 (213) – *Umsatzsteuerbefreiung*; 122, 1 (17)) übertragen werden kann. Art. 93 Abs. 1 Nr. 2 GG und § 76 Abs. 1 BVerfGG sehen insoweit übereinstimmend allein die Bundesregierung, eine Landesregierung sowie ein Quorum eines Viertels der Mitglieder des Bundestages als antragsberechtigt vor. Aus den zuvor genannten Gründen ergibt sich auch der eindeutige Wille des Gesetzgebers, diese Aufzählung als abschließend zu betrachten, weswegen sie weder der Erweiterung im Wege der Auslegung noch der Analogie zugänglich ist (BVerfGE 21, 52 (53 f.) – *Deutsche Friedensunion*; 68, 346 (349)).

6 Soweit die abstrakte Normenkontrolle von der **Bundesregierung** beantragt werden soll, bedarf es wegen ihrer Ausgestaltung als Kollegialorgan eines Mehrheitsbeschlusses des Bundeskabinetts (§§ 15 Abs. 1 lit. e, 24 Abs. 2 GO-BReg). Die Antragstellung einer **Landesregierung** richtet sich nach den geltenden landesverfassungsrechtlichen und landesgesetzlichen Vorgaben, setzt aber wohl gleichfalls einen Kabinettbeschluss voraus. Weil sie im objektiven Verfahren nicht nur ihre eigene Position im föderalen Gefüge verteidigen, sondern zum Wächter über die Verfassungsmäßigkeit der Rechtsordnung bestimmt sind, können sie auch Landesgesetze anderer Länder überprüfen lassen (BVerfGE 83, 37 (49) – *Ausländerwahlrecht I*).

7 Wegen des objektiven Verfahrenscharakters ist es zutreffend auch als unschädlich anzusehen, wenn eine Landesregierung einem **Bundesgesetz im**

Bundesrat noch zustimmt, im Anschluss jedoch eine abstrakte Normenkontrolle des Gesetzes beantragt (BVerfGE 101, 158 (213) – *Finanzausgleich III*; 122, 1 (17)).

Abschließend ist auch ein Quorum eines **Viertels der Mitglieder des Bundestages** zur Ingangsetzung eines abstrakten Normenkontrollverfahrens berechtigt. Vor ihrer jetzigen Fassung, die Art. 93 Abs. 1 Nr. 2 GG und § 76 Abs. 1 BVerfGG erst 2008 erhielten (BGBl. I 2008, 1926), sahen beide Normen noch das Quorum eines Drittels der Mitglieder als erforderlich an. Die Absenkung der Hürde erfolgte zum einen zur Harmonisierung mit der Antragsberechtigung für die Subsidiaritätsklage des Bundestages nach Art. 23 Abs. 1a S. 2 GG (BT-Drs- 16/8488, 4 f.), zum anderen, weil in Zeiten einer Großen Koalition die Opposition die qualifizierte Minderheit eines Drittels möglicherweise nicht erreichen könnte und ihr daher der Weg zum Bundesverfassungsgericht versperrt wäre. Diese Umgestaltungsmöglichkeit ist dem verfassungsändernden Gesetzgeber selbstverständlich eröffnet, macht sich doch das Verfassungsprozessrecht den Umstand zunutze, dass insbesondere die parlamentarische Minderheit ein Interesse an der effektiven Ausübung der Verfassungsmäßigkeitskontrolle hat. Jedoch darf hieraus nicht gefolgert werden, dass die Antragsberechtigung eines Quorums des Bundestages dem Minderheitenschutz oder der oppositionellen Kontrollfunktion dient. Das Antragsrecht eines Teils des Bundestages ist allein Ausdruck der auch der Legislative zukommenden **Wächterfunktion** über die Verfassungsmäßigkeit der Rechtsordnung. 8

Daher besteht auch weder die Möglichkeit, die Antragsberechtigung durch Auslegung weiter auszudehnen, **sollte die Opposition das Quorum eines Viertels nicht erreichen**, noch ein verfassungsrechtlicher Anspruch der Opposition auf eine (verfassungs-)gesetzliche Erweiterung (BVerfGE 142, 25 (58 ff.) – *Oppositionsrechte*). Vertiefend hierzu vgl. nur *Cancik*, Wirkungsmöglichkeiten parlamentarischer Opposition im Falle einer qualifizierten Großen Koalition, in: NVwZ 2014, 18 (22); *Dimroth*, Antragsberechtigung beim Normenkontrollverfahren – Wächterfunktion oder Minderheitenschutz?, in: ZRP 2006, 50 ff.; *Schwarz*, Unkontrollierbare Regierung – Die Rechte der Koalition bei der Bildung einer Großen Koalition im Deutschen Bundestag, in: ZRP 2013, 226 ff.; *Schneider/Schwarz*, Parlamentarische Opposition zwischen Effektivität und Egalität, 2019 9

Trotz ihrer „*Garantenstellung*“ sind die im Verfahren der abstrakten Normenkontrolle Antragsberechtigten keine Verfahrensparteien, weswegen das einmal in Gang gesetzte Verfahren auch weitgehend 10 ihrer Disposition entzogen ist. Daher führt etwa auch die Rücknahme eines Antrags nicht automatisch zur Verfahrenseinstellung, wenn Gründe des öffentlichen Interesses für eine Fortführung sprechen (BVerfGE 1, 396 (414) – *Deutschlandvertrag*; 25, 308 (309) – *Bundeshaushaltsplan*). Gleichwohl kommen ihnen zumindest Beteiligtenrechte wie die Möglichkeit der Ablehnung eines Richters (§ 19 BVerfGG) oder Akteneinsicht (§ 20 BVerfGG) zu.

2. Antragsgegenstand

11 Tauglicher Gegenstand der Prüfung kann allein **„Bundes- oder Landesrecht"** sein (Art. 93 Abs. 1 Nr. 2 GG, § 76 Abs. 1 BVerfGG). Da die abstrakte Normenkontrolle den Kreis schon begrifflich weiter zieht, als die in der konkreten Normenkontrolle vorlegbaren „*Gesetze*", können nicht nur Gesetze im formellen Sinne, sondern Bundes- oder Landesrecht jedweden Rangs Gegenstand des Antrages sein. Dies umfasst **verfassungsändernde Gesetze** (BVerfGE 30, 1 (17 ff.) – *Abhörurteil*) ebenso wie **einfache Bundes- oder Landesgesetze, Rechtsverordnungen** (BVerfGE 1, 117 (126) – *Finanzausgleichsgesetz*) oder auch **Satzungen** (BVerfGE 10, 20 (54) – *Preußischer Kulturbesitz*). Da Gemeinden – unbeschadet der Garantie ihrer Selbstverwaltung aus Art. 28 Abs. 2 GG – aus gesamtstaatlicher Perspektive dem Verfassungsraum ihres jeweiligen Landes zuzuordnen sind, gilt dies auch für das außenwirksame **Recht der Gemeinden** und Gemeindeverbände.

12 Ob den Rechtssätzen dabei tatsächlich Rechtssatzqualität zukommt, weil sie Rechte oder Pflichten für Staatsbürger statuieren, ist irrelevant (BVerfGE 2, 307 (312) – *Gerichtsbezirke*; 20, 56 (89) – *Parteienfinanzierung I*); maßgeblich ist allein, dass sie ihrer **äußeren Form nach einem Rechtssatz entsprechen**. Daher sind etwa auch nur formelle Gesetze wie Haushaltsgesetze einer abstrakten Normenkontrolle zugänglich (BVerfGE 20, 56 (89 ff.) – *Parteienfinanzierung I*; 119, 96 (117)). Anders als im Verfahren der konkreten Normenkontrolle können dabei auch vorkonstitutionelle Rechtsnormen überprüft werden, weswegen auch weitergeltendes Reichsrecht einen tauglichen Antragsgegenstand darstellt (BVerfGE 2, 124 (131) – *Normenkontrolle II*; 103, 111, (124) – *Wahlprüfung Hessen*).

13 **a. Taugliche Antragsgegenstände im Einzelnen.** In Frage kommen damit zunächst **Parlamentsgesetze** als formelle (und mit Ausnahme der Haushaltsgesetze auch materielle) Gesetze. Ferner sind

auch Vertragsgesetze einer abstrakten Normenkontrolle zugänglich, die selbst keinen Regelungsgehalt enthalten, sondern allein der Zustimmung oder Ablehnung eines Vertrages dienen. Dies trifft vor allem auf **Zustimmungsgesetze zu völkerrechtlichen Verträgen** nach Art. 59 Abs. 2 GG zu (BVerfGE 1, 396 (412f.) – *Deutschlandvertrag*; 36, 1 (15) – *Grundlagenvertrag*), aber etwa auch auf **Landeszustimmungsgesetze**, die der Umsetzung von Staatsverträgen der Länder untereinander oder auswärtigen Staatsverträgen nach Art. 32 Abs. 3 GG dienen (BVerfGE 12, 205 (220ff.) – *Deutschland-Fernsehen-GmbH*). **Völkerrecht selbst**, das nicht nach Art. 25 S. 1 GG Teil des Bundesrechts ist, unterfällt jedoch nicht der abstrakten Normenkontrolle.

Während **Landesverfassungsrecht** weitgehend problemlos Gegenstand einer abstrakten Normenkontrolle sein kann (BVerfGE 103, 111 (124) – *Wahlprüfung Hessen*) ist dies für **Bestimmungen des Grundgesetzes** und grundgesetzändernde Gesetze im Hinblick auf die Problematik des **„verfassungswidrigen Verfassungsrechts"** differenzierter zu betrachten. Denn grundsätzlich nimmt das gesamte Verfassungsrecht des Grundgesetzes den gleichen normhierarchischen Rang ein, weswegen sich zwangsläufig die Frage stellt, wie Bundesverfassungsrecht überhaupt am Maßstab des Grundgesetzes überprüfbar sein soll. Jedoch erkennt das Bundesverfassungsgericht Verfassungsgrundsätze an, *„die so elementar sind, dass sie den Verfassungsgesetzgeber selbst binden und dass andere Verfassungsbestimmungen, denen dieser Rang nicht zukommt, wegen ihres Verstoßes gegen sie nichtig sein können"* (BVerfGE 1, 14 (32) – *Südweststaat*)). Daraus folgert es, dass auch Bestimmungen des Grundgesetzes und Änderungsgesetze zumindest am Maßstab der formellen und materiellen Anforderungen des Art. 79 GG überprüfbar sind (vgl. so etwa BVerfGE 84, 90 (118ff.) – *Bodenreform I*; 94, 12 (33f.) – *Bodenreform II*). 14

Während hinsichtlich einer Kontrolle verfassungsändernder Gesetze noch eine weitgehende Akzeptanz des rechtswissenschaftlichen Schrifttums besteht, ist die Existenz *„verfassungswidrigen originären Verfassungsrechts"* umstritten. Vgl. hierzu nur *Eilenbrock*, Art. 91e GG und das Verdikt verfassungswidrigen Verfassungsrechts – Zur Bindung des verfassungsändernden Gesetzgebers an Art. 79 Abs. 3 GG, 2018, 220ff.; *Leisner*, Verfassungswidriges Verfassungsrecht – Nach dem „Bodenreform-Urteil" des Bundesverfassungsgerichts, in: DÖV 1992, 432ff.; *Philipp*, Ist das Grundrecht auf Asyl verfassungswidrig?, in: NJW 1981, 1857 (1858); *Winterhoff*, Verfassung – Verfassungsgebung – Verfassungsänderung, 2007, 150ff. 15

16 Während **Gewohnheitsrecht** durchaus Gegenstand der abstrakten Normenkontrolle sein kann, gilt dies für **Richterrecht** nicht, weil diesem nur gesetzesähnliche Wirkung zukommt und es somit an der erforderlichen normativen Qualität mangelt. **Entscheidungen des Bundesverfassungsgerichts** können selbst dann nicht Verfahrensgegenstand sein, wenn ihnen nach § 31 Abs. 2 BVerfGG Gesetzeskraft zukommt. **Verwaltungsvorschriften** oder interne Verwaltungsanordnungen sind kein *„objektives Recht"* und unterfallen daher gleichfalls nicht der abstrakten Normenkontrolle. Hierfür besteht auch kein wirkliches Bedürfnis, da die Gerichte an sie ohnehin nicht nach Art. 20 Abs. 3, 97 Abs. 1 GG gebunden wären.

17 Die Normenkontrolle ist grundsätzlich auf Recht begrenzt, das der deutschen Staatsgewalt zuzuordnen ist; nur diese ist nach Art. 1 Abs. 3, 20 Abs. 3 GG an das Grundgesetz gebunden. **Ausländisches Recht** oder **Recht der ehemaligen Deutschen Demokratischen Republik**, das nicht kraft einheitsvertraglicher Anordnung fortgilt, bilden daher keinen tauglichen Antragsgegenstand (BVerfGE 84, 90 (122 f.) – *Bodenreform I*). Das **primäre Unionsrecht** unterliegt selbst nicht der abstrakten Normenkontrolle, wohl jedoch die nationalen Zustimmungsgesetze zu den Verträgen, die den Rechtsanwendungsbefehl erteilt haben (BVerfGE 52, 187 (199) – *Vielleicht-Beschluss*). **Sekundäres Unionsrecht** kann, da es sich nicht um Akte der deutschen Staatsgewalt handelt, nicht Antragsgegenstand der abstrakten Normenkontrolle sein. Anders als in Teilen behauptet, hat sich das Bundesverfassungsgericht durch seine Kontrollvorbehalte hierzu auch keine monopolistische Ausnahmezuständigkeit eröffnet. Vielmehr hält sich das Bundesverfassungsgericht offen, als **Vorfrage** einer gegen ein Verhalten der deutschen Staatsgewalt gerichteten Kontrolle sekundäres Unionsrecht auch darauf zu überprüfen, ob es außerhalb der der Union zugewiesenen Kompetenzen ergangen ist (*Ultra-vires-Kontrolle*) oder die Verfassungsidentität des Grundgesetzes beeinträchtigt (*Identitätskontrolle*) (BVerfGE 75, 223 (235) – *Kloppenburg-Beschluss*; 89, 155 (188) – *Maastricht*). Durch eine dahingehende mittelbare, **inzidente Kontrolle** des sekundären Unionsrechts wird dieses jedoch **nicht zum Antragsgegenstand** (BVerfGE 129, 124 (175 f.) – *EFS*; 134, 366 (394) – *OMT-Beschluss*). Angeknüpft werden muss insoweit immer an Akte der deutschen Staatsgewalt, die gerade auf Grundlage des sekundären Unionsrechts ergehen (BVerfGE 126, 286 (301 ff.) – *Honeywell*; 134, 366 (382) – *OMT-Beschluss*; 142, 123 (180) – *OMT-Programm*) oder an Unterlassungs- oder Reaktions-

pflichten (sog. „*Integrationsverantwortung*") deutscher Verfassungsorgane bezüglich Akten der Union, die grundgesetzlich geschützte Rechtsgüter beeinträchtigen (BVerfGE 134, 366 (394 ff.) – *OMT-Beschluss*; 135, 317 (393 f.) – *ESM-Vertrag*).

Die Verwirrung um diese Frage dürfte insoweit auf die Maastricht-Entscheidung des Bundesverfassungsgerichts zurückgehen, in der es seine Zuständigkeit akzessorisch zur Integrationsoffenheit für den „*Schutz der Grundrechte für die Einwohner Deutschlands auch gegenüber der Hoheitsgewalt der Gemeinschaften*" „*räumlich erweitert*" sah (BVerfGE 89, 155 (174) – *Maastricht*). Erst mit dem Urteil zum *OMT-Programm* machte das Bundesverfassungsgericht hinreichend klar, dass Unionsrechtsakte damit nicht unmittelbar Gegenstand der nationalen verfassungsgerichtlichen Verfahren werden sollten (BVerfGE 142, 123 (179 f.) – *OMT-Programm*). 18

Nationale Umsetzungsgesetze, kraft derer Deutschland seinen mitgliedstaatlichen Verpflichtungen zur Umsetzung unionsrechtlicher Richtlinien nachkommt, können in Abhängigkeit davon, ob der innewohnende Verfassungsverstoß sich gerade aus zwingenden Vorgaben des Unionsrechts ergibt, Antragsgegenstand sein. Ist der Verfassungsverstoß bereits **unionsrechtlich determiniert**, kann das Bundesverfassungsgericht keine vollumfängliche Kontrolle vornehmen, da diese sonst der inzidenten Kontrolle des sekundären Unionsrechts entspräche, für die es sich gerade selbst Zurückhaltung auferlegt hat (BVerfGE 118, 79 (97) – *Treibhausgas-Emissionsberechtigungen*). Insoweit verbliebe dem Bundesverfassungsgericht zunächst allein die Möglichkeit, dem Europäischen Gerichtshof im Vorabentscheidungsverfahren nach Art. 267 AEUV die Frage vorzulegen, ob das Sekundärrecht selbst gegen Primärrecht verstößt, da in diesem Fall eine vollumfassende Überprüfung am Maßstab des Grundgesetzes möglich wäre. Befindet der EuGH das Sekundärrecht indes als vertragskonform, so kommt eine Überprüfung allein nach den oben dargestellten Integrationsgrenzen in Frage. Ist der Verfassungsverstoß hingegen selbst **nicht unionsrechtlich determiniert**, steht der Tauglichkeit als Antragsgegenstand nichts im Wege (BVerfGE 122, 1 (21)). 19

Ein echtes **Unterlasen**, das heißt die Rüge der Nichtexistenz einer Norm mit dem Ziel, ein für geboten gehaltenes, allgemeines gesetzgeberisches Tätigwerden zu erzwingen, kann aus Gründen der Gewaltenteilung nicht Gegenstand einer abstrakten Normenkontrolle sein, wohl jedoch ein sogenanntes *unechtes Unterlassen*, also die Beanstandung einer bereits existenten Norm, die etwa ihrer Unvollständigkeit wegen hinter verfassungsrechtlichen Erfordernissen zurückbleibt (für 20 die konkrete Normenkontrolle vgl. BVerfGE 142, 313 (331) – *Zwangsbehandlung*).

21 **b. Existentes Recht.** Die abstrakte Normenkontrolle kann sich nur auf Recht erstrecken, das bereits existiert; sie ist **kein Verfahren der präventiven Normenkontrolle**. Regelmäßig kann ein Gesetz daher erst ab dem Zeitpunkt seiner **Verkündung** nach Art. 82 Abs. 1 GG tauglicher Antragsgegenstand sein. Mit dieser ist die Mitwirkung aller an der Normsetzung Beteiligten abgeschlossen und der Grundsatz der Gewaltenteilung steht einer verfassungsgerichtlichen Kontrolle nicht mehr entgegen (BVerfGE 1, 396 (410) – *Deutschlandvertrag*). Auf den Zeitpunkt des Inkrafttretens kann es dabei nicht ankommen, da dieser oftmals aus Zweckmäßigkeitsgründen oder mit einer gewissen Beliebigkeit gewählt wird, vor allem jedoch selbst Teil des Norminhalts ist (BVerfGE 34, 9 (23f.) – *Besoldungsvereinheitlichung*; 104, 23 (29)).

22 Eine Modifikation dieses Grundsatzes ist im Falle der Zustimmungsgesetze zu **völkerrechtlichen Verträgen** nach Art. 59 Abs. 2 GG zu machen, die nach Rechtsprechung des Bundesverfassungsgerichts nicht erst mit der Verkündung, sondern bereits nach ihrem Zustandekommen nach Art. 78 GG zum Gegenstand einer abstrakten Normenkontrolle gemacht werden können (BVerfGE 1, 396 (410ff.) – *Deutschlandvertrag*; 36, 1 (15) – *Grundlagenvertrag*). Dies erscheint nicht auf den ersten Blick einleuchtend: Anders als oftmals in diesem Kontext angeführt, besteht hierfür nämlich nicht schon aufgrund der völkerrechtlichen Verpflichtungswirkungen ein Bedarf, da diese zumeist nicht mit der Verkündung der Norm, sondern erst mit der Ratifikation durch den Bundespräsidenten eintreten (vgl. hierzu die Verfahrensbeschreibung in § 31 der Richtlinien für die Behandlung völkerrechtlicher Verträge). Würde nach Verkündung des Zustimmungsgesetzes aber noch vor Ratifikation ein Antrag auf abstrakte Normenkontrolle gestellt, so wäre der Bundespräsident wohl schon aus Gründen der Verfassungsorgantreue und Verfassungsloyalität dazu angehalten, die Ratifikation bis zum Abschluss des Verfahrens zu unterlassen. Vergeht unzureichend wenig Zeit zwischen Verkündung und Ratifikation, könnte ihn das Bundesverfassungsgericht auch mittels einstweiliger Anordnung nach § 32 BVerfGG dazu verpflichten, die Ratifikation zu unterlassen. Etwas anderes müsste nur gelten, wenn bereits mit der Verkündung der Norm völkerrechtliche Bindungen drohten, die das Bundesverfassungsgericht im Nachhinein

jedenfalls im völkerrechtlichen Außenverhältnis nicht mehr zu beseitigen vermag, weil die Wirksamkeit des Vertrages nicht von ihrer innerstaatlichen Verfassungsmäßigkeit abhängt. Trotzdem bleibt die Modifikation schon deshalb richtig, weil es im Interesse der Auswärtigen Gewalt der Bundesrepublik Deutschland liegen muss, zwischen der politischen Willensentscheidung über einen völkerrechtlichen Vertrag und einer abschließenden Entscheidung des Bundesverfassungsgerichts nur die zwingend notwendige Zeit verstreichen zu lassen. Ist eine Rechtsnorm **bereits außer Kraft getreten**, so kann sie noch im Wege der abstrakten Normenkontrolle überprüft werden, solange sie weiterhin Rechtswirkungen entfaltet (BVerfGE 5, 25 (28) – *Apothekenerrichtung*; 20, 56 (93) – *Parteienfinanzierung I*; 79, 311 (326) – *Staatsverschuldung*).

Vertiefend hierzu siehe nur *Burrmeister*, Gutachten des Bundesverfassungsgerichts zu völkerrechtlichen Verträgen, 1998, 45ff.; *Holzer*, Präventive Normenkontrolle durch das Bundesverfassungsgericht, 1978; *Lapp*, Vorbeugender Rechtsschutz gegen Normen, 1994; *Loh*, Die vorweggenommene Normenkontrolle im Verfassungs- und Verwaltungsrecht unter besonderer Berücksichtigung der Rechtslage in Bayern, 1973; *Söhn*, Die abstrakte Normenkontrolle, in: Starck (Hrsg.), Festgabe 25 Jahre Bundesverfassungsgericht, Bd. I, 1976, 292 (314f.).; *Zeidler*, Verfassungsgericht und völkerrechtlicher Vertrag, 1974.

3. Antragsgrund

Nach Art. 93 Abs. 1 Nr. 2 GG eröffnen nur ***„Meinungsverschiedenheiten oder Zweifel"*** über die Vereinbarkeit einer Norm mit dem höherrangigen Bundes- bzw. Verfassungsrecht den Weg zur abstrakten Normenkontrolle. Eines anhängigen Gerichts- oder Gesetzgebungsverfahrens, der die Klärung der Vereinbarkeit der Norm zwingend erforderlich macht, braucht es – und insoweit grenzt sich die abstrakte Normenkontrolle von ihrem konkreten Pendant nach Art. 100 Abs. 1 GG ab – gerade nicht. Gleichwohl stellt die Formulierung klar, dass schon aus Gründen der bundesverfassungsgerichtlichen Arbeitsfähigkeit eine Normenkontrolle aus rein akademischem Interesse verwehrt bleibt; es muss sich also zumindest eine konkrete und praktische Relevanz der Fragestellung abzeichnen (BVerfGE 12, 205 (221) – *Deutschland-Fernsehen-GmbH*). Überhöhte Anforderungen sollten an diese Voraussetzung indes nicht gestellt werden, da die Einleitung des Verfahrens schon durch den Kreis der potentiellen Antragsteller signifikant begrenzt ist. 23

24 Vor diesem Hintergrund führt § 76 Abs. 1 Nr. 1 BVerfGG zu einer recht unglücklichen Situation: Anders als Art. 93 Abs. 1 Nr. 2 GG erhebt dieser zur Zulässigkeitsvoraussetzung, dass der Antragsteller das gegenständliche Recht ***„für nichtig hält“***. Bloße Zweifel genügen diesem Erfordernis nicht, vielmehr knüpft die Norm an eine positiv geprägte Ansicht an, die sich bereits zur Überzeugung von der Nichtigkeit verdichtet hat. Ferner sieht § 76 Abs. 1 Nr. 1 BVerfGG auch vor, dass diese Überzeugung gerade beim Antragsteller bestehen muss. Geht der Antragsteller demgemäß selbst von der Vereinbarkeit mit höherrangigem Recht aus, sieht dies jedoch von anderer Stelle ernstlich und relevant bestritten, so hätte er nach § 76 Abs. 1 Nr. 1 BVerfGG keinen triftigen Antragsgrund. § 76 Abs. 1 Nr. 1 BVerfGG stellt damit weitaus strengere und enger gefasste Bestimmungen auf als Art. 93 Abs. 1 Nr. 2 GG, weswegen sich zwangsläufig die Frage nach dem **Verhältnis der Normen zueinander** stellen muss.

25 Nach **normenhierarchischem Regelfall** besteht der uneingeschränkte Vorrang der Verfassung vor einfachem Gesetzesrecht des Bundes. Relativ schnell hat sich daher der weitaus überwiegende Teil rechtswissenschaftlichen Literatur für eine (Teil-)Nichtigkeit des § 76 Abs. 1 BVerfGG ausgesprochen.

Vgl. so etwa *Heun*, Normenkontrolle, in: Badura/Dreier (Hrsg.), Festschrift 50 Jahre Bundesverfassungsgericht, Bd. I, 2001, 615 (620); *Schlaich/Korioth*, Das Bundesverfassungsgericht, 11. Aufl. 2018, Rn. 130; *Söhn*, Die abstrakte Normenkontrolle, in: Starck (Hrsg.), Festgabe 25 Jahre Bundesverfassungsgericht, Bd. I, 1976, 292 (301 ff.); *Stern*, Staatsrecht, Bd. II, 1980, 986; *Voßkuhle*, in: v. Mangoldt/Klein/Starck (Hrsg.), GG, 7. Aufl. 2018, Art. 93 Rn. 123; *Winkler*, Das Klarstellungsinteresse im bundesstaatlichen Normenkontrollverfahren nach Art. 93 I Nr. 2a GG, in: NVwZ 1999, 1291 (1292 ff.).

26 Da das Bundesverfassungsgericht einer verbindlichen Klärung dieser Frage lange Zeit aus dem Weg gehen konnte, weil die Antragsteller entweder ohnehin die Voraussetzungen beider Normen erfüllten oder das Gericht durch großzügige Auslegung für eben dies sorgte (vgl. so etwa BVerfGE 1, 184 (196) – *Normenkontrolle I*; 2, 307 (313) – *Gerichtsbezirke*; 6, 104 (110) – *Kommunalwahl-Sperrklausel I*), nahm es erst 1997 eine konträre Position zur Literaturmeinung ein. Nach seiner Ansicht stellt § 76 BVerfGG eine **verfassungsgemäße Konkretisierung** des Art. 93 Abs. 1 Nr. 2 GG dar und unterfällt der Ausgestaltungsbefugnis des einfachen Gesetzgebers nach Art. 94 Abs. 2 S. 1 GG (BVerfGE 96, 133 (137)).

Zu Recht ist der bundesverfassungsgerichtlichen Rechtsprechung vorgeworfen worden, sich allein apodiktisch ohne inhaltliche Befassung mit den Erwägungen des Schrifttums der Frage weniger angenommen denn entledigt zu haben (vgl. *Pestalozza*, in: JZ 1998, 1039 (1042 f.)). Im Ergebnis vermag sie auch **nicht zu überzeugen**: Die „*These*“ des Bundesverfassungsgerichts von der verfassungskonformen Konkretisierung des Art. 93 Abs. 1 Nr. 2 GG wäre allein dann schlüssig, wenn die grundgesetzliche Grundnorm selbst überhaupt keine verfassungsunmittelbaren Zulässigkeitsvoraussetzungen, sondern allein Anknüpfungspunkte für eine weitere Konkretisierung schaffen sollte. Dies entspricht jedoch weder dem historischen Befund (siehe hierzu *Söhn*, Die abstrakte Normenkontrolle, in: Starck (Hrsg.), Festgabe 25 Jahre Bundesverfassungsgericht, Bd. I, 1976, 292 (302 f.).), noch der Handhabung des Art. 93 Abs. 1 GG durch das Bundesverfassungsgericht im Übrigen. Soweit das Bundesverfassungsgericht darauf besteht, § 76 Abs. 1 BVerfGG „konkretisiere“ Art. 93 Abs. 1 Nr. 2 GG und damit behauptet, „*für nichtig halten*“ sei eine verfassungskonforme Konkretisierung von „*Meinungsverschiedenheiten oder Zweifel*“, ist dem zwangsläufig entgegenzuhalten, dass der Verfassungsgeber wortlautdifferenziert vorgegangen ist und – wie etwa im Falle des Art. 100 Abs. 1 S. 1 GG – an ein „*für verfassungswidrig*“ Halten angeknüpft hat, wenn er dies beabsichtigte (so im Ergebnis auch *Voßkuhle*, in: v. Mangoldt/Klein/Strack (Hrsg.), GG, 7. Aufl. 2018, Art. 93 Rn. 123). Nicht zuletzt spricht auch der Kontext des Verfahrens, der den Antragstellern als „*Garanten der verfassungsmäßigen Rechtsordnung*“ ein weit gefasstes Recht der Kontrolle von Rechtssätzen einräumt, gegen eine derartige Begrenzung des Antragsgrundes. 27

Um eine Teilnichtigkeit oder gar eine Nichtigkeit des § 76 Abs. 1 BVerfGG zu umgehen, finden sich auch Stimmen für eine vermittelnde Handhabung, etwa für die verfassungskonforme Auslegung des § 76 Abs. 1 BVerfGG (*Lechner/Zuck*, BVerfGG, 8. Aufl. 2019, § 76 Rn. 30) oder auch dafür, dass § 76 Abs. 1 Nr. 1 BVerfGG allein den „*Regelfall*“ der Überzeugung von der Nichtigkeit darstelle, nicht ihm unterfallende Fälle von Meinungsverschiedenheiten oder Zweifeln indes verfassungsunmittelbar durch Art. 93 Abs. 1 Nr. 2 GG zugelassen würden (so etwa *Benda/Klein*, Verfassungsprozessrecht, 4. Aufl. 2020, Rn. 688). Beiden Ansichten steht indes der klar hervortretende Wille des einfachgesetzlichen Gesetzgebers entgegen, mit § 76 Abs. 1 Nr. 1 BVerfGG begrenzende Sachentscheidungsvoraussetzung der abstrakten Normenkontrolle zu realisieren. Für die Aufrechterhaltung einer verfassungswidrigen Norm, die allein weiterreichende Beschränkungen auferlegt, besteht da- 28 mit – allem wohlwollenden Ansinnen zum Trotz – weder verfassungsrechtlicher Rückhalt noch ein Bedürfnis.

29 Die Unterscheidung von Zweifeln einerseits und der Überzeugung von der Nichtigkeit andererseits ist auch **in der Praxis nicht völlig gegenstandslos**: Relevant kann dies etwa werden, wenn ein Antragsteller eine Norm nur in einer bestimmten verfassungskonformen Auslegung noch für gültig hält und im Übrigen für verfassungswidrig: Zweifel an der Verfassungsmäßigkeit mag dies ernstlich begründen, die Überzeugung von der Nichtigkeit des Rechtssatzes indes nicht. Nun lässt sich natürlich darauf verweisen, dass in der Verfassungspraxis allein die *„Behauptung"* der eigenen Überzeugung **von der Nichtigkeit** ausreicht und deswegen hierfür keine größeren Substantiierungslasten bestehen (insoweit etwa *Lerche,* Antragsbefugnis bei der verfassungsgerichtlichen Normenkontrolle und politisches Kalkül, in: Töpper, Bernhard (Hrsg.), Festschrift für Gerd Jauch, 1990, 121 (123f.); *Kees*, in: Barczak (Hrsg.), BVerfGG, 2018, § 76 Rn. 45). Gleichwohl führt dieser Vorschlag im Ergebnis dazu, dass einfaches Recht ein Verfassungsorgan zur Täuschung eines anderen Verfassungsorganes nötigt – überzeugend ist das nicht. An der verfassungsgerichtlichen Praxis, dass das Bundesverfassungsgericht **§ 76 Abs. 1 BVerfGG als abschließende, gültige Normierung des Antragsgrundes** ansieht und allein bestehende Meinungsverschiedenheiten oder Zweifel für eine abstrakte Normenkontrolle nicht ausreichen lässt, ändert dies indes nichts.

Vertiefend hierzu vgl. *Benda/Klein*, Verfassungsprozessrecht, 4. Aufl. 2020, Rn. 688ff.; *Lerche,* Antragsbefugnis bei der verfassungsgerichtlichen Normenkontrolle und politisches Kalkül, in: Töpper, Bernhard (Hrsg.), Festschrift für Gerd Jauch, 1990, 121ff.; *Pestalozza*, Das Bundesverfassungsgericht: Bonner Reform-Allerlei '98, in: JZ 1998, 1039ff.

30 Abseits der Variante der abstrakten Kontrolle, weil der Antragsteller einen Rechtssatz *„für nichtig"* hält, sieht § 76 Abs. 1 Nr. 2 BVerfGG die Möglichkeit eines **Normbestätigungsverfahrens** vor. Diesem liegt die Konstellation zu Grunde, dass der Antragsteller eine Norm selbst für gültig hält und der Anlass zur Kontrolle der Norm erst dadurch besteht, dass ein Gericht, eine Behörde oder ein Verfassungsorgan eine Norm mit der Behauptung der Unvereinbarkeit mit höherrangigem Recht unangewendet lässt.

31 Der Begriff der Nichtanwendung ist dabei insgesamt weit zu fassen (BVerfGE 96, 133 (137f.); eine solche kann daher auch vorliegen, wenn das

Gericht eine Norm in einer bestimmten Konstellation für verfassungswidrig hält und sie fehlerhaft verfassungskonform auslegt (BVerfGE 96, 133 (137 f.); 119, 247 (259)). Vertiefend hierzu vgl. nur *Rein*, Das Normbestätigungsverfahren, 1991; *Roth*, Die verfassungsgerichtliche Überprüfung verfassungskonformer Auslegung im Wege der abstrakten Normenkontrolle, in: NVwZ 1998, 563 ff.; *Schlaich/Korioth*, Das Bundesverfassungsgericht, 11. Aufl. 2018, Rn. 133.

4. Objektives Klarstellungsinteresse

Wegen seines objektiven Verfahrenscharakters bedarf es im Verfah- 32
ren der abstrakten Normenkontrolle keines subjektiv begründeten Rechtsschutzbedürfnisses: Zweck des Verfahrens ist nicht die Abwehr subjektiver Rechtsverletzungen, sondern die Wahrung der verfassungsmäßigen Rechtsordnung. Gleichwohl macht das Bundesverfassungsgericht ein *„objektives Klarstellungsinteresse"* zur Voraussetzung eines zulässigen Normenkontrollantrages (BVerfGE 6,104 (110) – *Kommunalwahl-Sperrklausel I*; 96, 133 (137); 119, 96 (117)). Dabei soll ein solches Klarstellungsinteresse durch das Vorliegen des Antragsgrundes indiziert sein (BVerfGE 96, 133 (137); 119, 394 (409); 127, 293 (319) – *Legehennen-Haltung*) und entfällt nur, wenn von dem gegenständlichen Rechtssatz unter keinem denkbaren Gesichtspunkt mehr rechtliche Auswirkungen ausgehen können (BVerfGE 97, 198 (213 f.) – *Bundesgrenzschutz*; 119, 394 (410)).

Vertiefend hierzu vgl. *Lechner/Zuck*, BVerfGG, 8. Aufl. 2019, § 76 Rn. 36; *Winkler*, Das Klarstellungsinteresse im bundesstaatlichen Normenkontrollverfahren nach Art. 93 Abs. 1 Nr. 2a GG, in: NVwZ 1999, 1291 ff.

5. Form und Frist

Ihres Verfahrenszweckes wegen ist die abstrakte Normenkontrolle 33
an **keine Frist** gebunden: Die Antragsteller sollen die Verfassungsmäßigkeit bzw. Bundesrechtskonformität der Rechtsordnung umfassend wahren können (BVerfGE 7, 305 (310) – *Rechtsverhältnisse der Flüchtlinge*). Eine Antragstellung ist damit uneingeschränkt von der Existenz des Rechtssatzes an bis zu dem Zeitpunkt möglich, in dem er – unabhängig von seiner Gültigkeit – keine Rechtswirkungen mehr entfaltet (BVerfGE 119, 96 (116). In formeller Hinsicht hat der Antrag den Erfordernissen des § 23 Abs. 1 BVerfGG zu genügen, ist mithin **schriftlich und begründet** beim Bundesverfassungsgericht einzureichen. Dabei ist auch hinreichend substantiiert darzulegen,

aus welchen Gründen die gegenständliche Norm gegen welches höherrangige Recht verstoßen soll (BVerfGE 116, 327 (376) – *Berliner Haushalt*; 119, 247 (258 f.)).

III. Das Verfahren im Übrigen

34 Nach § 77 Nr. 1 BVerfGG hat das Bundesverfassungsgericht dem Bundestag, dem Bundesrat, der Bundesregierung genauso die **Gelegenheit zur Äußerung** zu geben wie den Landesregierungen, wenn der Antragsgegenstand bundesrechtlicher Natur ist bzw. den Länderparlamenten, wenn ein landesrechtlicher Rechtssatz dem Verfahren zu Grunde liegt. Diese Verfahrensbestimmung ist insoweit Ausdruck des Grundsatzes der **Verfassungsorgantreue**: Über eine Rechtsnorm soll nicht verfassungsgerichtlich entschieden werden, ohne den zuvor am Normerlassverfahren beteiligten anderen Verfassungsorganen die Gelegenheit gegeben zu haben, sich hierzu zu äußern. § 77 Nr. 1 BVerfGG begründet ein Recht, nicht jedoch eine Pflicht zur Äußerung. In der verfassungsgerichtlichen Praxis gibt das Bundesverfassungsgericht oftmals auch **Dritten** Gelegenheit zur Stellungnahme, wobei sich dies jedoch nicht nach § 77 sondern nach § 27a BVerfGG richtet.

35 Eine **vorherige bundesverfassungsgerichtliche Entscheidung**, die die Norm als mit der Verfassung vereinbar tenoriert hat, steht einer abstrakten Normenkontrolle als **Prozesshindernis** entgegen (BVerfGE 131, 316 (332 f.) – *Landeslisten*). Eine erneute Überprüfung kommt jedoch in Frage, wenn sich die maßgebliche Sach- und Rechtslage seit dem Zeitpunkt der Entscheidung verändert hat (BVerfGE 128, 326 (364 f.) – *EGMR Sicherungsverwahrung*; 131, 316 (333) – *Landeslisten*)

IV. Begründetheit und Entscheidung

1. Prüfungsmaßstab

36 Während der Antragsteller durch seinen Antrag den Gegenstand der Prüfung determiniert, bestimmt sich der **Prüfungsmaßstab** des Bundesverfassungsgerichts allein kraft (verfassungs-)gesetzlicher Anordnung. Unabhängig von im Antrag angeführten Prüfungsmaßstäben hat das Bundesverfassungsgericht den Antragsgegenstand um-

fänglich einer Überprüfung unter Heranziehung aller in Frage kommender Prüfungsmaßstäbe zu untersuchen. **Bundesrecht** ist dabei nach Art. 93 Abs. 1 Nr. 2 GG und § 76 Abs. 1 BVerfGG allein am Maßstab des Grundgesetzes zu messen. Dieses umfasst das Grundgesetz im formellen Sinne als Summe seiner Bestimmungen, aber auch die sich aus dem Gesamtinhalt der Verfassung ergebenden Grundentscheidungen, die *„der Verfassungsgesetzgeber, weil sie das vorverfassungsmäßige Gesamtbild geprägt haben, von dem er ausgegangen ist, nicht in einem besonderen Rechtssatz konkretisiert hat"* (BVerfGE 2, 380 (403) – *Haftentschädigung*).

Schwierigkeiten bereitet dagegen die Frage, ob möglicherweise untergesetzliche Rechtssätze des Bundesrechts wie etwa **Rechtsverordnungen am Maßstab des einfachgesetzlichen Bundesrechts** gemessen werden können. Die Fragestellung ergibt sich, weil § 76 Abs. 1 BVerfGG im Vergleich mit Art. 93 Abs. 1 Nr. 2 GG redaktionell durchaus misslungen ist und jedenfalls auch die Leseart eröffnet, Bundesrecht könnte am Maßstab des sonstigen Bundesrechts gemessen werden. Dies ist indes schon wegen der glasklaren Fassung des Art. 93 Abs. 1 Nr. 2 GG abzulehnen, vor allem jedoch auch, weil mit der für eine solche Möglichkeit angeführten Argumentation, Rechtsverordnungen, die etwa ihrem Ermächtigungsgesetz widersprächen, würden auch das Rechtsstaatsprinzip verletzten, im Ergebnis jegliche einfache Rechtsanwendung zum Gegenstand einer abstrakten Normenkontrolle gemacht werden können. Vertiefend hierzu *Kees*, in: Barczak (Hrsg.), BVerfGG, 2018, § 76 Rn. 59 ff. Differenzierter zu betrachten ist indes die Rechtsprechung des Bundesverfassungsgerichts dazu, als **Vorfrage** der Überprüfung der Vereinbarkeit einer Rechtsverordnung mit dem Grundgesetz auch zu prüfen, ob der Inhalt der Rechtsverordnung in der in Anspruch genommenen gesetzlichen Ermächtigung eine Grundlage findet (BVerfGE 101, 1 (30 f.)). Vertiefend vgl. *Kramer*, Wirksamkeit der Hennenhaltungsverordnung, in: JuS 2001, 962 (964); *Müller-Terpitz*, Rechtsverordnungen auf dem Prüfstand des BVerfG, in: DVBl. 2000, 232 ff.; *Tillmanns*, Die Prüfung von Rechtsverordnungen des Bundes am Maßstab des einfachgesetzlichen Bundesrechts im Verfahren der abstrakten Normenkontrolle, in: DÖV 2001, 728 ff. 37

Landesrecht wird zusätzlich auf seine Vereinbarkeit mit sonstigem Bundesrecht überprüft. Letzterem unterfallen dabei auch bundesrechtliche Rechtssätze untergesetzlichen Ranges wie etwa Rechtsverordnungen, weil auch diese an dem durch Art. 31 GG angeordneten Vorrang des Bundesrechtes teilhaben. Zum Prüfungsmaßstab gehören auch allgemeine Regeln des Völkerrechts, die nach Art. 25 S. 1 GG zum Bestandteil des Bundesrechts geworden sind, sowie völkerrechtliche Verträge, soweit diese nach Art. 59 Abs. 2 S. 1 GG mit Rechtsanwendungsbefehl ergangen sind. Da Bundesrecht jedoch nur inso- 38 weit zum Prüfungsmaßstab des Landesrechtes taugt, wie es selbst wiederum wirksam weil mit der Verfassung vereinbar ist, umfasst die Prüfungskompetenz des Bundesverfassungsgerichts auch eine inzidente Überprüfung des unterverfassungsrechtlichen Bundesrechts (so auch *Kees*, in: Barczak (Hrsg.), BVerfGG, 2018, § 76 Rn. 61).

39 Nicht zum Prüfungsmaßstab zählt hingegen das **Unionsrecht**, da es weder die Gültigkeit einer innerstaatlichen Rechtsnorm in Frage zu stellen vermag noch zum normativ determinierten Prüfungsmaßstab des Bundesverfassungsgerichts gehört (BVerfGE 136, 69 (91)). **Landesverfassungsrecht** scheidet wegen der Trennung der Verfassungsräume von Bund und Ländern als tauglicher Prüfungsmaßstab gleichfalls aus (BVerfGE 2, 307 (336) – *Gerichtsbezirke*; 41, 88 (119) – *Gemeinschaftsschule*); die Überprüfung von Landesgesetzen am Maßstab der Landesverfassung obliegt – soweit die Landesverfassung ein solches Verfahren vorsieht – ausschließlich den Landesverfassungsgerichten.

2. Prüfungsumfang

40 Der **Prüfungsumfang** ist dem Grunde nach auf den vom Antragsteller zum Gegenstand des Verfahrens gemachten Rechtssatz begrenzt; das Bundesverfassungsgericht ist insoweit an den Antrag gebunden. Der Antrag ist indes im Hinblick auf seine Begründung **auszulegen**, um zu ermitteln, die Überprüfung welcher Normen tatsächlich begehrt wird (BVerfGE 119, 394 (408), 122, 1 (18)). Eine **gesetzlich angeordnete Möglichkeit der Erweiterung des Prüfungsumfangs** findet sich in § 78 S. 2 BVerfGG: Demnach kann das Bundesverfassungsgericht die Normverwerfung (und damit auch die Prüfung) auf weitere Bestimmungen des gleichen Gesetzes erstrecken, die nicht Teil des ursprünglichen Antrages waren, aber an dem gleichen Mangel leiden, wie der eigentliche Antragsgegenstand.

41 Dies begegnet durchaus **verfassungsrechtlichen Bedenken**, weil insoweit die gerade im Verfahren der abstrakten Normenkontrolle bedeutsame Bindung des Gerichts an den Antrag *(ne ultra petita)* durchbrochen wird (so etwa *Voßkuhle*, in v. Mangoldt/Klein/Starck (Hrsg.), GG, 7. Aufl. 2018, Art. 93 Rn. 125). Rechtfertigen lässt sich diese Regelung allein mit dem öffentlichen Interesse daran, offensichtlich verfassungswidriges Recht nicht sehenden Auges fortgelten zu lassen, würde aber schon aufgrund ihrer Ausgestaltung als Ausnahmevorschrift nach restriktiver Handhabung verlangen. Eine solche hat das Bundesverfassungsgericht indes gerade nicht erkennen lassen: So hat es seine Prüfung kraft § 78 S. 2 BVerfGG nicht nur auf andere Bestimmungen des gleichen Gesetzes, sondern auch auf Bestimmungen völlig anderer Gesetze erstreckt, die den gleichen Lebenssachverhalt betreffen (vgl. so BVerfGE 94, 241 (265 f.) – *Kindererziehungszeiten*; 99, 202 (215 f.)). Soweit

man nicht schon von der Verfassungswidrigkeit des § 78 S. 2 BVerfGG überzeugt ist, sprengt dies den eng gesetzten Rahmen des durch die Vorschrift eingeräumten pflichtgemäßen Ermessens jedoch zweifelsohne.

Darüber hinaus bezieht das Bundesverfassungsgericht auch **weitere nicht explizit oder implizit angegriffenen Rechtssätze** mit in die Prüfung ein, die auf die angegriffenen Rechtsnormen ausstrahlt oder notwendiger Bestandteil einer Gesamtregelung sind (BVerfGE 128, 1 (32) – *Gentechnikgesetz*). Keine Frage des Prüfungsumfangs, sondern vielmehr der Erstreckung des Entscheidungsausspruches ist es, wenn das Bundesverfassungsgericht weitere, nicht selbst angegriffene Normen für nichtig erklärt, weil sie mit der antragsgegenständlichen Norm dergestalt eine untrennbare Einheit bilden, dass sie ohne die zu verwerfende Norm ihren Sinn verlören. 42

3. Entscheidung und Entscheidungswirkungen

a. Nichtigkeits- und Vernichtbarkeitslehre. Auf den ersten Blick scheint § 78 S. 1 BVerfGG eine klare Bestimmung für den Entscheidungsausspruch und die Entscheidungswirkungen der Normenkontrollentscheidung bereitzuhalten: Ist das Bundesverfassungsgericht von der Unvereinbarkeit des Antragsgegenstandes mit dem Prüfungsmaßstab überzeugt, so erklärt es ihn für nichtig. Doch hinter dieser schlichten Aussage verbirgt sich eine Problematik von erheblicher Tragweite: **Wie verlieren verfassungswidrige Normen ihre Gültigkeit?** 43

Die traditionelle, deutsche Auffassung reicht zur Rechtsprechung des Reichsgerichts zurück, das 1925 erstmalig die Kompetenz zur Prüfung von Reichsrecht am Maßstab der Verfassung (*richterliches Prüfungsrecht*) behauptet hatte (RGZ 111, 320 (322f.) – *Aufwertungsgesetz*). Weil die vor dem Reichsgericht anhängigen Fälle jedoch stets in der Vergangenheit lagen, stellte sich zwangsläufig die Frage, mit welcher Wirkung ein Gesetz, das das Reichsgericht als verfassungswidrig betrachtete, seine Rechtswirkungen verlor. Bei der Beantwortung der Frage konnte man sich auf die Reine Rechtslehre *Hans Kelsens* stützen, der den Geltungsanspruch eines Rechtssatzes daran knüpfte, dass er nach Maßgabe seine Entstehung regelnder Bestimmungen einer ihm übergeordneten Grundnorm zustande gekommen ist (*Kelsen*, Reine Rechtslehre, Studienausgabe der 1. Aufl. 2008, V. 27, 28). Kann ein Gesetz (als gegenständlicher Rechtssatz) daher überhaupt nur Geltung beanspruchen, wenn es von seiner verfas- 44 sungsrechtlichen Grundlage (Grundnorm) getragen wird, so kann es zu keinem Zeitpunkt jemals gültig gewesen sein – geboren war die Idee der *eo ipso* und *ex tunc*-Nichtigkeit verfassungswidriger Gesetze, die sogenannte Nichtigkeitslehre. Diese löste gleichzeitig ein zentrales Problem der Gewaltenteilung: Nicht Gerichte erklärten verfassungswidrige Gesetze des demokratisch legitimierten Gesetzgebers für ungültig, sie waren es von vornherein und bedurften nur noch einer Feststellung der ohnehin geltenden Rechtslage. Aber auch aus Gründen der Einheitlichkeit und Widerspruchslosigkeit der Rechtsordnung sowie zur Durchsetzung des Vorrangs der Verfassung mag das Nichtigkeitsdogma einleuchten, weshalb der überwiegende Teil der Lehre bis heute an ihm festhält.

Vergleiche zur Nichtigkeitslehre nur *Ipsen*, Rechtsfolgen der Verfassungswidrigkeit von Norm und Einzelakt, 1980, 159ff., 164ff.; *Löwer*, Zuständigkeiten und Verfahren des Bundesverfassungsgerichts, in: Isensee/Kirchhof (Hrsg.), Handbuch des Staatsrechts, Bd. III, 3. Aufl. 2005, § 70 Rn. 114ff.; *Papier*, Rechtsfolgen von Normenkontrollen, in: EuGRZ 2006, 530 (531); *Schilling*, Rang und Geltung von Normen in gestuften Rechtsordnungen, 1994, 557ff.; *Menzel*, Kompetenzkonflikt zwischen Bund und Land in der Gesetzgebung, in: DVBl. 1997, 640 (642ff.); *Schlaich/Korioth*, Das Bundesverfassungsgericht, 11. Aufl. 2018, Rn. 379ff.

45 Im Hinblick auf einzelne Bestimmungen des Grundgesetzes und des Verfassungsprozessrechts hat sich jedoch zunehmend eine Gegenauffassung herausgebildet, die verfassungswidrige Gesetze für so lange existent und gültig erachtet, bis sie durch verfassungsgerichtliche Entscheidung aufgehoben werden (**Vernichtbarkeitslehre**). Dabei hält man die Lehre von der Nichtigkeit für überholt: Da die Verfassungsgerichtsbarkeit unstrittig dazu berufen sei, über die Vereinbarkeit von Normen mit der Verfassung zu entscheiden und – nach Ansicht der Vereinbarkeitslehre – sie auch für nichtig zu *erklären*, bedarf es der historisch anheimelnden *eo ipso* und *ex tunc*-Nichtigkeit nicht mehr. Normativ-interpretatorisch stützt sich dieser Befund etwa auf §§ 78, 95 Abs. 3 BVerfGG, die vorsehen, dass das Bundesverfassungsgericht verfassungswidrige Gesetze für *„nichtig erklärt“*, maßgeblich jedoch auf Art. 100 Abs. 1 GG, indem nahegelegt wird, ein Gericht könne nicht zur Vorlage verpflichtet und bis dahin an ein Gesetz gebunden sein, wenn dieses von sich aus und von Beginn an nichtig sei.

Vgl. zur Vernichtbarkeitslehre etwa *Böckenförde*, Die sogenannte Nichtigkeit verfassungswidriger Gesetze, 1966, 26ff.; *Lippold*, Gilt im deutschen Recht ein Fehlerkalkül für Gesetze?, in: Der Staat 29 (1990), 185 (204ff.); *Mönch*, Verfassungswidriges Gesetz und Normenkontrolle, 1977, 114ff.; *Pestalozza*, Verfassungsprozessrecht, 3. Aufl. 1991, 277ff.

Dem Grundgesetz selbst fehlt eine explizite Regelung der Proble- 46
matik; Art. 31 GG stellt zwar fest, dass Bundesrecht Landesrecht *„bricht"*, erklärt jedoch nicht, ob bundesrechtswidriges Landesrecht nur nicht mehr angewendet werden kann (*Suspension*) oder vollständig seine Geltung verliert (*Derogation*). Gleichermaßen gilt dies für den Art. 20 Abs. 3 GG zu entnehmenden Grundsatz des Vorrangs der Verfassung: Dieser Grundsatz gestattet allein den Schluss, dass ein verfassungswidriges Gesetz zurückzutreten hat, nicht jedoch in welcher Form. Aber auch Art. 100 Abs. 1 GG erscheint auf den zweiten Blick weniger eindeutig als die Vertreter der Vernichtbarkeitslehre behaupten; er ist vielmehr als offene Norm zu begreifen, die ein taugliches Prozedere sowohl für die Nichtigkeits- als auch die Vernichtbarkeitslehre bereithält. Denn unabhängig davon, ob eine Norm bis zur verfassungsgerichtlichen Erklärung der Nichtigkeit gültig ist, oder ob sie zwar von Anfang an ungültig ist, wegen des Verwerfungsmonopols des Bundesverfassungsgerichts jedoch von den Fachgerichten bis zum Ausspruch der Verfassungswidrigkeit weiter zwingend anzuwenden ist, lassen sich beide Konstellationen unter den Wortlaut des Art. 100 Abs. 1 GG fassen (so i. E. auch *Lechner/Zuck*, BVerfGG, 8. Aufl. 2019, § 78 Rn. 4).

Auch wenn das Bundesverfassungsgericht gerne als Kronzeuge für 47
das Nichtigkeitsdogma herangezogen wird, ist seine Rechtsprechung wenig eindeutig. So hat es sich von der Deutlichkeit seiner anfänglichen Positionierung, Gesetze seien *„wegen Widerspruchs mit dem Grundgesetz von Anfang an rechtsunwirksam"* (BVerfGE 1, 14 (37) – *Südweststaat*; ähnlich auch 7, 377 (387) – *Apotheken-Urteil*; 8, 51 (71) – *Parteispendenurteil I*) alsbald gelöst. Dies sollte jedoch nicht als Lossagung von der etablierten Dogmatik begriffen werden (hierfür spricht auch die Trennung von objektiver Gültigkeit und prozessualer Feststellung in BVerfGE 68, 346 (351)), sondern war vielmehr sprachlicher Vorläufer der **Ausdifferenzierung des Rechtsfolgenausspruchs**, den das Bundesverfassungsgericht vornehmen sollte.

Vertiefend hierzu auch *Breuer*, Nichtiges Gesetz und vernichtbarer Verwaltungsakt, in: DVBl. 2008, 555ff.; *Papier*, Rechtsfolgen von Normenkontrollen, in: EuGRZ 2006, 530ff.; *Zimmermann*, Die Folgen der Rechtswidrigkeit von

Rechtsnormen, in: JA 2018, 249ff.; *Schlaich/Korioth*, Das Bundesverfassungsgericht, 11. Aufl. 2018, Rn. 379ff.

48 **b. Entscheidungsvarianten.** Auf der Grundlage von § 78 BVerfGG erklärt das Bundesverfassungsgericht Rechtssätze, die gegen den höherrangigen Prüfungsmaßstab verstoßen, **„*für nichtig*"**. Die Norm ist insoweit allein eine Tenorierungsvorschrift, die den verfassungsprozessualen Rechtsfolgenausspruch regelt, nicht jedoch die materielle Folge der Verletzung des Prüfungsmaßstabes, da sich diese unmittelbar aus der Verfassung selbst ergibt und von § 78 BVerfGG vielmehr vorausgesetzt wird. Die Feststellung der Nichtigkeit hat – soweit man dem Nichtigkeitsdogma folgt – **allein deklaratorische Wirkung**: Da der Rechtssatz bereits *eo ipso* und *ex tunc* nichtig war, bezweckt die bundesverfassungsgerichtliche Entscheidung allein, den aus Gründen der Rechtssicherheit und der Autorität des parlamentarischen Gesetzgebers gebotenen und bis dato andauernden Anwendungszwang für das Gesetz aufzuheben. Die Feststellung der Nichtigkeit erstreckt sich auf den Prüfungsgegenstand, soweit dieser an einem verfassungsrechtlichen (oder bundesrechtlichen) Mangel leidet. Die Nichtigkeit kann sich dabei im Sinne einer **Gesamtnichtigkeit** auch auf ein gesamtes Gesetz erstrecken (vgl. etwa BVerfGE 61, 149 (173f.) – *Staatshaftungsgesetz*; 140, 65 (78) – *Bundesbetreuungsgeldgesetz*) und sogar solche Normen erfassen, die selbst nicht an dem verfassungsrechtlichen Mangel leiden, aber ohne die verfassungswidrige Norm ihren Sinn verlören, weil sie mit ihr eine untrennbare Einheit bilden (BVerfGE 108, 1 (33) – *Rückmeldegebühr*). Erstreckt sich die Verletzung des Prüfungsmaßstabes hingegen nur auf einen Teil des angegriffenen Rechtssatzes, so ist auch die Nichtigkeit auf diesen Teil zu beschränken (**Teilnichtigkeit**). Dies kann sowohl dergestalt erfolgen, dass das Bundesverfassungsgericht etwa nur einen Absatz, einen Satz oder eine Alternative einer Norm aufhebt (sog. **quantitative Teilnichtigkeit**, vgl. etwa BVerfGE 132, 334 (358) – *Studiengebühren*) als auch bedeuten, dass etwa eine bestimmte normtextlich nicht abgrenzbare Konstellation der Normanwendung nichtig ist (sog. **qualitative Teilnichtigkeit**, vgl. etwa BVerfGE 117, 163 (164) – *Anwaltliche Erfolgshonorare*; 127, 165 (166, 223)). Letztere Möglichkeit, von der das Bundesverfassungsgericht leider zunehmend Gebrauch macht, muss im Hinblick auf die allein rechtsprechende Funktion des Bundesverfassungsgerichts und die für die Rechtsanwendung essentielle Normklarheit durchweg Be-

denken begegnen. Nach Maßgabe des § 78 S. 2 BVerfGG kann die Nichtigkeit nach pflichtgemäßem Ermessen auch auf solche anderen Bestimmungen des gleichen Gesetzes, die nicht Gegenstand des Antrages waren, **erstreckt** werden, die an dem gleichen Mangel leiden.

Diese „*Alles-oder-Nichts*"-Systematik der Nichtigkeit oder Gültigkeit kann jedoch in Teilen selbst zu verfassungsrechtlich ungewollten Ergebnissen führen, etwa wenn ein gleichheitsrechtlicher Verstoß zur generellen Aufhebung einer ansonsten gewährten Vergünstigung oder bestehenden Belastung führen würde. Aus diesem Grund hat das Bundesverfassungsgericht über die Erklärung der Nichtigkeit hinaus noch weitere Rechtsfolgen für den Fall der Verletzung des Prüfungsmaßstabes entwickelt und sich damit ein **abgestuftes Instrumentarium** angeeignet, um flexibel auf die konkret bestehende Rechtslage und entstehende Rechtsfolgen reagieren zu können. 49

Dies mag auf den ersten Blick verfassungsrechtlich nicht unbedenklich erscheinen, kann jedoch auf den nicht unzutreffenden Befund gestützt werden, dass die Regelung des § 78 S. 1 BVerfGG allein den Regelfall der verfassungsgerichtlichen Entscheidung abbildet, aber **nicht abschließend** gemeint sein kann. So fehlt es schließlich schon an einer Norm, die den Rechtsfolgenausspruch im Falle der Vereinbarkeit einer Norm vorgibt. Mittlerweile kann sich diese Erweiterung in Teilen auch auf den 1970 geänderten Wortlaut des § 31 Abs. 2 S. 2 BVerfGG stützen. 50

Schon bevor diese Möglichkeit des Entscheidungsausspruches 1970 §§ 31 Abs. 2 S. 2, 79 Abs. 1 BVerfGG (nachträglich) kodifiziert wurde, hatte das Bundesverfassungsgericht die eigene „*Erfindung*" für sich in Anspruch genommen, verfassungswidrige Normen nicht als nichtig, sondern als **mit dem Grundgesetz bloß unvereinbar** zu erklären (vgl. etwa BVerfGE 13, 248 (260); 18, 288 (301) – *Wiedergutmachung*). Auch wenn es vor dem Hintergrund der Nichtigkeitslehre zunächst befremdlich anmuten mag, eine *ex tunc* und *eo ipso* nichtige Norm nicht nichtig erklären zu wollen, stiftet diese Lehre gerade erst den Sinn: Denn weil die Ebene der Gültigkeit einer Norm von der Ebene ihrer Anwendbarkeit zu trennen ist, ergeben sich jedenfalls für die Anwendbarkeit einer Norm auch andere prozessuale Rechtsaussprüche als die Feststellung der Nichtigkeit (dahingehend auch BVerfGE 68, 346 (351)). Auch wenn das Bundesverfassungsgericht beteuert, dass es sich bei der Handhabung der Feststellung der Nichtigkeit und der bloßen Unvereinbarerklärung um ein Regel-Ausnahme-Verhältnis handele (BVerfGE 135, 238 (245)), darf dies ob des aktuellen Entscheidungsbefunds doch eher bezweifelt werden. 51

Richtig ist und bleibt jedoch, dass eine bloße Unvereinbarerklärung einer **besonderen Rechtfertigung** bedarf. Hierzu haben sich in der Rechtsprechung des Bundesverfassungsgerichts bestimmte **Fallgruppen** herausgestellt, in denen es trotz der Verfassungswidrigkeit einer Norm in der Regel auf die Feststellung ihrer Nichtigkeit verzichtet:

- Von der Feststellung der Nichtigkeit sieht das Bundesverfassungsgericht zuvorderst im Falle **gleichheitsrechtlicher Konstellationen** wie etwa eines Verstoßes gegen Art. 3 oder Art. 38 Abs. 1 GG ab. Soweit es dabei jedoch regelmäßig allein auf den Schutz der gesetzgeberischen Gestaltungsfreiheit verweist (BVerfGE 57, 361 (388) – *Erstes Eherechts*reformgesetz; 77, 308 (338) – *Arbeitnehmerweiterbildung*; 81, 242 (263) – *Handelsvertreter*), greift es zu kurz. Vielmehr trägt dies dem Umstand Rechnung, dass gleichheitsrechtliche Bestimmungen des Verfassungsrechts überhaupt keinen eindeutigen Prüfungsmaßstab für Normen bereitstellen. Denn eine Verletzung des Gleichheitssatzes ergibt sich – anders als etwa bei der abwehrrechtlichen Dimension der Freiheitsrechte – nicht durch einen Abgleich des Prüfungsgegenstandes mit dem Prüfungsmaßstab, sondern erst durch die Beiziehung einer Vergleichsgruppe. Die in einer Norm festgelegte Begünstigung oder Benachteiligung ist nicht in sich gleichheitswidrig, sondern erst, wenn man sie in Relation zu von dieser nicht umfassten Benachteiligten oder Bevorzugten setzt; man spricht insoweit von *„verfassungswidriger Normrelation"* (*Ipsen*, Rechtsfolgen der Verfassungswidrigkeit von Norm und Einzelakt, 1980, 159 ff.). Diese führt im Ergebnis dazu, dass der Prüfungsmaßstab eine vollumfängliche *ipso iure*-Nichtigkeit der Norm nicht begründen kann, denn diese kann sich entweder auf die gewährte Begünstigung oder aber auf die gleichheitswidrige Nichtbegünstigung beziehen, nicht jedoch auf beides gleichzeitig. Schon kraft materiellen Verfassungsrechts sind dem Gesetzgeber daher mehrere Möglichkeiten eröffnet, gleichheitsrechtliche Verstöße zu beseitigen (so auch BVerfGE 87, 153 (177 ff.) – *Grundfreibetrag*; 93, 121 (148) – *Einheitswerte II*; 121, 108 (131 f.) – *Wählervereinigungen*): Entweder wird die übergangene Gruppe in die gesetzliche Vergünstigung einbezogen, oder die Vergünstigung wird überhaupt beseitigt, oder der Kreis der Begünstigten wird nach anderen, nicht gleichheitswidrigen Merkmalen abgegrenzt (BVerfGE 22, 349 (361) – *Waisenrente und Wartezeit*). Aus diesem Grund ist das Bundesverfassungsgericht an der Feststellung der Nichtigkeit gehindert. Ausnahmsweise kann indes auch bei gleichheitsrechtlichen Verstößen der Ausspruch der Nichtigkeit erfolgen, wenn im Hinblick auf einen zwingenden Verfassungsauftrag ohnehin nur eine einzige denkbare, verfassungsgemäße Möglichkeit der Regelung besteht (BVerfGE 17, 148 (152 f.); 22, 349 (362) – *Waisenrente und Wartezeit*).
- Das Bundesverfassungsgericht kann ferner auch von der Feststellung der Nichtigkeit absehen, soweit hierdurch ein Zustand geschaffen würde, der **„der verfassungsmäßigen Ordnung noch weniger entsprechen würde"** als der gegenwärtige (BVerfGE 8, 1 (19) – *Teuerungszulage*; 62, 256 (289)

– *Arbeiter/Angestellte*; 128, 326 (404 f.) – *EGMR Sicherungsverwahrung*). Diese Fallgruppe wird vom Bundesverfassungsgericht recht heterogen und nach den Erfordernissen des Einzelfalls gehandhabt, umfasst aber Fälle, in denen durch die Nichtigerklärung ein rechtliches Vakuum entstehen würde, in dem etwa die Staatsangehörigkeit hätte nicht erworben werden können (BVerfGE 37, 217 (260 f.) – *Staatsangehörigkeit von Abkömmlingen*) oder die Steuerpflicht vollständig entfiele (BVerfGE 73, 40 (101 f.) – *Parteispenden-Urteil III*). Auch das Bestehen staatlicher Schutzpflichten (BVerfGE 125, 175 (255 f.) – *Hartz IV*) oder der Grundsatz der Rechtssicherheit (BVerfGE 132, 372 (394) – *Selbsttitulierungsrecht Oldenburg*) können der Feststellung der Nichtigkeit im Wege stehen. In einem solchen Falle beschränkt sich das Bundesverfassungsgericht zur Vermeidung eines rechtlichen Chaos darauf, die Unvereinbarkeit festzustellen und überlässt es dem Gesetzgeber, dieser abzuhelfen (BVerfGE 43, 242 (291) – *Universitätsgesetz Hamburg*; 64, 223 (366); 101, 106 (132 f.) – *Akteneinsichtsrecht*).
- soweit ein qualifiziertes, **gesetzgeberisches Unterlassen** Gegenstand der abstrakten Normenkontrolle ist, drängt sich denknotwendig auf, dass die Feststellung der Nichtigkeit der (insoweit unzureichenden) Norm den verfassungswidrigen Zustand nicht beseitigen würde (BVerfGE 22, 349 (360) – *Waisenrente und Wartezeit*; 99, 300 (303 f.) – *Beamtenkinder*)
- Einen kasuistischen „*Sonderfall des Sonderfalls*" der Unvereinbarerklärun hat das Bundesverfassungsgericht für den Fall vorgesehen, dass die Verfassungswidrigkeit eines Gesetzes auf einem **Mangel im Gesetzgebungsverfahren** beruht. Ein solcher führe nur dann zur Nichtigkeit, wenn der Mangel evident sei (BVerfGE 120, 56 (79) – *Vermittlungsausschuss*). Ist der Mangel nicht evident, so erklärt es die Norm als mit dem Grundgesetz unvereinbar, aber gültig (BVerfGE 120, 56 (56) – *Vermittlungsausschuss*). Dies kann indes kaum überzeugen, da ein solcher Verzicht auf die *eo-ipso*-Nichtigkeit eines Gesetzes nicht zur Disposition des Bundesverfassungsgerichts steht.

Auch die Unvereinbarerklärung führt in **Rechtsfolgensicht** zu- 52
nächst dazu, dass der betreffende Rechtssatz von Gerichten und Behörden nicht mehr angewendet werden darf (BVerfGE 37, 217 (261) – *Staatsangehörigkeit von Abkömmlingen*; 99, 165 (185) – *Elternunabhängige Ausbildungsförderung*). Der Unterschied zur Feststellung der Nichtigkeit besteht indes darin, dass für die Norm die Fiktion des formellen Fortbestandes (*nicht zu verwechseln mit der Fortgeltung*) gilt und diese daher etwa noch als Rechtsgrundlage für bereits in der Vergangenheit gewährte Begünstigungen erhalten bleibt. Außerdem behält eine nur unvereinbare Norm weiter ihre Sperrwirkung als *lex posterior*, weshalb durch die bloße Unvereinbarerklärung nicht wieder die alte Rechtslage auflebt (BVerfGE 131, 316 (375 f.) – *Landeslisten*).

Vertiefend hierzu siehe *Burghart*, Das verfassungswidrige aber nicht nichtige Gesetz – ungültig aber wirksam?, in: NVwZ 1998, 1262 2ff.; *Hartmann*, Verfassungswidrige und doch wirksame Rechtsnormen?, in: DVBl. 1997, 1265ff.; *Meyer*, Erweiterter bundesverfassungsgerichtlicher Rechtsschutz nach einer Unvereinbarerklärung, in: JZ 2012, 434ff.; *Pestalozza*, „Noch verfassungsmäßige" und „bloß verfassungswidrige" Rechtslagen, in: Starck (Hrsg.), Festgabe 25 Jahre Bundesverfassungsgericht, Bd. I, 1976, 519ff.; *Rupp von Brünneck*, Verfassungsgerichtsbarkeit und gesetzgebende Gewalt, in: AöR 102 (1977), 1ff.; *Sachs*, Bloße Unvereinbarerklärung bei Gleichheitsverstößen?, in: NVwZ 1982, 658; *Steiner*, Zum Entscheidungsausspruch und seine Folgen bei der verfassungsrechtlichen Normenkontrolle, in: Isensee/Lecheler (Hrsg.), Festschrift für Walter Leisner, 1999, 569ff.

53 Vor allem jedoch hat sich das Bundesverfassungsgericht die Unvereinbarerklärung dienbar gemacht, um hieran begleitende verfassungsgerichtliche Rechtsfolgeanordnungen zu knüpfen. So kann das Bundesverfassungsgericht etwa auch anordnen, dass die Norm **ausnahmsweise weitergilt** und damit **als gültig zu fingieren** ist, um ein in Folge ihrer Nichtanwendbarkeit entstehendes rechtliches Chaos oder einen unhaltbaren Zustand zu verhindern (BVerfGE 37, 217 (261) – *Staatsangehörigkeit von Abkömmlingen*; 109, 190 (235) – *Nachträgliche Sicherungsverwahrung*; 136, 338 (339)). Durch eine solche Übergangsregel verschiebt das Bundesverfassungsgericht die rechtlichen Wirkungen seiner Entscheidung zeitlich in die Zukunft, um dem Gesetzgeber in der Zwischenzeit die Möglichkeit einer Neuregelung zu geben. Als Ausnahmeregelung ist auch eine Weitergeltungsanordnung rechtfertigungsbedürftig und kann nur in Frage kommen, wenn nach Abwägung der Gesamtumstände die verfassungsrechtlichen Belange, die für eine Fortgeltung sprechen, überwiegen (BVerfGE 135, 238 (246)). Die Anordnung der Weitergeltung der Norm wird das Bundesverfassungsgericht regelmäßig auch mit einem **Regelungsauftrag an den Gesetzgeber** verbinden und ihn damit verpflichten, ggf. auch bis zum Ablauf einer zu bestimmenden Frist eine gesetzliche Neuregelung herbeizuführen (BVerfGE 37, 217 (260f.) – *Staatsangehörigkeit von Abkömmlingen*; 121, 30 (68) – *Parteibeteiligung an Rundfunkunternehmen*; 138, 136 (138) – *Erbschaftssteuer*). Lässt der Gesetzgeber diese Frist tatenlos verstreichen, so tritt mit ihrem Ablauf die Nichtigkeit der Norm und der Wegfall aller verfassungsgerichtlichen Anordnungen ein (BVerfGE 111, 115 (146) – *Rentenüberleitung V*; 130, 240 (262) – *Bayerisches Landeserziehungsgeldgesetz*).

Folgt sowohl im Falle der Unvereinbarerklärung als auch der Weitergeltung der Norm ein verfassungsrechtlich unhaltbarer Zustand, so sieht sich das Bundesverfassungsgericht im Einzelfall auch dazu berufen, mittels einer Vollstreckungsanordnung nach § 35 BVerfGG selbst eine zeitlich begrenzte, **normvertretende Übergangsanordnungen** zu schaffen, die bis zur Neuregelung durch den Gesetzgeber nach § 32 Abs. 2 BVerfGG Geltung beanspruchen. 54

Dieses Instrument ist zu Recht kritisiert worden, weil es, wenn überhaupt, nur in absoluten Ausnahmefällen gerechtfertigt erscheint und nach ausgeprägter verfassungsgerichtlicher Zurückhaltung verlangt. Gerade diese hat das Bundesverfassungsgericht jedoch nicht erkennen lassen, sondern diktiert dem Gesetzgeber zunehmend detailliert die zukünftige (weil verfassungsgerichtlich als grundgesetzkonform bestätigte), gesetzliche Rechtslage ins Heft. Vgl. hierzu *Frenz*, Die Rechtsfolgenanordnung durch das Bundesverfassungsgericht bei verfassungswidrigen Gesetzen, in: DÖV 1993, 847ff.; *Gerber*, Die Rechtssetzungsdirektiven des Bundesverfassungsgerichts, in: DÖV 1989, 698ff.; *Lamprecht*, Oligarchie in Karlsruhe: Über die Erosion der Gewaltenteilung, in: NJW 1994, 3272ff.; *Schneider*, Die Vollstreckungskompetenz nach § 35 BVerfGG – ein Notverordnungsrecht des Bundesverfassungsgerichts?, in: NJW 1994, 2590ff. 55

Als niederschwellige Maßnahme hält sich das Bundesverfassungsgericht auch die Möglichkeit offen, in einer **Appellentscheidung** eine Norm als „noch verfassungsgemäß“ zu bestätigen und dies mit der Anregung eines gesetzgeberischen Tätigwerdens zu verbinden, wenn weitere Entwicklungen die zukünftige Verfassungswidrigkeit der Norm nahelegen (BVerfGE 54, 11 (34ff.); 86, 369 (379)). 56

Ist der Antrag im abstrakten Normenkontrollverfahren bereits **unzulässig**, so verwirft das Bundesverfassungsgericht den Antrag nach allgemeinen Prozessgrundsätzen (vgl. etwa BVerfGE 96, 13 (133)). Ist der Antrag zulässig, das antragsgegenständliche Gesetz jedoch **mit dem Prüfungsmaßstab vereinbar**, so weist das Bundesverfassungsgericht den Antrag nicht einfach zurück, sondern hält die Vereinbarkeit der Norm mit dem Prüfungsmaßstab positiv fest. Bei der Überprüfung von Bundesrecht wird es daher regelmäßig die Vereinbarkeit mit dem Grundgesetz (BVerfGE 136, 69 (69); 137, 350 (351) – *Luftverkehrssteuergesetz*), im Falle von Landesrecht mit dem Grundgesetz und sonstigem Bundesrecht tenorieren (BVerfGE 39, 334 (336) – *Extremistenbeschluß*). Auch die positive Feststellung der Vereinbarkeit mit dem Prüfungsmaßstab nimmt an der Bindungswirkung (§ 31 Abs. 1 BVerfGG) und Gesetzeskraft (§ 31 Abs. 2 BVerfGG) der ver- 57 fassungsgerichtlichen Entscheidung teil. Ist die Norm nur in einer **verfassungskonformen Auslegung** mit dem Grundgesetz vereinbar, so ist sie nicht generell nichtig und der Antrag unbegründet. Das Bundesverfassungsgericht wird die Norm jedoch regelmäßig nur nach der tenorierten Auslegung oder nach Maßgabe der Entscheidungsgründe für mit dem Prüfungsmaßstab vereinbar erklären (BVerfGE 83, 238 (241) – *VI. Rundfunkentscheidung*; 93, 37 (41) – *Mitbestimmungsgesetz Schleswig-Holstein*), weswegen hierin auch die Feststellung einer Teilnichtigkeit gesehen werden kann. Die bundesverfassungsgerichtlich festgehaltene, verfassungskonforme Auslegung ist gleichfalls nach § 31 Abs. 1 BVerfGG bindend (BVerfGE 72, 119 (121)) und hat – soweit sie im Tenor aufgeführt ist – Gesetzeskraft nach § 31 Abs. 2 BVerfGG.

§ 7 Das Kompetenzfreigabeverfahren (Art. 93 Abs. 2 GG)

1 Art. 93 Abs. 2 GG normiert ein hybrides Verfahren. Das Kompetenzfreigabeverfahren zeigt sich inhaltlich als Bund-Länder-Streit, folgt prozessual jedoch einer Mischform aus abstrakter Normenkontrolle und Normenqualifizierungsverfahren. Im Kern dient es der **Beseitigung der Sperrwirkung einer bundesgesetzlichen Regelung** auf dem Gebiet der konkurrierenden Gesetzgebung, mit dem Ziel, die Gesetzgebungskompetenz der Länder wieder zu eröffnen. Von überbordender praktischer Relevanz ist das Verfahren ob seines schmal geratenen Anwendungsbereichs allerdings – bisher – nicht. Indes zeigt sich das Verfahren ob seiner Verfahrensart *sui generis* und der Entscheidungswirkungen, die dem Bundesverfassungsgericht eine Rolle als Quasi-Ersatzgesetzgeber zukommen lassen, je nach Sichtweise als veritabler *„Bastard unter den Verfahrensarten des Gerichts"* (*Meyer*, Föderalismusreform, 2008, 230), zumindest jedoch als verfassungsprozessuale Besonderheit.

2 Entstehung und der Zweck des Verfahrens sind dabei untrennbar mit der **Föderalismusreform I** (2006) verbunden. Bereits 1994 wurden die an Wahrnehmung der konkurrierenden Gesetzgebung durch den Bund zu knüpfenden Voraussetzungen dergestalt erhöht, dass in Art. 72 Abs. 2 GG an die Stelle des *„Bedürfnisses"* einer bundeseinheitlichen Regelung deren *„Erforderlichkeit"* getreten ist. Bisheriges

Bundesrecht, das unter diesen erhöhten Voraussetzungen nicht mehr als Bundesrecht erlassen werden könnte, soll nach Art. 125a Abs. 2 S. 1 GG trotzdem fortgelten; die Sperrwirkung des Bundesrechts (Art. 72 Abs. 1 GG) dauert damit weiter an. Zur Beseitigung der Sperrwirkung wurde in Art. 72 Abs. 4, 125a Abs. 2 S. 2 GG die Möglichkeit ihrer Aufhebung durch ein Bundesgesetz geschaffen. Um eine Aufhebung der Sperrwirkung erzwingen zu können, wurde mit der Föderalismusreform 2006 in Art. 93 Abs. 2 GG die Möglichkeit eröffnet, die Kompetenzfreigabe beim Bundesverfassungsgericht zu beantragen.

Antragsberechtigt im Kompetenzfreigabeverfahren sind der Bundesrat, eine Landesregierung sowie ein Landesparlament; einen Antragsgegner kennt es als objektiv geprägtes Verfahren nicht. Der **Antragsgegenstand** zielt auf die Feststellung, ob die Erforderlichkeit für eine bundesgesetzliche Regelung auf dem Gebiet der konkurrierenden Gesetzgebung nach Artikel 72 Abs. 2 GG nicht mehr besteht oder Bundesrecht in den Fällen des Artikels 125a Abs. 2 Satz 1 GG nicht mehr erlassen werden könnte. **Antragsgrund** ist die Ermöglichung einer landesrechtlichen Regelung auf dem Gebiet der konkurrierenden Gesetzgebung, deren Erlass jedoch aufgrund der Sperrwirkung einer bundesrechtlichen Regelung verhindert wird. Dies setzt zwingend voraus, dass eine entsprechende bundesgesetzliche Regelung überhaupt vorhanden ist; andere Anforderungen sind an die Antragsbefugnis indes nicht zu stellen. So sind weder die Überzeugung des Antragstellers, dass die bundesrechtliche Regelung den Anforderungen des Art. 72 Abs. 2 GG nicht mehr entspricht, noch ernsthafte Absichten, die durch das Verfahren zurückzugewinnenden Gesetzgebungskompetenzen auch ausnutzen zu wollen erforderlich (vgl. auch *v. Coelln*, in: Maunz/Schmidt-Bleibtreu/Klein/Bethge, BVerfGG (Stand: 60. EL Juli 2020), § 96 Rn. 27 ff.). Als Ausprägung eines **besonderen Rechtsschutzbedürfnisses** ist der Antrag nach Art. 93 Abs. 2 GG ferner nur zulässig, wenn eine Gesetzesvorlage zur Aufhebung der Sperrwirkung im Bundestag abgelehnt (1. Var.) oder über sie nicht binnen eines Jahres beraten und beschlossen (2. Var.) oder wenn eine entsprechende Gesetzesvorlage im Bundesrat abgelehnt (3. Var.) worden ist (Art. 93 Abs. 2 S. 3 GG). Diese Regelung kontrastiert den recht großzügig gefassten Antragsgrund, ist aber schon aus Gründen der Gewaltenteilung erforderlich, weil das Bundesverfassungsgericht im Kompetenzfreigabeverfahren letztlich als Ersatzgesetzgeber tätig wird. Im Übrigen ist der ordnungsgemäße

Antrag **schriftlich** und **begründet** zu stellen (§ 23 Abs. 1 BVerfGG); an eine **Frist** ist der Antrag grundsätzlich nicht gebunden. Soweit er sich jedoch auf die Untätigkeit des Bundestages hinsichtlich des Gesetzes nach Art. 72 Abs. 4 GG stützt (Art. 93 Abs. 2 S. 3 2. Var. GG), ist die Antragstellung erst nach mindestens einjährigem Zuwarten zulässig.

4 Der Antrag ist **begründet**, wenn entweder die Erforderlichkeit einer bundesgesetzlichen Regelung entfallen ist oder die bundesrechtliche Regelung nach Art. 125a Abs. 2 GG nicht mehr als Bundesrecht erlassen werden dürfte. Ist der Antrag zulässig und begründet, so trifft das Bundesverfassungsgericht die **Feststellung**, dass die Erforderlichkeit entfallen ist oder die bundesrechtliche Regelung nicht mehr als Bundesrecht erlassen werden könnte. Anders als im Falle zahlreicher anderer feststellender Entscheidungen kommt dem Ausspruch indes insoweit auch rechtsgestaltende Wirkung zu, als die Feststellung das ansonsten zur Aufhebung der Sperrwirkung notwendige Gesetz in einer recht einmaligen **Gesetzgebungssurrogation** selbst ersetzt (Art. 93 Abs. 2 S. 2 GG).

5 Die Entscheidungsfolge im Kompetenzfreigabeverfahren ist nicht unumstritten. Teilweise wird vertreten, die in Legalkonsequenz eintretende, verfassungsrechtliche *„Ersatzvornahme"* sei mit einem dem Gesetzgeber eingeräumten Ermessen zum Erlass eines Gesetzes zur Aufhebung der Sperrwirkung in Art. 72 Abs. 4 GG („kann") nicht vereinbar, weshalb die Surrogatwirkung der Entscheidung nur eintreten solle, wenn sich das Ermessen des Bundesgesetzgebers materiell-rechtlich zu einer Pflicht verdichtet und der Gesetzgeber den Erlass des Gesetzes **daher ermessensfehlerhaft verweigert** habe (vgl. etwa *Häde*, Zur Föderalismusreform in Deutschland, in: JZ 2006, 930 (933)). Dies findet jedoch weder normativen Rückhalt in Art. 93 Abs. 2 S. 2 GG, noch wäre damit ein Sinn für das Kompetenzfreigabeverfahren verblieben, weil die Länder einen solchen Anspruch auf ordnungsgemäße Ermessensausübung auch im Bund-Länder-Streit geltend machen könnten.

6 Dem Bundesverfassungsgericht kommt damit in Durchbrechung der Gewaltenteilung funktional die Rolle eines **Ersatzgesetzgebers** zu, die verfassungsrechtlich zwar nicht zu beanstanden sein dürfte, sich in das System der Verfahren und Entscheidungswirkungen indes nicht einfinden mag

Literatur: *Depenheuer*, Vom „Bedürfnis" zur Erforderlichkeit, in: ZG 18 (2003), 177 ff.; *Häde*, Zur Föderalismusreform in Deutschland, in: JZ 2006, 930 ff.; *Ipsen*, Die Kompetenzverteilung zwischen Bund und Ländern nach der Föderalismusnovelle, in: NVwZ 2006, 2801 ff.; *Klein*, Eine neue Zuständigkeit des Bundesverfassungsgerichts, in: Kirchhof/Papier/Schäffer (Hrsg.) Festschrift für Detlef Merten, 2007, 223 ff.; *Klein/Schneider*, Art. 72 GG n. F. im Kompetenzgefüge der Föderalismusreform, in: DVBl. 2006, 1549 ff.; *Papier*, Aktuelle Fragen der bundesstaatlichen Ordnung, in: NJW 2007, 2145 ff.

§ 8 Die konkrete Normenkontrolle (Art. 100 Abs. 1 GG)

Einführende Literatur: *Erichsen*, Die konkrete Normenkontrolle – Art. 100 Abs. 1 GG, in: JURA 1982, 88 ff.; *Geis/Schmidt*, Grundfälle zur abstrakten und zur konkreten Normenkontrolle, in: JuS 2012, 121 ff.; *Hamdorf*, Die Zulässigkeitsvoraussetzungen der Richtervorlage zum Bundesverfassungsgericht und zu den Verfassungsgerichten der Länder, in: NordÖR 2011, 301 ff.; *Stern*, Das Bundesverfassungsgericht und die sogenannte konkrete Normenkontrolle nach Art. 100 I GG, in: AöR 91 (1966), 223; *Thiemann*, Verfassungsbeschwerde und konkrete Normenkontrolle im Lichte des Unionsrechts, in: JURA 2012, 902 ff.; *Wernsmann*, Konkrete Normenkontrolle (Art. 100 I GG), in: JURA 2005, 328 ff.; *Wollweber*, Aktuelle Aspekte der konkreten Normenkontrolle durch das Bundesverfassungsgericht, in: DÖV 1999, 413 ff.

Wichtige Entscheidungen: BVerfGE 1, 184 – *Normenkontrolle I*; BVerfGE 2, 124 – *Normenkontrolle II*; BVerfGE 7, 171 – *Dieselsubventionierung*; BVerfGE 22, 175 – *Normenkontrolle III*; BVerfGE 45, 187 – *Lebenslange Freiheitsstrafe*; BVerfGE 97, 117 – *Fortgeltung von DDR-Strafrech*t; BVerfGE 117, 1 – *Erbschaftsteuer*; BVerfGE 125, 175 – *Hartz IV*; BVerfGE 129, 186 – *Investitionszulagengesetz*; BVerfGE 132, 134 – *Asylbewerberleistungsgesetz*; BVerfGE 145, 171 – *Kernbrennstoffsteuergesetz*; BVerfGE 147, 253 – *numerus clausus III*; BVerfGE 152, 68 – *Hartz IV-Sanktionen*.

I. Kontext des Verfahrens

Der Begriff der *„konkreten Normenkontrolle"* ist eine Erfindung 1
der jüngeren Rechtsgeschichte, wohl mit dem Zweck, den damit beschrieben Verfassungsprozess von der *„abstrakten Normenkontrolle"* abzugrenzen; das hinter dem Begriff stehende Verfahren blickt jedoch auf eine jahrhundertelange **verfassungsgerichtliche Tradition** zurück. Seinen ideengeschichtlichen Ausgang nimmt es bereits 1788 mit dem Federalist No. 78, in dem *Alexander Hamilton* das Konzept des *„judicial review"* umreist, das annähernd 25 Jahre später im historischen Fall *Marbury v. Madison* des Supreme Court of the United States zum ersten Mal verfassungsprozessuale Anwendung findet.

Die deutsche Rechtswissenschaft wie auch die Staatsgerichtsbarkeit haderten lange mit der Debatte um das „*richterliche Prüfungsrecht*". So fehlte sowohl in der Paulskirchenverfassung von 1849, als auch in der Weimarer Reichsverfassung eine dahingehende Kompetenz der Gerichte. 1919 hatte man zwar die Einführung einer gerichtlichen Normenkontrollzuständigkeit erwogen, die Frage indes ob der Kontroverse am Ende „*absichtlich unentschieden*" (*Anschütz*, Die Verfassung des Weimarer Reichs, 1930, Art. 70 Anm. 5) und damit auch normativ ungeregelt gelassen. Erst 1925 beanspruchte das Reichsgericht in seiner Entscheidung zum Aufwertungsgesetz das „*Recht und die Pflicht*", Reichsgesetze am Maßstab der Reichsverfassung zu überprüfen (RGZ 111, 233 (320)).

Vertiefend zu den historischen Wurzeln und der Entstehungsgeschichte vgl. *Dederer*, in: Maunz/Dürig, GG (Stand: 93. EL Oktober 2020), Art. 100 Rn. 5 f.; *Gusy*, Richterliches Prüfungsrecht – Eine verfassungsgeschichtliche Untersuchung, 1985; *Herrmann*, Entstehung, Legitimation und Zukunft der konkreten Normenkontrolle im modernen Verfassungsstaat, 2001; *Maurer*, Das richterliche Prüfungsrecht zur Zeit der Weimarer Verfassung, in: DÖV 1963, 683 ff.

2 Auch wenn Art. 100 GG – verglichen mit der Jahrzehnte umspannenden Debatte – 1949 einhellig in seiner noch heute erhaltenen Fassung Einzug in das Grundgesetz fand, zeigt er sich dennoch von eben jener kontroversen Auseinandersetzung geprägt. Im Nachgang der Entscheidung des Reichsgerichts war die wohl meistdisputierte Frage, ob das richterliche Prüfungsrecht jedem Gericht zustehen sollte, oder **bei einem Gericht monopolisiert** werden müsste. Denn während das Reichsgericht 1925 das richterliche Prüfungsrecht keineswegs für sich alleine beansprucht hatte, versuchte der Reichsgesetzgeber alsbald, den Kreis der zur Normenkontrolle berufenen Gerichte zu begrenzen (RT-Drs. III/2855, § 6 Abs. 2, 3); dies sollte vor der Machtübernahme der Nationalsozialisten nicht mehr gelingen. Nach Ende des Zweiten Weltkrieges fand das richterliche Prüfungsrecht sodann in den neu geschaffenen Landesverfassungen weitreichend Einzug, genauso wie seine Monopolisierung bei einem Staatsgerichtshof.

3 Vergleiche insoweit noch heute etwa Art. 133 der Hessischen Verfassung, Art. 65, 92 der Bayerischen Verfassung oder Art. 142 der Verfassung der Freien Hansestadt Bremen.

Vor diesem Hintergrund vermag die Fassung des Art. 100 Abs. 1 GG schon historisch nicht zu überraschen, wobei sie im geschichtlichen Kontext einen Schritt weitergeht: Art. 100 Abs. 1 GG vermittelt nicht nur ein *„richterliches Prüfungsrecht"* – dies steht im Ergebnis allen Gerichten aller Instanzen zu. Vielmehr kreiert es ein **richterliches Verwerfungsrecht** der Verfassungsgerichte. Dies bring ein durchaus komplexes Spannungsfeld ans Licht: Denn während Gerichte grundsätzlich an Recht und Gesetz gebunden sind und insoweit der normsetzenden Autorität des Gesetzgebers unterliegen, sind sie – ebenso wie der Gesetzgeber – nach Art. 20 Abs. 3 GG an die Verfassung gebunden, die ihnen die Anwendung verfassungswidriger Gesetze gerade verwehrt. Auf der anderen Seite unterwirft ein richterliches Prüfungs- und Verwerfungsrecht den unmittelbar demokratisch legitimierten Gesetzgeber einer *„Verfassungsmäßigkeitsaufsicht"* durch die Rechtsprechung. Seine Auflösung erfährt dieses Problempotential durch die Ausgestaltung der konkreten Normenkontrolle: Dadurch, dass Art. 100 Abs. 1 GG die richterliche Normverwerfung bei den Verfassungsgerichten monopolisiert, schafft es für die Gerichte ein formalisiertes Verfahren zur verfassungsrechtlichen Überprüfung von Gesetzen und wahrt zugleich die **Autorität des parlamentarischen Gesetzgebers**, weil sich gerade nicht jedes Gericht unter Berufung auf seine Verfassungsbindung seiner Gesetzesbindung entledigen kann (BVerfGE 1, 184 (197f.) – *Normenkontrolle I;* 2, 124 (129) – *Normenkontrolle II*). 4

Vertiefend hierzu vgl. *Schenke*, Verfassungsgerichtliche Verwerfungsmonopole und verwaltungsgerichtlicher vorläufiger Rechtsschutz, in: JuS 2017, 1141 ff.

Gerade weil der verfassungsgebende Gesetzgeber das richterliche Prüfungsrecht in die Hände der Verfassungsgerichtsbarkeit gelegt hat, liegt die Charakterisierung der konkreten Normenkontrolle als **objektives Verfahren** nahe, das *„lediglich der Prüfung von Rechtsnormen am Maßstab des Grundgesetzes und sonstigen Bundesrechts"* dient und von den subjektiven Interessen des Ausgangsverfahrens losgelöst ist (BVerfGE 2, 213 (217) – *Straffreiheitsgesetz*). Diese Konturierung des Verfahrens findet durchaus normativen Rückhalt: Nach § 81 BVerfGG entscheidet das Bundesverfassungsgericht im Verfahren der konkreten Normenkontrolle *„nur über die Rechtsfrage"*, namentlich die der Vereinbarkeit der vorlagegegenständlichen Norm mit dem Grundgesetz (oder sonstigem Bundesrecht), Art. 100 Abs. 1 5

GG. Dies bedeutet gleichwohl nicht, dass das Bundesverfassungsgericht im Verfahren der konkreten Normenkontrolle – ähnlich der abstrakten Normenkontrolle – vollkommen losgelöst über die Vereinbarkeit eines Gesetzes mit höherrangigem Recht zu entscheiden hätte. Vielmehr ist es hierzu erst aus **Anlass** des Verfahrens berufen und dies auch nur, **soweit** sich diese Frage als entscheidungserheblich im Ausgangsverfahren stellt. Die Objektivität des Verfahrens bedingt nur, dass der verfassungsgerichtliche Verfahrensgegenstand der Vorlagefrage vom Streitgegenstand des Ausgangsverfahren zu trennen ist; die Entscheidung über letzteren verbleibt damit bei dem vorlegenden Gericht (BVerfGE 51, 193 (218f.) – *Schloßberg*).

6 Bei Lichte besehen beschreibt Art. 100 Abs. 1 GG nicht einfach das Verfahren der konkreten Normenkontrolle, sondern **vier Varianten**: Zunächst die Normenkontrolle für den Fall der *Verletzung des Grundgesetzes durch Bundesrecht* (Art. 100 Abs. 1 S. 1 Alt. 2 GG), sodann für den Fall der *Verletzung des Grundgesetzes durch Landesrecht* (Art. 100 Abs. 1 S. 2 Alt. 1 GG), ferner für den Fall der *Unvereinbarkeit eines Landesgesetzes mit Bundesrecht* (Art. 100 Abs. 1 S. 2 Alt. 2 GG) sowie für den Fall der *Verletzung einer Landesverfassung durch ein Landesgesetz* (Art. 100 Abs. 1 S. 2 Alt. 1 GG). Dabei fällt allein die Normenkontrolle am Maßstab des Grundgesetzes sowie des sonstigen Bundesrechts in die Zuständigkeit des Bundesverfassungsgerichts. Die Überprüfung von Landesgesetzen am Maßstab der Landesverfassung (Art. 100 Abs. 1 S. 1 Alt. 1 GG) verbleibt bei den jeweiligen Landesverfassungsgerichten. Damit trifft Art. 100 Abs. 1 GG eine Entscheidung für einen **Mindeststandard landesverfassungsgerichtlicher Kontrolle** (*Benda/Klein*, Verfassungsprozessrecht, 4. Aufl. 2020, Rn. 768).

II. Vorlagevoraussetzungen und -verfahren

1. Vorlageberechtigung

7 Im Verfahren nach Art. 100 Abs. 1 GG vorlageberechtigt ist **jedes „Gericht“**. Als Kehrseite des Verfahrenszweckes, die richterliche Kompetenz zur Normprüfung und Normverwerfung zu begrenzen, ging das Bundesverfassungsgericht schon frühzeitig davon aus, die Vorlageberechtigung und damit auch den Gerichtsbegriff eher weit auszulegen. Gerichte im Sinne des Art. 100 Abs. 1 GG sind demnach *„alle Spruchstellen [...], die sachlich unabhängig, in einem formell*

gültigen Gesetz mit den Aufgaben eines Gerichts betraut und als Gericht bezeichnet sind" (BVerfGE 6, 55 (63) – *Steuersplitting*). Dies umfasst die Gerichte des Bundes und der Länder jedweder Instanz. Vorlageberechtigt ist das **entscheidende Gericht**, das heißt der jeweils instanziell, sachlich und funktional zuständige Spruchkörper in der Besetzung, in der er auch über den Ausgangsfall zu entscheiden hat (BVerfGE 1, 80 (81); 16, 305 (305 f.)).

Der **Einzelrichter** dürfte indes nur alleine vorlageberechtigt sein, wenn die Prozessordnung ihn ausdrücklich als entscheidenden Spruchkörper vorsieht. Der konsentierte oder durch Übertragung zuständig gewordene Einzelrichter (vgl. etwa § 6 VwGO) wird die Sache zurück an die Kammer übertragen müssen, wenn er eine entscheidungserhebliche Norm für verfassungswidrig hält. Ähnliches gilt, wenn das Prozessrecht ohnehin eine Rückverweisung, etwa bei *„Schwierigkeiten rechtlicher Art"*, vorsieht (vgl. etwa § 348 Abs. 3 ZPO, § 6 Abs. 1 S. 1 Nr. 1 VwGO). Vertiefend siehe nur: *Hamdorf*, Die Zulässigkeitsvoraussetzungen der Richtervorlage zum Bundesverfassungsgericht und zu den Verfassungsgerichten der Länder, in: NordÖR 2011, 301 (302 f.); *Pahlke*, Verlagsbeschlüsse an das BVerfG durch konvertierten Einzelrichter, in: DB 1997, 2454 ff. **Nicht vorlageberechtigt** sind etwa private Schiedsgerichte, Vereinsgerichte, vor allem aber auch die kirchlichen Gerichte, die nach Art. 140 GG i. V. m. Art. 137 Abs. 1 und 3 WRV der kirchlichen Selbstverwaltung unterfallen. 8

2. Vorlagegenstand

Nach Art. 100 Abs. 1 GG, § 80 Abs. 1 BVerfGG können im Wege der konkreten Normenkontrolle dem Bundesverfassungsgericht **„Gesetze"** vorgelegt werden, wobei mit Gesetz immer **eine einzelne Norm**, nicht jedoch ein Gesetz als gesetzgebungstechnische Einheit gemeint ist (BVerfGE 8, 274 (294 f.) – *Preisgesetz*). Nichtsdestotrotz können auch mehrere einzelne Normen Gegenstand einer Vorlage sein, etwa wenn sich ihre Verfassungswidrigkeit erst aus ihrem Zusammenwirken oder ihrem inneren Zusammenhang ergibt (BVerfGE 82, 60 (84 f.) – *Steuerfreies Existenzminimum*). Vorlagefähig sind ausschließlich **Gesetze im formellen Sinne** (Parlamentsgesetze), nicht jedoch materielle Rechtssätze wie etwa Rechtsverordnungen oder Satzungen (BVerfGE 17, 208 (210)), da nur solche Normen Gegenstand einer Vorlage sein können, für deren Außerachtlassung die Prüfungszuständigkeit des vorlegenden Gerichts nicht ausreicht (BVerfGE 10, 124 (127)). 9

Schwierigkeiten bereitet die Abgrenzung der Vorlagefähigkeit sogenannter **satzungsvertretender Gesetze**, die aus historischen und rechtspartikularen 10

Gründen nicht in der Regelform einer Satzung, sondern ausnahmsweise als formelle Gesetze ergehen (vgl. für die Bebauungspläne der Stadtstaaten § 246 Abs. 2 BauGB). Da hier jedoch trotzdem Verwaltungsaufgaben wahrgenommen werden, bedarf es des Schutzes der Autorität des Landesgesetzgebers und damit der Sperrwirkung der konkreten Normenkontrolle im Ergebnis nicht (BVerfGE 70, 35 (55 f.)).

11 Aus diesem Grund kommen auch nur **nachkonstitutionelle Gesetze** als Vorlagegenstand in Frage, die nach dem Inkrafttreten des Grundgesetzes am 24.5.1949 (Art. 145 Abs. 2 GG) verkündet worden sind. Nur sie sind das Produkt der Autorität des grundgesetzlich gebundenen Gesetzgebers, die es durch das Normverwerfungsmonopol des Bundesverfassungsgerichts zu schützen gilt (BVerfGE 97, 117 (122 f.) – *Fortgeltung von DDR-Strafrecht*). Vorkonstitutionelle Gesetze können hingegen durch die Fachgerichtsbarkeit auf ihre Vereinbarkeit mit höherrangigem Recht überprüft und für den Fall der Unvereinbarkeit außer Anwendung bleiben.

12 Ausnahmsweise können jedoch auch vorkonstitutionelle Gesetze als nachkonstitutionelle Gesetze gelten, wenn der Gesetzgeber sie unter Geltung des Grundgesetzes **in seinen Willen aufgenommen** hat (BVerfGE 66, 248 (254 f.); 70, 126 (129 f.)). Erforderlich hierzu ist, dass der konkrete Bestätigungswille im Gesetz selbst zu erkennen ist oder sich ein solcher Wille aus dem engen sachlichen Zusammenhang zwischen unveränderten und geänderten Normen objektiv erschließen lässt, zum Beispiel weil eine alte Norm als Gesetz neu verkündet wird oder eine nachkonstitutionelle Norm auf eine vorkonstitutionelle Norm verweist (BVerfGE 70, 126 (129 f.)). Die alleinige Hinnahme einer Norm oder das Unterlassen ihrer Aufhebung genügt hierfür indes nicht. Das **Recht der DDR** steht im Übrigen dem vorkonstitutionellen Recht gleich (BVerfGE 97, 117 (122 ff.) – *Fortgeltung von DDR-Strafrecht*).

13 Hat die Vorlage eine **Norm des Landesrechts** zum Gegenstand, von deren Unvereinbarkeit mit dem Bundesrecht das Gericht überzeugt ist, so kommt es darauf an, ob die Norm nach Inkrafttreten der bundesrechtlichen Regelung verkündet wurde. Andernfalls bleibt das Landesrecht nach dem Grundsatz *lex posterior derogat legi priori* unangewendet.

14 Ein **völkerrechtlicher Vertrag** kann selbst nicht Vorlagegenstand sein, wohl jedoch die **Zustimmungsgesetze** zu einem völkerrechtlichen Vertrag (BVerfGE 29, 348 (358) – *Deutsch-Niederländischer Finanzvertrag*) ebenso, wie zu einem Staatsvertrag zwischen den Ländern (BVerfGE 63, 131 (140) – *Gegendarstellung*). Die Vorlagefähigkeit von Rechtssetzungsakten aus dem Kontext des Unionsrechts

ist von ihrer Qualifizierung abhängig. Das **primäre Unionsrecht** ist als völkerrechtliches Vertragsrecht selbst nicht vorlegbar, wohl jedoch die jeweiligen nationalen Zustimmungsgesetze. **Sekundäres Unionsrecht** kann, da es sich nicht um Akte der deutschen Staatsgewalt handelt, ebenso nicht nach Art. 100 Abs. 1 GG vorgelegt werden. Gleichwohl können sich auch im Rahmen der konkreten Normenkontrolle unionsrechtliche Fragestellungen ergeben, soweit Normen vorgelegt werden sollen, die zur Umsetzung von Unionsrecht erlassen wurden, da das Bundesverfassungsgericht die Befugnis zur inzidenten Kontrolle von Unionsrechtsakten zum Schutz der Unionsrechtsordnung bei sich monopolisiert hat (BVerfGE 123, 267 (355) – *Lissabon*). Dies ist jedoch keine Frage des tauglichen Vorlagegegenstandes – dies sind sie grundsätzlich –, sondern vielmehr der Entscheidungserheblichkeit.

Ein absolutes **gesetzgeberisches Unterlassen** kann nicht zum Gegenstand einer Vorlage gemacht werden, da die konkrete Normenkontrolle kein Verfahren der Erzwingung einer von einem Gericht für geboten gehaltenen, gesetzlichen Regelung ist (BVerfGE 142, 313 (331) – *Zwangsbehandlung*). Vorlagefähig sind hingegen Fälle des sogenannten **unechten Unterlassens**, bei denen eine bereits vorhandene Rechtsnorm für verfassungswidrig gehalten wird, weil sie einen Sachverhalt nur unzureichend regelt oder hinter verfassungsrechtlichen Erfordernissen zurückbleibt. Dem Bundesverfassungsgericht kann daher etwa eine Norm vorgelegt werden, weil sie durch die Nichteinbeziehung oder -berücksichtigung von Sachverhalten oder Personengruppen gegen Gleichheitsrechte verstößt und daher für verfassungswidrig gehalten wird (BVerfGE 142, 313 (332) – *Zwangsbehandlung*). 15

Da dem Gesetzgeber jedoch auch ein Einschätzungs- und Gestaltungsspielraum zukommt, wenn er dem Grunde nach verpflichtet ist, Maßnahmen zum Schutz eines Rechtsguts zu ergreifen, ist eine entsprechend **zurückhaltende verfassungsgerichtliche Kontrolle** eines unechten Unterlassens geboten. Vertiefend zur Vorlage gesetzgeberischen Unterlassens vgl. nur *Berkemann*, Realitätsfremde Steuergesetzgebung und gesetzgeberisches Unterlassen, in: EuGRZ 1985, 137 (138); *Kloepfer*, Technikverbot durch gesetzgeberisches Unterlassen, in: Badura (Hrsg.), Festschrift für Peter Lerche, 1993, 755 (768).; *Seufert*, Die nicht erfüllten Gesetzgebungsgebote des Grundgesetzes und ihre verfassungsrechtliche Durchsetzung, 1969; *Stahler*, Verfassungsgerichtliche Nachprüfung gesetzgeberischen Unterlassens, 1966; *Thiemann*, Verfassungsbeschwerde und konkrete Normenkontrolle im Lichte des Unionsrechts, in: JURA 2012, 902 ff. 16

3. Vorlagegrund

17 Die Vorlageberechtigung besteht nach Art. 100 Abs. 1 GG, § 80 Abs. 1 BVerfGG nur, wenn das Gericht von der Verfassungswidrigkeit der Norm überzeugt ist und es auf die Gültigkeit der Norm bei der Entscheidung des Gerichts ankommt – man spricht insoweit vom Vorlagegrund. Liegen die Überzeugung des Gerichts und die Entscheidungserheblichkeit der Norm vor, so besteht nicht nur ein Recht des Gerichts, die Frage der Vereinbarkeit mit höherrangigem Recht dem Bundesverfassungsgericht vorzulegen, sondern eine **Vorlagepflicht**. Ist die Vorlage im konkreten Normenkontrollverfahren zulässig, weil alle Vorlagevoraussetzungen vorliegen, so begründet sie ein Verfahrenshindernis für das vorlegende Gericht (BVerfGE 69, 112 (117)). Kommt das Gericht der Vorlagepflicht nicht nach, so entzieht es den Verfahrensbeteiligten im Ausgangsverfahren auch den gesetzlichen Richter im Sinne des Art. 101 Abs. 1 S. 2 GG (BVerfGE 3, 359 (364 f.) – *Tatsachenfeststellung*; 13, 132 (143) – *Bayerische Feiertage*; 138, 64 (86)). Schon deshalb hat die Prüfung einer Vorlage nach Art. 100 Abs. 1 GG auch von Amts wegen zu erfolgen, § 80 Abs. 3 BVerfGG.

18 Die Vorlagepflicht besteht auch bei einer sogenannten **Mehrfachvorlage** und damit selbst dann, wenn bereits ein anderes Gericht die gegenständliche Norm vorgelegt hat. Vertiefend hierzu vgl. *Millgramm*, Mehrfachvorlagen und konkrete Normenkontrolle gemäß Art. 100 I GG, in: JURA 1983, 354 ff.

19 **a. Überzeugung von der Verfassungswidrigkeit.** Die Vorlagepflicht des Gerichts besteht nach Art. 100 Abs. 1 GG, § 80 Abs. 1 BVerfGG zunächst nur, wenn es den Vorlagegegenstand **für verfassungswidrig** (bzw. im Falle eines landesrechtlichen Prüfungsgegenstandes auch für bundesrechtswidrig) hält. Maßgeblich ist dabei alleine die in eigener Verantwortung gewonnene Rechtsauffassung des Gerichts selbst (BVerfGE 68, 337 (345)); die Ansicht der Verfahrensbeteiligten oder etwa auch instanziell übergeordneter Gerichte ist unerheblich.

20 Ausnahmsweise kann auch die Rechtsauffassung eines instanziell übergeordneten Gerichts maßgeblich werden, wenn dieses die Rechtssache in einer bindenden Entscheidung an das Ausgangsgericht zurückverwiesen und in seiner Entscheidung die Verfassungsmäßigkeit des Gesetzes ausdrücklich oder stillschweigend bejaht hat (BVerfGE 2, 406 (411 ff.); 12, 67 (72 f.)). In derartigen Fällen fehlt es dem Ausgangsgericht prozessrechtlich an der Möglichkeit, in seiner Entscheidung noch frei über die Frage der Vereinbarkeit mit höher-

rangigem Recht zu entscheiden; dies ist insoweit jedoch eine Frage der fehlenden Entscheidungserheblichkeit. Eine Kontrolle durch das Bundesverfassungsgericht kann jedoch möglicherweise auch noch später über den Weg einer Entscheidungsverfassungsbeschwerde erfolgen.

Anders als im Falle der abstrakten Normenkontrolle oder bei der Normenverifikation genügen keine bloßen Zweifel an der Verfassungsmäßigkeit, vielmehr muss das Gericht von der Verfassungswidrigkeit überzeugt sein, sich aufgrund seiner Bedenken geradezu dazu *„genötigt"* sehen, die betreffende Norm mit höherrangigem Recht unvereinbar zu erklären (BVerfGE 78, 20 (24)). Einer Überzeugung entgegen steht eine **frühere Entscheidung des Bundesverfassungsgerichts,** die die Norm als verfassungskonform (bzw. bundesrechtskonform) bestätigt hat und an die das vorlegende Gericht nach § 31 Abs. 1 BVerfGG gebunden ist, es sei denn, eine Vorlage kann auf neue tatsächliche oder rechtliche Gesichtspunkte gestützt werden (BVerfGE 2, 406 (410 ff.)). 21

Denklogisch muss das Gericht die streitgegenständliche Norm auch in keiner Form für **verfassungskonform** (bzw. bundesrechtskonform) **auslegbar** halten, wäre es doch sonst nicht von der Verfassungswidrigkeit der Norm überzeugt. Dies ergibt sich schon insoweit, als eine Norm, die mehreren Auslegungen zugänglich ist, die teils zu einem verfassungswidrigen, teils zu einem verfassungsgemäßen Ergebnis führen, nach der Rechtsprechung des Bundesverfassungsgerichts in ihrer verfassungskonformen Auslegung auch verfassungsgemäß ist (vgl. BVerfGE 64, 229 (242)). In diesem *„Gebot der verfassungskonformen Gesetzesauslegung"* (BVerfGE 51, 304 (323)) manifestiert sich die **Bevorzugung der Aufrechterhaltung einer Norm.** Bei der Auffindung einer verfassungskonformen Auslegung darf das vorlegende Gericht aber selbstredend nicht die auch sonst für die Auslegung geltenden Grenzen des Wortlauts sprengen und die Entstehungsgeschichte, den Gesetzeszweck und die gesetzgeberischen Grundentscheidungen missachten (BVerfGE 95, 64 (93) – *Mietpreisbindung*; 101, 312 (32)). 22

Vertiefend zur verfassungskonformen Auslegung *Benda/Klein*, Verfassungsprozessrecht, 4. Aufl. 2020, Rn. 812 f.; *Berkemann*, Zur Auslegung des einfachen Gesetzes im Verfahren der konkreten Normenkontrolle, in: AöR 99 (1974) 54 ff.; *Voßkuhle*, Theorie und Praxis der verfassungskonformen Auslegung von Gesetzen durch Fachgerichte, in: AöR 125 (2000), 177 ff.

b. Entscheidungserheblichkeit der Gültigkeit der Norm. aa. Potentielle Alternativität der Entscheidung. Ferner setzt die Zulässig- 23 keit der Vorlage voraus, dass es für die durch das vorlegende Gericht zu treffende Entscheidung auf die Gültigkeit der gegenständlichen Norm ankommt (Art. 100 Abs. 1 GG). Entscheidungserheblich ist eine Norm nur, *„wenn das Gericht im Ausgangsverfahren bei Ungültigkeit der Norm anders entscheiden müsste als bei deren Gültigkeit“* (BVerfGE 22, 175 (177) – *Normenkontrolle II*); es bedarf also insoweit überhaupt der **potentiellen Alternativität** der gerichtlichen Entscheidung.

24 Maßgeblicher Anknüpfungspunkt ist dabei die sich ergebende Alternativität des **Tenors** der Entscheidung; allein mit dem Verweis auf die Notwendigkeit der unterschiedlichen Fassung der Entscheidungsgründe ist die Entscheidungserheblichkeit einer Vorlage nicht zu begründen (BVerfGE 44, 297 (300)). Hinreichend ist damit jedoch, dass eine ohnehin erfolglose Klage abhängig davon, ob ein Gesetz gültig ist oder nicht, entweder als unzulässig oder als unbegründet abzuweisen ist (BVerfGE 22, 106 (109)).

25 Die Beantwortung der Frage der Vereinbarkeit der Norm mit höherrangigem Recht muss zur **abschließenden** Beurteilung des konkreten Falles unerlässlich sein (BVerfGE 11, 330 (335); 34, 118 (127); 47, 146 (154) – *Schneller Brüter*). Abzustellen ist damit grundsätzlich auf **verfahrensbeendende Entscheidungen** im Sinne einer *„ein gerichtliches Verfahren ganz oder in einem in der Prozessordnung verselbstständigten Verfahrensteil endgültig oder auch nur vorläufig beendende Gerichtshandlung, sofern nicht der weitere Verfahrensablauf dazu führen kann, dass es auf die Klärung […] nicht mehr ankommt“* (BVerfGE 63, 1 (22f.) – *Schornsteinfegerversorgung*).

26 Ausnahmsweise kann indes auch die Erheblichkeit für eine Zwischenentscheidung hinreichen, wenn dieser für den weiteren Verlauf des Verfahrens wesentliche Bedeutung zukommt und die Klärung der Verfassungsmäßigkeit dringend geboten erscheint (BVerfGE 63, 1 (21ff.) – *Schornsteinfegerversorgung*).

27 Die hierin durchaus zum Ausdruck kommende, strenge Handhabung des Kriteriums der Entscheidungserheblichkeit speist sich maßgeblich aus zwei unterschiedlichen Gründen. Zum einen manifestiert sich in ihr (und der Substantiierungslast des § 80 Abs. 2 BVerfGG) eine Filterfunktion, die die unnötige und überbordende Inanspruchnahme der bundesverfassungsgerichtlichen Normenkontrolle begrenzen soll; sie ist insoweit Ausdruck der *„Subsidiarität der Verfassungsgerichtsbarkeit“* (BVerfGE 47, 146 (154) – *Schneller Brüter*; 79, 256 (265) – *Kenntnis der eigenen Abstammung*). Zum anderen bedeutet die Inanspruchnahme der konkreten Normenkontrolle durch den

Richter für die Beteiligten des Ausgangsverfahren eine temporäre Verweigerung der Entscheidung in der Sache. Für ihr Verfahren bedeutet die Vorlage zum Bundesverfassungsgericht eine erhebliche Verzögerung, weshalb sie schon aufgrund des sich aus dem Rechtsstaatsprinzip ableitenden, staatlichen Justizgewähranspruchs nur restriktiv in Anspruch genommen werden kann (BVerfGE 78, 165 (178)). Der zur Vorlage neigende Richter ist daher tendenziell eher dazu verpflichtet, nach Wegen zur Sachentscheidung denn nach Wegen zur Inanspruchnahme verfassungsgerichtlicher Normenkontrolle zu suchen (*Bettermann*, Die konkrete Normenkontrolle und sonstige Gerichtsvorlagen, in: Starck (Hrsg.), Festgabe 25 Jahre Bundesverfassungsgericht, Bd. I, 1976, 323 (362)).

Zur Vertiefung vgl. *Becker*, Die Entscheidungserheblichkeit im Verfahren der konkreten Normenkontrolle gemäß Art. 100 Abs. 1 GG, in: dies./Lange (Hrsg.), Linien der Rechtsprechung des Bundesverfassungsgerichts – erörtert von den wissenschaftlichen Mitarbeiterinnen und Mitarbeitern, Bd. III, 2014, 3 ff.; *Eisele/Hyckel*, Die Entscheidungserheblichkeit als Kriterium der konkreten Normenkontrolle nach Art. 100 I GG, in: NVwZ 2016, 1298 ff.; *Reil*, Reformüberlegungen zur Richtervorlage, 2005, insb. 12 ff.; *Schlaich/Korioth*, Das Bundesverfassungsgericht, 11. Aufl. 2018, Rn. 146 ff.; *Schlitzberger*, Die Entscheidungserheblichkeit des Gesetzes bei einer Vorlage nach Art. 100 Abs. 1 GG, in: NJW 1963, 1901 ff.; *Scholler/Broß*, Zum Problem der Entscheidungserheblichkeit im Sinne des Art. 100 Abs. 1 GG, in: AöR 103 (1978), 148 ff.

Soweit die Vorlagefrage der Vereinbarkeit mit höherrangigem Recht 28
von *„allgemeiner und grundsätzlicher Bedeutung für das Gemeinwohl und deshalb ihre Entscheidung dringlich"* ist, sieht das Bundesverfassungsgericht ausnahmsweise vom Kriterium der Entscheidungserheblichkeit ab (BVerfGE 47, 146 (157) – *Schneller Brüter*).

bb. Entscheidungserheblichkeit und Unionsrecht. Ein Entfall der 29
Entscheidungserheblichkeit kann sich jedoch auch im Kontext des **Unionsrechts** ergeben. So ist die Vorlage nach Art. 100 Abs. 1 GG nur dann zulässig, wenn das vorzulegende Gesetz nicht schon aus Gründen unwirksam ist, über die das vorlegende Gericht auch selbst befinden könnte. **Widerspricht der Vorlagegenstand dem Unionsrecht**, so muss er aufgrund des Anwendungsvorrangs des Unionsrechts ohnehin außer Acht bleiben und ist damit auch nicht mehr entscheidungserheblich (BVerfGE 116, 202 (214) – *Tariftreueerklärung*; 145, 171 (190)). Kann sich das Gericht kein abschließendes Urteil über die Europarechtskonformität bilden, so hat es bei Unklarheiten

über die Auslegung des Unionsrechts nach Art. 267 AEUV den Europäischen Gerichtshof im Vorabentscheidungsverfahren anzurufen. Eine dahingehende Verpflichtung trifft ausweislich des Wortlautes des Art. 267 Abs. 3 AEUV zwar nur letztinstanzliche Gerichte, während andere Gerichte der Mitgliedstaaten nach Art. 267 Abs. 2 AEUV allein zur Vorlage berechtigt sind. Nach Rechtsprechung des Bundesverfassungsgerichts trifft diese Verpflichtung im Kontext der konkreten Normenkontrolle jedoch auch die übrigen Instanzgerichte als Ausweis ihrer Kompetenz und Aufgabe, das einfache innerstaatliche Recht genauso auszulegen wie das Unionsrecht, soweit es für ihre Entscheidung darauf ankommt (BVerfGE 126, 286 (316) – *Honeywell*; 129, 78 (103) – *Anwendungserweiterung*).

30 Betrifft die Vorlage ein **Gesetz, das sekundäres Unionsrecht in nationales Recht umsetzt**, ist die Vorlagefähigkeit davon abhängig, ob dem nationalen Gesetzgeber bei der Umsetzung überhaupt ein Gestaltungsspielraum verblieb. Ist das nationale Gesetz wegen **zwingender Vorgaben des Unionsrechts** vollständig unionsrechtlich determiniert, würde eine Überprüfung am Maßstab des Grundgesetzes einer vollumfänglichen Prüfung sekundären Unionsrechts gleichkommen, die das Bundesverfassungsgericht indes ausgeschlossen hat (BVerfGE 142, 123 (179f.) – *OMT-Programm*). Insoweit hat das Bundesverfassungsgericht seine inzidente Kontrolle von Rechtsakten der Europäischen Union zurückgenommen und auf die *Ultra-vires-Kontrolle* und die *Identitätskontrolle* beschränkt; die Grundrechtskontrolle am Maßstab der Grundrechte des Grundgesetzes hat es gar völlig suspendiert, solange der europäische Grundrechtsschutz dem vom Grundgesetz unabdingbar gebotenen Grundrechtsschutz generell gerecht wird. Macht der deutsche Gesetzgeber bei der Umsetzung sekundären Unionsrecht jedoch von einem ihm eröffneten, **mitgliedstaatlichen Gestaltungsspielraum** Gebrauch, unterliegt das entsprechende Gesetz auch der Kontrolle am Maßstab der nationalen Verfassung und ist mithin im Vorlageverfahren auch entscheidungserheblich (BVerfGE 129, 186 (198) – *Investitionszulagengesetz*). Ob dem Gesetzgeber ein Umsetzungsspielraum verblieb, ist von den Fachgerichten – auch mittels Anrufung des Europäischen Gerichtshofes – zu klären (BVerfGE 129, 186 (186f.) – *Investitionszulagengesetz*).

Vertiefend zur konkreten Normenkontrolle im Kontext des Unionsrechts vgl. *Sachs*, Normenkontrollverfahren bei primärem Gemeinschaftsrecht, in: NJW 1982, 465ff.; *Sauer*, Kompetenz- und Identitätskontrolle von Europarecht nach dem Lissabon-Urteil, in: ZRP 2009, 195 (197).

Schwierigkeiten kann auch die **Konkurrenzsituation** bereiten, in der die Vereinbarkeit eines Gesetzes sowohl mit dem Unionsrecht als auch mit dem Grundgesetz strittig ist und daher eine Vorlage nach Art. 267 Abs. 2 AUEV zum Europäischen Gerichtshof ebenso möglich (oder verpflichtend) ist, wie die nach Art. 100 Abs. 1 GG zum Bundesverfassungsgericht. Zwischen den beiden Vorlageverfahren besteht jedoch aus verfassungsrechtlicher Perspektive kein Rangverhältnis, weswegen das Fachgericht nach Zweckmäßigkeitserwägungen entscheiden kann, welches der Verfahren zuerst eingeleitet werden soll (BVerfGE 116, 202 (214 f.) – *Tariftreueerklärung*; 129, 186 (203) – *Investitionszulagengesetz*). 31

Weiterführend hierzu siehe nur *Britz*, Verfassungsrechtliche Effektuierung des Vorabentscheidungsverfahrens, in: NJW 2012, 1313 ff.; *Michael*, Investitionszulagengesetz: Wahlfreiheit und Subsidiarität zwischen Richtervorlagen an das BVerfG bzw. an den EuGH, in: ZJS 2012, 376 ff.; *Streinz/Herrmann*, Der Anwendungsvorrang des Gemeinschaftsrechts und die „Normverwerfung" durch deutsche Behörden, in: BayVBl. 2008, 1 ff.; *Thiemann*, Verfassungsbeschwerde und konkrete Normenkontrolle im Lichte des Unionsrechts, in: JURA 2012, 902 ff.; *Wendel*, Neue Akzente im europäischen Grundrechtsverbund – Die fachgerichtliche Vorlage an den EuGH als Prozessvoraussetzung der konkreten Normenkontrolle, in: EuZW 2012, 213 ff.;

cc. Gleichheitsrechtliche Verstöße. Sonderfälle hinsichtlich der Entscheidungserheblichkeit eines Gesetzes können sich ergeben, soweit diese wegen eines **Verstoßes gegen den allgemeinen oder einen speziellen Gleichheitssatz** (Art. 3 Abs. 1 bzw. 2 GG) vorgelegt wird. Hat das Ausgangsverfahren etwa die Rüge des Klägers zum Gegenstand, ein Gesetz verwehre ihm gleichheits- und damit verfassungswidrig eine Leistung, so hat das Ergebnis der Vorlage zunächst keine Auswirkung auf den Rechtsanspruch des Klägers: Ist die Norm verfassungsgemäß, so steht ihm die beanspruchte Leistung kraft Gesetzes nicht zu. Ist die Norm hingegen verfassungswidrig und/oder nichtig, besteht der gesetzliche Anspruch auf die Leistung generell nicht – in beiden Fällen wäre die Klage damit abzuweisen und die entsprechende Norm nicht entscheidungserheblich. In derartigen Fällen geht das Bundesverfassungsgericht jedoch davon aus, dass das Gericht des Ausgangsverfahrens für den Fall der Feststellung der Verfassungswidrigkeit durch das Bundesverfassungsgericht das Verfahren **aussetzen und abwarten** würde, ob der Gesetzgeber eine verfassungsgemäße, den Kläger begünstigende **Neuregelung** schafft (BVerfGE 17, 210 (215 f.); 72, 9 (18); 97, 35 (48)). Daher geht das 32

Bundesverfassungsgericht auch bei einem gleichheitsrechtlichen Begünstigungsausschluss von der Entscheidungserheblichkeit aus, wenn jedenfalls nicht ausgeschlossen werden kann, dass die bislang benachteiligte Person von der gesetzlichen Neuregelung profitiert (BVerfGE 121, 108 (115); 130, 131 (139f.)).

33 In jedem Fall setzt dies jedoch voraus, dass gerade der Kläger des Ausgangsverfahrens von der gerügten Diskriminierung betroffen ist (BVerfGE 66, 100 (105ff.) – *Berufsschadensausgleich*; 125, 175 (219) – *Hartz IV*). Aus diesem Grunde soll eine Vorlage dann unzulässig sein, wenn die Verfassungswidrigkeit darauf gestützt wird, dass die gegenständliche Norm eine **am Verfahren nicht beteiligte Personengruppe gleichheitswidrig benachteiligt** (BVerfGE 66, 100 (105) – *Berufsschadensausgleich*; 125, 175 (219) – *Hartz IV*). Dies führt jedoch im Ergebnis nicht nur dazu, dass ein nach der Rechtsprechung des Bundesverfassungsgerichts eigentlich entscheidungserhebliches Gesetz – ist es verfassungsgemäß, steht dem Kläger ein Anspruch zu, ist es verfassungswidrig, entfällt sein Anspruch und das Gericht müsste das Verfahren aussetzen und das gesetzgeberische Tätigwerden abwarten – nunmehr entscheidungsunerheblich wird. Vor allem zwingt sie aber das vorlegende Gericht, so lange objektiv verfassungswidriges Recht anzuwenden, bis ein von der gesetzlichen Regelung unmittelbar Benachteiligter hiergegen klagt. Soweit das Bundesverfassungsgericht zur Begründung auf das Fehlen eines konkreten prozessualen Auslösers für die Vorlage verweist (BVerfGE 66, 100 (105f.) – *Berufsschadensausgleich*), verkennt es den sonst gerne betonten objektiven Charakter der konkreten Normenkontrolle.

Vertiefend hierzu *Benda/Klein*, Verfassungsprozessrecht, 4. Aufl. 2020, Rn. 843ff.; *Desens*, Steuerprivilegien für Abgeordnete verfassungsrechtlich nicht angreifbar?, in: DStR 2009, 727 (728f.); *Schlaich/Korioth*, Das Bundesverfassungsgericht, 11. Aufl. 2018, Rn. 149f.; *Völlmeke*, Die Gleichheit, das Unrecht und die Richtervorlage an das BVerfG, in: NJW 1992, 1345ff.

34 **dd. Beurteilungskompetenz des vorlegenden Gerichts.** Zwar ist das Bundesverfassungsgericht berechtigt und verpflichtet, die Sachentscheidungsvoraussetzungen der gestellten Anträge vollumfänglich zu prüfen, indes kommt dem Bundesverfassungsgericht bei der Frage der Entscheidungserheblichkeit nur eine eingeschränkte Nachprüfung zu. Weil sich der Verfahrensgegenstand der konkreten Normenkontrolle – *allein die Rechtsfrage der Gültigkeit der Norm* – von der des Ausgangsverfahren – *der anhängige Streitgegenstand* – unter-

scheidet und die Verfahrensgegenstände strikt zu trennen sind, muss für die Frage, ob die Gültigkeit des Gesetzes für das Ausgangsverfahren entscheidungserheblich ist, auch die **Auffassung des vorlegenden Fachgerichts maßgeblich** sein (BVerfGE 2, 181 (190ff.) – *Besatzungsanordnungen*; 78, 165 (172)).

Schon aus Gründen der Evidenz- und Missbrauchskontrolle muss der den Fachgerichten hierbei eingeräumte Einschätzungsspielraum indes begrenzt sein. Vom Grundsatz der Maßgeblichkeit der vorlagegerichtlichen Auffassung macht das Bundesverfassungsgericht daher **Ausnahmen**: So nimmt es den Standpunkt des vorlegenden Gerichts betreffend die Erheblichkeit einer Norm nicht mehr hin, wenn dessen Rechtsauffassung oder Tatsachenwürdigung offensichtlich unhaltbar und unvertretbar erscheint (BVerfGE 2, 380 (389) – *Besatzungsanordnungen*; 133, 1 (11); 141, 1 (11)). Wie groß es den Spielraum der Fachgerichte hierbei bemisst, kann von Fall zu Fall variieren (vgl. etwa BVerfGE 68, 311 (318) sowie BVerfGE 78, 249 (264) – *Fehlbelegungsabgabe*). 35

Für **offensichtlich unhaltbar** hielt das Bundesverfassungsgericht etwa die Vorlage des § 3 Abs. 1 WPflG, da es im Ausgangsverfahren auf die Frage, ob die gesetzliche Einordnung des Zivildienstes als eine Form des Wehrdienstes verfassungskonform sei, schon deshalb nicht ankam, weil der wegen wiederholten Nichtantritts des Wehrdienstes Angeklagte weder Kriegsdienstverweigerer war, noch einen entsprechenden Anerkennungsantrag gestellt hatte und damit als Wehrdienstleistender zu behandeln war (vgl. BVerfGE 78, 25 (30)). 36

Ausnahmen vom Grundsatz der Maßgeblichkeit der vorlagegerichtlichen Beurteilung macht das Bundesverfassungsgericht auch im Falle für die Prüfung maßgeblicher **verfassungsrechtlicher Vorfragen**, die in vollem Umfang seiner Prüfung und Entscheidung unterliegen (BVerfGE 46, 268 (284); 131, 1 (15) – *Sicherungsverwahrung*). Derartige Vorfragen ergeben sich etwa, wenn das vorlegende Gericht für die Begründung der Entscheidungserheblichkeit verfassungsrechtliche Bestimmungen oder vom Bundesverfassungsgericht aus dem Grundgesetz entwickelte Rechtssätze heranzieht (BVerfGE 48, 29 (37f.); 89, 144 (152) – *Konkurs von Rundfunkanstalten*). Gleichermaßen prüft das Bundesverfassungsgericht auch die **Auslegung von Verfahrensrecht**, wenn es nicht alleine für die Beurteilung der Zulässigkeit einer Klage maßgeblich ist, sondern dies auch vom Verfassungsprozessrecht abhängt; einfachgesetzliches Verfahrensrecht und Verfassungsprozessrecht verschmölzen insoweit zu einem „*Gesamtsystem des gerichtlichen Rechtsschutzes*“ (BVerfGE 67, 26 (34)). 37

38 Die dahingehende Rechtsprechung des Bundesverfassungsgerichts wird – zum Teil heftig – **kritisiert**, weil es sich damit zum einen ein Monopol der Verfassungsauslegung zueigne, das ihm nicht zustünde und darüber hinaus zu unwägbaren materiellen Folgeerwägungen führe. (vgl. so *Benda/Klein*, Verfassungsprozessrecht, 4. Aufl. 2020, Rn. 838). Kaum nachvollziehbar ist die Entscheidung BVerfGE 67, 26, in der das Bundesverfassungsgericht in das Ausgangsverfahren insoweit hineinintervenierte, als es die ursprüngliche Klage als vor dem vorlegenden Gericht unzulässig feststellte, um damit die Entscheidungserheblichkeit der vorgelegten Norm zu verneinen (vgl. hierzu nur *Geiger*, Das Verhältnis von Bundesverfassungsgericht und vorlegendem Gericht im Falle der konkreten Normenkontrolle, in: EuGRZ 1984, 409 (409 f.); *Sachs*, Die konkrete Normenkontrolle – nur ein Instrument zum Schutze subjektiver Grundrechte der Beteiligten?, in: DVBl. 1985, 1106 (1109 f.)). Zu Recht darf jedenfalls kritisch festgehalten werden, dass sich das Bundesverfassungsgericht mit dieser Erweiterung seiner Nachprüfungskompetenz entweder eine weitere Möglichkeit geschaffen hat, sich unangenehmer Vorlagen zu entledigen oder sich beim Umreißen seines Prüfungsumfangs nahe an die sonst so ungewollte Rolle der „*Superrevisionsinstanz*" manövriert hat.

39 Ferner unterliegt auch die gerichtliche Auffassung hinsichtlich der Entscheidungserheblichkeit von **Gesetzen zur Umsetzung von Unionsrecht** etwa im Hinblick auf bestehende nationale Umsetzungsspielräume einer verfassungsgerichtlichen Kontrolle, weil mit der Einschätzung nicht nur die Grenzziehung der unionsrechtlichen Bindungswirkung, sondern auch der verfassungsgerichtlichen Prüfungsreichweite verbunden ist (BVerfGE 129, 186 (203 f.)).

40 **ee. Maßgeblicher Zeitpunkt.** Zwar bezieht sich die Prüfung der Entscheidungserheblichkeit durch das Fachgericht auf den Zeitpunkt der Aussetzung des Verfahrens; der maßgebliche Zeitpunkt für das verfassungsprozessuale Verfahren ist indes der der Entscheidung des Bundesverfassungsgerichts (BVerfGE 51, 161 (163 f.); 85, 191 (203) – *Nachtarbeitsverbot*; 108, 186 (209) – *Informationspflichten bei Sonderabgaben*). Es erscheint insoweit denkbar, dass die Entscheidungserheblichkeit ursprünglich zwar bestand, indes im Zeitverlauf **entfallen** ist, weil die Unanwendbarkeit der Norm bereits aus anderen Gründen feststeht (BVerfGE 85, 191 (203) – *Nachtarbeitsverbot*) oder die Klage im Ausgangsverfahren zurückgenommen wurde. Bei wesentlichen Änderungen der Verfahrenslage, die die Entscheidungserheblichkeit in Zweifel ziehen oder sogar entfallen lassen, hat das vorlegende Gericht seinen Vorlagebeschluss daher zu ergänzen oder aufzuheben (BVerfGE 29, 325 (326); 51, 161 (163 f.)). Kommt es dem nicht nach, stellt das Bundesverfassungsgericht die Unzulässig-

keit der Vorlage fest (BVerfGE 29, 325 (326); 49, 217 (219); 51, 161 (164 f.). Tritt die vorlagegegenständliche Norm zwischen Aussetzung des Verfahrens und Entscheidung des Bundesverfassungsgerichts **außer Kraft**, so kann sie entscheidungserheblich bleiben, soweit sie für die Entscheidung im Ausgangsverfahren heranzuziehen ist (BVerfGE 108, 186 (209) – *Informationspflichten bei Sonderabgaben*).

c. Korrektur durch das Bundesverfassungsgericht. Die Vorlage ist dabei nur zulässig, **soweit** das Gesetz entscheidungserheblich ist und das vorlegende Gericht von seiner Verfassungswidrigkeit überzeugt ist. Entsprechend hat sich die Vorlage gegebenenfalls auch nur auf einzelne Teile oder tatbestandliche Alternativen einer Norm zu erstrecken, für die diese Voraussetzungen zutreffen. Probleme hinsichtlich der Bestimmung des Vorlagegenstandes können jedoch auch aus dem zeitlichen Abstand zwischen Aussetzungsbeschluss und Entscheidung des Bundesverfassungsgerichts erwachsen. Daher nimmt das Bundesverfassungsgericht gegebenenfalls eine Anpassung im Sinne einer Beschränkung oder Erweiterung des Umfangs der Vorlage vor. Legt das vorlegende Gericht eine gesamte Norm vor, obwohl allein einer ihrer Teile entscheidungserheblich ist, **beschränkt** das Bundesverfassungsgericht seinen Prüfungsumfang durch eine Begrenzung des Prüfungsgegenstandes in den Entscheidungsgründen (BVerfGE 69, 373 (377); 78, 104 (116)). Wählt das vorlegende Gericht indes einen zu kleinen Anwendungsbereich einer Norm oder übersieht die eigentlich entscheidungserhebliche Norm, so wird das Bundesverfassungsgericht eine **Ausdehnung** des Prüfungsgegenstandes über den im Vorlagebeschluss festgelegten Vorlagegenstand hinaus vornehmen (BVerfGE 69, 272 (275) – *Krankenversicherung der Rentner*; 104, 74 (83) – *Kalte Enteignung*), darf hierbei allerdings den Rahmen des für den Ausgangsfall Entscheidungserheblichen nicht sprengen. 41

4. Vorlagebeschluss und Begründungsanforderungen

Die Entscheidung, dem Bundesverfassungsgericht die Frage der Vereinbarkeit einer Norm mit dem Grundgesetz (bzw. dem Bundesrecht) vorzulegen, wird vom Vorlagegericht in **Form eines Beschlusses gefasst**, mit dem gleichzeitig das anhängige Ausgangsverfahren ausgesetzt wird (Art. 100 Abs. 1 S. 1 GG). Damit ist auch gleichzeitig das **Formerfordernis** der konkreten Normenkontrolle festgelegt. 42

Aus der strikten Handhabung des Kriteriums der Entscheidungserheblichkeit ergibt sich die Notwendigkeit einer umfangreichen **Darle-** 43

gungslast des vorlegenden Gerichts, die über die übliche Begründungspflicht nach § 23 Abs. 1 S. 2 BVerfGG hinausgeht; die Substantiierungspflichten richten sich dabei nach § 80 Abs. 2 BVerfGG. Demnach hat das vorlegende Gericht in der Begründung seines Vorlagebeschlusses anzugeben, inwiefern von der Gültigkeit der Rechtsvorschrift die Entscheidung des Gerichts abhängig ist und mit welcher übergeordneten Rechtsnorm sie unvereinbar ist. Diese Substantiierungserfordernisse hat das Bundesverfassungsgericht in seiner Rechtsprechung weitergehend präzisiert und weitreichend ausgebaut.

44 So hat das vorlegende Gericht zunächst eingehend den im Ausgangsverfahren anhängigen **Sachverhalt** darzustellen und die zur rechtlichen Prüfung der Verfassungsmäßigkeit der Norm erforderlichen tatsächlichen Feststellungen zu treffen und in den Beschluss aufzunehmen (BVerfGE 17, 135 (138 f.); 77, 308 (328) – *Arbeitnehmerweiterbildung*; 145, 171 (188)). Es hat sich substantiiert mit der **einfachrechtlichen Rechtslage** auseinanderzusetzen und diese umfassend und möglichst lückenlos für die Vorlage aufzuarbeiten (BVerfGE 48, 396 (400); 62, 223 (229)); dies entspricht insoweit auch der Arbeitsteilung zwischen Fach- und Verfassungsgerichtsbarkeit. Gleichermaßen hat es seinen **verfassungsrechtlichen Prüfungsmaßstab** anzugeben und darzulegen, inwieweit die jeweilige Verfassungsnorm durch den Vorlagegenstand verletzt sein könnte (BVerfGE 86, 71 (78 f.); 88, 198 (201)).

45 Dies erfordert nicht nur die Auseinandersetzung mit den einschlägigen Rechtsauffassungen in der Rechtsprechung und insbesondere der des Bundesverfassungsgerichts (BVerfGE 131, 88 (118 f.)), sondern auch die Heranziehung von Literatur und Gesetzgebungsmaterialien (BVerfGE 77, 259 (262); 81, 275 (277)). Sind für die Beurteilung der Vorlage auch weitere als die vorlagegegenständliche Norm heranzuziehen, so hat das Gericht auch diese Normen in seinen Ausführungen zu berücksichtigen.

46 Aus den verfassungsrechtlichen Ausführungen und Erwägungen des Gerichts muss dabei die **Überzeugung von der Verfassungswidrigkeit** der Norm hervorgehen. Im Vorlagebeschluss sind daher etwa auch andere denkbare Auslegungsmöglichkeiten zu erörtern (BVerfGE 80, 86 (100); 124, 251 (264)) sowie die Möglichkeit einer (naheliegenden) verfassungskonformen Auslegung zu würdigen. Unterbleibt dies, ist die Vorlage unzulässig (BVerfGE 86, 71 (77)). Zum anderen ergeben sich weitreichende Darlegungslasten für die **Entscheidungserheblichkeit** der Norm. Es hat dem Bundesverfassungs-

gericht umfassend darzulegen, wie und warum es bei der Gültigkeit der vorlagegegenständlichen Norm anders entscheiden würde als bei deren Ungültigkeit und wie es dieses Ergebnis begründen würde (BVerfGE 35, 303 (306); 68, 311 (316)). Auch wenn die Akten des anhängigen Ausgangsfalles der Vorlage beizufügen sind (§ 80 Abs. 2 S. 2 BVerfGG), muss der Vorlagebeschluss **aus sich heraus verständlich** sein (BVerfGE 22, 175 (177) – *Normenkontrolle III*; 25, 213 (215)); Bezugnahmen auf Schriftsätze des Ausgangsverfahrens oder die Ausführungen anderer Gerichte in anderen Verfahren sind daher dem Grunde nach unstatthaft (BVerfGE 22, 175 (177); 26, 302 (207); 62, 223 (229)). Für einen einmal getroffenen Vorlagebeschluss trifft das vorlegende Gericht auch eine **Überwachungspflicht**: So hat es das Bundesverfassungsgericht über wesentliche Änderungen der rechtlichen und tatsächlichen Situation zu unterrichten und seinen Vorlagebeschluss gegenfügig zu ergänzen (BVerfGE 51, 161 (164)).

Die Anforderungen, die das Bundesverfassungsgericht damit an das vorlegende Gericht stellt, sind bis *„an die Grenze der Unerfüllbarkeit"* (*Lechner/Zuck*, BVerfGG, 8. Aufl. 2019, § 80 Rn. 31) verschärft worden. Der Begründung der Entlastung sowie der gebotenen restriktiven Handhabung aus Gründen des staatlichen Justizgewähranspruchs muss das Bundesverfassungsgericht jedenfalls seine in Teilen weniger stringente Handhabung der Vorlagevoraussetzungen entgegenhalten lassen. Insbesondere kann man sich des Eindrucks nicht gänzlich erwehren, dass die Fortentwicklung des Kriteriums der Entscheidungserheblichkeit das notwendige Instrumentarium schaffen soll, um Vorlagen im Einzelfall nach Zweckmäßigkeitserwägungen als unzulässig oder zulässig zu behandeln. 47

Vgl. hierzu auch *Baumgarten*, Anforderungen an die Begründung von Richtervorlagen, 1996, 255 ff.; *Benda/Klein*, Verfassungsprozessrecht, 4. Aufl. 2020, Rn. 856 ff.; *Hamdorf*, Die Zulässigkeitsvoraussetzungen der Richtervorlage zum Bundesverfassungsgericht und zu den Verfassungsgerichten der Länder, in: NordÖR 2011, 301 (306).

5. Beitritt und Äußerungsberechtigung

Als objektives Verfahren kennt die konkrete Normenkontrolle keine Verfahrensbeteiligten; das vorlegende Gericht ist dies genauso wenig wie die Verfahrensbeteiligten des Ausgangsverfahrens. Nach § 82 Abs. 2 BVerfGG können indes die in § 77 BVerfGG genannten Verfassungsorgane durch ihren **Beitritt** zu Verfahrensbeteiligten der Normenkontrolle werden (BVerfGE 2, 213 (217) – *Straffreiheitsge-* 48 *setz*; 2, 232 (234) – *Lohnzahlung an Feiertagen*). Dass der Beitritt – anders als im Falle der abstrakten Normenkontrolle – im Verfahren der konkreten Normenkontrolle möglich ist, dürfte wohl überwiegend darauf zurückzuführen sein, dass diese gerade nicht von einem Antrag eines Verfassungsorganes, sondern von einer fachgerichtlichen Vorlage in Gang gesetzt wird. Unabhängig von ihrem Beitritt sind sie nach § 82 Abs. 1 i. V. m. § 77 BVerfGG ebenso **äußerungsberechtigt** wie nach § 82 Abs. 3 die Verfahrensbeteiligten des Ausgangsverfahrens.

Vertiefend hierzu siehe nur *Geiger*, Das Verhältnis von Bundesverfassungsgericht und vorlegendem Gericht im Falle der konkreten Normenkontrolle, in: EuGRZ 1984, 409 ff.; *Greiff*, Ist das Gericht, welches das Verfahren des Art. 100 GG in Gang setzt, „Beteiligter" des Verfahrens?, in: DRiZ 1954, 138 ff.; *Schäfer*, Verfahrensfragen der konkreten Normenkontrolle nach Art. 100 Abs. 1 GG, in: NJW 1954, 409 ff.

III. Entscheidung

49 Im Verfahren der konkreten Normenkontrolle hat das Bundesverfassungsgericht als Sachentscheidung allein die Vorlagefrage zu beantworten, § 81 BVerfGG; es entscheidet ausschließlich über die Vereinbarkeit oder Unvereinbarkeit der vorlagegegenständlichen Norm mit dem höherrangigen Recht. Für den **Prüfungsmaßstab** gilt im Wesentlichen nichts Anderes als für die abstrakte Normenkontrolle: Bundesgesetze werden auf Vereinbarkeit mit dem Grundgesetz, Landesgesetze auf Vereinbarkeit mit dem Grundgesetz sowie einfachrechtlichen Bundesgesetzen geprüft. Bundesgesetz meint in Art. 100 Abs. 1 GG Bundesrecht im formellen wie im materiellen Sinn, da auch Rechtsverordnungen des Bundes am Vorrang des Bundesrechts teilhaben (Art. 31 GG). Bei seiner Prüfung ist das Bundesverfassungsgericht des objektiven Charakters des Verfahrens wegen nicht an die im Vorlagebeschluss als verletzt gerügten Bestimmungen gebunden, sondern es prüft die vorgelegte Norm **unter jedem verfassungsrechtlichen Gesichtspunkt** (BVerfGE 3, 187 (196 f.); 67, 1 (11); 126, 369 (388)). Der **Prüfungsumfang** ist dem Grunde nach auf das vorlagegegenständliche Gesetz begrenzt. Das Bundesverfassungsgericht sieht sich indes auch befugt, seine Prüfung auf weitere, in engem Sachzusammenhang zur beanstandeten Norm stehende, selbst indes nicht entscheidungserhebliche Normen oder Normteile zu erstrecken, um der rechtsbefriedenden Funktion der konkreten

Normenkontrolle gerecht zu werden (BVerfGE 44, 322 (337f.) – *Allgemeinverbindlicherklärung I;* 63, 312 (323); 96, 345 (360) – *Landesverfassungsgerichte*).

Ist die Vorlage im konkreten Normenkontrollverfahren zulässig 50
und **begründet**, so wird das Bundesverfassungsgericht das vorlagegegenständliche Gesetz in der Regel für **nichtig** erklären, §§ 82 Abs. 1, 78 S. 1 BVerfGG. Der Entscheidung des Bundesverfassungsgerichts kommt dabei nicht nur Bindungswirkung nach § 31 Abs. 1 BVerfGG, sondern auch Gesetzeskraft nach § 31 Abs. 2 BVerfGG zu; beides dient der Realisierung der rechtsbefriedenden Funktion des Verfahrens und ist Ausdruck und Folge seines objektiven Charakters. Ausnahmsweise kann das Bundesverfassungsgericht es aber auch bei **der Feststellung der Unvereinbarkeit** mit höherrangigem Recht bewenden lassen. In der Praxis wird es von dieser Möglichkeit überwiegend bei einem Verstoß gegen den allgemeinen Gleichheitssatz Gebrauch machen, weil dem Gesetzgeber in diesem Falle mehrere Optionen zur Beseitigung des verfassungswidrigen Zustandes verbleiben können (vgl. etwa BVerfGE 99, 280 (298); 105, 73 (133)). Die bloße Erklärung der Unvereinbarkeit kommt jedoch auch dann in Frage, wenn aus Gründen des öffentlichen Interesses von einer Nichtigerklärung abzusehen ist, etwa weil mit dieser ein noch weiter von der Verfassungsmäßigkeit entfernter Zustand als bei Weitergeltung der Norm eintreten würde (BVerfGE 99, 216 (244); 125, 175 (256)). Ist die Vorlage zulässig aber **unbegründet**, so verwirft das Bundesverfassungsgericht sie nicht einfach, sondern stellt explizit die Vereinbarkeit der Norm mit dem Grundgesetz oder dem übrigen Bundesrecht fest (BVerfGE 9, 334 (336); 18, 302 (304)). Hierzu kann das Bundesverfassungsgericht auch eine (damit verbindliche) verfassungskonforme Auslegung tenorieren (BVerfGE 127, 263 (264)). Mit dieser Feststellung entledigt sich das Bundesverfassungsgericht identischer zukünftiger Vorlagen, weil auch der positiven Feststellung der Verfassungsmäßigkeit Bindungswirkung (§ 31 Abs. 1 BVerfGG) und Gesetzeskraft (§ 31 Abs. 2 BVerfGG) zukommt. Scheitert die Vorlage schon an der Zulässigkeit, kann die **Feststellung der Unzulässigkeit** durch die zuständige Kammer erfolgen, soweit der Normenkontrollantrag nicht von einem Landesverfassungsgericht oder einem der obersten Gerichtshöfe des Bundes gestellt wurde, § 81a BVerfGG. Mit der abschließenden Entscheidung des Bundesverfassungsgerichts ist das Zwischenverfahren der Vorlage beendet und das beim vorlegenden Gericht noch immer anhängige Verfahren fortzuführen.

Weiterführend vgl. *Bogs*, Die Bindung des Fachrichters an eine verfassungskonforme Auslegung des Normenkontrollrichters, in: DVBl. 1965, 633ff.; *Haak*, Normenkontrolle und verfassungskonforme Gesetzesauslegung des Richters, 1963; *Ipsen*, Nichtigerklärung oder „Verfassungswidrigerklärung" – Zum Dilemma der verfassungsgerichtlichen Normenkontrollpraxis, in: JZ 1983, 41ff.; *Sachs*, Bindungswirkungen bei verfassungskonformer Gesetzesauslegung durch das Bundesverfassungsgericht, in: NJW 1979, 344ff.; *Seetzen*, Bindungswirkung und Grenzen der verfassungskonformen Gesetzesauslegungen, in: NJW 1976, 1997ff.

§ 9 Das Normenqualifikationsverfahren (Art. 126 GG)

Wichtige Entscheidungen: BVerfGE 4, 358 (367ff.) – *Reichsgesetz über den Finanzausgleich*; BVerfGE 28, 119 – *Spielbank*.

I. Kontext des Verfahrens

1 Nach Art. 126 GG, § 87ff. BVerfGG entscheidet das Bundesverfassungsgericht in einem Normenqualifikationsverfahren bei Meinungsverschiedenheiten darüber, ob nach Art. 123 GG übergeleitetes Recht aus der Zeit vor Inkrafttreten des Grundgesetzes (**„Altrecht"**) aufgrund der Tatbestände der Art. 124 und 125 GG als **Bundesrecht fortgilt** (BVerfGE 1, 162 (164) – *Arbeitsgerichtsgesetz*; 3, 368 (373) – *Besatzungsrecht*). Praktische Bedeutung hat dieses Verfahren heute kaum mehr, was zum einen auf den schlichten Zeitablauf, zum anderen auf das in Folge der Bereinigung des Bundesrechts 1968 erfolgte Außerkrafttreten nicht in die bereinigte Sammlung aufgenommer Normen zurückzuführen ist.

Vgl. hierzu das Gesetz über die Sammlung des Bundesrechts v. 20.7.1958, BGBl. I, 437 sowie das Gesetz vom 28.12.1968, BGBl. I, 1451. Die Sammlung des fortgeltenden Bundesrechts findet sich im III. Teil des Bundesgesetzblattes.

2 Kurzzeitig wurde dem Verfahren in der Literatur im Zuge des Beitritts der Deutschen Demokratischen Republik zum Geltungsbereich des Grundgesetzes wieder Bedeutung zugeschrieben, wobei für die vorgebrachte Anwendbarkeit des Verfahrens auch auf ein strittiges Fortgelten von Recht der DDR aufgrund der detaillierten Befassung in Anlage II zum Einigungsvertrag weder Bedarf und aufgrund der

Nähe des Art. 126 zu Art. 124 und Art. 125 GG auch kein Raum bestand. Der – auch im Vergleich zu den anderen teils spartanischen Normen des Grundgesetzes – überaus knappe Wortlaut des Art. 126 GG überlässt die Ausgestaltung des gesamten Verfahrens dem einfachen Recht; der Ausgestaltungsauftrag hat in den §§ 86 ff. BVerfGG normativen Niederschlag gefunden.

II. Zulässigkeitsvoraussetzungen

Zur Initiierung eines Normenqualifikationsverfahrens nach 3
Art. 126 GG sind nach § 86 Abs. 1 BVerfGG der Bundestag, der Bundesrat, die Bundesregierung und die Landesregierungen **antrags-** sowie nach § 86 Abs. 2 BVerfGG alle Gerichte **vorlageberechtigt**. Die Zulässigkeit eines **Antrages** – mit Ausnahme eines solchen des insoweit privilegierten Bundestages – erfordert nach § 87 Abs. 1 BVerfGG, dass von der Entscheidung des Bundesverfassungsgerichts die Zulässigkeit einer bereits vollzogenen oder unmittelbar bevorstehenden Maßnahme eines Bundesorgans, einer Bundesbehörde oder des Organs oder der Behörde eines Landes abhängt und damit ein **Klarstellungsinteresse** besteht. Nach Art. 126 GG bedarf es ferner überhaupt einer „Meinungsverschiedenheit" über die Fortgeltung als Bundesrecht, wobei hieran keine überhöhten Voraussetzungen geknüpft werden dürfen, weswegen nicht allein ein Streit zwischen Verfassungsorganen, sondern auch ein maßgeblicher, behördlich, gerichtlich oder akademisch geführter Streit hierfür genügen kann (BVerfGE 28, 119 (135 f.) – *Spielbank*). Für die **Vorlage** eines Gerichts bedarf es der der **Streitigkeit** sowie der **Entscheidungserheblichkeit** der Fortgeltung als Bundesrecht, § 86 Abs. 2 BVerfGG. Streitigkeit meint dabei nicht schon den Streit zwischen zwei Parteien (BVerfGE 4, 368 (368) – *Reichsgesetz über den Finanzausgleich*), sondern ernstliche Zweifel des Gerichts als solchem, etwa weil es mit seiner Auffassung einem maßgeblichen Literaturbefund oder der Ansicht eines Landesverfassungsgerichts entgegentreten würde (BVerfGE 7, 18 (23 f.) – *Bayerisches Ärztegesetz*). Der Vorlageberechtigung der Gerichte korrespondiert bei Vorliegen der Voraussetzungen auch eine **Vorlagepflicht**.

Tauglicher **Verfahrensgegenstand** und damit „*Recht*" im Sinne des 4
Art. 126 GG ist aufgrund des systematischen Kontextes der Art. 124 ff. GG nur solches Recht „*aus der Zeit vor dem Zusammen-*

tritt des Bundestages (Art. 123 Abs. 1 GG) […], dessen Fortgeltung angeordnet ist, soweit es nicht dem Grundgesetz widerspricht" (BVerfGE 6, 309 (344) – *Reichskonkordat*). Im Übrigen gelten in formeller Hinsicht die Anforderungen der §§ 23 Abs. 1, 87 Abs. 2 BVerfGG.

III. Entscheidung

5 Die Entscheidung des Bundesverfassungsgerichts im Verfahren nach Art. 126 GG ergeht als Feststellung, dass das gegenständliche Recht als Bundesrecht ganz oder teilweise im ganzen Bundesgebiet oder in einem Teilgebiet fortgilt oder nicht fortgilt. Die Entscheidung hat Rechtskraft und Bindungswirkung nach § 31 Abs. 1 BVerfGG sowie **Gesetzeskraft** nach § 32 Abs. 2 BVerfGG. Die Entscheidung wirkt **ex tunc** auf den Zeitpunkt zurück, an dem der Bundestag das erste Mal zusammengetreten ist und damit auf den 7.9.1949 (BVerfGE 4, 358 (368) – *Reichsgesetz über den Finanzausgleich*).

Literatur: *Bopp*, Die Zuständigkeit der Verfassungsgerichte zur Prüfung der Verfassungsmäßigkeit der vor Inkrafttreten des Grundgesetzes bzw. der Landesverfassungen erlassenen Rechtsnormen nach Bundesrecht, 1952; *Detterbeck*, Streitgegenstand und Entscheidungswirkungen im öffentlichen Recht, 1995; *Hölder*, Der Vorlageweg nach § 86 Abs. 2 BVerfGG, in: DÖV 1955, 389 ff.; *Rühmann*, Verfassungsgerichtliche Normenqualifikation, 1982.

§ 10 Das völkerrechtliche Verifikationsverfahren (Art. 100 Abs. 2 GG)

Einführende Literatur: *Meyer/Fallois*, Das Völkerrechtsverifikationsverfahren nach Art. 100 II GG im Überblick, in: JuS 2019, 1066 ff.; *Will*, Völkerrecht und nationales Recht, in: JURA 2015, 1164 ff.
Leitentscheidungen: BVerfGE 15, 25 – *Jugoslawische Militärmission*; BVerfGE 23, 288 – *Kriegsfolgenlast*; BVerfGE 64, 1 – *National Iranian Oil Company*.

I. Kontext des Verfahrens

1 Das völkerrechtliche Verifikationsverfahren nach Art. 100 Abs. 2 GG, § 83 f. BVerfGG zählt zum Kreis der echten grundgesetzlichen

Erfindungen, die ohne historische Vorbilder in den Vorläuferverfassungen Einzug in den Verfassungstext gehalten haben. Die Notwendigkeit für ein solches Verfahren ergibt sich als direkte Konsequenz des Art. 25 GG: Wenn die *„allgemeinen Regeln"* des Völkerrechts nicht nur ohne weiteren konstitutiven Rechtsakt in das Bundesrecht eingegliedert werden, sondern den Gesetzen auch hierarchisch vorgehen, besteht schon aus Gründen der Rechtssicherheit ein Bedarf an einer autoritativen Entscheidung über ihre **Existenz und Tragweite** (BVerfGE 23, 288 (317) – *Kriegsfolgenlast*). Mit Art. 100 Abs. 2 GG wird die Letztentscheidungskompetenz hierfür rechtsvereinheitlichend beim Bundesverfassungsgericht **monopolisiert**. Dabei dient das völkerrechtliche Verifikationsverfahren primär der **Normverifikation**, das durch die Feststellung, ob und mit welchem Inhalt ein allgemeiner Grundsatz des Völkerrechts besteht, im Endergebnis einen transformierenden Gesetzgebungsakt ersetzt, entscheidet das Bundesverfassungsgericht in diesem Verfahren doch mit Gesetzeskraft (§ 31 Abs. 2 BVerfGG). Damit schützt das Bundesverfassungsgericht auch die **Autorität des Bundesgesetzgebers** vor der beliebigen Rezeption eines allgemeinen Grundsatzes des Völkerrechts durch Fachgerichte, dem noch vor dem Bundesrecht Anwendungsvorrang zukäme. Ferner dient das Verfahren nach Art. 100 Abs. 2 GG auch dem Zweck, *„Verletzungen des Völkerrechts, die in der fehlerhaften Anwendung oder Nichtbeachtung völkerrechtlicher Normen durch deutsche Gerichte liegen […] zu verhindern und zu beseitigen"* (BVerfGE 109, 13 (23); 58, 1 (34) – *Eurocontrol I*). und damit auch als **prozessuales Mittel der Durchsetzung des materiellen Gehalts des Art. 25 GG.**

Weiterführend zum Konnex von Völkerrecht und Grundgesetz sowie insbesondere zu Art. 25 GG vgl. nur *Bleckmann*, Der Grundsatz der Völkerrechtsfreundlichkeit der deutschen Rechtsordnung, in: DÖV 1996, 317 ff.; *Holterhus/Mittwoch/El-Ghazi*, Die Einwirkung internationalen und ausländischen Rechts in die deutsche Rechtsordnung, in: JuS 2018, 313 ff.; *Payandeh*, Völkerrechtsfreundlichkeit als Verfassungsprinzip, in: JöR 57 (2009), 465 ff.; *Will*, Völkerrecht und nationales Recht, in: JURA 2015, 1164 ff.

II. Vorlageberechtigung

Der Kreis der Vorlageberechtigten entspricht dem des Art. 100 2
Abs. 1 GG; zur Vorlage berechtigt sind mithin alle deutschen **Gerichte**, also jeder staatliche Spruchkörper, der gesetzlich mit Aufga-

ben der Rechtsprechung betraut und sachlich unabhängig ist (BVerfGE 6, 55 (63) – *Steuersplitting*; 30, 170 (171 f.)). Dass die Vorlage nach Art. 100 Abs. 2 GG nur *„in einem Rechtsstreit"* zulässig ist unterstreicht, dass der Verifikation ein **anhängiges, justizförmiges Verfahren zu Grunde liegen** muss, also eine Vorlage aus akademischem Interesse oder sonstigen abstrakten Gründen unzulässig ist. Soweit die Voraussetzungen des Verfahrens nach Art. 100 Abs. 2 GG vorliegen, korreliert mit der Vorlageberechtigung eines Gerichts auch eine **Vorlagepflicht**. Die Nichtvorlage bei bestehender Vorlagepflicht entzieht den gesetzlichen Richter nach Art. 101 Abs. 1 S. 2 GG (BVerfGE 64, 1 (20 f.) – *National Iranian Oil Company*).

III. Vorlagefrage

3 Nach Art. 100 Abs. 2 GG kann ein Gericht dem Bundesverfassungsgericht die Rechtsfrage vorlegen, ob ein allgemeiner Grundsatz des Völkerrechts **Teil des Bundesrechts** ist und ob er sich – innerstaatlich – **unmittelbar rechtserzeugend auswirkt**. Trotz des kumulativen Wortlautes der Norm (*„und"*) hält das Bundesverfassungsgericht auch jede der beiden Teilfragen eigenständig für zulässigerweise vorlegbar (BVerfGE 15, 25 (33 f.) – *Jugoslawische Militärm*ission; 64, 1(14) – *National Iranian Oil Company*). Gegenstand des Verfahrens nach Art. 100 Abs. 2 kann dabei nicht nur die Frage nach der Existenz, sondern auch nach der Tragweite einer allgemeinen Regel des Völkerrechts sein (BVerfGE 16, 27 (32) – *Iranische Botschaft*; 23, 288 (318) – *Kriegsfolgenlast*). Ferner dem Bundesverfassungsgericht vorgelegt werden können die Fragen nach der **Allgemeinheit einer bestehenden Völkerrechtsregel** (BVerfGE 15, 25 (32) – *Jugoslawische Militärmission*) oder ihrem **zwingenden Charakter** (BVerfGE 75, 1 (20) – *Völkerrecht*). Einer Vorlage steht es auch nicht entgegen, dass eine Regel des Völkerrechts ihrem Inhalt nach nicht geeignet ist, unmittelbar Rechte und Pflichten für den Einzelnen zu erzeugen, sondern sich **allein an Staaten und ihre Organe richtet** (BVerfGE 15, 25 (33) – *Jugoslawische Militärmission*).

IV. Vorlagegrund

4 Zur Vorlage berechtigt und verpflichtet sind Gerichte indes nur, soweit die vorgelegten Rechtsfragen *„zweifelhaft sind"*. Dass dies

nicht nur der Fall sein kann, wenn das Gericht bei der Frage, ob eine allgemeine Regel des Völkerrechts besteht, bei der pflichtgemäßen Exegese selbst zu Unsicherheiten gelangt, sondern auch, wenn deren Existenz oder Tragweite in der Rechtsprechung und Literatur **auf ernstzunehmende Zweifel stößt** (BVerfGE 23, 288 (316) – *Kriegsfolgenlast*), ergibt sich schon aus dem im Vergleich zu Art. 100 Abs. 1 GG weiter gefassten Wortlaut.

V. Entscheidungserheblichkeit

Die Frage nach der Existenz oder der Reichweite eines allgemeinen Grundsatzes des Völkerrechts muss für das vorlegende Gericht auch entscheidungserheblich sein (BVerfGE 4, 319 (321); 100, 209 (211 f.)). Die im Falle des Art. 100 Abs. 2 GG **ungeschriebene Zulässigkeitsvoraussetzung** der Entscheidungserheblichkeit meint – gleichsam Art. 100 Abs. 1 GG – die **Unerlässlichkeit** der Klärung für das Ausgangsverfahren. 5

VI. Verfahrensgang und Entscheidung

Beim völkerrechtlichen Verifikationsverfahren nach Art. 100 Abs. 2 GG handelt es sich um ein objektives Zwischenverfahren, das zunächst keine Beteiligten kennt. Nach § 83 Abs. 2 S. 2 BVerfGG können die nach § 83 Abs. 2 S. 1 BVerfGG äußerungsberechtigten Verfassungsorgane Bundestag, Bundesrat und Bundesregierung aber dem Verfahren beitreten. Die Entscheidung des Bundesverfassungsgerichts ergeht nach § 83 Abs. 1 BVerfGG als Feststellungsentscheidung, die für das vorlegende Gericht zwar keine direkten Handlungsanordnungen trifft, dieses jedoch aufgrund ihrer Gesetzeskraft (§ 31 Abs. 2 S. 1 BVerfGG) nach Art. 20 Abs. 3 GG bindet. 6

Literatur: *Geck*, Das Bundesverfassungsgericht und die allgemeinen Regeln des Völkerrechts, in: Starck (Hrsg.), Festgabe 25 Jahre Bundesverfassungsgericht, Bd. II, 1976, 125 ff.; *Klein*, Die Völkerrechtsverantwortung des Bundesverfassungsgerichts – Bemerkungen zu Art. 100 Abs. 2 GG, in: Arndt et al. (Hrsg.), Festschrift Walter Rudolf, 2001, 293 ff.; *Meyer/Fallois*, Das Völkerrechtsverifikationsverfahren nach Art. 100 II GG im Überblick, in: JuS 2019, 1066 ff.; *Ruffert*, Der Entscheidungsmaßstab im Normverifikationsverfahren nach Art. 100 II GG, in: JZ 2001, 633 ff.; *Wenig*, Die gesetzeskräftige Feststellung einer allgemeinen Regel des Völkerrechts durch das Bundesverfassungsgericht, 1971.

§ 11 Die Divergenzvorlage (Art. 100 Abs. 3 GG)

I. Kontext des Verfahrens

1 Zwar entscheiden die Verfassungsgerichte der Länder und das des Bundes zunächst nur über die Auslegung und Anwendung ihrer jeweiligen Verfassung, dennoch können auch Landesverfassungsgerichte mit Fragen der Auslegung des Grundgesetzes in Berührung kommen. Das Verfahren nach Art. 100 Abs. 3 GG, § 85 BVerfGG dient in diesem Kontext– ebenso wie die konkrete Normenkontrolle – der Sicherung der Rechtseinheit und Rechtssicherheit und in concreto der **Einheitlichkeit der Verfassungsrechtsprechung im Bundesstaat** (BVerfGE 96, 345 (360) – *Landesverfassungsgerichte*). Anders als im Verfahren nach Art. 100 Abs. 1 GG wird mit der Divergenzvorlage indes nicht um Prüfung der Vereinbarkeit einer Norm mit dem Grundgesetz oder dem Bundesrecht ersucht, sondern die autoritative Auslegung des Grundgesetzes durch das Bundesverfassungsgericht selbst in den Mittelpunkt gerückt; Gegenstand des Verfahrens wird die Auslegung selbst. Die Divergenzvorlage mag in der Rechtspraxis von untergeordneter Bedeutung sein, hat jedoch dogmatische Relevanz. Denn eigentlich sind nach **§ 31 Abs. 1 BVerfGG** alle Gerichte des Bundes und der Länder und damit auch die Landesverfassungsgerichte an die Entscheidungen des Bundesverfassungsgerichts gebunden, so dass sich – soweit man wie hier der Ansicht folgt, dass die Bindungswirkung auch die tragenden Gründe umfasst (BVerfGE 1, 14 (37) – *Südweststaat*) – eigentlich kein Raum für ein „*Abweichen*" der Landesverfassungsgerichte ergibt. Art. 100 Abs. 3 GG stellt insoweit eine **Privilegierung der Landesverfassungsgerichte** dar, als es ihnen die Möglichkeit gibt, mit dem Bundesverfassungsgericht in einen Dialog zu treten und es zur Überprüfung seiner eigenen Auslegung zu veranlassen (vgl. *Benda/Klein*, Verfassungsprozessrecht, 4. Aufl. 2020, Rn. 972).

II. Vorlageberechtigung

2 Vorlageberechtigt sind nach Art. 100 Abs. 3 GG, § 85 Abs. 1 BVerfGG die **Verfassungsgerichte der Länder**. Gemeint ist damit

die funktionale Rolle der Landesverfassungsgerichtsbarkeit, weshalb etwa auch die als Staatsgerichtshof titulierten Landesverfassungsgerichte von Bremen, Hessen und Niedersachsen zur Vorlage berechtigt sind. Schon die Formulierung des Art. 100 Abs. 3 GG („*so hat das Verfassungsgericht die Entscheidung [...] einzuholen*") deutet darauf hin, dass mit der Vorlageberechtigung auch eine **Vorlagepflicht** korrespondiert, soweit ein Landesverfassungsgericht von der Auslegung des Grundgesetzes durch das Bundesverfassungsgericht abzuweichen gedenkt. Prozessrechtliche Absicherung erfährt die Vorlagepflicht durch Art. 101 Abs. 1 S. 2 GG; das Bundesverfassungsgericht ist bei Vorliegen der Voraussetzungen der Divergenzvorlage auch für das Verfahren nach Art. 100 Abs. 3 GG gesetzlicher Richter (BVerfGE 13, 132 (143) – *Bayerische Feiertage*).

III. Vorlagegegenstand

Tauglicher Gegenstand einer Divergenzvorlage ist nicht ein Verfahren an sich, sondern allein die **Rechtsfrage der Auslegung des Grundgesetzes** (Art. 100 Abs. 3 GG, § 85 Abs. 3 BVerfGG). Die Vorlage muss daher im Ausgangsverfahren auf einer der Ausnahmefälle basieren, bei denen sich die Landesverfassungsgerichte überhaupt mit Fragen der Auslegung des Grundgesetzes zu befassen haben. Relevant kann dies insbesondere bei der Auslegung von **Landesgrundrechten** oder dort werden, wo Bestimmungen des Grundgesetzes als ungeschriebene Bestandteile in die Landesverfassung **hineinwirken**. 3

IV. Vorlagegrund

Das vorlegende Landesverfassungsgericht muss bei seiner Entscheidung im Ausgangsverfahren von der Auslegung des Grundgesetzes durch das Bundesverfassungsgericht oder eines anderen Landesverfassungsgerichts abweichen wollen. **Abweichungsfähige Entscheidungen**, also solche, von denen ein Landesverfassungsgericht in dem für Art. 100 Abs. 3 GG relevanten Rahmen überhaupt abzuweichen gedenken kann, sind Urteile, Beschlüsse oder Gutachten aller Spruchkörper des Bundesverfassungsgerichts oder der Landesverfassungsgerichte der Länder. Ein relevantes Abweichen kann 4 sich dabei nicht allein auf den Tenor, sondern auch auf die tragenden Gründe beziehen. Zulässig ist die Divergenzvorlage vor allem jedoch nur, soweit die Beantwortung der Vorlagefrage für das Ausgangsverfahren **entscheidungserheblich** ist (BVerfGE 36, 342 (356) – *Niedersächsisches Landesbesoldungsgesetz*).

V. Das Verfahren im Übrigen

5 Liegen die Voraussetzungen für die Divergenzvorlage vor, so wird das Landesverfassungsgericht in einem **Vorlagebeschluss** das Ausgangsverfahren aussetzen, die Rechtsfrage dem Bundesverfassungsgericht vorlegen und dabei auch die *„Darlegung seiner Rechtsauffassung"* (§ 85 Abs. 3 BVerfGG) inkludieren; nach § 85 Abs. 2 BVerfGG erhalten der Bundesrat, die Bundesregierung und ggf. das betroffene Landesverfassungsgericht Gelegenheit zur Äußerung (§ 85 Abs. 3 BVerfGG). Die Landesverfassungsgerichte haben zwar Ausführungen zur Entscheidungserheblichkeit der Rechtsfrage zu machen (§ 23 Abs. 1 BVerfGG), dem Bundesverfassungsgericht steht diesbezüglich aber nur eine eingeschränkte Möglichkeit der Nachprüfung zu (BVerfGE 96, 345 (359) – *Landesverfassungsgerichte*).

Literatur: *Burmeister*, Vorlagen an das Bundesverfassungsgericht nach Art. 100 Abs. 3 GG, in: Starck/Stern (Hrsg.), Landesverfassungsgerichtsbarkeit, Teilbd. 2, 1983, 399 ff.; *Eller*, Die Bindung der Landesverfassungsgerichte an die Entscheidungen des Bundesverfassungsgerichts und der anderen Landesverfassungsgerichte, 1963; *Kluth*, Vorlagepflichten der Landesverfassungsgerichte nach Art. 100 III GG bei der Anwendung von Landesgrundrechten, in: NdsVbl. 2010, 130 ff.; *Stern*, Nahtstellen zwischen Bundes- und Landesverfassungsgerichtsbarkeit, in: Dörr et al. (Hrsg.), Festschrift für Hartmut Schiedermair, 2002, 143 ff.

3. Teil. Verfassungsbeschwerdeverfahren

§ 12 Die Individualverfassungsbeschwerde (Art. 93 Abs. 1 Nr. 4a GG)

Einführende Literatur: *Erichsen*, Die Verfassungsbeschwerde, in: JURA 1991, 585ff.; *Geis/Thirmeyer*, Grundfälle zur Verfassungsbeschwerde, Art. 93 I Nr. 4a, GG, §§ 13 Nr. 8a, 90ff. BVerfGG, in: JuS 2012, 316ff.; *Klein/Sennekamp*, Aktuelle Zulässigkeitsprobleme der Verfassungsbeschwerde, in: NJW 2007, 945ff.

Wichtige Entscheidungen: BVerfGE 6, 32 – *Elfes;* BVerfGE 7, 198 – *Lüth*; BVerfGE 7, 377 – *Apotheken-Urteil*; BVerfGE 18, 315 – *Marktordnung*; BVerfGE 25, 256 – *Blinkfüer*; BVerfGE 30, 173 – *Mephisto*; BVerfGE 52, 223 – *Schulgebet*; BVerfGE 53, 1 – *Schulbücher*; BVerfGE 53, 30 – *Mühlheim-Kärlich*; BVerfGE 65, 1 – *Recht auf informationelle Selbstbestimmung*; BVerfGE 69, 315 – *Brokdorf*; BVerfGE 89, 155 – *Maastricht*; BVerfGE 90, 241 – *Auschwitz-Lüge*; BVerfGE 93, 1 – *Kruzifix*; BVerfGE 94, 166 – *Flughafen-Verfahren*; BVerfGE 96, 245 – *Besonders schwerer Nachteil*; BVerfGE 96, 375 – *Kind als Schaden*; BVerfGE 98, 218 – *Rechtschreibreform*; BVerfGE 104, 337 – *Schächten*; BVerfGE 108, 282 – *Kopftuch I*; BVerfGE 109, 279 – *Großer Lauschangriff*; BVerfGE 115, 118 – *Luftsicherheitsgesetz*; BVerfGE 120, 274 – *Online-Durchsuchung*; BVerfGE 125, 260 – *Vorratsdatenspeicherung*; BVerfGE 128, 326 – *Sicherungsverwahrung*; BVerfGE 133, 277 – *Antiterrordatei*; BVerfGE 141, 220 – *BKA-Gesetz*; BVerfGE 148, 267 – *Stadionverbot*; BVerfGE 152, 152ff., 216ff. – *Recht auf Vergessen I und II;* BVerfG, Beschl. v. 24.3.2021, 1 BvR 2656/18 u. a., in: NJW 2021, 1723ff. – *Klimabeschluss.*

I. Zum Kontext des Verfahrens

Müsste man sich für ein verfassungsprozessuales Verfahren entscheiden, das die Rolle und das Antlitz des Bundesverfassungsgerichts in der Öffentlichkeit maßgeblich geprägt hat, so wäre dies wohl ohne Zweifel das Verfahren der Verfassungsbeschwerde. Unter keinem anderen Gesichtspunkt vermochte das Gericht seine Autorität und das Vertrauen der Bürger in *„ihr Bundesverfassungsgericht"* gleichermaßen zu fördern. Das darf durchaus überraschen, war die Verfassungsbeschwerde doch bis Januar 1969 noch nicht einmal im Grundgesetz, sondern allein im Bundesverfassungsgerichtsgesetz ge- 1 setzlich geregelt. Ihre nach nunmehr 70-jähriger Existenz und 240.000 absolvierter Verfahren ungebrochene Popularität bringt dabei auch die regelmäßig beklagte und bisweilen überbordende Arbeitsbelastung des Gerichts mit sich, entfaltet über dem Gericht zugleich aber auch den Schutzschirm der öffentlichen Meinung.

Vgl. hierzu *Böckenförde*, Überlastung des Bundesverfassungsgerichts, in: ZRP 1996, 281 ff.; *Pestalozza*, Die echte Verfassungsbeschwerde – Vortrag gehalten vor der Juristischen Gesellschaft zu Berlin am 18.10.2006, 2007, 35 ff.; *Söllner*, Zur Entlastung des BVerfG durch eine „Verfassungsanwaltschaft", in: ZRP 1997, 273 ff.; *Zuck*, Die Stellung des Bundesverfassungsgerichts im Verfassungsgefüge, in: DVBl. 1979, 383 ff.; *ders.*, Das Bundesverfassungsgericht zwischen Macht und Ohnmacht, in: MDR 1984, 800 ff.

2 Gerade die Verfassungsbeschwerde darf jedoch durchaus als Schlussstein des Verfassungsstaates verstanden werden: Denn das Grundgesetz belässt es nicht bei der materiellen Bindung der staatlichen Gewalt an die Grundrechte (Art. 1 Abs. 3 GG), sondern verleiht dieser auch **eine prozessuale Durchsetzungsmöglichkeit**, die die Grundrechtsinhaber selbst in Anspruch nehmen können. Art. 93 Abs. 1 Nr. 4a GG und § 90 Abs. 1 BVerfGG eröffnen jedermann eine subjektive Rechtsschutzmöglichkeit, um eine Verletzung seiner Grundrechte und der im Einzelnen aufgeführten grundrechtsgleichen Rechte durch die öffentliche Gewalt vor dem Bundesverfassungsgericht rügen zu können. Auch wenn die Formulierung der Normen dies nicht auf den ersten Blick klar zum Ausdruck bringen mag, handelt es sich bei der Verfassungsbeschwerde nicht einfach um einen weiteren Rechtsbehelf, der sich in den fachgerichtlichen Rechtsweg einordnet oder gar an die Stelle von Rechtsmitteln tritt, sondern um einen **auf die Verletzung der Grundrechte beschränkten, außerordentlichen Rechtsbehelf** (BVerfGE 49, 252 (258); 68, 376 (379 f.); 115, 81 (92) – *Rechtsschutz gegen Verordnungen*). Aus dieser besonderen Qualität speisen sich eine Reihe prozessualer Folgewirkungen, die in der rechtswissenschaftlichen Ausbildung zumeist eher als faktisch akzeptiert, denn dogmatisch durchdrungen werden, so etwa das Annahmeverfahren, die Subsidiarität und das Gebot der Rechtswegerschöpfung oder die Beschränkung des Prüfungsmaßstabs und -umfangs.

3 Die Bedeutung der Verfassungsbeschwerde erschöpft sich gleichwohl nicht im individuellen Grundrechtsschutz. Denn neben den einzelfallbezogenen „*kasuistischen Kassationseffekt*" tritt auch ein

„genereller Edukationseffekt“ (*Zweigert*, in: JZ 1952, 321). Der Verfassungsbeschwerde kommt auch eine objektive Dimension und damit die Aufgabe zu, *„das objektive Verfassungsrecht zu wahren und seiner Auslegung und Fortbildung zu dienen“* (BVerfGE 33, 247 (259)). Dies zeigt sich etwa, wenn die Verfassungsbeschwerde wegen ihrer grundsätzlichen, über den Einzelfall hinausgehenden Bedeutung angenommen wird (§ 93a Abs. 2 lit. a BVerfGG), die Verfassungsbeschwerde trotz des Todes des Beschwerdeführers im öffentlichen Interesse weitergeführt wird (BVerfGE 124, 300 (318) – *Rudolf-Heß-Gedenkfeier*) oder die Rücknahme der Verfassungsbeschwerde ausgeschlossen ist (98, 218 (242f.) – *Rechtschreibreform*). Damit mutiert die Verfassungsbeschwerde natürlich nicht zum objektiven Beanstandungsverfahren oder zur Popularbeschwerde: Im Mittelpunkt steht ungebrochen die individuelle Grundrechtsverletzung; objektive Wirkungen ergeben sich insoweit nur aus Anlass der zulässigen Verfassungsbeschwerde.

II. Zulässigkeitsvoraussetzungen

1. Beschwerdeberechtigung

Nach Art. 93 Abs. 1 Nr. 4a GG, § 90 Abs. 1 BVerfGG kann *„jedermann“* Verfassungsbeschwerde erheben, der behaupten kann, in einem seiner Grundrechte oder grundrechtsgleichen Rechte verletzt worden zu sein. Damit meint *„jedermann“* denknotwendig nicht *„jede beliebige Person“*, sondern nur diejenige, die überhaupt Träger des als verletzt gerügten Grundrechts sein kann. Die insoweit bestehende Erforderlichkeit der Akzessorietät von prozessrechtlicher Grundrechtsdurchsetzung und materiell-rechtlicher Grundrechtsfähigkeit wird im Allgemeinen als *„Beschwerdeberechtigung“*, zuweilen jedoch auch als *„Beschwerdefähigkeit“* oder *„Antragsfähigkeit“* bezeichnet. Über die Trägerschaft des gerügten Grundrechts hinaus dürfen an die Beschwerdeberechtigung jedoch keine weitergehenden Voraussetzungen gestellt werden; so ist die Möglichkeit einer Verletzung eine Frage der Klagebefugnis und die tatsächliche Verletzung eine solche der Begründetheit der Verfassungsbeschwerde. Mit den in Art. 93 Abs. 1 Nr. 4a GG genannten Grundrechten oder grundrechtsgleichen Rechten meinte der Verfassungsgeber eindeutig zwar insoweit eindeutig die diesbezüglichen **Bestimmungen des Grund-** 4

gesetzes. In seiner jüngsten Rechtsprechung hat das Bundesverfassungsgericht jedoch auch Verfassungsbeschwerden bezüglich Sachverhalten zugelassen, die vollständig vom Unionsrecht determiniert sind und bei denen daher alleine die Grundrechte der **Charta der Europäischen Grundrechte** den Prüfungsmaßstab bilden können. Insoweit hat das Bundesverfassungsgericht – jedenfalls inhaltlich konsequent – auch die Beschwerdeberechtigung des Art. 93 Abs. 1 Nr. 4a GG dahingehend erweitert, dass auch die Trägerschaft von Unionsgrundrechten hinreicht, soweit eine Verletzung solcher mit der Beschwerde gerügt wird (BVerfGE 152, 216 (236 ff.) – *Recht auf Vergessen II*; BVerfG, in: NJW 2021, 1518 (1519 ff.) – *Europäischer Haftbefehl III*).

5 **a. Natürliche Personen.** Die Grundrechtsfähigkeit erstreckt sich zuvorderst auf natürliche Personen, dienen die Grundrechte doch gerade dem Schutz der Freiheitssphäre des einzelnen Menschen vor Eingriffen staatlicher Gewalt und der Gewährleistung seiner Mitwirkung an der Gemeinschaft (BVerfGE 15, 256 (262) – *Universitäre Selbstverwaltung*; 41, 126 (183) – *Reparationsschäden*; 61, 82 (100 f.) – *Sasbach*; 75, 192 (195) – *Sparkassen*). Schon deshalb muss für natürliche Personen die **Regelannahme** ihrer Grundrechtsfähigkeit gelten, soweit diese nicht **ausnahmsweise aus persönlichen oder die zeitliche Erstreckung betreffenden Gründen nicht besteht**.

6 Ausnahmefälle von der Grundrechtsfähigkeit natürlicher Personen finden sich im Hinblick auf die Person betreffende Umstände des Beschwerdeführers vor allem im Kontext der **Deutschengrundrechte**, also all jenen grundrechtlichen und grundrechtsgleichen Gewährleistungen, die die Verfassung ihrem Wortlaut nach allein deutschen Staatsbürgern im Sinne des Art. 116 Abs. 1 GG angedeihen lässt.

7 Dies betrifft zuvorderst die Versammlungsfreiheit aus Art. 8 Abs. 1 GG, die Vereinigungsfreiheit aus Art. 9 Abs. 1 GG, die Freizügigkeit aus Art. 11 Abs. 1 GG, die Berufsfreiheit aus Art. 12 Abs. 1 GG, den Schutz der Staatsangehörigkeit und vor Auslieferung aus Art. 16 Abs. 1 und 2 GG und das Widerstandsrecht aus Art. 20 Abs. 4 GG, aber auch die staatsbürgerlichen Rechte aus Art. 33 Abs. 1 und 2 GG sowie das Wahlrecht aus Art. 38 Abs. 1 GG.

8 Weil der recht eindeutige Wortlaut eine Umgehung des darin zum Ausdruck kommenden Willens nicht ermöglicht (BVerfGE 78, 179 (198) – *Heilpraktikergesetz*), sind Nichtdeutsche keine Träger dieser Grundrechte und in Bezug auf solche auch nicht beschwerdeberechtigt (BVerfGE 78, 179 (196) – *Heilpraktikergesetz*; 104, 337 (346) –

Schächten). Gleichwohl können sich Nichtdeutsche auch für diejenigen Sachverhalte, für die ein Deutschengrundrecht die speziellere Bestimmung bereithielte, (subsidiär) auf den **Schutz der allgemeinen Handlungsfreiheit aus Art. 2 Abs. 1 GG** berufen (BVerfGE 35, 382 (399) – *Ausländerausweisung*; 78, 179 (196 f.) – *Heilpraktikergesetz*; 104, 337 (346) – *Schächten*). Weitreichende Ungewissheit besteht über die Frage, ob **Staatsangehörigen der Mitgliedstaaten der Europäischen Union** wegen des allgemeinen Diskriminierungsverbots des Art. 18 AEUV gleichfalls die Grundrechtsfähigkeit für Deutschengrundrechte verwehrt werden kann; das Bundesverfassungsgericht hat in dieser Angelegenheit bislang nur für den Fall der juristischen Personen des Europäischen Auslands entschieden (vgl. unten unter b.), dies für natürliche Personen jedoch offen gelassen (BVerfGE 100, 313 (362 ff.) – *Telekommunikationsüberwachung I*). Eine solche Erstreckung mag grundsätzlich naheliegen (so etwa *Ehlers*, in: JZ 1996, 776 (781); *Wernsmann*, in: JURA 2000, 657 ff.), die hierfür vorzunehmende, unionsrechtskonforme Auslegung der Grundrechte gelangt am eindeutigen Wortlaut des Grundgesetzes jedoch an ihre Grenzen. Insoweit erscheint es vorzugswürdig, den unionsrechtlich gebotenen, gleichrangigen Schutz vielmehr über Art. 2 Abs. 1 GG dergestalt zu realisieren, dass Unionsbürger im Schutzbereich der Allgemeinen Handlungsfreiheit Eingriffen nur insoweit unterliegen dürfen, wie dies für Deutsche im Schutzbereich des Deutschengrundrechts der Fall wäre. Im Rahmen der Beschwerdeberechtigung kann dies gleichwohl im Ergebnis dahinstehen: Denn solange sich ein Unionsbürger auf Art. 2 Abs. 1 GG als Auffanggrundrecht berufen kann, ist dem Zulässigkeitserfordernis genüge getan.

Vertiefend zu dieser Frage vgl. *Bauer/Kahl*, Europäische Unionsbürger als Träger von Deutschen-Grundrechten, in: JZ 1995, 1077 ff.; *Huber*, Die gleiche Freiheit der Unionsbürger, in: ZaöRV 68 (2008), 307 ff.; *Lücke*, Zur Europarechtskonformität der Deutschen-Grundrechte – Europarechtskonforme Auslegung oder Rechtsfortbildung der Grundrechte?, in: EuR 2001, 112 ff.; *Protz*, Verfassungsprozessuale Fragen der Verfassungsbeschwerde im Ausländer- und Asylrecht, in: ZAR 2002, 309 ff.; *Störmer*, Gemeinschaftsrechtliche Diskriminierungsverbote versus nationale Grundrechte?, in: AöR 123 (1998), 541 ff.; *Wernsmann*, Die Deutschengrundrechte des Grundgesetzes im Lichte des Europarechts, in: JURA 2000, 657 ff.

Die Person des Beschwerdeführers betreffende Ausnahmen können sich jedoch auch für solche Fallkonstellationen ergeben, in denen der Beschwerdeführer gegenüber einem anderen Staatsorgan Rechte 9 oder Pflichten aus einem **besonderen verfassungsrechtlichen Statusverhältnis** geltend macht. So fehlt es einem Mitglied des Bundestages bezüglich seiner Abgeordnetenrechte aus Art. 38 Abs. 1 S. 2 GG gegenüber anderen Staatsorganen an der Beschwerdeberechtigung, weil für die Austragung eines solchen staatlichen „*Insichprozesses*" nicht die Verfassungsbeschwerde, sondern das Organstreitverfahren nach Art. 93 Abs. 1 Nr. 1 GG die richtige Verfahrensart darstellt. Soweit die behauptete Verletzung jedoch aus einer Konfrontation mit einer Behörde herrührt, die nicht Teil der obersten Staatsleitung ist, ist dem Abgeordneten das Verfassungsbeschwerdeverfahren (nach Erschöpfung des Rechtswegs) auch für seine Statusrechte eröffnet (BVerfGE 108, 251 (267) – *Abgeordnetenbüro*; 134, 141 (169f.) – *Beobachtung von Abgeordneten*). Im Übrigen ist er, soweit er die Verletzung von Rechten rügt, die ihm wie jedermann zustehen, ohne Besonderheiten beschwerdebefugt (BVerfGE 123, 267 (328f.) – *Lissabon*).

Vertiefend zum Rechtsschutz des Bundestagsabgeordneten bezüglich seiner Statusrechte (bzw. Kompetenzen) siehe nur *du Mesnil/Müller*, Die Rechtsstellung des Bundestagsabgeordneten – Teil 2: Statusrechte und Rechtsschutz, in: JuS 2016, 603ff.; *Nellesen/Pützer*, Die Stellung des Bundestagsabgeordneten im Organstreitverfahren, in: JuS 2018, 429ff.

10 In **zeitlicher Hinsicht** ist die Beschwerdeberechtigung gleichfalls durch die materielle Grundrechtsfähigkeit determiniert; auf eine individuelle Einsichtsfähigkeit des Beschwerdeführers kommt es daher genauso wenig an, wie auf dessen Grundrechtsmündigkeit; beide sind vielmehr Fragestellungen der Prozessfähigkeit. Grundsätzlich beginnt die Grundrechtsfähigkeit mit der Geburt (BVerfGE 24, 119 (144) – *Adoption I*; 99, 145 (156) – *Gegenläufige Kinderrückführungsabkommen*) und endet mit dem Tod. Diese Spanne schließt jedoch nicht aus, dass Grundrechte auch pränatale Vor- und postmortale Nachwirkungen haben können. Ob das werdende Leben, der **Nasciturus**, beschwerdeberechtigt ist, hat das Bundesverfassungsgericht bislang nicht expressis verbis entschieden, dies liegt jedoch aufgrund der bestehenden Grundrechtsfähigkeit nahe. So kommt auch dem ungeborenen Leben zweifelsfrei der Würdeanspruch des Art. 1 Abs. 1 GG und der Lebensschutzanspruch des Art. 2 Abs. 2 GG zu; insoweit besteht und begründet sich auch eine staatliche Schutzpflicht, die etwa die Existenz der §§ 218ff. StGB erklärt (BVerfGE 39, 1 (42) – *Schwangerschaftsabbruch I*; 88, 203 (251) – *Schwangerschaftsabbruch II*). Auch erbrechtliche Ansprüche des Nasciturus

können Fragestellungen der Vorauswirkungen der Eigentumsfreiheit des Art. 14 Abs. 1 GG aufwerfen.

Vertiefend *Dederer*, Menschenwürde des Embyro in vitro?, in: AöR 172 (2002), 1 ff.; *Fink*, Der Schutz des menschlichen Lebens im Grundgesetz – Zugleich ein Beitrag zum Verhältnis des Lebensrechts zur Menschenwürdegarantie, in: JURA 2000, 210 ff.; *Hähnchen*, Der werdende Mensch – Die Stellung des Nasciturus im Recht, in: JURA 2008, 161 ff.; *Hoerster*, Forum: Kompromisslösungen zum Menschenrecht des Embryos auf Leben?, in: JuS 2003, 529 ff.; *ders.*, Ein Lebensrecht für die menschliche Leibesfrucht?, in: JuS 1989, 172 ff.; *ders.*, Ethik des Embryonenschutzes, 2002; *Ipsen*, Der „verfassungsrechtliche Status" des Embryos in vitro, in: JZ 2001, 989 ff.; *Jerouschek*, Vom Wert und Unwert der pränatalen Menschenwürde, in: JZ 1989, 279 ff.; *Kunig*, Grundrechtlicher Schutz des Lebens, in: JURA 1991, 415 ff.; *Renner*, Die Rechtsfähigkeit des Nasciturus, 2013, 81 ff.

Ferner ergeben sich im Hinblick auf die Grundrechtsfähigkeit auch 11 postmortale Nachwirkungen der Grundrechte. So besteht auch über den Tod hinaus ein **postmortales Persönlichkeitsrecht** des Verstorbenen aus Art. 1 Abs. 1 GG, weil es mit der Unverletzlichkeit der Menschenwürde unvereinbar ist, einen Menschen in seinem kraft Menschsein bestehenden Achtungsanspruch nach dem Tode herabwürdigen zu dürfen (BVerfGE 30, 173 (194) – *Mephisto*; BVerfGK 13, 115). Ausnahmsweise fallen in diesem Fall jedoch Grundrechtsträgerschaft und Grundrechtsberechtigung auseinander: Denn Träger des postmortalen Persönlichkeitsrechts ist der Verstorbene, zu seiner Durchsetzung als Beschwerdeführer berechtigt sind indes seine Erben oder sonstige Wahrnehmungsberechtigte. Verstirbt ein Beschwerdeführer während der Anhängigkeit seiner zu Lebzeiten erhobenen Verfassungsbeschwerde, so erledigt sich diese wegen des Verlustes der Grundrechtsfähigkeit (BVerfGE 6, 389 (442 f.) – *Homosexuelle*; 12, 311 (315); 141, 220 (260) – *Bundeskriminalamtsgesetz*), soweit sie nicht ausnahmsweise solche (zumeist vermögenswerte) **Ansprüche betrifft, die der Erbe auch in eigenem Interesse geltend machen könnte** (BVerfGE 6, 389 (442 f.) – *Homosexuelle*; 17, 86 (90 f.); 69, 188 (201)) und die eine Fortführung des Verfahrens insoweit rechtfertigen. Unabhängig hiervon kann das Bundesverfassungsgericht in Ansehung der objektiven Funktion der Verfassungsbeschwerde ausnahmsweise aber auch in einem (eigentlich erledigten) Beschwerdeverfahren eines Verstorbenen entscheiden, wenn die Sache spruchreifund von grundsätzlicher verfassungsrechtlicher Bedeutung ist (BVerfGE 124, 300 (318) – *Rudolf Heß-Gedenkfeier*).

Hillgruber, Das Vor- und Nachleben von Rechtssubjekten, in: JZ 1997, 975 ff.; *Rauber,* Karlsruhe sehen und sterben: Verfassungsprozessuale Probleme beim Tod des Beschwerdeführers im Verfassungsbeschwerdeverfahren, in: DÖV 2011, 637 ff.; *Pabst,* Der postmortale Persönlichkeitsschutz in der neueren Rechtsprechung des Bundesverfassungsgerichts, in: NJW 2002, 999 ff.; *Zuck,* Der Tod des Beschwerdeführers im Verfassungsbeschwerdeverfahren, in: DÖV 1965, 836 ff.

12 **b. Juristische Personen des Privatrechts.** Nach Art. 19 Abs. 3 GG „*gelten*" die Grundrechte auch für inländische Juristische Personen, soweit sie **ihrem Wesen nach** auf diese anwendbar sind. Damit ist keine generelle Erstreckung der Grundrechtsfähigkeit und Beschwerdeberechtigung verbunden; Art. 19 Abs. 3 GG bleibt ob des primären Bezugs der Grundrechte zum einzelnen Menschen eine Ausnahmevorschrift. Daher ist im Rahmen der Beschwerdeberechtigung im jeweiligen Einzelfall zu prüfen, ob jedenfalls die **Möglichkeit** besteht, dass eine inländische juristische Person Träger des als verletzt gerügten Grundrechts sein kann. Dies ist insoweit von der spezifischen Eigenart und dem Schutzgehalt des Grundrechts abhängig. Im Allgemeinen hängt das Bundesverfassungsgericht jedoch der **Durchgriffstheorie** an, nach der juristische Personen den natürlichen Personen grundrechtlich gleichzustellen sind, wenn sich ihre Bildung und Betätigung als „*Ausdruck der freien Entfaltung der [hinter der juristischen Person stehenden], privaten natürlichen Personen*" darstellt (BVerfGE 21, 362 (369) – *Sozialversicherungsträger*; 61, 82 (101) – *Sasbach*; 68, 193 (205 f.) – *Zahntechniker-Innung*).

13 Die vom Bundesverfassungsgericht gebildete Kasuistik ist kaum überblickbar, regelmäßig scheiden jedoch höchstpersönliche Rechte aus; den juristischen Personen zugänglich sind hingegen **Art. 3 Abs. 1 GG** (BVerfGE 3, 383 (391) – *Gesamtdeutscher Block*), **Art. 5 Abs. 1 GG** (BVerfGE 94, 1 (7) – *DGHS*; 95, 28 (34 f.) – *Werkszeitungen*), **Art. 8 Abs. 1 GG** (BVerfGE 122, 342 (355) – *Bayerisches Versammlungsgesetz*), **Art. 9 Abs. 1 und 3 GG** (BVerfGE 103, 293 (304) – *Urlaubsanrechnung*), **Art. 10 Abs. 1 GG** (BVerfGE 106, 28 (34) – Mithörvorrichtung), **Art. 11 Abs. 1 GG, Art. 12 Abs. 1 GG** (BVerfGE 118, 168 (202) – *Kontostammdaten*), **Art. 13 Abs. 1 GG** (BVerfGE 42, 212 (219) – *Quick/Durchsuchungsbefehl*), **Art. 14 Abs. 1 GG** (BVerfGE 4, 7 (14) – *Investitionshilfe*), die **Prozessgrundrechte** (BVerfGE 3, 359 (363)) sowie subsidiär **Art. 2 Abs. 1 GG** (BVerfGE 118, 168 (203) – *Kontostammdaten*), nicht jedoch diejenigen Rechte, die sich erst aus Art. 2 Abs. 1 in Verbindung mit Art. 1 Abs. 1 GG ergeben. Im Sinne seiner korporativen Dimension erschließt sich den juristischen Personen auch **Art. 4 Abs. 1 GG** (BVerfGE 19, 129 (132) – *Umsatzsteuer*).

Für den Begriff der **inländischen juristischen Person** im Sinne des Art. 19 Abs. 3 GG besteht keine Akzessorietät zur Rechtsfähigkeit nach zivilrechtlichen Maßstäben (BVerfGE 3, 383 (391) – *Gesamtdeutscher Block*). Vor dem Hintergrund des Zwecks der Vorschrift, den Grundrechtsschutz auch auf juristische Personen mit ähnlicher grundrechtstypischer Gefährdungslage zu erstrecken, erscheint es vielmehr geboten, hierunter grundsätzlich alle Zweckgebilde der Rechtsordnung zu fassen (BVerfGE 95, 220 (242) – *Aufzeichnungspflicht*; 106, 28 (42) – *Mithörvorrichtung*; 118, 168 (203) – *Kontostammdaten*). Die Grundrechtsfähigkeit juristischer Personen besteht daher sogar unabhängig von ihrer zivilrechtlichen Teilrechtsfähigkeit (BVerfGE 3, 383 (391) – *Gesamtdeutscher Block*; 102, 370 (383) – *Körperschaftsstatus der Zeugen Jehovas*). Hinreichend sind insoweit *„Personengesamtheiten, die eine nicht nur vorübergehende, sondern eine bloß spontane und kurzzeitige Ansammlung übersteigende Konstanz und Konsistenz aufweisen“* (vgl. *Bethge*, in Maunz/Schmidt-Bleibtreu/Klein/Bethge, BVerfGG (Stand: 60. EL Juli 2020), Rn. 134). Maßgeblich für die Einordnung als *„inländische“* juristische Person ist der Sitz im Sinne ihres effektiven Verwaltungsmittelpunktes, nicht jedoch die Staatsangehörigkeit der hinter der juristischen Person stehenden, natürlichen Personen (BVerfGE 21, 207 (209) – *Flächentransistor*). 14

Vertiefend *Hummel*, Beschwerdefähigkeit und Beschwerdebefugnis – Zum Prüfungsstandort des Art. 19 III GG bei der Prüfung der Zulässigkeit einer Verfassungsbeschwerde, in: JA 2010, 346 ff.; *Krausnick*, Grundfälle zu Art. 19 III GG, in: JuS 2008, 869 ff.; *Ludwigs/Friedmann*, Die Grundrechtsrechtberechtigung staatlich beherrschter Unternehmen und juristischer Personen des öfentlichen Rechts, in: NVwZ 2018, 22 ff.; *dies.*, Die Grundrechtsberechtigung juristischer Personen nach Art. 19 III GG, in: JA 2018, 807 ff.; *Rüfner*, Der personale Grundzug der Grundrechte und der Grundrechtsschutz juristischer Personen, in: Badura/Dreier (Hrsg.), Festschrift 50 Jahre Bundesverfassungsgericht, Bd. II, 2001, 55 ff.; *Schoch*, Zur Grundrechtsfähigkeit juristischer Personen, in: JURA 2001, 201 ff.; *Tettinger*, Juristische Personen des Privatrechts als Grundrechtsträger, in: Merten/Papier (Hrsg.), Handbuch der Grundrechte, Bd. II, 2006, § 51; *Tonikidis*, Die Grundrechtsfähigkeitsfähigkeit juristischer Personen nach Art. 19 III GG, in: JURA 2012, 517 ff.

Der recht eindeutige Wortlaut des Art. 19 Abs. 3 GG macht eine Erstreckung auch auf **ausländische juristische Personen** dem Grunde nach unmöglich (BVerfGE 21, 207 (209) – *Flächentransistor*; 100, 313 (364) – *Telekommunikationsüberwachung I*); sie sind auch nicht beschwerdeberechtigt, soweit sie die Rechte inländischer Drit- 15 ter, wie etwa ihrer Mitarbeiter geltend machen (BVerfGE 21, 207 (209) – *Flächentransistor*). Auf die Justizgrundrechte können sie sich hingegen der gebotenen prozessualen Waffengleichheit wegen stets berufen (BVerfGE 12, 6 (9) – *Société Anonyme*; 64, 1 (11) – *National Iranian Oil Company*; 129, 78 (92) – *Anwendungserweiterung*). Schwieriger, weil im Gleichklang zur Debatte um die natürlichen Personen verlaufend, zeigt sich die Fallgestaltung ausländischer juristischer Personen, die ihren **Sitz in einem Mitgliedstaat der Europäischen Union** haben. Auch hier zeigen sich die Grenzen des Wortlauts des Art. 19 Abs. 3 GG einerseits, die Erfordernisse der Unionsrechtskonformität anderseits. Anders als im Falle der natürlichen Personen hat sich das Bundesverfassungsgericht jedoch aufgrund des Anwendungsvorrangs der Grundfreiheiten nach Art. 26 Abs. 2 AEUV und des allgemeinen Diskriminierungsverbots nach Art. 18 AEUV ausdrücklich für die Erstreckung der Grundrechtsfähigkeit und damit Beschwerdeberechtigung auch auf juristische Personen des Unionsauslandes entschieden (BVerfGE 129, 78 (94 ff.) – *Anwendungserweiterung*; 143, 246 (317) – *Atomausstieg*).

Weiterführend hierzu vgl. auch *Berger*, Die Bundesrepublik Deutschland – Internationaler Investitionsschutz und das Vattenfall-Verfahren, in: EuZW 2020, 229 ff.; *Guckelberger*, Zum Grundrechtschutz ausländischer juristischer Personen, in: AöR 129 (2004), 618 ff.; *Huber*, Das Bundesverfassungsgericht und die Ausland-Ausland-Fernmeldeaufklärung des BND, in: NVwZ-Beilage 2020, 3 ff.; *Kotzur*, Der Begriff der inländischen juristischen Personen nach Art. 19 Abs. 3 GG im Kontext der EU, in: DÖV 2001, 192 ff.; *Ludwigs/Friedmann*, Die Grundrechtsrechtberechtigung staatlich beherrschter Unternehmen und juristischer Personen des öfentlichen Rechts, in: NVwZ 2018, 22 ff.; *dies.*, Die Grundrechtsberechtigung juristischer Personen nach Art. 19 III GG, in: JA 2018, 807 ff.; *Merten*, Das konfuse Konfusionsargument, in: DÖV 2019, 41 ff.; *Spranger*, Die Verfassungsbeschwerde im Korsett des Prozessrechts, in: AöR 127 (2002), 27 (42); *Wernsmann*, Grundrechtsschutz nach Grundgesetz und Unionsrecht, in: NZG 2011, 1241 ff.; *Zuck*, Die Verfassungsbeschwerdefähigkeit ausländischer juristischer Personen, in: EuGRZ 2008, 680 ff.

16 Wie die Beschwerdeberechtigung der natürlichen Personen, die Träger von Statusrechten sind, ist auch die der **politischen Parteien** von Ambivalenz geprägt. Auch sie sind in dem Umfang von der Verfassungsbeschwerde ausgeschlossen, wie sie gegenüber Staatsorganen ihrem besonderen verfassungsrechtlichen Status aus Art. 21 GG entspringende Rechte geltend machen, für die sie auf den Organstreit verwiesen sind (BVerfGE 1, 28 (223 ff.) – *Augstein*; 4, 27 (30 f.) – *Kla-*

gebefugnis politischer Parteien; 85, 264 (284) – *Parteienfinanzierung II*). Im Übrigen steht ihnen jedoch der Rechtsweg und nach dessen Erschöpfung die Verfassungsbeschwerde offen (BVerfGE 84, 290 (299) – *Treuhandanstalt II*; 111, 54 (81) – *Rechenschaftsbericht*; 121, 30 (56f.) – *Parteibeteiligung an Rundfunkunternehmen*).

c. Juristische Personen des öffentlichen Rechts. Grundrechte verbürgen zuvorderst den Schutz der Freiheit privater natürlicher und gegenfügig juristischer Personen gegenüber Eingriffen der staatlichen Gewalt. „*Schutzpositionen*" des Staates sind insoweit nicht die Grundrechte, weil der Staat durch diese nicht gleichzeitig berechtigt und verpflichtet sein kann (BVerfGE 21, 362 (369) – *Sozialversicherungsträger*), sondern die ihm zugewiesenen Kompetenzen (vgl. *Rupp*, in: AöR 92 (1967), 212 (242). Auch wenn sich der Wortlaut des Art. 19 Abs. 3 GG insoweit wenig differenziert gibt, sind die Grundrechte auf juristische Personen des öffentlichen Rechts daher im Wesentlichen nicht anwendbar, soweit diese hoheitliche Aufgaben wahrnehmen (BVerfGE 21, 362 (369ff.) – *Sozialversicherungsträger*; 68, 193 (206) – *Zahntechniker-Innungen*; 138, 64 (83ff.)). Sie können sich gleichwohl auf die **Prozessgrundrechte** berufen, weil diese objektive Verfahrensgrundsätze normieren, die jedem zu Gute kommen müssen, der von einem gerichtlichen Verfahren betroffen sein kann (BVerfGE 6, 45 (49f.) – *Staat als Beschwerdeführer*; 61, 82 (104) – *Sasbach*; 138, 64 (83)). 17

Ähnlich wie sich der Staat durch Inanspruchnahme privatrechtlicher Rechtsvehikel nicht seiner Grundrechtsbindung entledigen kann („*keine Flucht ins Privatrecht*") ist als Kehrseite auch die Beschwerdeberechtigung nicht von der Rechtsform der juristischen Person des öffentlichen Rechts abhängig. Maßgeblich ist alleine, dass eine solche bestimmungsgemäß öffentliche Aufgaben wahrnimmt und gerade in dieser durch den angefochtenen Hoheitsakt betroffen ist (BVerfGE 45, 63 (79f.) – *Stadtwerke Hameln*; 68, 193 (212f.) – *Zahntechniker-Innungen*). Soweit sich der Staat **gemischtwirtschaftlicher Unternehmen** bedient, die geteilt in öffentlicher und privater Hand gehalten werden, scheidet eine Verfassungsbeschwerde jedenfalls im Falle einer beherrschenden Stellung des öffentlichen Anteilseigners aus, regelmäßig dann, wenn dieser mehr als die Hälfte der Anteile hält (BVerfGE 128, 226 (246f.) – *Fraport*). 18

Da das Konfusionsargument, der Staat könne nicht gleichzeitig grundrechtsberechtigt und -verpflichtet sein, nicht mehr trägt, wenn inländische ju- 19 ristische Personen des Privatrechts **von einem ausländischen Staat gehalten werden**, der nicht nach Art 1 Abs. 3 GG an die Grundrechte gebunden ist, kann die Beschwerdeberechtigung hier nicht grundsätzlich verneint werden (BVerfGE 143, 246 (314 ff.).

20 Eine Ausnahme von diesem Ausschluss der Grundrechtsfähigkeit ist jedoch für solche Organisationen der öffentlichen Hand zu machen, die durch den ihnen durch die Rechtsordnung übertragenen Aufgabenkreis unmittelbar einem durch bestimmte Grundrechte geschützten Lebensbereich zuzuordnen sind (BVerfG, Beschl. v. 3.11.2015, 1 BvR 1766/15, in: NVwZ-RR 2016, 242 (243)); sie sind in eben diesem Bereich grundrechtsberechtigt, im Übrigen grundrechtsverpflichtet. Ausnahms- und bereichsweise grundrechtsfähig sind daher:

- **Universitäten** sowie ihre Fakultäten und anderen teilrechtsfähigen Verbände öffentlichen Rechts, denen aus Art. 5 Abs. 3 S. 1 GG Grundrechtsschutz zukommt (BVerfGE 15, 256 (262) – *Universitäre Selbstverwaltung*; 68, 193 (207) – *Zahntechniker-Innungen*; 139, 148 (170 f.)),
- die **öffentlich-rechtlichen Rundfunkanstalten**, die im Hinblick auf ihre Programmgestaltung der Staatsfreiheit unterliegen und für die sich daher aus der Rundfunkfreiheit aus Art. 5 Abs. 1 S. 2 GG ein Grundrechtsschutz ableiten lässt (BVerfGE 31, 314 (322) – *Rundfunkentscheidung II*; 95, 220 (234) – *Aufzeichnungspflicht*; 107, 299 (310)),
- die **öffentlich-rechtlichen Religionsgesellschaften**, die sich auf die Religionsfreiheit aus Art. 4 Abs. 1 und 2 GG stützen können (BVerfGE 18, 385 (386 f.) -*Teilung einer Kirchengemeinde*; 42, 312 (322) – *Inkompatibilität/Kirchliches Amt*; 102, 370 (387 f.) – *Körperschaftsstatus der Zeugen Jehovas*), die gegebenenfalls durch die über Art. 140 GG inkorporierten staatskirchenrechtlichen Bestimmungen der Weimarer Reichsverfassung ergänzt wird (BVerfGE 102, 370 (387) – *Körperschaftsstatus der Zeugen Jehovas*).

Weiterführend hierzu siehe auch *Bettermann*, Juristische Personen des öffentlichen Rechts als Grundrechtsträger, in: NJW 1969, 1321 ff.; *Dreier*, Zur Grundrechtsfähigkeit juristischer Personen des öffentlichen Rechts, in: Festschrift für Hans Ulrich Scupin, 1973, 81 ff.; *Kröger*, Juristische Personen des öffentlichen Rechts als Grundrechtsträger, in: JuS 1981, 26 ff.; *Merten*, Das konfuse Konfusionsargument, in: DÖV 2019, 41 ff.; *Scholler/Broß*, Grundrechtsschutz für juristische Personen des öffentlichen Rechts, in: DÖV 1978, 238 ff.

2. Verfahrens- und Postulationsfähigkeit

Von der Frage der Beschwerdeberechtigung zu trennen ist die Frage der Fähigkeit, ein Verfassungsbeschwerdeverfahren selbst führen und rechtswirksam Prozesshandlungen vornehmen zu können (**Verfahrensfähigkeit**). Sie ist das verfassungsprozessuale Pendant der Prozessfähigkeit und jedenfalls im Hinblick auf natürliche Personen auch das prozessuale Gegenstück zur Grundrechtsmündigkeit. Da das Verfassungsprozessrecht hierzu selbst keine Bestimmungen enthält, zieht das Bundesverfassungsgericht weitgehende Analogien zu den fachgerichtlichen Regelungen (BVerfGE 51, 405 (407); 72, 122 (132f.)), wobei dies jedoch immer auch an der Ausgestaltung der einzelnen Grundrechte und deren Beziehung auf das im Ausgangsverfahren streitige Rechtsverhältnis zu orientieren ist (BVerfGE 28, 243 (254) – *Dienstpflichtverweigerung*; 51, 405 (407)). Ohne Weiteres prozessfähig sind die voll geschäftsfähigen Personen; **Minderjährige** und **Geschäftsunfähige** handeln im Regelfall durch ihre gesetzlichen Vertreter. Ausnahmsweise kommt eine Verfahrensfähigkeit Minderjähriger oder Geschäftsunfähiger selbst in Betracht, wenn ein effektiver Grundrechtsschutz nur ohne eine Vertretung möglich erscheint, etwa weil sich die Verfassungsbeschwerde faktisch gerade gegen die Eltern wendet oder soweit gerade über die Betreuung entschieden wird (BVerfGE 10, 302 (306) – *Vormundschaft*; 19, 93 (100f.); 65, 317 (321)). 21

Von der Verfahrensfähigkeit zu unterscheiden ist die Konstellation, in denen Eltern kraft ihres **Elternrechts** aus Art. 6 Abs. 2 S. 1 GG dazu berufen sind, die Rechte ihrer Kinder treuhänderisch gegenüber dem Staat wahrzunehmen (BVerfGE 107, 104 (121) – *Anwesenheit im JGG-Verfahren*). Hierbei handelt es sich um die Geltendmachung eines eigenen Grundrechts der Eltern und nicht um eine Form der prozessualen Vertretung des Kindes. 22

Rechtsfähige, **juristische Personen** handeln durch ihre gesetzlichen Vertreter, für nichtrechtsfähige Vereinigungen ist gegenfügig nach § 21 BVerfGG ein Vertreter zu bestellen. 23

Die **Postulationsfähigkeit** des Beschwerdeführers meint dessen Fähigkeit, rechtserhebliche prozessuale Handlungen selbst vorzunehmen. Mit Ausnahme der mündlichen Verhandlung, in der sich der Beschwerdeführer nach § 22 Abs. 1 S. 1 Hs. 2 BVerfGG durch einen Prozessbevollmächtigten zu vertreten lassen hat, besteht vor dem Bundesverfassungsgericht kein Anwaltszwang. Es steht jedoch jedem Beschwerdeführer frei – und es erscheint ob der teils weit über den 24 gesetzlichen Wortlaut hinausreichenden Sachentscheidungsvoraussetzungen der Verfassungsbeschwerde auch zumeist ratsam –, sich in jeder Lage des Verfahrens durch einen Rechtsanwalt oder einen Hochschullehrer mit Befähigung zum Richteramt vertreten zu lassen.

Zu Verfahrens- und Postulationsfähigkeit vgl. *Roth*, Die Grundrechte Minderjähriger im Spannungsfeld selbständiger Grundrechtsausübung, elterlichen Erziehungsrechts und staatlicher Grundrechtsbindung, 2003; *Voßkuhle*, Der Rechtsanwalt und das Bundesverfassungsgericht – Aktuelle Herausforderungen der Verfassungsrechtsprechung, in: NJW 2013, 1329ff.; *Zuck*, Der Rechtsanwalt im Verfassungsbeschwerdeverfahren, in: NJW 2013, 2248ff.

3. Beschwerdegegenstand

25 **a. Akte der öffentlichen Gewalt.** Nach Art. 93 Abs. 1 Nr. 4a GG, § 90 Abs. 1 BVerfGG kann der Beschwerdeführer im Verfassungsbeschwerdeverfahren eine Verletzung seiner Grundrechte oder grundrechtsgleichen Rechte „*durch die öffentliche Gewalt*“ rügen. Der Begriff der öffentlichen Gewalt ist dabei weit zu fassen, gemeint ist der Staat „*in seiner Einheit, repräsentiert durch irgendein Organ*“ (BVerfGE 4, 27 (30) – *Klagebefugnis politischer Parteien*; 6, 445 (448) – *Mandatsverlust*). Die prozessuale Reichweite der Urheberschaft des tauglichen Beschwerdegegenstandes entspricht – insoweit logisch konsequent – der materiellen Grundrechtsbindung des Art. 1 Abs. 3 GG: Sie umfasst die **gesetzgebende, die vollziehende und die rechtsprechende Gewalt** (BVerfGE 7, 198 (207) – *Lüth*) unabhängig davon, ob sie durch Organe des Bundes, eines Landes oder anderer öffentlicher Körperschaften des öffentlichen Rechts ausgeübt wird. Auf die Organisationsform, der sich der Staat zur Erfüllung öffentlicher Aufgaben bedient, kommt es dabei nicht an (BVerfGE 128, 226 (245) – *Fraport*); insoweit können auch Akte der **mittelbaren Staatsverwaltung** Gegenstand einer Verfassungsbeschwerde sein.

26 Möglich erscheinen etwa Verfassungsbeschwerden gegen Maßnahmen **hoheitlich Beliehener** (BVerfGE 124, 348 (362f.)), der **Rundfunkanstalten** jedenfalls dann, wenn es um die Zuteilung oder Verweigerung von Sendezeiten für politische Parteien im Wahlkampf geht (BVerfGE 6, 99 (104); 14, 121 (130)), der Hochschulen (BVerfGE 40, 187 (194)), **berufsständischer Kammern** (BVerfGE 18, 203 (212f.); 50, 16 (27)) oder **kassenärztlicher Vereinigungen** (BVerfGE 33, 171ff.).

27 Durch welche konkrete Handlungsform die gegenständliche Rechtsverletzung durch die öffentlich-rechtliche Gewalt beigebracht

wird, ist dabei zunächst unerheblich: So machen §§ 92, 95 Abs. 1 BVerfGG eindeutig klar, dass auch ein **Unterlassen** einen verfassungsbeschwerdefähigen Akt der öffentlichen Gewalt darstellen kann. Aus Gründen des effektiven Grundrechtsschutzes und der Verfahrensökonomie ist es dem Beschwerdeführer auch gestattet, mittels einer einzigen Verfassungsbeschwerde **mehrere Akte der öffentlichen Gewalt gleichzeitig anzugreifen**, also etwa gleichzeitig mehrere instanzielle Gerichtsentscheidungen sowie die Norm, auf der die Entscheidungen im Wesentlichen beruhen.

aa. Akte der rechtsprechenden Gewalt. Mit weitem Abstand im Vergleich zu anderen Beschwerdegegenständen liegen Verfassungsbeschwerden Akte der rechtsprechenden Gewalt zu Grunde. Der quantitative Überhang der **Entscheidungsverfassungsbeschwerde** erklärt sich durch das Gebot der Rechtswegerschöpfung und den Grundsatz der Subsidiarität: Soweit gegen einen Akt der staatlichen Gewalt der Rechtsweg eröffnet ist, ist dieser vor der Inanspruchnahme der Verfassungsbeschwerde als außerordentlicher Rechtsbehelf auch zu beschreiten (§ 90 Abs. 2 BVerfGG). Insoweit ist die Vielzahl der Verfassungsbeschwerden, die sich im Ausgang gegen Exekutivakte richten, vor Anhängigkeit beim Bundesverfassungsgericht bereits durch die rechtsprechende Gewalt kanalisiert. Der Verfassungsbeschwerde zugänglich sind dabei die Entscheidungen **aller staatlichen Gerichtsbarkeiten**, unabhängig davon, in welcher Form sie ergangen sind. 28

Der gerne verwandte Begriff der *Urteilsverfassungsbeschwerde* greift insoweit zu kurz, als auch Beschlüsse oder Kostenentscheidungen der Gerichte Gegenstand der Verfassungsbeschwerde sein können. Auch Entscheidungen der **Landesverfassungsgerichte** sind als Ausdruck der nach Art. 1 Abs. 3 GG grundrechtsgebundenen, deutschen Staatsgewalt mit der Verfassungsbeschwerde anfechtbar (BVerfGE 97, 298 (314 f.) – *extra-radio*), dies jedoch nur, soweit das Landesverfassungsgericht nicht zu einer abschließenden Entscheidung in der Sache berufen ist (BVerfGE 96, 231 (243 f.) – *Müllkonzept*). 29

Der Beschwerdeführer muss grundsätzlich die **letztinstanzliche Entscheidung** zum Beschwerdegegenstand machen. Ob er die Beschwerde darüber hinaus auch auf die Entscheidungen der untergeordneten Vorinstanzen erstrecken will, ist ihm zwar freigestellt, erscheint jedoch dann zweckmäßig, wenn diese einen selbstständigen Verfassungsverstoß beinhalten oder die Verfassungsbeschwerde Fragen der Tatsachenfeststellung berührt, die vom letztin- 30 stanzlichen Gericht nicht mehr frei getroffen werden können. Der Beschwerdeführer kann grundsätzlich auch eine gerichtliche Entscheidung mit der Behauptung zum Gegenstand machen, sie basiere auf verfassungswidrigen Rechtssätzen – es handelt sich dann um eine *mittelbare Rechtssatzverfassungsbeschwerde*.

31 Als vorstellbarer Beschwerdegegenstand erscheint auch ein **Unterlassen** der Rechtsprechung (BVerfGE 10, 302 (306) – *Vormundschaft*). Dies kann etwa bei überlangen Verfahrensdauern relevant werden, jedoch auch bei Verstößen gegen das Prozessgrundrecht des rechtlichen Gehörs aus Art. 103 Abs. 1 GG, da dieses auch eine Leistungsgarantie verbürgt. Auch eine unterlassene Normprüfung und Vorlage nach Art. 100 Abs. 1 und 2 GG oder Art. 267 AEUV kann als Unterlassen gegenständlich werden (BVerfGE 66, 313 (319); 109, 13 (22 f.)). Die Tauglichkeit als Beschwerdegegenstand erstreckt sich dem Grunde nach allein auf **verfahrensabschließende Entscheidungen** der Gerichte. **Zwischenentscheidungen** der Gerichte sind hingegen in aller Regel nicht anfechtbar (BVerfGE 9, 261 (265); 21, 139 (143) – *Freiwillige Gerichtsbarkeit*), ausnahmsweise jedoch dann, wenn sie selbst bereits bleibende rechtliche Nachteile bewirken, die im Fortgang des Verfahrens nicht oder nur unvollständig behebbar sind (BVerfGE 101, 106 (120) – *Akteneinsicht*; 119, 292 (294)).

32 Nicht mit der Verfassungsbeschwerde anfechtbar sind die **Entscheidungen des Bundesverfassungsgerichts** selbst; dieses hat – unabhängig von der Zusammensetzung des jeweiligen Spruchkörpers als Kammer oder Senat – bereits als *„Das Bundesverfassungsgericht"* abschließend entschieden (BVerfGE 1, 89 (90); 7, 17 (18)). Gleichfalls nicht anfechtbar sind die Entscheidungen der **Großen Senate der Obersten Bundesgerichte** oder der Vereinigten Großen Senate, da sie nicht verfahrensabschließend, sondern nach § 138 Abs. 1 S. 1 GVG allein über Rechtsfragen zu entscheiden haben (BVerfGE 31, 55 (56)). Entscheidungen **privater** wie etwa **schiedsgerichtlicher** Gerichte können ebenso wenig Gegenstand der Verfassungsbeschwerde sein, wie solche der **kirchlichen Gerichtsbarkeit**, soweit diese dem innerkirchlichen Bereich zugehören und daher nicht öffentliche Gewalt im Sinne des Art. 93 Abs. 1 Nr. 4a GG darstellen (BVerfGE 18, 385 (387) – *Teilung einer Kirchengemeinde*).

Vertiefend vergleiche *Benda/Klein*, Verfassungsprozessrecht, 4. Aufl. 2020, Rn. 552 ff.; *Hellmann*, in: Barczak (Hrsg.), BVerfGG, 2018, § 90 Rn. 118 ff.

33 **bb. Akte der vollziehenden Gewalt.** Dass Rechtsschutzersuchen, die sich im Ausgang gegen Akte der Verwaltung richten, aufgrund

des Gebots der Rechtswegerschöpfung und des Subsidiaritätsgrundsatzes zumeist als Entscheidungsverfassungsbeschwerde vorstellig werden ändern nichts daran, dass auch die Tätigkeit der nach Art. 1 Abs. 3 GG grundrechtsgebundenen vollziehenden Gewalt ein tauglicher Beschwerdegegenstand sein kann. Abseits ihres **Annexdaseins** kommt eine **unmittelbar** gegen Akte der Verwaltung gerichtete Verfassungsbeschwerde jedenfalls dann in Betracht, wenn wegen ihrer allgemeinen Bedeutung oder wegen dem Beschwerdeführer ohne sofortige, verfassungsgerichtliche Entscheidung drohender, schwerer unabweisbarer Nachteile der Rechtsweg ausnahmsweise nicht zu erschöpfen ist (§ 90 Abs. 2 S. 2 BVerfGG).

Davon abgesehen kann auch im Rahmen einer Entscheidungsverfassungsbeschwerde **zusätzlich das zu Grunde liegende Exekutivhandeln zum Gegenstand gemacht werden** (BVerfGE 6, 386 (389) – *Haushaltsbesteuerung*), etwa weil ein Ausgangsbescheid wegen einer verfassungswidrigen Ermächtigungsgrundlage unmittelbar vom Bundesverfassungsgericht aufgehoben werden soll (vgl. etwa BVerfGE 6, 386 (389) – *Haushaltsbesteuerung*; 13, 331 (355) – *Personenbezogene Kapitalgesellschaften*). 34

Welcher **Handlungsform** sich die Verwaltung in concreto bedient, ist dabei unerheblich: Anfechtbar sind **Verwaltungsakte** ebenso wie **informelles Handeln** (BVerfGE 105, 252 ff. – *Glykol*) oder bloße – etwa warnende – **Äußerungen von Regierungsmitgliedern** (BVerfGE 105, 279 ff. – *Osho*). Auch ein **Unterlassen** der Exekutive kann potenziell der Verfassungsbeschwerde zugänglich sein, wobei auch hier indes zunächst fachgerichtlicher Rechtsschutz zu ersuchen sein dürfte (BVerfGK 20, 320 (324)). Nicht erforderlich ist, dass die Verwaltung dem Bürger mit imperativer Gewalt entgegentritt (*sog. Eingriffsverwaltung*): Auch Maßnahmen der **Leistungsverwaltung** unterfallen daher der Verfassungsbeschwerde. Der vollziehenden Gewalt zuzurechnen ist auch die **exekutive Normsetzung**, also der Erlass von **Gesetzen im materiellen Sinne** wie Rechtsverordnungen oder Satzungen. Im Rahmen der Verfassungsbeschwerde überprüfbar sind solche Rechtsätze in der Praxis nach prinzipaler verwaltungsgerichtlicher Normenkontrolle nach § 47 VwGO oder nach Durchschreiten des fachgerichtlichen Rechtsschutzes bezüglich eines grundrechtsverletzenden Exekutivaktes, der gerade auf einer solchen untergesetzlichen Bestimmung beruht. Letzteres ist gleichwohl eine Frage der Rechtswegerschöpfung und Subsidiarität und nicht des Beschwerdegegenstandes an sich. 35

36 **cc. Akte der gesetzgebenden Gewalt.** Abseits der Möglichkeiten, in denen Akte der Gesetzgebung mittelbar Gegenstand einer Verfassungsbeschwerde werden können, sehen §§ 93 Abs. 2, 94 Abs. 4, 95 Abs. 3 BVerfGG auch eine unmittelbar gegen diese gerichtete Verfassungsbeschwerde vor. Gleichwohl ergeben sich in unmittelbaren Rechtssatzverfassungsbeschwerden zumeist Folgeprobleme im Hinblick auf die Beschwerdebefugnis und Subsidiarität, weswegen derartige Fälle quantitativ in der Minderzahl bleiben werden. Nichtsdestotrotz können **Gesetze im formellen Sinne** unabhängig davon verfassungsbeschwerdegegenständlich sein, ob es sich um solche des Bundes oder des Landes beziehungsweise um Verfassungs- oder einfaches Recht handelt (BVerfGE 109, 279 (305) – *Großer Lauschangriff*). Als Beschwerdegegenstand taugen auch die **Zustimmungsgesetze zu völkerrechtlichen Verträgen** (BVerfGE 16, 220 (226); 24, 33 (53) – *AKU-Beschluss*; 141, 1 (15 ff.) – *Völkerrechtsdurchbrechung*). Aus Gründen der Gewaltenteilung muss das Gesetzgebungsverfahren jedoch abgeschlossen und das Gesetz **„zustande gekommen"** sein (BVerfGE 63, 325 (326)).

37 Ob von diesem Grundsatz für besondere Ausnahmefälle die Möglichkeit anzuerkennen ist, die Verfassungsbeschwerde schon **früher zu erheben**, hat das Bundesverfassungsgericht bislang offengelassen (BVerfGE 125, 385 (393)). Auf das Inkrafttreten kommt es für die Tauglichkeit als Beschwerdegegenstand nicht, für die Beschwerdebefugnis indes sehr wohl an.

38 Gegenstand einer Verfassungsbeschwerde kann auch ein gesetzgeberisches **Unterlassen** sein (BVerfGE 6, 257 (264) – *Teilweises gesetzgeberisches Unterlassen*; 56, 54 (70)). Die vom Bundesverfassungsgericht vorgenommene Differenzierung dieser Konstellation, die ein *echtes Unterlassen*, das heißt die Rüge der Nichtexistenz einer Norm mit dem Ziel, ein für geboten gehaltenes, allgemeines gesetzgeberisches Tätigwerden zu erzwingen, von *unechtem Unterlassen* unterscheidet, bei dem der Beschwerdeführer eine bereits existente Norm ihrer Unvollständigkeit wegen rügt, oder, weil sie hinter verfassungsrechtlichen Erfordernissen zurückbleibt, ist im Rahmen des Beschwerdegegenstandes weitgehend irrelevant. Relevanz kommt dieser Konstellation erst im Rahmen der Frist zu, da eine an ein unechtes Unterlassen anknüpfende Verfassungsbeschwerde der Normexistenz wegen an die Jahresfrist des § 93 Abs. 3 BVerfGG gebunden ist, im Falle der Rüge eines echten Unterlassens indes logischerweise nicht (BVerfGE 6, 257 (266) – *Teilweises gesetzgeberisches Unterlassen*; 13, 284 (287)).

Weiterführend vgl. auch *Möstl*, Probleme der verfassungsprozessualen Geltendmachung gesetzgeberischer Schutzpflichten, in: DÖV 1998, 1029ff.; *Rupp*, Bemerkungen zum Individualrechtsschutz gegen die Verfassungswidrigkeit von Rechtsnormen und unterlassenen Rechtsnormen, in: Depenheuer (Hrsg.), Festschrift für Josef Isensee, 2007, 283ff.; *Schenke*, Rechtsschutz gegen das Unterlassen von Rechtsnormen, in: VerwArch 82 (1991), 307ff.; *Sodan*, Der Anspruch auf Rechtsetzung und seine prozessuale Durchsetzbarkeit, in: NVwZ 2000, 601ff.

b. Akte der grundrechtsgebundenen deutschen Staatsgewalt. 39
Mit der Verfassungsbeschwerde angegriffen werden können dem Grunde nach alleine Akte der nach Art. 1 Abs. 3, 20 Abs. 3 GG grundrechtsgebundenen, **deutschen Staatsgewalt** (BVerfGE 1, 10 (11); 6, 15 (18); 22, 293 (295) – *EWG-Verordnungen*); Akte der ausländischen Staatsgewalt scheiden demnach als Beschwerdegegenstand aus. Ob es sich bei einem Tätigwerden um ein solches der deutschen Staatsgewalt handelt, ist nach funktionaler Betrachtungsweise davon abhängig, ob die deutsche Staatsgewalt im konkreten Fall zum eigenverantwortlichen Handeln befähigt war (*Lechner/Zuck*, BVerfGG, 8. Aufl. 2019, § 90 Rn. 119). Lange Zeit war jedoch angenommen worden, dass sich das Bundesverfassungsgericht aufgrund des eher funktionalen denn formellen Verständnisses der deutschen Staatsgewalt (vgl. BVerfGK 6, 368ff.; 8, 266ff.; 8, 325ff.; 16, 509ff.) möglicherweise auch dazu berufen sieht, Akte supranationaler Organisationen wie **Rechtsakte der Europäischen Union** als Beschwerdegegenstände zuzulassen.

So *Bethge*, in: Maunz/Schmidt-Bleibtreu/Klein/Bethge, BVerfGG (Stand: 60. EL Juli 2020), § 90 Rn. 334; *Grünewald*, in: BeckOK BVerfGG (Stand: 1.1.2021), § 90 Abs. 1 BVerfGG, Rn. 72ff.; *Lechner/Zuck*, BVerfGG, 8. Aufl. 2019, § 90 Rn. 122ff.; *Zuck*, Das Recht der Verfassungsbeschwerde, 5. Aufl. 2017, Rn. 522ff.

Ausgangspunkt dieser Annahme ist wohl die **Maastricht-Entscheidung** des Bundesverfassungsgerichts, die zwar selbst gar nicht auf einer Verfassungsbeschwerde gegen einen Unionsrechtsakt beruht, jedoch mit in Teilen reichlich unklaren Formulierungen weitreichenden Interpretationsspielraum eröffnete: 40

„Auch Akte einer besonderen, von der Staatsgewalt der Mitgliedstaaten geschiedenen öffentlichen Gewalt einer supranationalen Organisation betreffen die Grundrechtsberechtigten in Deutschland. Sie berühren damit die Gewährleistungen des Grundgesetzes und die Aufgaben des Bundesverfassungsgerichts, die den Grundrechtsschutz in Deutschland und insoweit nicht nur ge- 41

genüber deutschen Staatsorganen zum Gegenstand haben" (BVerfGE 89, 155 (175) – *Maastricht*).

42 Erst mit seinen Entscheidungen zu den *Outright Monetary Transactions* von 2016 sowie zum *Public Sector Purchase Programme* 2020 machte das Bundesverfassungsgericht hinreichend klar, dass es für sich alleine eine (bei ihm monopolisierte) Kompetenz annimmt, Sekundär- und Tertiärrecht der Union als **Vorfrage** nationaler Beschwerdegegenstände zu überprüfen. Zum tatsächlichen Beschwerdegegenstand einer Verfassungsbeschwerde wird der Unionsrechtsakt durch eine solche **inzidente Kontrolle** jedoch nicht (BVerfGE 129, 124 (175 f.) – *EFS*; 134, 366 (394) – *OMT-Beschluss;* 154, 17 (81 f.) – *PSPP*): Hierzu muss insoweit immer an einen Akt der deutschen Staatsgewalt angeknüpft werden, der gerade auf Grundlage des sekundären Unionsrechts ergeht (BVerfGE 126, 286 (301 ff.) – *Honeywell*; 134, 366 (382) – *OMT-Beschluss*; 142, 123 (180) – *OMT-Programm*) oder an Unterlassungs- oder Reaktionspflichten (sog. „***Integrationsverantwortung***") deutscher Verfassungsorgane bezüglich eines Aktes der Union, der grundgesetzlich geschützte Rechtsgüter beeinträchtigt (BVerfGE 134, 366 (394 ff.) – *OMT-Beschluss*; 135, 317 (393 f.) – *ESM-Vertrag*). Konsequenterweise ist die Frage der mittelbaren Prüfung des Unionsrechts eine solche der **Beschwerdebefugnis**.

43 Die Entscheidung zum *Public Sector Purchase Programme* vom Mai 2020 ist insoweit **redaktionell verunglückt**, als der Erste Senat sowohl anführt, das Bundesverfassungsgericht prüfe Maßnahmen von Organen und Einrichtungen der Union „als Vorfrage" und damit die Linie der OMT-Entscheidung fortsetzt, im gleichen Absatz jedoch auch davon spricht, dass ein Rechtsakt des Sekundär- und Tertiärrechts zum tauglichen „*Gegenstand einer Verfassungsbeschwerde*" würde (BVerfGE 154, 17 (82)). Vertiefend zu diesem Gesamtkomplex *Gärditz*, Völkerrechtliche Integration und kompensatorische Rechtsschutzgarantie, in: EuGRZ 2018, 530 ff.; *Hellmann*, in: Barczak (Hrsg.), BVerfGG, 2018, § 90 Rn. 142 ff.; *Schlaich/Korioth*, Das Bundesverfassungsgericht, 11. Aufl. 2018, Rn. 214; *Sauer*, Der novellierte Kontrollzugriff des Bundesverfassungsgerichts auf das Unionsrecht, in: EuR 2017, 186 ff.

44 Unionsrechtliche Bezüge des Beschwerdegegenstandes können sich jedoch auch daraus ergeben, dass ein nationales, mitgliedstaatliches Gesetz gerade der **Umsetzung sekundären Unionsrechts** dient. Inwieweit ein solcher Umsetzungsrechtsakt tauglicher Gegenstand einer auf eine **Verletzung der Grundrechte des Grundgesetzes** gestützten Verfassungsbeschwerde sein kann, hängt davon ab, ob

dem mitgliedstaatlichen Gesetzgeber bei der Umsetzung ein Gestaltungsspielraum verbleibt. Ist das nationale Gesetz wegen **zwingender Vorgaben des Unionsrechts** vollständig unionsrechtlich determiniert, würde eine Überprüfung am Maßstab des Grundgesetzes einer vollumfänglichen Prüfung sekundären Unionsrechts gleichkommen, die das Bundesverfassungsgericht indes ausgeschlossen hat (BVerfGE 118, 79 (95f.) – *Treibhausgas-Emissionsberechtigungen*; 125, 260 (306) – *Vorratsdatenspeicherung*; 142, 123 (179f.) – *OMT-Programm*). Sie bleiben jedoch – gleich dem sekundären Unionsrecht – als Vorfrage eines tauglichen Beschwerdegegenstandes mit den Kontrollvorbehalten und nach Maßgabe der Solange-Rechtsprechung überprüfbar. Macht der deutsche Gesetzgeber bei der Umsetzung sekundären Unionsrecht jedoch von einem ihm eröffneten, **mitgliedstaatlichen Gestaltungsspielraum** Gebrauch, unterliegt das entsprechende Gesetz auch der Kontrolle am Maßstab des Grundgesetzes (BVerfGE 121, 1 (15) – *Vorratsdatenspeicherung*; 125, 260 (306f.) – *Treibhausgas-Emissionsberechtigungen*; 152, 152 (169f.) – *Recht auf Vergessen II*).

Ausnahmsweise hielt das Bundesverfassungsgericht bislang auch eine Verfassungsbeschwerde gegen **vollständig unionsrechtlich determinierte** Umsetzungsgesetze für möglich, wenn der Beschwerdeführer einen Kompetenzverstoß oder einen Verstoß gegen europäische Grundrechtsgewährleistungen rügt und mit seiner Verfassungsbeschwerde eine **Vorlage zum Europäischen Gerichtshof mit dem Ziel bezweckt**, dass dieser den **zu Grunde liegenden Sekundärrechtsakt für ungültig erklärt** und damit den Weg für eine grundrechtliche Prüfung des nationalen Gesetzes freimacht (BVerfGE 125, 260 (3076f.) – *Treibhausgas-Emissionsberechtigungen*; 130, 151 (177ff.) – *Zuordnung dynamischer IP-Adressen*). 45

Gleichermaßen gilt dies auch für **Handlungen deutscher Organe, die auf europäischem Sekundärrecht gründen**: Als formal der deutschen Staatsgewalt zurechenbar stellen diese zweifelsohne taugliche Beschwerdegegenstände dar. Soweit der Beschwerdeführer jedoch nicht substantiiert darlegen kann, dass der europäische Grundrechtsschutz unter das vom Grundgesetz als unabdingbar vorausgesetzte Niveau erodiert ist, das Sekundärrecht offensichtlich und strukturerheblich kompetenzwidrig ist oder die für unantastbar erklärten Grundsätze des Grundgesetzes berührt, fehlt es auch hierfür wegen der Zurücknahme der Gerichtsbarkeit bei der Prüfung am Maßstab des Grundgesetzes an der Beschwerdebefugnis als deren prozessualer Spiegel. 46

47 Anderes muss nun nach der jüngeren Rechtsprechung des Bundesverfassungsgerichts in Konstellationen vollharmonisierten Unionsrechts gelten, wenn der Beschwerdeführer eine **Verletzung seiner Grundrechte aus der Charta der Grundrechte der Europäischen Union durch Akte deutscher Staatsorgane rügt, die Unionsrecht umsetzen oder auf ihm gründen**. Denn seit sich das Bundesverfassungsgericht in seiner Entscheidung zum Recht auf Vergessen auch die Unionsgrundrechte als Prüfungsmaßstab dienbar gemacht hat (BVerfGE 152, 216 (236ff.) – *Recht auf Vergessen II*; BVerfG, in: NJW 2021, 1518 (1519ff.) – *Europäischer Haftbefehl III*), ist für das Argument, das Bundesverfassungsgericht nehme seine Kontrolle in Anerkennung des Anwendungsvorrangs des Unionsrechts zurück, genauso wenig Platz, wie für eine hierauf basierende Reduktion des Beschwerdegegenstandes (dies ausdrücklich offenlassend BVerfGE 152, 216 (237) – *Recht auf Vergessen II*).

4. Beschwerdebefugnis

48 Ausweislich Art. 93 Abs. 1 Nr. 4a GG, § 90 Abs. 1 BVerfGG muss der Beschwerdeführer behaupten (können), durch einen Akt der öffentlichen Gewalt in seinen Grundrechten oder grundrechtsgleichen Rechten verletzt zu sein. Schon das Wort *„durch"* illustriert die vermittelnde Funktion der Beschwerdebefugnis: Sie ist das **prozessuale Bindeglied** zwischen dem Beschwerdeführer und dem Gegenstand seiner Beschwerde. Sie *„betrifft einen besonderen Aspekt des Rechtsschutzbedürfnisses"* (BVerfGE 140, 42 (54)) und stellt sicher, dass die Verfassungsbeschwerde – entsprechend ihrem wesentlichen Verfahrenszweck – gerade der Gewährung grundrechtlichen Individualrechtsschutzes gilt (BVerfGE 126, 1 (17) – *Fachhochschullehrer*). Ähnlich der Klagebefugnis nach § 42 Abs. 2 VwGO kommt der Beschwerdebefugnis verfassungsprozessual damit auch die Funktion zu, **Popularklagen auszuschließen** (BVerfGE 43, 291 (386) – *numerus clausus II*; 49, 1 (8); 79, 1 (14)). Anders als der Wortlaut des Art. 93 Abs. 1 Nr. 4a GG und des § 90 Abs. 1 BVerfGG den Anschein machen, genügt der Beschwerdeführer dem Erfordernis der Beschwerdebefugnis jedoch nicht schon dadurch, dass er eine solche Verletzung seiner Rechte durch den Beschwerdegegenstand *verbalbehauptet*. Vielmehr stellt das Bundesverfassungsgericht hieran weitreichende **Substantiierungsanforderungen**, die sich nicht direkt aus § 90 Abs. 1 BVerfGG, wohl jedoch aus der Zusammenschau mit

dem Begründungserfordernis des § 21 Abs. 1 S. 2 BVerfGG ergeben. Beschwerdebefugt ist demnach allein derjenige Beschwerdeführer, der schlüssig die **Möglichkeit einer Verletzung seiner Grundrechte oder grundrechtsgleichen Rechte** sowie seiner **eigenen, gegenwärtigen und unmittelbaren Betroffenheit** behaupten kann (BVerfGE 99, 84 (87); 112, 185 (204); 123, 267 (329) – *Lissabon*). Nur wenn die Möglichkeit der Verletzung rügefähiger Rechte und die Möglichkeit der Betroffenheit **kumulativ** vorliegen, ist der Beschwerdeführer in der Verfassungsbeschwerde beschwerdebefugt.

a. Möglichkeit einer Verletzung von Grundrechten oder grundrechtsgleichen Rechten. Soweit die Beschwerdebefugnis die Möglichkeit voraussetzt, dass Grundrechte oder grundrechtsgleiche Rechte verletzt sind, darf dies jedenfalls **nicht von vorneherein ausgeschlossen** erscheinen (BVerfGE 6, 132 (134) – *Gestapo*; 94, 49 (84) – *Sichere Drittstaaten*). Ob die gerügten Grundrechte durch den Beschwerdegegenstand tatsächlich verletzt werden, ist indes erst eine Frage der Begründetheit. 49

aa. Verletzung von Grundrechten. Als mit der Verfassungsbeschwerde rügefähig nennen Art. 93 Abs. 1 Nr. 4a GG, § 90 Abs. 1 BVerfGG zuvorderst die **„Grundrechte“**. Hierbei handelte es sich nach bislang allgemeiner Auffassung allein um die Bestimmungen der Artikel 1 bis 19 des Ersten Abschnitts des Grundgesetzes. Der Erste Abschnitt enthält indes auch Regelungsteile, denen keine subjektive, sondern objektive Bedeutung zukommt und die in Folge **nicht** mit der Verfassungsbeschwerde als verletzt gerügt werden können. Hierzu zählen etwa **Art. 14 Abs. 2** (BVerfGE 80, 137 (150) – *Reiten im Walde*), **Art. 14 Abs. 3, Art. 15, Art. 17a** (BVerfGE 44, 197 (205) – *Solidaritätsadresse*), **Art. 18** sowie **Art. 19 Abs. 1–3 GG** (BVerfGE 117, 302 (310) – *Art. 19 Einigungsvertrag*). 50

Nicht gänzlich unumstritten ist die Qualifikation der **Menschenwürde aus Art. 1 Abs. 1 GG** als rügefähiges Individualgrundrecht. Auch wenn sich diese dem üblichen Schematismus von Schutzbereich und Schranke nicht recht fügen mag, spricht indes gerade die im Mittelpunkt der Menschenwürde stehende Subjektqualität des Einzelnen dafür, ihr (jedenfalls auch) subjektiven Grundrechtscharakter zuzuerkennen (so i. E. auch BVerfGE 109, 133 (149 ff.) – *Langfristige Sicherungsverwahrung*; 125, 175 (222) – *Hartz IV*). In der Praxis stellt die alleinige Rüge einer Verletzung der Menschenwürde ohnehin die 51

Ausnahme dar; im Regelfall wird sie *„in Verbindung mit"* einem anderen Grundrecht in Erscheinung treten.

Vertiefend hierzu vgl. nur *Dederer*, Die Garantie der Menschenwürde (Art. 1 Abs. 1 GG), in: JöR 57 (2009), 89 ff.; *Hufen*, Staatsrecht II, 8. Aufl. 2020, 130 ff.; *ders.*, Die Menschenwürde, in: JuS 2020, 1 ff.; *Linke*, Die Menschenwürde im Überblick: Konstitutionsprinzip, Grundrecht, Schutzpflicht, in: JuS 2016, 888 ff.

52 Von größter Bedeutung ist hingegen die **allgemeine Handlungsfreiheit aus Art. 2 Abs. 1 GG**, da dieser in Abwesenheit einer spezielleren grundrechtlichen Bestimmung auch im Rahmen der Möglichkeit einer Grundrechtsverletzung ein Auffangcharakter zukommt, ferner aber auch, weil die zunehmende *„in Verbindung mit"*-Rechtsprechung des Bundesverfassungsgerichts regelmäßig an diese anknüpft.

53 **bb. Verletzung grundrechtsgleicher Rechte.** Neben den Grundrechten kommen als rügefähige Rechte nach Art. 93 Abs. 1 Nr. 4a GG (und ähnlich § 90 Abs. 1 BVerfGG) auch die *„in Artikel 20 Abs. 4, 33, 38, 101, 103 und 104 enthaltenen Rechte"* des Grundgesetzes in Betracht. Auch wenn lange Zeit angenommen wurde, dass diese Aufzählung ein *numerus clausus* abschließender Natur sei, kann dies unter dem Eindruck der jüngsten Rechtsprechung des Bundesverfassungsgerichts nicht mehr aufrechterhalten werden (*vgl. sogleich unter cc.*). Gleichsam den Grundrechten kommen jedoch auch bei den im Allgemeinen als **„grundrechtsgleiche Rechte"** bezeichneten Rechten nur solche als beschwerdebefugnisvermittelnd in Betracht, denen jedenfalls auch eine individualschützende Dimension zukommt.

54 Hierzu zählt etwa das Widerstandsrecht aus **Art. 20 Abs. 4 GG**, für Beamte ein Recht auf ermessens- und beurteilungsfehlerfreie Einbeziehung in die Bewerberauswahl aus **Art. 33 Abs. 2 GG** (BVerfGK 18, 423 (427)), ein subjektives Recht für den von hoheitlicher Aufgabenwahrnehmung Betroffenenen aus **Art. 34 Abs. 4 i. V. m. Art. 2 Abs. 1 GG** (BVerfGE 130, 76 (109) – *Vitos Haina*) oder ein Recht auf angemessene Alimentation aus **Art. 33 Abs. 5 GG** (BVerfGE 117, 330 (351) – *Ballungsraumzulage*; zuletzt auch BVerfGE 155, 1 – *Richterbesoldung II*).

55 Von zentraler – wenngleich nicht unumstrittener – Bedeutung sind die in **Art. 38 Abs. 1 S. 1 GG** enthaltenen subjektiven Rechtspositionen, da sie dem Bundesverfassungsgericht in seiner Rechtsprechung regelmäßig die **Kontrolltätigkeit in Angelegenheiten der Europä-**

ischen Integration eröffnen. So verbürgt Art. 38 Abs. 1 S. 1 GG nicht allein das Wahlrecht zum Bundestag sowie die Wahlrechtsgrundsätze, sondern auch ein subjektiv einklagbares Recht darauf, dass dem Bundestag noch Aufgaben und Befugnisse hinreichenden Ausmaßes verbleiben (BVerfGE 123, 267 (330) – *Lissabon*; 129, 124 (168 f.) – *EFS*; 142. 123 (173 f.) – *OMT-Programm*). So vermittelt Art. 38 Abs. 1 S. 1 GG zunächst Beschwerdebefugnis für den Fall der Rüge eines **Verlustes der Staatlichkeit** der Bundesrepublik Deutschland durch Verlagerung von Hoheitsrechten auf supranationale Einrichtungen wie die Europäische Union (BVerfGE 89, 155 (171 f.) – *Maastricht*; 135, 317 (399 ff.) – *ESM*). Ferner wird über die Figur der **Integrationsverantwortung** auch ein Unterlassen der Verfassungsorgane angesichts unionaler *Ultra-vires-Akte* oder solcher die die *Verfassungsidentität* der Bundesrepublik Deutschland berühren, rügefähig (BVerfGE 134, 366 (396 f.) – *OMT-Beschluss*; 142, 123 (174 f.) – *OMT-Programm*). Die Bürgerinnen und Bürger können so verlangen,

> *„dass Bundestag und Bundesregierung sich aktiv mit der Frage auseinandersetzen, wie die Kompetenzordnung wiederhergestellt werden kann, und eine positive Entscheidung herbeiführen, welche Wege dafür beschritten werden sollen“* BVerfGE 134, 366 (397) – *OMT-Beschluss*).

56 Soweit Handlungen nationaler, deutscher Hoheitsträger auf *ultra vires* ergangenen oder die *Verfassungsidentität* verletzenden Unionsrechtsakten basieren oder auf europäischer Ebene generell der vom Grundgesetz als unabdingbar vorgesehene Grundrechtsschutz nicht mehr gewährleistet ist (*Solange-Rechtsprechung*), sind auch diese mit der Verfassungsbeschwerde angreifbar (BVerfGE 102, 147 (164) – *Bananenmarktordnung*; 126, 286 (299) – *Honeywell*). Da die Unionsrechtsakte nicht selbst Gegenstand der Verfassungsbeschwerde werden, sondern in jedem Fall an ein nationales Handeln oder Unterlassen anzuknüpfen ist, ist die Frage der substantiierten Darlegung der Rechtsverletzung durch das Unionsrecht eine solche der Beschwerdebefugnis.

57 Diese mehr am Zweck der gewährleisteten Rechtsposition denn am Wortlaut der Norm orientierte, evolutive Weiterentwicklung der Bestimmung zu einem *„Demokratiegewährleistungs-Grundrecht“* (*Lechner/Zuck*, BVerfGG, 8. Aufl. 2019, § 90 Rn. 79a) ist in Teilen heftig als bloße *„Erfindung“* des Bundesverfassungsgerichts kritisiert worden, um sich weiterreichende Kontrollbefugnisse anzueignen. Vgl. insoweit nur *Gärditz/Hillgruber*, Volkssouveränität

und Demokratie ernst genommen – zum Lissabon-Urteil des BVerfG, in: JZ 2009, 872 ff.; *Grefrath*, Exposé eines Verfassungsprozessrechts von den Letztfragen, in: AöR 135 (2010), 221 ff.; *Nettesheim*, Ein Individualrecht auf Staatlichkeit? Die Lissabon-Entscheidung des BVerfG, in: NJW 2009, 2867 ff.

58 Ferner individualschützend sind das **Recht auf den gesetzlichen Richter** aus **Art. 101 Abs. 1 S. 2 GG** (BVerfGE 22, 254 (258); 129, 78 (92) – *Anwendungserweiterung*); in der Praxis tritt dieses zumeist im Hinblick auf eine fachgerichtlich nicht erfolgte Vorlage nach Art. 100 Abs. 1 GG oder Art. 267 Abs. 3 AEUV zu Tage. Die Möglichkeit einer Verletzung grundrechtsgleicher Rechte besteht ferner auch für den **Anspruch auf rechtliches Gehör** aus Art. 103 Abs. 1 GG und das **strafrechtliche Gesetzlichkeitsprinzip** *nullum crimen, nulla poena sine lege scripta, praevia, certa et stricta* des Art. 103 Abs. 2 GG.

59 **cc. Verletzung weiterer Rechte?** Bislang war eine Erweiterung der von Art. 93 Abs. 1 Nr. 4a GG sowie § 90 Abs. 1 BVerfGG als rügefähig genannten Rechte aufgrund der Ausgestaltung als abschließender „*numerus clausus*“ stets für nicht möglich gehalten worden (vgl. insoweit noch BVerfGE 110, 141 (154 f.) – *Kampfunde*; 115, 276 (299) – *Sportwetten*). Dem ist das Bundesverfassungsgericht in seiner jüngsten Rechtsprechung indes ausdrücklich entgegengetreten und sieht sich nunmehr auch zur Prüfung einer Verletzung der Unionsgrundrechte berufen (BVerfGE 152, 152 (169 ff.) – *Recht auf Vergessen I*);152, 216 (229) – *Recht auf Vergessen II*; BVerfG, NJW 2021, 1518 (1519 ff.) – *Europäischer Haftbefehl III*). Seiner Darlegungslast bezüglich einer Möglichkeit der Verletzung von Grundrechten genügt der Beschwerdeführer auch dadurch, dass er im Kontext der Anwendung **vollharmonisierten Unionsrechts** eine Verletzung einer Gewährleistung der Grundrechtecharta rügt (BVerfGE 152, 216 (229 ff.) – *Recht auf Vergessen II*). Für **nicht vollständig unionsrechtlich determinierte** Konstellationen ist eine Rüge der Unionsgrundrechte gleichfalls möglich, der Beschwerdeführer hat hier jedoch zusätzlich darzulegen, warum das Schutzniveau der Unionsgrundrechte ausnahmsweise nicht durch den Grundrechtsschutz nach Maßgabe des Grundgesetzes mitgewährleistet wird (BVerfGE 152, 152 (180) – *Recht auf Vergessen II*).

60 Seine Prüfungskompetenz stützt das Bundesverfassungsgericht auf eine auch es selbst umfassende Integrationsverantwortung aus Art. 23 Abs. 1 GG in Verbindung mit den grundgesetzlichen Vorschriften über die Aufgaben

des Bundesverfassungsgerichts sowie auf die fehlende Möglichkeit des Einzelnen, eine Verletzung von Unionsgrundrechten durch die mitgliedstaatliche Fachgerichtsbarkeit vor dem Europäischen Gerichtshof geltend zu machen (BVerfGE 152, 216 (239ff.) – *Recht auf Vergessen II*). Weiterführend hierzu vgl. nur *Hoffmann*, Unionsgrundrechte als verfassungsrechtlicher Prüfungsmaßstab, in: NVwZ 2020, 33ff.; *Kämmerer/Kotzur*, Vollendung des Grundrechtsverbunds oder Heimholung des Grundrechtsschutzes?, in: NVwZ 2020, 177ff.; *Karpenstein/Kottmann*, Vom Gegen- zum Mitspieler – Das BVerfG und die Unionsgrundrechte, in: EuZW 2020, 185ff.; *Klein*, Kompetenzielle Würdigung und verfassungsprozessuale Konsequenzen der „Recht auf Vergessen"-Entscheidungen, in: DÖV 2020, 341ff.; *Kühling*, Das „Recht auf Vergessenwerden" vor dem BVerfG – Novembe(r)evolution für die Grundrechtsarchitektur im Mehrebenensystem, in: NJW 2020, 275ff.; *Neumann/Eichberger*, Die Unionsgrundrechte vor dem Bundesverfassungsgericht, in: JuS 2020, 502ff.; *Scheffczyk*, Verfassungsprozessuale Folgefragen von „Recht auf Vergessen I+II", in: NVwZ 2020, 977ff.; *Wendel*, Das Bundesverfassungsgericht als Garant der Unionsgrundrechte, in: JZ 2020, 157ff.

Auch weiterhin nicht direkt mit der Verfassungsbeschwerde rügefähig sind indes Verletzungen der **Europäischen Menschenrechtskonvention**; dieser kommt im innerstaatlichen Bereich allein bundesgesetzlicher Rang zu, weswegen sie nicht als unmittelbar verfassungsrechtlicher Prüfungsmaßstab taugt (BVerfGE 138, 296 (355f.) – *Kopftuchverbot Nordrhein-Westfalen*). Gleichwohl gehört zur Bindung der Behörden und Gerichte an Recht und Gesetz (Art. 20 Abs. 3 GG) auch die Berücksichtigung der Gewährleistungen der Europäischen Menschenrechtskonvention und der Entscheidungen des EGMR, weswegen Defizite bei der Beachtung dieser Vorgaben als Verstoß gegen das einschlägige grundgesetzliche Grundrecht in Verbindung mit Art. 20 Abs. 3 GG behauptet werden können (BVerfGE 111, 307 (315ff.) – *EGMR-Entscheidung*; 148, 296 (342) – *Streikverbot für Beamte*). 61

Gleichfalls nicht in Betracht kommt die Rüge der Verletzung von **landesverfassungsrechtlichen Grundrechten**; die Nachprüfung ist Sache der Landesverfassungsgerichte (BVerfGE 6, 376 (382) – *Wahlrechtsbeschwerde*; 64, 301 (317)). 62

Literatur: *Hartmann*, Die Möglichkeitsprüfung im Prozessrecht der Verfassungsbeschwerde, in: JuS 2003, 897ff.; *Spanner*, Die Beschwerdebefugnis bei der Verfassungsbeschwerde, in: Starck (Hrsg.), Festgabe 25 Jahre Bundesverfassungsgericht, Bd. I, 1976, 374ff.

b. Eigene, gegenwärtige und unmittelbare Betroffenheit. Ferner muss der Beschwerdeführer auch behaupten können, durch die ange- 63 griffene Maßnahme selbst, gegenwärtig und unmittelbar betroffen zu sein. Dieses als **„Betroffenheitstrias"** bezeichnete Prüfprogramm hatte das Bundesverfassungsgericht ursprünglich zur Zugangssteuerung für **Rechtssatzverfassungsbeschwerden** entwickelt, weil das Gebot der Rechtswegerschöpfung aus § 90 Abs. 2 BVerfGG dort keine limitierende Wirkung entfalten kann.

64 **aa. selbst betroffen.** Vorausgesetzt ist zunächst die Selbstbetroffenheit des Beschwerdeführers. Ist er **Adressat** einer Maßnahme der öffentlichen Gewalt, weil diese sich direkt an ihn richtet und zu seinen Gunsten bzw. Lasten Rechte oder Pflichten begründet, so ist er regelmäßig selbst betroffen. Ausnahmsweise kann der Beschwerdeführer, der **nicht Adressat** ist, jedoch auch dann selbst betroffen sein, wenn die Maßnahme an Dritte gerichtet ist und eine hinreichend enge Beziehung zwischen der Grundrechtsposition des Beschwerdeführers und der Maßnahme besteht. Es muss in jedem Fall eine **rechtliche Betroffenheit** vorliegen; eine rein faktische Beeinträchtigung im Sinne einer Reflexwirkung genügt nicht (BVerfGE 13, 230 (232 f.) – *Ladenschlussgesetz I*; 78, 350 (354) – *§ 10b EStG*; 108, 370 (384) – *Exklusivlizenz*).

65 Dies kann etwa dann der Fall sein, wenn sich der Beschwerdeführer mit der Behauptung gegen ein Gesetz wendet, es schließe ihn gleichheitswidrig vom Anwendungsbereich der gesetzlichen Bestimmung aus (BVerfGE 29, 268 (273); BVerfGK 18, 343 (344)). Seine rechtliche Betroffenheit resultiert dann gerade daraus, dass er nicht Adressat des Gesetzes ist.

66 **bb. gegenwärtig betroffen.** Die Betroffenheit des Beschwerdeführers muss auch gegenwärtig und nicht allein potenziell oder virtuell, *„irgendwann einmal in der Zukunft"* (BVerfGE 72, 1 (5) – *Altersgrenze*; 141, 121 (129)) betroffen sein. Die angegriffene Maßnahme muss den Beschwerdeführer insoweit **schon und noch** rechtlich beeinträchtigen.

67 Soweit sich die Verfassungsbeschwerde unmittelbar gegen ein Gesetz richtet, muss dieses regelmäßig **bereits in Kraft getreten** sein (BVerfGE 18, 1 (11 f.); 125, 39 (75) – *Adventssonntag Berlin*). Ausnahmen macht das Bundesverfassungsgericht in zwei Fällen des bereits verkündeten, aber noch nicht in Kraft getretenen Gesetzes: Zum einen, wenn der Beschwerdeführer schon jetzt zu **später nicht mehr korrigierbaren Dispositionen und Entscheidungen** genötigt wird (BVerfGE 38, 326 (335) – *Inkompatibilität/Landtagsmandate*; 65, 1 (37) – *Volkszählung*; 114, 258 (277) – *Versorgungsänderungsge-*

setz), zum anderen wenn **schon jetzt klar absehbar** ist, **dass und wie der Beschwerdeführer in Zukunft von dem Gesetz betroffen** sein wird (BVerfGE 74, 297 (320) – *Rundfunkentscheidung V*; 110, 141 (151) – *Kampfhunde*; 114, 258 (277) – *Versorgungsänderungsgesetz*). Ob mit der Verfassungsbeschwerde auch **weder in Kraft getretene noch verkündete Gesetze** angegriffen werden können, hat das Bundesverfassungsgericht in jüngster Zeit eher offengelassen (BVerfGE 125, 385 (393); 126, 158 (168); anders indes noch BVerfGE 11, 339 (342)). Nicht abschließend verfassungsgerichtlich geklärt ist auch die Frage, ob eine bloße Grundrechtsgefährdung eine gegenwärtige Betroffenheit auslösen kann; für den Ausnahmefall, dass eine solche Gefährdung eine verletzungsgleiche Beeinträchtigung hervorruft, hat das Bundesverfassungsgericht dies indes bejaht (BVerfGE 49, 89 (141) – *Kalkar I*).

Tritt das beschwerdegegenständliche Gesetz **während der Anhängigkeit der Verfassungsbeschwerde außer Kraft**, so bleibt der Beschwerdeführer zwar weiterhin gegenwärtig betroffen. Die Verfassungsbeschwerde erledigt sich indes wegen des Entfalls des erforderlichen Rechtsschutzinteresses (BVerfG (K), Beschl. v. 4.6.2014, 1 BvR 1443/08, Rn. 2). 68

Vereinzelt wird auch vertreten, dass mit Hinfälligkeit des Gesetzes die Beschwerdebefugnis entfällt und das Bundesverfassungsgericht die Verfassungsbeschwerde für erledigt erklärt. Dies enthält dem Beschwerdeführer jedoch die Möglichkeiten vor, die das Bundesverfassungsgericht für den Fall des späteren Entfallens des Rechtsschutzinteresses entwickelt hat. 69

Materiell-rechtlich Revolutionäres, prozessrechtlich jedoch nicht unbedingt Neues ergibt sich aus dem **Klimabeschluss des Bundesverfassungsgerichts vom 24.3.2021** (BVerfG, in: NJW 2021, 1723 ff.). Dass eine gegenwärtige Betroffenheit nicht ausgeschlossen ist, wenn eine Regelung erst im Laufe ihrer Vollziehung zu einer nicht unerheblichen Grundrechtsgefährdung führt und der einmal in Gang gesetzte Verlauf später nicht mehr korrigierbar ist, hat das Bundesverfassungsgericht bereits in der Vergangenheit entschieden (BVerfGE 140, 42 (58)). Dass das Bundesverfassungsgericht nunmehr im Sinne einer *„intertemporalen Freiheitssicherung“* Vorwirkungen von Regelungen auf die grundrechtlich geschützte, künftige Freiheit der Grundrechtsträger berücksichtigt, mag im Ergebnis kaum überblickbare Folgewirkungen – beispielsweise auch im Bereich der Staatsverschuldung – für andere Fragen der *„Generationengerechtig-* 70 *keit*" haben, ist jedoch mehr eine Frage des materiell-rechtlichen Grundrechtsgehalts und der Eingriffsdogmatik denn des Verfassungsprozessrechts.

71 **cc. unmittelbar betroffen.** Schließlich muss die angegriffene Maßnahme die Rechtstellung des Beschwerdeführers auch **ohne, dass es hierfür eines weiteren Vollzugsaktes bedürfte**, unmittelbar verändern (BVerfGE 1, 97 (101 ff.) – *Hinterbliebenenrente I*; 55, 349 (362) – *Hess-Entscheidung*; 125, 39 (76) – *Adventssonntage Berlin*). Ähnlich wie der Grundsatz der Subsidiarität bezweckt auch das Erfordernis der unmittelbaren Betroffenheit die umfängliche Vorprüfung des Beschwerdevorbringens, die Entlastung des Bundesverfassungsgerichts sowie die Vermittlung der Fallanschauung der Fachgerichte (BVerfGE 65, 1 (38) – *Volkszählung*; 72, 39 (43) – *Erziehungszeitengesetz*). Es soll insoweit die Konstellation vermieden werden, eine Norm unter Loslösung von der konkreten Anwendung im Einzelfall kontrollieren zu müssen (BVerfGE 60, 360 (370) – *Beitragsfreie Krankenversicherung*). Bedarf ein Gesetz daher zur Entfaltung der rechtlichen Wirkungen eines Vollzugsaktes, so hat der Beschwerdeführer diesen zunächst zu beantragen bzw. abzuwarten und dagegen fachgerichtlichen Rechtsschutz zu ersuchen. Das zu Grunde liegende Gesetz kann damit inzidenter Prüfungsgegenstand werden und – gegebenenfalls – auch bereits auf dem Wege des Art. 100 Abs. 1 GG dem Bundesverfassungsgericht vorgelegt werden. Erst nach Erschöpfung des Rechtswegs kann das Gesetz – abermals mittelbar in Gestalt einer Entscheidungsverfassungsbeschwerde – Gegenstand einer Verfassungsbeschwerde werden.

72 Ausnahmen von diesem Grundsatz ergeben sich zum einen, wenn die angegriffenen Bestimmungen keinen Auslegungs- und Entscheidungsspielraum eröffnen und den Beschwerdeführer bereits jetzt zu später **nicht mehr korrigier- oder nachholbaren Dispositionen** veranlassen (BVerfGE 43, 291 (386) – *numerus clausus II*; 140, 42 (59)). Zum anderen hat der Beschwerdeführer auch dann keinen Vollzugsakt abzuwarten, wenn ihm dies **nicht zugemutet** werden kann (BVerfGE 97, 157 (164) – *Saarländisches Pressegesetz*; 115, 118 (137) – *Luftsicherheitsgesetz*), etwa weil dies die Nichtbeachtung gesetzlicher Pflichten voraussetzt und dies eine **Geldbuße oder eine Strafe** zur Folge haben könnte (BVerfGE 77, 84 (99 f.) – *Arbeitnehmerüberlassung*; 81, 70 (82 f.) – *Rückkehrgebot für Mietwagen*). Generell unzumutbar ist auch das Abwarten einer lebensbedrohlichen staatlichen

Maßnahme (BVerfGE 115, 118 (139) – *Luftsicherheitsgesetz*). Auch der Beschwerdeführer, der den Rechtsweg gegen einen Vollzugsakt nicht beschreiten kann, weil es diesen **nicht gibt** (BVerfGE 67, 157 (170) – *G10*) oder weil er von der Maßnahme **keine Kenntnis erlangt** (BVerfGE 100, 313 (354) – *Telekommunikationsüberwachung I*), kann unmittelbar gegen das Gesetz Verfassungsbeschwerde erheben (BVerfGE 109, 279 (307) – *Antiterrordatei*).

dd. Prozessstandschaft. Schon nach dem Wortlaut des Art. 93 Abs. 1 Nr. 4a, § 90 Abs. 1 BVerfGG kann der Beschwerdeführer eine Verfassungsbeschwerde nur zur Verteidigung „seiner" Rechte geltend machen, es muss sich insoweit um seine eignen Rechte handeln. Die Prozessstandschaft, also die Geltendmachung nur fremder Rechte in eigenem Namen, ist im Rahmen der Verfassungsbeschwerde damit grundsätzlich ausgeschlossen (BVerfGE 2, 292 (294); 10, 134 (16); 129, 78 (92) – *Anwendungserweiterung*). Von **Vereinigungen** im Namen ihrer Mitglieder erhobene Verfassungsbeschweren sind damit ebenso unzulässig (BVerfGE 2, 292 (294); 11, 30 (35) – *Kassenarzt-Urteil*), wie die vom **Prozessstandschafter im fachgerichtlichen Ausgangsverfahren** (BVerfGE 72, 122 (131)). 73

Anders gilt dies insoweit nur für die Prozessgrundrechte, die ja gerade auch grundrechtsgleiche Rechte des Prozessstandschafters sind, der den fachgerichtlichen Rechtsweg beschritten hat (BVerfGE 82, 286 (295) – *Amtszeit eines Verfassungsrichters*). 74

Von diesem Grundsatz der Unzulässigkeit der Prozessstandschaft macht das Bundesverfassungsgericht indes auch Ausnahmen, vor allem in Konstellationen der gesetzlichen Prozessstandschaft, wenn aus dem Auseinanderfallen von Grundrechtsträgerschaft und Prozessführungsbefugnis das **unbillige Ergebnis** folgen würde, dass die fachgerichtliche Entscheidung überhaupt nicht mit der Verfassungsbeschwerde angegriffen werden könnte (BVerfGE 77, 263 (269)). Prozessführungsbefugt sind auch die **„Parteien kraft Amtes"** wie der Nachlassverwalter (BVerfGE 27, 326 (333)), der Testamentsvollstrecker (BVerfGE 21, 139 (143) – *Freiwillige Gerichtsbarkeit*), der Insolvenzverwalter (BVerfGE 51, 405 (40)), der Gesamtvollstreckungsverwalter (BVerfGE 95, 267 (299) – *Altschulden*) oder die Verwertungsgesellschaft (BVerfGE 77, 263 (269 f.)), soweit diese gerade in ihrer Funktion als solche kraft gesetzlicher Prozessstandschaft fremde Vermögensinteressen aus eigenem Recht wahrnehmen. 75

76 **ee. Die Betroffenheitstrias bei Entscheidungsverfassungsbeschwerden.** Auch wenn die Betroffenheitstrias zuvorderst auf Rechtssatzverfassungsbeschwerden gemünzt ist, findet sie mittlerweile auch im Rahmen von **Entscheidungsverfassungsbeschwerden** Anwendung, ohne dass sich hierbei indes regelmäßig Schwierigkeiten ergeben würden. So ist der **Adressat** einer ihn belastenden, gerichtlichen Entscheidung stets selbst, gegenwärtig und unmittelbar betroffen und eine weiterreichende Prüfung entbehrlich (BVerfGE 53, 30 (48) – *Mühlheim-Kärlich*; 140, 42 (57)). Seine Beschwer kann sich regelmäßig **allein aus dem Tenor** der angegriffenen Entscheidung ergeben. Aus grundrechtsverletzenden Entscheidungsgründen lässt sich insoweit keine Beschwerdebefugnis ableiten (BVerfGE 8, 222 (224f.)), soweit das Bundesverfassungsgericht hiervon nicht ausnahmsweise abweicht, weil die **Entscheidungsgründe** den Beschwerdeführer für sich genommen so belasten, *„dass eine erhebliche, ihm nicht zumutbare Beeinträchtigung eines grundrechtlich geschützten Bereichs festzustellen ist, die durch den Freispruch nicht aufgewogen wird“* (BVerfGE 6, 7 (9); 28, 151 (160f.)).

77 Besonderheiten können sich jedoch dort ergeben, wo **Dritte**, nicht unmittelbar am fachgerichtlichen Ausgangsverfahren Beteiligte gegen eine Gerichtentscheidung vorgehen wollen. Diese sind durch die gerichtliche Entscheidung weder selbst noch unmittelbar betroffen und daher – wenn überhaupt – allein in Ausnahmefällen beschwerdebefugt (BVerfGK 18, 274 (278)).

Vertiefend vgl. nur *Ax*, Prozessstandschaft im Verfassungsbeschwerdeverfahren, 1994; *Cornils*, Prozessstandschaft im Verfassungsbeschwerdeverfahren, in: AöR 125 (2000), 45ff.

5. Gebot der Rechtswegerschöpfung und Grundsatz der Subsidiarität

78 Nach § 90 Abs. 2 S. 1 BVerfGG hat der Beschwerdeführer vor Erhebung einer Verfassungsbeschwerde einen gegen den Beschwerdegegenstand eröffneten Rechtsweg zu beschreiten. Das **Gebot der Rechtswegerschöpfung** und der vom Bundesverfassungsgericht komplementär herangezogene **Grundsatz der Subsidiarität der Verfassungsbeschwerde** bilden zentrale Zulässigkeitsvoraussetzungen, an denen Verfassungsbeschwerden in der Praxis nicht selten scheitern. Dies mag auf Schwierigkeiten auf Beschwerdeführerseite zurückführbar sein, in Teilen jedoch auch darauf, dass das Bundesver-

fassungsgericht insbesondere über den Grundsatz der Subsidiarität den Zulässigkeitsgürtel zunehmend enger schnallt und sich in weiten Teilen von dem entfernt, was der Beschwerdeführer noch dem Gesetzeswortlaut zu entnehmen vermag. Sowohl das Erfordernis der Rechtswegerschöpfung als auch das der Subsidiarität dienen dabei den gleichen Zweckrichtungen: Sie zementieren das **Primat des fachgerichtlichen Verfahrens** und die ***ultima-ratio*-Funktion** der Verfassungsbeschwerde und stellen damit gleichzeitig sicher, dass das Bundesverfassungsgericht auf Basis umfassender Vorprüfungen und unter Vermittlung der tatsächlichen wie rechtlichen *„Fallanschauung der Fachgerichte“* entscheiden kann (BVerfGE 9, 3 (7) – *Eigenmietwert*; 65, 1 (38) – *Volkszählung*; 79, 1 (20); 143, 246 (321)). Vor allem bringen sie dem Bundesverfassungsgericht jedoch auch dringend benötigte Entlastung, weil das Verfahren der Verfassungsbeschwerde aufgrund des kaum erschöpflichen Kreises der Beschwerdeführer das Gericht in Sonderheit übermäßig in Anspruch zu nehmen droht (dahingehend auch BVerfGE 4, 193 (198); 22, 287 (291) – *Betheldiener*; 51, 130 (139) – *Ausbildungskapazität*).

a. Rechtswegerschöpfung im engeren Sinne. Zum Rechtsweg im 79
Sinne des § 90 Abs. 2 S. 1 BVerfGG gehört **jede gesetzlich normierte Möglichkeit der Anrufung eines Gerichts**, die der Beschwerdeführer zur Abhilfe der von ihm gerügten Grundrechtsverletzung in Anspruch nehmen kann (BVerfGE 122, 190 (203); 67, 157 (170) – *G10*). Gegen Verwaltungsakte steht insoweit etwa die Möglichkeit der Klage offen, gegen gerichtliche Entscheidungen die in den Prozessordnungen vorgesehenen Rechtsmittel. Gegen untergesetzliche Normen ist auch das verwaltungsgerichtliche Normenkontrollverfahren nach § 47 VwGO Rechtswegbestandteil (BVerfGE 70, 35 (35 f.)). Zum Rechtsweg gehören jedoch darüber hinaus auch andere prozessuale Mittel wie etwa die **Beschwerde wegen Nichtzulassung der Revision** (BVerfGE 91, 93 (95) – *Kindergeld*; 103, 172 (182) – *Altersgrenze für Kassenärzte*), die **Beschwerde auf Zulassung der Berufung** (BVerfGE 107, 257 (268) – *Beamtenbesoldung Ost II*; 110, 77 (83) – *Rechtsschutzinteresse*) oder der Antrag auf Wiedereinsetzung in den vorigen Stand (BVerfGE 42, 252 (255); 84, 366 (369 f.)).

Von vorne herein offensichtlich aussichtslose Rechtsbehelfe, 80
etwa solche, von denen *„im Hinblick auf die gefestigte jüngere und einheitliche höchstrichterliche Rechtsprechung auch im konkreten Fall kein von dieser Rechtsprechung abweichendes Erkenntnis zu er-*

warten ist", müssen nicht in Anspruch genommen werden (BVerfGE 9, 3 (7 f.) – *Eigenmietwert*). Rechtsbehelfe, die **nicht auf einer gesetzlichen Grundlage** fußen, sondern außerhalb der formellen Verfahrensrechte lediglich richterlich anerkannt sind, gehören aufgrund der an das Verfassungsbeschwerdeverfahren zu stellenden Rechtsstaatlichkeitsanforderungen gleichfalls nicht zum Rechtsweg (BVerfGE 107, 395 ff. – *Rechtsschutz gegen den Richter I*; 122, 190 (200 ff.)). Aus diesem Grund ist ein Beschwerdeführer nicht darauf verwiesen, etwa von der Möglichkeit einer Gegenvorstellung Gebrauch zu machen (BVerfGE 107, 395 (417) – *Rechtsschutz gegen den Richter I*; 122, 190 (198 ff.)).

81 Entscheidet sich der Beschwerdeführer indes, formlose, nicht dem Rechtsweg zugehörige Rechtsbehelfe in Anspruch zu nehmen, so droht er die Monatsfrist der Entscheidungsverfassungsbeschwerde nach § 93 Abs. 1 S. 1 BVerfGG zu versäumen, weil hierdurch weder der Fortlauf der Frist gehemmt, noch diese neu in Gang gesetzt wird (BVerfGE 122, 190 (204)).

82 Klärungsbedürftige Rechtswegprobleme können sich vor allem im Hinblick auf den Rechtsbehelf der **Anhörungsrüge** ergeben, die 2004 Einzug in die Prozessordnungen hielt (vgl. § 321a ZPO, § 152a VwGO, §§ 33a, 356a StPO, § 178a SGG, § 78a ArbGG, § 44 FamFG, § 133a FGO). Diese ist dem von § 90 Abs. 2 S. 1 BVerfGG in Bezug genommenen Rechtsweg zwar zweifelsohne zugehörig, soweit der Beschwerdeführer eine Verletzung seines Rechts auf richterliches Gehör aus Art. 103 Abs. 1 GG gerade durch die (bislang) letztinstanzliche Entscheidung geltend macht (BVerfGE 122, 190 (198); 134, 106 (113)). Sie ist indes nur dann Teil des Rechtswegs, wenn sie statthaft und nicht offensichtlich unzulässig ist. Offensichtlich unzulässig ist etwa die sognannte **sekundäre Anhörungsrüge**, die eine im Instanzverfahren bereits gerügte, vom letztinstanzlichen Gericht indes aufrechterhaltene Gehörsverletzung zum Gegenstand hat. Nur die Anhörungsrüge, die sich auf „*neue und eigenständige*" Gehörsverletzungen der letztinstanzlichen Entscheidung bezieht, ist Teil des Rechtswegs und hemmt auch die Verfassungsbeschwerdefrist (BVerfG(K), Beschl. v. 5.5.2008, 1 BvR 562/08, in: NJW 2008, 2635 (2636)).

Vertiefend zur verfassungsprozessualen Problematik der Anhörungsrüge vgl. *Allgayer,* Auswirkungen der Anhörungsrüge auf die Zulässigkeit von Verfassungsbeschwerden, in: NJW 2013, 3484 ff.; *Desens,* Die subsidiäre Verfassungsbeschwerde und ihr Verhältnis zu fachgerichtlichen Anhörungsrügen, in: NJW 2006, 1243 ff.; *Jooß*, Sekundäre Anhörungsrüge nach fortgesetztem Verfahren, in: NJW 2016, 1210 ff.; *Jost*, Verfassungsprozessuale Probleme der Anhörungsrüge, in: Rensen/Brink (Hrsg.), Linien der Rechtsprechung des Bundesverfassungsgerichts, Bd. I, 2009, 59 ff.; *Tegebauer*, Die Anhörungsrüge in der verfassungsgerichtlichen Praxis, in: DÖV 2008, 954 ff.; *Thiemann*, Die Anhörungsrüge als Zulässigkeitsvoraussetzung der Verfassungsbeschwerde, in: DVBl. 2012, 1420 ff.; *Vielmeier*, Rechtswegerschöpfung bei verzögerter Anhörungsrüge, in: NJW 2013, 346 ff.

Vor Probleme stellen den Beschwerdeführer auch Rechtsbehelfe, 83 deren **Zulässigkeit oder Erfolgsaussichten umstritten** sind: Macht er von einem aus Sicht des Bundesverfassungsgerichts unzulässigen Rechtsbehelf Gebrauch, droht ihm die Verfristung seiner Verfassungsbeschwerde, weil seine Einlegung den Fristlauf nicht hemmt. Verzichtet er irrigerweise auf einen zulässigen Rechtsbehelf, so scheitert seine Verfassungsbeschwerde am Gebot der Rechtswegerschöpfung. Einen potentiellen Ausweg aus dieser *„Neunzigzwei-Dreiundnenunzigeins-Falle“* (*Lübbe-Wolff*, AnwBl 2006, 509 (513)) stellt allein die gleichzeitige Erhebung von Verfassungsbeschwerde und Einlegung des Rechtsbehelfs dar, möglicherweise auch in der Kulanzvariante, das Bundesverfassungsgericht zu bitten, die Beschwerde bis zur Entscheidung über den Rechtsbehelf einstweilen im Allgemeinen Register *„zwischenzuparken“*. Ein Anspruch des Beschwerdeführers hierauf besteht in Ermangelung einer gesetzlichen oder geschäftsordnungsrechtlichen Regelung jedoch nicht.

Vertiefend *Lübbe-Wolff*, Substantiierung und Subsidiarität der Verfassungsbeschwerde, in: EuGRZ 2004, 669 ff.; *dies.*, Die erfolgreiche Verfassungsbeschwerde, in: AnwBl 2005, 509 (513 f.), ferner auch *Hartmann*, Schwerpunktbereichsklausur – Verfassungsprozessrecht: „Die 90-II-93-I-Falle“, in: JuS 2007, 657 (659 f.).

Der dergestalt dem Beschwerdeführer eröffnete Rechtsweg ist 84 durch diesen nach § 90 Abs. 2 S. 1 BVerfGG auch zu **erschöpfen**. Von ihm ist insoweit zu verlangen, dass er *„von allen zulässigen Rechtsmitteln Gebrauch gemacht hat und sie nicht aus formellen Gründen zurückgewiesen wurden“* (BT-Drs. I/788, 36). Damit geht das Gebot der Rechtswegerschöpfung über ein rein formell verstandenes *„Abhaken“* der prozessualen Mittel hinaus: Erforderlich ist nicht nur das prozessordnungsgemäße Durchschreiten des Rechtswegs, sondern auch dessen effektive Nutzung, um die Verfassungsbeschwerde durch fachgerichtlichen Rechtschutz entbehrlich machen zu können. Eine genaue Abgrenzung der im Rahmen der Rechtswegerschöpfung bestehenden Verhaltenspflichten des Beschwerdeführers fällt schon deshalb schwierig, weil das Bundesverfassungsgericht regelmäßig nicht zwischen dem Gebot der Rechtswegerschöpfung und dem Grundsatz der Subsidiarität nicht differenziert.

85 **b. Subsidiaritätsgrundsatz.** Über das Gebot der ordnungsgemäßen Erschöpfung des Rechtswegs hinaus, den das Bundesverfassungsgericht konsequenterweise in Teilen auch als *„Rechtsweg im engeren Sinne"* bezeichnet (BVerfGE 115, 81 (91) – *Rechtsschutz gegen Verordnungen*), hat die Rechtsprechung des Bundesverfassungsgerichts auch den Subsidiaritätsgrundsatz als Gebot mit eigenständigem Gehalt etabliert. Auf die dogmatische Herleitung dieses Grundsatzes hat das Bundesverfassungsgericht bislang schon fast traditionell wenig und vor allem wenig erhellende Mühe verwandt. Etwas lieblos stellt es allein die Existenz dieses *„in § 90 Abs. 2 BVerfGG unter Nutzung der Ermächtigung des Art. 94 Abs. 2 S. 2 GG verankerten Prinzip[s]"* (BVerfGE 107, 395 (414) – *Rechtsschutz gegen den Richter (Plenum)*) fest, ohne damit einen wirklichen Beitrag zur Klärung der Frage zu leisten. Richtigerweise lässt sich der Subsidiaritätsgrundsatz wohl alleine unter Verweis auf die funktionelle Bedeutung des Instituts der Verfassungsbeschwerde rechtfertigen.

So auch *Lübbe-Wolff*, Substantiierung und Subsidiarität der Verfassungsbeschwerde, in: EuGRZ 2004, 669ff.; *Sodan*, Der Grundsatz der Subsidiarität der Verfassungsbeschwerde, in: DÖV 2002, 925 (927f.); *Lechner/Zuck*, BVerfGG (8. Aufl. 2019), § 90 Rn. 174.

86 **aa. Grundsatz der formellen Subsidiarität.** Mit dem Grundsatz der formellen Subsidiarität – oder auch der Subsidiarität im engeren Sinne – wird dem Beschwerdeführer auferlegt, auch solche anderen prozessualen Möglichkeiten zu ergreifen, die nicht zum zu erschöpfenden Rechtsweg zählen (BVerfGE 78, 58 (68); 112, 50 (60) – *Opferentschädigungsgesetz*; 142, 74 (94) – *Sampling*).

87 Von besonderer Bedeutung ist der Grundsatz der formellen Subsidiarität etwa bei **Rechtssatzverfassungsbeschwerden**. Weil das Bundesverfassungsgericht auch bei einem gegen eine Rechtsnorm gerichteten Verfassungsbeschwerdeverfahren möglichst auf einer durch Fachgerichte gesicherten Tatsachen- und Rechtsgrundlage entscheiden möchte, hat der Beschwerdeführer **jeden denkbaren Weg** zu nutzen, um die Fachgerichtsbarkeit mit seinem Anliegen zu befassen (BVerfGE 97, 157 (165) – *Saarländisches Pressegesetz*; 123, 148 (172)).

- Setzt das beschwerdegegenständliche Gesetz etwa einen besonderen, **anfechtbaren Verwaltungsakt** voraus, so hat der Beschwerdeführer den Verwaltungsakt zu *„provozieren"* und Anfechtungs- oder Verpflichtungsklage mit dem Ziel zu erheben, eine **fachgerichtliche Inzidentkontrolle** und ggf. eine Richtervorlage nach Art. 100 Abs. 1 GG zu erreichen (BVerfGE 74, 69 (74f.) – *Subsidiarität der Gesetzesverfassungsbeschwerde*; 102, 197 (207) – *Spielbankgesetz Baden-Württemberg*).
- Gleichermaßen hat der Beschwerdeführer – soweit das gegenständliche Gesetz Ausnahmen zulässt – vor Erhebung der Verfassungsbeschwerde auch zu versuchen, den grundrechtsverletzenden Eingriffsakt unter **Berufung auf die Ausnahmebestimmung** zu beseitigen. Dies gilt umso mehr, wenn die Gerichte für die Verwaltung bestehende Auslegungs- und Entscheidungsspielräume (begrenzt) nachkontrollieren können (BVerfGE 71, 25 (35) – *Kommunalverfassungsbeschwerden*; 97, 157 (165) – *Spielbankgesetz Baden-Württemberg*), aber auch dann, wenn die Fachgerichte alleine auf eine Vorlage nach Art. 100 Abs. 1 GG verwiesen wären (BVerfGE 58, 81 (104f.) – *Ausbildungsausfallzeiten*).
- Subsidiaritätsbedingte Konsequenzen zeigen sich – neben formellen Parlamentsgesetzen – auch bei **Verordnungsrecht des Bundes**, das zwar einer uneingeschränkten Inzidentkontrolle, nicht aber der prinzipalen Normenkontrolle nach § 47 VwGO unterliegt. Grundrechtsbeeinträchtigungen sind aufgrund der Subsidiarität der Verfassungsbeschwerde daher zuvorderst durch Inzidentkontrolle im Einzelfall oder – sollte dies etwa wie bei Gleichheitsverstößen, zu deren Behebung dem Gesetzgeber mehrere Möglichkeiten offenstehen, nicht möglich sein – durch gegen die Bundesrepublik Deutschland gerichtete Feststellungsklage zu beseitigen (BVerfGE 115, 81 (95f.) – *Rechtsschutz gegen Verordnungen*).

Auch im Rahmen von **Verfassungsbeschwerden gegen Entscheidungen im fachgerichtlicher Eilverfahren** (etwa nach §§ 80, 123 VwGO oder §§ 925, 940 ZPO) ist der Beschwerdeführer aufgrund der Subsidiarität auf die Erschöpfung des Rechtswegs im Hauptsachverfahren verwiesen, soweit er Grundrechtsverletzungen rügt, die sich auf die Hauptsache beziehen (BVerfGE 104, 65 (70) – *Schuldnerspiegel*). 88

Konsequenterweise ist der Beschwerdeführer jedoch nicht auf das Hauptsachverfahren verwiesen, wenn er sich **gerade aus dem Eilrechtsschutzverfahren ergebende Grundrechtsverletzungen** geltend macht, da diese im Hauptsacheverfahren nicht mehr ausgeräumt werden können (BVerfGE 79, 69 (73) – *Eidespflicht*). 89

Haben **Zwischenentscheidungen** einen bleibenden rechtlichen Nachteil, der nach Erschöpfung des Rechtswegs auch mittels einer gegen die Endentscheidung gerichteten Verfassungsbeschwerde nicht oder nur unzureichend behoben werden kann, so steht auch der 90

Grundsatz der Subsidiarität einer ausnahmsweise gesondert zu erhebenden Verfassungsbeschwerde nicht im Weg (BVerfGE 101, 106 (120) – *Akteneinsicht*).

Vertiefend *Detterbeck*, Der allgemeine Grundsatz der Subsidiarität der Rechtssatzverfassungsbeschwerde nach Art. 93 Abs. 1 Nr. 4a GG, in: DÖV 1990. 448ff.; *Gerontas*, Zur Subsidiarität der Verfassungsbeschwerde gegen ein Gesetz, in: DÖV 1982, 443f.; *Hellmann*, in: Barczak (Hrsg.), BVerfGG, 2018, § 90 Rn. 373ff.; *Lechner/Zuck*, BVerfGG, 8. Aufl. 2019, § 90 Rn. 159ff.; *Lübbe-Wolff*, Substantiierung und Subsidiarität der Verfassungsbeschwerde, in: EuGRZ 2004, 669ff.

91 **bb. Grundsatz der materiellen Subsidiarität.** Während die formelle Subsidiarität dem Beschwerdeführer Obliegenheiten außerhalb des Rechtswegs im engeren Sinne auferlegt, bezieht sich die materielle Subsidiarität auf das Verhalten und insbesondere auf **Vortrags- und Rügeobliegenheiten des Beschwerdeführers im Ausgangsverfahren**. So ist etwa eine auf Art. 101 Abs. 1 S. 2 GG oder Art. 103 Abs. 1 GG gestützte Verfassungsbeschwerde aufgrund von **Verfahrensfehlern** unzulässig, wenn der Beschwerdeführer versäumt hat, die Verfahrensfehler bereits im Rahmen des fachgerichtlichen Ausgangsverfahren anzugreifen (BVerfGE 84, 203 (208); 129, 78 (93)). Gleichermaßen scheitert eine Verfassungsbeschwerde am Subsidiaritätsgebot, wenn der Beschwerdeführer diese auf insoweit **neuen Tatsachenvortrag** stützt, deren Vortrag im Ausgangsverfahren er trotz ihrer Erheblichkeit für die Entscheidung versäumt hat (BVerfGE 112, 50 (60ff.) – *Opferentschädigungsgesetz*; 140, 129 (233) – *Identitätskontrolle*). Dies gilt jedoch nicht für den verfassungsrechtlichen Vortrag des Beschwerdeführers: Dieser hat das **fachgerichtliche Verfahren nicht schon als „Verfassungsprozess“** zu führen und muss daher seinen rechtlichen Vortrag nicht bereits im Instanzenzug verfassungsrechtlich ausgestalten (BVerfGE 129, 78 (92)).

Vertiefend *Bender*, Rügepflicht für Verfassungsverstöße vor den Fachgerichten?, in: AöR 112 (1987), 169ff.; *ders.*, Vortrag vor den Gerichten und Verfassungsbeschwerde, in: NJW 1998, 808ff.; *Hellmann*, in: Barczak (Hrsg.), BVerfGG, 2018, § 90 Rn. 391ff.; *Linke*, Revolutionäres zur Subsidiarität der Verfassungsbeschwerde?, in: NJW 2005, 2190ff.; *Lübbe-Wolff*, Substantiierung und Subsidiarität der Verfassungsbeschwerde, in: EuGRZ 2004, 669ff.; *O'Sullivan*, Neue Entwicklungen bei der materiellen Subsidiarität der Verfassungsbeschwerde, in: DVBl. 2005, 880ff.

92 **c. Ausnahmen.** Mit § 90 Abs. 2 S. 2 BVerfGG finden sich im Rahmen der sogenannten Vorabentscheidungen Ausnahmen zur Rechts-

wegerschöpfung und – gewissermaßen akzessorisch auch – zum Grundsatz der Subsidiarität. So kann das Bundesverfassungsgericht auch sofort über eine Beschwerde entscheiden, wenn sie von allgemeiner Bedeutung ist, wenn dem Beschwerdeführer ein schwerer und unabwendbarer Nachteil droht oder – und dabei handelt es sich um eine ungeschriebene Ausnahme – wenn die Erschöpfung des Rechtswegs oder die vollumfängliche Wahrung des Subsidiaritätsgrundsatzes dem Beschwerdeführer unzumutbar ist.

Eine Verfassungsbeschwerde ist dabei von **allgemeiner Bedeutung**, wenn sie die Klärung grundsätzlicher verfassungsrechtlicher Fragen erwarten lässt und über den konkreten Fall hinaus zahlreiche gleich gelagerte Fälle praktisch mitentschieden werden (BVerfGE 19, 268 (273) – *Kirchenlohnsteuer II*; 85, 167 (172); 108, 370 (386) – *Exklusivlizenz*). 93

Diese im Hinblick auf den auch **objektiven Charakter** der Verfassungsbeschwerde vorgesehene Durchbrechung der im Übrigen streng gehandhabten Zulässigkeitsvoraussetzungen der Erschöpfung des Rechtswegs und des Subsidiaritätsgrundsatzes ist jedoch dennoch nicht völlig losgelöst vom konkreten Verfahren: So entscheidet das Bundesverfassungsgericht auch nur über Beschwerden von allgemeiner Bedeutung sofort, **wenn es dem Beschwerdeführer überhaupt potentiell noch möglich wäre, den Rechtsweg zu erschöpfen und dem Subsidiaritätsgrundsatz zu genügen** (BVerfGE 65, 54 (68f.)). Versäumnisse des Beschwerdeführers können also nicht im Wege der Vorabentscheidung beiseitegeschoben werden, sondern das Bundesverfassungsgericht verlagert seine Entscheidung alleine zeitlich vor, in der Annahme, dass der Beschwerdeführer den Voraussetzungen andernfalls noch in der Zukunft genügt hätte. 94

Eine Vorabentscheidung sieht § 90 Abs. 2 S. 2 BVerfGG auch im Falle andernfalls drohender **schwerer und unabwendbarer Nachteile für den Beschwerdeführer** vor. Anders als im Falle der allgemeinen Bedeutung soll mittels dieses Ausnahmetatbestands Unbilligkeiten im Hinblick auf die subjektive, individualrechtsschützende Funktion der Verfassungsbeschwerde vorgegriffen werden. Was genau einen schweren Nachteil des Beschwerdeführers darstellt, ist von den Umständen des konkreten Einzelfalls abhängig, in aller Regel dürfte es aber besonders schwerwiegender und auch durch späteren Rechtsschutz nicht mehr reparabler Grundrechtseingriffe bedürfen, für die ein rechtzeitiger fachgerichtlicher Rechtsschutz nicht mehr zu erreichen ist (BVerfGE 69, 315 (340f.) – *Brokdorf*). 95

Auch im Hinblick auf die hier oftmals naheliegende **einstweilige Anordnung nach § 32 BVerfGG** wird jedoch regelmäßig erwartet, dass sich der Be- 96 schwerdeführer zuvor erfolglos um fachgerichtlichen Eilrechtsschutz bemüht hat.

97 Die verfassungsgerichtliche Praxis, von den Voraussetzungen der Erschöpfung des Rechtswegs und der Wahrung des Subsidiaritätsgrundsatzes abzusehen, soweit dies dem Beschwerdeführer **unzumutbar** wäre, findet in § 90 Abs. 2 S. 2 BVerfGG keine normative Grundlage; es handelt sich insoweit um einen ungeschriebenen Ausnahmetatbestand. Einer solchen Ergänzung der Ausnahmetatbestände bedarf es im Ergebnis schon deshalb, weil § 90 Abs. 2 S. 2 BVerfGG dem Wortlaut nach („*Ist gegen die Verletzung der Rechtsweg zulässig*“) auf Rechtssatzverfassungsbeschwerden gegen formelle Gesetze und Bundesverordnungsrecht nicht anwendbar ist. Von einer Unzumutbarkeit ist etwa auszugehen, wenn ein fachgerichtlicher Rechtsbehelf **von vorneherein aussichtslos** erscheint (BVerfGE 70, 180 (186); 123, 148 (172)). Gleichfalls werden Beschwerdeführer einer Rechtssatzverfassungsbeschwerde nicht zum Zwecke einer inzidenten Normenkontrolle auf den Rechtsweg verwiesen, wenn sie dies zu **unwiderruflichen Entscheidungen und Dispositionen zwänge**, die später nicht mehr korrigiert werden könnten (BVerfGE 81, 70 (82 f.) – *Rückkehrgebot für Mietwagen*; 97, 157 (164) – *Saarländisches Pressegesetz*). So erscheint es unzumutbar, Beschwerdeführer zum Verstoß gegen eine straf- oder bußgeldbewehrte, beanstandete Norm zu verpflichten, um anschließend im Buß- oder Strafverfahren ihre verfassungsrechtlichen Einwände geltend machen zu können (BVerfGE 97, 157 (165) – *Saarländisches Pressegesetz*; 98, 265 (296) – *Bayerisches Schwangerenhilfegesetz*).

Literatur: *Detterbeck*, Der allgemeine Grundsatz der Subsidiarität der Rechtssatzverfassungsbeschwerde nach Art. 93 Abs. 1 Nr. 4 a GG, in: DÖV 1990, 558 ff.; *Desens*, Die subsidiäre Verfassungsbeschwerde und ihr Verhältnis zur fachgerichtlichen Anhörungsrüge, in: NJW 2006, 1243 ff.; *Enders*, Die neue Subsidiarität des Bundesverfassungsgerichts, in: JuS 2001, 462 ff.; *Gersdorf*, Der Grundsatz der Subsidiarität der Rechtssatzverfassungsbeschwerde, in: JURA 1994, 398 ff.; *Klein*, Subsidiarität der Verfassungsgerichtsbarkeit und Subsidiarität der Verfassungsbeschwerde, in: Fürst/Herzog/Umbach (Hrsg.), Festschrift für Wolfgang Zeidler, Bd. II, 1987, 1305 ff.; *Kreuder*, Praxisfragen zur Zulässigkeit der Verfassungsbeschwerde, in: NJW 2001, 1243 ff.; *Linke*, Revolutionäres zur Subsidiarität der Verfassungsbeschwerde?, in: NJW 2005, 2190 ff.; *Lübbe-Wolff*, Substantiierung und Subsidiarität der Verfassungsbeschwerde, in: EuGRZ 2004, 669 ff.; *O'Sullivan*, Neue Entwicklungen bei der materiellen Subsidiarität der Verfassungsbeschwerde, in: DVBl. 2005, 580 ff.; *Peters/Markus*, Die Subsidiarität der Verfassungsbeschwerde, in: JuS

2013, 887 ff.; *Posser*, Die Subsidiarität der Verfassungsbeschwerde, 1999; *Schenke*, Die Subsidiarität der Verfassungsbeschwerde gegen Gesetze, in: NJW 1986, 1451 ff.; *Sodan*, Der Grundsatz der Subsidiarität der Verfassungsbeschwerde, in: DÖV 2002, 925 ff.; *Warmke*, Die Subsidiarität der Verfassungsbeschwerde, 1993; *Weber*, Beschwerdebefugnis und Rechtswegerschöpfung bei der Rechtssatzverfassungsbeschwerde, in: JuS 1995, 114 ff.

6. Rechtsschutzbedürfnis

Wie jedes individualrechtsschützende, gerichtliche Verfahren setzt auch die Verfassungsbeschwerde ein schutzwürdiges Interesse des Beschwerdeführers an der Klärung der zu Grunde liegenden, verfassungsrechtlichen Fragestellung voraus (BVerfGE 12, 311 (317); 72, 39 (44) – *Erziehungszeitengesetz*; 119, 309 (317) – *Gerichtsfernsehen*). 98

Einem allgemeinen Rechtsschutzbedürfnis kommt in aller Regel keine übergeordnete Bedeutung zu, vor allem, weil mit der Beschwerdebefugnis und dem Erfordernis der Rechtswegerschöpfung und dem Subsidiaritätsgrundsatz bereits wesentliche Fragestellungen konkretisiert vorweggenommen werden. Auch die Annahmevoraussetzungen (§§ 93a f. BVerfGG) können sich als spezifischer Ausdruck eines erforderlichen Rechtsschutzbedürfnisses darstellen. 99

Von wiederkehrender Relevanz zeigt sich das allgemeine Rechtsschutzbedürfnis, wenn sich die Verfassungsbeschwerde erledigt hat, etwa weil die gegenständliche Maßnahme aufgehoben wurde. Während in solchen Fällen das Rechtsschutzinteresse des Beschwerdeführers grundsätzlich entfällt, finden sich – der verwaltungsgerichtlichen Rechtsprechung ähnelnde – Kriterien für den **Fortbestand des Rechtsschutzbedürfnisses trotz Erledigung**. So wird von einem fortbestehenden Rechtsschutzinteresse regelmäßig auszugehen sein, wenn 100

- die Besorgnis der **Wiederholungsgefahr** für den konkret mit der Verfassungsbeschwerde geltend gemachten Verstoß besteht (BVerfGE 52, 42 (51); 103, 44 (58 f.) – *Fernsehaufnahmen im Gerichtssaal II*; 119, 309 (317 f.) – *Gerichtsfernsehen*) oder wenn dies unter dem Gesichtspunkt einer **fortdauernden Grundrechtsbeeinträchtigung durch Folgewirkungen** geboten erscheint (BVerfGE 81, 138 (140); 110, 177 (188) – *Freizügigkeit von Spätaussiedlern*),
- **tiefgreifende oder besonders schwerwiegende Grundrechtseingriffe** Gegenstand der Verfassungsbeschwerde sind (BVerfGE 104, 220 (232) – *Rehabilitierung bei Abschiebungshaft*; 119, 309 (317) – *Gerichtsfernsehen*),
- **gewichtige Grundrechtseingriffe auf eine kurze Zeitspanne begrenzt** sind und deshalb verfassungsgerichtlicher Rechtsschutz vor Erledigung in

der Regel nicht zu erlangen ist (BVerfGE 83, 24 (29f.) – *Polizeigewahrsam*; 110, 77 (86) – *Rechtsschutzinteresse*; 117, 244 (268) – *CICERO*),
– das Verfahren im Hinblick auf die objektive Funktion der Verfassungsbeschwerde die Klärung verfassungsrechtlicher Fragen von **allgemeiner Bedeutung** verspricht (BVerfGE 9, 89 (93f.) – *Gehör bei Haftbefehl*; 103, 44 (58) – *Fernsehaufnahmen im Gerichtssaal II*; 119, 309 (317) – *Gerichtsfernsehen*).

101 Auch in dem Falle, dass sich die Verfassungsbeschwerde erledigt, weil der **Beschwerdeführer nach Beschwerdeerhebung verstarb**, kann das Rechtsschutzinteresse etwa fortbestehen, wenn das Verfahren solche Rügen zum Gegenstand hat, die der Rechtsnachfolger in eigenem Interesse geltend machen kann (BVerfGE 6, 389 (442f.) – *Homosexuelle*; 23, 288 (300) – *Kriegsfolgenlast II*) oder wenn das Verfahren die Klärung verfassungsrechtlicher Fragen von allgemeiner Bedeutung erwarten lässt (BVerfGE 124, 300 (318f.) – *Rudolf-Heß-Gedenkfeier*).

102 Eine **Verwirkung des Rechtsschutzbedürfnisses** scheint denkbar, soweit der Beschwerdeführer im gerichtlichen Ausgangsverfahren die Entscheidung nach Maßgabe des in der Verfassungsbeschwerde nunmehr als verfassungswidrig behaupteten Rechts anstrebte und damit bewirkte, dass das Gericht die verfassungsrechtliche Prüfung unterließ (BVerfGE 68, 384 (389)).

Literatur: *Rauber*, Karlsruhe sehen und sterben: Verfassungsprozessuale Probleme beim Tod des Beschwerdeführers im Verfassungsbeschwerdeverfahren, in: DÖV 2011, 637ff.; *Zuck*, Das Recht der Verfassungsbeschwerde, 5. Aufl. 2017, Rn. 371ff.; *ders.*, Die Erledigung des Rechtsstreits im Verfassungsbeschwerdeverfahren, in: ZZP 78 (1965), 323ff.

7. Form und Begründungsobliegenheiten

103 Wenig überraschen darf, dass Anträge im Verfassungsbeschwerdeverfahren – wie alle verfahrenseinleitenden Anträge – nach § 23 Abs. 1 S. 1 BVerfGG der **Schriftform** genügen müssen. Hinsichtlich der **Begründung** der Verfassungsbeschwerde hat es der Bundesgesetzgeber nicht bei der Regelung des § 23 Abs. 1 S. 2 BVerfGG belassen, sondern diese durch § 92 BVerfGG flankiert. Beide Normen legen in Zusammenschau Mindestanforderungen fest, denen die Begründung einer Verfassungsbeschwerde zu genügen hat (BVerfGE 81, 242 (252); 82, 209 (222)).

104 Die textliche Knappheit der Normen lässt kaum erahnen, welche kaum durchschaubare und in der Praxis daher oftmals verfehlte

Hürde das Begründungserfordernis für das Verfassungsbeschwerdeverfahren darstellt. Denn gerade wegen der Spärlichkeit des Textbefundes vermochte es eine Fülle bundesverfassungsgerichtlicher Kasuistik mit in Teilen nicht mehr von der Hand zu weisender Beliebigkeit, die Darlegungs- und Substantiierungslast des Beschwerdeführers zu einem Hebel für ein quasi-freies Annahmeverfahren auszubauen, das dem Bundesverfassungsgericht ausweislich des in den §§ 93a ff. BVerfGG vorgesehenen Annahmeverfahrens nicht zur Verfügung stehen sollte.

Die von §§ 23 Abs. 1 S. 2, 92 BVerfGG ausgehende Darlegungs- und Begründungslast verfolgt dabei mehrere **Zwecke**, zuvorderst die **Entlastung des Bundesverfassungsgerichts**, das ohne eigene weitere Nachforschungen den Beschwerdegegenstand einer verfassungsrechtlichen Prüfung unterziehen können soll (BVerfGE 88, 40 (45) – *Private Grundschulen*; BVerfGK 5, 170 (171); 12, 126 (130)). Dies gilt in besonderem Maße im Hinblick auf das der Sachentscheidung vorausgehende Annahmeverfahren. Zugleich ist die erforderliche Begründung Ausdruck der im Verfassungsbeschwerdeverfahren geltenden Dispositionsmaxime, die es dem Beschwerdeführer auferlegt, durch die Konkretisierung des beschwerdegegenständlichen Akts der öffentlichen Gewalt und des als verletzt gerügten Grundrechts den **Streitgegenstand** der Verfassungsbeschwerde zu benennen und regelmäßig auch zu beschränken. Schließlich materialisieren sich mit der Darlegungs- und Begründungslast über einen Beitrag zur Entlastung hinausgehende **Mitwirkungspflichten des Beschwerdeführers** am verfassungsgerichtlichen Verfahren. 105

Die aus dem Begründungserfordernis resultierenden Obliegenheiten des Beschwerdeführers lassen sich dabei in eine **Darlegungs- und Beibringungslast** einerseits sowie eine **inhaltliche Begründungs- und Argumentationslast** andererseits einteilen. 106

a. Darlegungs- und Beibringungslast. Gerade weil das Begründungserfordernis auch der Entlastung des Bundesverfassungsgerichts dienen soll, muss es durch den Beschwerdeführer in die Lage versetzt werden, den Beschwerdegegenstand auch **ohne eigene weitere Nachforschungen** einer verfassungsrechtlichen Prüfung unterziehen zu können (BVerfGE 88, 40 (45) – *Private Grundschule*; BVerfGK 5, 170 (171). Bei **Entscheidungsverfassungsbeschwerden** hat der Beschwerdeführer hierzu die angegriffene gerichtliche Entscheidung in Kopie vorzulegen oder – als wenig vorzugswürdige Notlösung – je- 107 denfalls ihrem wesentlichen Inhalt nach in einer Weise wiederzugeben, die dem Bundesverfassungsgericht eine Beurteilung erlaubt (BVerfGE 88, 40 (45) – *Private Grundschule*; 93, 266 (288) – *Soldaten sind Mörder*). Diese Beibringungspflicht erstreckt sich auch auf solche anderen gerichtlichen Entscheidungen, Schriftsätze, Sachverständigengutachten, Stellungnahmen, behördliche Bescheide, andere Dokumente oder sonstiges Tatsachenmaterial, die zwar nicht selbst angegriffen werden, jedoch von der angegriffenen Entscheidung in Bezug genommen werden oder sonst **zur Beurteilung der Zulässigkeit und Begründetheit der Verfassungsbeschwerde erforderlich** sind (BVerfGK 5, 170 (171); 9, 242 (243); 15, 83 (86)). Die umfangreiche Beifügung von Dokumenten entbindet den Beschwerdeführer jedoch nicht von dem Erfordernis, eine in sich schlüssige und substantiierte Beschwerdeschrift einzureichen. Der Beschwerdeführer kann die beigefügten Dokumente zwar konkret und spezifisch (nicht jedoch pauschal) in Bezug nehmen; die für die behauptete Grundrechtsverletzung wesentlichen, tatsächlichen Umstände sollten sich jedoch regelmäßig aus der Beschwerdeschrift selbst ergeben (BVerfGE 80, 257 (263)). Im Rahmen von **Rechtssatzverfassungsbeschwerden** ist der Beschwerdeführer bislang – richtigerweise – noch nicht zum Zusammentragen von Gesetzgebungsmaterialien oder sogenannter *legislative facts* herangezogen worden.

Weiterführend zur Beibringungslast vgl. *Lübbe-Wolff*, Substantiierung und Subsidiarität der Verfassungsbeschwerde, in: EuGRZ 2004, 669ff.; *Schorkopf*, Die prozessuale Steuerung des Verfassungsrechtsschutzes – Zum Verhältnis von materiellem Recht und Verfassungsprozessrecht, in: AöR 130 (2005), 467ff.; *Seyfarth*, Die Vorlage der Entscheidung als Zulässigkeitsvoraussetzung der Verfassungsbeschwerde, in: ZRP 2000, 272ff.

108 **b. Inhaltliche Begründungs- und Argumentationslast.** Wesentlich relevanter – und gleichermaßen komplexer – sind die Anforderungen an die inhaltliche Begründung der Verfassungsbeschwerde. Aus der vom Bundesverfassungsgericht im Hinblick auf § 92 BVerfGG gerne verwendeten Formel, der Beschwerdeführer habe *„substantiiert und schlüssig"* zur Grundrechtsverletzung durch Bezeichnung des angeblich verletzten Rechts und des die Verletzung enthaltenden Vorgangs vorzutragen (99, 84 (87); 130, 1 (21) – *Verwertungsverbot Wohnraumüberwachung*), lassen sich die an den Beschwerdeführer gestellten Erwartungen nicht im Ansatz extrapolieren. Richtig bleibt, dass dem Beschwerdeführer durch **Bezeichnung**

des als verletzt behaupteten Rechts und der beschwerdegegenständlichen **Handlung oder Unterlassung der öffentlichen Gewalt** zunächst die Bestimmung des Verfahrensgegenstandes obliegt.

„Recht" meint dabei die in Art. 93 Abs. 1 Nr. 4a GG genannten Grundrechte und grundrechtsgleichen Rechte, wobei zur *„Bezeichnung"* nicht nur die Nennung des als verletzt gerügten Artikels des Grundgesetzes (gegenfügig auch präzisiert durch Angabe des Absatzes, Satzes oder Halbsatzes) genügt, sondern auch, dass sich ein bestimmtes, als verletzt gerügtes Recht aus dem Gesamtvortrag des Beschwerdeführers ergibt (BVerfGE 1, 332 (343); 93, 99 (113)). Eine bloße Falschbezeichnung (*falsa demonstratio*) des im Übrigen erkennbar gemeinten Rechts ist daher ebenso unschädlich. Daneben muss der Beschwerdeführer auch den Angriffsgegenstand durch – möglichst genaue – Konkretisierung des **Aktes der öffentlichen Gewalt, durch den er sich verletzt sieht**, bezeichnen. 109

Für **gerichtliche Entscheidungen** (wie auch für behördliche Entscheidungen) bereitet dies ob einfach aufzufindender Identifikationsmerkale wie Aktenzeichen, Datum und Tag der Verkündung zumeist keine Probleme. Gleichermaßen zeigt sich das Bundesverfassungsgericht großzügig, wenn der Beschwerdeführer – obwohl dies rechtlich nicht geboten ist – mehrere zu einem einheitlichen Rechtsweg gehörende Entscheidungen bezeichnet oder umgekehrt trotz Gebotenheit auf eine solche kumulierte Bezeichnung verzichtet und ermittelt im Wege der Auslegung, welche Akte der Beschwerdeführer nach erkennbarem Willen tatsächlich zum Beschwerdegegenstand machen möchte (BVerfGE 6, 386 (387) – *Haushaltsbesteuerung*; 21, 102 (104)). Will der Beschwerdeführer in einer **Rechtssatzverfassungsbeschwerde** eine Rechtsnorm zum Gegenstand des Verfahrens machen, so kann er nicht *„ein Gesetz"* im Sinne einer gesetzgebungstechnischen Einheit bezeichnen, sondern hat diejenigen konkreten Bestimmungen durch präzise Angabe nach Absatz, Satz und gegenfügig Halbsatz zum Gegenstand zu machen, gegen die er sich wendet (BVerfGE 109, 279 (305) – *Großer Lauschangriff*; BVerfGK 4, 176 (180)). Richtet sich die Verfassungsbeschwerde gegen mehrere Bestimmungen, so sind diese alle einzeln anzugeben. 110

Gleichwohl erschöpft sich die Darlegungslast des Beschwerdeführers nicht in der Bestimmung des Streitgegenstandes. Vielmehr verlangt das Bundesverfassungsgericht regelmäßig tiefergehende Ausführungen zur Zulässigkeit und Begründetheit der Verfassungsbeschwerde. 111

aa. Vortrag zu den Zulässigkeitsvoraussetzungen. Im Einzelnen fordert das Bundesverfassungsgericht gelegentlich bereits einen Vor- 112 trag des Beschwerdeführers zu den **Zulässigkeitsvoraussetzungen** der Verfassungsbeschwerde, wenn deren Vorliegen nicht aus sich heraus erkennbar ist (BVerfG(K), Beschl. v. 12.6.2014, 2 BvR 1004/13, BeckRS 2015, 41988). Diese maßgeblich von der Kammerrechtsprechung aufgestellte Substantiierungslast bleibt vor dem Hintergrund der von Amts wegen zu prüfenden Zulässigkeitsvoraussetzungen und der Rechtsregel *„da mihi factum, dabo tibi ius“* nicht ohne Bedenken.

113 Von Belang zeigen sich dabei im Wesentlichen Ausführungen zur **Beschwerdebefugnis**, also zur eigenen, gegenwärtigen und unmittelbaren Betroffenheit, etwa dann, wenn der Beschwerdeführer einer Entscheidungsverfassungsbeschwerde die gerichtliche Entscheidung eines Ausgangsverfahrens zum Gegenstand macht, an dem er selbst nicht beteiligt war (BVerfGE 31, 58 (66f.) – *Spanier-Beschluß*; 49, 24 (47f.) – *Kontaktsperre-Gesetz*). Weitergehende Begründungsanforderungen ergeben sich regelmäßig auch bei Rechtssatzverfassungsbeschwerden (BVerfGE 100, 313 (354) – *Telekommunikationsüberwachung I*; 115, 118 (137) – *Luftsicherheitsgesetz*) sowie dann, wenn ein Unterlassen der öffentlichen Gewalt zum Gegenstand der Verfassungsbeschwerde gemacht werden soll (BVerfGE 77, 170 (214f.); BVerfGK 20, 320 (324f.)). Insbesondere im Rahmen der Entscheidungsverfassungsbeschwerde wird regelmäßig auch ein Vortrag zur Rechtswegerschöpfung (BVerfGE 112, 304 (314f.) – *Global Positioning System*) sowie zur **Subsidiarität** erforderlich, mit dem der Beschwerdeführer darzulegen hat, dass er durch hinreichenden Vortrag vor den Instanzen (BVerfG(K), Beschl. v. 15.10.2015, 1 BvR 2329/15, in: NJW 2016, 1010 (1010)) sowie durch das Ergreifen aller zur Verfügung stehenden prozessualen Mittel (BVerfGE 79, 80 (83f.)) versucht hat, die geltend gemachte Grundrechtsverletzung auszuräumen. Hierzu sind unter anderem auch die diese Darlegung tragenden **Schriftsätze und Urkunden aus dem Ausgangsverfahren** vorzulegen oder dem Bundesverfassungsgericht im Einzelnen wiederzugeben (BVerfGE 112, 304 (314f.) – *Global Positioning System*; 129, 269 (278)). Will der Beschwerdeführer eine **Vorabentscheidung nach § 90 Abs. 2 S. 2 BVerfGG** herbeiführen, so hat er auch zur Aussichtslosigkeit des Verfahrens oder dem ihm drohenden, schweren und unabwendbaren Nachteil vorzutragen (BVerfG(K), Beschl. v. 20.1.2004, 1 BvR 117/03, in: NVwZ 2005, 78 (78)).

114 **bb. Vortrag zu den Annahmevoraussetzungen.** Weniger Bedenken begegnet hingegen die Obliegenheit, zu den individualschützenden **Annahmevoraussetzungen** vorzutragen (BVerfGE 90, 22 (27) – *Annahmegründe*), weil sich die individuell für den Beschwerdeführer aus dem angegriffenen Hoheitsakt resultierenden, existenziellen Nachteile oder besonders gewichtigen Grundrechtsverletzung der Kenntnis des Bundesverfassungsgerichts entziehen. Darlegungen zu

den Voraussetzungen einer Grundsatzannahme wird man vom Beschwerdeführer jedoch regelmäßig nicht erwarten und auch nicht erwarten dürfen.

cc. Vortrag zur Begründetheit. (1) Im Hinblick auf die Begründetheit der Verfassungsbeschwerde hat der Beschwerdeführer die **Möglichkeit einer Verletzung seiner rügefähigen Rechte hinreichend substantiiert darzulegen** (BVerfGE 6, 132 (134) – *Gestapo*; 8, 1 (9) – *Teuerungszulage*; 108, 370 (383) – *Exklusivlizenz*). Dies erfordert bereits, dass der Beschwerdeführer die tatsächlichen Umstände des Vorgangs, der die behauptete Grundrechtsverletzung bewirkt, substantiiert vorträgt und bedarf damit eines wahren, vollständigen und geordneten Sachvortrags (BVerfG(K), Beschl. v. 27.6.2006, 2 BvR 1136/06, BeckRS 2006, 28151; BVerfG(K), Beschl. v. 11.9.2002, 1 BvR 305/01, in: NJW 2002, 955). Aus dem Vortrag des Beschwerdeführers muss konkret deutlich werden, inwieweit durch die beschwerdegegenständliche Handlung oder Unterlassung das gerügte Grundrecht verletzt sein soll (BVerfGE 115, 166 (179 f.) – *Kommunikationsverbindungsdaten*; 130, 1 (21) – *Verwertungsverbot Wohnraumüberwachung*). Dazu hat er den dargestellten Sachverhalt den als verletzt gerügten Verfassungsbestimmungen zuzuordnen und ihn insoweit unter die einschlägigen Grundrechte zu subsumieren; die alleinige Wiedergabe des Wortlauts der Grundgesetzbestimmungen genügt diesen Anforderungen nicht (BVerfGE 79, 203 (209)). 115

Regelmäßig wird der Beschwerdeführer auch zur **Rechtslage nach einfachem Recht** sowie zur **Verfassungsrechtslage** vortragen müssen. Hat das Bundesverfassungsgericht zu der der Beschwerde zu Grunde liegenden Konstellation der Grundrechtsverletzung bereits in der Vergangenheit entschieden, so hat sich die Begründung der Verfassungsbeschwerde auch mit den Maßstäben der **einschlägigen bundesverfassungsgerichtlichen Rechtsprechung** auseinanderzusetzen und an diese anzuknüpfen (BVerfGE 101, 331 (346) – *Berufsbetreuer*; 102, 147 (164) – *Bananenmarktordnung*). 116

(2) Erforderlich ist ferner die **einzelfallbezogene Auseinandersetzung mit dem Angriffsgegenstand** der Verfassungsbeschwerde. Ist diese gegen eine gerichtliche Entscheidung gerichtet, so bedeutet dies nicht allein, dass der Beschwerdeführer sich ins Einzelne gehend argumentativ an der Entscheidung und ihrer Begründung abzuarbeiten hat (BVerfGE 101, 331 (345) – *Berufsbetreuer*; 140, 229 (232)). 117

Vielmehr hat er auch darzulegen, dass die streitgegenständliche Entscheidung gerade auf der behaupteten Grundrechtsverletzung beruht (BVerfGE 89, 48 (59f.); 105, 252 (264) – *Glykol*).

118 Wird die Entscheidung auch von **weiteren Gründen getragen** oder werden **mehrere Entscheidungen** angegriffen, die auf unterschiedlichen Begründungen beruhen, so hat sich der Beschwerdeführer mit jeder einzelnen Begründung auseinanderzusetzen (BVerfGE 82, 43 (49); 86, 122 (127); 128, 90 (99)).

119 Macht der Beschwerdeführer eine fehlerhafte Auslegung und Anwendung des einfachen Rechts durch die Fachgerichte geltend, so hat er herauszuarbeiten, dass sich daraus auch eine **Verletzung spezifischen Verfassungsrechts** ergibt (BVerfGK 17, 173 (176)).

120 Beruht diese auf einer **ständigen fachgerichtlichen Rechtsprechung**, so hat der Beschwerdeführer auch darzulegen, warum diese fälschlicherweise herangezogen wurde oder generell verfassungsrechtlichen Bedenken begegnen muss (BVerfG(K), Beschl. v. 15.11.2016, 1 BvR 1170/12, BeckRS 110252).

121 (3) Weitere Darlegungsanforderungen für den Beschwerdevortrag können sich aufgrund bereits gebildeter, bundesverfassungsgerichtlicher Maßstäbe auch aus der Natur des gerügten Grundrechts oder des angegriffenen Gegenstands der Verfassungsbeschwerde ergeben. Rügt der Beschwerdeführer etwa (auch) eine Verletzung der Grundrechte der **Charta der Grundrechte der Europäischen Union**, so hat er darzulegen, dass diese in seinem konkreten Fall überhaupt als tauglicher Prüfungsmaßstab in Frage kommen.

122 Insoweit wird er auch in seiner Beschwerde dazu vortragen müssen, ob die maßgebliche, zu Grunde liegende Rechtsmaterie **vollständig unionsrechtlich determiniert** ist und deshalb allein die Unionsgrundrechte als Prüfungsmaßstab heranzuziehen sind. Hat die zu Grunde liegende Rechtsmaterie zwar Unionsrechtsbezug, dem mitgliedstaatlichen Gesetzgeber verblieb bei der Umsetzung des Unionsrechts jedoch ein **Gestaltungsspielraum**, so sind zwar die Grundrechte des Grundgesetzes und die der Grundrechtecharta parallel anwendbar, jedoch beschränkt sich das Bundesverfassungsgericht regelmäßig auf eine Kontrolle anhand der Grundrechte des Grundgesetzes. Der Beschwerdeführer wird daher besonders darlegen müssen, warum die widerlegliche Regelvermutung, der Grundrechtsschutz des Grundgesetzes gewährleiste das Schutzniveau der Unionsgrundrechte mit, ausnahmsweise nicht zutrifft (BVerfGE 152, 152 (180f.) – *Recht auf Vergessen I*).

123 Will der Beschwerdeführer **Rechtsakte der Europäischen Union** zum unmittelbaren Gegenstand seiner Verfassungsbeschwerde ma-

chen, so hat er nach Maßgabe der *Solange*-Rechtsprechung auch darzulegen, dass der auf Ebene der Europäischen Union gewährte Grundrechtsschutz den vom Grundgesetz als unabdingbar gebotenen Grundrechtsschutz generell nicht mehr gewährleistet. Gleichermaßen ergeben sich auch für die beabsichtigte Aktivierung der **Ultra-vires- oder der Identitätskontrolle** erhöhte Substantiierungsanforderungen. Macht er im Kontext einer Identitätskontrolle eine **Verletzung der Menschenwürdegarantie** des Art. 1 Abs. 1 GG geltend, so erstreckt sich seine Darlegungslast nur auf ein Absinken des Grundrechtsschutzniveaus in seinem Einzelfall (BVerfGE 140, 317 (341 f.) – *Identitätskontrolle*).

c. Maßgeblicher Zeitpunkt. Die Begründung der Verfassungsbe- 124
schwerde muss grundsätzlich **innerhalb der Beschwerdefrist des § 93 BVerfGG** erfolgen (BVerfGE 5, 1; 18, 85 (89) – *Spezifisches Verfassungsrecht*). Gleichwohl kann der Beschwerdeführer die Begründung auch noch nachträglich in erläuternder, verdeutlichender oder präzisierender Hinsicht ergänzen (BVerfGE 27, 297 (304 f.)). Nachgeschobene Rechtsausführungen, die den Verfahrensgegenstand nicht erweitern, sind während des gesamten Verfahrens möglich, insbesondere, wenn dem Beschwerdeführer vom Bundesverfassungsgericht gestellte Fragen oder Stellungnahmen von im Verfahren Äußerungsberechtigten dazu Anlass geben. Ergänzungen des Beschwerdeführers dürfen jedoch nicht dazu führen, dass der der Beschwerde zu Grunde liegende Verfahrensgegenstand erweitert oder gar ein neuer Sachverhalt zum Gegenstand des Verfahrens gemacht wird (BVerfGE 12, 319 (322) – *Ärztliche Pflichtaltersversorgung*; 18, 85 (89) – *Spezifisches Verfassungsrecht*; 81, 208 (214 f.)).

Weiterführend zur Begründungspflicht im Verfassungsbeschwerdeverfahren vgl. *Jonas/Felix*, Die falsa demonstratio im Rahmen der Verfassungsbeschwerde, in: JA 1994, 343 ff.; *Klein/Sennekamp*, Aktuelle Zulässigkeitsprobleme der Verfassungsbeschwerde, in: NJW 2007, 945 (951 ff.); *Kreuder*, Praxisfragen der Zulässisgkeit der Verfassungsbeschwerde, in: NJW 2001, 1243 (1246 ff.); *Lübbe-Wolff*, Substantiierung und Subsidiarität der Verfassungsbeschwerde, in: EuGRZ 2004, 669 ff.; *Seegmüller*, Praktische Probleme des Verfassungsbeschwerdeverfahrens, in: DVBl. 1999, 738 ff.; *Voßkuhle*, Der Rechtsanwalt und das Bundesverfassungsgericht – Aktuelle Herausforderungen der Verfassungsrechtsprechung, in: NJW 2013, 1329 ff.; *Zuck*, Fallstricke für Verfassungsbeschwerdeführer, in: NJW 1993, 1310 ff.; *ders.*, Was läßt das 5. Änderungsgesetz zum Gesetz über das BVerfG von der Verfassungsbeschwerde noch übrig?, in: NJW 1993, 2641 ff.

8. Frist

125 Wie in fachgerichtlichen Verfahren existieren auch für das Verfassungsbeschwerdeverfahren Fristbestimmungen, um für Rechtssicherheit zu sorgen und zur Entlastung des Gerichts beizutragen (BVerfGE 11, 255 (260); 23, 229 (338)). Systematisch sieht § 93 BVerfGG eine Monatsfrist (§ 93 Abs. 1 S. 1 BVerfGG) sowie eine Jahresfrist (§ 93 Abs. 3 BVerfGG) vor, wobei es sich nach dem Beschwerdegegenstand richtet, welche Frist durch den Beschwerdeführer zu wahren ist.

126 **a. Die Monatsfrist des § 93 Abs. 1 S. 1 BVerfGG.** Nach § 93 Abs. 1 S. 1 BVerfGG ist eine Verfassungsbeschwerde, die sich gegen einen Akt der öffentlichen Gewalt richtet, für den ein Rechtsweg offensteht, binnen **Monatsfrist** zu erheben und zu begründen. Regelmäßig handelt es sich dabei um gerichtliche Entscheidungen, seltener um behördliche Entscheidungen und sonstige hoheitliche Maßnahmen. Die **maßgebliche, den Fristbeginn markierende Entscheidung** ist für den Regelfall solcher Hoheitsakte, die zu einem einheitlichen, fachgerichtlichen Rechtsweg gehören, allein die letztinstanzliche, fachgerichtliche Entscheidung, soweit der Beschwerdeführer auch diese mit seiner Entscheidung angreift (BVerfGE 19, 145 (146 f.); 122, 190 (197)). So steht es dem Beschwerdeführer daher etwa auch frei, zusätzlich die (isoliert betrachtet verfristeten) Entscheidungen der Vorinstanzen oder eine zu Grunde liegende Behördenentscheidung mit der Verfassungsbeschwerde anzugreifen, soweit die Frist im Hinblick auf die letztinstanzliche Entscheidung noch gewahrt wird.

127 Der Fristbeginn der Verfassungsbeschwerde wird jedoch nur von solchen Rechtsbehelfen nach hinten verlagert, die zum ordentlichen Rechtsweg gehören. **Offensichtlich unzulässige oder unstatthafte Rechtsbehelfe** sind deshalb für die Berechnung der Monatsfrist unerheblich (BVerfGE 5, 17 (19 f.); 91, 93 (106); BVerfGK 20, 199 (202). Lassen sich Zweifel, ob ein Rechtsbehelf offensichtlich unzulässig ist oder sonst nicht zum ordentlichen Rechtsweg zählt, nicht abschließend ausräumen, hat sich in der Praxis das Verfahren etabliert, die Verfassungsbeschwerde binnen Monatsfrist in Bezug auf diejenige Entscheidung, gegen die der zweifelhafte Rechtsbehelf zu erheben wäre, einzureichen und im **Allgemeinen Register zu „parken“.** Will der Beschwerdeführer eine **Vorabentscheidung** nach § 90 Abs. 2 S. 2 BVerfGG gerade vor der Erschöpfung des Rechtswegs erreichen, so hat er die Monatsfrist in Bezug auf denjenigen Akt der öffentlichen Gewalt zu wahren, der Gegenstand der Vorabentscheidung sein soll (BVerfGE 13, 284 (288 f.); 78, 290 (301)).

Dem Grundfall des § 93 Abs. 1 S. 2 BVerfGG nach ist für den **Fristbeginn** die Zustellung oder formlose Mitteilung der in vollständiger Form abgefassten Entscheidung maßgeblich. Aufgrund der dynamischen Verweisung auf die *„maßgebenden verfahrensrechtlichen Vorschriften"* kann § 93 Abs. 1 S. 2 BVerfGG jedoch nur dort herangezogen werden, wo eine Zustellung oder formlose Mitteilung von Amts wegen auch verfahrensrechtlich vorgesehen ist. Für andere Fälle sieht § 93 Abs. 1 S. 3 BVerfGG die Verkündung oder sonstige Bekanntgabe als fristauslösendes Ereignis vor, wobei Hs. 2 den Fristlauf bis zu einer auf Antrag zu erteilenden, vollständigen Abschrift der Entscheidung unterbricht, sollte der Beschwerdeführer diese bei der Verkündung oder Bekanntgabe nicht bereits erhalten haben. Damit sollen Beschwerdeführer vor der misslichen Lage bewahrt werden, Verfassungsbeschwerden in unzureichender Kenntnis der tatsächlichen Entscheidungsgründe fristwahrend einlegen zu müssen. Für die **Fristberechnung** werden die Bestimmungen der §§ 187 ff. BGB herangezogen. 128

Hat der Beschwerdeführer von einer hoheitlichen Maßnahme **keine Kenntnis**, wie dies etwa bei Maßnahmen des Gefahrenabwehr- oder des Strafrechts der Fall sein kann, beginnt die Monatsfrist erst, wenn der Beschwerdeführer von der Maßnahme zuverlässig Kenntnis erlangen konnte. 129

Versäumt der Beschwerdeführer die Monatsfrist des § 93 Abs. 1 S. 1 BVerfGG ohne Verschulden, so ist unter den Voraussetzungen des § 93 Abs. 2 BVerfGG eine **Wiedereinsetzung in den vorigen Stand** möglich. Ein Verschulden seines Prozessbevollmächtigten muss sich der Beschwerdeführer gleichwohl zurechnen lassen (§ 93 Abs. 2 S. 6 BVerfGG). Den Antrag auf Wiedereinsetzung hat der Beschwerdeführer binnen zwei Wochen nach Wegfall des Hindernisses (§ 93 Abs. 2 S. 2 BVerfGG), spätestens jedoch ein Jahr nach Ende der versäumten Frist zu stellen (§ 93 Abs. 2 S. 5 BVerfGG), wobei es sich dabei um eine Ausschlussfrist handelt. Eine Wiedereinsetzung in die Wiedereinsetzungsfrist scheidet somit aus (BVerfGK 5, 151 (155)). 130

b. Die Jahresfrist des § 93 Abs. 3 BVerfGG. Die Exegese der heranziehbaren Beschwerdegegenstände für die **Jahresfrist** des § 93 Abs. 3 BVerfGG bereitet hingegen mehr Schwierigkeiten. So erschließt sich erst bei zweiter Lektüre, dass sie auf **Gesetze einerseits** sowie auf **sonstige Hoheitsakte, gegen die ein Rechtsweg nicht offensteht** anzuwenden ist, wobei letztere ohne praktische Relevanz sein dürften, als *„justizfreie Hoheitsakte"* ob der umfangreichen 131

Rechtsweggarantien kaum denkbar erscheinen. Anders als bisweilen vertreten ist für eine Rechtssatzverfassungsbeschwerde daher immer die Jahresfrist heranzuziehen und zwar unabhängig davon, ob für den beschwerdegegenständlichen Rechtssatz ein Rechtsweg – etwa die prinzipale Normenkontrolle nach § 47 VwGO – eröffnet ist oder nicht. Damit gilt auch für die unmittelbar gegen eine Satzung (BVerfGE 12, 319 (321 f.)) oder eine sonstige untergesetzliche Rechtsnorm eines Landes gerichtete Verfassungsbeschwerde die Jahresfrist nach § 93 Abs. 3 BVerfGG. Die Jahresfrist beginnt dabei in aller Regel mit dem Tag des **formellen Inkrafttretens** des Gesetzes, auch dann, wenn sich die beschwerenden Wirkungen erst nach Ablauf der Jahresfrist eingestellt haben (BVerfGE 23, 153 (164) – *Schatzanweisungen*; 33, 18 (22)).

132 Ausnahmsweise kommt jedoch auch ein **hinausgeschobener Beginn** des Fristlaufes in Betracht, wenn das Gesetz noch der **Konkretisierung** durch eine Rechtsverordnung bedarf, um die belastenden Rechtswirkungen zu entfalten (BVerfGE 64, 323 (350); 110, 370 (382) – *Klärschlamm*). Gleiches gilt, wenn der Beschwerdeführer wegen der Subsidiarität der Verfassungsbeschwerde angehalten ist, vor ihrer Einlegung den **Rechtsweg zu erschöpfen** und daher etwa die Möglichkeit der prinzipalen Normenkontrolle nach § 47 VwGO in Anspruch zu nehmen. In diesem Fall beginnt die Jahresfrist erst mit dem Verfahrensabschluss zu laufen (BVerfGE 76, 107 (115 f.) – *Landes-Raumordnungsprogramm Niedersachsen*; 107, 1 (8) – *Verwaltungsgemeinschaften*). Tritt ein Gesetz **rückwirkend** in Kraft, so kommt es regelmäßig nicht auf dessen Inkrafttreten, sondern frühestens auf den Zeitpunkt der Verkündung an (BVerfGE 1, 415 (416 f.); 2, 105 (109); 64, 367 (376)). **Gesetzesänderungen** lösen den Neubeginn der Jahresfrist allein für die geänderten Vorschriften aus, nicht jedoch für die nach Form, Inhalt und materiellem Gewicht unverändert gebliebenen Bestimmungen, selbst wenn der Gesetzgeber diese neu in seinen Willen aufgenommen hat (BVerfGE 11, 255 (260); 80, 137 (149) – *Reiten im Walde*; 129, 208 (234) – *TKÜ-Neuregelung*).

133 Macht der Beschwerdeführer ein **echtes gesetzgeberisches Unterlassen** geltend, rügt damit also die völlige legislative Untätigkeit obgleich eines bestehenden verfassungsrechtlichen Auftrages, so unterliegt eine solche Beschwerde keiner Fristbindung (BVerfGE 6, 257 (266) – *Teilweises gesetzgeberisches Unterlassen*; 16, 119 (121); BVerfG(K), Beschl. v. 26.2.2010, 1 BvR 1541/09, in: NJW 2010, 1943 (1944)). Bemängelt der Beschwerdeführer allein das unzureichende Tätigwerden des Gesetzgebers (**unechtes gesetzgeberisches Unterlassen**), so hat er das als mangelhaft behauptete Gesetz binnen Jahresfrist anzufechten (BVerfGE 56, 54 (71) – *Fluglärm*; BVerfG(K), Beschl. v. 26.2.2010, 1 BvR 1541/09, in: NJW 2010, 1943 (1944)).

Die Jahresfrist des § 93 Abs. 3 BVerfGG ist eine **echte Ausschlussfrist**; insbesondere ist die Wiedereinsetzung in den vorigen Stand nach § 93 Abs. 2 BVerfGG nicht möglich (BVerfGE 4, 309 (313f.)). Für die **Fristberechnung** sind die §§ 187ff. BGB heranzuziehen. 134

Weiterführend siehe nur *Bonhage/Dieterich*, Jahresfrist für Rechtssatzverfassungsbeschwerden bei Gesetzesänderungen, in: NVwZ 2017, 1352ff.; *Endemann*, Wann soll die Monatsfrist zur Einlegung von Verfassungsbeschwerden beginnen?, in: ZRP 1970, 52ff.; *Gröpl*, Fristenkollision zwischen verwaltungsgerichtlichem Normenkontrollverfahren und Verfassungsbeschwerde?, in: NVwZ 1999, 967ff.; *Huschens*, Rechtswegerschöpfung und Fristwahrung oder die „untote" Verfassungsbeschwerde, in: Brockmöller/Domgörgen (Hrsg.), Festgabe für Dieter Hömig, 2006, 197ff.; *Klein/Sennekamp*, Aktuelle Zulässigkeitsprobleme der Verfassungsbeschwerde, in: NJW 2007, 945 (954f.); *Kreuder*, Praxisfragen zur Zulässigkeit der Verfassungsbeschwerde, in: NJW 2001, 1243 (1243f.); *Zuck*, Die unzumutbare Monatsfrist für die Verfassungsbeschwerde gegen Gerichtsentscheidungen, in: MDR 1985, 803ff.; *ders.*, Das Recht der Verfassungsbeschwerde, 5. Aufl. 2017, Rn. 828ff.

III. Das Annahmeverfahren

Seit Anbeginn bundesverfassungsgerichtlicher Arbeit und Arbeitslast wird diese maßgeblich durch Verfassungsbeschwerdeverfahren geprägt. Trotz der Tatsache, dass die Verfassungsbeschwerde bis 1969 bloß einfachrechtlich in den §§ 90ff. BVerfGG verbürgt war, erfreute sie sich steter Beliebtheit und reichlicher Inanspruchnahme. Das darf durchaus als erfreulicher Beweis der Autorität und des Vertrauens der Bürger in *„ihr Bundesverfassungsgericht"* gewertet werden, stellt ein aus zwei Senaten und sechzehn Richtern bestehendes Gericht jedoch vor schier unlösbare Probleme. Das Bundesverfassungsgericht sieht sich in einem durch die Prägung des Verfassungsbeschwerdeverfahrens vererbten **Spannungsfeld**: zwischen dem der **subjektiven Funktion** der Verfassungsbeschwerde gewidmeten Individualrechtsschutzgericht einerseits und dem der **objektiven Funktion** zugewandten Letztinterpreten der Verfassung andererseits. Beide Dimensionen verfassungsgerichtlicher Arbeit sind eng miteinander verschränkt; verzichtbar ist keine davon. Nur ein für Bürger zugängliches Verfassungsgericht erhält in gleichem Maße Gelegenheit, immerwährend neu aufgeworfene, verfassungsrechtliche Fragestellungen zu beurteilen und zu beantworten. Einem von Individual- 135 rechtsschutzanliegen überlasteten Gericht hingegen wird der Raum genommen, über tiefgreifende und bedeutende Fragen des Verfassungsrechts mit der notwendigen Gründlichkeit und Autorität in angemessener Zeit zu entscheiden. Dieses Dilemma drängt denklogisch die Notwendigkeit eines *„Filtermechanismus"* auf, der die Waage gerichtlicher Funktionen austariert und dem Bundesverfassungsgericht den notwendigen Freiraum verschafft, sich auch der Weiterentwicklung des Verfassungsrechts zu widmen.

136 Von der in Art. 94 Abs. 2 GG für den Bundesgesetzgeber bestehenden Möglichkeit, für die Verfassungsbeschwerde ein besonderes Annahmeverfahren vorzusehen, hat dieser bereits 1956 Gebrauch gemacht; die geltende Fassung hat das Verfahren im Jahr 1993 erhalten. Nach § 93a Abs. 1 BVerfGG bedarf die Entscheidung über eine Verfassungsbeschwerde der vorherigen Annahme. Diese ist – anders als der schematische Aufbau in diesem Buch suggerieren mag – der Frage der Zulässigkeit und Begründetheit der Verfassungsbeschwerde dem Grunde nach **vorgelagert**. Eine nicht angenommene Entscheidung kann noch nicht einmal als unzulässig verworfen, geschweige denn als unbegründet zurückgewiesen werden. Diese rechtstheoretische Prüfungsreihenfolge ist gleichwohl nicht zwingend und in der Praxis zumeist in ihr Gegenteil verkehrt: Nicht die Annahmeentscheidung führt zur verfassungsrechtlichen Prüfung der Beschwerde, sondern ihre verfassungsrechtliche Prüfung zur Entscheidung über die Annahme. Vor allem deshalb dürften die mit der Einführung des Annahmeverfahrens verbundenen prozessökonomischen Hoffnung bislang enttäuscht worden sein. Denn auch wenn die zahlreichen nicht begründeten Nichtannahmeentscheidungen des Bundesverfassungsgerichts dies nicht immer vermuten lassen, wird die Entscheidung über die Nichtannahme einer Verfassungsbeschwerde zumeist doch auf ihre Erfolgsaussichten gestützt und damit eine mehr oder minder tiefgreifende Prüfung ihrer Zulässigkeit (und gegenfügig Begründetheit) erforderlich. Eine entscheidende Entlastung Karlsruhes kann sich durch das Annahmeverfahren, das in seiner Handhabung so durch den Gesetzgeber nicht konzipiert war, nicht realisieren. Hilfreich dürfte insoweit allein die mit dem Annahmeverfahren einhergehende Verschiebung von Entscheidungskompetenzen von den Senaten zu den Kammern gewesen sein.

Weiterführend vgl. nur *Berkemann*, Das Annahmeverfahren der Verfassungsbeschwerde (§ 93a II BVerfGG), in: AnwBl 2020, 280 ff.; *Blankenburg*, Unsinn und Sinn des Annahmeverfahrens bei Verfassungsbeschwerden, in:

ZfRS 19 (1998), 37ff.; *Jaeger*, Erfahrungen mit Entlastungsmaßnahmen zur Sicherung der Arbeitsfähigkeit des Bundesverfassungsgerichts, in: EuGRZ 2003, 149ff.; *Sailer*, Verfassungsbeschwerde im Zwielicht, in: ZRP 1977, 303ff.; *Schlink*, Zugangshürden im Verfassungsbeschwerdeverfahren, in: NJW 1984, 89ff.; *Schneider*, SOS aus Karlsruhe – das Bundesverfassungsgericht vor dem Untergang?, in: NJW 1996, 2630ff.; *Schorkopf*, Die prozessuale Steuerung des Verfassungsrechtsschutzes, in: AöR 130 (2005), 456ff.; *Zuck*, Der Zugang zum BVerfG, in: NJW 1993, 2641ff.; *ders.*, Ist das BVerfG noch gesetzlicher Richter?, in: NJW 2001, 419ff.

1. Die Pflicht zur Annahme (§ 93a Abs. 2 BVerfGG)

Auch wenn sich ein *„Annahmeverfahren"* für Verfassungsbeschwerden bereits seit 1956 im Bundesverfassungsgerichtsgesetz findet, hat es aber erst seit dessen Novelle im Jahre 1993 auch seinen Namen mehr oder minder verdient. Denn während § 93b Abs. 1 und 2 BVerfGG a. F. bis dahin Gründe enthielten, die zur Ablehnung der Verfassungsbeschwerde führten, statuiert § 93a Abs. 2 BVerfGG nunmehr abschließend diejenigen positiven Gründe, die das Bundesverfassungsgericht zur Annahme der Verfassungsbeschwerde verpflichten. § 93a Abs. 2 BVerfGG entsagt eindeutig der Idee, im individualrechtsschützenden Verfahren der Verfassungsbeschwerde vor dem *„Bürgergericht"* Bundesverfassungsgericht ein Verfahren der freien Annahme, wie es etwa das *„writ of certiorari"*-Verfahren vor dem *U.S. Supreme Court* vorsieht, einzuführen. Die Annahme der Verfassungsbeschwerde ist gerade nicht in das Ermessen des Gerichts gestellt, sondern strikt **gesetzesakzessorisch**. Diesen Mangel an Rechtsfolgenflexibilität korrigiert § 93a Abs. 2 BVerfGG daher durch die bewusste Verwendung **unbestimmter Rechtsbegriffe**, die dem Bundesverfassungsgericht Auslegungsspielräume auf Seiten des Tatbestands eröffnen. 137

Mit der objektiven Funktion der Verfassungsbeschwerde für die Wahrung des Verfassungsrechts im Blick, sieht § 93a Abs. 2 lit. a) zunächst die Annahme der Verfassungsbeschwerde für den Fall grundsätzlicher verfassungsrechtlicher Bedeutung vor. Die Verfassungsbeschwerde muss hierzu klärungsbedürftige und gewichtige verfassungsrechtliche Fragestellungen aufwerfen, die sich nicht ohne Weiteres aus dem Grundgesetz oder der verfassungsgerichtlichen Senatsrechtsprechung beantworten lassen oder durch geänderte Verhältnisse erneut klärungsbedürftig geworden sind (BVerfGE 90, 22 (24) – *Annahmerüge*; 96, 245 (248) – *Besonders schwerer Nachteil*). Eine solche Grundsatzannahme kommt allein in Betracht, wenn an 138 der Beantwortung der verfassungsrechtlichen Fragestellung ein über den Einzelfall hinausgehendes Interesse besteht (BVerfGE 90, 22 (25) – *Annahmegründe*; 91, 186 (200) – *Kohlepfennig*; 96, 245 (248) – *Besonders schwerer Nachteil*).

139 Wenn § 93a Abs. 2 lit. b wiederum die Annahme von Verfassungsbeschwerden vorsieht, die zur Durchsetzung der in § 90 Abs. 1 GG genannten Rechte angezeigt sind, verschiebt sich der Fokus auf den Gesichtspunkt des Individualrechtsschutzes und die subjektive Funktion der Verfassungsbeschwerde.

140 Durchaus beabsichtigten, interpretatorischen Spielraum eröffnet insbesondere der Begriff des „*Angezeigtseins*", der dem Bundesverfassungsgericht die Möglichkeit geben soll, seine Arbeit auch zu Gunsten der – zahlenmäßig deutlich unterrepräsentierten – Verfassungsbeschwerden von grundsätzlicher verfassungsrechtlicher Bedeutung gewichten zu können (vgl. insoweit BT-Drs. 12/3628, 9). In der – maßgeblich von der Gesetzesbegründung vorgeprägten – Rechtsprechung des Bundesverfassungsgerichts haben sich zur näheren Konkretisierung der Voraussetzungen mehrere Fallgruppen herausgebildet. So soll eine sogenannte Durchsetzungsannahme angezeigt sein, wenn

- die beschwerdegegenständliche Grundrechtsverletzung auf eine generelle Vernachlässigung von Grundrechten hindeutet, etwa, weil die ständige Rechtsprechung eines Fachgerichts auf eine verfassungswidrige Normauslegung fußt, oder die Grundrechtsverletzung wegen ihrer abschreckenden Wirkung geeignet ist, von der Ausübung von Grundrechten abzuhalten,
- eine Grundrechtsverletzung auf der groben Verkennung des grundrechtlich gewährleisteten Schutzes, insbesondere auf einem geradezu leichtfertigen Umgang mit grundrechtlich geschützten Positionen beruht oder rechtsstaatliche Grundsätze krass verletzt,
- dem Beschwerdeführer durch die Versagung einer Sachentscheidung ein besonders schwerer Nachteil droht. Das soll immer dann der Fall sein, wenn die gegenständliche Grundrechtsverletzung den Beschwerdeführer in existentieller Weise betrifft. Eine existentielle Betroffenheit kann sich damit aus dem Gegenstand der angegriffenen Entscheidung oder der aus der Entscheidung folgenden Belastung des Beschwerdeführers ergeben.

Insgesamt zum Vorstehenden vgl. die Gesetzesbegründung (BT-Drs. 12, 3628, 14) sowie BVerfGE 90, 22 (25 f.) – *Annahmegründe*; 96, 245 (248 ff.) – *Besonders schwerer Nachteil*; 107, 395 (414 f.) – *Rechtsschutz gegen den Richter I*).

141 Liegt eine der Voraussetzungen – im Rahmen des Auslegungs- und Anwendungsspielraums des Bundesverfassungsgerichts – vor, so ist

die Verfassungsbeschwerde zur Entscheidung anzunehmen. Für Verfassungsbeschwerden, für deren Rügen nicht vollumfänglich Annahmegründe vorliegen, ist auch eine **Teilannahme** denkbar. Dies hat weniger damit zu tun, dass § 93a Abs. 2 lit. a BVerfGG das operative Wort „soweit" benutzt, sondern ist sowohl für die Grundsatz- als auch für die Durchsetzungsannahme auf den allgemeinen Grundsatz der Teilbarkeit selbstständiger Streitgegenstände zurückzuführen (vgl. *Nettersheim*, in: Barczak (Hrsg.), BVerfGG, 2018, § 93a Rn. 61).

Literatur: *Albers*, Freies Annahmeverfahren für das BVerfG?, in: ZRP 1997, 198 ff.; *Böckenförde*, Der Zugang des Bürgers zum Bundesverfassungsgericht und zum U.S. Supreme Court, in: Der Staat 29 (1990), 333 ff.; *Jaeger*, Erfahrungen mit Entlastungsmaßnahmen zur Sicherung der Arbeitsfähigkeit des Bundesverfassungsgerichts, in: EuGRZ 2003, 149 ff.; *Kau*, Zur grundgesetzlichen Zulässigkeit einer Annahme nach Ermessen bei der Verfassungsbeschwerde, in: ZRP 1999, 319 ff.; *Pestalozza*, Änderung des Bundesverfassungsgerichtsgesetzes, in: DWiR 1992, 426 ff.; *Wieland*, Verfassungsrechtsprechung als knappes Gut – Der Zugang zum Bundesverfassungsgericht, in: JZ 1996, 1137 ff.

2. Die Entscheidungsmöglichkeiten im Annahmeverfahren (§§ 93b ff. BVerfGG)

In Abhängigkeit davon, ob und welche Annahmegründe vorliegen, **142**
sehen die §§ 93b ff. BVerfGG drei Möglichkeiten der Entscheidung im Annahmeverfahren vor, die auch unterschiedliche Spruchkörperzuständigkeiten für die Entscheidung begründen.

Liegt keiner der in § 93a Abs. 2 BVerfGG aufgeführten Annahme- **143**
gründe vor, so hat ein **Nichtannahmebeschluss durch die Kammer** zu erfolgen, § 93b S. 1 Alt. 1 BVerfGG. Ein Blick auf die Statistik der Verfahrenserledigungen des Bundesverfassungsgericht zeigt recht deutlich, dass es sich bei dieser Entscheidungsvariante um die zahlenmäßig häufigste handelt. Die Formulierung des § 93b BVerfGG, die Kammer *„könne"* eine Verfassungsbeschwerde ablehnen, suggeriert dabei ein tatsächlich nicht vorhandenes Ermessen. Der Nichtannahmebeschluss der Kammer ist nach § 93d Abs. 3 S. 1 BVerfGG einstimmig zu fassen und bedarf weder einer mündlichen Verhandlung (§ 93d Abs. 1 S. 1 Alt. 1 BVerfGG) noch einer Begründung (§ 93d Abs. 1 S. 3 BVerfGG). Das mag für Beschwerdeführer in Teilen reichlich unbefriedigend sein und behindert jedenfalls in Teilen auch die spätere Anrufung des EGMR, ist jedoch letzten Endes einer der wenigen Mechanismen des Annahmeverfahrens, die eine Entlastung des

Gerichts bewirken, die gleichwohl nicht überschätzt werden sollten. Dispensiert wird schließlich allein die Pflicht zur Ausformulierung einer Begründung, nicht jedoch die Prüfung der Verfassungsbeschwerde an sich. Durchschlagenden verfassungsrechtlichen Bedenken begegnet dieser Modus vor diesem Hintergrund nicht.

Vertiefend *Bäcker*, Nichtbegründetes Nichtannehmen – § 93d Abs. 1 S. 3 BVerfGG als verfassungsprozessualer Irrweg, in: RW 2014, 481 ff.; *Klein*, Konzentration durch Entlastung? Das Fünfte Gesetz zur Änderung des Gesetzes über das Bundesverfassungsgericht, in: NJW 1993, 2073 (2075); *Kroitzsch*, Wegfall der Begründungspflicht – Wandel der Staatsform der Bundesrepublik, in: NJW 1994, 1032 ff.; *Schneider*, Rechtsstaat ohne Begründungswang?, in: ZIP 1996, 487 ff.; *Zuck*, Der Zugang zum BVerfG: Was läßt das 5. Änderungsgesetz zum Gesetz über das BVerfG von der Verfassungsbeschwerde noch übrig?, in: NJW 1993, 2641 (2646).

144 Ist die Annahme einer Verfassungsbeschwerde zur Durchsetzung der Grundrechte oder grundrechtsgleichen Rechte angezeigt und ist sie offensichtlich begründet (§ 93 c Abs. 1 S. 1 Alt. 2 i. V. m. § 93a Abs. 2 lit. b BVerfGG), so erfolgt die Annahmeentscheidung durch die Kammer zusammen mit einer stattgebenden Entscheidung in der Sache (**stattgebende Kammerentscheidung**). § 93c Abs. 1 S. 1 Alt. 2 BVerfGG reglementiert also nicht allein die Annahmeentscheidungskompetenz, sondern auch ihre **Sachentscheidungskompetenz**. Damit ist sichergestellt, dass Annahme- und Sachentscheidung immer demselben Spruchkörper zufallen und Spruchkörper nicht etwa isolierte, bindende Annahmeentscheidungen für den sachentscheidungszuständigen Senat treffen. An einer Entscheidung über Verfassungsbeschwerden, für die **zusätzlich auch der Annahmegrund für eine Grundsatzannahme** vorliegt (§ 93a Abs. 2 lit. a BVerfGG) sind die Kammern jedoch gehindert, da sie allein mit dem verfahrenserleichternden Nachvollzug der Senatsrechtsprechung und gerade nicht mit noch nicht entschiedenen, verfassungsrechtlichen Fragen grundsätzlicher Bedeutung befasst sind. Voraussetzung für eine stattgebende Kammerentscheidung ist daher, dass die maßgeblichen verfassungsrechtlichen Fragen bereits durch Senatsentscheidungen des Bundesverfassungsgerichts geklärt sind. Auch stattgebende Kammerentscheidungen haben nach Maßgabe des § 93d Abs. 1 S. 1, Abs. 3 S. 1 BVerfGG ohne mündliche Verhandlung und einstimmig zu erfolgen. Anders als Nichtannahmebeschlüsse sind sie jedoch zu begründen, da § 93d Abs. 1 S. 3 BVerfGG auf sie schon dem Wortlaut nach nicht anwendbar ist.

Vertiefend hierzu vgl. *Höfling/Rixen*, Stattgebende Kammerentscheidungen des Bundesverfassungsgerichts (2. Teil), in: AöR 125 (2000), 428 ff.; *Mahrenholz*, Kammerbeschlüsse – Nichtannahmegebühren – Neue Institute im Verfassungsbeschwerdeverfahren, in: Fürst/Herzog/Umbach (Hrsg.), Festschrift für Wolfgang Zeidler, Bd. II, 1987, 1362 (1364); *Schäfer*, Grundrechtsschutz im Annahmeverfahren – Zur Senatsakzessorietät der Kammerjudikatur des Bundesverfassungsgerichts, 2015; *Zuck*, Die Bedeutung der Kammerrechtsprechung des Bundesverfassungsgerichts in Verfassungsbeschwerdeverfahren, in: EuGRZ 2013, 662 ff.

Liegt zusätzlich oder ausschließlich der Annahmegrund für eine Grundsatzannahme nach § 93a Abs. 2 lit. a BVerfGG vor, so **entscheidet der zuständige Senat über die Annahme** der Verfassungsbeschwerde (§ 93b S. 2 BVerfGG). Eine Entscheidung des Senats kann jedoch auch erforderlich werden, wenn zwar ausschließlich der Annahmegrund nach § 93a Abs. 2 lit. a BVerfGG vorliegt, die Voraussetzungen für eine Kammerentscheidung im Übrigen aber nicht vorliegen, etwa, weil es an einer hinreichenden Senatspräjudiz zu einer maßgeblichen verfassungsrechtlichen Frage fehlt. Die Erforderlichkeit einer Senatsentscheidung sieht § 93c Abs. 1 S. 3 BVerfGG auch für den Fall einer Entscheidung vor, der **Gesetzeskraft nach § 31 Abs. 2 BVerfGG** zukommen soll. Bis zur Entscheidung des Senats über die Annahme der Verfassungsbeschwerde obliegen prozessuale Nebenentscheidungen und selbst einstweilige Anordnungen der Kammer, soweit durch eine solche nicht die Anwendung eines Gesetzes ausgesetzt werden soll (§ 93d Abs. 2 BVerfGG). Abgesehen von Rechtssatzverfassungsbeschwerden kann diese Konstellation auch in der Gestalt inzidenter Normenkontrollen in Entscheidungsverfassungsbeschwerden auftreten. Annahmeentscheidungen der Senate bedürfen einer Zustimmung von zumindest drei ihrer Richter (§ 93d Abs. 3 S. 2 BVerfGG). 145

3. Entscheidungswirkungen

Die isoliert betrachtete **Entscheidung über die Annahme oder Nichtannahme** einer Verfassungsbeschwerde ist keine Entscheidung in der Sache. Ihr kann daher denknotwendig keine materielle, sondern allein formelle Rechtskraft zukommen. Praktisch hat dies selbst für Nichtannahmebeschlüsse keine Bedeutung, denn bis zur bundesverfassungsgerichtlichen Entscheidung dürfte die Frist für die Einlegung einer erneuten Verfassungsbeschwerde bereits verstrichen sein. 146

147 Anders ist dies für **stattgebende Kammerentscheidungen** zu beurteilen, die zugleich auch eine Entscheidung in der Sache treffen. Ihnen kommt – gleich den Senatsentscheidungen (§ 93c Abs. 1 S. 2 BVerfGG) – formelle wie materielle Rechtskraft sowie Bindungswirkung nach Maßgabe des § 31 Abs. 1 BVerfGG zu. Ausgenommen von der Bindung der Entscheidungen ist allein das Bundesverfassungsgericht selbst: Da Kammern – insoweit unselbstständig – auf den Nachvollzug der Senatsrechtsprechung angelegt sind, scheidet eine Bindung der Senate an die Kammerrechtsprechung aus.

148 Mit der Bindungswirkung von Kammerentscheidungen haben Teile des Bundesgerichtshofs bisweilen gefremdelt. In mehreren Entscheidungen zweifelten Senate des BGH das Vorliegen der Voraussetzungen für eine Kammerentscheidung an und stellten daher offen ihre Bindung an die Kammerentscheidungen des Bundesverfassungsgerichts in Frage (vgl. etwa BGH, Urt. v. 23.7.2015, 3 StR 470/14, in: NJW 2016, 513 (516); Urt. v. 7.2.2006, 3 StR 460/98, in: NJW 2006, 1529 (1533 f.)). Reichlich goutierende Resonanz hat dieses Vorgehen – zu Recht – bislang nicht gefunden. Vgl. vertiefend hierzu *Niemöller*, Videant iudices… Bemerkungen zu einem Streit zwischen BVerfG und BGH, in: DRiZ 2006, 229 ff.; *Strate*, Der 3. BGH-Strafsenat und die Kammerrechtsprechung des BVerfG, in: NJW 2016, 450 ff. Instruktiv zur Bindungswirkung siehe auch *Rixen*, Zur Bindungswirkung stattgebender Kammerentscheidungen des BVerfG, in: NVwZ 2000, 1364 ff.

IV. Prüfungsmaßstab und Prüfungsumfang

1. Der Prüfungsmaßstab

149 Der Prüfungsmaßstab der Verfassungsbeschwerde entspräche – so die im rechtswissenschaftlichen Studium gerne gebrauchte Formel – den Grundrechten und grundrechtsgleichen Rechten des Grundgesetzes. Das ist nicht grundlegend falsch, zeugt jedoch von unzureichender Präzision und lässt den Blick für den Einfluss vermissen, den Jahrzehnte bundesverfassungsgerichtlicher Rechtsprechung und die zunehmende Europäische Integration auch auf das Verfahren der Verfassungsbeschwerde haben.

150 **a. Unmittelbar: Grundrechte und grundrechtsgleiche Rechte.** Richtig bleibt zunächst, dass nach Art. 93 Abs. 1 Nr. 4a GG, § 90 Abs. 1 BVerfGG zuvorderst die **Grundrechte sowie die grundrechtsgleichen Rechte des Grundgesetzes** als unmittelbarer Prüfungsmaßstab heranzuziehen sind. Die dem I. Abschnitt zugehörigen

Art. 1–19 sowie die enumerierten Art. 20 Abs. 4, 33, 38, 101, 103 und 104 GG taugen jedoch nur insoweit als unmittelbarer Prüfungsmaßstab, wie sie auch tatsächlich grundrechtliche Gewährleistungen enthalten, auf die sich der Beschwerdeführer als subjektive Rechtsposition berufen kann (BVerfGE 15, 298 (301); 43, 142 (147) – *Verfassungsbeschwerde einer Parlamentsfraktion*). Soweit die in Bezug genommenen Artikel des Grundgesetzes lediglich objektives Verfassungsrecht beinhalten (etwa Art. 14 Abs. 2 und 3 GG, Art. 18 GG), können sie auch nicht als unmittelbarer Prüfungsmaßstab herhalten.

Entgegen früherer – und seinerzeit zutreffender – Aussagen ist der unmittelbare Prüfungsmaßstab damit jedoch nicht abschließend umrissen. In seiner neueren Rechtsprechung hat das Bundesverfassungsgericht nunmehr auch die Unionsgrundrechte **der Charta der Grundrechte der Europäische Union** als unmittelbaren Prüfungsmaßstab angenommen. Seine seit Anbeginn recht klare Linie, unionsrechtlich begründete Rechte gehörten *„nicht zu den Grundrechten oder grundrechtsgleichen Rechten, die nach Art. 93 Abs. 1 Nr. 4a GG, § 90 Abs. 1 BVerfGG allein mit der Verfassungsbeschwerde verteidigt werden könn[t]en"* (BVerfGE 110, 141 (154 f.)) – *Kampfhunde*; 115, 276 (299) – *Sportwetten*) hat es damit vollkommen aufgegeben und ins Gegenteil verkehrt. Die bei der Gelegenheit betriebene Augenwischerei, man habe bislang *„eine Prüfung am Maßstab der Unionsgrundrechte nicht ausdrücklich in Erwägung gezogen"* (BVerfGE 152, 216 (237) – *Recht auf Vergessen II*) mag hieran nichts ändern. Abseits aller zunehmender, integrativer Verschränkung des *„Europäischen Verfassungsgerichtsverbundes"* dürfte man diese Kehrtwende jedenfalls auch für erforderlich gehalten haben, um ob der Unionalisierungstendenzen des Rechts nicht gänzlich die Kontrolle über fachgerichtliche Entscheidungen an den Europäischen Gerichtshof zu verlieren. 151

Seine Prüfungskompetenz stützt das Bundesverfassungsgericht auf die Integrationsverantwortung aus Art. 23 Abs. 1 GG in Verbindung mit den grundgesetzlichen Vorschriften über die Aufgaben des Bundesverfassungsgerichts sowie auf die fehlende Möglichkeit des Einzelnen, eine Verletzung von Unionsgrundrechten durch die mitgliedstaatliche Fachgerichtsbarkeit vor dem Europäischen Gerichtshof geltend zu machen (BVerfGE 152, 216 (239 ff.) – *Recht auf Vergessen II*). 152

Eine Prüfung am Maßstab der Unionsgrundrechte kommt freilich nur in Betracht, soweit der der Verfassungsbeschwerde zu Grunde 153 liegende Sachverhalt überhaupt im Bereich der *„Durchführung des Unionsrechts“* (Art. 51 Abs. 1 S. 1 GRCh) zu verorten ist. Richtet sich der Rechtsstreit nach Regelungen, die durch das Unionsrecht **vollständig determiniert** sind, so sind allein die Unionsgrundrechte als Prüfungsmaßstab heranziehbar (BVerfGE 152, 216 (229 ff.) – *Recht auf Vergessen II*; BVerfG, in: NJW 2021, 1518 (1519 f.) – *Europäischer Haftbefehl III*). Für Konstellationen, die zwar dem Unionsrecht unterliegen, von diesem aber eben **nicht vollständig determiniert** werden, sieht das Bundesverfassungsgericht – auch das ist neu – nunmehr die Grundrechte des Grundgesetzes und die Unionsgrundrechte parallel anwendbar (BVerfGE 152, 152 (169) – *Recht auf Vergessen I*). Dass es sich bei seiner Prüfung in der Regel aber auf eine Prüfung der Grundrechte des Grundgesetzes beschränken will, mag aufgrund der ansonsten hervortretenden Akzeptanz des Anwendungsvorrangs des Unionsrechts auf den ersten Blick nicht einleuchten, löst sich aber mit der Erklärung auf, dass es die Unionsgrundrechte im grundrechtlichen Schutzniveau regelmäßig *„mitgewährleistet“* sieht (BVerfGE 152, 152 (175 ff.) – *Recht auf Vergessen I*). Konsequenterweise handelt es sich hierbei um eine Regelannahme, die der Beschwerdeführer durch substantiierte Darlegung *„konkreter und hinreichender Anhaltspunkte“* dafür, dass hierdurch das unionsrechtliche Grundrechtsniveau unterschritten würde, widerlegen kann (BVerfGE 152, 152 (180 ff.) – *Recht auf Vergessen I*).

Weiterführend hierzu vgl. auch *Hoffmann*, Unionsgrundrechte als verfassungsrechtlicher Prüfungsmaßstab, in: NVwZ 2020, 33 ff.; *Kämmerer/Kotzur*, Vollendung des Grundrechtsverbunds oder Heimholung des Grundrechtsschutzes?, in: NVwZ 2020, 177 ff.; *Karpenstein/Kottmann*, Vom Gegen- zum Mitspieler – Das BVerfG und die Unionsgrundrechte, in: EuZW 2020, 185 ff.; *Klein*, Kompetenzielle Würdigung und verfassungsprozessuale Konsequenzen der „Recht auf Vergessen“-Entscheidungen, in: DÖV 2020, 341 ff.; *Kühling*, Das „Recht auf Vergessenwerden“ vor dem BVerfG – November(r)evolution für die Grundrechtsarchitektur im Mehrebenensystem, in: NJW 2020, 275 ff.; *Neumann/Eichberger*, Die Unionsgrundrechte vor dem Bundesverfassungsgericht, in: JuS 2020, 502 ff.; *Scheffczyk*, Verfassungsprozessuale Folgefragen von „Recht auf Vergessen I+II“, in: NVwZ 2020, 977 ff.; *Wendel*, Das Bundesverfassungsgericht als Garant der Unionsgrundrechte, in: JZ 2020, 157 ff.

154 Weiterhin nicht in Betracht kommt jedoch eine unmittelbare Heranziehung der **Europäischen Menschenrechtskonvention** als Prüfungsmaßstab, der im bundesdeutschen Binnenrecht nach Art. 59 Abs. 2 GG allein der Rang eines einfachen Bundesgesetzes zukommt.

Sie wird zwar vom Bundesverfassungsgericht als Auslegungshilfe für die Grundrechte und rechtsstaatlichen Grundsätze des Grundgesetzes herangezogen (BVerfGE 111, 307 (315 ff.) – *EGMR-Entscheidungen*; 131, 268 (295 ff.) – *Sicherungsverwahrung*; 138, 296 (356) – *Kopftuchverbot Nordrhein-Westfalen*), zum unmittelbaren Prüfungsmaßstab wird sie damit jedoch nicht (BVerfGE 74, 102 (128) – *Erziehungsmaßregeln*; 111, 307 (317) – *EGMR-Entscheidungen*; 138, 296 (356) – *Kopftuchverbot Nordrhein-Westfalen*).

b. Die mittelbare Erstreckung des Prüfungsmaßstabes. Objektives Verfassungsrecht – wie etwa die Kompetenztitel des Grundgesetzes – zählen hingegen nicht zum originären, unmittelbaren Prüfungsmaßstab im Rahmen der Verfassungsbeschwerde. Gleichwohl können sie über den Umweg der ***Elfes*-Doktrin** dennoch Einzug in das Prüfprogramm des Bundesverfassungsgerichts finden. Ein Verstoß gegen ein Freiheitsgrundrecht – mindestens jedoch gegen Art. 2 Abs. 1 GG – kann nämlich auch darin begründet sein, dass der Grundrechtseingriff unter Verletzung objektiv-rechtlicher Verfassungsbestimmungen erfolgt (BVerfGE 6, 32 (41) – *Elfes*; 80, 137 (153) – *Reiten im Walde*; 109, 69 (109); 121, 317 (347) – *Rauchverbot in Gaststätten*; 125, 104 (121 ff.)). Freiheitsgrundrechte – so die dahinter verborgene Logik – verbürgen auch das (Grund-)Recht des Bürgers, nur auf Grundlage formell und materiell verfassungsgemäßer Vorschriften in seinen grundrechtlichen Gewährleistungen beschnitten zu werden. Damit mutiert die Verfassungsbeschwerde nicht plötzlich zum objektiven Rechtsbeanstandungsverfahren oder zum Popularverfahren: Auch eine derart indizierte Prüfung objektiven Verfassungsrechts knüpft an das Vorliegen eines individuellen Grundrechtseingriffs an und setzt diesen voraus. Dennoch gehört damit – so es denn nicht schon an einem Eingriff in ein Freiheitsgrundrecht mangelt – auch das objektive Verfassungsrecht regelmäßig zum Prüfungsmaßstab. 155

Reichlich nebulös bleibt in Ermangelung einer verständlichen dogmatischen Herleitung zur Zeit, ob das Bundesverfassungsgericht auch im Rahmen seines **Klimabeschlusses vom 24.3.2021** (BVerfG, in: NJW 2021, 1723 ff.) eine Versubjektivierung der Umweltstaatlichkeit aus Art. 20a GG nach Maßgabe der Elfes-Doktrin intendiert hatte, mit der Folge, dass nunmehr über Art. 2 Abs. 1 GG ein Grundrecht auf Freiheit von Umweltbelastungen entstünde. Vgl. hierzu im Ergebnis ablehnend nur *Calliess*, Das „Klimaurteil" des Bundesverfassungsgerichts – „Versubjektivierung" des Art. 20a GG, in: ZUR 2021, 355 ff. 156

157 Von dieser Konstellation ist die Tatsache zu unterscheiden, dass jedenfalls der *Zweite Senat* des Bundesverfassungsgerichts eine einmal zulässige Verfassungsbeschwerde zum Anlass nimmt, den angegriffenen Akt der öffentlichen Gewalt **unter jedem in Frage kommenden Gesichtspunkt auf seine Vereinbarkeit mit dem Grundgesetz** hin zu prüfen (BVerfGE 17, 252 (258); 54, 117 (124); 58, 163 (167); 123, 148 (177); 139, 321 (347f.) – *Zeugen Jehovas Bremen*). Damit wird nicht nur der Prüfungsumfang erweitert, sondern auch der Prüfungsmaßstab auf das gesamte Verfassungsrecht erweitert.

158 Einer **generellen Erstreckung** des mittelbaren Prüfungsmaßstabs – in Ansehung der „Elfes"-Konstruktion – auch auf das gesamte **Unionsrecht**, weil man mit der gleichen Logik vortragen könnte, dass Grundrechtseingriffe ebenso einer gesetzlichen Grundlage entbehren, wenn das den Gesetzesvorbehalt eines Grundrechts ausfüllende Gesetz des Anwendungsvorrangs des Unionsrechts wegen nicht anwendbar ist, hat das Bundesverfassungsgericht eine Absage erteilt (BVerfGE 115, 276 (299) – *Sportwetten*). Eine mittelbare Erstreckung des Prüfungsmaßstabes auf **Europäisches Primärrecht** und **völkerrechtliche Verträge** wie etwa auch **Europäische Menschenrechtskonvention** kommt jedoch für den Fall in Betracht, dass sich die Verfassungsbeschwerde mittelbar auch **gegen ein Landesgesetz richtet**. Da diese durch das Zustimmungs- bzw. Ratifikationsverfahren nach Art. 23 Abs. 1 GG bzw. Art. 59 Abs. 2 GG im Binnenverhältnis den Rang eines einfachen Bundesgesetzes genießen und damit Landesrecht brechen, fließen sie über Art. 31 GG auch in den Prüfungsmaßstab der Verfassungsbeschwerde ein (BVerfGE 138, 296 (356) – *Kopftuchverbot Nordrhein-Westfalen*). Gleiches gilt auch für die allgemeinen Regeln des Völkerrechts, die nach Art. 25 S. 1 und 2 GG gleichfalls Bestandteil des Bundesrechts werden.

159 Eine **Vorfragenprüfung** am Maßstab des gesamten Unionsrechts kann sich jedoch ergeben, wenn der Beschwerdeführer eine Verletzung des Rechts auf den gesetzlichen Richter aus Art. 101 Abs. 1 S. 2 GG rügt, weil ein Gericht seiner unionsrechtlichen **Vorlageverpflichtung im Vorabentscheidungsverfahren nach Art. 267 Abs. 3 AEUV** nicht nachgekommen ist. Die Reichweite der Überprüfung der Nichtvorlageentscheidung am Maßstab des Unionsrechts ist allerdings begrenzt; das Bundesverfassungsgericht ist kein *„oberstes Vorlagenkontrollgericht"* (BVerfGE 126, 286 (316) – *Honeywell*).

Weiterführend hierzu vgl. *Calliess*, Der EuGH als gesetzlicher Richter im Sinne des Grundgesetzes, in: NJW 2013, 1905ff.; *Fink*, Eine schrittweise Annäherung des BVerfG an den unionsrechtlichen Maßstab der Vorlagepflicht nach Art. 267 III AEUV beim gesetzlichen Richter, in: NVwZ 2014, 1286 ff.

2. Prüfungs- und Kontrollumfang

a. Nur die tatsächlich als verletzt gerügten Grundrechte?. Wenn auch Klarheit darüber besteht, welche Rechte als Prüfungsmaßstab einer Verfassungsbeschwerde in Frage kommen, ist damit jedoch noch nicht beantwortet, wann die Verfassungsbeschwerde begründet ist. Der in der juristischen Ausbildung gerne verwendete Obersatz, die Verfassungsbeschwerde sei begründet, soweit der Beschwerdeführer **„in seinen Grundrechten verletzt"** ist, klammert den nicht derart einfach zu umreißenden Prüfungsumfang aus. 160

Einigkeit besteht noch darüber, dass der vom Beschwerdeführer angegriffene Akt der öffentlichen Gewalt und die von ihm geltend gemachte Grundrechtsverletzung zusammen den (insoweit zweiteiligen) **Streitgegenstand** der Verfassungsbeschwerde **benennen**. Bezüglich dessen ersten Teils, des **angegriffenen Aktes der öffentlichen Gewalt**, ist das Bundesverfassungsgericht – auch dies ist unstrittig – in aller Regel auf die Prüfung derjenigen Handlung oder Unterlassung beschränkt, die der Beschwerdeführer auch tatsächlich zum Gegenstand seiner Verfassungsbeschwerde gemacht hat (BVerfGE 57, 9 (19) – *Einlieferungsersuchen*; 57, 43 (54) – *Inkompatibilität/Ruhestandsbeamter*). 161

Eine darüberhinausgehende **Erstreckung der Prüfung auch auf nicht ausdrücklich angegriffene Gegenstände** kommt ausnahmsweise nur für Rechtsnormen in Betracht, wenn das Bundesverfassungsgericht in Analogie zu § 78 S. 2 BVerfGG auch solche Rechtsnormen prüft, die aus dem gleichen Grund mit dem Grundgesetz unvereinbar sind (BVerfGE 18, 288 (300 f.) – *Wiedergutmachung*; 40, 296 (328 f.) – *Abgeordnetendiäten*; 92, 53 (73) – *Weihnachtsgeld als Lohnersatzleistung*; 98, 365 (401) – *Versorgungsanwartschaften*). 162

Weniger klar ist hingegen der Prüfungsumfang für den zweiten Teil des Streitgegenstands. Nicht einmal zwischen den beiden Senaten des Bundesverfassungsgerichts besteht Einigkeit, ob eine Verfassungsbeschwerde nur dann begründet ist, **wenn die vom Beschwerdeführer auch tatsächlich (oder nach sachgerechter Auslegung) gerügten Grundrechte verletzt** sind. Denn während der *Zweite Senat* die einmal zulässige Verfassungsbeschwerde zum Anlass nimmt, die angegriffene Handlung oder Unterlassung von Amts wegen unter jedem denkbaren Gesichtspunkt auf ihre Vereinbarkeit mit dem Grundge- 163 setz zu prüfen (BVerfGE 17, 252 (258); 54, 117 (124); 58, 163 (167); 123, 148 (177); 139, 321 (347f.) – *Zeugen Jehovas Bremen*), beschränkt sich der *Erste Senat* regelmäßig auf eine allein am Streitgegenstand orientierte Prüfung der gerügten Grundrechtsverletzung (BVerfGE 82, 6 (17f.); 85, 1 (11) – *Bayer-Aktionäre*). Letzteres mag angesichts des Wortlauts der §§ 90 Abs. 1, 92 BVerfGG auf den ersten Blick einleuchten, nehmen doch beide Vorschriften gerade die behauptete (und insoweit gerügte) Grundrechtsverletzung in Bezug. Auch das im Verfassungsbeschwerdeverfahren als Ausfluss der Dispositionsmaxime geltende Antragserfordernis mag für eine solche Erweiterung durchaus Bedenken bereiten.

So etwa *Benda/Klein*, Verfassungsprozessrecht, 4. Aufl. 2020, Rn. 495ff.; *Hillgruber/Goos*, Verfassungsprozessrecht, 5. Aufl. 2020, Rn. 256; Hömig, in: Maunz/ Schmidt/Bleibtreu/Klein/Bethge, BVerfGG (Stand: 60. EL Juli 2020), § 92 Rn. 15.

164 Richtigerweise ist jedoch eine Erstreckung des Prüfungsumfangs nicht die einzige Gelegenheit, bei der Verfahrenshemmnisse im Interesse der **objektiven Funktion der Verfassungsbeschwerde** übergangen werden, so etwa bei der Fortsetzung der Verfassungsbeschwerde im Falle des Todes des Beschwerdeführers. Vor allem aber führt eine derartige Handhabung zu dem kaum mehr tragbaren Ergebnis, dass das Bundesverfassungsgericht seine Prüfung nach Maßgabe der *Elfes*-Doktrin (BVerfGE 6, 32 (41)) zwar auf Bestimmungen des objektiven Verfassungsrechts und auf Grundrechte Dritter auszudehnen hätte, ungerügte Grundrechte des Beschwerdeführers selbst jedoch außen vor blieben. Die sich hieraus ergebende Prüfungsbefugnis des Bundesverfassungsgerichts für auch nicht gerügte Grundrechte muss sich in Konsequenz auch in einer Pflicht hierzu manifestieren.

Vgl. hierzu *Barczak*, in: ders. (Hrsg.), BverfGG, 2018, § 92 Rn. 97f.; *Görisch/Hartmann*, Grundrechtsrüge und Prüfungsumfang bei der Verfassungsbeschwerde, in: NVwZ 2007, 1007 (1011f.).; *Träger*, Zum Umfang von Prüfungsrecht und Prüfungspflicht des Bundesverfassungsgerichts im Verfassungsbeschwerdeverfahren, in: Faller/Kirchhof/ders. (Hrsg.), Festschrift für Willi Geiger, 1989, 762 (772); im Ergebnis auch *Schlaich/Korioth*, Das Bundesverfassungsgericht, 11. Aufl. 2018, Rn. 224f.; ahnlich auch *Marsch*, *Müller-Franken*, Über den Umgang mit ungerügten Grundrechten bei der Verfassungsbeschwerde, in: DÖV 1999, 590 (591).

b. Beschränkung bei Entscheidungsverfassungsbeschwerden. aa. Funktionsteilung der Gerichte und Abgrenzbarkeit von einfachem Recht und Verfassungsrecht. Soweit oben festgestellt wurde, dass hinsichtlich der Prüfung des ersten Teils des Streitgegenstandes, namentlich den angegriffenen Akt der öffentlichen Gewalt, Einigkeit besteht, trifft dies in diesem Maße zunächst zu. Damit ist jedoch noch nichts darüber gesagt, ob der streitgegenständliche Hoheitsakt auch einer vollumfänglichen Prüfung durch das Bundesverfassungsgericht unterliegt. Gerade bei Entscheidungsverfassungsbeschwerden ergeben sich Beschränkungen des Prüfungsumfangs, die in der juristischen Ausbildung zumeist mit den leierkastenartig wiederholten Stanzen abgefertigt werden, das Bundesverfassungsgericht sei ***„keine Superrevisionsinstanz“*** und prüfe allein die *„Verletzung spezifischen Verfassungsrechts“*. 165

Gemeint ist damit, dass das Bundesverfassungsgericht den prinzipiellen Vorrang der Fachgerichte bei der Auslegung und Einzelfallanwendung des einfachen Rechts zu wahren hat (BVerfGE 96, 375 (394) – *Kind als Schaden*; 148, 267 (281) – *Stadionverbot*). Das ist zwar maßgeblich, aber nicht allein der Funktionsteilung von Fach- und Verfassungsgerichtsbarkeit geschuldet (BVerfGE 18, 85 (92) – *Spezifisches Verfassungsrecht*; 22, 93 (98) – *Unterhalt I*), sondern auch ein Abwehrmechanismus, um die ohnehin bestehende Überlastung des Bundesverfassungsgerichts nicht noch weiter zu verschärfen. Denn, die *Elfes-Doktrin* dogmatisch ernst genommen, verletzt selbstredend auch eine gegen einfaches Recht verstoßende gerichtliche Entscheidung, die damit einer hinreichenden gesetzlichen Grundlage ermangelt, die Grundrechte des Beschwerdeführers oder verstößt – soweit man die angegriffenen Hoheitsakte wie der *Zweite Senat* vollständig prüft – jedenfalls gegen die nach Art. 20 Abs. 3 GG bestehende Bindung des Richters an Recht und Gesetz. 166

Weil ein solcher, sich aus den Grundrechten speisender, unbeschränkter Kontrollzugriff auf gerichtliche Entscheidungen die funktionale Trennung zwischen Fach- und Verfassungsgerichtsbarkeit vollends beseitigen würde und obendrein vom Bundesverfassungsgericht nicht zu bewältigen wäre – 16 Verfassungsrichtern stünden über 21.000 Richter der Fachgerichtsbarkeit entgegen – bedarf es einer Beschränkung bundesverfassungsgerichtlicher Intervention. Eine solche Abgrenzung der funktionalen Zuständigkeit des Bundesverfassungsgerichts versucht eben jene eingangs erwähnte *Heck'sche Formel*: 167

168 *„Die Gestaltung des Verfahrens und die Feststellung und Würdigung des Tatbestandes, die Auslegung des einfachen Rechts und seine Anwendung auf den einzelnen Fall sind allein Sache der dafür allgemein zuständigen Gerichte und der Nachprüfung durch das Bundesverfassungsgericht entzogen; nur bei einer* ***Verletzung von spezifischem Verfassungsrecht*** *durch die Gerichte kann das Bundesverfassungsgericht auf Verfassungsbeschwerde hin eingreifen. Spezifisches Verfassungsrecht ist aber nicht schon dann verletzt, wenn eine Entscheidung, am einfachen Recht gemessen, objektiv fehlerhaft ist, der Fehler muss gerade in der Nichtbeachtung von Grundrechten liegen"* (BVerfGE 18, 85 (92f.) – *Spezifisches Verfassungsrecht*).

169 Das mag auf den ersten Blick hilfreich erscheinen, leistet indes weniger einen Beitrag zur Bildung eines Kontrollmaßstabes als zur Beschreibung des zu Grunde liegenden Problems. Denn schon die Trennung von Verfassungsrecht und einfachem Recht verläuft aufgrund einer fortschreitenden **Konstitutionalisierung der Rechtsordnung** wenig trennscharf. Bereits mit der in der Lüth-Entscheidung begebenen Konzeption des Grundgesetzes als *„Wertordnung"* (BVerfGE 7, 198 (205) – *Lüth*) begann der Siegeszug einer nicht von der Hand zu weisenden Ubiquität des materiellen Verfassungsrechts. Durch eine etwa über die Auslegung von Generalklauseln oder unbestimmter Rechtsbegriffe vermittelte Konvergenz von Verfassungsrecht und einfachem Recht, erscheint Letzteres in Teilen als allein *„konkretisiertes Verfassungsrecht"*. Die Verletzung des einfachen Rechts wird so – und hierin liegt das Problem der Abgrenzung – akzessorisch zur Verletzung des Verfassungsrechts.

Vertiefend hierzu vgl. nur *Alexy*, Verfassungsrecht und einfaches Recht – Verfassungsgerichtsbarkeit und Fachgerichtsbarkeit – 1. Bericht, in: VVDStRL 61 (2001), 8ff.; *Hager*, Von der Konstitutionalisierung des Zivilrechts zur Zivilisierung der Konstitutionalisierung, in: JuS 2006, 769ff.; *Hermes*, Verfassungsrecht und einfaches Recht – Verfassungsgerichtsbarkeit und Fachgerichtsbarkeit – 4. Bericht, in: VVDStRL 61 (2001), 121ff.; *Jestaedt*, Verfassungsrecht und einfaches Recht – Verfassungsgerichtsbarkeit und Fachgerichtsbarkeit, in: DVBl. 2001, 1318ff.; *Kloepfer*, Vom Zustand des Verfassungsrechts, in: JZ 2003, 481ff.; *Knauff*, Konstitutionalisierung im inner- und überstaatlichen Recht, in: ZaöRV 68 (2008), 453 (476ff.); *Rennert*, Die verdrängte Werttheorie und ihre Historisierung – Zu „Lüth" und den Eigenheiten bundesrepublikanischer Grundrechtstheorie, in: Der Staat 53 (2014), 31ff.; *Schuppert/Bumke*, Die Konstitutionalisierung der Rechtsordnung, 2000, insb. 22ff.

170 Doch auch die Heck'sche Formel mit der Beschränkung auf die Kontrolle, ob grundrechtliche Einflüsse überhaupt nicht berücksich-

tigt oder verkannt wurden (vgl. BVerfGE 95, 28 (38) – *Werkszeitungen*) oder ob die Auslegung und Anwendung des einfachen Rechts von einer grundsätzlich unzutreffenden Anschauung der Bedeutung eines Grundrechts und insbesondere seines Schutzbereichs zeugt (so etwa BVerfGE 134, 242 (353) – *Garzweiler*), sowie die gleichfalls um Konkretisierung bemühte Schumann'sche Formel ändern nichts daran, dass sich die Entscheidungsverfassungsbeschwerde-Judikatur nicht recht in eine stringente Systematik bundesverfassungsgerichtlicher Kontrollrücknahme einordnen lassen will.

bb. Die Begrenzung des Kontrollumfangs im Einzelnen. Als Ausgangspunkt einer Abgrenzung – daran ist trotz ihrer bescheidenen Aussagekraft festzuhalten – bleibt in Ermangelung einer besseren Alternative die Formel von der Missachtung spezifischen Verfassungsrechts heranziehbar. Ihre Formulierung mag zwar schon im Grundsatz missverständlich sein, denn Entscheidungen werden nicht auf eine Verletzung eines (nicht existenten) *„spezifischen Teils“* des Verfassungsrechts geprüft, sondern vielmehr darauf, ob die Entscheidung aus *„spezifischen Gründen des materiellen Verfassungsrechts zu beanstanden ist“* (BVerfGE 63, 266 (298) – *Sondervotum Simon*). Gleichwohl bietet sie in Theorie und Praxis jedenfalls den Ansatzpunkt für die weiterreichende Konkretisierung des bundesverfassungsgerichtlichen Kontrollumfangs fachgerichtlicher Entscheidungen. Dabei hängt die tatsächliche Kontrolldichte maßgeblich davon ab, welcher Bereich der Entscheidung einer Prüfung unterzogen wird. 171

(1) Für die Frage, inwieweit auch die **fachgerichtliche Feststellung und Würdigung des Tatbestandes** kontrolliert werden kann, bemühte das Bundesverfassungsgericht lange Zeit die Formel, diese sei *„allein Sache der dafür allgemein zuständigen Gerichte und der Nachprüfung durch das Bundesverfassungsgericht entzogen“* (BVerfGE 19, 85 (92) – *Spezifisches Verfassungsrecht*; 30, 173 (196 f.) – *Mephisto*; 134, 242 (353) – *Garzweiler*). Dies hat das Bundesverfassungsgericht in begrüßenswerter Konsequenz aufgeweicht, weil es – das zeigt schon § 33 Abs. 2 BVerfGG – zu einer solchen Aussage zum einen keinen Anlass gibt und sich das Bundesverfassungsgericht zum anderen im Einzelfall auch nicht zurückhaltend zeigt, Sachverhaltsfeststellungen umfassend zu überprüfen und gegenfügig auch durch eigene zu ersetzen (vgl. etwa BVerfG(K), Beschl. v. 16.1.2004, 1 BvR 2285/03, in: NJW-RR 2004, 440 (441 f.); grundlegend 172

BVerfGE 43, 130 (137) – *Flugblatt*; 82, 272 (281) – *Postmortale Schmähkritik*; 85, 1 (14) – *Bayer-Aktionäre*).

173 (2) Wenig Anlass zu einer Beschränkung des Prüfungsumfangs ergibt sich für die Kontrolle der **Einhaltung der Verfahrensgrundrechte,** denn der *iudex a quo* verliert hier seine quasi-objektive Stellung im Vorfeld der Verfassungsbeschwerde und wird zum gegenständlichen Kern der verfassungsgerichtlichen Prüfung. Weil das Bundesverfassungsgericht bei einer Rüge der Verletzung des rechtlichen Gehörs (Art. 103 Abs. 1 GG) anfänglich von einer weitgehenden Identität von verfassungsrechtlichen Verfahrensanforderungen und einfachgesetzlicher Ausgestaltung ausging (BVerfGE 18, 380 (384); 64, 203 (208)), wurde es mit einer regelrechten Flut von Verfassungsbeschwerden überhäuft. In Folge nahm das Bundesverfassungsgericht seinen Kontrollumfang zurück und beschränkte seine Kontrolle darauf, ob *„die fehlerhafte Auslegung und Anwendung des Rechts schlechthin unvertretbar ist, die Handhabung dieses Rechts deshalb außerhalb der Gesetzlichkeit steht"* (BVerfGE 96, 68 (77) – *DDR-Botschafter*). In quantitativer Hinsicht wurde diesem Problem jedoch mit der Einführung des Rechtsbehelfs der Anhörungsrüge weitgehend abgeholfen.

Weiterführend hierzu vgl. auch *Badura*, Die Verfassungsbeschwerde gegen gerichtliche Entscheidungen wegen einer Verletzung von Verfahrensrechten, in: Geis/Lorenz (Hrsg.), Festschrift für Hartmut Maurer, 2001, 3 ff.; *Kenntner*, Vom „Hüter der Verfassung" zum „Pannenhelfer der Nation"?, in: DÖV 2005, 269 (276); *Schumann*, Die Wahrung des Grundsatzes des rechtlichen Gehörs – Dauerauftrag für das BVerfG?, in: NJW 1985, 1134 ff.; *Stürner*, Die Kontrolle zivilprozessualer Verfahrensfehler durch das Bundesverfassungsgericht, in: JZ 1986, 526 ff.; *Voßkuhle*, Rechtsschutz gegen den Richter, 1993, 232 ff.; *Wimmer*, Die Wahrung des Grundsatzes des rechtlichen Gehörs, in: DVBl. 1985, 773 ff.

174 (3) Sedes materiae des Problems des bundesverfassungsgerichtlichen Kontrollumfangs ist jedoch die **Auslegung und Anwendung des einfachen Rechts** durch die Fachgerichte. Wann Auslegungs- und Anwendungsfehler auch *„aus spezifischen Gründen des materiellen Verfassungsrechts zu beanstanden"* sind (BVerfGE 63, 266 (298) – *Sondervotum Simon*), hat das Bundesverfassungsgericht in im Wesentlichen drei Fallgruppen zusammengefasst.

– So liegt eine durch das Bundesverfassungsgericht überprüfbare Grundrechtsverletzung vor, wenn das Gericht relevante **grundrechtliche Ein-**

flüsse gar nicht erst erkannt hat (BVerfGE 30, 173 (193) – *Mephisto*; 97, 391 (401) – *Mißbrauchsbezichtigung*; 129, 178 (102)).

– Ferner überprüft das Bundesverfassungsgericht auch, ob gerichtliche Entscheidung auf einer *„grundsätzlich unrichtigen Anschauung von der Bedeutung eines Grundrechts insbesondere vom Umfang eines Schutzbereichs beruhen"* (BVerfGE 18, 85 (93) – *Spezifisches Verfassungsrecht*; 61, 1 (6); 134, 242 (353) – *Garzweiler*). Ein solche **„grundsätzliche" Verkennung der Bedeutung eines Grundrechts** soll nach Maßgabe der *Schumann'schen Formel* gegeben sein, wenn der *„Richterspruch eine Rechtsfolge annimmt, die der einfache Gesetzgeber nicht als Norm erlassen durfte"* (*Schumann*, Verfassungs- und Menschenrechtsbeschwerde gegen richterliche Entscheidungen, 1963, 207. Vgl. dahingehend auch BVerfGE 59, 231 (256 f.) – *Freie Mitarbeiter*; 81, 29 (31 f.) – *Ferienwohnungen*).

– Darüber hinaus kommt auch eine Prüfung daraufhin in Betracht, ob das Gericht die **Grenzen der richterlichen Rechtsfortbildung** überschritten hat. Die immanente Frage, wo die Grenzen der verfassungsrechtlich noch zulässigen Rechtsfortbildung zu verorten sind, lässt sich indes kaum beantworten. So soll *„das Fehlen einer ausdrücklichen und bestimmten normativen Regelung"* ein Gericht an sich nicht hindern, soweit sich *„aus einer Gesamtregelung […] unter Berücksichtigung ihrer Auslegung in Rechtsprechung und Schrifttum eine hinreichend erkennbare und bestimmte, den Anforderungen des Gesetzesvorbehalts genügende Regelung"* ergibt (BVerfGE 54, 224 (234 f.)). Gleichzeitig markiere jedoch einmal der mögliche Wortsinn *„die äußerste Grenze zulässiger richterlicher Interpretation"* (BVerfGE 71, 122 (136) – *Prozeßkostenhilfe im Verwaltungsprozess*), in einer anderen Entscheidung indes gerade nicht (BVerfGE 118, 212 (243) – *Revisionsgrenzen bei Rechtsfolgenzumessung*). Vgl. vertiefend hierzu auch *Classen*, Gesetzesvorbehalt und Dritte Gewalt, in: JZ 2003, 693 ff.; *Rüthers*, Klartext zu den Grenzen des Richterrechts, in: NJW 2011, 1856 ff.; *Ulber*, Die Rechtsprechung des BVerfG zu Zulässigkeit und Grenzen richterlicher Rechtsfortbildung im Zivilrecht, in: EuGRZ 2012, 365 ff.

Teilweise mit den geschilderten Fallgruppen verzahnt, teilweise **175** aber auch mit eigenständiger Bedeutung finden sich jedoch noch **andere Konkretisierungen einer Verletzung spezifischen Verfassungsrechts**, die dem Prüfungsumfang zuzurechnen sind. So prüft das Bundesverfassungsgericht gerichtliche Entscheidungen in einer **Willkürkontrolle nach Art. 3 Abs. 1 GG** auch darauf, ob die *„fehlerhafte Anwendung des einfachen Rechts bei verständiger Würdigung der das Grundgesetz beherrschenden Gedanken nicht mehr verständlich ist und sich daher der Schluss aufdrängt, dass sie auf sachfremden Erwägungen beruht"* (BVerfGE 42, 64 (72 ff.) – *Zwangsversteigerung I*; 55, 72 (89 f.) – *Präklusion I*; 62, 189 (192)).

Diese insoweit als *„allgemeine Gerechtigkeitsjudikatur"* (*Kirchberg*, in: **176** NJW 1987, 1988 (1990)) kritisierte Praxis erscheint dem hehren Ziel nach nachvollziehbar, bleibt jedoch dogmatisch nicht ohne Bedenken. Vgl. weiterführend *Kenntner*, Das BVerfG als subsidiärer Superrevisor? In: NJW 2005, 785ff.; *Kirchberg*, Willkürschutz statt Grundrechtsschutz?, in: NJW 1987, 1988ff.

177 Schließlich findet sich eine abgestufte Schwerejudikatur, die den Kontrollzugriff fallbezogen nach der **Intensität des Grundrechtseingriffs** modifiziert. So wird bei Grundrechtseingriffe **geringer Intensität** allein auf die *„grundsätzliche Verkennung"* der Reichweite des Grundrechts geprüft, während **nachhaltigere Eingriffe** auch eine Überprüfung im Hinblick auf einzelne Auslegungsfehler (BVerfGE 42, 163 (169) – *Herabsetzende Werturteile*; 54, 208 (216) – *Böll*) sowie der fachgerichtlichen Feststellung und Würdigung des Tatbestandes nach sich ziehen (BVerfGE 43, 130 (136) – *Flugblatt*; 136, 382 (391) – *Großeltern*). Bei Grundrechtseingriffen **höchster Intensität** erstreckt sich die Überprüfung auch auf *„Einzelheiten der behördlichen und fachrichterlichen Rechtsanwendung"*. Ferner erteilt sich das Bundesverfassungsgericht auch das Placet dafür, gerichtliche Wertungen durch eigene zu ersetzen (BVerfGE 42, 143 (149) – *Deutschland-Magazin*).

Literatur: *Bender*, Die Befugnis des Bundesverfassungsgerichts zur Überprüfung gerichtlicher Entscheidungen, 1991, *Berkemann*, Das BVerfG und seine Fachgerichtsbarkeiten. Auf der Suche nach Funktion und Methodik, in: DVBl. 1996, 1028ff.; *Gündisch*, Die Verfassungsbeschwerde gegen gerichtliche Entscheidungen, in: NJW 1981, 1813ff.; *Kenntner*, Das BVerfG als subsidiärer Superrevisor?, in: NJW 2005, 785ff.; *Kloepfer*, Ist die Verfassungsbeschwerde unentbehrlich?, in: DVBl. 2004, 676ff.; *Korioth*, Bundesverfassungsgericht und Rechtsprechung („Fachgerichte"), in: Badura/Dreier, Festschrift 50 Jahre Bundesverfassungsgericht, Bd. I, 2001, 55ff.; *Neuner*, Die Kontrolle zivilgerichtlicher Entscheidungen durch das BVerfG, in: JZ 2016, 435ff.; *Robbers*, Für ein neues Verhältnis zwischen Bundesverfassungsgericht und Fachgerichtsbarkeit – Möglichkeit und Inhalt von „Formeln" zur Bestimmung von verfassungsgerichtlicher Kompetenzweite, in: NJW 1998, 935ff.; *Roth*, Die Überprüfung fachgerichtlicher Urteile durch das Bundesverfassungsgericht und die Entscheidung über die Annahme einer Verfassungsbeschwerde, in: AöR 121 (1996) 544ff.; *Schlaich/Korioth*, Das Bundeverfassungsgericht, 11. Aufl. 2018, Rn. 280ff.; *Schumann*, Verfassungs- und Menschenrechtsbeschwerde gegen richterliche Entscheidung, 1963, insb. 206ff.; *Wank*, Die verfassungsgerichtliche Kontrolle der Gesetzesauslegung und Rechtsfortbildung durch die Fachgerichte, in: JuS 1980, 545ff.

V. Entscheidung

Wird die Verfassungsbeschwerde durch das Bundesverfassungsgericht angenommen (andernfalls ergeht ein Nichtannahmebeschluss), so hat Bundesverfassungsgericht über die Beschwerde eine **Entscheidung in der Sache** zu treffen und entsprechend zu **tenorieren**. Eine bereits unzulässige Verfassungsbeschwerde wird vom Bundesverfassungsgericht – in freier Anlehnung an § 24 S. 1 BVerfGG – zumeist *„verworfen"* (BVerfGE 1, 3; 106, 210 (211); 128, 90 (91)). Eine gleiche Formulierung findet sich bisweilen, wenn das Bundesverfassungsgericht ob der offensichtlichen Unbegründetheit der Beschwerde eine Prüfung ihrer Zulässigkeit für entbehrlich hält (BVerfGE 90, 241 (241, 246) – *Auschwitzlüge*). Zulässige, aber unbegründete Beschwerden werden hingegen als unbegründet *„zurückgewiesen"* (BVerfGE 11, 192 (193) – *Beurkundungswesen*; 107, 299 (299); 128, 90 (91)), unbegründete Teile einer Verfassungsbeschwerde werden *„im Übrigen zurückgewiesen"* (BVerfGE 93, 165 (166)). Ist eine Verfassungsbeschwerde hingegen **zulässig und begründet**, weil die vom Beschwerdeführer behauptete Rechtsverletzung nach verfassungsgerichtlicher Prüfung tatsächlich besteht, so richtet sich der Inhalt und die Tenorierung der Entscheidung nach § 95 BVerfGG. Das Bundesverfassungsgericht ist dabei – soweit vorhanden – an Anträge des Beschwerdeführers grundsätzlich nicht gebunden. 178

Die **stattgebende Entscheidung** nach § 95 BVerfGG besteht dabei aus einem feststellenden (Abs. 1) und einem rechtsgestaltenden Teil (Abs. 1 und 3). Ausweislich § 90 Abs. 1 S. 1 BVerfGG hat das Bundesverfassungsgericht dabei zunächst unter Angabe des verletzten Grundrechts oder grundrechtsgleichen Rechts und der rechtsverletzenden Handlung oder Unterlassung die **Rechtsverletzung des Beschwerdeführers festzustellen**; dies gilt für gerichtliche Entscheidungen und Rechtsnormen gleichermaßen. Hat sich der Beschwerdeführer mit seiner Verfassungsbeschwerde gegen ein gesetzgeberisches Unterlassen gewandt, wird sich die Entscheidung des Bundesverfassungsgerichts oftmals in dieser Feststellung erschöpfen, da es den Gesetzgeber ob bestehender Ermessensräume nicht zu einer bestimmten Handlung verpflichten kann. Bedeutung hat dies etwa, wenn der Beschwerdeführer eine Verletzung des Art. 3 GG rügt. Der nach § 95 Abs. 1 S. 2 BVerfGG bestehenden Möglichkeit, auch die Verfassungs- 179 widrigkeit von Wiederholungen des Angriffsgegenstandes auszusprechen, kommt in der Praxis kaum Bedeutung zu.

180 Für den **rechtsgestaltenden Inhalt** der Entscheidung unterscheidet § 95 BVerfGG zwischen erfolgreichen Entscheidungsverfassungsbeschwerden (Abs. 2) und erfolgreichen Rechtssatzverfassungsbeschwerden (Abs. 3). Auf einer Grundrechtsverletzung beruhende **Gerichts- und Behördenentscheidungen** hat das Bundesverfassungsgericht nach § 95 Abs. 2 BVerfGG **aufzuheben**; sie verlieren damit *ex tunc* ihre rechtlichen Wirkungen sowie ihre Rechtskraft (BVerfGE 74, 220 (226)). Greift der Beschwerdeführer mehrere Entscheidungen erfolgreich an, so sind diese dem Grunde nach auch alle aufzuheben (BVerfGE 6, 386 (388) – *Haushaltsbesteuerung*; 84, 1 (3) – *Kindergeld für Besserverdienende*).

181 Eine Aufhebung kommt nicht in Betracht, wenn ein aufhebbarer Hoheitsakt (wie im Falle einer gegen ein Unterlassen gerichteten Verfassungsbeschwerde) nicht (mehr) existiert oder an der Aufhebung kein Interesse mehr besteht, weil sich der Hoheitsakt etwa durch Entzug der rechtlichen Grundlage prozessual überholt hat. Ausnahmsweise kann das Bundesverfassungsgericht auch dann von der Aufhebung absehen, wenn der durch die Aufhebung eintretende Zustand noch weiter von der verfassungsmäßigen Ordnung entfernt wäre, als die aufzuhebende Entscheidung (BVerfGE 89, 381 (382, 395 ff.)). In der Praxis sieht das Bundesverfassungsgericht auch von der Aufhebung mehrerer, zu einem einheitlichen Rechtsweg gehörender Entscheidungen ab, wenn es nicht etwa an die fachgerichtliche Erstinstanz zurückverweist, sondern an die Letztinstanz (vgl. etwa BVerfGE 107, 186 (188) – *Impfstoffversand*; 150, 244 (247))). Ferner besteht auch die Möglichkeit einer **teilweisen Aufhebung** (BVerfGE 97, 391 (391) – *Mißbrauchsbezichtigung*).

182 Ist – wie zumeist – gegen eine Entscheidung nach § 90 Abs. 2 S. 1 BVerfGG der Rechtsweg erschöpft worden, so sieht § 92 BVerfGG die **Zurückverweisung** vor. „*Ein zuständiges Gericht*" meint dabei nicht zwangsläufig den *iudex a quo*, also das Gericht, das die beschwerdegegenständliche Entscheidung selbst getroffen hat. Das Bundesverfassungsgericht interpretiert die Vorschrift regelmäßig so, dass es allein an eine sachliche, nicht jedoch an die einfachgesetzliche örtliche Zuständigkeit gebunden ist (BVerfGE 4, 441 (424); 12, 113 (132) – *Schmid-Spiegel*) und kann deshalb nicht nur an einen anderen Spruchkörper des gleichen Gerichts, sondern auch an jedes andere sachlich zuständige Gericht zurückverweisen. Ein Selbsteintrittsrecht des Bundesverfassungsgerichts besteht grundsätzlich nicht; ausnahmsweise mag ein **Durchentscheiden** nur dann in Frage kommen,

wenn dem im Ausgangsverfahren zuständigen Gericht offensichtlich kein eigener Entscheidungsspielraum mehr verbleibt (BVerfGE 35, 202 (244 f.) – *Lebach*; 96, 69 (79)) oder dies insbesondere in Fällen des Eilrechtsschutzes in zeitlicher Hinsicht im Interesse des Beschwerdeführers zwingend geboten erscheint (BVerfGE 35, 202 (204, 244 f.) – *Lebach*; 79, 69 (69 f.; 79) – *Eidespflicht*). Ein Zurückverweisen für die Kostenentscheidung bleibt jedoch regelmäßig erforderlich. § 95 Abs. 1 und 2 BVerfGG sind auch auf **stattgebende Kammerentscheidungen** anwendbar.

Für den Fall einer **unmittelbar** (Rechtssatzverfassungsbeschwerde) 183
oder mittelbar gegen ein Gesetz gerichteten Verfassungsbeschwerde sieht § 95 Abs. 3 S. 1 BVerfGG den Rechtsfolgenausspruch der **Nichtigerklärung** vor. Damit ihrer Wirksamkeit *ex tunc* entledigt werden in der Praxis nicht zwangsläufig Gesetze in ihrer Gänze, sondern – soweit sie abteilbar sind – allein die verfassungswidrigen Bestandteile in Form der etwaigen Absätze, Sätze oder Satzteile (BVerfGE 128, 282 (283) – *Zwangsbehandlung im Maßregelvollzug*). Im Übrigen macht sich das Bundesverfassungsgericht die Möglichkeiten der qualitativen Teilnichtigkeit sowie die der bloßen Unvereinbarerklärung auch im Verfassungsbeschwerdeverfahren dienbar (BVerfGE 119, 59 (60) – *Hufversorgung*; 133, 377 (378) – *Ehegattensplitting*; 137, 108 (109) – *Art. 91e GG*).

Weiterführend *Aust/Meinel*, Entscheidungsmöglichkeiten des BVerfG, in: JuS 2014, 25 ff.; *Bethge*, Die Entscheidungswirkungen von Normbeanstandungen des Bundesverfassungsgerichts, in: JURA 2009, 18 ff.; *Berkemann*, Entscheidung und Gesetzeskraft im Verfahren der Verfassungsbeschwerde, in: DVBl. 1976, 817 ff.; *Gravenhorst*, Zurückverweisung und gesetzlicher Richter, in: NJW 2018, 2161 ff.; *Sandtner*, Verfassungsbeschwerde und Rechtskraft angefochtener Entscheidungen, in: BayVBl. 1970, 77 ff.

§ 13 Die kommunale Verfassungsbeschwerde (Art. 93 Abs. 1 Nr. 4b GG)

Einführende Literatur: *Burmeister*, Die kommunale Verfassungsbeschwerde im System der verfassungsgerichtlichen Verfahrensarten, in: JA 1980, 17 ff.; *Guckelberger*, Verfassungsbeschwerden kommunaler Gebietskörperschaften, in: JURA 2008, 819 ff.; *Schmidt*, Die Kommunalverfassungsbeschwerde, in: JA 2008, 763 ff., *Starke*, Grundfälle zur Kommunalverfassungsbeschwerde, in: JuS 2008, 319 ff.; *Voßkuhle/Kaufhold*, Grundwissen –

Öffentliches Recht: Die verfassungsrechtliche Garantie der kommunalen Selbstverwaltung, in: JuS 2017, 728 ff.

Wichtige Entscheidungen: BVerfGE 26, 228 – *Sorsum*; BVerfGE 76, 107 – *Landes-Raumordnungsprogramm Niedersachsen*; BVerfGE 79, 127 – *Rastede*; BVerfGE 107, 1 – *Verwaltungsgemeinschaften*; BVerfGE 137, 108 – *Optionskommunen*; BVerfGE 147, 185 – *Kinderförderungsgesetz*.

I. Kontext des Verfahrens

1 Auch wenn die kommunale Verfassungsbeschwerde der Verfassungsbeschwerde nach Art. 93 Abs. 1 Nr. 4a GG begrifflich nahesteht, handelt es sich ausweislich ihrer prozessrechtlichen Ausgestaltung um ein **Verfahren eigener Art**. Nach Art. 93 Abs. 1 Nr. 4b GG können Gemeinden und Gemeindeverbände Verfassungsbeschwerde mit der Behauptung erheben, ein Gesetz des Bundes oder Landes verletze Art. 28 GG. Die kommunale Verfassungsbeschwerde dient damit der Durchsetzung der Gewährleistung der kommunalen Selbstverwaltungsgarantie aus Art. 28 Abs. 2 GG durch Anrufung des Bundesverfassungsgerichts. Die Nähe zur Verfassungsbeschwerde hinkt jedoch insoweit, als es sich bei Art. 28 Abs. 2 GG nicht um eine grundrechtliche, sondern um eine den Gemeinden als integrativer Teil des Staatsaufbaus verliehene **institutionelle Garantie** handelt (BVerfGE 138, 1 (18)). Dementsprechend ist das Prozessrecht, das die kommunale Verfassungsbeschwerde zunächst mit der Verfassungsbeschwerde teilt, nach den besonderen gegenstandsbezogenen Anforderungen der kommunalen Verfassungsbeschwerde zu modifizieren.

2 Gänzlich von der Kommunalverfassungsbeschwerde zu unterscheiden ist die – unglücklich so bezeichnete – *kommunale Verfassungsstreitigkeit*, die als verwaltungsrechtlicher Organstreit den Verwaltungsgerichten zur Entscheidung zugewiesen ist. Instruktiv zur **Garantie der kommunalen Selbstverwaltung** vgl. nur *Engels*, Kommunale Selbstverwaltung nach Art. 28 II GG, in: JA 2014, 7 ff.; *Frenz*, Recht auf kommunale Selbstverwaltung für Gemeinden und Kreise, in: JA 2010, 39 ff.; *Magen*, Die Garantie kommunaler Selbstverwaltung, in: JuS 2006, 404 ff.; *Voßkuhle/Kaufhold*, Grundwissen – Öffentliches Recht: Die verfassungsrechtliche Garantie der kommunalen Selbstverwaltung, in: JuS 2017, 728 ff.; *Welti*, Die Verfassungsgarantie der kommunalen Selbstverwaltung, in: JA 2006, 871 ff.

II. Zulässigkeitsvoraussetzungen

1. Beschwerdeberechtigung

Die kommunale Verfassungsbeschwerde kann nach Art. 93 Abs. 1 Nr. 4b GG, § 91 BVerfGG von **Gemeinden** und **Gemeindeverbänden** erhoben werden. Eine Orientierung im Hinblick darauf, welche Körperschaften hiervon umfasst werden, kann zunächst das jeweilige Landesrecht bieten; bei den „*Gemeinden*" und „*Gemeindeverbänden*" handelt es sich prozessual jedoch um einen grundgesetzlichen Rechtsbegriff, der in der Auslegung des Bundesverfassungsgerichts im Zweifel auch zu einem abweichenden Ergebnis führen kann. 3

Beschwerdefähig sind als Gemeindeverbände damit zumeist vor allem Landkreise; wirtschaftliche oder soziale Zweckverbände oder Selbstverwaltungskörperschaften sind in der Regel mangels Qualifikation als kommunale Gebietskörperschaft nicht beschwerdeberechtigt. Wendet sich eine von einer **Liquidation** betroffene und daher untergegangene Gemeinde oder ein Gemeindeverband gerade gegen diese Liquidation, so wird zur Erfüllung des effektiven Rechtsschutzes die Fortdauer der Beschwerdeberechtigung fingiert (BVerfGE 3, 267 (279 f.); BVerfGK 19, 227 (229)). Nicht beschwerdeberechtigt sind jedenfalls die **Stadtstaaten** (Berlin, die Freie und Hansestadt Hamburg sowie die Freie Hansestadt Bremen), da ihr kommunaler Status durch ihre Staatsqualität verdrängt wird und ihnen Rechtsschutz durch die abstrakte Normenkontrolle nach Art. 93 Abs. 1 Nr. 2 GG offensteht. 4

Wer oder welches Gremium zur Außenvertretung der Gemeinde berufen ist und damit die Gemeinde im Verfahren der kommunalen Verfassungsbeschwerde erst **prozessfähig** macht, richtet sich ausschließlich nach dem jeweiligen Landesrecht. 5

2. Beschwerdegegenstand

Die kommunale Verfassungsbeschwerde ist allein als Rechtssatzverfassungsbeschwerde ausgestaltet (BVerfGE 76, 107, 113 (115) – *Landesraumordnungsprogramm*). Sie kann nach Art. 93 Abs. 1 Nr. 4b, § 91 S. 1 BVerfGG nur gegen **„Gesetze"** erhoben werden, wobei der Begriff in der Auslegung des Bundesverfassungsgerichts eher als Antonym zu „*Einzelfallentscheidungen*" zu verstehen und damit aus Rechtsschutzgründen weit zu fassen ist: Die kommunale Verfassungsbeschwerde ist mithin nicht allein gegen Parlamentsgesetze im formellen Sinne, sondern auch gegen **Rechtsverordnungen** 6

(BVerfGE 26, 228 (236) – *Sorsum*; 56, 298 (309) – *Flugplatz Memmingen*) oder **sonstige untergesetzliche staatliche Rechtsnormen** mit Außenwirkung zulässig (BVerfGE 76, 107 (114) – *Landesraumordnungsprogramm*).

7 Angegriffen werden können dabei sowohl **Gesetze des Bundes als auch der Länder**, wobei im Falle von Normen des Landesrechts jedenfalls die formelle Subsidiarität der kommunalen Verfassungsbeschwerde nach § 91 S. 2 BVerfGG zu beachten ist.

3. Beschwerdebefugnis

8 Parallelen zur Verfassungsbeschwerde zeigen sich jedenfalls im Hinblick auf die Beschwerdebefugnis: So sind Gemeinden nur beschwerdebefugt, soweit sie eine **mögliche Verletzung ihres Rechts auf kommunale Selbstverwaltung** hinreichend substantiiert behaupten können (BVerfGE 107, 1 (8) – *Verwaltungsgemeinschaften*). Eine diesbezügliche Rechtsverletzung der Beschwerdeführerin muss daher jedenfalls möglich erscheinen und darf nicht schlechterdings von vorneherein ausgeschlossen sein; für die Bestimmung der **Substantiierungslast** wird § 92 BVerfGG herangezogen (BVerfGE 71, 25 (34 ff.) – *Kommunalverfassungsbeschwerde*). Rügefähig ist dabei allein die Verletzung der institutionellen Garantie des Art. 28 Abs. 2 GG. Da die kommunale Verfassungsbeschwerde nicht die Natur der abstrakten Normenkontrolle teilt, kann das Bundesverfassungsgericht die Beschwerdebefugnis auch **nicht auf andere Bestimmungen der Verfassung ausweiten** (BVerfGE 119, 331 (356); 137, 108 (162) – *Optionskommunen*).

9 Ausnahmsweise kommt jedoch auch die **Rüge anderer Verfassungsnormen** in Betracht, soweit diese ihrem Gehalt nach das verfassungsrechtliche Bild der Selbstverwaltung mitzubestimmen geeignet sind (BVerfGE 1, 167 (181) – *Selbstverwaltungsrecht der Gemeinden*; 56, 298 (310) – *Flugplatz Memmingen*). Denkbar scheint daher auch die Rüge einer Verletzung des **Demokratieprinzips** aus Art. 20 Abs. 1 GG (BVerfGE 91, 228 (224)), des **Bundesstaatsprinzip** aus Art. 20 Abs. 1 GG, soweit der Bund etwa ein direktes Durchgriffsrecht auf Gemeinden erhält (BVerfGE 56, 298 (311) – *Flugplatz Memmingen*), der **Gesetzgebungskompetenzen** der Art. 70 ff. GG, da die Gemeinden kompetenzwidrige Beeinträchtigungen ihrer Selbstverwaltung nicht hinnehmen müssen (BVerfGE 56, 298 (310) – *Flugplatz Memmingen*; 137, 108 (162) – *Optionskommune*) sowie des **Verhältnismäßigkeitsgrundsatzes** (BVerfGE 125, 141 (167)) oder des **Gebots der interkommunalen Gleichbehandlung** (BVerfGE 83, 363 (393) – *Krankenhausumlage*).

Überdies muss die Beschwerdeführerin durch die angegriffene Rechtsnorm auch **selbst, gegenwärtig** und **unmittelbar** in ihrem Selbstverwaltungsrecht betroffen sein (BVerfGE 71, 25 (34) – *Kommunalverfassungsbeschwerden*). 10

Hinsichtlich der **Betroffenheitstrias** gelten im Wesentlichen die Anforderungen, die auch im Rahmen einer Individualverfassungsbeschwerde gestellt werden. Im Hinblick auf die unmittelbare Betroffenheit ergibt sich insoweit die Besonderheit, dass kommunale Verfassungsbeschwerden gegen Gesetze, die einer **Konkretisierung durch eine Rechtsverordnung** oder andere untergesetzliche Rechtsnorm bedürfen, nicht direkt angegriffen werden können, da die kommunale Verfassungsbeschwerde auch gegen diese Konkretisierungen noch zulässig ist (BVerfGE 76, 107 (112 f.) – *Landesraumordnungsprogramm*). Im Umkehrschluss steht es der Zulässigkeit jedoch nicht im Wege, wenn der **Vollzug des Gesetzes noch eines Einzelaktes** (etwa eines Verwaltungsaktes) bedarf, da hiergegen keine kommunale Verfassungsbeschwerde erhoben werden kann und damit der Rechtsschutz der Gemeinde verkürzt würde (BVerfGE 71, 25 (35 f.) – *Kommunalverfassungsbeschwerden*). 11

3. Formelle Subsidiarität nach § 91 S. 2 BVerfGG

Auch wenn sich zahlreich die Formulierung findet, Art. 93 Abs. 1 Nr. 4b Hs. 2 GG, § 91 S. 2 BVerfGG normierten die *„Subsidiarität“* der kommunalen Verfassungsbeschwerde, so geht die Norm doch deutlich über das im Rahmen der einfachen Subsidiarität zu erwartende Maß der Verdrängung hinaus. § 91 S. 2 BVerfGG **schließt die Zuständigkeit des Bundesverfassungsgerichts** für Rügen der Verletzung der kommunalen Selbstverwaltungsgarantie gegen Landesgesetze **vollständig aus,** soweit hierfür der Rechtsweg zu den Landesverfassungsgerichten eröffnet ist. 12

Da Art. 93 Abs. 1 Nr. 4b GG, § 91 BVerfGG eine weitreichende verfassungsgerichtliche Kontrolle von Beschränkungen der kommunalen Selbstverwaltung verbürgen, findet diese Verdrängung jedoch auch ihre Grenzen. So reicht der Vorrang der Landesverfassungsgerichte nur soweit, wie durch Landesrecht ein zur kommunalen Verfassungsbeschwerde nach Bundesrecht **gleichwertiger Rechtsschutz** ermöglicht wird (BVerfGE 107, 1 (8) – *Landesraumordnungsprogramm*). Eine Kontrolle bleibt daher möglich, wenn die *institutionelle Garantie* der kommunalen Selbstverwaltung nach Landesrecht hinter Art. 28 Abs. 2 GG oder die *prozessrechtliche Ausgestaltung* hinter der kommunalen (Bundes-)Verfassungsbeschwerde zurückbleiben (BVerfGE 147, 185 (212) – *KiFöG LSA*). Richtet sich die Gemeinde gegen **Rechtsnormen des Bundesrechts**, ist von vorneherein nur der Rechtsweg zum Bundesverfassungsgericht eröffnet. Vertiefend zur formellen Subsidiarität der kommunalen Verfassungsbeschwerde vgl. nur *Kettler*, Zur Subsidiarität der Kommunalver- 13 fassungsbeschwerde nach Bundesrecht gegenüber der nach Landesrecht für Gemeinden in den neuen Bundesländern, in: LKV 1995, 132ff.

4. Rechtswegerschöpfung und materielle Subsidiarität

14 Auch vor Erhebung der kommunalen Verfassungsbeschwerde ist grundsätzlich der Rechtsweg zu erschöpfen (BVerfGE 76, 107 (114f.) – *Landesraumordnungsprogramm*). Dies gilt regelmäßig jedoch nur, soweit es sich bei dem angegriffenen Rechtssatz um eine **untergesetzliche Norm** handelt, da der Rechtsschutz gegen Parlamentsgesetze den Verfassungsgerichten vorbehalten ist.

15 Gegen untergesetzliche Regelungen muss daher zunächst vor den Verwaltungsgerichten, vor allem im Rahmen von Verfahren der **Normenkontrolle nach § 47 VwGO**, Rechtsschutz ersucht werden. Die Anrufung der **Landesverfassungsgerichte** gehört hingegen nicht zum Rechtsweg, kann jedoch aufgrund von § 91 S. 2 BVerfGG dennoch zur Voraussetzung der Erhebung der kommunalen Verfassungsbeschwerde werden.

16 Ob im Rahmen der kommunalen Verfassungsbeschwerde auch der **allgemeine Grundsatz der Subsidiarität** heranzuziehen ist, ist in der Rechtswissenschaft umstritten (vgl. hierzu etwa *Bethge*, in Maunz/Schmidt-Bleibtreu/Klein/Bethge, BVerfGG (Stand: 60. EL Juli 2020), § 91 Rn. 50ff.), in der Rechtsprechung des Bundesverfassungsgerichts wird dies hingegen im Ergebnis angenommen. So müssen Kommunen auch die ihnen **zumutbaren, anderen prozessualen Mittel** zur Beseitigung der geltend gemachten Verletzung ihrer kommunalen Selbstverwaltung in Anspruch nehmen.

17 Daher ist oftmals zunächst **indirekter verwaltungsgerichtlicher Rechtsschutz** etwa durch eine negative Feststellungsklage nach § 43 Abs. 1 VwGO zu ersuchen, die gegen die individuelle Verbindlichkeit der bestrittenen Verbote oder Verpflichtungen gerichtet werden kann (BVerfGE 115, 81 (95f.) – *Rechtsschutz gegen Verordnungen*). Obwohl dies im Ergebnis dazu führen kann, dass die gesetzliche Grundlage nach Art. 100 Abs. 1 GG wieder den Weg zum Bundesverfassungsgericht antritt – § 91 S. 2 BVerfGG findet hier sodann auch keine Anwendung –, wird somit sichergestellt, dass primär die zuständigen Fachgerichte die wesentlichen Fragen der Auslegung und Anwendung des einfachen Rechts beantworten und die Sach- und Rechtslage vor Anrufung des Bundesverfassungsgerichts aufarbeiten (BVerfG, Beschl. v. 28.1.2014 – 1 BvR 573/11, in: NVwZ-RR 2014, 537 (538)).

5. Sonstige Zulässigkeitsvoraussetzungen

18 Unbestritten ist zunächst, dass auch auf die kommunale Verfassungsbeschwerde die **Frist** der Rechtssatzverfassungsbeschwerde nach § 93 Abs. 3 BVerfGG anzuwenden ist (BVerfGE 107, 1 (8) – *Verwaltungsgemeinschaften*; 79, 127 (142) – *Rastede*). Sie muss daher binnen Jahresfrist nach Inkrafttreten der beanstandeten Norm erhoben werden.

19 Keine Rolle spielt dabei, wann sich die Kommune erstmalig durch die Rechtsnorm beschwert sieht oder die Beeinträchtigung ihrer Selbstverwaltung erkennt, da es sich bei § 93 Abs. 3 BVerfGG der Rechtssicherheit wegen um eine **Ausschlussfrist** handelt (BVerfGK 16, 396 (401)). Entsteht die Betroffenheit der Gemeinde erst durch eine ein Gesetz **konkretisierende Rechtsverordnung**, so ist das Inkrafttreten der Rechtsverordnung maßgeblich (BVerfGE 110, 370 (382) – *Klärschlamm*). Muss die Kommune aufgrund der Rechtswegerschöpfung oder der Anforderungen der materiellen Subsidiarität zunächst fachgerichtlichen Rechtsschutz ersuchen, so hat sie dies spätestens binnen der laufenden Jahresfrist zu tun; die Frist für die kommunale Verfassungsbeschwerde **verschiebt sich dann auf die Beendigung der fachgerichtlichen Verfahren** (BVerfGE 76, 107 (116) – *Landesraumordnungsprogramm*; BVerfGK 16, 396 (402)).

20 Gleichsam gelten für die kommunale Verfassungsbeschwerde auch die allgemeinen **Darlegungs- und Begründungslasten**, wie sie auch für die Individualverfassungsbeschwerde anzuwenden sind. Sie unterliegt ebenso dem **Annahmeverfahren** nach §§ 93a ff. BVerfGG (BVerfG, Beschl. v. 13.3.2000, 2 BvR 860/95, in: NVwZ 2001, 317 f.).

III. Begründetheit und Entscheidung

21 Die kommunale Verfassungsbeschwerde ist begründet, wenn der beschwerdegegenständliche Rechtssatz gegen Art. 28 Abs. 2 GG verstößt. Das Rügepotential und der **Prüfungsmaßstab** der kommunalen Verfassungsbeschwerde sind damit im Vergleich mit etwa der abstrakten Normenkontrolle streng limitiert. Die Reichweite der Begründetheitsprüfung ist aber die materielle Kehrseite der prozessualen Antragsbefugnis: Insoweit erstreckt sich der Prüfungsmaßstab des Bundesverfassungsgerichts über Art. 28 Abs. 2 GG hinaus auch auf solche Normen des Grundgesetzes, die das verfassungsrechtliche Bild der Selbstverwaltung mitzubestimmen geeignet sind (BVerfGE 1, 167 (181) – *Selbstverwaltungsrecht der Gemeinden*; 56, 298 (310) –

Flugplatz Memmingen). Da es sich bei der kommunalen Verfassungsbeschwerde um eine reine prinzipale Rechtssatzkontrolle handelt, entsprechen die **Entscheidungswirkungen** denen der Individual-Rechtssatzverfassungsbeschwerde. So kommt den Entscheidungen neben der Rechtskraft auch Bindungswirkung nach § 31 Abs. 1 BVerfGG zu und sie erwächst in **Gesetzeskraft** (§ 31 Abs. 2 BVerfGG).

Literatur: *Bethge*, Der Umfang des Prüfungsmaßstabes des Bundesverfassungsgerichts im Verfahren der kommunalen Verfassungsbeschwerde, in: DÖV 1972, 155 ff.; *Burmeister*, die kommunale Verfassungsbeschwerde im System der verfassungsgerichtlichen Verfahrensarten, in: JA 1980, 17 ff.; *Gern*, Rechtsschutz der Kommunen in der Europäischen Union in: NVwZ 1996, 532 ff.; *Guckelberger*, Verfassungsbeschwerden kommunaler Gebietskörperschaften, in: JURA 2008, 819 ff.; *Heer*, Die Verfassungsbeschwerde der Gemeinden und Gemeindeverbände, 1954; *Heinze*, Die Verfassungsbeschwerde der Selbstverwaltungskörperschaften nach Bundesrecht, in: BayVBl. 1970, 7 ff.; *Hoppe*, Probleme des verfassungsgerichtlichen Rechtsschutzes der kommunalen Selbstverwaltung, in: DVBl. 1995, 179 ff.; *Litzenburger*, Die kommunale Verfassungsbeschwerde in Bund und Ländern, 1985; *Lück*, Der Beitrag der Kommunalverfassungsbeschwerde nach Art. 93 Abs. 1 Nr. 4b GG, § 91 BVerfGG zum Schutz der kommunalen Selbstverwaltung, 2014; *Maurer*, Der verfassungsgerichtliche Rechtsschutz der Gemeinden, politischen Parteien und Kirchen, in: Grote/Härtel (Hrsg.), Festschrift für Christian Starck, 2007, 335 ff.; *Schmidt-Bleibtreu*, Die Verfassungsbeschwerde der Gemeinden nach Bundesrecht, in: DVBl. 1967, 597 ff.; *Schmidt*, Die Kommunalverfassungsbeschwerde, in: JA 2008, 763 ff.; *Wernsmann*, Die Garantie der kommunalen Selbstverwaltung als Prüfungsmaßstab der kommunalen Verfassungsbeschwerde, in: Detterbeck/Rozek/v. Coelln (Hrsg.), Festschrift für Herbert Bethge, 2009, 601 ff.

4. Teil. Kontradiktorische Verfahren

§ 14 Das Bundesorganstreitverfahren (Art. 93 Abs. 1 Nr. 1 GG)

Einführende Literatur: *Ehlers*, Organstreitigkeiten vor dem Bundesverfassungsgericht gemäß Art. 93 Abs. 1 Nr. 1 GG, §§ 13 Nr. 6, 63 ff. BVerfGG, in: JURA 2003, 315 ff.; *Engels*, Die Zulässigkeit im Organstreitverfahren vor dem Bundesverfassungsgericht, in: JURA 2010, 421 ff.; *Erichsen*, Das Organstreitverfahren vor dem Bundesverfassungsgericht nach Art. 93 Abs. 1 Nr. 1 GG, §§ 13 Nr. 5, 63 ff. BVerfGG, in: JURA 1990, 670 ff.; *Geis/Meier*, Grundfälle zum Organstreitverfahren, Art. 93 I Nr. 1 GG, §§ 13 Nr. 5, 63 ff. BVerfGG, in: JuS 2011, 669 ff.; *Laubinger*, Organstreitigkeiten, in: JA 1972, 727 ff.

Wichtige Entscheidungen: BVerfGE 2, 143 – *EVG-Vertrag*; BVerfGE 20, 18 – *Beitritt im Organstreitverfahren*; BVerfGE 24, 300 – *Parteienfinanzierung*; BVerfGE 44, 125 – *Öffentlichkeitsarbeit*; BVerfGE 62, 1 – *Bundestagsauflösung I*; BVerfGE 68, 1 – *Atomwaffenstationierung*; BVerfGE 80, 188 – *Wüppesahl*; BVerfGE 84, 304 – *PDS/Linke Liste*; BVerfGE 90, 286 – *Out-of-area-Einsätze*; BVerfGE 104, 151 – *Strategisches Konzept der NATO*; BVerfGE 108, 251 – *Abgeordnetenbüro*; BVerfGE 112, 118 – *Vermittlungsausschuss*; BVerfGE 114, 121 – *Bundestagsauflösung II*; BVerfGE 118, 244 – *Afghanistan-Einsatz*; BVerfGE 118, 277 – *Abgeordnetengesetz*; BVerfGE 124, 78 – *BND-Untersuchungsausschuss*; BVerfGE 136, 323 – *Äußerungsbefugnis des Bundespräsidenten*; BVerfGE 138, 102 – *Fall Schwesig*; BVerfGE 142, 25 – *Oppositionsrechte*; BVerfGE 148, 11 – *Fall Wanka*; BVerfGE 154, 1 – *Rechtsausschuss*; BVerfGE 154, 320 – *Fall Seehofer*.

I. Zum Kontext des Verfahrens

Wie auch der Bund-Länder-Streit ist der Bundesorganstreit ein tradiertes Verfahren deutscher Staatsgerichtsbarkeit und Teil der *Essentialia* der Verfassungsgerichtsbarkeit deutscher Art und Prägung. Er beruht maßgeblich auf der Entscheidung über die Auslegung der vertragsartig gestalteten Verfassungen des deutschen Frühkonstitutionalismus aus Anlass von Streitigkeiten zwischen Landesherren und Ständen. Soweit der Bundesorganstreit auch hierin wurzelt, liegt ihm doch ein grundlegend anderes Verständnis des Staates zu Grunde. So setzte noch die in der Paulskirchenverfassung vorgesehene Organ- 1 streitigkeit zwischen Staatenhaus und Volkshaus (§ 126 lit. b PKV) zur Begründung der Zuständigkeit des Reichsgerichts voraus, dass *„die streitenden Theile sich vereinigen, die Entscheidung des Reichsgerichts einzuholen"*. *„Rechtsschutz"* im Innenbereich der organisierten Staatlichkeit war mithin nur zu erreichen, wenn sich beide Parteien diesen freiwillig auch gegenseitig angedeihen lassen wollten. Im Kern folgt dies der lange Zeit verbreiteten Ansicht, das Binnenverhältnis der Staatsorgane sei als ein *Politikum* nicht justiziabel; Rechtsbeziehungen entstünden zwischen Staat und Bürger, nicht jedoch im Innenverhältnis des Staates.

2 In Sinne einer solchen **Impermeabilität des Staates** vgl. etwa *Jellinek*, Allgemeine Staatslehre, 3. Aufl. 1914, 561; *Laband*, Das Staatsrecht des Deutschen Reiches, Bd. II, 5. Aufl. 1911, 181 ff.

3 Der moderne **Verfassungsstaat** des Grundgesetzes hat die wechselseitigen Beziehungen der Verfassungsorgane als Binnenverhältnisse der Staatsorganisation jedoch vollständig verrechtlicht, mit der Konsequenz, dass auch ihre verfassungsgerichtliche Kontrolle bis weit hinein in den innersten Zirkel der staatlichen Macht möglich geworden und als Emanation der Verfassungsstaatlichkeit geboten ist. Mit dem Bundesorganstreitverfahren hat sich der Verfassungsgeber auf dieses Experiment eingelassen, begrenzt indes dadurch, dass das Gericht primär nicht die Streitigkeit als solche zu entscheiden hat, sondern über die Auslegung der dem Streit zu Grunde liegenden Bestimmungen des Grundgesetzes (vgl. Art. 93. Abs. 1 Nr. 1 GG, § 67 BVerfGG).

4 Den historischen Wurzeln des Organstreits ist es weitgehend auch zu verdanken, dass Unklarheiten dahingehend bestehen, ob es sich beim Verfassungsprozess um ein **objektives Verfahren der Verfassungsauslegung oder um Verfahren zur rechtsförmigen Beilegung eines konkreten Streits** handelt. Seine normative Fundierung im Grundgesetz spricht dabei auf den ersten Blick für Ersteres: Nach Art. 93 Abs. 1 Nr. 1 GG entscheidet das Bundesverfassungsgericht *„über die Auslegung dieses Grundgesetzes"* und reduziert den Zweck des Verfahrens damit auf die verfassungsgerichtliche Findung der *„richtigen Auslegung"*. Dieser Verfahrenscharakter ist in der prozessualen Konkretisierung der §§ 63 ff. BVerfGG vollständig untergegangen: Der Organstreit nach dem Bundesverfassungsgerichtsgesetz dient gerade nicht der abstrakten Klärung einer verfassungsrechtlichen Rechtsfrage aus akademischem oder sonstigem objektivem Inte-

resse (vgl. BT-Drs. I/788, 32), sondern alleine der **streitigen Abgrenzung der Zuständigkeiten und Kompetenzen von Verfassungsorganen** (BVerfGE 68, 1 (69ff.) – *Atomwaffenstationierung*; 126, 55 (67f.) – *G8-Gipfel Heiligendamm*). Normativen Rückhalt findet diese Interpretation des Verfahrens nach Art. 93 Abs. 1 Nr. 1 GG jedenfalls im Begriff der „*Streitigkeit*": Eine solche setze nicht nur einen konkreten Anlass voraus, sondern auch, dass „*demjenigen, der ein Recht behauptet, sein Recht von einem anderen streitig gemacht wird*" (BVerfGE 2, 143 (155) – *EVG-Vertrag*).

Hierin begründet sich die **kontradiktorische Natur** des Organ- **5**
streitverfahrens: Die „*Streitigkeit*" bedarf eines Prozessrechtsverhältnisses zwischen mindestens zwei Parteien, die sich eine Rechtsposition (gegenseitig) streitig machen. Ausweislich Art. 93 Abs. 1 Nr. 1 GG können Parteien nur die – für das Verfahren namensgebenden – **obersten Bundesorgane** und ihnen gleichgestellte andere Beteiligte sein. Durch die Limitierung des Prüfungsmaßstabes auf die „*Auslegung dieses Grundgesetzes*" wird der Bundesorganstreit auch zum **Verfassungsstreit:** Dem Streit der Beteiligten muss ein materielles Rechtsverhältnis der gegenseitigen verfassungsrechtlichen Beziehungen der obersten Bundesorgane zu Grunde liegen. Für nichtverfassungsrechtliche Rechtsverhältnisse ist der Rechtsweg zur Verwaltungsgerichtsbarkeit zu beschreiten. Diesen wechselseitigen Beziehungen der Verfassungsrechtsverhältnisse ist es auch geschuldet, dass die Positionen der Parteien im Organstreit von **Symmetrie** gekennzeichnet sind: Wer einerseits Antragsteller sein kann, muss andererseits auch Antragsgegner sein können; wer andere kraft *aktiver* Parteifähigkeit für deren Handlungen verantwortlich machen kann, hat kraft *passiver* Parteifähigkeit auch prozessual für sein eigenes Handeln einzustehen.

Instruktiv zum Kontext des Bundesorganstreitverfahrens: *Bethge*, Organstreitigkeiten des Landesverfassungsrechts, in: Starck/Stern (Hrsg.), Landesverfassungsgerichtsbarkeit, Teilbd. II, 1983, 17ff.; *Barczak/Görisch*, Das Organstreitverfahren als objektives Rechtsschutzverfahren, in: DVBl. 2011, 332ff.; *Goessl*, Organstreitigkeiten innerhalb des Bundes – Eine Untersuchung des Art. 93 Abs. 1 Nr. 1 des Grundgesetzes und der zu seiner Ausführung ergangenen Bestimmungen des Bundesverfassungsgerichtsgesetzes, 1961; *Grote*, Der Verfassungsorganstreit – Entwicklungen, Grundlagen und Erscheinungsformen, 2010; *Pietzcker*, Organstreit, in: Badura/Dreier (Hrsg.) Festschrift 50 Jahre Bundesverfassungsgericht, Bd. I, 2001, 587ff.; *Renck*, Art. 93 Abs. 1 Nr. 1 GG: Prinzipale Norminterpretation oder Organstreit, in: DÖV 2004, 1035ff.

6 Organstreitigkeiten können sich auch im Kontext der Kontrollbefugnisse des Bundestages in **parlamentarischen Untersuchungsausschüssen** sowie im **Parlamentarischen Kontrollgremium** ergeben. Anders als dies für die Vorlage des Einsetzungsbeschlusses über den Untersuchungsausschuss nach § 36 Abs. 2 PUAG der Fall ist, sind jedenfalls die von § 66a BVerfGG in Bezug genommenen Rechtsstreitigkeiten als Organstreitigkeiten ausgeformt. Dies ergibt sich vor allem schon daraus, dass sich in diesen Verfahren Verfassungsorgan(teil)e gegenüberstehen, klarstellend jedoch auch aus § 66a BVerfGG, der mit seiner systematischen Stellung innerhalb der Vorschriften über das Organstreitverfahren auch deren Qualifikation als solche impliziert. Die prozessuale Bedeutung des § 66a BVerfGG selbst erschöpft sich darin, dass die Entscheidung des Bundesverfassungsgerichts in den in Bezug genommenen Verfahren unabhängig des Verzichts der Parteien ohne mündliche Verhandlung ergehen kann.

7 Bundesorganstreitigkeiten sind demnach auch die Anrufung des Bundesverfassungsgerichts durch die qualifizierte Minderheit aus Anlass der **teilweisen Ablehnung ihres Antrages auf Einsetzung eines Untersuchungsausschusses** (§ 2 Abs. 3 PUAG), ferner im Kontext der Untersuchungsausschüsse der Streit über die **Rechtmäßigkeit der Ablehnung eines Ersuchens auf Vorlage von Beweismitteln** (§ 18 Abs. 3 PUAG), auf **Augenscheinnahme** (§ 19 PUAG) sowie auf Erteilung der erforderlichen Aussagegenehmigungen durch die Bundesregierung (§ 23 Abs. 2 PUAG). Auch Streitigkeiten zwischen dem parlamentarischen Gremium für die Kontrolle nachrichtendienstlicher Tätigkeit des Bundes und der Bundesregierung (§ 14 PKGrG) stellen einen Organstreit da. Vertiefend zum Organstreit im Kontext der Untersuchungsausschüsse und des parlamentarischen Kontrollgremiums vgl. nur *Gärditz*, Das Rechtsschutzsystem des Untersuchungsausschussgesetzes des Bundes, in: ZParl 2005, 854 ff.; *Schulte*, das Recht der Untersuchungsausschüsse – Eine Darstellung des Untersuchungsausschussgesetzes anhand von Fällen, in: JURA 2003, 595 ff.; *Platter*, Das parlamentarische Untersuchungsverfahren vor dem Bundesverfassungsgericht, 2004; *Waechter*, Geheimdienstkontrolle – erfolglos, folgenlos, umsonst? Zur Durchsetzung des Unterrichtungsanspruchs des Parlamentarischen Kontrollgremiums für die Nachrichtendienste, in: JURA 1991, 520 ff.

II. Zulässigkeitsvoraussetzungen

1. Parteifähigkeit

a. Das Verhältnis von Art. 93 Abs. 1 Nr. 1 GG zu § 63 BVerfGG. 8
Auch wenn prima facie sowohl Art. 93 Abs. 1 Nr. 1 GG als auch § 63 BVerfGG Fragen der Entscheidung des Bundesverfassungsgerichts im Bundesorganstreitverfahren zum Gegenstand haben, kommt beiden Normen eine unterschiedliche Bedeutung zu. Als verfassungsrechtliche Grundnorm begründet Art. 93 Abs. 1 Nr. 1 GG die materiellrechtliche Zuständigkeit des Bundesverfassungsgerichts im Organstreitverfahren, während § 63 BVerfGG prozessrechtlich den Kreis der Parteifähigen klärt. Denklogisch sollte der Umfang des prozessualen wie des materiellen Rechtsverhältnisses deckungsgleich sein, also die gleichen Parteien, die Teil eines materiellen Verfassungsrechtsverhältnisses im Sinne des Art. 93 Abs. 1 Nr. 1 GG sein können, auch zur prozessualen Teilnahme am Verfahren im Sinne des § 63 BVerfGG berechtigt sein. Auch wenn die beiden Normen weitreichende sprachliche Parallelen aufweisen, so leiden sie dennoch an einer **Inkongruenz**.

Nach Art. 93 Abs. 1 Nr. 1 GG entscheidet das Bundesverfassungsgericht über die Auslegung des Grundgesetzes aus Anlass von Streitigkeiten über den Umfang der Rechte und Pflichten eines „*obersten Bundesorgans oder anderer Beteiligter, die durch dieses Grundgesetz oder in der Geschäftsordnung eines obersten Bundesorgans mit eigenen Rechten ausgestattet sind*". § 63 BVerfGG normiert wiederum abschließend („*können nur sein*") als parteifähig: „*der Bundespräsident, der Bundestag, der Bundesrat, die Bundesregierung und die im Grundgesetz oder in den Geschäftsordnungen des Bundestages und des Bundesrates mit eigenen Rechten ausgestatteten Teile dieser Organe*" und ist damit **zugleich weiter und enger gefasst** als die zuständigkeitsbegründende Norm des Grundgesetzes. *Weiter gefasst*, weil die Inklusion von Organteilen der grundgesetzlichen Regelung selbst fremd ist, *enger gefasst*, weil Art. 93 Abs. 1 Nr. 1 GG die Bundesorgane nicht auf die Aufzählung in § 63 BVerfGG beschränkt und darüber hinaus auch die materielle Beteiligung „*anderer Beteiligter*" anordnet, die sich gleichfalls nicht in der prozessualen Regelung wiederfinden. 9

10 Soweit § 63 BVerfGG im Vergleich zu Art. 93 Abs. 1 Nr. 1 GG zu einer **Erweiterung der prozessualen Parteifähigkeit** führt, begegnet dies keinen Bedenken. So lassen sich die *„mit eigenen Rechte Rechten ausgestatten Teile dieser Organe"* entweder ohnehin unter den unbestimmten Rechtsbegriff *„anderer Beteiligter"* in Art. 93 Abs. 1 Nr. 1 GG subsumieren; ihre Addition scheint in jedem Falle aber durch die Möglichkeiten der einfachgesetzlichen Ausgestaltung (Art. 94 Abs. 2 S. 1 GG) oder der Zuweisung weiterer Zuständigkeiten (Art. 93 Abs. 3 GG) gedeckt. Wesentlich problematischer erscheinen hingegen die divergierenden Fassungen im Hinblick auf die gleichzeitig bewirkte **Verkürzung der Parteifähigkeit**, da verfassungsrechtlich noch beteiligungsfähigen Organen einfachgesetzlich die Parteifähigkeit entzogen werden soll. Dieser durch die doch etwas missglückte prozessuale Ausgestaltung entstandene Konflikt lässt sich auf mehrerlei denkbare Weise ausräumen: So ließe sich vor dem Hintergrund des einfachgesetzgeberischen Auftrages in Art. 94 Abs. 2 S. 1 GG die Bestimmung in § 63 BVerfGG als abschließende und verdrängende **lex specialis** zu Art. 93 Abs. 1 Nr. 1 GG begreifen (in diese Richtung noch BVerfGE 1, 208 (231 f.) – *7,5%-Sperrklausel*). Damit würde jedoch der einfachgesetzlichen Norm Vorrang vor der Verfassungsnorm eingeräumt. Denkbar erscheint ferner, § 63 BVerfGG **verfassungskonform dahingehend auszulegen**, dass auch die anderen von Art. 93 Abs. 1 Nr. 1 GG umfassten Rechtsträger prozessual parteifähig sind (). Aufgrund der unmissverständlich klaren Formulierung einer abschließenden Regelung in § 63 BVerfGG (*„können nur sein"*) muss diese Auslegung jedoch am Wortlaut der Norm scheitern. Es drängt sich daher auf, dass § 63 BVerfGG jedenfalls insoweit, als er den Kreis der materiellen Beteiligung aus Art. 93 Abs. 1 Nr. 1GG durch seine abschließende Fassung prozessual verkürzt, **verfassungswidrig** und damit **teilnichtig** ist; auch die von § 63 BVerfGG nicht umfassten, jedoch von Art. 93 Abs. 1 Nr. 1 GG in Bezug genommenen Rechtsträger sind mithin im Bundesorganstreit parteifähig.

11 Das **Bundesverfassungsgericht** setzt in seiner Rechtsprechung auf eine etwas paradoxe Lösung. Zwar trifft es die Feststellung, § 63 BVerfGG setze *„die verfassungsrechtliche Vorgabe des Art. 93 Abs. 1 Nr. 1 GG […] nicht abschließend um"* (BVerfGE 136, 277 (299); 143, 1 (9) – *G10-Kommission*) und ermittelt die Parteifähigkeit in Folge aus einer Zusammenschau von § 63 BVerfGG sowie Art. 93 Abs. 1 Nr. 1 GG, verliert dabei aber kein Wort zur Frage der Wortlautgrenze oder der Teilnichtigkeit. Vertiefend zu diesem **Gesamtkom-**

plex vgl. *Ehlers*, Organstreitigkeiten vor dem Bundesverfassungsgericht gemäß Art. 93 Abs. 1 Nr. 1 GG, §§ 13 Nr. 6, 63 ff. BVerfGG, in: JURA 2003, 315 (317); *Engels*, Die Zulässigkeitsprüfung im Organstreitverfahren vor dem Bundesverfassungsgericht, in: JURA 2010, 421 (422); *Erichsen*, Das Organstreitverfahren vor dem Bundesverfassungsgericht nach Art. 93 Abs. 1 Nr. 1 GG, §§ 13 Nr. 5, 63 ff. BVerfGG, in: JURA 1990, 670 (671); *Maurer*, Die politischen Parteien im Prozeß, in: JuS 1992, 296 (296 f.).

b. „Oberste Bundesorgane". Nach § 63 BVerfGG sind der **Bundespräsident**, der **Bundestag**, der **Bundesrat** und die **Bundesregierung** als oberste Bundesorgane im Organstreit parteifähig. Aufgrund der Verfassungswidrigkeit und Nichtigkeit der abschließenden Fassung der Norm („*nur*") sind darüber hinaus jedoch auch andere „*oberste Bundesorgane*" parteifähig, die von Art. 93 Abs. 1 Nr. 1 GG in materieller Hinsicht in Bezug genommen werden, so dass sich insbesondere die Frage der **Abgrenzung der obersten Bundesorgane** stellt. Diesen gemein sein muss zunächst, dass es sich überhaupt um Organe handelt. 12

Etwas sperrig, aber ein Klassiker geworden ist die **Definition des Organbegriffs** von *Hans J. Wolff*. Modifiziert für die Organstellung im Rahmen der Staatsverfassung ist ein Organ demnach ein „*institutionalisierter Kompetenzkomplex zur transitorischen Wahrnehmung der Eigenzuständigkeiten einer juristischen Person*" (vgl. *Bethge*, in: Maunz/Schmidt-Bleibtreu/Klein/Bethge, BVerfGG (Stand: 60. EL Juli 2020), § 63 Rn. 24). 13

Oberste Bundesorgane sind jedoch nur solche Organe, deren Funktionen **verfassungsrechtlich radiziert** sind. Zur näheren Determination ist auf solche Organe abzustellen, „*die von der Verfassung in Existenz, Status und wesentlichen Kompetenzen konstituiert werden, dem Staat durch Existenz und Funktion seine spezifische Gestalt verleihen und durch ihre Tätigkeit an der obersten Staatsleitung Anteil haben*" (BVerfGE 143, 1 (9) – *G10-Kommission*). **Weitere parteifähige oberste Bundesorgane** sind damit ferner: 14

- der **Gemeinsame Ausschuss**,
- die **Bundesversammlung** (BVerfGE 136, 277 (299)),
- der **Vermittlungsausschuss** (offenlassend BVerfGE 140, 115 (139) – *Arbeitsgruppen des Vermittlungsausschusses*).

Keine obersten Bundesorgane i. S. d. Art. 93 Abs. 1 Nr. 1 GG und damit im Bundesorganstreit nicht parteifähig sind hingegen: 15

- der **Wehrbeauftragte des Bundestages**, der ein reines parlamentarisches Hilfsorgan, damit aber zumindest Organteil des Bundestages ist,

- die **Bundesbank**, da allein ihre institutionelle Existenz, weder jedoch ihre Unabhängigkeit noch ihre Kompetenzen verfassungsrechtlich fundiert sind,
- die **obersten Gerichtshöfe des Bundes**, die zwar in institutioneller Hinsicht verfassungsrechtlich garantiert sind, deren Kompetenzen sich aber erst aus dem einfachen Recht ergeben,
- die **G10-Kommission** (BVerfGE 143, 1 (8f.) – *G10-Kommission*),
- das **deutsche Staatsvolk** (BVerfGE 13, 54 (84)), auch wenn das Bundesverfassungsgericht hin und wieder etwas unglücklich vom *„Staatsorgan Volk"* (BVerfGE 83, 60 (71) – *Ausländerwahlrecht II*) spricht,
- Das **Bundesverfassungsgericht** selbst ist – trotz seiner Stellung als Verfassungsorgan – nicht im Organstreit parteifähig. Dies ergibt sich auch unabhängig von der Nichterwähnung in § 63 BVerfGG bereits daraus, dass das Bundesverfassungsgericht sonst zum Richter in eigener Sache würde (*nemo iudex in causa sua*), weshalb Art. 93 Abs. 1 Nr. 1 GG teleologisch zu reduzieren ist (so für Landesverfassungsgerichte BVerfGE 60, 175 (202f.) – *Startbahn West*).

16 **c. Teile eines obersten Bundesorganes i. S. d. § 63 BVerfGG.** Neben den in Art. 93 Abs. 1 Nr. 1 GG genannten und im Übrigen durch Auslegung zu ermittelnden Bundesorganen sind nach § 63 BVerfGG auch die im Grundgesetz oder der Geschäftsordnung des Bundestages und des Bundesrates mit eigenen Rechten ausgestatteten **Teile dieser Organe** parteifähig. Teile eines obersten Bundesorganes sind dessen ständig unterhaltene Gliederungen, die die Arbeit des Organs ermöglichen oder erleichtern (BVerfGE 2, 143 (160) – *EVG-Vertrag*). Die in § 63 BVerfGG erwähnten Organteile sind als Unterfall des weiter zu fassenden Begriffs der *„anderen Beteiligten"* im Sinne des Art. 93 Abs. 1 Nr. 1 GG zu subsumieren, erhalten ihre prozessuale Parteifähigkeit jedoch bereits kraft einfachgesetzlicher Anordnung. Die Unterscheidung der Stellung als Organteil oder der eines anderen Beteiligten wird trotz dessen nicht bedeutungslos, da an die Stellung als Organteil etwa im Rahmen der Prozessstandschaft Befugnisse geknüpft sind, die *„andere Beteiligte"* nicht wahrzunehmen berechtigt sind.

17 **aa. Organteile des Bundestages.** Als **Teil des obersten Bundesorganes Bundestages** im Sinne des § 63 BVerfGG parteifähig sind etwa:

- der **Bundestagspräsident** (BVerfGE 27, 152 (157)), ferner auch das **Präsidium** und der **Ältestenrat** des Bundestages,
- die **Ausschüsse des Bundestages**, die in Art. 43ff. GG, §§ 54ff. GO–BT mit verfassungsrechtlich fundierten Rechten und Pflichten ausgestattet sind (dies nahelegend BVerfGE 2, 143 (160) – *EVG-Vertrag*),

- die **Untersuchungsausschüsse** des Bundestages (BVerfGE 105, 197 (219f.).
- die **Bundestagsfraktionen** (BVerfGE 90, 286 (336ff.) – *Out-of-area-Einsätze*; 140, 115 (138f.) – *Arbeitsgruppen des Vermittlungsausschusses*) die in Art. 53a Abs. 1 S. 2 GG verfassungsrechtlich sowie in § 10ff. GO–BT geschäftsordnungsrechtlich als *„notwendige Einrichtungen des Verfassungslebens“* (BVerfGE 2, 143 (160) – *EVG-Vertrag*) mit eigenen Rechten ausgestattet werden. Ihre Stellung als Organteil ergibt sich aus ihrer Qualifikation als ständige Gliederung des Bundestages, die in die organisierte Staatlichkeit eingefügt ist (BVerfGE 20, 56 (104) – *Parteienfinanzierung I*). Zur Frage der dogmatischen Schlüssigkeit dieser Annahme siehe sogleich unten,
- die **Gruppen** nach § 10 Abs. 4 GO–BT als dauerhafte Zusammenschlüsse von Abgeordneten, die die Fraktionsstärke nicht erreichen,
- weitere **qualifizierte Minderheiten** im Bundestag (BVerfGE 113, 113 (120) – *Visa-Untersuchungsausschuss*; 124, 78 (106f.) – *Untersuchungsausschuss Geheimgefängnisse*), etwa eine solche nach Art. 39 Abs. 3 S. 3 GG (*Vorzeitige Einberufung des Bundestages auf Beschluss eines Drittels seiner Mitglieder*), Art. 61 Abs. 1 S. 2 GG (*Antrag auf Erhebung der Präsidentenanklage durch den Bundestag von einem Viertel seiner Mitglieder*), Art. 42 Abs. 1 S. 2 GG (*Ausschluss der Sitzungsöffentlichkeit auf Antrag eines Zehntels der Mitglieder*) oder Art. 44 Abs. 1 S. 1 GG (*Einsetzungsminderheit Untersuchungsausschuss*),
- der **Wehrbeauftragte des Deutschen Bundestages** als ständige Gliederung, die in Art. 45b GG mit eigenen Kontrollrechten ausgestattet wird (dies jedenfalls nahelegend BVerfGE 143, 1 (16) – *G10-Komission*).

Trotz oder gerade wegen ihrer verhältnismäßig übergeordneten Bedeutung strittig ist die Frage, ob **einzelne Bundestagsabgeordnete** Organteile des Bundestags sind. Im Gegensatz zu Fraktionen oder qualifizierten Minderheiten verweigert das Bundesverfassungsgericht ihnen die Stellung als Organteil und betrachtet sie als *„andere Beteiligte“* im Sinne des Art. 93 Abs. 1 Nr. 1 GG, wohl, um ihnen die Möglichkeit der prozessstandschaftlichen Geltendmachung der Rechte des Gesamtorganes Bundestages vorzuenthalten (BVerfGE 90, 286 (341ff.) – *Out-of-area-Einsätze*). Während dies aus ergebnisorientierter Perspektive überzeugen mag, zeigt sich die dahingehende Herleitung jedoch von systematischen Unzulänglichkeiten gekennzeichnet. Denn unabhängig davon, wie man zur prozessstandschaftlichen Geltendmachung von Rechten des Bundestags durch einzelne Abgeordnete stehen mag, ergibt sich hieraus nicht bereits die Gebotenheit einer restriktiven Auslegung des Merkmales *„Teil eines obersten Bundesorgans“* (BVerfGE 2, 143 (160) – *EVG-Vertrag*; 123, 267 (337) – *Lissabon*), ist die Prozessstandschaft doch ausschließlich eine 18

Frage der **Antragsbefugnis** und des **Rechtsschutzbedürfnisses**, nicht jedoch der Parteifähigkeit.

19 Vor allem wird übersehen, dass die angeführte Argumentation, der Bundestag nehme seine Repräsentationsaufgabe nur in seiner Gesamtheit war und übe auch nur als Gesamtheit Staatsgewalt aus (BVerfGE 44, 308 (316) – *Beschlussfähigkeit*; 56, 396 (405) – *Agent*; 134, 141 (200) – *Beobachtung von Abgeordneten*), im Ergebnis auch dazu führen müsste, dass Fraktionen nicht als Organteile des Bundestages anzusehen und damit von der prozessstandschaftlichen Geltendmachung des Bundestages auszuschließen wären (vgl. hierzu auch § 46 Abs. 3 AbgG). Verschiedentlich wird vertreten, bei Bundestagsabgeordneten handele es sich weder um Organteile noch um einen *„anderen Beteiligten"*, sondern vielmehr um ein **eigenes oberstes Bundesorgan**. (*Bethge*, in Maunz/Schmidt-Bleibtreu/Klein/Bethge, BVerfGG (Stand: 60. EL Juli 2020), § 64 Rn. 89; *Lenz/Hansel*, BVerfGG, 3. Aufl. 2020, § 63 Rn. 13). Die derartig propagierte Eigenständigkeit des Abgeordneten dürfte jedoch mit Art. 46 Abs. 2 GG und den in §§ 13 ff. GO–BT festgelegten Rechten und Pflichten nicht in Einklang zu bringen sein (so überzeugend auch *Barczak*, in: ders. (Hrsg.), BVerfGG, 2018, § 63 Rn. 42 Fn. 168) und darüber hinaus auch der vom Bundesverfassungsgericht genutzten, weitgehenden Synonymie der Begriffe Bundesorgan und Verfassungsorgan nicht gerecht werden.

20 Richtigerweise wird man daher davon ausgehen müssen, dass auch einzelne Bundestagsabgeordnete als Teil des obersten Bundesorgans Bundestag im Sinne des § 63 BVerfGG parteifähig sind.

21 **Kein parteifähiger Organteil des Bundestages** ist jedoch etwa der **Vizepräsident des Deutschen Bundestages** (dessen Handlungen als amtierender Sitzungsvorstand nach § 8 Abs. 1 GO–BT dem Bundestagspräsidenten zugerechnet werden), die **G10-Kommission** (BVerfGE 143, 1 (10 ff.) – *G10-Kommission*), **bloße Abstimmungsminderheiten oder -mehrheiten** (BVerfGE 2, 143 (160 ff.) – *EVG-Vertrag*) oder **die Opposition als solche**, die nicht in einem oben genannten Organteil (wie etwa einer Fraktion) institutionalisiert ist (BVerfGE 142, 25 – *Oppositionsrechte*).

22 **bb. Organteile des Bundesrates.** Die Parteifähigkeit von Organteilen des Bundesrates verläuft vergleichbar zum Bundestag. Im Organstreit parteifähige Organteile des Bundesrates sind daher etwa der **Bundesratspräsident**, das **Präsidium** des Bundesrates sowie dessen **ständiger Beirat**, die **Ausschüsse** und **Europakammer** sowie **qualifizierte Minderheiten** wie etwa die nach Art. 52 Abs. 2 S. 2 GG (*Einberufung des Bunderates auf Verlangen der Bundesregierung oder zweier Länder*) oder Art. 61 Abs. 1 S. 2 GG (*Antrag auf Erhebung der Präsidentenanklage durch den Bundesrat von einem Viertel seiner Stimmen*). Viel spricht auch dafür, den **Vertreter der Länder nach**

Art. 23 Abs. 6 GG als parteifähigen Organteil des Bundesrates anzusehen. **Keine Organteile** sind indes bloße Abstimmungsminderheiten oder -mehrheiten sowie die Länder und Landesregierungen (BVerfGE 109, 275 (278) – *Hamburger Wahlkampf*), denen auch andere verfassungsgerichtliche Verfahren zur Streitbeilegung zur Verfügung stehen

cc. Organteile der Bundesregierung und sonstiger oberster Bundesorgane. Parteifähige Teile von obersten Bundesorganen sind ferner auch: 23

- der **Bundeskanzler** als Organteil der Bundesregierung, soweit er nicht vereinzelt bereits selbst als oberstes Bundesorgan angesehen wird; Letzteres ist wegen der weitgehenden Synonymie von Verfassungsorgan und oberstem Bundesorgan jedoch im Ergebnis abzulehnen,
- die **einzelnen Bundesminister** (BVerfGE 45, 1 (28) – *Haushaltsüberschreitung*; 148, 11 (19) – *Äußerungsrecht Wanka*) als Organteil der Bundesregierung, die – wie der Bundeskanzler – vereinzelt selbst als oberstes Bundesorgan angesehen werden,
- der **Chef des Bundeskanzleramtes** (BVerfGE 143, 101 (131) – *NSA-Untersuchungsausschuss*) als Organteil der Bundesregierung. Dieser gehört regelmäßig auch als Bundesminister für besondere Aufgaben dem Bundeskabinett an, hat jedoch in seiner Funktion als Bundesminister keinen ihm zugewiesenen Geschäftsbereich, den er nach Art. 65 S. 2 GG selbstständig und unter eigener Verantwortung leiten könnte,
- die **einzelnen Mitglieder der Bundesversammlung** (BVerfGE 136, 277 (300)),
- die **Mitglieder des Gemeinsamen Ausschusses**, die nach Maßgabe von Art. 53a Abs. 1 GG bestimmt werden.

d. Andere Beteiligte i. S. d. Art. 93 Abs. 1 Nr. 1 GG. Soweit § 63 BVerfGG mit der Anordnung der Parteifähigkeit von Teilen oberster Bundesorgane einen Unterfall der *„anderen Beteiligten"* im Sinne des Art. 93 Abs. 1 Nr. 1 GG näher konkretisiert, erschöpfen sich diese nicht hierin. Heranzuziehen sind daher ferner auch solche Organe, die *„nach Rang und Funktion den obersten Bundesorganen gleichstehen, insbesondere Rechte aus dem Verfassungsrechtskreis besitzen"* (BVerfGE 13, 54 (95 f.) – *Neugliederung Hessen*), wobei für die Auslegung ein eher restriktiver Maßstab anzulegen seien dürfte. 24

Soweit man nicht mit dem Bundesverfassungsgericht manche Teile oberster Bundesorgane als *„andere Beteiligte"* subsumiert, dürfte der maßgebliche – und wohl umstrittenste – Anwendungsfall die **politischen Parteien** umfassen. Dass politische Parteien im Organstreit parteifähig sein sollen, drängt sich nicht ohne Weiteres auf. Sie über- 25 nehmen zwar eine Mittlerfunktion zwischen Staat und Gesellschaft und wirken an der Schwelle des Staatlichen in dieses hinein, sind jedoch weder Teil der Staatsorganisation noch Träger irgendwelcher hoheitlicher Befugnisse. Sie treten dem Staat stets als Grundrechtsberechtigte gegenüber, werden jedoch niemals Teil des Kreises der Grundrechtsverpflichteten.

26 Diese **Ambivalenz der Parteien** ist letztlich Ausdruck einer gewissen *„Unentschiedenheit der Verfassung, die die Parteien zwar in den Übergangsbereich von gesellschaftlicher und staatlicher Willensbildung hineingestellt hat, es aber unterlassen hat, ihren rechtlichen Status und damit auch ihre Stellung im Verfassungsprozeß präziser zu definieren als nur durch die allgemeine Formel von der Mitwirkung"* (*Volkmann*, in Friauf/Höfling, GG (Stand: Lfg. 2/20), Art. 21 Rn. 49).

27 Das Bundesverfassungsgericht hat sich frühzeitig auf den bereits vom Staatsgerichtshof für das Deutsche Reich vertretenen Standpunkt gestellt, dass politische Parteien jedenfalls im Umfang ihrer verfassungsrechtlichen Sonderstellung dem modernen demokratischen Verfassungsstaat inhärent sind. Art. 21 GG legalisiere den **„Parteienstaat"**; politische Parteien seien zu *„notwendigen Bestandteilen des Verfassungsaufbaus"* geworden, die die *„Funktionen eines Verfassungsorgans ausüben, wenn sie an der politischen Willensbildung des Volkes mitwirken"* (BVerfGE 4, 27 (30) – *Klagebefugnis politischer Parteien*). Konsequenterweise nimmt das Bundesverfassungsgericht daher die Parteifähigkeit im Organstreitverfahren an, soweit politische Parteien um ihre spezifischen Rechte und Pflichten aus ihrer besonderen verfassungsrechtlichen Rechtsstellung aus Art. 21 GG streiten. Im Umkehrschluss **versagt** es den Parteien für solche Streitigkeiten auch die **Inanspruchnahme der Verfassungsbeschwerde** (BVerfGE 4, 27 (30 f.) – *Klagebefugnis politischer Parteien*; 66, 107 (114)).

28 Diese Rechtsprechung des Bundesverfassungsgerichts ist zahlreich und heftig **kritisiert** worden: Zum einen, weil sie im Wortlaut des § 63 BVerfGG keinen normativen Rückhalt findet (vgl. *Maurer*, in: JuS 1992, 296 (296 f.)), zum anderen, weil die Rechtsprechung des Bundesverfassungsgerichts von weitreichender **Inkonsistenz** gekennzeichnet ist. So propagiert das Bundesverfassungsgericht andernorts die Staatsfreiheit der Parteien (BVerfGE 20, 56 (100) – *Parteienfinanzierung I*; 85, 264 (287) – *Parteienfinanzierung II*) und ordnet sie in anderem Kontext als „nicht zu den obersten Staatsorganen" gehörende, vielmehr *„frei gebildete, im gesellschaftlich-politischen Bereich wurzelnde Gruppen"* ein, die nicht zum Bereich der Staatlichkeit gehörten (BVerfGE 20,

56 (100f.) – *Parteienfinanzierung I*). Wegen dieser Zuordnung zur gesellschaftlichen Sphäre – so die Kritik – seien die Parteien daher auch im Streit um ihre Rechte aus Art. 21 GG auf den Weg der Verfassungsbeschwerde zu verweisen (*Kunig*, in: Isensee/Kirchhof (Hrsg.), Handbuch des Staatsrechts, Bd. III, 3. Aufl. 2005, § 40 Rn. 127; *Meyer*, in: VVDStRL 44 (1986), 131 ff.).

Teilweise wird zur Begründung der Parteifähigkeit auch darauf abgestellt, dass es dieser Konstruktion zur **Vermeidung von Rechtsschutzlücken** für politische Parteien bedarf, weil Art. 21 GG als maßgebliche Verfassungsnorm kein Grundrecht oder grundrechtsgleiches Recht im Sinne des Art. 93 Abs. 1 Nr. 4a GG sei (vgl. nur *Bethge*, in Maunz/Schmidt/Bleibtreu/Klein/Bethge, BVerfGG (Stand: 60. EL Juli 2020), § 63 Rn. 60). Dem wird teilweise entgegenzuhalten sein, dass der besonderen Situation der Parteien auch dadurch Rechnung getragen werden kann, dass Art. 21 GG in aller Regel „*in Verbindung mit*" einem rügefähigen Grundrecht oder grundrechtsgleichen Recht betroffen sein dürfte, zumeist in Gestalt eines Rechts auf Chancengleichheit aus Art. 21 GG i. V. m. Art. 3 Abs. 1 GG (*Schlaich/Korioth*, Das Bundesverfassungsgericht, 11. Aufl. 2018, Rn. 92). 29

In dieser Gesamtgemengelage lässt sich **keine rechtstheoretisch wie rechtspraktisch zufriedenstellende Lösung** finden: Die Annahme einer *Quasi-Verfassungsorganstellung* mutet vor dem Hintergrund der auch vom Bundesverfassungsgericht propagierten Staatsfreiheit der Partei (vgl. BVerfGE 20, 56 (100) – *Parteienfinanzierung I*; 85, 264 (287) – *Parteienfinanzierung II*) in der Tat befremdlich an. Gleichermaßen wenig kann indes auch der Ansatz überzeugen, Parteien allein auf die Verfassungsbeschwerde verweisen zu wollen, weil dies immer einer künstlichen Hilfskonstruktion bedarf, die die eigentlich rügefähigen Grundrechte und grundrechtsgleichen Rechte mit Hilfe einer „*in Verbindung mit*"-Rechtsprechung über Art. 21 GG parteienspezifisch modifiziert und auflädt; auch dies findet weder in den Grundrechten, noch in Art. 21 GG oder Art. 93 Abs. 1 Nr. 4a GG normativen Rückhalt. Im Ergebnis erweist sich der Weg des Bundesverfassungsgerichts – trotz seiner Unzulänglichkeiten – zumindest nicht als weiter schädlich, weswegen an der Parteifähigkeit der politischen Parteien im Organstreit festzuhalten sein dürfte. 30

Hieraus resultiert indes allein eine Parteifähigkeit im Organstreit, soweit die politischen Parteien auch um **Rechte und Pflichten aus ihrem besonderen verfassungsrechtlichen Status streiten**. Auch deshalb ist etwa **Wählervereinigungen** oder **anderen politischen Vereinigungen**, die die an eine politische Partei zu stellenden Voraus- 31 setzungen nicht erfüllen, das Beschreiten eines Organstreitverfahrens verwehrt. Sie sind – wie Parteien außerhalb ihres verfassungsspezifischen Kontextes – auf den **Weg der Verfassungsbeschwerde** verwiesen.

32 Dies ist etwa der Fall, wenn politische Parteien um die **Ablehnung eines Wahlwerbespots** (BVerfGE 47, 198 – *Wahlwerbesendungen*) oder die **Zuteilung von Sendezeit** (BVerfGE 67, 149 – *Wahlwerbung/WDR*) streiten, im Übrigen vor allem immer, wenn sich die Parteien **verwaltungsrechtlichem Handeln** gegenübersehen, weil hier weder der Rechtsweg zum Bundesverfassungsgericht eröffnet ist, noch das behördliche Gegenüber tauglicher Antragsgegner eines Organstreitverfahrens sein könnte.

33 Ob Parteien nur aktiv (das heißt als Antragsteller) oder auch **passiv als Antragsgegner Partei eines Organstreitverfahrens** sein können, ist umstritten. Da im Kern dessen der Umstand steht, dass Parteien selbst keine hoheitliche Gewalt ausüben und daher von Ihnen keine „*Maßnahme*" im Sinne des § 64 BVerfGG ausgehen kann, ist dies jedoch keine Frage der Parteifähigkeit, sondern eine solche des tauglichen **Streitgegenstandes** oder der **Antragsbefugnis**. Gründe, schon die passive Parteifähigkeit zu bestreiten, ergeben sich hieraus nicht.

Vertiefend zur **Parteifähigkeit der politischen Parteien** vgl. nur *Arndt*, Zum Begriff der Partei im Organstreitverfahren vor dem Bundesverfassungsgericht, in: AöR 48 (1962), 197ff.; *Clemens*, Politische Parteien und andere Institutionen im Organstreitverfahren, in: Fürst/Herzog/Umbach (Hrsg.), Festschrift für Wolfgang Zeidler, Bd. II, 1987, 1261ff.; *Maurer*, Die politischen Parteien im Prozeß, in: JuS 1992, 296ff.; *Stein*, Die Parteifähigkeit von Untergliederungen politischer Parteien im verfassungsgerichtlichen Bundesorganstreitverfahren, in: DÖV 2002, 713ff.

34 Weiterer anderer Beteiligter und damit parteifähig ist auch der **Bundesrechnungshof** (für einen Landesrechnungshof offenlassend BVerfGE 92, 130 (133)), der zwar zwischen Bundestag, Bundesrat und Bundesregierung eine eigentümliche Mittlerfunktion einnimmt und auch kein Verfassungsorgan ist, gegenüber den anderen Organen aber unabhängig und selbstständig ist (*Stern*, in: DÖV 1990, 261 (264); *ders.*, Staatsrecht, Bd. II, 1980, 449f.).

Vertiefend hierzu: *Häußer*, Zur Antragsbefugnis der Rechnungshöfe im verfassungsrechtlichen Organstreit, in: DÖV 1998, 554ff.

2. Antragsgegenstand

Zulässiger Gegenstand eines Bundesorganstreitverfahrens kann ausweislich § 64 Abs. 1 BVerfGG jede *„Maßnahme oder Unterlassung des Antragsgegners"* sein, die den Antragsteller oder das Organ, dem er angehört, in seinen ihm durch das Grundgesetz übertragenen Rechten und Pflichten verletzt oder unmittelbar gefährdet. 35

Der Begriff der **Maßnahme** ist dabei grundsätzlich weit zu fassen: Unter ihn zu subsumieren sind sowohl Rechts- als auch Realakte. Auch der Erlass eines Gesetzes kann als Maßnahme zum Gegenstand des Organstreites werden, nicht jedoch das Gesetz selbst (BVerfGE 20, 134 (141); 111, 286 (291)). Im überstaatlichen Kontext können zwar Rechtsakte der Union nicht, wohl aber die Mitwirkungsakte deutscher Vertreter eine Maßnahme im Sinne des § 64 Abs. 1 BVerfGG konstituieren (BVerfGE 92, 203 (227) – *EG-Fernsehrichtlinie*). **Keine Maßnahme** stellen indes bloße Vorbereitungshandlungen wie etwa die Nichtberatung einer Gesetzesinitiative in einem Ausschuss dar, soweit dem Ausschuss allein vorbereitende Tätigkeiten für das Plenum zukommen (BVerfGE 145, 348 (358)). Als ungeschriebene Voraussetzung des Bundesorganstreits fordert das Bundesverfassungsgericht auch die **Rechtserheblichkeit** der Maßnahme, so dass nur solches Verhalten des Antragsgegners als Gegenstand des Organstreits in Betracht kommt, *„das geeignet ist, die Rechtsstellung des Antragstellers zu beeinträchtigen"* (BVerfGE 118, 277 (318) – *Verfassungsrechtlicher Status der Bundestagsabgeordneten*). Gemeint ist damit nichts anderes als die Möglichkeit der Verletzung des geltend gemachten Rechts des Antragstellers oder des Organes, dem er angehört. Das Kriterium der Rechtserheblichkeit bedingt damit eine **Vorwegnahme der Antragsbefugnis** im Rahmen des Antragsgegenstandes, die indes erforderlich sein soll, damit der *„schillernde Begriff der Maßnahme"* (BVerfGE 2, 143 (168) – *EVG-Vertrag*) nicht grenzenlos ausgedehnt werde. 36

Rechtserhebliche Maßnahmen im Sinne des § 64 Abs. 1 BVerfGG können etwa sein: **Äußerungen von Regierungsmitgliedern oder des Bundespräsidenten im Wahlkampf** (BVerfGE 136, 323 (331); 138, 102 (108) – *Wahlkampfäußerungen von Regierungsmitgliedern*), die Entscheidung des Bundespräsidenten über die **Auflösung des Bundestages** (BVerfGE 62, 1 (31 ff.) – *Bundestagsauflösung I*), der **Erlass eines Gesetzes durch den Bundestag** (BVerfGE 1, 208 (220) – *7,5%-Sperrklausel*; 24, 300 (329) – *Wahlkampfkostenpauschale*) oder die **Weigerung**, eine Abgeordnete zum **Mitglied in einer** 37

Arbeitsgruppe des Vermittlungsausschuss zu ernennen (BVerfGE 140, 115 (139f.) – *Arbeitsgruppen des Vermittlungsausschusses*).

38 Tauglicher Antragsgegenstand kann auch ein **Unterlassen** des Antragsgegners sein, soweit eine verfassungsrechtliche Verpflichtung zur Vornahme der Handlung nicht ausgeschlossen werden kann (BVerfGE 96, 264 (277) – *Fraktions- und Gruppenstatus*). Nicht erforderlich ist dabei, dass die verfassungsrechtliche Pflicht des Antragsgegners gerade aus dem Recht folgt, dessen Verletzung oder Gefährdung der Antragsteller geltend macht (vgl. *Engels*, in: JURA 2010, 421 (424)). Wie im Hinblick auf Maßnahmen erfordert die Tauglichkeit als Antragsgegenstand, dass das Unterlassen **rechtserheblich** ist; im Falle des Unterlassens liegt dies auch auf Ebene des Antragsgegenstandes jedoch weitaus näher als im Falle einer Maßnahme. Ob und inwieweit ein **bloßes gesetzgeberisches Unterlassen** Gegenstand eines Bundesorganstreits sein kann, hat das Bundesverfassungsgericht bislang offengelassen (BVerfGE 120, 82 (97) – *Sperrklausel Kommunalwahlen*). Da die wesentliche Filterfunktion für ein solches Unterlassen jedoch bei der Frage der verfassungsrechtlich hinreichend begründbaren Normenerlassverpflichtung liegt, lassen sich kaum Gründe dafür finden, dieses bereits als tauglichen Antragsgegenstand verwerfen zu wollen.

39 Ein **rechtserhebliches Unterlassen** liegt etwa bei der **Nichteinholung** der (nachträglichen) **Zustimmung des Bundestages für die Teilnahme deutscher Soldaten** an der AWACS-Überwachung der Türkei durch die Bundesregierung (BVerfGE 121, 135 (150) – *Luftraumüberwachung Türkei*) oder bei der **Nichteinholung der Zustimmung des Bundestages für eine Veräußerung** im Geschäftsbereich der Deutschen Bahn vor (BVerfGE 129, 356 (364f.)).

3. Antragsbefugnis

40 Nach § 64 Abs. 1 BVerfGG muss der Antragsteller geltend machen, *„dass er oder das Organ, dem er angehört […] in seinen ihm durch das Grundgesetz übertragenen Rechten und Pflichten verletzt oder unmittelbar gefährdet ist"*. Als **kontradiktorisches Verfahren** dient der Bundesorganstreit vor dem Bundesverfassungsgericht dem Schutz der Rechte der Staatsorgane im Verhältnis zueinander und ist gerade kein Verfahren der *„allgemeinen Verfassungsaufsicht"* (BVerfGE 100, 266 (268)). Daher erfordert die Zulässigkeit eines Antrages das Anknüpfen an eine konkrete Betroffenheit des Antragstellers, die der Klagebefugnis im Verwaltungsrecht nach § 42 Abs. 2

VwGO nahekommt. In Abgrenzung zu den verwaltungsrechtlichen Streitigkeiten zeigt sich der Bundesorganstreit jedoch von **doppelter Verfassungsunmittelbarkeit** geprägt: Er wird aus Anlass einer Streitigkeit zweier Verfassungsorgane oder deren Teile *(subjektive Verfassungsunmittelbarkeit)* über die Auslegung des Grundgesetzes *(objektive Verfassungsunmittelbarkeit)* geführt (BVerfGE 131, 152 (191) – *Unterrichtungspflicht*). Während die subjektive Komponente bereits durch die Parteifähigkeit indiziert wird, erfordert die objektive Verfassungsunmittelbarkeit, dass die im Bundesorganstreit als verletzt geltend gemachte Rechtsposition überhaupt in einem bestehenden **Verfassungsrechtsverhältnis** begründet sein muss, das – verfassungsrechtlich fundiert – wechselseitige Rechtspositionen im Verhältnis zueinander ausformt.

a. Eigene, durch das Grundgesetz übertragene Rechte und Pflichten. Dem Organstreit zugänglich sind grundsätzlich alleine **Rechtspositionen des Antragstellers, die sich aus der Verfassung selbst ergeben**, § 64 Abs. 1 BVerfGG. Hieraus folgt zunächst, dass die Verletzung oder Gefährdung **einfachrechtlicher Rechte** und Pflichten nicht im Organstreit gerügt werden kann. Die Inbezugnahme des Geschäftsordnungsrecht in Art. 93 Abs. 1 Nr. 1 GG dient alleine der Konturierung der Parteifähigkeit *„anderer Beteiligter"*, trifft jedoch keine Aussage über die Antragsbefugnis; auch sonstige einfachgesetzliche Rechtspositionen sind nicht organstreitfähig (BVerfGE 118, 277 (319) – *Verfassungsrechtlicher Status der Bundestagsabgeordneten*). Relevant werden können einfachgesetzliche Rechte und Pflichten allenfalls, soweit sie unmittelbar aus der Verfassung folgende Rechte und Pflichten widerspiegeln (BVerfGE 131, 152 (191) – *Unterrichtungspflichten*). 41

Aufgrund des kontradiktorischen Charakters des Verfahrens muss es sich bei den als verletzt behaupteten Rechtspositionen auch um **eigene Rechtspositionen des Antragstellers** handeln. Gemeint sind damit – anders als im Falle der verwaltungsgerichtlichen Klagebefugnis – nicht subjektive Rechte, wohl aber solche Rechtspositionen, *„die dem Antragsteller zur ausschließlichen alleinigen Wahrnehmung oder zur Mitwirkung übertragen sind oder deren Beachtung erforderlich ist, um die Wahrnehmung seiner Kompetenzen und die Gültigkeit seiner Akte zu gewährleisten"* (BVerfGE 134, 141 (198) – *Beobachtung von Abgeordneten*). Die Geltendmachung der Verletzung **objektiver Verfassungsnormen** scheidet damit im Organstreit aus 42

(BVerfGE 123, 267 (339) – *Lissabon*). Gleichfalls nicht organstreitfähig sind die **Grundrechte**, da im Organstreit nicht über Rechtspositionen, wie sie jedermann zustehen, gestritten wird, sondern über den Verfassungsorgan(teilen) als solche spezifisch zustehende, verfassungsrechtliche Rechte und Pflichten (BVerfGE 94, 351 (365) – *Abgeordnetenüberprüfung*; 135, 317 (390) – *ESM-Vertrag*).

43 Organstreitfähige Rechte sind hingegen etwa die **Gesetzgebungs- und Mitwirkungsbefugnisse des Bundestages** gegenüber der Bundesregierung (BVerfGE 118, 244 (257f.) – *Afghanistan-Einsatz*), das **Unterrichtungsrecht des Bundestages aus Art. 23 Abs. 2 S. 2 GG** (BVerfGE 131, 152 (191) – *Unterrichtungspflicht*), das **Fragerecht des Abgeordneten** gegenüber der Bundesregierung (BVerfGE 124, 161 (185) – *Überwachung von Abgeordneten*) oder das Recht der politischen Parteien aus Art. 21 GG auf Chancengleichheit gegen **Äußerungen von Mitgliedern der Bundesregierun**g (zuletzt BVerfGE, 154, 320 (331f.) – *Äußerungsbefugnis Seehofer*).

44 Neben der Geltendmachung eigener Rechte sieht § 64 Abs. 1 BVerfGG einen seltenen Fall der gesetzlich angeordneten **Prozessstandschaft** vor und erlaubt dem Antragsteller, **fremde Rechte in eigenem Namen** geltend zu machen. Die Erforderlichkeit einer solchen Regelung zeigt sich zunehmend in einem System des Parlamentarismus, in dem die Linie der alltäglichen Kontrolle der Exekutive *de facto* nicht mehr zwischen Bundestag einerseits und Bundesregierung andererseits verläuft, sondern zwischen parlamentarischer Opposition einerseits und der Regierung und der sie tragenden Parlamentsmehrheit andererseits. Aus diesem Gedanken des **Minderheitenschutzes** begründet sich auch, dass die prozessstandschaftliche Geltendmachung der Rechte des Organs nicht nur **keine Ermächtigung** des Organs hierzu voraussetzt, sondern sogar **gegen den erklärten Willen der Mehrheit** des Organs erfolgen kann (BVerfGE 60, 319 (325f.); 140, 160 (185) – *Evakuierung aus Libyen*). Analog zu den eigenen Rechten muss es sich jedoch auch bei den prozessstandschaftlich geltend gemachten Rechten um solche handeln, die dem Organ zur eigenen Wahrnehmung zustehen und verfassungsrechtlich fundiert sind.

45 Zu größeren Schwierigkeiten führt indes die Frage, **wer zur prozessstandschaftlichen Geltendmachung befugt ist**. Das Bundesverfassungsgericht sieht dabei einen systematischen Zusammenhang von §§ 64 Abs. 1 und 63 BVerfGG (BVerfGE 117, 359 (367) – *Tornadoeinsatz Afghanistan*), mit der Folge, dass allein den nach § 63 BVerfGG antragsberechtigten Organteilen die Prozessstandschaft zu-

gestanden wird. Entsprechend der Rechtsprechung des Bundesverfassungsgerichts zur Stellung als Organteil des Bundestages trifft das Recht zur prozessstandschaftlichen Organrechten mithin alleine *„ständig vorhandene Gliederungen"* des Bundestages (BVerfGE 2, 143 (160) – *EVG-Vertrag*). Im Hinblick auf den Bundestag wird damit den **Fraktionen** die prozessstandschaftliche Geltendmachung der Rechte des Bundestages zugestanden (BVerfGE 2, 143 (165) – *EVG-Vertrag*; 45, 1 (28); 113, 113 (121) – *Visa-Untersuchungsausschuss*), den **einzelnen Bundestagsabgeordneten hingegen verwehrt** (BVerfGE 90, 286 (343f.) – *Out-of-area-Einsätze*; 117, 359 (367) – *Tornadoeinsatz Afghanistan*).

Dies mag im Ergebnis tragbar erscheinen, im Hinblick auf die rechtstheoretische Begründung indes nicht. So findet schon die Anknüpfung an *„ständig vorhandene Gliederungen"* weder in § 63, noch in § 64 Abs. 1 BVerfGG normativen Rückhalt. Der Abgeordnete des Deutschen Bundestages lässt sich ohne Weiteres sowohl unter den Begriff des *„Organteils"* in § 63 BVerfGG als auch den des *„Organangehörigen"* in § 64 BVerfGG subsumieren; für eine übermäßig restriktive Auslegung gibt es – anders als im Falle der Auffangregelung der *„anderen Beteiligten"* in Art. 93 Abs. 1 Nr. 1 GG – keinen Anlass. Soweit das Bundesverfassungsgericht vereinzelt auch darauf verweist, die Prozessstandschaft solle vor allem die Fraktionen der parlamentarischen Minderheit als **institutionalisierte Opposition** gegenüber der Regierungsmehrheit und der Exekutive stärken, nicht jedoch umfängliche Rügerechte jedes einzelnen Abgeordneten schaffen, vermag dies argumentativ schon eher zu überzeugen, dürfte aber im Einzelnen weiterreichender Substantiierung bedürfen (vgl. insoweit etwa BVerfGE 90, 286 (344) – *Out-of-area-Einsätze*; im Ergebnis auch *Walter*, in: BeckOK BVerfGG (Stand: 1.1.2021), § 64 Rn. 14). **Vertiefend zur Prozessstandschaft einzelner Abgeordneten** vgl. nur *du Mesnil de Rochement/Müller*, Die Rechtsstellung des Bundestagsabgeordneten, in: JuS 2016, 603ff.; *Murswiek*, Der Abgeordnete im Organstreit um die Rechte des Bundestages, in: Bub/Mehle/Schumann (Hrsg.), Festschrift für Peter Gauweiler, 2009, 225ff.; *Sachs*, Antragsbefugnis einzelner Abgeordneter des Bundestages im Organstreitverfahren, in: JuS 2002, 73ff.; *Umbach*, Der „eigentliche" Verfassungsstreit vor dem Bundesverfassungsgericht – Abgeordnete und Fraktionen als Antragsteller im Organstreit, in: Fürst/Herzog/Umbach (Hrsg.), Festschrift Wolfgang Zeidler, Bd. II, 1987, 1235ff. 46

Abseits des Bundestages können auch Angehörige **anderer oberster Bundesorgane** die Rechte des jeweiligen Organes prozessstandschaftlich geltend machen; § 64 Abs. 1 BVerfGG beschränkt dies schon dem Wortlaut nach nicht auf den Bundestag. 47

b. Verletzung oder unmittelbare Gefährdung. Über die bloße Betroffenheit eines Antragstellers hinaus hat der Antragsteller die 48

Verletzung oder unmittelbare Gefährdung seiner rügefähigen Rechte geltend zu machen, § 64 Abs. 1 BVerfGG. Eine tatbestandsmäßige **Verletzung** liegt dabei vor, wenn eine organstreitfähige Rechtsposition im Zeitpunkt der Antragstellung bereits beeinträchtigt ist. Auf eine Substanzbeeinträchtigung der Rechtspositionen kommt es dabei nicht an, auch eine bloße Störung der Rechtsausübung kann hierfür genügen. Die Organstreitfähigkeit scheitert auch nicht daran, dass die Verletzung in der Vergangenheit liegt und bereits abgeschlossen und damit erledigt ist (BVerfGE 10, 4 (11) – *Redezeit*), oder an ihrer kurzen Dauer. Die Möglichkeit der Geltendmachung einer **unmittelbaren Gefährdung** verlagert den Rechtsschutz *ex ante* in das Vorfeld der tatsächlichen Realisierung einer Verletzung. Eine unmittelbare Gefährdung besteht, soweit die Rechtsverletzung ohne prozessuale Gegenwehr zu erwarten ist und sich die Lage bereits hinreichend zu einer konkreten Streitigkeit verdichtet hat (*Benda/Klein,* Verfassungsprozessrecht, 4. Aufl. 2020, Rn. 1038).

49 **c. Geltendmachung.** Der Antragsteller muss die Verletzung oder unmittelbare Gefährdung im Organstreit geltend machen, weswegen sich aus seinem Vortrag jedenfalls die Möglichkeit einer Verletzung oder Gefährdung der betreffenden wehrfähigen Innenrechtspositionen ergeben muss; sie darf in jedem Fall nicht von vorne herein ausgeschlossen erscheinen (BVerfGE (BVerfGE 102, 224 (231 f.) – *Funktionszulagen*; 146, 1 (37) – *Parlamentarisches Fragerecht*). Dem Antragsteller obliegt insoweit die Last der substantiierten Darlegung der Möglichkeit (BVerfGE 80, 188 (209) – *Wüppesahl*; 102, 224 (231 f.) – *Funktionszulagen*).

4. Rechtsschutzbedürfnis

50 Auch im Bundesorganstreit bedarf es des Vorliegens des Rechtsschutzbedürfnisses des Antragstellers (BVerfGE 68, 1 (77) – *Atomwaffenstationierung*; 137, 185 (230) – *Rüstungsexport*); zumeist ist dieses bei **Vorliegen der Antragsbefugnis indes indiziert** (BVerfGE 68, 1 (77) – *Atomwaffenstationierung*). Es kann entfallen, wenn der Antragsteller den Organstreit **rechtsmissbräuchlich** führt (BVerfGE 94, 351 (365) – *Abgeordnetenprüfung*). Das Erfordernis des Rechtsschutzbedürfnisses statuiert jedoch **keine Subsidiarität des Organstreits**, so dass der Antragsteller zuvor andere *„politische Handlungsmöglichkeiten zu ergreifen“* verpflichtet wäre (BVerfGE 129, 356 (374)). Auch entfällt das Rechtsschutzbedürfnis nicht, weil sich die

Rechtsverletzung vorprozessual oder im Laufe des Verfahrens erledigt hat (BVerfGE 10, 4 (11) – *Redezeit*; 41, 291 (303) – *Strukturförderung*). Soweit ein Fortsetzungsfeststellungsinteresse überhaupt erforderlich ist (offenlassend etwa BVerfGE 131, 152 (193) – *Unterrichtungspflicht*), dürfte dieses im Zweifel jedenfalls eher großzügig denn restriktiv zu handhaben sein.

5. Ordnungsgemäßer Antrag

Das Verfahren wird durch einen **schriftlich** begründeten Antrag nach § 23 Abs. 1 BVerfGG eingeleitet. Der Antragsteller hat zu der Verletzung oder unmittelbaren Gefährdung der rügefähigen Rechte und Pflichten durch das beanstandete Verhalten **substantiiert** vorzutragen (§ 23 Abs. 1 S. 2 BVerfGG) und die **Bestimmung des Grundgesetzes** anzuführen, gegen die der Antragsgegner verstoßen haben soll (§ 64 Abs. 2 BVerfGG). Bei der Benennung handelt es sich um keine bloße Substantiierungslast zur Arbeitserleichterung des Gerichts, sondern sie dient vorrangig der **Festlegung des Verfahrensgegenstandes** durch den Antrag, an den das Bundesverfassungsgericht gebunden ist (BVerfGE 68, 1 (63) – *Atomwaffenstationierung*; 134, 141 (192) – *Beobachtung von Abgeordneten*). 51

6. Frist

Der Antrag ist **binnen sechs Monaten** zu stellen, nachdem dem Antragsteller das beanstandete Verhalten des Antragsgegners bekannt geworden ist, § 64 Abs. 3 BVerfGG. Entscheidend hierfür ist der Zeitpunkt, in welchem das Verhalten beim Antragsteller eine *„aktuelle rechtliche Betroffenheit auszulösen vermag“* (BVerfGE 118, 277 (321) – *Verfassungsrechtlicher Status der Bundestagsabgeordneten*). Bei der Frist handelt es sich um eine **Ausschlussfrist**, weswegen eine Wiedereinsetzung in den vorigen Stand ausscheidet (BVerfGE 24, 252 (257 f.)). Für die **Fristberechnung** sind die §§ 187 ff. BGB heranzuziehen. 52

7. Beitritt

Wegen des verfassungsrechtlich eng bedingten Funktionszusammenhangs der obersten Bundesorgane räumt § 65 BVerfGG auch anderen Organen und Organteilen die Möglichkeit der Beteiligung an der Streitigkeit ein. Dies scheint letztlich allerdings auch vor dem Hin- 53 tergrund der Bindungswirkung der Entscheidung des Bundesverfassungsgerichts nach § 31 Abs. 1 BVerfGG geboten. Beitrittsberechtigt sind alle im Organstreit Parteifähigen, die nicht bereits Hauptpartei des Verfahrens sind (BVerfGE 130, 318 (341) – *Stabilisierungsmechanismusgesetz*); beitrittsbefugt indes nur diejenigen, für die der Ausgang des Verfahrens für die Abgrenzung ihrer Zuständigkeiten von Bedeutung ist. Der Beitritt erfolgt auf der Seite des Antragstellers oder des Antragsgegners, wobei der Beitritt nur zu der Hauptpartei möglich ist, mit der eine gleichgerichtete Interessenlage besteht (BVerfGE 114, 105 (106)).

Weiterführend vgl. nur *Friesenhahn*, Zulässigkeit des Beitritts im Organstreit, in: JZ 1966, 522ff.; *Isensee*, Zwangssolidarität unter den Ländern, Parteien, Fraktionen vor dem Bundesverfassungsgericht – Zur Einschränkung der Beitrittsberechtigung im föderalen Streit und Organstreit, in: Letzgus et al. (Hrsg.), Festschrift für Herbert Helmrich, 1994, 229ff.

III. Begründetheit und Entscheidung

54 Der Antrag ist begründet, wenn der Antragsteller oder das Organ, dem er angehört, durch die **Maßnahme** des Antragsgegners in seinen verfassungsmäßigen Rechtspositionen verletzt oder unmittelbar gefährdet ist oder der Antragsteller oder das Organ, dem er angehört, durch das **Unterlassen** des Antragsgegners in seinen verfassungsmäßigen Rechtspositionen verletzt ist, weil er oder es gegenüber dem Antragsgegner einen verfassungsrechtlichen Anspruch auf die Vornahme der unterlassenen Handlung hat. Ist der Antrag zulässig und begründet, so wird das Bundesverfassungsgericht **feststellen**, dass die beanstandete Maßnahme oder Unterlassung des Antragsgegners gegen eine Bestimmung des Grundgesetzes verstößt (§ 67 S. 1 BVerfGG).

55 Die Formulierung, das Bundesverfassungsgericht stelle fest, ob der Antragsgegner *„gegen eine Bestimmung des Grundgesetzes“* verstoßen habe, führt zu Irritationen hinsichtlich des **Prüfungsmaßstabes und -umfanges** im Bundesorganstreit. Als kontradiktorisches Verfahren aus Anlass der Streitigkeit um verfassungsrechtliche Rechte und Pflichten ist der Organstreit gerade kein objektives Verfahren, in dem das gerügte Handeln oder Unterlassen vollumfänglich auf seine Vereinbarkeit mit dem Grundgesetz zu überprüfen wäre, sondern dient alleine der Abgrenzung von Kompetenzen von Verfas-

sungsorgan(teilen) in einem Verfassungsrechtsverhältnis (BVerfGE 126, 55 (67f.) – *G8-Gipfel Heiligendamm*). Eine Berechtigung, mittels des Organstreitverfahrens die abstrakte Einhaltung der Verfassung einzuklagen, besteht nicht. Richtigerweise hat das Bundesverfassungsgericht daher allein über den **Streitgegenstand, wie er sich aus dem Antrag ergibt**, zu entscheiden und diesen nicht zum Anlass zu nehmen, eine vollumfassende Prüfung der Verfassungsmäßigkeit durchzuführen (so auch *Benda/Klein*, Verfassungsprozessrecht, 4. Aufl. 2020, Rn. 1059; *Ehlers*, in: JURA 2003, 315 (320); *Robbers*, in: JuS 1994, 129 (132)). Durch den Antrag ist der Prüfungsmaßstab damit auf die vom Antragsteller als verletzt oder gefährdet gerügten verfassungsrechtlichen Rechtspositionen beschränkt; Rechtspositionen aus Geschäftsordnungsrecht oder sonstigem einfachgesetzlichem Recht kommen nicht in Frage.

Mit der feststellenden Entscheidung des Bundesverfassungsgerichts **56**
geht **keine Kassation** der Maßnahme oder Unterlassung des Antragstellers oder eine andere rechtsgestaltende Wirkung einher. Indes bedeutet die Feststellung des Verstoßes gegen das Grundgesetz für den Antragsgegner zum einen ein Wiederholungsverbots, zum anderen die Verpflichtung zur unverzüglichen Korrektur des verfassungswidrigen Handelns (so auch *Barczak*, in: ders. (Hrsg.), BVerfGG, 2018, § 67 Rn. 5; *Lücke*, in: JZ 1983, 380 (381)). Der fehlende Befehlscharakter der bloß feststellenden Entscheidung wird vom Bundesverfassungsgericht jedenfalls dadurch kompensiert, dass es sich im Zweifel dazu berufen sieht, der Entscheidung auch unabhängig von Anträgen durch Vollstreckungsanordnungen nach § 35 BVerfGG Geltung zu verschaffen (BVerfGE 6, 300 (303)).

Literatur: *Aust/Meinel*, Entscheidungsmöglichkeiten des BVerfG – Tenor, Systematik und Wirkungen (Teil 1), in: JuS 2014, 25 (28f.); *Fuerst/Steffahn*, Die Begründetheit des Organstreits vor dem Bundesverfassungsgericht, in: JURA 2012, 90ff.; *Lücke*, Die stattgebende Entscheidung im verfassungsgerichtlichen Organstreitverfahren und ihre Konsequenzen, in: JZ 1983, 380ff.

§ 15 Das Bund-Länder-Streitverfahren (Art. 93 Abs. 1 Nr. 3 GG)

Einführende Literatur: *Kunig*, Bund und Länder im Streit vor dem Bundesverfassungsgericht, in: JURA 1995, 262 ff.; *Maurer*, Die Ausführung der Bundesgesetze durch die Länder, in: JuS 2010, 945 ff.

Wichtige Entscheidungen: BVerfGE 1, 14 – *Südweststaat*; BVerfGE 2, 143 – *EVG-Vertrag*; BVerfGE 8, 122 – *Volksbefragung Hessen*; BVerfGE 12, 205 – *Fernsehstreit*; BVerfGE 13, 54 – *Neugliederung Hessen*; BVerfGE 81, 310 – *Kalkar II*; BVerfGE 92, 203 – *EG-Fernsehrichtlinie*; BVerfGE 104, 238 – *Moratorium Gorleben*; BVerfGE 116, 271 – *EU-Anlastungen.*

I. Zum Kontext des Verfahrens

1 Die in Art. 93 Abs. 1 Nr. 3 GG normierte Bund-Länder-Streitigkeit ist die grundgesetzliche Fassung eines *„Urgesteines deutscher Verfassungsgerichtsbarkeit“* (vgl. *Bethge*, in: Maunz/Schmidt-Bleibtreu/ Klein/Bethge, BVerfGG (Stand: 60. EL Juli 2020), § 13 Nr. 7 Rn. 1); ohne den historischen Entwicklungsschritt der gerichtlichen Beilegung von Streitigkeiten zwischen Gesamt- und Gliedstaaten scheint die moderne Verfassungsgerichtsbarkeit deutscher Art und Prägung kaum denkbar.

2 In der geradezu Konflikte beschwörenden Konstellation eines Bundesstaates, in dem im Hinblick auf Kompetenzen und gegenseitige Loyalitätspflichten zwangsläufig auch rechtlicher Klärungsbedarf zu Tage tritt, stellen sich im Interesse eines friedlichen Föderalismus rechtsförmige, (verfassungsgerichtliche) Verfahren als *conditio sine qua non* dar. Aus der Eigenart des Verfahrens, in dem zwei getrennte Gebietskörperschaften über Rechte und Pflichten streiten, aber auch aus den historischen Vorläufern ergibt sich die kontradiktorische Natur des Bund-Länder-Streits. Auch wenn es sich dabei nicht um einen *„In-sich-Streit“* sondern um eine Verbandsstreitigkeit handelt, liegen weitreichende Parallelen zum Bundesorganstreitverfahren auf der Hand. Ausweis und Folge dessen ist, dass im Bund-Länder-Streit auch die geltenden **Vorschriften über das Verfahren im Organstreit entsprechend heranzuziehen** sind, § 69 BVerfGG.

3 **Anwendung** findet das Verfahren ausweislich Art. 93 Abs. 1 Nr. 3 GG *„insbesondere bei der Ausführung von Bundesrecht durch die*

Länder" (als eine Beanstandung der Ausführung eines Landes durch den Bund) sowie *„bei der Ausübung der Bundesaufsicht*" (Beanstandung der Aufsicht des Bundes durch ein Land), jedoch etwa auch im Rahmen der Verwaltungshaftung nach Art. 104a Abs. 5 GG (BVerfGE 109, 1 ff.) oder der Pflicht zum bundesfreundlichen Verhalten (BVerfGE 104, 238 – *Moratorium Gorleben*). Praktisch hat der Bund-Länder-Streit seit den 1950er Jahren jedoch – auch zu Gunsten der abstrakten Normenkontrolle – stark an Bedeutung verloren. Einen Sonderfall im Rahmen des Bund-Länder-Streits stellt **Art. 84 Abs. 4 S. 2 GG** dar. Stellt die Bundesregierung Mängel bei der Ausführung der Bundesgesetze in den Ländern fest, die nicht beseitig werden, so kann der Bundesrat auf Antrag der Bundesregierung oder des Landes beschließen, ob das Land das Recht des Bundes auf ordnungsgemäße Ausführung seiner Gesetze durch die Länder verletzt hat (Art. 84 Abs. 4 S. 1 GG). Gegen diesen Beschluss des Bundesrates kann nach Art. 84 Abs. 4 S. 2 GG das Bundesverfassungsgericht angerufen werden. Dabei handelt es sich nicht um ein eigenständiges Verfahren, sondern nur um die normativ vorgesehene Vorschaltung eines **Vorverfahrens** vor die Beschreitung des Bund-Länder-Streitverfahrens. Praktische Bedeutung kommt diesem aufgrund der kaum existenten formellen Bundesaufsicht nicht zu.

II. Zulässigkeitsvoraussetzungen

1. Parteifähigkeit

Parteifähig im Bund-Länder-Streit sind der Bund und ein oder mehrere Länder, Art. 93 Abs. 1 Nr. 3 GG, § 68 BVerfGG. Bund und Länder sind im Verbandsstreit jeweils als Gebietskörperschaften Partei des Verfahrens; § 68 BVerfGG regelt daher die **Prozessfähigkeit** im Verfassungsprozess – für den Bund handelt die Bundesregierung, für die Länder ihre jeweilige Landesregierung –, räumt den vertretungsbefugen Organen jedoch weder die selbstständige Parteifähigkeit ein, noch etabliert er einen Fall der Prozessstandschaft. 4

Die dahingehende Regelung der Antragsteller- und Antragsgegnerschaft ist **abschließend**, weswegen auch weder dem Bundestag noch den Länderparlamenten ein Antragsrecht für den Bund oder das jeweilige Land zukommt (BVerfGE 129, 108 (116 ff.) – *Legislativstreit Schuldenbremse*). 5

2. Verfahrensgegenstand

6 Tauglicher Verfahrensgegenstand im Bund-Länder-Streit kann wie im Organstreit jede **rechtserhebliche Maßnahme oder Unterlassung** des Antragsgegners (§ 69 i. V. m. § 64 Abs. 1 BVerfGG) sein. Denkbar ist dabei eine Vielzahl verschiedener Konstellationen wie etwa

- ein **Akt der Rechtssetzung** (BVerfGE 1, 14 (30) – *Südweststaat*; 4, 115 (122) – *Besoldungsgesetz von Nordrhein-Westfalen*). Verfahrensgegenstand wird damit jedoch **nicht die Norm selbst** – es handelt sich nicht um eine Normenkontrolle –, sondern die Mitwirkung an einem Rechtssetzungsakt wie etwa ein Kabinettsbeschluss oder der Erlass eines Gesetzes,
- eine **Weisung im Rahmen der Bundesauftragsverwaltung** (BVerfGE 81, 310 (332 ff.) – *Kalkar II*; 84, 25 (31 ff.) – *Schacht Konrad*),
- ein **Verstoß** eines Landes **gegen die Rahmengesetzgebung** des Bundes (BVerfGE 4, 115 (122) – *Besoldungsgesetz von Nordrhein-Westfalen*),
- oder das **Nichteinschreiten im Rahmen der Kommunalaufsicht** (BVerfGE 8, 122 (129) – *Volksbefragung Hessen*).

7 Zum Gegenstand kann auch auswärtiges Handeln des Bundes werden, etwa seine **Mitwirkung an der Rechtssetzung der Europäischen Union** (BVerfGE 92, 203 (226 ff.) – *EG-Fernsehrichtlinie*). Auch hier ist der Bund an die innerstaatliche föderale Ordnung gebunden und hat die Rechte der Länder zu berücksichtigen. Die verfahrensgegenständliche Handlung muss der Staatsgewalt des Bundes oder eines Landes jedoch auch **zurechenbar** sein.

8 Dies ist jedenfalls von Relevanz, soweit die **Handlung einer Kommune** zum Gegenstand des Bund-Länder-Streits gemacht werden soll. Zwar handelt es sich bei Kommunen um von den Ländern abzugrenzende Gebietskörperschaften, jedoch bleibt deren Handeln – unbeschadet ihrer verfassungsrechtlich gewährleisteten Autonomie – als Emanation mittelbarer Staatsverwaltung den Ländern zurechenbar (BVerfGE 86, 148 (215) – *Finanzausgleich II*).

9 Die vorausgesetzte **Rechtserheblichkeit** einer gerügten Maßnahme oder Unterlassung ist letztlich nur in Zusammenschau mit der im Rahmen der Antragsbefugnis gerügten verfassungsrechtlichen Rechtsposition feststellbar; ob diese verletzt oder gefährdet ist, ist daher im Rahmen der Antragsbefugnis zu beantworten.

3. Antragsbefugnis

10 Das Bundesverfassungsgericht entscheidet ausweislich des Wortlautes des Art. 93 Abs. 1 Nr. 3 GG „*Meinungsverschiedenheiten über*

Rechte und Pflichten des Bundes und der Länder". Als kontradiktorisches Verfahren dient der Bund-Länder-Streit jedoch nicht der rechtsförmigen Klärung einer abstrakten politischen Divergenz oder Unklarheit, sondern erfordert vielmehr das Vorliegen einer **tatsächlichen rechtlichen Streitigkeit** aus Anlass einer konkreten Auseinandersetzung zwischen Bund und Ländern (BVerfGE 2, 143 (155) – *EVG-Vertrag*; 13, 54 (72) – *Neugliederung Hessen*). Insoweit muss der Antragsteller geltend machen, durch die verfahrensgegenständliche Maßnahme oder Unterlassung des Antragsgegners **in seinen durch das Grundgesetz übertragenen Rechten verletzt oder unmittelbar gefährdet** zu sein, § 69 i. V. m. § 64 Abs. 1 BVerfGG.

a) Eine Zuweisung zum Bundesverfassungsgericht besteht insoweit 11 nur für verfassungsrechtliche, nicht jedoch etwa für verwaltungsrechtliche Rechtspositionen. Die Beschränkung des Verfahrens auf **Verfassungsrechtsverhältnisse** (BVerfGE 13, 54 (72f.) – *Neugliederung Hessen*) findet zwar in Art. 93 Abs. 1 Nr. 3 GG selbst keinen normativen Rückhalt, ergibt sich aber sowohl aus der Zusammenschau mit Art. 93 Abs. 1 Nr. 4 GG („*andere öffentlich-rechtliche Streitigkeiten*") als auch aus der Stellung des Bundesverfassungsgerichts als spezialgerichtlicher „*Hüter der Verfassung*".

b) Wegen seiner kontradiktorischen und verbandskompetenziellen 12 Prägung können im Bund-Länder-Streit nur **subjektive Rechte und Pflichten der Beteiligten** geltend gemacht werden. Dies beschränkt die Antragsbefugnis auf die **bundesstaatsspezifischen**, den Bund und die Länder umspannenden Verfassungsverhältnisse, die im föderativen Verfassungskreis begründet sind (BVerfGE 81, 310 (329) – *Kalkar II*; 104, 238 (245) – *Moratorium Gorleben*).

Hierunter fallen neben der **Ausführung von Bundesrecht** durch die Län- 13 der und der **Bundesaufsicht** als Hauptanwendungsfeld des Bund-Länder-Streits auch die **Gesetzgebungszuständigkeiten** (BVerfGE 1, 14 (30) – *Südweststaat*). Keine spezifische bundesstaatliche Prägung haben jedoch regelmäßig die Staatszielbestimmungen und Staatsstrukturprinzipien oder die Grundrechte, die staatsorganisationsrechtlich allein kompetenzverkürzend, nicht jedoch im Verhältnis von Bund und Ländern untereinander kompetenzvermittelnd wirken. Weder Bund noch Länder können daher im Interesse der Allgemeinheit das Recht als „*Sachwalter des Einzelnen*" in Anspruch nehmen (BVerfGE 81, 310 (333) – *Kalkar II*).

c) Eine tatbestandliche **Verletzung** dieser Rechte tritt ein, wenn die 14 gegenständliche Rechtsbeeinträchtigung bereits eingetreten ist. Eine **unmittelbare Gefährdung** besteht, soweit die Rechtsverletzung ohne prozessuale Gegenwehr zu erwarten ist und sich die Lage bereits hinreichend zu einer konkreten Streitigkeit verdichtet hat. Die Verletzung oder unmittelbare Gefährdung der Rechte des Antragstellers muss sich aus dem Sachvortrag zumindest als **mögliche Rechtsfolge ergeben** (BVerfGE 92, 203 (226) – *EG-Fernsehrichtlinie*).

15 d) Der Antragsteller muss auch prozessführungsbefugt sein; bei den geltend gemachten Rechtspositionen muss es sich also um **eigene Rechte des Antragstellers** handeln. Anders als der auch dem Zwecke des Minderheitenschutzes dienende Organstreit ist dem Bund-Länder-Streit eine **Prozessstandschaft fremd.** § 64 Abs. 1 BVerfGG findet insoweit keine Anwendung und wird im Hinblick auf die Prozessführungsbefugnis von § 68 BVerfGG verdrängt, der allein den Bund und die Länder zu parteifähigen Gebietskörperschaften macht.

4. Ordnungsgemäßer Antrag

16 Das Verfahren wird durch einen **schriftlichen** und begründeten Antrag nach § 23 Abs. 1 BVerfGG eingeleitet. Der Antragsteller hat zu der Verletzung oder unmittelbaren Gefährdung der rügefähigen Rechte und Pflichten durch das beanstandete Verhalten **substantiiert** vorzutragen (§ 23 Abs. 1 S. 2 BVerfGG) und die **Bestimmung des Grundgesetzes** anzuführen, gegen die der Antragsgegner verstoßen haben soll (§ 69 i. V. m. § 64 Abs. 2 BVerfGG). Der Antrag ist **binnen sechs Monaten** zu stellen, nachdem die beanstandete Maßnahme oder Unterlassung dem Antragsteller bekannt geworden ist (§ 69 i. V. m. §. 64 Abs. 1 BVerfGG).

5. Beitritt

17 Anfängliche Schwierigkeiten bereitet die entsprechende Heranziehung der Regelung des Bundesorganstreitverfahrens zum **Beitritt** (§ 69 i. V. m. § 65 Abs. 1 BVerfGG). Im Bund-Länder-Streit soll keinesfalls nach § 65 Abs. 1 BVerfGG den in § 63 BVerfGG genannten Organen und Organteilen der Beitritt ermöglicht werden, sondern anderen potentiellen Antragstellern im Bund-Länder-Streit nach § 68 BVerfGG; da der Bund denknotwendig immer Partei eines Bund-Länder-Streitverfahrens ist, kann es sich dabei nur um **weitere Länder** handeln.

18 Dies ergibt sich letztlich schon daraus, dass allein im Verfahren Parteifähige auch dem Verfahren beitreten können (BVerfGE 12, 308 (309)). Da der Beitritt eine in Relation zu einer der Hauptparteien gleichgelagerte Situation hinsicht-

lich der streitigen Zuständigkeitsabgrenzung oder der streitigen Rechte oder Pflichten voraussetzt, kann ein Land dem Verfahren **nur auf Seite des Landes**, nicht jedoch des Bundes beitreten (BVerfGE 12, 308 (309)).

6. Notwendigkeit eines Vorverfahrens

Soweit der Bund-Länderstreit die mangelhafte **Ausführung von Bundesrecht durch die Länder** betrifft, ist vor der Anrufung des Bundesverfassungsgerichts in einem obligatorischen Vorverfahren die Entscheidung des Bundesrates einzuholen, Art. 84 Abs. 4 S. 1 GG. 19

III. Begründetheit und Entscheidung

Ist der Antrag begründet, weil die beanstandete Handlung den Antragsteller in seinen rügefähigen, verfassungsmäßigen Rechten verletzt, so trifft das Bundesverfassungsgericht die dahingehende **Feststellung** (§ 69 i. V. m. § 67 BVerfGG). Der **Prüfungsmaßstab** im Bund-Länder-Streit ist Korrelat des Streitgegenstandes; er umfasst daher das geschriebene und ungeschriebene bundesstaatsspezifische Verfassungsrecht des Grundgesetzes. Inzident kann sich die Prüfung – etwa im Rahmen der Ausführung von Bundesrecht durch die Länder – jedoch auch auf einfachgesetzliche Fragen erstrecken, weil etwa die Gesetzesverletzung erst die Verfassungsverletzung konstituiert. 20

Die Entscheidung erwächst in formelle und materielle **Rechtskraft** und **bindet** darüber hinaus nach § 31 Abs. 1 BVerfGG auch die Länder, die nicht Partei des Verfahrens sind. Mit der Feststellung des Verfassungsverstoßes ist für den Antragsgegner gleichzeitig ein **Wiederholungsverbot** sowie das Gebot verbunden, die Folgen des von ihm herbeigeführten verfassungswidrigen Zustandes zu beseitigen. Der fehlende Befehlscharakter der bloß feststellenden Entscheidung wird vom Bundesverfassungsgericht jedenfalls dadurch kompensiert, dass es sich im Zweifel dazu berufen sieht, der Entscheidung auch unabhängig von Anträgen durch Vollstreckungsanordnungen nach § 35 BVerfGG Geltung zu verschaffen (BVerfGE 6, 300 (303)). 21

Literatur: *Kenntner*, Justiziabler Föderalismus, 2000; *Kunig*, Bund und Länder im Streit vor dem Bundesverfassungsgericht, in: JURA 1995, 262 ff.; *Leisner*, Der Bund-Länder-Streit vor dem Bundesverfassungsgericht, in: Starck (Hrsg.) – Festgabe 25 Jahre Bundesverfassungsgericht, Bd. I, 1976, 260 ff.; *Lerche*, Fragen des Bund-Länder-Streits, in: Osterloh/Schmidt/Weber

(Hrsg.), Festschrift für Peter Selmer, 2004, 197ff.; *Müller*, in: Barczak (Hrsg.), BVerfGG, 2018, § 69; *Pünder*, Föderative Streitigkeiten vor dem Bundesverfassungsgericht, in: Ehlers/Schoch (Hrsg.), Rechtsschutz im Öffentlichen Recht, 2009, § 18; *Schachtschneider*, Der Rechtsweg zum Bundesverfassungsgericht in Bund-Länder-Streitigkeiten, 1969; *Schilling*, Zur Verfassungsbindung des deutschen Vertreters bei der Mitwirkung an der Rechtssetzung im Rate der EU, in: DVBl. 1997, 458ff.; *Schultzky*, Zulässigkeitsfragen im Bund-Länder-Streit, in: VerwArch 100 (2009), 552ff.; *Selmer*, Bund-Länder-Streit, in: Badura/Dreier (Hrsg.), Festschrift 50 Jahre Bundesverfassungsgericht, Bd. I, 2001, 563ff.

§ 16 Andere föderative Streitigkeiten (Art. 93 Abs. 1 Nr. 4 GG)

Wichtige Entscheidungen: BVerfGE 1, 299 – *Wohnungsbaumittel*; BVerfGE 4, 250 – *Lippe*; BVerfGE 22, 221 – *Coburger Schulstreit*; BVerfGE 31, 371.

I. Kontext und Gemeinsamkeiten der Verfahren

1 In der recht kompakten Formulierung des Art. 93 Abs. 1 Nr. 4 GG werden gleich drei föderative Streitigkeiten dem Bundesverfassungsgericht zur Entscheidung zugewiesen. Schon in der sprachlichen Fassung der Norm – *„anderen"* sowie *„soweit nicht ein anderer Rechtsweg gegeben ist"* – kommt die **Reservenatur** der in ihr angelegten Verfahren zum Ausdruck: Art. 93 Abs. 1 Nr. 4 GG ist Auffangbestimmung, um Rechtsschutzlücken zu vermeiden und Ausdruck der Garantie des Bundes für die friedliche – weil rechtsförmige – Streitbeilegung im Bundesstaat. Im ausdifferenzierten System der Gerichtsbarkeit, in dem inzwischen die Fachgerichte sowie die Landesverfassungsgerichte über die meisten der theoretisch in Frage kommenden, anderen föderativen Streitigkeiten zu entscheiden haben, kommt den Verfahren nach Art. 93 Abs. 1 Nr. 4 GG kaum mehr praktische Relevanz zu.

2 Allen Verfahren gemein ist ihre **kontradiktorische** Natur; Verfahren der objektiven Rechtsfeststellung wie prinzipale Normenkontrollen können auf Grundlage des Art. 93 Abs. 1 Nr. 4 GG daher nicht von einer Reservezuständigkeit des Bundesverfassungsgerichts aufgefangen werden. Art. 93 Abs. 1 Nr. 4 GG weist auch nur **öffentlich-**

rechtliche Streitigkeiten dem Bundesverfassungsgericht zu; zivilrechtliche Streitigkeiten im föderalen Kontext sind daher von vorne herein nicht umfasst. Schon praktisch verbleiben **allein verfassungsrechtliche Streitigkeiten**, da öffentlich-rechtliche Streitigkeiten nichtverfassungsrechtlicher Art dem Bundesverwaltungsgericht (§§ 40 Abs. 1, 50 Abs. 1 Nr. 1 VwGO) oder dem Bundessozialgericht (§§ 51, 39 Abs. 2 SGG) zufallen. Dabei besteht im Hinblick auf die Verfahren nach Art. 93 Abs. 1 Nr. 4 GG eine **doppelte Subsidiarität**, da sie sowohl hinter den anderen Zuständigkeiten des Bundesverfassungsgerichts („*anderen öffentlich-rechtlichen Streitigkeiten*") als auch hinter einen vorranging in Anspruch zu nehmenden, anderen Rechtsweg („*soweit nicht ein anderer Rechtsweg gegeben ist*") zurücktreten.

II. Andere öffentlich-rechtliche Streitigkeiten zwischen Bund und Ländern (Art. 93 Abs. 1 Nr. 4 Var. 1 GG)

Nach Art. 93 Abs. 1 Nr. 4 Var. 1 GG, § 13 Nr. 8 Var. 1 BVerfGG besitzt das Bundesverfassungsgericht auch die Zuständigkeit für die „*anderen öffentlich-rechtlichen Streitigkeiten zwischen dem Bund und den Ländern*", „*soweit nicht ein anderer Rechtsweg gegeben ist*". Der nach Abzug der prioritären anderen Zuständigkeiten des Bundesverfassungsgerichts – insbesondere des Bund-Länder-Streit nach Art. 93 Abs. 1 Nr. 3 GG – sowie der anderen eröffneten Rechtswege insbesondere zum Bundesverwaltungsgericht und zum Bundessozialgericht verbleibende **Anwendungsbereich** ist damit denkbar eng gefasst. In Frage kommen dürften allein **Streitigkeiten über materielles Verfassungsrecht**, das sich nicht unmittelbar aus dem Grundgesetz (etwa ungeschriebenes Verfassungsrecht) oder aus verfassungsrechtlichen Verträgen (etwa dem Einigungsvertrag) ergibt (vgl. insoweit BVerfGE 94, 297 (310) – *Treuhandanstalt II*). **Parteifähig** sind alleine der Bund und die Länder (Art. 93 Abs. 1 Nr. 4 Var. 1 GG), vertreten durch ihre jeweiligen Regierungen (§ 71 Abs. 1 Nr. 1 BVerfGG). Für den Fall des Untergangs eines Landes (etwa durch Eingliederung) wird eine gemeinsame Vertretung durch die obersten Gebietskörperschaften angenommen, die auf dem Gebiet des untergegangenen Landes bestehen (BVerfGE 3, 267 (280); 4, 250 (268) – *Lippe*). Aufgrund der in kontradiktorischen Verfahren regelmäßig vorausgesetzten **Antragsbefugnis** muss der Antragsteller auch geltend 3 machen, durch die antragsgegenständliche Handlung oder Unterlassung des Antragsgegners in eigenen Rechten verletzt oder von einer Rechtsverletzung unmittelbar bedroht zu sein. Im Übrigen gelten die **Formerfordernisse** nach § 23 Abs. 1 BVerfGG sowie die **Sechs-Monats-Frist** aus § 71 Abs. 2 i. V. m. § 64 Abs. 3 BVerfGG. § 72 BVerfGG räumt dem Bundesverfassungsgericht im Verfahren nach Art. 93 Abs. 1 Nr. 4 Var. 1 GG weitreichender Entscheidungsmöglichkeiten als im Bund-Länder-Streit ein; statt der bloßen Feststellung der Rechtsverletzung kann es den Antragsgegner auch zur **Durchführung, Unterlassung** oder **Duldung einer Maßnahme** verpflichten.

III. Das Zwischenländerstreitverfahren (Art. 93 Abs. 1 Nr. 4 Var. 2 GG)

4 Auch die Kompetenz des Bundesverfassungsgerichts, über öffentlich-rechtliche Streitigkeiten zwischen zwei oder mehreren Ländern zu entscheiden (Zwischenländerstreitverfahren), reflektiert in erster Linie die Funktionsgarantie des Bundes zur **Wahrung des föderalen Rechtsfriedens**. Für das Zwischenländerstreitverfahren besteht nur eine **einfache Subsidiarität** im Hinblick auf andere bestehende Rechtswege; das eigentlich gleichfalls subsidiaritätsvermittelnde „*andere*“ in Art. 93 Abs. 1 Nr. 4 GG entfaltet insoweit keine Wirkung, weil keine prioritären Kompetenzzuweisungen an das Bundesverfassungsgericht in Frage kommen. Dem Verfahren kommt auch deshalb verfassungsrechtliche Relevanz zu, weil die landesverfassungsgerichtliche Zuständigkeit an der Grenze eines Landes endet und Landesverfassungsgerichte daher auch nicht bei verfassungsrechtlichen Streitigkeiten mit anderen Ländern angerufen werden können. Einschlägig ist wiederum die normierte **Subsidiarität gegenüber anderen Rechtswegen**, weswegen verwaltungsrechtliche Streitigkeiten (§§ 40 Abs. 1, 50 Abs. 1 Nr. 1 VwGO) regelmäßig nicht dem Bundesverfassungsgericht zufallen.

5 **Parteifähig** sind im Übrigen die Länder, die als Antragsteller und Antragsgegner durch ihre jeweiligen Landesregierungen vertreten werden (§ 71 Abs. 1 Nr. 2 BVerfGG); für untergegangene Länder treten die obersten Gebietskörperschaften gemeinsam an ihre Stelle (BVerfGE 3, 267 (280)). Im Hinblick auf **Antragsbefugnis, Form, Frist** und **Entscheidungsinhalt** gilt das zu den anderen öffentlich-rechtlichen Streitigkeiten zwischen Bund und Ländern Gesagte.

IV. Das Landesbinnenstreitverfahren (Art. 93 Abs. 1 Nr. 4 Var. 3 GG)

Schließlich hält Art. 93 Abs. 1 Nr. 4 Var. 3 GG auch eine Reservekompetenz des Bundesverfassungsgerichts für landesinterne Streitigkeiten verfassungsrechtlicher Art vor, die indes mittlerweile durch die Zuständigkeit der jeweiligen Landesverfassungsgerichte für Landesorganstreitverfahren weitreichend verdrängt ist. 6

Die **subsidiäre Zuständigkeit** nach Art. 93 Abs. 1 Nr. 4 3Var. 3 GG ist dabei zu unterscheiden von der in Art. 99 GG gegebenen Möglichkeit, für landesverfassungsrechtliche Streitigkeiten durch Landesgesetz eine **primäre Zuständigkeit** des Bundesverfassungsgerichts zu eröffnen. Von dieser Möglichkeit hatte das Land Schleswig-Holstein bis zur Einrichtung eines eigenen Landesverfassungsgerichts im Jahre 2008 Gebrauch gemacht, weswegen das Bundesverfassungsgericht dort regelmäßig auch als Landesverfassungsgericht für das Land Schleswig-Holstein tätig wurde. 7

Trotzdem ist das Verfahren nach Art. 93 Abs. 1 Nr. 4 Var. 3 GG nicht vollkommen bedeutungslos geworden: So wirkt es nicht nur als Reserveverfahren, wenn Länder überhaupt kein landesverfassungsgerichtliches Organstreitverfahren bevorraten, sondern auch, wenn dieses in seiner Reichweite – etwa durch Begrenzung des Kreises der Antragsteller – hinter den entsprechend heranzuziehenden Vorschriften zum Bundesorganstreitverfahren zurückbleibt (BVerfGE 93, 195 (202); 102, 224 (231) – *Funktionszulagen*). Im Verfahren nach Art. 93 Abs. 1 Nr. 4 Var. 3 GG sind die Regelungen des Bundesorganstreitverfahrens weitgehend entsprechend heranzuziehen. 8

Literatur: *Bethge*, Organstreitigkeiten des Landesverfassungsrechts, in: Stack/Stern (Hrsg.), Landesverfassungsgerichtsbarkeit, Teilbd. II, 1983, 17 ff.; *Friauf*, Die materielle Verfassungsstreitigkeit zwischen Verfassungsgerichtsbarkeit und Fachgerichtsbarkeit, in: Baumeister/Roth/Ruthig (Hrsg.), Festschrift für Wolf-Rüdiger Schenke, 2011, 61 ff.; *Kunig*, Bund und Länder im Streit vor dem Bundesverfassungsgericht, in: JURA 1995, 262 ff.; *Schlaich/Korioth*, Das Bundesverfassungsgericht, 11. Aufl. 2018, Rn. 105 ff.; *Scholtissek*, Zur Zuständigkeit des Bundesverfassungsgerichts aus Art. 93 Abs. 1 Nr. 4 GG, in: Rittersbach/Geiger (Hrsg.), Festschrift für Gebhard Müller, 1970, 461 ff.; *Zierlein*, Die Ersatzzuständigkeit des Bundesverfassungsgerichts im landesverfassungsrechtlichen Organstreitverfahren, in: AöR 118 (1993), 66 ff.

5. Teil. Verfassungsschutzverfahren

§ 17 Das Parteiverbotsverfahren (Art. 21 Abs. 2 GG)

Einführende Literatur: *Beaucamp*, Eine Demokratie, die sich wehren kann, in: JA 2021, 1 ff.; *Kloepfer*, Parteienfinanzierung und NPD-Urteil, in: NVwZ 2017, 913 ff.; *Kunig*, Vereinsverbot, Parteiverbot, in: JURA 2005, 384 ff.; *Shirvani*, Parteiverbot und Parteienfinanzierungsausschluss, in: JURA 2020 448 ff.; *Stiehr*, Das Parteiverbotsverfahren, in: JuS 2015, 994 ff.; *Uhle*, Das Parteiverbot gem. Art. 21 II GG, in: NVwZ 2017, 583 ff.; *Volp*, Parteiverbot und wehrhafte Demokratie, in: NJW 2016, 459 ff.; *Voßkuhle/Kaiser*, Grundwissen – Öffentliches Recht: Wehrhafte Demokratie, in: JuS 2019, 1154 ff.; *Voßkuhle/Kaufhold*, Grundwissen – Öffentliches Recht: Die politischen Parteien, in: JuS 2019, 763 ff.

Wichtige Entscheidungen: BVerfGE 2, 1 – *SRP-Verbot*; BVerfGE 5, 85 – *KPD-Verbot*; BVerfGE 12, 296 – *Parteienprivileg*; BVerfGE 107, 339 – *NPD-Verbotsverfahren I*; BVerfGE 144, 20 – *NPD-Verbotsverfahren II*.

I. Kontext des Verfahrens

1 Die in Art. 21 Abs. 2 GG eingeräumte Möglichkeit, eine politische Partei zu verbieten, will sich auf den ersten Blick nicht in das Bild grundgesetzlicher Freiheit fügen. Den Parteien kommt in der Ordnung des Grundgesetzes eine gegenüber anderen Vereinigungen herausgehobene Stellung zu. Sie wirken nach Art. 21 Abs. 1 S. 1 GG an der Willensbildung des Volkes mit und übernehmen damit eine wichtige Scharnierfunktion zwischen dem verfassten Staat und der ihn tragenden Gesellschaft, indem sie maßgeblich die Rückkoppelung der Staatswillensbildung an die Willensbildung des Volkes organisieren; im demokratischen Staat des Grundgesetzes gilt es, **politische Meinungen und Kräfte frei und selbstbestimmt zu integrieren** (BVerfGE 40, 287 (291) – *Verfassungsschutzbericht*). Verbürgt das Grundgesetz in seiner freiheitlichen Ausprägung eine weitreichende Bandbreite der Meinungspluralität, die den Einzelnen auch in Teilen schwerlich zu ertragenden Ansichten und Äußerungen aussetzt, so muss sich diese Freiheit gerade auch auf den Raum der politischen-Parteien erstrecken.

Diesen Gedanken schränkt jedoch das Parteiverbotsverfahren in Teilen ein: Vor dem Hintergrund der *„Ohnmachtserfahrungen"* der Vorläuferverfassung in der Auseinandersetzung mit dem Nationalsozialismus haben sich die Mütter und Väter des Grundgesetzes für die Ausgestaltung einer **„wehrhaften"** oder **„streitbaren" Demokratie** (BVerfGE 5, 85 (139) – *KPD-Verbot*) entschieden. Diese verfassungsrechtliche *„Kompetenz zur Selbstverteidigung"* (*Georg*, Politik durch Recht – Recht durch Politik, 2013, 48) findet nicht nur im Parteiverbotsverfahren, sondern etwa auch im Vereinsverbot nach Art. 9 Abs. 2 GG oder dem Grundrechtsverwirkungsverfahren nach Art. 18 GG Ausdruck. In der Sache gemeinsam normieren diese Verfahren den Gedanken eines Missbrauchsverbots der freiheitlichen Grundordnung und der politischen Gefahrenabwehr hiergegen; die Freiheit des Grundgesetzes soll jedenfalls nicht die Möglichkeit verbürgen, die Voraussetzungen der politischen Freiheit selbst zu beseitigen. Die wehrhafte Demokratie konkretisiert damit den Schlachtruf der französischen Revolution *„pas de libertè pour les ennemis de la libertè"* – **Keine Freiheit für die Feinde der Freiheit**. 2

Der Satz dürfte wohl auf den französischen Politiker *Antoine de Saint-Just* (1767–1794) zurückgehen, vgl. *Jacqué*, L'abus de droits fondamentaux et la lutte contre les ennemis de la d`democratie, in: Iliopoulos-Strangas (Hrsg.), Der Mißbrauch von Grundrechten in der Demokratie, 1989, 129 ff. 3

Mit dieser Ausrichtung begibt sich die *„wehrhafte Demokratie"* indes auch auf gefährliches Terrain: Der Gedanke, dass der Schutz der Freiheit gerade durch ihre Beschränkung zu erreichen sei, mutet auf den ersten Blick wenig überzeugend an. Hierin schlummert stets die Gefahr einer Selbstaufgabe des freiheitlichen Rechtsstaates, ganz so, als würde er seiner Bekämpfung tatenlos zusehen; es droht der **„Suizid aus Angst vor dem Tod"** (*Morlok*, in: NJW 2001, 2931 (2932)). Dieser Dialektik muss daher auch im Parteiverbotsverfahren als *„schärfste und überdies zweischneidige Waffe des demokratischen Rechtsstaats gegen seine organisierten Feinde"* (BVerfGE 144, 20 (160) – *NPD-Verbotsverfahren II*) durch ein Höchstmaß an Rechtssicherheit, Transparenz und Restriktion Rechnung getragen werden. Vor diesem Hintergrund dient das Parteiverbotsverfahren daher als Korrelat des **„Parteienprivilegs"**: Gerade weil das Verbot einer politischen Partei eine so drastische Beschneidung der freiheitlichen Demokratie darstellt, wird es der für das Verbot von Vereinigungen eigentlich zuständigen Exekutive (Art. 9 Abs. 2 GG) entzogen und vor 4 dem Bundesverfassungsgericht monopolisiert. Damit tritt ein umfassender verfassungsrechtlicher Schutz der Parteien zu Tage, der auch die Freiheit von anderweitiger rechtlicher Beeinträchtigung ihrer mit allgemein erlaubten Mitteln arbeitenden parteioffiziellen Tätigkeiten durch exekutive Maßnahmen verbürgt, so lange die Partei nicht durch das Bundesverfassungsgericht verboten wurde (BVerfGE 12, 296 (304) – *Parteienprivileg*; 40, 287 (291) – *Verfassungsschutzbericht*).

Weiterführend zum zu Grunde liegenden Konzept der wehrhaften Demokratie vgl. nur *Bulla*, Die Lehre von der streitbaren Demokratie – Versuch einer kritischen Analyse unter besonderer Berücksichtigung der Rechtsprechung des Bundesverfassungsgerichts, in: AöR 98 (1973), 340ff.; *Henke*, Verteidigung der Demokratie durch Parteiverbot oder Parteiquarantäne, in: JZ 1973, 293ff.; *Klein*, Verfassungstreue und Schutz der Verfassung, in: VVDStRL 37 (1979), 55 (63ff.); *Morlok*, Parteiverbot als Verfassungsschutz – Ein unauflösbarer Widerspruch?, in: NJW 2001, 2931ff.; *Thiel*, Zur Einführung: Die „wehrhafte Demokratie" als verfassungsrechtliche Grundentscheidung, in: Thiel (Hrsg.), Wehrhafte Demokratie – Beiträge über die Regelungen zum Schutze der freiheitlichen demokratischen Grundordnung, 2003, 1ff.; *Thun*, Worum kämpft die wehrhafte Verfassung?, in: DÖV 2019, 65ff.; *Volkmann*, Dilemmata des Parteiverbots, in: DÖV 2007, 577ff.; *Volp*, Parteiverbot und wehrhafte Demokratie, in: NJW 2016, 459ff.; *Voßkuhle/Kaiser*, Grundwissen – Öffentliches Recht: Wehrhafte Demokratie, in: JuS 2019, 1154ff.; *Wassermann*, Aktivierung der wehrhaften Demokratie – Zum Antrag auf NPD-Verbot, in: NJW 2000, 3760ff.

II. Das Verfahren

1. Zulässigkeitsvoraussetzungen

5 Berechtigte **Antragsteller** im Parteiverbotsverfahren sind nach § 43 Abs. 1 BVerfGG ausschließlich der Bundesrat, der Bundestag und die Bundesregierung sowie nach § 43 Abs. 2 BVerfGG auch die Landesregierungen, soweit die Partei, auf deren Verbot der Antrag abzielt, ausschließlich in deren Landesgebiet organisiert ist. Dem Parteiverbotsverfahren haftet damit – zwangsnotwendig – etwas Politisches an, ohne dass daraus jedoch gefolgert werden dürfte, dass ein Verbotsantrag in das von politischem Kalkül erfüllte Belieben eines Antragstellers gestellt wäre. Vielmehr haben die antragsberechtigten Verfassungsorgane nach **pflichtgemäßem, (politischem) Ermessen** zu entscheiden, ob sie einen Parteiverbotsantrag vor dem Bundesver-

fassungsgericht stellen (BVerfGE 5, 85 (113) – *KPD-Verbot*; 40, 287 (291)), weshalb sie den Verfahrenszweck des Verfassungsschutzes auch mit anderen verfassungsrechtlichen Verpflichtungen abwägen können (BVerfGE 5, 85 (129f.) – *KPD-Verbot*). Gleichwohl hätte das Bundesverfassungsgericht auch einen **rechtsmissbräuchlich gestellten Antrag** zu prüfen und könnte ihn nur nach Sachprüfung als unbegründet zurückzuweisen (BVerfGE 5, 85 (113) – *KPD-Verbot*).

Weiterführend zur Frage der Antragsberechtigung, insbesondere zur Reichweite des Ermessens der antragstellenden Verfassungsorgane vgl. nur *Ipsen*, Parteiverbot und „politisches Ermessen", in: Geis/Lorenz (Hrsg.), Festschrift für Hartmut Maurer, 2001, 163ff.; *Ipsen/Koch*, in: Sachs (Hrsg.), GG, 9. Aufl. 2021, Art. 21 Rn. 175ff.; *Seifert*, Zum Verbot politischer Parteien, in: DÖV 1961, 81ff. Zur Frage des Bestehens einer Antragspflicht siehe nur *Stiehr*, Das Parteiverbotsverfahren, in: JuS 2015, 994 (995).

Antragsgegnerin kann – schon dem Namen nach – allein eine politische Partei im Sinne des Art. 21 GG sein; der verfassungsrechtliche Parteienbegriff ist dabei mit § 2 Abs. 1 S. 1 PartG verfassungsgemäß **legaldefiniert** (BVerfGE 89, 266 (269f.) – *Unabhängige Arbeiterpartei*; 91, 276 (284) – *Parteienbegriff II*). 6

„Parteien sind Vereinigungen von Bürgern, die dauernd oder für längere Zeit für den Bereich des Bundes oder eines Landes auf die politische Willensbildung Einfluß nehmen und an der Vertretung des Volkes im Deutschen Bundestag oder einem Landtag mitwirken wollen, wenn sie nach dem Gesamtbild der tatsächlichen Verhältnisse, insbesondere nach dem Umfang und Festigkeit ihrer Organisation, nach der Zahl ihrer Mitglieder und nach ihrem Hervortreten in der Öffentlichkeit eine ausreichende Gewähr für die Ernsthaftigkeit dieser Zielsetzung bieten." Instruktiv zum Parteienbegriff vgl. nur *Voßkuhle/Kaufhold*, Grundwissen – Öffentliches Recht: Die politischen Parteien, in: JuS 2019, 763ff. 7

Damit ist nicht allein die Teilnahme an Wahlen und damit der Wille, Partei sein zu wollen, konstitutives Merkmal, sondern (jedenfalls nach einer Gründungsphase) auch das Ausmaß des Organisationsgrades und der Aktivitäten, die es einer Vereinigung überhaupt erst ermöglichen, die den Parteien im Grundgesetz zugedachten Funktionen zu erfüllen (BVerfGE 91, 262 (271f.) – *Parteienbegriff I*). Unterschreiten Vereinigungen dieses **Niveau der Ernstlichkeit**, so unterfallen sie mangels Parteieigenschaft auch nicht der Privilegierung des Art. 21 Abs. 2 GG und sind für den Fall der Erfüllung des Tatbestandes nach Art. 9 Abs. 2 GG durch die Exekutive zu verbieten. 8

9 Dem Parteiverbotsverfahren unterliegen regelmäßig auch die sogenannten **qualifizierten Hilfsorganisationen** wie etwa die politischen Jugendorganisationen der Parteien, **nicht jedoch parteinahe** Stiftungen (weiterführend zu den Hilfsorganisationen der Parteien vgl. nur *Kölbe*, Inwieweit schützt das Parteienprivileg des Art. 21 Abs. 2 Satz 2 GG auch Nebenorganisationen von Parteien?, in: AöR 87 (1962), 48ff.; *Oerter*, Rechtsfragen des Verhältnisses zwischen politischen Parteien und ihren Sonder- und Nebenorganisationen, 1971; *Streinz*, in: v. Mangoldt/Klein/Starck, GG, 7. Aufl. 2018, Art. 21 Rn. 69ff.). Parteien, die allein auf **kommunaler Ebene** tätig werden, sind wegen der Fokussierung des § 2 Abs. 1 S. 1 PartG auf den Bundestag und die Landesparlamente nicht Gegenstand des Parteiverbotsverfahrens vor dem Bundesverfassungsgericht (BVerfGE 2, 1 (76) – *SRP-Verbot)* und können daher nach Art. 9 Abs. 2 GG, ggf. auch nach landesverfassungsrechtlichen Verbotsverfahren verboten werden. Weiterführend auch *Wietschel*, Unzulässige Parteiverbotsanträge wegen Nichtvorliegens der Parteieigenschaft, in: ZRP 1996, 208ff.

10 Der Antrag nach Art. 21 Abs. 2 GG muss die Feststellung der Verfassungswidrigkeit einer Partei zum **Gegenstand** haben. Eine Beschränkung des Antrages auf das **Verbot von Teilorganisationen** einer Partei ist nicht möglich; § 46 Abs. 2 BVerfGG bezieht sich allein auf die Reichweite der Entscheidung des Bundesverfassungsgerichts. Der Antrag unterliegt **keiner Frist**; seine **Form** bestimmt sich nach den allgemeinen Voraussetzungen des § 23 Abs. 1 BVerfGG. Die antragsgegnerische Partei muss sich nach § 44 BVerfGG im Prozess vertreten lassen; die **Vertretungsberechtigten** bestimmen sich nach § 44 S. 1 Hs 1. BVerfGG. i. V. m. § 11 Abs. 3 S. 2 PartG vorrangig nach der Satzung der Partei.

11 Sind die Vertretungsberechtigten weder nach Gesetz noch nach Satzung (§ 44 S. 1 BVerfGG) feststellbar, so sieht § 44 S. 2 BVerfGG eine **Vertretungsfiktion** vor, um dem Missbrauch der Satzungsautonomie durch Parteien, die ein Verbotsverfahren befürchten und das Verfahren durch Verschleierung der Vertretungsregelung behindern wollen, vorzubeugen. Demnach sind im Zweifel subsidiär auch diejenigen zur Vertretung der Partei im Verfahren berufen, die zuletzt tatsächlich die Geschäfte der Partei geführt haben.

2. Rechtsstaatliche Anforderungen

12 Abseits der in den §§ 43ff. BVerfGG normativ bestimmten Zulässigkeitsvoraussetzungen haben sich in der Rechtsprechung des Bundesverfassungsgerichts ungleich wichtigere, **rechtsstaatliche Anforderungen** des Parteiverbotsverfahrens herausgebildet. Von besonderer Bedeutung ist dabei das Gebot strikter **Staatsfreiheit** der Par-

tei, also die Gewährleistung der Möglichkeit unbeobachteter und selbstbestimmter Willensbildung und Selbstdarstellung der Partei im Verfahren vor dem Bundesverfassungsgericht (BVerfGE 144, 20 (160) – *NPD-Verbotsverfahren II*).

Relevant wurde dies in Sonderheit im Rahmen der Frage des Einsatzes von **V-Leuten**, also nachrichtendienstlicher Konfidenten, und verdeckter Ermittler in den Führungsgremien der antragsgegnerischen Partei. Zur Gewährleistung der Staatsfreiheit haben staatliche Stellen daher rechtzeitig vor dem Eingang des Verbotsantrages, spätestens jedoch mit der öffentlichen Bekanntmachung der Absicht, einen Verbotsantrag zu stellen, ihre Quellen abzuschalten und verdeckte Ermittler zurückzuziehen (BVerfGE 107, 339 (369) – *NPD-Verbotsverfahren I*; 144, 20 (161) – *NPD-Verbotsverfahren II*). Dies gilt jedoch nur für die Führungsebene der Partei; unterhalb dieser Ebene kann die Beobachtung einer Partei und ihrer Mandatsträger mit nachrichtendienstlichen Mitteln auch während des laufenden Verbotsverfahrens fortdauern, da diesem Unterbau kein hinreichender Einfluss auf das Verfahren zukomme (BVerfGE 144, 20 (161) – *NPD-Verbotsverfahren II*). Vertiefend hierzu siehe nur *Lisken*, „V-Leute“ im Verfassungsprozess, in: ZRP 2003, 45 ff. 13

Aus dem Gebot der Staatsfreiheit leitet das Bundesverfassungsgericht auch das Gebot der **Quellenfreiheit** ab: Die Begründung des Verbotsantrages darf sich daher nicht auf Beweismaterialien stützen, deren Entstehung jedenfalls teilweise auf das Wirken von V-Leuten oder verdeckten Ermittlern zurückzuführen ist und daher der Partei aufgrund von staatlicher Beeinflussung und Provokation nichtmehr als Gegenstand eigenständiger, unbeeinflusster Willensbildung zurechenbar ist (BVerfGE 107, 339 (370 ff.) – *NPD-Verbotsverfahren I*; 140, 20 (162) – *NPD-Verbotsverfahren II*). Schließlich kommt aufgrund der oftmals von nachrichtendienstlichen Mitteln geprägten, vorhergehenden und laufenden Ermittlungen auch dem **Recht auf ein faires Verfahren** besondere Bedeutung zu. So muss insbesondere die freie Kommunikation zwischen der Partei und ihren Verfahrensbevollmächtigten sowie das Recht der Partei, im Rahmen einer Prozessstrategie Einfluss auf das Verfahren nehmen zu können, gewährleistet und frei von gezielter, staatlicher Ausforschung sein (BVerfGE 144, 20 (163) – *NPD-Verbotsverfahren II*). Ein **Verstoß** gegen diese Anforderungen kann – abhängig von seiner Schwere und der Beantwortung der Frage, ob die materiellen Ziele des Verfahren tatsächlich nicht mehr oder nur bei Inkaufnahme unverhältnismäßiger Rechtsverletzungen zu verwirklichen sind (BVerfGE 144, 20 (159) – *NPD-Verbotsverfahren II*) – etwa erhöhte Anforderungen an die Beweis- 14 würdigung oder **Beweisverwertungsverbote** zur Folge haben, in gravierenden Fällen aber auch als **nicht behebbares Prozesshindernis** zur Einstellung des Verfahrens führen. Die Folgen können unabhängig von dem Stadium eintreten, in dem sich das Verbotsverfahren befindet.

Weiterführend siehe *Klein*, in: Maunz/Dürig, GG (Stand: 93. EL Oktober 2020), Art. 21 Rn. 548a; *Michaelis*, Einstellung des NPD-Verbotsverfahrens, in: NVwZ 2003, 943 (944 ff.); *Shirvani*, Die Crux des Parteiverbots, in: DÖV 2017, 477 (478); *Uhle*, Das Parteiverbot gem. Art. 21 II GG, in: NVwZ 2017, 583 (584 f.).

3. Vorverfahren und Verfahren

15 Da schon alleine von der mündlichen Verhandlung eines Verbotsantrages schwerwiegende Nachteile für die antragsgegnerische Partei ausgehen können, sieht § 45 BVerfGG – ähnlich dem strafprozessualen Zwischenverfahren nach §§ 199 ff. StPO – die Durchführung eines Vorverfahrens vor, in dem das Bundesverfassungsgericht darüber zu entscheiden hat, ob der Antrag zulässig und hinreichend begründet (und damit **erfolgversprechend**) ist, um tatsächlich in ein Hauptverfahren einzutreten. Binnen einer durch das Bundesverfassungsgericht festzulegenden Frist (§ 45 BVerfGG) haben die Vertretungsberechtigten Gelegenheit zur Stellungnahme und damit letztmalig die Chance, dem Vorbringen des Antragstellers **das Bild einer loyalen verfassungsrechtlichen Institution entgegenzusetzen**, die im Interesse der freiheitlichen demokratischen Grundordnung legitimer- und notwendigerweise am Prozess der Volks- und Staatswillensbildung fortdauernd teilzuhaben hat (BVerfGE 107, 339 (368) – *NPD-Verbotsverfahren I*; 140, 20 (159 f.) – *NPD-Verbotsverfahren II*).

16 Die Entscheidung des Senats über die Durchführung der Verhandlung ergeht – soweit nach vorläufiger Bewertung die überwiegende Wahrscheinlichkeit eines Verbotes besteht – als **Beschluss** (§ 25 Abs. 2 Alt. 2 BVerfGG), der als für die Antragsgegnerin nachteilige Entscheidung eine Zwei-Drittel-Mehrheit der gesetzlichen Mitgliederzahl des Senats bedarf (§ 15 Abs. 4 S. 1 BVerfGG). Vertiefend zum Vorverfahren vgl. *Klein*, in: Maunz/Dürig, GG (Stand: 93. EL Oktober 2020), Art. 21 Rn. 548 ff.; *Kliegel*, in: Barczak (Hrsg.), BVerfGG, 2018, § 45; *Streinz*, in: v. Mangoldt/Klein/Starck, Grundgesetz, 7. Aufl. 2018, Art. 21 Rn. 246.

17 Wird die Durchführung des Verbotsverfahrens beschlossen, so ist die **mündliche Verhandlung** der Sache obligatorisch, soweit darauf nicht – unwahrscheinlicher Weise – nach § 25 Abs. 1 BVerfGG verzichtet wird. Die **Beweiserhebung** im Verfahren richtet sich nach den allgemeinen Verfahrensvorschriften der §§ 26 ff. BVerfGG; als **Tatsachengericht** hat das Bundesverfassungsgericht dabei alle relevanten Beweise zum Gegenstand der mündlichen Verhandlung zu machen.

III. Begründetheit und Entscheidung

1. Die Begründetheit des Parteiverbotsantrags

Der Antrag im Parteiverbotsverfahren ist begründet, wenn eine oder beide der der durch Art. 21 Abs. 2 GG abschließend vorgesehenen **Tatbestandsalternativen** erfüllt ist, die eine Partei zu einer *„verfassungswidrigen"* und damit einem Verbot zugänglichen Partei machen. Demnach sind Parteien zu verbieten, die darauf ausgehen, (1) die **freiheitliche demokratische Grundordnung zu beeinträchtigen oder zu beseitigen** oder (2) den **Bestand der Bundesrepublik Deutschland zu gefährden**. Die Tatbestandsvoraussetzungen sind im Parteiverbot damit auch wesentlich enger gefasst, als dies im Vereinsverbot nach Art. 9 Abs. 2 GG der Fall ist. 18

a. Beeinträchtigung oder Beseitigung der freiheitlichen demokratischen Grundordnung. (1) Schutzgut der ersten Tatbestandsalternative ist die **freiheitliche demokratische Grundordnung** als Kernsubstanz der Verfassung. Akzessorisch zum Topos der *„wehrhaften und streitbaren Demokratie"* zieht sich auch der Begriff der freiheitlichen demokratischen Grundordnung durch verfassungsschützende und notstandsregelnde Bestimmungen des Grundgesetzes (vgl. etwa Art. 10 Abs. 2 S. 2, Art. 11 Abs. 2, Art. 18 GG), ohne dass er jedoch legal definiert würde. Sein Regelungsgehalt ist daher erst durch verfassungsgerichtliche Rechtsprechung konkretisiert worden. Im Kern umfasst die freiheitliche demokratische Grundordnung eine Ordnung, die *„unter Ausschluß jeglicher Gewalt- und Willkürherrschaft eine rechtsstaatliche Herrschaftsordnung auf der Grundlage der Selbstbestimmung des Volkes nach dem Willen der jeweiligen Mehrheit und der Freiheit und Gleichheit darstellt"* (BVerfGE 2, 1 (12 f.) – *SRP-Verbot*), oder: Die freiheitliche demokratische Grundordnung ist das **Gegenteil des totalen Staates**. Sie umfasst in der Auslegung des Bundesverfassungsgerichts nach Gesamtinterpretation 19 des Grundgesetzes und seiner Einordnung in die moderne Verfassungsgeschichte vor allem die „*Achtung vor den im Grundgesetz konkretisierten Menschenrechten, vor allem dem Recht der Persönlichkeit auf Leben und freie Entfaltung, die Volkssouveränität, die Gewaltenteilung, die Verantwortlichkeit der Regierung, die Gesetzmäßigkeit der Verwaltung, die Unabhängigkeit der Gerichte, das Mehrparteienprinzip und die Chancengleichheit für alle politischen Parteien mit dem Recht auf verfassungsmäßige Bildung und Ausübung einer Opposition*" (BVerfGE 2, 1 (13) – *SRP-Verbot*). Diesen **Katalog immanenter Elemente** hat das Bundesverfassungsgericht in Folge immer wieder ergänzt und ihm in Anerkennung einer gestärkten, funktionalen Perspektive nunmehr auch die freie Meinungsäußerung (BVerfGE 7, 198 (208) – *Lüth*), den freien und offenen Meinungs- und Willensbildungsprozess des Volkes (BVerfGE 44, 125 (145) – *Öffentlichkeitsarbeit*), die Rundfunk-, Presse- und Informationsfreiheit (BVerfGE 77, 65 (74) – *Beschlagnahme von Filmmaterial*) sowie die Religionsfreiheit (BVerfGE 137, 273 (303) – *Katholischer Chefarzt*) zugerechnet und betont beständig die besondere Bedeutung der Menschenwürde aus Art. 1 Abs. 1 GG (vgl. etwa BVerfGE 12, 45 (53) – *Kriegsdienstverweigerung I*; 27, 1 (6) – *Mikrozensus*; 35, 202 (225) – *Lebach*).

20 Dieser variable, **enumerative Definitionsversuch** hat – trotz Anerkennung der Schwierigkeit der kohärenten Konkretisierung eines abstrakten „*Klammerbegriffs*", der zumal auch den kontextualen Anforderungen der Art. 11 Abs. 2, Art. 18 S. 1, Art. 87a Abs. 4 S. 1 sowie Art. 91 Abs. 1 GG gerecht werden muss – in der Literatur in Teilen Bestätigung, vor allem jedoch Kritik erfahren. Auch deshalb sah sich das Bundesverfassungsgericht in seiner Entscheidung im zweiten NPD-Verbotsverfahren 2017 (BVerfGE 144, 20) dazu verleitet, zwar keine völlige Korrektur der eigenen Rechtsprechung vorzunehmen, wohl aber eine neue Betrachtungsperspektive einzunehmen. Betont wird insoweit die Erforderlichkeit einer „*Konzentration auf wenige, zentrale Grundprinzipien, die für den freiheitlichen Verfassungsstaat schlechthin unentbehrlich sind*" und damit der Differenzierung zwischen „*Kernelementen der freiheitlichen demokratischen Grundordnung und den sich daraus ergebenden (fallbezogenen) Ableitungen*" (BVerfGE 144, 20 (205) – *NPD-Verbotsverfahren II*), die gegenüber den Kernelementen nur von nachrangiger Bedeutung sind. Auch deshalb versagt der in Teilen der Literatur vorgeschlagene Rückgriff auf Art. 79 Abs. 3 GG, da dieser im Hinblick auf die Reichweite seiner

Verbürgungen über den für einen freiheitlichen demokratischen Verfassungsstaat erforderlichen Mindestgehalt hinausgeht (BVerfGE 144, 20 (206) – *NPD-Verbotsverfahren II*; vgl. auch *Papier/Durner*, in: AöR 128 (2003), 340 (357)). Bekräftigt hat das Bundesverfassungsgericht dabei indes die besondere Bedeutung der **Menschenwürde als Ausgangspunkt der freiheitlichen demokratischen Grundordnung**, des **Demokratieprinzips**, insbesondere im Hinblick auf die freie und gleichberechtigte Teilhabe am Prozess der politischen Willensbildung sowie die Rückführbarkeit der Ausübung staatlicher Gewalt auf den Willen des Volkes (Volkssouveränität), sowie des Rechtsstaatsprinzips (BVerfGE 144, 20 (206ff. – *NPD-Verbotsverfahren II*).

Aus der vom Bundesverfassungsgericht gezogenen Klammer der Kernentscheidungen herausgefallen ist damit der Grundsatz der **Chancengleichheit der Parteien**, der nun wohl auch deshalb als nachrangige Ableitung qualifiziert wird (BVerfGE 144, 20 (209 – *NPD-Verbotsverfahren II*), um der durch das Bundesverfassungsgericht selbst angeregten Möglichkeit eines Parteienfinanzierungsausschlusses (BVerfGE 144, 20 (242) – *NPD-Verbotsverfahren II*) nicht das argumentative Fundament zu entziehen. Grundlegend zur freiheitlichen demokratischen Grundordnung: *Gusy*, Die „freiheitliche demokratische Grundordnung“ in der Rechtsprechung des Bundesverfassungsgerichts, in: AöR 105 (1980), 279ff.; *Krämer*, Die freiheitlich demokratische Grundordnung und ihr Schutz durch die wehrhafte Demokratie des Grundgesetzes, in: UBWV 2009, 11ff.; *Linke*, Verbotsunwürdige Verfassungsfeinde, streitbare, aber wertarme Demokratie und problematische Sanktionsalternativen, in: DÖV 2017, 483ff.; *Schliesky*, Die wehrhafte Demokratie des Grundgesetzes, in: Isensee/Kirchhof (Hrsg.), Handbuch des Staatsrechts, Bd. XII, 3. Aufl. 2014, § 277 Rn. 16ff.; *Warg*, Nur der Kern des demokratischen Rechtsstaats – die Neujustierung der fdGO im NPD-Urteil vom 17.1.2017, in: NVwZ-Beilage 2017, 42ff. 21

(2) Maßgebliches Beurteilungsobjekt sind die Ziele der Partei oder das Verhalten der Anhänger (Art. 21 Abs. 2 GG). Die **Ziele der Partei** umschreiben den Inbegriff dessen, was eine Partei politisch anstrebt. Maßgeblich sind die wirklichen Ziele und nicht die vorgeblichen, weswegen nicht allein auf ein Parteiprogramm abgestellt werden muss. Es ist daher nicht erforderlich, dass sich eine Partei zu ihrer Verfassungsfeindlichkeit offen und öffentlich bekennt (BVerfGE 2, 1 (20) – *SRP-Verbot*; 5, 85 (144) – *KPD-Verbot*; 144, 20 (214f.) – *NPD-Verbotsverfahren II*). Alternativ lassen sich die Absichten einer Partei auch nach dem **Verhalten ihrer Anhänger** ermitteln. Während dies insbesondere für das Verhalten der Parteiorgane noch weitgehend selbstverständlich erscheint, stellt sich gleichwohl das Problem der 22

Zurechenbarkeit des Verhaltens Einzelner zur Antragsgegnerin. Zurechnen lassen muss sich eine Partei daher das Verhalten ihrer Mitglieder, soweit dieses im politischen Kontext steht und von der Partei gebilligt wird, aber auch das Verhalten nicht der Partei angehöriger Anhänger, soweit es einer Beeinflussung oder Billigung durch die Partei unterliegt (BVerfGE 144, 20 (215 f.) – *NPD-Verbotsverfahren II*).

23 (3) Die Ziele oder das zurechenbare Verhalten müssen ferner die **Beseitigung** oder **Beeinträchtigung** der freiheitlichen demokratischen Grundordnung zum Gegenstand haben, also die Abschaffung eines ihrer konstituierenden Strukturelemente zu Gunsten eines mit ihr unvereinbaren Regierungssystems als Erfolg anstreben (BVerfGE 144, 20 (211) – *NPD-Verbotsverfahren II*). Das lange Zeit unzureichend geklärte Tatbestandsmerkmal des „*Beeinträchtigens*" ist bereits dann erfüllt, wenn eine Partei die Außerkraftsetzung der bestehenden Verfassungsordnung betreibt, auch wenn sie noch nicht erkennen lässt, welche Verfassungsordnung an die Stelle der bestehenden treten soll (BVerfGE 144, 20 (213) – *NPD-Verbotsverfahren II*). In der Praxis kommt der Beeinträchtigung damit jedoch über den Umstand hinaus, dass **bereits das Anstreben der Abschaffung auch nur eines einzigen Strukturelements** der freiheitlichen demokratischen Grundordnung hinreicht, keine gewichtige Bedeutung zu. Die Erfassung auch nur einer Beeinträchtigung in diesem Sinne trägt der Verschränkung gegenseitigen Bedingung der einzelnen Elemente der freiheitlichen demokratischen Grundordnung Rechnung und vermeidet die Gefahr, dass eine ein Strukturmerkmal bekämpfende Partei einem Verbot allein dadurch aus dem Weg geht, dass sie sich zu den anderen Merkmalen bekennt.

24 (4) Das Parteiverbotsverfahren ist kein Gesinnungs- oder Weltanschauungsverbot, sondern ein Organisationsverbot zur politischen Gefahrenabwehr (BVerfGE 144, 20 (220) unter Hinweis auf *Klein*, in: Maunz/Dürig, GG (Stand: 93. EL Oktober 2020), Art. 21 Rn. 488).

25 Schon dies ist nicht zeitenübergreifender Konsens. In seiner ersten Entscheidung zu einem Parteiverbotsverfahren machte es sich das Bundesverfassungsgericht noch zur Aufgabe, die „*Ideen selbst aus dem Prozeß der politischen Willensbildung auszuscheiden*" (BVerfGE 2, 1 (73) – *SRP-Verbot*).

26 Allein verfassungsfeindliche Ansichten können für ein Parteiverbot daher nicht ausreichen, es bedarf im Sinne des in Art. 21 Abs. 2 GG statuierten **„Darauf Ausgehens"** vielmehr eines aktiven Handelns

der Partei, das die Schwelle zur **aktiv-kämpferischen, aggressiven Haltung und Bekämpfung** der freiheitlichen demokratischen Grundordnung überschreitet (BVerfGE 5, 85 (141) – *KPD-Verbot*; 144, 20 (220f.) – *NPD-Verbotsverfahren II*). Dies setzt vor allem ein **planvolles Handeln** und Vorgehen der Partei im Sinne **qualifizierter Vorbereitung** voraus, die einen Zusammenhang zwischen eigenen Handlungen und der Beseitigung oder Beeinträchtigung der freiheitlichen demokratischen Grundordnung aufweist (BVerfGE 144, 20 (221) – *NPD-Verbotsverfahren II*).

In der jüngeren Rechtsprechung des Bundesverfassungsgerichts hat 27
das Merkmal des *„Daraus Ausgehens"* jedoch eine massive Aufwertung erhalten, wohl um der einschlägigen **Rechtsprechung des Europäischen Gerichtshofs für Menschenrechte** zur Vereinbarkeit nationaler Parteiverbote mit der Europäischen Menschenrechtskonvention Rechnung zu tragen, ohne sie jedoch vollumfänglich zu rezipieren und deshalb die eigene Rechtsprechungssystematik aufgeben zu müssen.

Von besonderem Interesse ist in diesem Kontext die Rechtsprechung des 28
EGMR zur Vereinbarkeit eines Parteiverbots mit Art. 11 EMRK, in der er an das **tatsächliche Gefährdungspotenzial** der Partei anknüpft und die von der Partei ausgehende Gefahr im Rahmen der Prüfung der Verhältnismäßigkeit des Verbots heranzieht (EGMR (GK), Urt. v. 13.2.2003, 41340/98 Tz. 104, 132f. – *Refah Partisi u. a. v. Türkei*; EGMR, Urt. v. 30.6.2009, 25803/04 und 25817/04 Tz. 83f. – *Herri Batasuna und Batasuna v. Spanien*). Das Bundesverfassungsgericht wollte erkennbar weder ein neues (und ungeschriebenes) Tatbestandsmerkmal des Gefährdungspotenzials, noch die im Rahmen eines Parteiverbots nach Art. 21 Abs. 2 GG nach Ansicht des Bundesverfassungsgerichts nicht erforderliche Verhältnismäßigkeitsprüfung in seine Rechtsprechung integrieren und hat sich daher für eine überaus **extensive Interpretation des *„Darauf Ausgehens"*** entschieden. Zwar hat der EGMR (EGMR (GK), Urt. v. 13.2.2003, 41340/98 Tz. 102 – *Refah Partisi u. a. v. Türkei*) genauso wie das Bundesverfassungsgericht (BVerfGE 5, 85 (143) – *KPD-Verbot*) anerkannt, dass eine Partei unter Umständen auch ohne absehbare Erfolgsaussichten verboten werden kann. Ob und inwieweit diese Rezeption mit der Rechtsprechung des EGMR in Einklang zu bringen ist, bleibt jedoch abzuwarten. Vertiefend hierzu vgl. *Kingreen*, Auf halbem Weg von Weimar nach Straßburg: Das Urteil des BVerfG im NPD-Verbotsverfahren, in: JURA 2017, 499ff.; *Klein*, Parteiverbotsverfahren vor dem Europäischen Gerichtshof für Menschenrechte, in: ZRP 2001, 397ff.; *Kumpf*, Verbot politischer Parteien und Europäische Menschenrechtskonvention, in: DVBl. 2012, 1344ff.; *Pabel*, Parteiverbote auf dem europäischen Prüfstand, in: ZaöRV 2003, 921ff.; *Shirvani*, Parteiverbot und Verhältnismäßigkeitsgrundsatz, in: JZ 2014, 1074; *ders.*, Die Crux des Parteiverbots, in: DÖV 2017, 477ff.; *Uhle*, Das parteiver-

bot gemäß Art. 21 II GG, in: NVwZ 2017, 583 ff.; *Wolter*, Parteiverbote in der Rechtsprechung des Europäischen Gerichtshofs für Menschenrechte, in: EuGRZ 2016, 92 ff.

29 Zur Vermeidung des Einzuges ungeschriebener Tatbestandsmerkmale in das Prüfprogramm des grundgesetzlichen Parteiverbots interpretiert das Bundesverfassungsgericht ein *„Darauf Ausgehen"* nunmehr so, dass es auch der **Potentialität** der Zielerreichung bedarf. Zwar hält das Bundesverfassungsgericht nach wie vor daran fest, dass es für ein Parteiverbot – nach dem Grundsatz *„Wehret den Anfängen"* – noch keiner konkreten Gefahr für die Schutzgüter des Art. 21 Abs. 2 GG bedarf. Die Bedeutung und Tragweite eines Parteiverbots setze aber zumindest voraus, dass konkrete Anhaltspunkte den Erfolg des verfassungsfeindlichen Handelns der Partei **zumindest möglich erscheinen lassen**. Fehlt es an derartigen Anhaltspunkten und Wirkmöglichkeiten der Partei, so bedarf es ihres Verbotes zur Gefahrenabwehr auch nicht. Heranzuziehende Kriterien zur Beurteilung der Potentialität einer Partei in einer wertenden Gesamtbetrachtung sind etwa ihr Mitgliederbestand und -entwicklung, ihre finanzielle Lage, ihre Wahlergebnisse, etwaige Unterstützungsstrukturen oder ihre Vertretung in Ämtern und Mandaten (BVerfGE 144, 20 (225) – *NPD-Verbotsverfahren II*).

30 Nicht gänzlich zu Unrecht kritisiert wurde der Umstand, dass diese Interpretation zwar das Parteiverbot nach Art. 21 Abs. 2 GG inhaltlich der Rechtsprechung des EGMR annähert, die Vermeidung einer umfänglichen Anpassung der Rechtsprechung jedoch **zu Lasten des Wortlautes des Grundgesetzes** geht, ist doch mit *„darauf ausgehen"* nach keiner Auffassung sprachlich auch ein mögliches Erreichen konnotiert (vgl. *Linke*, Verbotsunwürdige Verfassungsfeinde, streitbare, aber wertarme Demokratie und problematische Sanktionsalternativen, in: DÖV 2017, 483 (490); *Uhle*, Das Parteiverbot gemäß Art. 21 II GG, in: NVwZ 2017, 583 (588)).

31 Unabhängig von der Potentialität, vielmehr sogar potentialitätsinduzierend ist es, wenn es eine Partei unternimmt, ihre Ziele durch den **Einsatz von Gewalt** oder die Begehung von Straftaten durchzusetzen. Gleiches, gilt, wenn die Partei unterhalb der Schwelle der Strafbarkeit in einer den freien politischen Willensbildungsprozess einschränkenden Weise handelt, etwa weil sie eine **„Atmosphäre der Angst"** oder Bedrohung herbeiführt, die die gleichberechtigte Teilhabe beeinträchtigt (BVerfGE 144, 20 (226) – *NPD-Verbotsverfahren II*).

Diese sich nunmehr gänzlich von normativen Anhaltspunkten verabschiedende Auslegung darf zu Recht kritisiert werden, weil – trotz allen guten Vorsatzes und Beteuerungen der Erforderlichkeit einer objektiven Eignung – rechtsförmlich nur schwerlich zu fassende, **subjektive Emotionen zum Kriterium** erhoben werden. Der Erkenntnisgewinn zu den Maßstäben aus dem NPD-Verbotsverfahren 2017 beschränkt sich insoweit nur auf das, was nach Subsumtion des Bundesverfassungsgerichts nicht geeignet ist, eine Atmosphäre der Angst herbeizuführen (vgl. BVerfGE 144, 20 (359ff.) – *NPD-Verbotsverfahren II*). **Weiterführend zum „Darauf ausgehen"** vgl. nur *Linke*, Verbotsunwürdige Verfassungsfeinde, streitbare, aber wertarme Demokratie und problematische Sanktionsalternativen, in: DÖV 2017, 483 (489f.) *Shirvani*, Die Crux des Parteiverbots, in: DÖV 2017, 477 (480f.); *Uhle*, Das Parteiverbot gemäß Art. 21 II GG, in: NVwZ 2017, 583 (587ff.). 32

Die konsequent aber befremdlich anmutende Folge dieser Änderung der Rechtsprechung des Bundesverfassungsgerichts, die sich sogleich im NPD-Verbotsverfahren realisiert, ist es, dass Parteien **zwar verfassungsfeindlich, nicht jedoch verfassungswidrig** sein können. Dieser aus der Fusion der vorherigen Rechtsprechung des Bundesverfassungsgerichts sowie des EGMR geborene Umstand lässt dabei zahlreiche Folgefragen offen. Zwar hat sich der verfassungsändernde Gesetzgeber dem Paradoxon, verfassungsfeindliche Parteien, die den Staat bekämpfen, mit staatlichen Mitteln unterstützen zu müssen, durch die Einführung des **Parteienfinanzierungsausschlussverfahren** bereits angenommen (vgl. unten unter § 19). Nicht beantwortet bleibt jedoch etwa, ob und welche staatlichen Benachteiligungen an die verfassungsgerichtlich attestierte Verfassungsfeindlichkeit geknüpft werden dürfen. 33

Weiterführend hierzu siehe nur *Hecker*, Verweigerung der Stadthallennutzung gegenüber der NPD, in: NVwZ 2018, 787ff.; *Siegel/Hartwig*, Die zweite Stufe des Parteiverbotsverfahrens, in: NVwZ 2017, 590ff. Instruktiv zur **Problematik des Auseinanderfallens von Verfassungsfeindlichkeit und Verfassungswidrigkeit** vgl. *Gusy*, Verfassungswidrigkeit, aber nicht verboten!, in: NJW 2017, 601ff.; *Hillgruber*, NPD – verfassungsfeindlich, aber nicht verfassungswidrig, in: JA 2017, 398ff.; *Kloepfer*, Parteienfinanzierung und NPD-Urteil – Zum Ausschluss der staatlichen Teilfinanzierung für verfassungsfeindliche Parteien, in: NVwZ 2017, 913 (914f.); *Kriele*, Feststellung der Verfassungsfeindlichkeit von Parteien ohne Verbot, in: ZRP 1975, 201ff.

b. Gefährdung des Bestandes der Bundesrepublik Deutschland. 34
Weniger relevant als die Tatbestandsalternative der Beseitigung oder Beeinträchtigung der freiheitlichen demokratischen Grundordnung ist das Merkmal der Gefährdung des Bestandes der Bundesrepublik

Deutschland. Art. 21 Abs. 2 Alt. 2 GG schützt damit die territoriale Integrität des in der Präambel des Grundgesetzes mit der Aufzählung der Länder umschriebenen Staatsgebietes nach außen und nach innen (*Streinz*, in: v. Mangoldt/Klein/Starck, GG, 7. Aufl. 2018, Art. 21 Rn. 229). Erfasst sind damit vor allem separatistische Bewegungen, die auf die Absplitterung einzelner Länder von der Bundesrepublik Deutschland gerichtet sind. Der Wortlaut der „Gefährdung" ist erkennbar weiter gefasst als die *„Beseitigung"* und *„Beeinträchtigung"* in Art. 21 Abs. 2 Alt. 1GG. Da das Bundesverfassungsgericht seine Rechtsprechung des **„Darauf Ausgehens"** jedoch auf beide Alternativen des Art. 21 Abs. 2 GG erstreckt (BVerfGE 144, 20 (221, 224 f.) – *NPD-Verbotsverfahren II*), wird dieser Unterschied in der Praxis durch die an eine erforderliche qualifizierte Vorbereitung und die Potentialität zu stellenden Anforderungen wieder eingefangen.

35 Kein Fall für ein Parteiverbot nach Art. 21 Abs. 2 Alt. 2 GG ist es, wenn Parteien die Übertragung oder Beschränkung von Hoheitsrechten, die im Grundgesetz selbst vorgesehen sind (etwa im Rahmen der **europäischen Integration**, Art. 23 Abs. 1 S. 2, Art. 24 Abs. 1, 2 GG), befördern, solange damit nicht die Staatlichkeit Deutschlands aufgegeben wird (BVerfGE 123, 267 (331 f.) – *Lissabon*).

2. Die Entscheidung im Parteiverbotsverfahren

36 Ist der Antrag zulässig und begründet, so ergeht die Entscheidung des Bundeverfassungsgerichts als **Feststellung der Verfassungswidrigkeit** der antragsgegnerischen politischen Partei, § 46 Abs. 1 BVerfGG; eine Verhältnismäßigkeitsprüfung erfolgt nicht. Dem Urteil kommt ausweislich des auf eine *eo ipso*-Verfassungswidrigkeit gerichteten Wortlautes des Art. 21 Abs. 2 GG („sind verboten") **de jure nur deklaratorische Wirkung** zu, gleichwohl eröffnet es **de facto konstitutiv erst Befugnisse** für Exekutive und Judikative, die bis zur Entscheidung des Bundesverfassungsgerichts aufgrund des Parteienprivilegs zur weitreichenden Untätigkeit verpflichtet sind. Enthält das Urteil keine anderweitigen Feststellungen, so erstreckt sich die Feststellung auf die **gesamte Partei** inklusive aller Teil-, Unter- oder Hilfsorganisationen. Nach § 46 Abs. 2 BVerfGG ist dem Bundesverfassungsgericht jedoch auch die Möglichkeit eröffnet (und damit bei Vorliegen der Voraussetzungen auch die Pflicht auferlegt), die Feststellung der Verfassungswidrigkeit auf rechtlich und organisatorisch selbstständige Teile einer Partei zu **beschränken**. Die Feststellung der Verfassungswidrigkeit gilt **ohne zeitliche Begrenzung**; ihre Wirkungen treten *ex nunc* mit der Verkündung des Urteils ein.

Vertiefend zur Erstreckung der Feststellung siehe nur *v. Coelln*, in: Maunz/Schmidt-Bleibtreu/Klein/Bethge, BVerfGG (Stand: 60. EL Juli 2020), § 46 Rn. 36ff.; *Kliegel*, in: Barczak (Hrsg.), BVerfGG, 2018, § 46 Rn. 20ff.

Mit der Feststellung der Verfassungswidrigkeit ist gleichzeitig die **Auflösung der Partei** verbunden, § 46 Abs. 3 S. 1 BVerfGG. Ihr folgt die **Vollstreckung** der Auflösung durch die Exekutive. Vollstreckungsanordnungen nach § 35 BVerfGG, die die Verwaltung etwa mit der Zerschlagung der Partei und der Beseitigung ihrer tragenden Basis beauftragen (so noch BVerfGE 2, 1 (2, 79) – *SRP-Verbot*) sind aufgrund der Regelungen in § 32 PartG nur in Ausnahmefällen geboten. Mit der Feststellung der Verfassungswidrigkeit ist auch das **Verbot der Schaffung von Ersatzorganisationen** zu verbinden, § 46 Abs. 3 S. 1 BVerfGG. 37

Ersatzorganisationen sind in § 33 PartG **legaldefiniert** als Organisationen, die verfassungswidrige Bestrebungen einer nach Art. 21 Abs. 2 GG i. V. m. § 46 BVerfGG verbotenen Partei an deren Stelle weiter verfolgen; erforderlich ist mithin die **Identität der verfolgten Ziele** sowie die **weitgehende Identität der wirkenden Kräfte**. Gleichzeitig erfasst werden dabei sogenannte **„Vorratsorganisationen“**, die kurz vor dem erwarteten Ausspruch der Verfassungswidrigkeit zur Fortsetzung der verfassungsfeindlichen Tätigkeit gegründet werden. Vgl. weiterführend nur *Henke*, das Verbot von Ersatzorganisationen verfassungswidriger Parteien, in: DÖV 1974, 793ff.; *Rommelfanger*, Die PDS: Eine zu verbietende politische Partei?, in: ZRP 1992, 213ff.; *Ruhrmann*, Das Verbot von Ersatzorganisationen aufgelöster verfassungswidriger Vereinigungen, in: GA 1959, 129ff. 38

Keine zwingende, sondern im pflichtgemäßen Ermessen des Bundesverfassungsgerichts stehende Entscheidungsfolge der festgestellten Verfassungswidrigkeit ist die **Einziehung des Vermögens** nach § 46 Abs. 3 S. 2 BVerfGG. 39

Als Problemkomplex zeigt sich schließlich die Frage des **automatischen Mandatsverlustes der Abgeordneten** einer als verfassungswidrig festgestellten und daher verbotenen Partei. Ursprünglich hatte das Bundesverfassungsgericht angenommen, dass bereits aus Art. 21 Abs. 2 GG *ipso iure* der Verlust der Mandate eintrete, ohne dass es hierfür einer weiteren Regelung bedarf (BVerfGE 2, 1 (73ff.) – *SRP-Verbot*). 40

Nach weitreichender Kritik (vgl. nur *Romer*, in: JZ 1951, 193 (195)) hat sich der Bundesgesetzgeber zu einer normativen Regelung in § 46 Abs. 1 S. 1 Nr. 5 41

BWahlG entschieden. Für Landtage (so etwa Art. 59 BayLWG; § 49 BW LWG) sowie auf kommunaler Ebene (vgl. insoweit z. B. Art. 49 BayGLKrWG; § 35 Hess. KWG) finden sich flächendeckend entsprechende Regelungen; Abgeordnete des Europäischen Parlaments verlieren im Falle eines Parteiverbotes gleichermaßen nach § 22 Abs. 2 Nr. 5 EuWG ihr Mandat.

42 Abseits des mittlerweile ausgeräumten Problems einer fehlenden normativ begründeten Anordnung begegnet der Verlust jedenfalls in Teilen verfassungsrechtlichen Bedenken. So mag sich vorbringen lassen, dass ein automatischer Mandatsverlust, der das Schicksal eines Abgeordneten untrennbar mit dem Schicksal seiner Partei verbindet, mit dem **Grundsatz des freien Mandats nach Art. 38 Abs. 1 S. 2 GG** in Konflikt gerät, weil dem Abgeordneten das ihm durch das Volk zuerkannte Mandat ohne Weiteres aberkannt wird und er damit weiter als nur in seiner Funktion als Parteimitglied getroffen wird.

Vgl. insoweit nur *Klose*, Das Abgeordnetenmandat und die Feststellung der Verfassungswidrigkeit einer politischen Partei nach dem Grundgesetz, 1960; *Höver*, Das Parteiverbot und seine rechtlichen Folgen, 1975, 80 ff.; *Morlok*, in: Dreier (Hrsg.), GG, 3. Aufl. 2015, Art. 21 Rn. 156; *Streinz*, in: v. Mangoldt/Klein/Starck, GG, 7. Aufl. 2018, Art. 21 Rn. 249.

43 Zu bedenken ist indes die verfassungspolitische Notwendigkeit eines Mandatsverlustes, würden doch sonst Mandatsträger mit sie schützender Immunität und Indemnität weiter aus dem Zentrum eines Verfassungsorgans heraus agieren können (vgl. *Ipsen/Koch*, in: Sachs (Hrsg.), GG, 9. Aufl. 2021, Art. 21 Rn. 200). Durchschlagender zeigen sich hingegen **konventionsrechtliche Bedenken**, hat doch der EGMR in der Vergangenheit bereits den automatischen Mandatsverlust einzelner Abgeordneter im Hinblick auf das Recht auf freie Wahlen aus Art. 3 Abs. 1 des Ersten Zusatzprotokolls der EMRK für unverhältnismäßig und konventionsrechtswidrig erklärt. Vielmehr komme es auf die individuellen persönlichen Tätigkeiten des Abgeordneten an, weshalb der Kreis der Abgeordneten, die ihres Mandates verlustig werden, wohl auf diejenigen zu beschränken ist, die in zurechenbarer Weise zur Verfassungswidrigkeit der Partei beigetragen haben.

Vgl. insoweit EGMR, Urt. v. 11.6.2002, 25144/94 u. a. Tz. 35 ff. – *Sadak u. a. v. Türkei*. Weiterführend hierzu auch *Pabel*, Parteiverbote auf dem europäischen Prüfstand, in: ZaöRV 2003, 921 (940 ff.).

44 Diesem Befund tragen jedenfalls bislang sämtliche Regelungen zum Mandatsverlust von Bundes- und Landtagsabgeordneten sowie § 46

BVerfGG nicht Rechnung, weswegen sich das Bundesverfassungsgericht im Falle des Ausspruchs der Verfassungswidrigkeit einer Partei auch mit der Frage beschäftigen wird müssen, ob die gesetzlichen Regelungen zum Mandatsverlust möglicherweise verfassungs- oder konventionswidrig sind.

Literatur: *Alter*, Das Parteienverbot: Weltanschauungsvorsorge oder Gefahrenabwehr?, in: AöR 140 (2015), 571 ff.; *Georg*, Politik durch Recht – Recht durch Politik: Das Parteiverbot als Instrument der streitbaren Demokratie in seiner praktischen Bewährung, 2013; *Gusy*, Verfassungswidrigkeit, aber nicht verboten!, in: NJW 2017, 601 ff.; *Ipsen*, Parteiverbot und „politisches Ermessen", in: Geis/Lorenz (Hrsg.), Festschrift für Hartmut Maurer, 2001, 163 ff.; *Kingreen*, Auf halbem Weg von Weimar nach Straßburg: Das Urteil des BVerfG im NPD-Verbotsverfahren, in: JURA 2017, 499 ff.; *Kloepfer*, Über erlaubte, unerwünschte und verbotene Parteien, in: NJW 2016, 3003; *Koch*, Parteiverbote, Verhältnismäßigkeitsprinzip und EMRK, in: DVBl. 2002, 1388 ff.; *Maurer*, Das Verbot politischer Parteien, in: AöR 96 (1971), 203 ff.; *Morlok*, Parteiverbot als Verfassungsschutz – Ein unauflösbarer Widerspruch?, in: NJW 2001, 2931 ff.; *ders.*, Fragen des Rechts und der politischen Klugheit – Zur aktuellen NPD-Parteiverbotsdebatte, in: ZRP 2013, 69 ff.; *v. Ooyen*, Die Parteiverbotsverfahren vor dem Bundesverfassungsgericht, in: v. Ooyen/Möllers (Hrsg.), Handbuch Bundesverfassungsgericht im politischen System, 2015, 525 ff.; *Sichert*, Das Parteienverbot in der wehrhaften Demokratie, in: DÖV 2001, 671 ff.; *Shirvani*, Die Crux des Parteiverbots, in: DÖV 2017, 477 ff.; *Stiehr*, Das Parteiverbotsverfahren, in: JuS 2015, 994 ff.; *Thiel*, Das Verbot verfassungswidriger Parteien (Art. 21 Abs. 2 GG), in: Thiel (Hrsg.), Wehrhafte Demokratie – Beiträge über die Regelungen zum Schutze der freiheitlichen demokratischen Grundordnung, 2003, 173 ff.; *Uhle*, Das Parteiverbot gem. Art. 21 II GG – Eine Wiederbesichtigung nach der Entscheidung des BVerfG zum NPD-Verbotsantrag, in: NVwZ 2017, 583 ff.; *Volp*, Parteiverbot und wehrhafte Demokratie – Hat das Parteiverbotsverfahren noch eine Berechtigung?, in: NJW 2016, 459 ff.; *Volkmann*, Dilemmata des Parteiverbots, in: DÖV 2007, 577; *Voßkuhle/Kaiser*, Grundwissen – Öffentliches Recht: Wehrhafte Demokratie, in: JuS 2019, 1154 ff.

§ 18 Das Parteienfinanzierungsausschlussverfahren (Art. 21 Abs. 3 GG)

Einführende Literatur: *Shirvani*, Parteienfinanzierungsausschlussverfahren als verfassungsrechtliche Ausprägung streitbarer Demokratie, in: DÖV 2018, 921 ff.; *Schwarz*, Der Ausschluss verfassungsfeindlicher Parteien von der staatlichen Parteienfinanzierung, in: NVwZ Beilage 2017, 39 ff.

Wichtige Entscheidungen: BVerfGE 20, 56 – *Parteienfinanzierung I*; BVerfGE 85, 264 – *Parteienfinanzierung* II; BVerfGE 144, 20 – *NPD-Verbotsverfahren II.*

1 Schon kurz nach dem Entscheidungsausspruch im zweiten NPD-Verbotsverfahrens von 2012–2017, das mit der bloßen Feststellung der Verfassungsfeindlichkeit, mangels Potentialität (also tatsächlicher Gefährlichkeit) nicht jedoch der Verfassungswidrigkeit der NPD endete, wurde der Versuch unternommen, sich angesichts eines solchen Befundes normativ neu zu orientieren. Als wesentliches Element der zu ziehenden Konsequenzen griff der Gesetzgeber den ungewöhnlich deutlichen **Fingerzeig des Bundesverfassungsgerichts** auf (vgl. BVerfGE 144, 20 (242) –*NPD-Verbotsverfahren II*) und ließ das Parteienfinanzierungsausschlussverfahren in Art. 21 Abs. 3 GG, § 46a BVerfGG als Möglichkeit *„gesonderter Sanktionierung im Fall der Erfüllung einzelner Tatbestandsmerkmale des Art. 21 Abs. 2 GG unterhalb der Schwelle des Parteiverbots"* (BVerfGE 144, 20 (202) – *NPD-Verbotsverfahren II*) Einzug halten. Kraft dieses Verfahrens erhält das Bundesverfassungsgericht auf Antrag die Möglichkeit, Parteien von der staatlichen Finanzierung auszuschließen, soweit sie den Tatbestand des Art. 21 Abs. 3 GG erfüllen.

Vgl. instruktiv zur **staatlichen Parteienfinanzierung** und zum (aktuellen) Modell der Teilfinanzierung nach § 18 PartG nur *Lenz*, Das neue Parteienfinanzierungsrecht, in: NVwZ 2002, 769 (774 ff.); *Nikkho*, Staatliche Parteienfinanzierung als verfassungsrechtliches Institut, in: DVBl. 2018, 337 ff.

2 Die Alles-oder-Nichts-Folgenregelung des Parteiverbots wird damit durch eine im Hinblick auf die Intensität **gestufte Reaktionsmöglichkeit** der wehrhaften Demokratie ergänzt. Auch wenn die finanzielle Benachteiligung nicht verbotener Parteien vor dem Hintergrund des grundgesetzlichen Parteienprivilegs auf den ersten Blick befremdlich erscheinen mag, bestehen hiergegen im Wesentlichen **keine verfassungsrechtlichen Bedenken**. So hat sich der Gesetzgeber schon zu Beginn dazu entschlossen, verfassungsrechtlichen Bedenken gegen einen Ausschluss von der Finanzierung hinsichtlich eines eventuell bestehenden Vorbehalts der Verfassung durch eine Änderung des Grundgesetzes den Boden zu entziehen. Auch am Maßstab des Art. 79 Abs. 3 GG bestehen keine Bedenken, da der Ausschluss von der staatlichen Teilfinanzierung nicht die in Art. 1 und 20 GG niedergelegten Grundsätze berührt. Ein grundgesetzlicher Anspruch auf staatliche Parteienfinanzierung besteht dabei

schon von vorne herein nicht; wird sie jedoch gewährt, so unterliegt der zur Neutralität verpflichtet Staat auch dem **Grundsatz der Chancengleichheit** als Wettbewerbsgleichheit der politischen Parteien (BVerfGE 20, 56 (116) – *Parteienfinanzierung I*; 111, 54 (104 f.) – Re*chenschaftsbericht*). Trotz des **streng formalen Charakters** dieses Gleichheitssatzes (BVerfGE 8, 51 (64 f.) – *Parteispenden-Urteil*; 20, 56 (116) – *Parteienfinanzierung I*) und des damit verbundenen prinzipiellen Differenzierungsverbots bleiben jedoch Ungleichbehandlungen möglich, wenn diese durch besonders **gewichtige Gründe** gerechtfertigt werden können (BVerfGE 111, 382 (398) – Rechenschaftsbericht). Im Hinblick auf die Parteienfinanzierung finden sich eben diese in dem Selbstverständnis einer *„Demokratie"*, die nicht selbst die finanziellen Mittel zu ihrer eigenen Bekämpfung liefert.

Weiterführend zur rechtswissenschaftlichen Auseinandersetzung in der Entstehungsphase des Verfahrens vgl. nur *Kloepfer*, Parteienfinanzierung und NPD-Urteil, in: NVwZ 2017, 913 (915 ff.); *Linke*, Verbotsunwürdige Verfassungsfeinde, streitbare, aber wertarme Demokratie und problematische Sanktionsalternativen, in: DÖV 2017, 483 (491 ff.); *Schwarz*, Der Ausschluss verfassungsfeindlicher Parteien von der staatlichen Parteienfinanzierung, in: NVwZ Beilage 2017, 39 ff.

Schon der **nahezu identische Wortlaut** von Art. 21 Abs. 3 S. 1 GG 3
und Art. 21 Abs. 2 GG zeigen auf, dass sich Zulässigkeitsvoraussetzungen und Prüfprogramm von Parteiverbotsverfahren und Parteienfinanzierungsausschlussverfahren kaum unterscheiden. Der einzig relevante Unterschied findet sich in der Formulierung **„darauf ausgerichtet"** (vs. *„darauf ausgehen"* im Parteiverbotsverfahren) normativ begründet, womit vor allem zum Ausdruck kommen soll, dass die im Parteiverbotsverfahren erforderliche **Potentialität für einen Parteienfinanzierungsausschluss nicht erforderlich** ist. Im Übrigen handelt es sich beim Parteienfinanzierungsausschluss um ein **selbstständiges Verfahren** vor dem Bundesverfassungsgericht, für das – neben den anderen Voraussetzungen – auch die in der Rechtsprechung des Bundesverfassungsgerichts zum Parteiverbot erarbeiteten **rechtsstaatlichen Gewährleistungen** Geltung entfalten, weshalb gleichfalls etwa die strikte Staatsfreiheit der Partei sowie die Quellenfreiheit zu beachten sind. Da es sich beim Parteienfinanzierungausschluss allerdings nicht mehr um die *„ultima ratio"* mit höchster denkbarer Eingriffsintensität handelt, wird man die Messlatte da-

für, was einen erheblichen Verstoß oder gar ein Prozesshindernis konstituiert, im Parteienfinanzierungsausschlussverfahren höher ansetzen müssen. Aus gleichem Grund findet auch das im Parteiverbotsverfahren erforderliche **Vorverfahren nach § 45 BVerfGG keine Anwendung** (§ 46a Abs. 1 S. 4 Hs. 2 BVerfGG).

4 Ist der Antrag auf den Ausschluss der Partei von der staatlichen Teilfinanzierung zulässig und begründet, so spricht das Bundesverfassungsgericht nach § 46a Abs. 1 S. 1 BVerfGG die Feststellung des Ausschlusses für einen **Zeitraum von sechs Jahren** *ex nunc* (§ 18 Abs. 7 S. 2 PartG) vor. Für den Fall, dass die Partei ihre verfassungsfeindliche Ausrichtung indes beibehält, sieht § 46a Abs. 2 BVerfGG aber auf Antrag die Möglichkeit der mehrmaligen **Verlängerung des Ausschlusses** für jeweils weitere sechs Jahre vor. Die Entscheidung über den Finanzierungsausschluss ist nach § 46a Abs. 1 S. 2 BVerfGG auch auf **Ersatzparteien** zu erstrecken, um die Umgehung des Finanzierungsausschlusses zu verhindern. Gleichzeitig mit der Feststellung des Finanzierungsausschlusses werden der Partei nach Art. 21 Abs. 3 S. 2 GG auch **steuerliche Begünstigungen** sowie steuerliche Privilegierungen für Zuwendungen an diese entzogen; der Umfang des Entzuges richtet sich dabei nach einfachem (Steuer-)Recht.

Literatur: *Drossel*, Der Ausschluss von Parteien von der staatlichen Finanzierung, in: GSZ 2018, 97ff.; *Ferreau*, Die Sanktionierung von Parteien und das Recht auf Chancengleichheit im politischen Wettbewerb, in: DÖV 2017, 494ff.; *Ipsen*, Das Ausschlussverfahren nach Art. 21 III GG – ein mittelbares Parteienverbot?, in: JZ 2017, 933ff.; *Kloepfer*, Parteienfinanzierung und NPD-Urteil – Zum Ausschluss der staatlichen Teilfinanzierung für verfassungsfeindliche Parteien, in: NVwZ 2017, 913ff.; *Kluth*, Die erzwungene Verfassungsänderung: Das NPD-Urteil des Bundesverfassungsgerichts und die Reaktion des verfassungsändernden Gesetzgebers, in: ZParl 2017, 676ff.; *Lichdi*, Zur Abschaffung der Chancengleichheit der Parteien – Der Ausschluss von der staatlichen Finanzierung nach Art. 21 Abs. 3 GG, in: RuP 2017, 456ff.; *Link*, Staatliche Leistungen an Verfassungsfeinde: Eine Pervertierung der wehrhaften Demokratie, in: DÖV 2006, 939ff.; *Morlok*, Kein Geld für verfassungsfeindliche Parteien?, in: ZRP 2017, 66ff.; *Linke*, Verbotsunwürdige Verfassungsfeinde, streitbare, aber wertarme Demokratie und problematische Sanktionsalternativen, in: DÖV 2017, 483ff.; *Nikkho*, Staatliche Parteienfinanzierung als verfassungsrechtliches Institut – der freie Wettbewerb als Schutz der freiheitlichen demokratischen Grundordnung, in: DVBl. 2018, 337ff.; *Rath*, Gleichbehandlung ist unverzichtbar, in: DRiZ 2017, 90ff.; *Shirvani*, Parteienfinanzierungsausschlussverfahren als verfassungsrechtliche Ausprägung streitbarer Demokratie, in: DÖV 2018, 921ff.; *Schwarz*, Der Ausschluss verfassungsfeindlicher Parteien von der staatlichen Parteienfinanzierung, in: NVwZ Beilage 2017, 39ff.; *Walter/Herrmann*, Der Ausschluss verfassungsfeindlicher Parteien von der Parteienfinanzierung, in: ZG 2017, 306ff.

§ 19 Das Grundrechtsverwirkungsverfahren (Art. 18 GG)

Einführende Literatur: *Butzer/Clever*, Grundrechtsverwirkung nach Art. 18 GG – Doch eine Waffe gegen politische Extremisten?, in: DÖV 1994, 637ff.; *Voßkuhle/Kaiser*, Grundwissen – Öffentliches Recht: Wehrhafte Demokratie, in: JuS 2019, 1154ff.

Wichtige Entscheidungen: BVerfGE 10, 118 – *Berufsverbot I*; BVerfGE 11, 282 – *Zweiter Vorsitzender der SRP*; BVerfGE 25, 44 – Durchsetzung von Parteiverboten; BVerfGE 25, 88 – *Berufsverbot II*; BVerfGE 38, 23 – *Herausgeber der Deutschen National-Zeitung*.

I. Kontext des Verfahrens

Auch wenn das Grundgesetz den weit überwiegenden Teil der Ausformung eines demokratischen Verfassungsstaates des „*Normalzustandes*" widmet, handelt es sich entgegen gleichlautender Anwürfe nicht um eine „*Schönwetterverfassung*". Neben den Verfassungsnormen, die etwa das Parteienverbotsverfahren einrichten (Art. 21 Abs. 2 GG) oder die Unverbrüchlichkeit der elementaren Grundentscheidungen des Grundgesetzes verbürgen (Art. 79 Abs. 3 GG) tritt auch das Grundrechtsverwirkungsverfahren nach Art. 18 GG in die Reihe der Normen der Verfassung, die der **wehrhaften Demokratie** zugerechnet werden. 1

Das Grundgesetz setzt sich mit diesem wohl schärfsten Schwert des Verfassungsstaates dezidiert von seinen Vorläuferverfassungen ab. Art. 18 GG darf und muss als Reaktion auf die verfassungsrechtliche Ohnmachtserfahrung der Weimarer Republik und der Machtübernahme des Nationalsozialismus begriffen werden. Als Bestimmung zum Schutze der Verfassung stellt das Grundrechtsverwirkungsverfahren die **Individualentsprechung** zum Vereinigungsverbot nach Art. 9 Abs. 2 GG und dem Parteiverbotsverfahren nach Art. 21 Abs. 2 GG dar, die der Abwehr von in Verbänden oder Parteien organisierten, verfassungsfeindlichen Tendenzen dienen (BVerfGE 25, 44 (60) – *Durchsetzung von Parteiverboten*; 25, 88 (100) – *Berufsverbot II*). 2

3 Gerade aufgrund der freiheitlichen Ausgestaltung des Grundgesetzes muss jedoch bei der Grundrechtsverwirkung äußerste Zurückhaltung geübt werden. Praktisch hat das Verfahren nach Art. 18 GG auch deshalb seit Einführung des Grundgesetzes – begrüßenswerter Weise – eine eher untergeordnete Bedeutung; in den ohnehin nur vier vor dem Bundesverfassungsgericht angestrengten Verfahren hat es noch keine Verwirkung ausgesprochen. Die Relevanz der Norm dürfte daher weniger in ihrer prozessualen Effektivität als vielmehr im Appellatorischen zu suchen sein, dient sie doch als **„Verteidigungsreserve“** der steten Vergewisserung, dass sich der Verfassungsstaat gegen seine Feinde zu Wehr zu setzen gedenkt.

II. Zulässigkeitsvoraussetzungen

4 Art. 18 GG lässt offen, wer dazu berechtigt ist, ein Grundrechtsverwirkungsverfahren in Gang zu setzen, weshalb dies der Konkretisierung durch den einfachen Gesetzgeber überlassen ist. Nach § 36 BVerfGG sind der Bundestag, die Bundesregierung und die Landesregierungen – nach pflichtgemäßem Ermessen – zur **Antragstellung** berechtigt. Der Kreis der tauglichen **Antragsgegner** im Verfahren entspricht dem Kreis der Adressaten des Tatbestandes. In **formeller Hinsicht** sind die Erfordernisse des § 23 Abs. 1 BVerfGG einzuhalten; der Antrag ist **nicht fristgebunden**.

III. Der Tatbestand

5 **Adressaten** einer Grundrechtsverwirkung können natürliche und – nach Maßgabe des Art. 19 Abs. 3 GG – auch juristische Personen sein, die Träger der verwirkbaren Grundrechte sind. Ob hiervon auch ausländische Personen erfasst sind, ist nach der materiellen Grundrechtsfähigkeit im Hinblick auf das in Rede stehende Grundrecht zu beurteilen. Bei Vereinigungen und Parteien gehen die Verfahren nach Art. 9 Abs. 2 GG sowie Art. 21 Abs. 2 GG dem Grundrechtsverwirkungsverfahren als *leges specialis* vor. Ausweislich des Art. 18 GG ist die Grundrechtsverwirkung primär auf den Konnex der politischen Willensbildung beschränkt; Art. 18 GG etabliert einen abschließenden *numerus clausus* der **verwirkbaren Grundrechte**. Dieser umfasst:

- die Meinungsfreiheit (Art. 5 Abs. 1 S. 1 GG),
- die Pressefreiheit (Art. 5 Abs. 1 S. 2 GG),
- die Freiheit der Lehre (Art. 5 Abs. 3 GG),
- die Versammlungsfreiheit (Art. 8 GG),
- die Vereinigungsfreiheit (Art. 9 GG),
- das Brief-, Post- und Fernmeldegeheimnis (Art. 10 GG),
- das Eigentumsrecht (Art. 14 GG) sowie
- das Asylrecht (Art. 16a GG).

Zu Klärungsbedarf führte und führt die Frage, inwieweit die Grundrechtsverwirkung auch **mitbetroffene Grundrechte** umfassen kann. So kann es durchaus der Fall sein, dass die Aberkennung eines verwirkbaren Grundrechts auch solche Grundrechte betrifft, die nicht ausdrücklich von Art. 18 GG umfasst sind, wie etwa die Berufs- oder die Religionsfreiheit (vgl. *Dürig/Klein*, in: Maunz/Dürig, Grundgesetz (Stand: 93. EL Oktober 2020), Art. 18 Rn. 32). Zwar verbietet sich schon aufgrund des Ausnahmecharakters des Art. 18 GG eine extensive Auslegung dahingehend, dass auch andere als die aufgeführten Grundrechte vom Bundesverfassungsgericht für verwirkt erklärt werden könnten (so auch BVerfGE 25, 88 (97) – *Berufsverbot II*), möglich erscheint jedoch eine Ausstrahlung der Verwirkung auf andere Grundrechte, soweit das mitbetroffene Grundrecht mit der Ausübung des aberkannten Grundrechts notwendigerweise zusammenhängt und der Schutz des mitbetroffenen Grundrechtsbereichs nicht gegenüber dem Schutz des Staates vorrangig erscheint (BVerfGE 25, 88 (97) – *Berufsverbot II*). Andernfalls würde die Überlagerung durch andere Grundrechte dazu führen, dass der von Art. 18 GG intendierte Schutz der Grundordnung nicht mehr durchsetzbar würde. 6

Bei der Erfassung mitbetroffener Grundrechte handelt es sich – angesichts der besonderen Schwere der im Verfahren zu treffenden Entscheidung vollkommen zu Recht – um eine strittige Rechtsfrage mit breitem Meinungsspektrum. Vertiefend hierzu siehe nur *Brenner*, in: v. Mangoldt/Klein/Starck, Grundgesetz, 7. Aufl. 2018, Art. 18 Rn. 43 ff.; *Groh*, Selbstschutz der Verfassung gegen Religionsgemeinschaften, 2004, 393 f.; *Schmitt*, Die Verwirkung des Wahlrechts und der Wählbarkeit nach § 39 II BVerfGG, in: NJW 1966, 1734 ff.; *Schmitt Glaeser*, Mißbrauch und Verwirkung von Grundrechten im politischen Meinungskampf, 1968, 228; *Wittreck*, in: Dreier (Hrsg.), GG, Bd. I, 3. Aufl. 2013, Art. 18 Rn. 39. 7

8 Schutzgut des Art. 18 GG und damit **Angriffsobjekt** des verwirkungsinduzierenden Grundrechtsgebrauchs ist die **„freiheitliche demokratische Grundordnung"**.

9 Letztlich setzt die Grundrechtsverwirkung auch voraus, dass die verwirkbaren Grundrechte gegen die freiheitliche demokratische Grundordnung **„zum Kampfe […] missbraucht"** werden. Hierzu bedarf es der **fortgesetzten, aktiv-aggressiven staatsfeindlichen Betätigung**, die auf die Beseitigung der freiheitlichen demokratischen Grundordnung gerichtet ist. Während es dabei auf ein zurechnungsfähiges, unrechtsbewusstes oder schuldhaftes Handeln nicht ankommt, bedarf es aufgrund der präventiven Schutzwirkung des Art. 18 GG jedoch der – prognostisch zu ermittelnden – **zukünftigen Gefährlichkeit des Antragsgegners** (BVerfGE 38, 23 (24) – *Herausgeber der Deutschen National-Zeitung*).

IV. Die Entscheidung

10 Ist der Antrag begründet, so stellt das Bundesverfassungsgericht fest, welche Grundrechte der Antragsgegner verwirkt hat (§ 39 Abs. 1 S. 1 BVerfGG). Es ist dabei nicht darauf verwiesen, allein das konkret missbräuchlich ausgeübte Grundrecht für verwirkt zu erklären, sondern kann diese Feststellung – im Rahmen der prognostischen zukünftigen Gefährlichkeit – auch auf weitere verwirkbare Grundrechte **erstrecken**. Gleichfalls möglich ist die Feststellung einer **befristeten Verwirkung** (§ 39 Abs. 1 S. 2 BVerfGG) sowie die **Anordnung konkreter Auflagen** (§ 39 Abs. 1 S. 3 BVerfGG). Im Mittelpunkt der Frage der Reichweite der Verwirkungsentscheidung muss jedoch stehen, dass Zweck des Verfahrens nicht die Entrechtlichung des Antragsgegners, sondern dessen **Entpolitisierung** ist.

11 Ob und inwieweit die Verwirkung auch auf **einfachrechtliche Rechtspositionen** durchschlagen kann, die mit den verwirkten Grundrechten in unmittelbarem Sachzusammenhang stehen, ist umstritten. Dafür spricht, dass der Antragsgegner ansonsten gegenüber den Behörden und Gerichten noch deren Schutz genießen würde und die Verwirkung damit faktisch ins Leere liefe. Vgl. *Butzer*, in BeckOK GG (Stand: 15.5.2021), Art. 18 Rn. 15; *Brenner*, in: v. Mangoldt/Klein/Starck, Grundgesetz, 7. Aufl. 2018, Art. 18 Rn. 68; a. A. *Wittreck*, in: Dreier (Hrsg.), GG, Bd. I, 3. Aufl. 2013, Art. 18 Rn. 54.

12 Die Entscheidung muss, ergeht sie zum Nachteil des Antragsgegners, mit **Zwei-Drittel-Mehrheit** des nach § 14 Abs. 2 BVerfGG zu-

ständigen Zweiten Senats getroffen werden (§ 15 Abs. 4 S. 1 BVerfGG).

Literatur: *Bethge*, Grundrechtswahrnehmung, Grundrechtsverzicht, Grundrechtsverwirkung, in: Isensee/Kirchhof (Hrsg.), Handbuch des Staatsrechts, Bd. IX, 3. Aufl. 2011, § 203; *Bickenbach*, Kampf gegen eine Hydra – Rechtliche Mittel gegen den Rechtsextremismus, in: DVBl. 2017, 149 ff.; *Brenner*, Grundrechtsschranken und Verwirkung von Grundrechten, in: DÖV 1995, 60 ff.; *Dürig*, Die Verwirkung von Grundrechten nach Art. 18 GG, in: JZ 1952, 513 ff.; *Gallwas*, der Mißbrauch von Grundrechten, 1967; *Hönsch*, Die Verwirkung von Grundrechten nach Art. 18 GG und das Monopol des Bundesverfassungsgerichts aus Art. 18 GG, 1962; *Isensee*, Verfassungsnorm in Anwendbarkeitsnöten: Art. 18 des Grundgesetzes, in: Pfeiffer (Hrsg.), Festgabe für Karin Graßhof, 1998, 289 ff.; *Schmitt Glaeser*, Mißbrauch und Verwirkung von Grundrechten im politischen Meinungskampf, 1968; *Schnelle*, Freiheitsmissbrauch und Grundrechtsverwirkung, 2014; *Stern*, Verfahrensrechtliche Probleme der Grundrechtsverwirkung, in: Starck (Hrsg.), Festgabe 25 Jahre Bundesverfassungsgericht, Bd. I, 1976, 194 ff.; *Thiel*, Die Verwirkung von Grundrechten gemäß Art. 18 GG, in: Thiel (Hrsg.), Wehrhafte Demokratie – Beiträge über die Regelungen zum Schutze der freiheitlichen demokratischen Grundordnung, 2003, 129 ff.; *Volkmann*, Grundprobleme der staatlichen Bekämpfung des Rechtsextremismus, in: JZ 2010, 209 ff.

§ 20 Die Präsidentenanklage (Art. 61 GG)

I. Bedeutung des Verfahrens

Obwohl der Bundespräsident innerhalb der Bundesorganisation 1 des Grundgesetzes der exekutiven Staatsgewalt zuzurechnen ist, unterscheidet er sich in seiner Rechtsstellung in vielerlei Hinsicht von den übrigen Trägern exekutiver Gewalt. Einmal nach Art. 54 GG von der Bundesversammlung zum Bundespräsidenten gewählt, kann er – anders als der Bundeskanzler und mit ihm akzessorisch die Bundesminister – **nicht mehr abgewählt werden**. Als Korrektiv und Kontrollmittel gegenüber dem Bundespräsidenten sieht das Grundgesetz daher in Art. 61 GG die Möglichkeit der Präsidentenanklage vor dem Bundesverfassungsgericht vor. Im demokratischen Verfassungsstaat ist die Möglichkeit einer Präsidentenanklage schon deshalb eine Notwendigkeit, weil in ihm keine Person Staatsgewalt ausüben kann, ohne – auch gegen seinen Willen – zur Rechenschaft gezogen werden zu können; die Präsidentenanklage ist antimonarchischer Reflex der grundgesetzlichen Republik. Die gerne bemühte **Nähe des**

Anklageverfahrens zum Strafrecht mag im Hinblick auf die Verfahrensausgestaltung zutreffen, nicht jedoch auf den Zweck: Nicht die Sanktionierung von Fehlverhalten stehen im Mittelpunkt des Anklageverfahrens, sondern die **Aufrechterhaltung der verfassungsmäßigen Ordnung**.

2 Das heißt nicht, dass der Bundespräsident – nach Aufhebung seiner Immunität nach Art. 60 Abs. 4 i. V. m. Art. 45 Abs. 2 GG – sich nicht auch zivil- oder strafrechtlich zu verantworten hätte; eine solche **strafrechtliche Verurteilung** kann nach § 45 Abs. 1 StGB ihrerseits zum Verlust des Amtes führen.

II. Antragsberechtigung

3 Berechtigt, die Anklage des Bundespräsidenten zu erheben sind **Bundestag** und **Bundesrat** (Art. 61 Abs. 1 S. 1 GG). Der **Antrag auf Erhebung** der Anklage muss von einer **qualifizierten Minderheit** von einem Viertel der Mitglieder des Bundestages bzw. einem Viertel der Stimmen des Bundesrates aus der Mitte der jeweiligen Körperschaft gestellt werden (Art. 61 Abs. 1 S. 2 GG). Damit sind die Organe indes nur zur Befassung mit dem Antrag verpflichtet; die **Erhebung der Anklage** bedarf der Zustimmung einer **qualifizierten Mehrheit** von zwei Dritteln der Mitglieder bzw. der Stimmen (Art. 61 Abs. 1 S. 3 GG).

III. Antragsgegner

4 Tauglicher Antragsgegner bzw. besser **taugliches Verfahrenssubjekt** ist allein der Bundespräsident. Nicht angeklagt werden kann indes der Bundesratspräsident in seiner Funktion als Stellvertreter im Fall der Verhinderung des Bundespräsidenten nach Art. 57 GG, da er nur die Funktion, nicht jedoch das Amt des Bundespräsidenten übernimmt.

5 So jedoch etwa *Wahl*, Stellvertretung im Verfassungsrecht, 1971, 146; *Nierhaus/Brinktrine*, in: Sachs (Hrsg.), Grundgesetz, 9. Aufl. 2021, Art. 61 Rn. 6, die auch eine Anklage des Bundesratspräsidenten für möglich halten. Hierfür besteht indes schon keine Notwendigkeit: Zum einen hat die Bundesversammlung spätestens dreißig Tage nach einer vorzeitigen Beendigung der Amtszeit des Bundespräsidenten wieder zusammenzutreten (Art. 54 Abs. 3 GG), zum anderen bleibt der Bundesratspräsident in Fällen gröbster Verfehlungen jedenfalls als Ministerpräsident in seinem Land politisch gegenüber dem Landesparlament verantwortlich.

IV. Vorsätzliche Verletzung von Bundesrecht

Die Anklage des Bundespräsidenten nach Art. 61 GG, § 49 ff. BVerfGG setzt den Vorwurf der **vorsätzlichen Verletzung des Grundgesetzes oder eines anderen Bundesgesetzes** voraus. Aufgrund der Funktion des Verfahrens, die verfassungsrechtliche Verantwortlichkeit des Bundespräsidenten sicherzustellen, sind alleine **Verstöße in Ausübung des Amtes des Bundespräsidenten** maßgeblich. Die Ahndung privater Rechtsverstöße obliegt zivilrechtlichen oder strafrechtlichen Verfahren. Der Verstoß gegen die Verfassung oder Bundesrecht muss auch **vorsätzlich** und **schuldhaft** (Art. 61 Abs. 2 S. 1 GG „*schuldig*") erfolgt sein; für andere Verstöße steht den Antragstellern das Organstreitverfahren nach Art. 93 Abs. 1 S. 1 GG zur Verfügung. Auch ist das Verfahren nicht dafür geeignet, eine verfassungsgerichtliche Entscheidung über die Integrität der Amtsführung herbeizuführen (anders insoweit das Beispiel des Impeachment-Verfahrens gegen den US Präsidenten *Bill Clinton* wegen des Vorwurfs einer unmoralischen Amtsführung). 6

V. Form, Frist

Die Anklageschrift wird vom Präsidenten der anklagenden Körperschaft **ausgefertigt** und binnen Monatsfrist **dem Bundesverfassungsgericht übersendet**, § 49 Abs. 2 BVerfGG. In ihr sind der **Anklagevorwurf**, **Beweismittel** sowie die **Rechtsnorm** zu benennen, die der Bundespräsident verletzt haben soll (§ 49 Abs. 3 S. 1 BVerfGG). Die Anklage ist **binnen drei Monaten**, nachdem der ihr zugrunde liegende Sachverhalt der antragstellenden Körperschaft bekannt geworden ist, zu erheben (§ 50 BVerfGG), muss also spätestens dann dem Bundesverfassungsgericht übersandt worden sein. 7

Fristauslösend kann nicht allein die Kenntnis einzelner Bundestagsabgeordneter sein; vielmehr ist hierfür jedenfalls eine **weiterreichende Verbreitung** erforderlich. Aus Gründen der **Rechtssicherheit** darf diese Anforderung jedoch auch nicht überstrapaziert werden, so dass beispielsweise eine prominente Medienberichterstattung oder die Unterrichtung des Präsidiums der Körperschaften in jedem Fall den Fristlauf in Gang setzen (vertiefend *Stamm*, in: Barczak (Hrsg.), BVerfGG, 2018, § 50 Rn. 2 ff.) 8

VI. Verfahren und Entscheidung

9 Ist der Antrag dem Bundesverfassungsgericht zugeleitet worden, so kann dieses nach § 54 BVerfGG eine **Voruntersuchung** durch einen Richter des nicht entscheidenden Senats anordnen, bzw. muss dies tun, soweit der Vertreter der Anklage (ein Beauftragter der anklagenden Körperschaft, Art. 61 Abs. 1 S. 4 GG) oder der Bundespräsident dies beantragen. Die obligatorisch durchzuführende **mündliche Verhandlung** (§ 55 Abs. 1 BVerfGG) verläuft im Wesentlichen nach dem Muster eines Strafprozesses und umfasst die Verlesung der Anklage durch den Anklagevertreter (§ 55 Abs. 3 BVerfGG), die Gelegenheit der Stellungnahme des Bundespräsidenten (§ 55 Abs. 4 BVerfGG), die Beweiserhebung (§ 55 Abs. 5 BVerfGG) sowie die Schlussanträge von Anklagevertreter und Bundespräsident (§ 55 Abs. 6 S. 1 BVerfGG). Wie auch im Strafverfahren gebührt dem Bundespräsidenten als angeklagtem Verfassungsorgan das letzte Wort (§ 55 Abs. 6 S. 2 BVerfGG).

10 Weder der **Rücktritt** oder das **vorzeitige Ausscheiden** des Bundespräsidenten noch die **Auflösung** oder das **Ende der Wahlperiode des Bundestages** berühren die Einleitung und die Durchführung der Präsidentenanklage; allein der **Tod** des Bundespräsidenten rechtfertigt in Analogie zum Strafverfahren die Einstellung des Verfahren, da er sich nicht mehr gegen die ihm zur Last gelegten Vorwürfe verteidigen kann. Die antragstellende Körperschaft kann die Anklage bis zur Verkündung des Urteils jederzeit **zurücknehmen** (§ 52 Abs. 1 BVerfGG), soweit der Bundespräsident dem nicht – wohl aus Gründen der Rechtsklarheit und des Erhalts des Ansehens – widerspricht (§ 52 Abs. 3 BVerfGG).

11 Das Bundesverfassungsgericht kann bereits nach Erhebung der Anklage den Bundespräsidenten durch einstweilige Anordnung von seinem Amt **suspendieren** (Art. 61 Abs. 2 S. 2 GG, § 53 BVerfGG). Stellt das Bundesverfassungsgericht fest, dass der Bundespräsident der in der Anklageschrift bezichtigten, vorsätzlichen Verletzung **schuldig ist** (Art. 61 Abs. 2 S. 1 GG), so kann es damit auch die Feststellung verbinden, dass der Bundespräsident mit unmittelbarer Wirkung **seines Amtes verlustig** ist (Art. 61 Abs. 2 S. 1 Hs. 2 GG, § 56 Abs. 2. S. 1 BVerfGG). Die Wahl dieser Rechtsfolge steht im Ermessen des Gerichtes; ermessensleitend dürfte maßgeblich die Schwere der Rechtsverletzung sein.

Literatur: *Hamann*, Präsidialdemokratie? Bundespräsident und Bundeskanzler nach dem Grundgesetz, Recht im Amt 1959, 161; *Kühne*, Verfassungsklagen gegen Gubernativspitzen – Rechtstatsächliche und vergleichende Brauchbarkeitserwägungen, in: Häberle/Morlok/Skouris (Hrsg.), Festschrift für Dimitris Th. Tsatsos, 2003, 279ff.; *Rausch*, Der Bundespräsident, 2. Aufl. 1984; *Scholzen*, Der Begriff des Vorsatzes in Art. 61 Grundgesetz und entsprechenden landesrechtlichen Bestimmungen, 1970; *Steinbarth*, Das Institut der Präsidenten- und Ministeranklage in rechtshistorischer und rechtsvergleichender Perspektive, 2011.

§ 21 Richteranklage (Art. 98 Abs. 2, 5 GG)

I. Kontext des Verfahrens

Das den Vorläuferverfassungen des Grundgesetzes noch unbekannte Verfahren der Richteranklage ähnelt in vielerlei Hinsicht der Anklage des Bundespräsidenten, soll es doch ebenso die **Verantwortlichkeit der Richter** und die **Aufrechterhaltung der verfassungsgemäßen Ordnung** sicherstellen. Gleichwohl drängt sich die Notwendigkeit eines solchen Verfahrens nicht auf den ersten Blick auf: Um die Verfassungstreue der Richterschaft sicherzustellen stehen – anders als für den Bundespräsidenten – Mittel der gerichtsinternen Geschäftsverteilung oder des Disziplinarrechts zur Verfügung und auch zivil- wie strafrechtliche Verfahren einschließlich der Möglichkeit der Belangung wegen Rechtsbeugung (§ 339 StGB) können beschritten werden. Das Verfahren der verfassungsrechtlichen Richteranklage darf daher in seiner Reservefunktion vielmehr als **Fanal der streit- und wehrhaften Demokratie** entgegen den begangenen Verbrechen der Richterschaft im Nationalsozialismus verstanden werden. 1

II. Die Zulässigkeit der Richteranklage

Wegen der Verweisung in § 58 Abs. 1 BVerfGG weist die Richteranklage weitgehende Parallelen zur Präsidentenanklage nach §§ 49ff. BVerfGG auf. Verfahrenssubjekt der Richteranklage nach Art. 98 Abs. 2 GG können allein **Bundesrichter** sein. Art. 98 Abs. 5 GG sieht zwar vor, dass auch Landesrichter vor dem Bundesverfassungsgericht angeklagt werden können, dies indes nach einem **landesrechtlich** zu regelnden Verfahren, das über die Reichweite der Bundesrichteranklage des Grundgesetzes nicht hinausgehen darf. Bundesrichter sind Richter der nach Art. 95f. GG eingerichteten Gerichte des Bun- 2 des; ehrenamtliche Richter sind hiervon jedoch ebenso wenig erfasst wie die Richter des Bundesverfassungsgerichts, die aufgrund der Verfassungsorganstellung ihres Gerichts allein nach dem abschließenden *lex specialis* des § 105 BVerfGG aus dem Amt entfernt werden können. **Antragsberechtigt** im Verfahren ist allein der Deutsche Bundestag (in den Landesverfahren vor dem Bundesverfassungsgericht nach Art. 98 Abs. 5 GG nur die jeweiligen Landtage); anders als bei der Anklage des Bundespräsidenten bedarf es hierfür indes nur der Mehrheit nach Art. 42 Abs. 2 S. 1 GG. Die **Anklageschrift** muss das vorgeworfene Handeln oder Unterlassen bezeichnen, aufgrund dessen die Anklage erhoben wird sowie die Bestimmung des Grundgesetzes, die durch den Richter verletzt sein soll (§§ 58 Abs. 1, 49 Abs. 3 S. 1 BVerfGG). Die **Antragsfrist** ist davon abhängig, ob der zur Anklage führende Verstoß im Amt – gemeint ist innerhalb eines rechtsförmigen Verfahrens, das den richterlichen Garantien des Art. 92 GG unterfällt – oder außerhalb dessen zu verorten ist. In ersterem Fall ist der Antrag frühestens nach rechtskräftiger Beendigung des Verfahrens, dann jedoch innerhalb einer Frist von sechs Monaten zu stellen (§ 58 Abs. 2 BVerfGG). Soweit jedoch gegen den Richter bereits ein Disziplinarverfahren eröffnet wurde, ist auch die verfassungsrechtliche Richteranklage ohne weiteres Zuwarten möglich (§ 58 Abs. 2 S. 1 BVerfGG). Für außerhalb des Amtes begangene Verstöße gilt eine Zweijahresfrist (§ 58 Abs. 3 BVerfGG); im Übrigen gilt das zur Präsidentenanklage ausgeführte.

III. Der Tatbestand der Richteranklage

3 Nach Art. 98 Abs. 2 GG kann ein Bundesrichter in ein anderes Amt oder in den Ruhestand versetzt werden, wenn er im oder außerhalb des Amtes gegen die Grundsätze des Grundgesetzes oder gegen die verfassungsmäßige Ordnung eines Landes verstoßen hat. Im Hinblick auf die als einheitliches Angriffsobjekt zu verstehenden **„Grundsätze des Grundgesetzes oder […] verfassungsmäßige Ordnung eines Landes“** kann schon dem Wortlaut nach nicht jeder Verstoß gegen eine Bestimmung des Grundgesetzes zur Anklage gebracht werden, weswegen es naheliegt, den Begriff auch ähnlich der freiheitlichen demokratischen Grundordnung auszulegen.

4 Die an die Qualität des vorgeworfenen **„Verstoßes“** zu stellenden Anforderungen bewegen sich zwischen jede beliebige, bloße Miss-

achtung und der gesteigerten Intensität, wie sie für das Parteiverbotsverfahren nach Art. 21 Abs. 2 GG gefordert wird. In jedem Falle erforderlich ist hingegen die **individuelle Zurechenbarkeit** des Verstoßes.

In der Literatur wird eine **„aggressiv-kämpferische Grundhaltung"** als Tatmerkmal gefordert (vgl. etwa *Schulze-Fielitz*, in: Dreier (Hrsg.), GG, Bd. III, 3. Aufl. 2018, Art. 98 Rn. 38; *Detterbeck*, in: Sachs, Grundgesetz, 9. Aufl. 2021, Art. 98 Rn. 14; ähnlich auch *Maunz*, in: Maunz/Schmidt-Bleibtreu/Klein/Bethge, BVerfGG (Stand: 60. EL Juli 2020), § 13 Nr. 9 Rn. 1) und die Richteranklage damit teiltatbestandlich in die Nähe der Grundrechtsverwirkung gerückt. Dies dürfte indes zu weit gehen, als Richtern wohl eine höhere Verfassungstreue abzufordern ist (so auch *Waldhoff*, in: BeckOK BVerfGG (Stand: 1.1.2021), § 58 Rn. 9) **5**

IV. Die Entscheidung

Ist der Antrag zulässig und begründet und der Verstoß vorsätzlich begangen, so kann das Bundesverfassungsgericht auf **Entlassung** erkennen (Art. 98 Abs. 2 S. 2 GG); der Amtsverlust tritt *ex nunc* mit der Vekündung ein (§ 59 Abs. 2 BVerfGG). Für nicht vorsätzlich begangene Verstöße kann das Bundesverfassungsgericht auf die **Versetzung in ein anderes Amt oder in den Ruhestand** erkennen (Art. 98 Abs. 2 S. 1 GG), wobei die Entscheidung durch die für die Entlassung zuständige Stelle zu vollziehen ist (§ 59 Abs. 3 BVerfGG). Ist der Antrag unbegründet, so ist der Bundesrichter **freizusprechen**, § 59 Abs. 1 Alt. 2 BVerfGG. Soll eine andere Entscheidung als der Freispruch des Bundesrichters ergehen, ist hierfür eine **Zweidrittelmehrheit** des zuständigen zweiten Senats erforderlich, Art. 98 Abs. 2 S. 1 GG. **6**

Literatur: *Arndt,* Der Richter im demokratischen Staat, in: DRiZ 1972, 41 ff.; *Burmeister,* Die Richteranklage im Bundesstaat – Verschuldenserfordernis, Verfahrensvorgaben und landesrechtliche Gestaltungsspielräume, in: DRiZ 1998 518 ff.; *Busse*; Die Richteranklage in dem Bonner Grundgesetz, 1951; *Dahs*, Die Stellung des Richters im Bonner Grundgesetz, in: NJW 1949, 688 ff.; *Klems*, Die Richteranklage im Grundgesetz für die Bundesrepublik Deutschland, 1950; *Müller,* Zur richterlichen Unabhängigkeit, in: DÖV 1953, 304 ff.; *Strauß*, Die rechtsprechende Gewalt im Grundgesetz, in: SJZ 1949, 523 ff.; *Wassermann*, Richteranklage im Fall Orlet?, in: NJW 1995, 303 f.; *Wittreck*, Anwälte als Richter über Richter?, in: NJW 2004, 3011 ff.

6. Teil. Sonstige Verfahren

§ 22 Die Wahlprüfungsbeschwerde (Art. 41 Abs. 2 GG)

Einführende Literatur: *Glauben*, Wahlprüfung als Garantie des unverfälschten Willens des Souveräns, in: NVwZ 2017, 1419 ff.; *Lackner*, Grundlagen des Wahlprüfungsrechts nach Art. 41 GG, in: JuS 2010, 307 ff.; *Schreiber*, Das BVerfG als Wahlprüfungsgericht, in: DVBl. 2010, 609 ff.

Wichtige Entscheidungen: BVerfGE 4, 370 – *Mandatsrelevanz*; BVerfGE 40, 11 – *Wahlprüfung*; BVerfGE 44, 125 – *Öffentlichkeitsarbeit*; BVerfGE 85, 148 – *Wahlprüfungsumfang*; BVerfGE 89, 291 – *Wahlprüfungsverfahren*; BVerfGE 103, 111 – *Wahlprüfung Hessen*; BVerfGE 122, 304 – *Wahlprüfungsbeschwerde nach Bundestagsauflösung*; BVerfGE 123, 39 – *Wahlcomputer*; BVerfGE 151, 1 – *Wahlrechtsausschluss Bundestagswahl*.

I. Kontext des Verfahrens

1 Der demokratische Verfassungsstaat des Grundgesetztes basiert auf dem Grundsatz der **Volkssouveränität**, der als solcher in Art. 20 Abs. 2 S. 1 GG Einzug gehalten hat. Gleichzeitig ist die Herrschaftsausübung des Bundes streng repräsentativ ausgestaltet – Regierende und Regierte sind nicht identisch –, weswegen es der Wahlen **als legitimationsstiftende Akte** des Souveräns bedarf. Als zwingende Folge der Volkssouveränität muss sich dabei auch ergeben, dass diese Akte der Übertragung demokratisch legitimierter Herrschaftsgewalt überprüft werden können, um die **korrekte Abbildung des Willens des Souveräns** in der Zusammensetzung des Bundestages sowie die **Ordnungsgemäßheit der Wahl** sicherzustellen. Zu diesem Zwecke sieht das Grundgesetz ein Wahlprüfungsverfahren nach Art. 41 GG vor.

2 Instruktiv zum Wahlrecht im Bund vgl. nur *Morlok*, Kleines Kompendium des Wahlrechts, in: NVwZ 2012, 913 ff.; *Voßkuhle/Kaufhold*, Grundwissen – Öffentliches Recht: Die Wahlrechtsgrundsätze, in: JuS 2013, 1078 ff.

3 Das Wahlprüfungsverfahren kann sich – im Sinne eines Verfahrens zur Überprüfung der Legitimation gewählter Mitglieder – auch auf **historische Vorbilder** stützen: Während die Wahlprüfung zunächst

als reines Selbstprüfungsrecht des Parlaments ausgestaltet war (vgl. § 122 der Paulskirchenverfassung von 1849 oder Art. 27 der Bismarckschen Reichsverfassung von 1871), sah Art. 31 WRV als „*Mittelweg*“ die Einrichtung eines Wahlprüfungsgerichts vor, das aus Mitgliedern des Reichstages und des Reichsverwaltungsgerichts bestand. Die Idee der geteilten parlamentarischen wie gerichtlichen Verantwortung für die Wahlprüfung fanden schließlich auch in der grundgesetzlichen Ausgestaltung der Wahlprüfung Widerhall.

II. Die Wahlprüfung im Grundgesetz

Das Wahlprüfungsverfahren nach Art. 41 GG unterliegt einem zweistufigen Aufbau. Als Ausweis der „*Parlamentsautonomie*“ obliegt es dabei zuvorderst dem **Bundestag** selbst, die Ordnungsgemäßheit der Wahl in eigener Verantwortung nach ausschließlich rechtlichen Kriterien zu prüfen, Art. 41 Abs. 1 S. 1 GG. Die Wahlprüfung findet jedoch nicht *ex-officio* statt, sondern allein auf einen **Einspruch** hin, zu dessen Einlegung binnen zwei Monate nach dem Wahltag jeder Wahlberechtigte, jede Gruppe von Wahlberechtigten und in amtlicher Eigenschaft jeder Landeswahlleiter, der Bundeswahlleiter und der Bundestagspräsident berechtigt sind (§ 2 Abs. 2, 4 WahlPrG). Die Entscheidung über die Wahlprüfung wird sodann durch einen Wahlprüfungsausschuss des Deutschen Bundestages vorbereitet (§ 3 WahlPrG), der dem Plenum einen Vorschlag über die Gültigkeit der angefochtenen Wahl und die sich aus einer Ungültigkeit ergebenden Folgerungen vorzulegen hat (§ 11 WahlPrG). Erst dieser, den Beteiligten mit Rechtsmittelbelehrung zuzustellende Beschluss des Bundestagsplenums kann auf **zweiter Stufe** Gegenstand der vor dem Bundesverfassungsgericht anhängig zu machenden **Wahlprüfungsbeschwerde** werden. 4

Vertiefend zum Wahlprüfungsverfahren des Deutschen Bundestages vgl. *Glauben*, Wahlprüfung als Garantie des unverfälschten Willens des Souveräns, in: NVwZ 2017, 1419ff.; *Lackner*, Grundlagen des Wahlprüfungsrechts nach Art. 41 GG, in: JuS 2010, 307 (307f.).

Mit dem geschilderten Verfahren und den im Bundeswahlgesetz und der Bundeswahlordnung vorgesehenen Möglichkeiten des Einspruchs und der Beschwerde (vgl. etwa §§ 18 Abs. 4a, 26 Abs. 2 28 Abs. 2 BWahlG, § 22 BWO) sind die Rechtsbehelfe hinsichtlich der 5

Bundestagswahl abschließend geregelt; es gilt der Grundsatz der **Ausschließlichkeit der Wahlprüfung** (§ 49 BWahlG). Insbesondere unzulässig sind daher auch Verfassungsbeschwerden, die auf das konkrete Wahlverfahren gerichtet sind, das dem Wahlprüfungsverfahren unterfiele. Möglich bleibt hingegen eine gegen Normen des Wahlrechts gerichtete Rechtssatzverfassungsbeschwerde (BVerfGE 1, 208 (237f.) – *7,5%-Sperrklausel*) 82, 332 (336)). Diese Beschränkung auch des Rechts auf effektive Justizgewähr nach Art. 19 Abs. 4 GG stützt sich letztlich auf die von gerichtlichem Rechtsschutz erwartbar ausgehenden Beeinträchtigungen der Organisation und der Durchführung der Wahl, deren Integrität allein die nachträgliche Kontrolle des Wahlaktes zulassen (BVerfGK 16, 148 (149f.)); Art. 41 GG i. V. m. mit § 48 BVerfGG ist damit *lex specialis* zu Art. 19 Abs. 4 GG (BVerfGE 22, 277 (281); 34, 81 (94) – *Wahlgleichheit*).

Vertiefend zur **Ausschließlichkeit der Wahlprüfung** vgl. *Brocker*, in: BeckOK GG (Stand: 15.5.2021), Art. 41 Rn. 21; *Lackner*, Grundlagen des Wahlprüfungsrechts nach Art. 41 GG, in: JuS 2010, 307 (309f.).

III. Zulässigkeit der Wahlprüfungsbeschwerde

6 Da sich Art. 41 GG über Details des gerichtlichen Verfahrens der zweiten Stufe weitgehend ausschweigt und dies ausweislich Art. 41 Abs. 3 GG dem Bundesgesetzgeber überlassen hat, hat die **Beschwerdeberechtigung** in § 48 Abs. 1 BVerfGG abschließend eine Regelung erfahren. Beschwerdeberechtigt im Verfahren der **Mandatsverlustprüfung** sind alleine Abgeordnete, soweit ihre Mitgliedschaft im Deutschen Bundestag *„bestritten"* ist, wobei hierfür nicht die subjektive Ansicht des Beschwerdeführers, sondern ein Beschluss des Bundestages maßgeblich ist, der den nicht ordnungsgemäßen Erwerb oder Verlust des Mandates zum Gegenstand hat. Im Verfahren **der allgemeinen Wahlprüfung** unterscheidet § 48 Abs. 1 BVerfGG zwischen privilegierten und nicht privilegierten Beschwerdeberechtigten. Erstere – **Fraktionen** und ein **Quorum der Mitglieder** des Deutschen Bundestages, das mindestens einem Zehntel der gesetzlichen Mitgliederzahl entspricht – sind unabhängig davon beschwerdeberechtigt, ob sie zuvor beim Deutschen Bundestag Einspruch gegen die Wahl eingelegt haben. Letztere – einzelne **Wahlberechtigte** oder Gruppen von Wahlberechtigten – sind dies nur, soweit der von ihnen und damit personenidentisch eingelegte Einspruch durch den Bun-

destag verworfen wurde, § 48 Abs. 1 BVerfGG. Aufgrund des stark objektiv geprägten Charakters der Wahlprüfungsbeschwerde bedarf es auch im Falle der nicht privilegierten Beschwerdeberechtigten keiner subjektiven Betroffenheit oder Beschwer; über den durch den Bundestag verworfenen Einspruch bedarf es daher auch **keiner Beschwerdebefugnis**.

Tauglicher Beschwerdegegenstand ist allein die Entscheidung des Bundestags nach § 13 Abs. 1 S. 1 WahlPrG über den Wahleinspruch (§ 48 Abs. 1 BVerfGG). Folgerichtig kann die Beschwerde beim Bundesverfassungsgericht auch nur in dem Umfang anfangen, in dem sie bereits durch die Substantiierung der Prüfungsgegenstände im Einspruch vor dem Bundestag wirksam eingeleitet wurde; neue und im Einspruchverfahren noch nicht vorgebrachte Rügen sind mithin **materiell präkludiert** (BVerfGE 66, 369 (380)). 7

Schon deshalb kann dem Bundesverfassungsgericht auch **kein Recht des präventiven oder vorläufigen Eingreifens** zustehen, aufgrund dessen es etwa mittels einstweiliger Anordnung nach § 32 BVerfGG in die Wahl oder die Wahlprüfung des Bundestages (BVerfGE 63, 73 (76)). Beachtenswert zeigt sich insoweit die Entscheidung des **Sächsischen Verfassungsgerichtshofes** zur Landtagswahl 2019 (Urt. v. 16.8.2019 – 76-IV-19), in der das Gericht dieser Beschränkung und auch dem – auch im Landesrecht in § 48 SächsWahlG verankerten – Grundsatz der Ausschließlichkeit der Wahlprüfung zuwider aufgrund der Annahme einer Ausnahmesituation präventiven Rechtsschutz noch vor der Wahl gewährt hat. Vertiefend hierzu vgl. *Brade*, Präventive Wahlprüfung?, in: NVwZ 2019, 1814 ff. Zur Frage der Übertragbarkeit auf Bundesebene *Schenke*, Die Garantie eines Wahlrechtsschutzes durch Art. 19 IV GG, in: NVwZ 2020, 122 ff. 8

Die Wahlprüfungsbeschwerde bedarf nach § 23 Abs. 1 BVerfGG der Schriftform; sie ist binnen einer nicht verlängerbaren **Ausschlussfrist** (BVerfGE 58, 172 (172)) von **zwei Monaten** zu erheben und zu begründen, § 48 Abs. 1 BVerfGG. 9

IV. Begründetheit und Entscheidung

Als Folge des weitreichend objektiven Charakters der Wahlprüfungsbeschwerde und ihrer „*Anstoßfunktion*" prüft das Bundesverfassungsgericht den gegenständlichen Beschluss des Bundestages umfassend in formeller wie materieller Hinsicht sowie inzident auch das angewendete materielle Wahlrecht auf seine Vereinbarkeit mit dem Verfassungsrecht, da allein eine auf Grundlage verfassungsgemäßen 10

Wahlrechts durchgeführte Wahl Gültigkeit beanspruchen kann (BVerfGE 16, 130 (135 f.) – *Wahlkreise*; 121, 266 (295) – *Landeslisten*; 122, 304 (307) – *Wahlprüfungsbeschwerde nach Bundestagsauflösung*). Entsprechend dem breiter angelegten Prüfungsumfang kann auch der Entscheidungsausspruch variieren: Erkennt das Bundesverfassungsgericht einen Wahlfehler, so **stellt es dies fest** (vgl. etwa BVerfGE 123, 39 (40) – *Wahlcomputer*). Gleiches gilt – aufgrund des hinsichtlich des aktiven und passiven Wahlrechts gestärkten auch subjektiven Charakters des Verfahrens –, soweit Beschwerdeführer in **subjektiven Rechtspositionen** verletzt sind, unabhängig davon, ob die Verletzung eine Mandatsrelevanz hat oder nicht (BVerfGE 34, 81 (94) – *Wahlgleichheit*; BVerfGK 16, 153 (156)). Beruht der Fehler auf verfassungswidrigem Wahlrecht, so kann das Bundesverfassungsgericht auch die Nichtigkeit (vgl. BVerfGE 132, 39 (40) – *Wahlcomputer*) oder Unvereinbarkeit (BVerfGE 132, 39 (39 f.) – *Wahlcomputer*) der Norm mit dem Grundgesetz aussprechen. Abhängig davon, ob den festgestellten Wahlfehlern **Mandatsrelevanz** zukommt, sich die Fehler also auf die Zusammensetzung des Deutschen Bundestages auswirken, wird die **Fehlerfolge** zu bestimmen sein. Wirkt sich der Fehler nicht oder nur theoretisch aus, so dürfte er im Ergebnis unbeachtlich bleiben (vgl. so etwa BVerfGE 132, 39 (59) – *Wahlcomputer*). Hat der Fehler Mandatsrelevanz, so wird das Bundesverfassungsgericht nach dem **Grundsatz des geringstmöglichen Eingriffs** zunächst die **Berichtigung** des Wahlergebnisses in Erwägung ziehen, um dem Interesse am Bestandsschutz einer gewählten Volksvertretung Rechnung zu tragen (BVerfGE 121, 266 (311) – *Landeslisten*; 129, 300 (344) – *5%-Sperrklausel EuWG*). Nur wenn diese Möglichkeit ausscheidet, etwa weil der Wahlfehler bereits das Wahlverhalten der Wahlberechtigten beeinträchtigt haben könnte (BVerfGE 129, 300 (344 f. – *5%-Sperrklausel EuWG*) wird das Bundesverfassungsgericht es in Betracht ziehen, die Wahl für ungültig zu erklären, soweit auch in Abwägung mit dem Interesse an der Erhaltung des gewählten Parlaments der Fortbestand der in dieser Weise gewählten Volksvertretung unerträglich erscheint (BVerfGE 103, 111 (134). *Wahlprüfung Hessen*; 121, 266 (311 f.) – *Landeslisten*).

Literatur: *Brade*, Präventive Wahlprüfung, in: NVwZ 2019, 1814 ff.; *Ewer*, Wahlprüfung, in: Morlok/Schliesky/Wiefelspütz (Hrsg.), Handbuch Parlamentsrecht, 1. Aufl. 2016, § 8; *Glauben*, Wahlprüfung als Garantie des unverfälschten Willens des Souveräns, in: NVwZ 2017, 1419 ff.; *Hettlage*, Grundrecht ohne vorläufigen Rechtsschutz, in: NJOZ 2019, 625 ff.; *Hüfler*,

Wahlfehler und ihre materielle Würdigung, 1979; *Karpenstein*, Die Wahlprüfung und ihre verfassungsrechtlichen Grundlagen, 1962; *Koch*, Bestandsschutz für Parlamente? – Überlegungen zur Wahlfehlerfolgenlehre, in: DVBl. 2000, 1093 ff.; *Lackner*, Grundlagen des Wahlprüfungsrechts nach Art. 41 GG, in: JuS 2010, 307 ff.; *Morlok*, Kleines Kompendium des Wahlrechts, in: NVwZ 2012, 913 ff.; *Roth*, Subjektiver Wahlrechtsschutz und seine Beschränkungen durch das Wahlprüfungsverfahren, in: Pfeiffer (Hrsg.), Festgabe für Karin Graßhof, 1998, 53 ff.; *Schenke*, Die Garantie eines Wahlrechtsschutzes durch Art. 19 IV GG, in: NJW 2020, 122 ff.; *Schmidt*, Wahlprüfungsrecht als Veranschaulichungsbeispiel öffentlich-rechtlicher Grundsatzfragen, in: JuS 2001, 545 ff.; *Schreiber*, Das Bundesverfassungsgericht als Wahlprüfungsgericht, in: DVBl. 2010, 609 ff.

§ 23 Die Nichtanerkennungsbeschwerde (Art. 93 Abs. 1 Nr. 4c GG)

Einführende Literatur: *Bechler/Neidhardt*, Verfassungsgerichtlicher Rechtsschutz für Parteien vor der Bundestagswahl: Die Nichtanerkennungsbeschwerde zum BVerfG, in: NVwZ 2013, 1438 ff.; *Frau*, Nochmals zum Rechtsschutz für Kleinstparteien: Nichtanerkennungsbeschwerden bei der Bundestagswahl 2017, in: DÖV 2018, 152 ff.

I. Kontext des Verfahrens

Bei der Nichtzulassungsbeschwerde nach Art. 93 Abs. 1 Nr. 4c 1
GG, §§ 96a ff. BVerfGG handelt es sich um ein vergleichsweises neues Verfahren, das erst 2012 seinen Weg in das Grundgesetz fand (Gesetz zur Änderung des Grundgesetzes vom 11.7.2012, BGBl. I, 1478). Vor ihrer Einführung waren Vereinigungen zum Rechtsschutz gegen ihre Nichtanerkennung als Partei für die Wahl zum Bundestag durch den Bundeswahlausschuss auf das nachträgliche Wahlprüfungsverfahren nach Art. 41 GG verwiesen. Nicht zuletzt auf kritische Anmerkungen der *Organisation für Sicherheit und Zusammenarbeit in Europa* (OSZE) hin wurde bezüglich der Nichtanerkennung eine Ausnahme vom Regelfall der nachgelagerten, allgemeinen Wahlprüfung gemacht und zur Schließung einer „*Rechtsschutzlücke*" oder „*Rechtsschutzklemme*" die Herbeiführung einer in Bezug auf die Wahl **präventiven Entscheidung des Bundesverfassungsgerichts** über dahingehende Beschwerden möglich gemacht.

Zum Einfluss der OSZE auf die Grundgesetzänderung vgl. nur den Bericht der OSZE/ODIHR-Wahlbewertungsmission zur Wahl zum Deutschen Bundestag vom 27.9.2009, *http://www.osce.org/de/odihr/elections/germany/40879*, 23f. sowie BT-Drs. 17/9392, 4. Zur rechtswissenschaftlichen Kritik eines mangelnden Rechtsschutzes gegen eine Nichtanerkennung als Partei vgl. nur *Frenzel*, Das Erfordernis der Anerkennung als Partei nach § 18 BWG, in: NVwZ 2009, 1349 (1351); *Koch*, Raus aus der Rechtsschutzklemme! in: ZRP 2011, 196 (197); *Morlok/Bäcker*, Zugang verweigert: Fehler und fehlender Rechtsschutz im Wahlzulassungsverfahren, in: NVwZ 2011, 1153ff.

2 Das Verfahren erweist sich im Kanon der Beschwerden insoweit als durchaus untypisch, als das Bundesverfassungsgericht gleichermaßen erst- wie letztinstanzlich über die Nichtanerkennungsbeschwerde entscheidet und sich daher in ungewohnter Tiefe auch mit **Fragen der Tatsachenfeststellung** zu beschäftigen hat (Kritisch hierzu *Lenz/Hansel*, 3. Aufl. 2020, BVerfGG, § 96a Rn. 11).

II. Zulässigkeitsvoraussetzungen

3 **Beschwerdeberechtigt** sind ausweislich § 96a Abs. 1 BVerfGG Vereinigungen und Parteien, denen die Anerkennung als bei der Bundestagswahl wahlvorschlagsberechtigte Partei versagt wurde. Anders als die allgemeine Wahlprüfung verfolgt die Nichtanerkennungsbeschwerde damit auch nicht den Zweck einer objektiven Kontrolle, sondern die Gewährung **subjektiven Rechtsschutzes**.

4 Die Anerkennung als Partei gemäß § 18 Abs. 4 BWahlG ist zentrale Voraussetzung für die Berechtigung zur Einreichung eines Wahlvorschlages nach § 18 Abs. 1, 2 BWahlG. Vertiefend hierzu vgl. *Frenzel*, Das Erfordernis der Anerkennung als Partei nach § 18 BWG, in: NVwZ 2009, 1349ff.

5 Tauglicher **Beschwerdegegenstand** einer Nichtanerkennungsbeschwerde kann damit nur die negative Feststellung des Bundeswahlausschusses sein, dass hinsichtlich der Beschwerdeführerin die Voraussetzungen der parlamentarischen Vertretung nach § 18 Abs. 4 S. 1 Nr. 1 BWahlG nicht vorliegen oder die Vereinigung nicht als Partei im Sinne des § 18 Abs. 4 S. 1 Nr. 2 BWahlG anerkannt wird. An die in Verfahren des subjektiven Rechtsschutzes regelmäßig zu erfüllende **Beschwerdebefugnis**, also die darzulegende Möglichkeit, dass die Einreichung von Wahlvorschlägen zu Unrecht versagt wurde, dürfen schon aufgrund der kurzen **Frist** von vier Tagen nach Bekanntgabe der Entscheidung, innerhalb der die Beschwerde einzule-

gen und zu begründen ist (§ 96a Abs. 2 BVerfGG) keine allzu hohen Anforderungen gestellt werden. Gleiches muss auch für das **Begründungserfordernis** nach §§ 96a Abs. 2, 23 Abs. 1 S. 2 BVerfGG an sich gelten, da innerhalb der vorgesehenen Frist zwar die Auseinandersetzung mit der Begründung des Bundeswahlausschusses, nicht jedoch eine Substantiierung nach dem Vorbild der Verfassungsbeschwerde erwartet werden kann. Aus der Zusammenschau der Bekanntgabefrist des Bundeswahlausschusses (§ 18 Abs. 4 S. 1 BWahlG) sowie der Antragsfrist ergibt sich denknotwendig, dass die Erhebung der Nichtanerkennungsbeschwerde **nur vor der Bundestagswahl** zulässig ist. Dies entspricht dem Umstand, dass die Nichtzulassungsbeschwerde subjektiven Rechtsschutz noch vor der Wahl, nicht jedoch die von der Wahl losgelöste Feststellung der Parteieigenschaft einer Vereinigung gewährleisten soll (BVerfGE 134, 121 (123)). Nach der Wahl sind Parteien – wie vor der Einfügung der Verfahrensart – auf die allgemeine Wahlprüfung nach Art. 41 GG und die übrigen Rechtsschutzmöglichkeiten des Bundeswahlgesetzes verwiesen.

Zur Frage der **Verfassungsmäßigkeit der viertägigen Antragsfrist** vgl. vertiefend nur *Müller-Terpitz*, in: Maunz/Schmidt-Bleibtreu/Klein/Bethge, BVerfGG (Stand: 60. EL Juli 2020), § 96a Rn. 29 ff.; *Frau*, Effektiver Rechtsschutz für Kleinstparteien?, in: DÖV 2014, 421 ff.

Nach § 96a BVerfGG ist der Erlass einer **einstweiligen Anordnung** und damit die (parallele) Inanspruchnahme vorläufigen Rechtsschutzes im Verfahren der Nichtanerkennungsbeschwerde nicht statthaft. Hiergegen bestehen im Ergebnis keine Bedenken, da das Bundesverfassungsgericht zwar *de jure* **keiner Entscheidungsfrist** unterliegt, *de facto* jedoch aus Gründen des durch Art. 19 Abs. 4 GG gewährleisteten, effektiven Rechtsschutzes regelmäßig innerhalb der zwanzigtägigen Fiktion des § 18 Abs. 4a S. 2 BWahlG wird entscheiden müssen. Im Übrigen gilt auch für die Nichtzulassungsbeschwerde das Schriftformerfordernis des § 23 Abs. 1 S. 1 BVerfGG. 6

III. Begründetheit und Entscheidung

Die Nichtanerkennungsbeschwerde nach Art. 93 Abs. 1 Nr. 4c GG ist **begründet**, soweit die die Beschwerde führende Vereinigung oder Partei die **Voraussetzungen des § 18 Abs. 4 S. 1 Nr. 1 oder 2** 7

BWahlG erfüllt und daher zur Einreichung von Wahlvorschlägen berechtigt ist.

8 Die Begründetheit der Nichtanerkennungsbeschwerde kann sich damit rechtlich auf zwei Alternativen stützen: So kann sie einerseits begründet sein, weil die Beschwerdeführerin nach **§ 18 Abs. 4 S. 1 Nr. 1 BWahlG** als Partei im Deutschen Bundestag oder in einem Landtag seit der jeweils letzten Wahl auf Grund eigener Wahlvorschläge ununterbrochen mit mindestens fünf Abgeordneten **vertreten** war. Die Begründetheit kann sich andererseits jedoch auch daraus ergeben, dass eine beschwerdeführende Vereinigung nach § 18 Abs. 2 BWahlG ihre Beteiligung an der Bundestagswahl angezeigt hat und nach § 18 Abs. 4 S. 1 Nr. 2 BWahlG **als Partei anzuerkennen** war. Letztere Alternative zeigt sich als deutlich prüfungsintensiver, da das Bundesverfassungsgericht die **Einhaltung der formellen Voraussetzungen** des § 18 Abs. 2 und 3 BWahlG sowie die **Parteieigenschaft** der Vereinigung nach § 18 Abs. 4 S. 1 Nr. 2 BWahlG i. V. m. Art. 21 GG, § 2 Abs. 1 S. 1 PartG zu überprüfen hat.

9 Aufgrund der relativ kurzen Entscheidungsfrist des Bundesverfassungsgerichts von maximal zwanzig Tagen wird jedenfalls hinsichtlich der Überprüfung des Vorliegens der Voraussetzungen nach § 18 Abs. 4 S. 1 Nr. 2 BWahlG ein **reduzierter Prüfungsumfang** anzunehmen sein, der sich dem Verfahren des einstweiligen Rechtsschutzes annähert (*Klein*, in: DÖV 2013, 584 (592)). Im Verfahren ist dem Bundeswahlausschuss **Gelegenheit zur Stellungnahme** zu geben (§ 96b BVerfGG); eine **mündliche Verhandlung** ist **fakultativ** (§ 96c BVerfGG).

10 Ist die Nichtanerkennungsbeschwerde schon unzulässig, so wird das Bundesverfassungsgericht diese *verwerfen* (so etwa BVerfGE 134, 121 (121)); unbegründete Beschwerden werden hingegen *zurückgewiesen* (so auch BVerfGE 134, 131 (131)). Ist die Beschwerde zulässig und begründet, so wird das Bundesverfassungsgericht die Entscheidung des Bundeswahlausschusses aufheben und die Beschwerdeführerin als zur gegenständlichen Bundestagswahl wahlvorschlagsberechtigte Partei **unmittelbar anerkennen** (vgl. BVerfGE 134, 124 (124)). Der Entscheidung kommt formelle und materielle Rechtskraft ebenso zu, wie die Bindungswirkung nach § 31 Abs. 1 BVerfGG.

11 Die Bindungswirkung der Entscheidung im Verfahren der Nichtanerkennungsbeschwerde ist nicht unumstritten, da das Bundesverfassungsgericht hier im Wesentlichen auch über die Auslegung einfachen Rechts (§ 18 BWahlG) entscheidet und sich Fragen des Rechtsschutzes im Hinblick auf ein späteres Wahlprüfungsverfahren ergeben können. Vertiefend hierzu vgl.

Müller-Terpitz, in: Maunz/Schmidt-Bleibtreu/Klein/Bethge, BVerfGG (Stand: 60. EL Juli 2020), § 13 Nr. 3a Rn. 24ff.; *Hahlen*, in: Schreiber (Hrsg.), BWahlG, 10. Aufl. 2017, § 18 Rn. 46a.; *Bechler*, in: Barczak (Hrsg.), BVerfGG, 2018, § 96a Rn. 21.

Die Entscheidung kann aus Zeitgründen zunächst auch ohne Begründung durch reine Verkündung des Tenors bekanntgegeben werden; die Begründung ist der Beschwerdeführerin und den Bundeswahlausschuss dann jedoch gesondert nachträglich zu übermitteln (§ 96d BVerfGG). **12**

Literatur: *Bechler/Neidhardt*, Verfassungsgerichtlicher Rechtsschutz für Parteien vor der Bundestagswahl: Die Nichtanerkennungsbeschwerde zum BVerfG, in: NVwZ 2013, 1438ff.; *Frau*, Effektiver Rechtsschutz für Kleinstparteien?, in: DÖV 2014, 421ff.; *ders.*, Nochmals zum Rechtsschutz für Kleinstparteien: Nichtanerkennungsbeschwerden bei der Bundestagswahl 2017, in: DÖV 2018, 152ff.; *Glauben*, Wahlprüfung als Garantie des unverfälschten Willens des Souveräns, in: NVwZ 2017, 1419ff.; *Klein*, Rechtsschutz gegen die Nichtanerkennung als Partei bei der Bundestagswahl, in: DÖV 2013, 584ff.; *Meinel*, Chancengleichheit oder Kooperation? Der Zugang kleiner Parteien zur Bundestagswahl, in: ZParl 2010, 67ff.; *Morlok/Bäcker*, Zugang verweigert: Fehler und fehlender Rechtsschutz im Wahlzulassungsverfahren, in: NVwZ 2011, 1153ff.; *Schlaich/Korioth*, Das Bundesverfassungsgericht, 11. Aufl. 2018, Rn. 345aff.; *Schreiber*, Das Bundesverfassungsgericht als Wahlprüfungsgericht, in: DVBl. 2010, 609ff.

§ 24 Kontrolle der Einsetzung eines Untersuchungsausschusses (Art. 93 Abs. 3 GG, § 36 Abs. 2 PUAG)

Einführende Literatur: *Caspar*, Zur Einsetzung parlamentarischer Untersuchungsausschüsse: Voraussetzungen, Minderheitsbefugnisse und Folgen rechtswidriger Einsetzungsbeschlüsse, in: DVBl. 2004, 845ff.; *Schulte*, Das Recht der Untersuchungsausschüsse, in: JURA 2003, 505ff.

Wichtige Entscheidungen: BVerfGE 49, 70 – *Untersuchungsgegenstand*; BVerfGE 67, 100 – *Flick-Untersuchungsausschuss*; BVerfGE 77, 1 – *Neue Heimat*; BVerfGE 105, 197 – *Minderheitsrechte im Untersuchungsausschuss*; BVerfGE 113, 113 – *Visa-Untersuchungsausschuss*; BVerfGE 124, 78 – *Untersuchungsausschuss Geheimgefängnisse*; BVerfGE 143, 101 – *NSA-Untersuchungsausschuss.*

I. Kontext des Verfahrens

1 Das Verfahren in Fragen der Rechtswidrigkeit eines Einsetzungsbeschlusses eines parlamentarischen Untersuchungsausschusses nach § 82a BVerfGG hat erst in der jüngeren Geschichte Einzug in das Bundesverfassungsgerichtsgesetz gefunden. Seine Einfügung – ebenso wie die der §§ 13 Nr. 11a, 66a BVerfGG – war durch die **erstmalige, einfachgesetzliche Regelung des parlamentarischen Untersuchungsverfahrens** im Untersuchungsausschutzgesetz (PUAG, Gesetz v. 19.6.2001, BGBl. I, 1142) erforderlich geworden. Dieses verweist mehrfach auf Zuständigkeiten des Bundesverfassungsgerichts, ohne dass dort jedoch spezielle Verfahrensbestimmungen vorgesehen oder auf bestehende Verfahren vor dem Bundesverfassungsgericht verwiesen worden wäre. § 82a BVerfGG erstreckt daher die Bestimmungen zur konkreten Normenkontrolle (§§ 80 ff. BVerfGG) auch auf das Vorlageverfahren nach § 36 Abs. 2 PUAG.

2 Streitigkeiten nach dem Untersuchungsausschussgesetz – vorbehaltlich Art. 93 GG sowie § 13 BVerfGG) – fallen dabei **dem Grunde nach dem Bundesgerichtshof** zu. Zwar hat dieser im Rahmen der ihm zufallenden, verfahrensrechtlichen Überprüfung der Arbeit des Untersuchungsausschusses auch **inzident** die Verfassungsmäßigkeit des Einsetzungsbeschlusses des Deutschen Bundestages zu prüfen, indes machen § 36 Abs. 1, 2 PUAG unmissverständlich klar, dass damit keine Entscheidungskompetenz in verfassungsrechtlichen Fragen verbunden sein soll (BVerfGE 113, 113 (123) – *Visa-Untersuchungsausschuss*). Aus diesem Grund entzieht § 36 Abs. 2 PUAG dem Bundesgerichtshof die Entscheidung über Fragen der Verfassungsmäßigkeit des Einsetzungsbeschlusses und übertragt diese dem Bundesverfassungsgericht. § 36 Abs. 2 PUAG verpflichtet daher den Bundesgerichtshof, so dieser **von der Verfassungswidrigkeit des Einsetzungsbeschlusses überzeugt** ist, zur Vorlage und dient damit gleichsam Art. 100 Abs. 1 GG dem **Schutz der Autorität des Verfassungsorganes Bundestag** vor der Infragestellung durch die Fachgerichtsbarkeit.

3 Der Regelung geht ein längeres Vorspiel, maßgeblich um den **U-Boot-Untersuchungsausschuss**, voraus, vgl. hierzu *Meyer-Bohl*, Die Vorlagepflichtigkeit von Untersuchungsaufträgen im Wege des konkreten Normenkontrollverfahrens nach Art. 100 Abs. 1 GG, in: DVBl. 1990, 511 ff.; *Müller-Terpitz*, in: Maunz/Schmidt-Bleibtreu/Klein/Bethge, BVerfGG (Stand: 60. EL Juli 2020), § 82a Rn. 5 f.

II. Voraussetzungen der Vorlage

§ 36 Abs. 2 PUAG normiert die **Vorlagepflicht** des zuständigen Bundesgerichtshofes oder des Ermittlungsrichters des Bundesgerichtshofs, wenn dieser im Rahmen einer **anhängigen Streitigkeit** nach dem Untersuchungsausschussgesetz den Einsetzungsbeschluss für verfassungswidrig erachtet. Tauglicher **Vorlagegegenstand** nach § 36 Abs. 2 PUAG kann mithin allein der Beschluss des Bundestages nach § 1 Abs. 2 PUAG zur Einsetzung eines Untersuchungsausschusses sein. Schon aufgrund der Nähe des Verfahrens zur konkreten Normenkontrolle können bloße Zweifel an der Verfassungsmäßigkeit keine Vorlageberechtigung und -pflicht induzieren; erforderlich ist vielmehr, dass der zuständige Spruchkörper des BGH **von der Verfassungswidrigkeit überzeugt** ist. Maßgeblicher **Prüfungsmaßstab** – auch des Bundesgerichtshofs – kann dabei allein das Grundgesetz, nicht jedoch das Untersuchungsausschussgesetz selbst sein, da Letzteres allein das verfassungsrechtliche, parlamentarische Untersuchungsrecht konkretisiert (*Mager*, in: Der Staat 41 (2002), 597 (602 f.)). 4

In der Praxis relevante, verfassungsrechtliche Begrenzungen für einen Untersuchungsausschuss können dabei insbesondere die Grenzen der **Zuständigkeit des Deutschen Bundestages selbst** (BVerfGE 124, 78 (118 f.) – *Untersuchungsausschuss Geheimgefängnisse*; vgl. auch die *Korollartheorie*), die **Grundrechte** (BVerfGE 67, 100 (124) – *Flick-Untersuchungsausschuss*; 124, 78 (125) – *Untersuchungsausschuss Geheimgefängnisse*), die Gewaltenteilung und insbesondere der **Kernbereich exekutiver Eigenverantwortung** (BVerfGE 67, 100 (139) – *Flick-Untersuchungsausschuss*; 110, 199 (214) – *Aktenvorlage II*; 124, 78 (120) – *Untersuchungsausschuss Geheimgefängnisse*; 143, 101 (136 ff.) – *NSA-Untersuchungsausschuss*) oder das Wohl des Bundes oder eines deutschen Landes sein (BVerfGE 67, 100 (134 ff.) – *Flick-Untersuchungsausschuss*). 5

Zwar muss die Frage der Verfassungsmäßigkeit des Einsetzungsbeschlusses – ähnlich wie im Falle der konkreten Normenkontrolle – auch **entscheidungserheblich** sein. Da jedoch eine gültige Einsetzung unerlässliche Vorbedingung für Existenz und Tätigkeit eines Untersuchungsausschusses ist, wird man die Entscheidungserheblichkeit in fast allen denkbaren Fällen annehmen können (*Platter*, Das parlamentarische Untersuchungsverfahren vor dem Verfassungsgericht, 2004, 174). 6

III. Verfahren und Entscheidung

7 Nach § 82a Abs. 2 BVerfGG sind der Bundestag und die qualifizierte Minderheit nach Art. 44 Abs. 1 GG, auf deren Antrag die Einsetzung beruht, **obligatorisch**, die Bundesregierung, der Bundesrat, die Landesregierungen und eine qualifizierte Minderheit nach § 18 Abs. 3 PUAG sowie vom Einsetzungsbeschluss betroffenen Privatpersonen **fakultativ** zur Äußerung im Verfahren vor dem Bundesverfassungsgericht berechtigt. Nach § 82a Abs. 1 BVerfGG i. V. m. §§ 82 Abs. 2, 77 BVerfGG sind die im Verfahren der konkreten Normenkontrolle **Beitrittsberechtigten** dies auch im Verfahren in Fragen der Rechtswidrigkeit des Einsetzungsbeschlusses eines Untersuchungsausschusses.

8 Kommt das Bundesverfassungsgericht zu dem Ergebnis, dass der Einsetzungsbeschluss des Bundestages nicht mit dem Grundgesetz vereinbar ist, so erklärt es diesen nach § 82a Abs. 1 BVerfGG i. V. m. §§ 82 Abs. 1, 78 S. 1 BVerfGG für **nichtig**. Der Bundestag ist an diese Entscheidung nach § 31 Abs. 1 BVerfGG gebunden und muss den Untersuchungsausschuss auflösen oder – für den Fall, dass das Bundesverfassungsgericht den Beschluss nur für teilweise verfassungswidrig erkennt – dessen Tätigkeit nach Maßgabe der Entscheidung beschränken. Aufgrund der Gestaltung als **Zwischenverfahren** ist mit der Entscheidung des Bundesverfassungsgerichts aber noch keine Entscheidung im anhängigen Ausgangsverfahren verbunden; diese hat der zuständige Spruchkörper unter Bindung an die Entscheidung des Bundesverfassungsgerichts zu treffen.

Literatur: *Caspar*, Zur Einsetzung parlamentarischer Untersuchungsausschüsse: Voraussetzungen, Minderheitsbefugnisse und Folgen rechtswidriger Einsetzungsbeschlüsse, in: DVBl. 2004, 845 ff.; *Di Fabio*, Rechtsschutz im parlamentarischen Untersuchungsverfahren, 1988; *Gärditz*, Das Rechtsschutzsystem des Untersuchungsausschussgesetzes des Bundes, in: ZParl 2005, 854 ff.; *Glauben/Brocker*, Das Recht der parlamentarischen Untersuchungsausschüsse in Bund und Ländern, 3. Aufl. 2016; *Mager*, Das Untersuchungsausschussgesetz des Bundes – Parlamentarische Organisation von Kontrolle durch Publizität, in: Der Staat 41 (2002), 597 ff.; *Meyer-Bohl*, Die Vorlagepflichtigkeit von Untersuchungsaufträgen im Wege des konkreten Normenkontrollverfahrens nach Art. 100 Abs. 1 GG, in: DVBl. 1990, 511 ff.; *Ossenbühl*, Rechtsschutz im parlamentarischen Untersuchungsverfahren, in: Selmer et al. (Hrsg.), Gedächtnisschrift für Wolfgang Martens, 1987, 177 ff.; *Platter*, Das parlamentarische Untersuchungsverfahren vor dem Verfassungsgericht – Eine Betrachtung zum Rechtsschutz vor und nach dem Erlass des Gesetzes zur Regelung des Rechts der Untersuchungsausschüsse des Deutschen Bundestages (PUAG) und in Thüringen, 2004, *Ritsch*, Prozessuale Aspekte des Untersuchungsausschussgesetzes, in: DVBl. 2003, 1418ff.; *Schulte*, Das Recht der Untersuchungsausschüsse, in: JURA 2003, 505ff., *Wiefelspütz*, Das Untersuchungsausschussgesetz des Bundes, in: ZParl 2002, 551ff.

§ 25 Verzögerungsbeschwerde (§§ 97a ff. BVerfGG)

Einführende Literatur: *Zuck*, Rechtsschutz bei überlangen Gerichtsverfahren vor dem BVerfG, in: NVwZ 2013, 779ff.

Wichtige Entscheidungen: BVerfG (BK), Beschl. v. 3.4.2013 – 1 BvR 2256/10 – Vz 32/12, in: NJW 2013, 2341f.; BVerfG (BK), Beschl. v. 30.7.2013 – 2 BvE 2/09 Vz 2/13, in: NVwZ 2013, 1479f.; BVerfG (BK), Beschl. v. 20.8.2015 – 1 BvR 2781/13 Vz 11/14, in: NJW 2015, 3361ff.

I. Kontext des Verfahrens

Die Verzögerungsbeschwerde nach §§ 97a ff. BVerfGG ist in vielerlei Hinsicht ein besonderes Verfahren. Zum einen, weil sie sich nicht recht in die üblichen Verfahrensarten einfügen mag, zum anderen, weil sie erstmalig die Überprüfung auch eines Verfahrens vor dem Bundesverfassungsgericht im Rahmen des nationalen Rechtsschutzes möglich macht. Nach § 97b Abs. 1 BVerfGG hat das Bundesverfassungsgericht auf eine Verzögerungsbeschwerde hin die **Angemessenheit der Verfahrensdauer der vor ihm geführten Verfahren** zu überprüfen und über einen Entschädigungsanspruch des Beschwerdeführers nach § 97a BVerfGG zu entscheiden. Die Erforderlichkeit der Rechtsschutzgewährung in angemessener Zeit ist dabei nicht erst Folge der Einführung des Verfahrens im Jahre 2011, sondern ergibt sich schon aus dem **Gebot der Gewährung effektiven Rechtsschutzes** aus Art. 19 Abs. 4 GG (BVerfGE 55, 349 (369) – *Hess-Entscheidung*; 60, 253 (269) – *Anwaltsverschulden*; 93, 1 (13) – *Kruzifix*). 1

Im Kern beruhen die §§ 97a ff. BVerfGG vielmehr auf der **Rechtsprechung des Europäischen Gerichtshofs für Menschenrechte** zum Beschleunigungsgebot des Art. 6 Abs. 1 S. 1 EMRK. Spätestens seit dem Jahr 2000 sah der EGMR dieses durch das Recht auf wirksame Beschwerde nach Art. 13 EMRK dahingehend verstärkt, dass die Konventionsstaaten auch zur Schaffung eines Rechtsbehelfs gegen 2 eine überlange Verfahrensdauer verpflichtet seien (EGMR (GK), Urt. v. 26.10.2000, 30210/96, Tz. 148ff., in: NJW 2001, 2694 (2699f.) – *Kudla v. Polen*). In Folge hatte der EGMR insbesondere auch festgestellt, dass es der deutschen Rechtsordnung an einem dahingehenden Rechtsbehelf fehle und der Bundesrepublik Deutschland aufgegeben, binnen Jahresfrist einen solchen zu schaffen (EGMR, Urt. v. 2.9.2010, 46344/06, Tz. 73, in: NJW 2010, 3355 (3358) – *Rumpf v. Deutschland*). Mit der Einführung der §§ 97aff. BVerfGG für das Bundesverfassungsgericht und der §§ 198ff. GVG für die Fachgerichtsbarkeit durch das Gesetz über den Rechtsschutz bei überlangen Gerichtsverfahren und strafrechtlichen Ermittlungsverfahren vom 24.11.2011 (BGBl. I 2011, 2302) ist der Bundesgesetzgeber dieser Verpflichtung nachgekommen.

II. Zulässigkeitsvoraussetzungen

3 Bei der Verzögerungsbeschwerde handelt es sich um kein vollkommen eigenständiges, sondern um ein **akzessorisches Verfahren**; die Verzögerungsbeschwerde kann denknotwendig nur im Zusammenhang mit einem anderen anhängigen oder abgeschlossenen Verfahren vor dem Bundesverfassungsgericht erhoben werden. **Beschwerdeberechtigt** kann daher auch nur sein, wem überhaupt ein Entschädigungsanspruch nach § 97a Abs. 1 S. 1 BVerfGG zustehen kann.

4 Nach § 97a Abs. 1 S. 1 BVerfGG sind **Verfahrensbeteiligte** oder **Beteiligte des Ausgangsverfahren in einem Vorlageverfahren** anspruchsberechtigt. Erstere umfassen insbesondere Antragsteller, Antragsgegner und Beigetretene, letztere bestimmen sich nach dem zugrundeliegenden Verfahren des Instanzenzuges, das durch das verfassungsgerichtliche Verfahren verzögert wird. Auch staatliche Stellen und Verfassungsorgane können damit beschwerdeberechtigt sein, wenngleich ihr Interesse eher auf die Feststellung der überlangen Verfahrensdauer und die Beschleunigungswirkung einer Verzögerungsrüge gerichtet sein dürfte denn auf monetäre Kompensation. Weiterführend hierzu vgl. *Schmaltz*, in: Barczak (Hrsg.), BVerfGG, 2018, § 97a Rn. 13ff.

5 Wenngleich eine **Beschwerdebefugnis** nicht ausdrücklich geregelt ist, setzt der Zweck des Rechtsschutzverfahrens – die Gewährung von Individualrechtsschutz – eine den Entschädigungsanspruch begründende, subjektive Betroffenheit des Beschwerdeführers voraus (BVerfG (BK), Beschl. v. 30.7.2013 – 2 BvE 2/09 Vz 2/13, in: NVwZ 2013, 1479 (1480)). Es muss mithin zumindest die Möglichkeit beste-

hen, dass der Beschwerdeführer durch die überlange Verfahrensdauer einen Nachteil erlitten hat.

Ferner setzt die Erhebung der Verzögerungsbeschwerde die vorherige Einlegung einer **Verzögerungsrüge** voraus, § 97b Abs. 1 S. 2 BVerfGG. Diese ist letztlich Ausdruck der gleichfalls **präventiven Warnfunktion** des Verfahrens; die Notwendigkeit ihrer vorherigen Einlegung priorisiert die tatsächliche Verfahrensbeschleunigung vor der nachträglichen monetären Kompensation. Die Rüge kann frühestens nach Ablauf einer **Wartefrist** von zwölf Monaten nach Eingang des Verfahrens beim Bundesverfassungsgericht eingelegt werden. § 97b Abs. 1 S. 4 BVerfGG formuliert damit die gesetzliche, nicht widerlegbare Vermutung, dass eine **unter einjährige Verfahrensdauer niemals unangemessen** sein kann. 6

Dies ist nicht gänzlich konsequent; so hatten sowohl das Bundesverfassungsgericht als auch der EGMR zuvor starre Fristen für die Frage der Angemessenheit der Zeitdauer eines Verfahrens verworfen und immer die Bedeutung der Umstände des Einzelfalls betont (EGMR (Plenum), Urt. v. 28.6.1978, 6232/73 Tz. 99 – *König v. Deutschland*; BVerfGE 55, 349 (369) – *Hess-Entscheidung*). 7

Die Verzögerungsrüge ist schriftlich und begründet einzulegen; die Begründung muss dabei insbesondere die Umstände darlegen, die die Unangemessenheit des Verfahrens begründen sollen. Einer Verbescheidung der Rüge selbst bedarf es schon nicht, weil es sich bei dieser nicht um einen eigenen Rechtsbehelf handelt. Die Verzögerungsbeschwerde selbst ist gleichfalls **schriftlich** und mit **Begründung** (§ 97b Abs. 2 S. 2 BVerfGG) **frühestens sechs** Monate nach Einlegung der Verzögerungsrüge, spätestens jedoch drei Monate nach einer ggf. ergangenen Entscheidung oder der anderweitigen Erledigung des Verfahrens zu erheben (§ 97 Abs. 2 S. 1 BVerfGG). 8

III. Entschädigungsanspruch und Entscheidung

Auf materieller Seite stellt sich im Verfahren der Verzögerungsbeschwerde die Frage, ob dem Beschwerdeführer ein Entschädigungsanspruch nach § 97a BVerfGG zusteht. Abgesehen von der Stellung des Beschwerdeführers als Anspruchsberechtigter wird daher die **Angemessenheit der Verfahrensdauer** zur relevanten Rechtsfrage. Zu beurteilen ist im Verfahren nach § 97a BVerfGG alleine die Verfahrensdauer vor dem Bundesverfassungsgericht; überlange, (vorausge- 9 gangene) fachgerichtliche Verfahren sind nach Maßgabe der §§ 198 ff. GVG zu beurteilen. Gemessen wird die Verfahrensdauer zwischen dem Eingang des Antrags im beschwerdegegenständlichen Verfahren sowie dem Zugang bzw. der Versendung der Entscheidung beim Beschwerdeführer (BVerfGK 20, 65 (70)). Maßgeblich für die Angemessenheit der Verfahrensdauer sind die **Umstände des Einzelfalls**, wie etwa die politische und soziale Bedeutung der Sache, die Schwierigkeit und Komplexität des Falles oder die Bedeutung der Sache für den Beschwerdeführer

10 Auch wenn sich die Verpflichtung zur Gewährung zeitlich angemessenen Rechtsschutzes das Bundesverfassungsgericht nicht wesentlich anders trifft als die anderen Gerichte auch, so sind bei der Beurteilung der Angemessenheit den **Besonderheiten des Bundesverfassungsgerichts dennoch Rechnung zu tragen**. So erfordern die Verfahren – rechtlich bereits durch die Fachgerichte aufgearbeitet – oftmals eine tiefgreifende Auseinandersetzung mit verfassungsrechtlichen Fragestellungen allgemeiner Bedeutung. Zuweilen erfordert es die Stellung als *„Hüter der Verfassung"* aber auch die zeitliche Priorisierung von grundlegenden Verfahren allgemeiner Bedeutung zu Lasten anderer, evtl. schon zuvor anhängig gemachter Verfahren. Vor allem jedoch sind im Falle des Bundesverfassungsgerichts die Möglichkeiten begrenzt, etwa durch personelle Aufstockungen der Richterstellen auf lange Verfahrensdauern zu reagieren, ohne nicht die Einheitlichkeit der Rechtsprechung zu gefährden.

11 Die Entschädigung aufgrund einer unangemessenen Verfahrensdauer setzt voraus, dass dem Beschwerdeführer überhaupt ein **Nachteil** entstanden ist, für den die Verfahrensdauer **ursächlich** ist. Der Nachteil kann dabei sowohl **materieller** als auch **immaterieller** Natur sein.

12 **Materielle Nachteile** sollten nach Maßgabe der Beschlussempfehlung des Rechtsausschusses durch Entschädigung, nicht jedoch durch vollumfänglichen Schadenersatz ausgeglichen werden, weshalb etwa entgangener Gewinn nicht ersetzt werden sollte (BT-Drs. 17/7217, 28). Diese Beschränkung des Nachteilsausgleichs steht jedoch im Widerspruch zur Rechtsprechung des EGMR zu Art. 41 EMRK (EGMR, Urt. v. 31.5.2001, 23954/94 Tz. 128 – *Akdeniz u. a. v. Türkei*), weswegen auch das Bundesverfassungsgericht § 97a Abs. 1 S. 1 BVerfGG konventionsfreundlich auslegt und den Nachteilsausgleich **nach Maßgabe der §§ 249 ff. BGB** bemisst (BVerfG, Beschl. v. 20.8.2015 – 1 BvR 2781/13, in: NJW 2015, 3361 (3363)). Ein **immaterieller Nachteil** wie seelische Unbill oder Rufschädigung werden im Falle einer unangemessenen Verfahrensdauer kraft gesetzlicher Anordnung in § 97a Abs. 2 S. 1 BVerfGG widerlegbar vermutet. Ein Entschädigungsanspruch besteht nur, wenn eine Wiedergutmachung auf andere Weise (etwa durch die Feststellung der überlangen Verfahrensdauer) nicht hinreichend erscheint. Immaterielle Nachteile

werden nach § 97a Abs. 2 S. 3 BVerfGG grundsätzlich mit 1.200 Euro für jedes Jahr der Verzögerung entschädigt. Nach § 97a Abs. 2 S. 4 BVerfGG kann das Bundesverfassungsgericht hiervon jedoch in Fällen der Unbilligkeit abweichen.

Anspruchsgegner des Anspruchs aus § 97a BVerfGG ist der Bund 13
als Rechtsträger des Bundesverfassungsgerichts als Gerichtshof des Bundes (§ 1 Abs. 1 BVerfGG). Über die Beschwerde entscheidet die nach § 97c BVerfGG zu berufende **Beschwerdekammer** nach Stellungnahme des Berichterstatters des beanstandeten Verfahrens (§ 97d Abs. 1 BVerfGG) ohne mündliche Verhandlung (§ 97d Abs. 2 S. 3 BVerfGG) durch Beschluss. Dieser muss zwar grundsätzlich nicht begründet werden (§ 97d Abs. 2 S. 4 BVerfGG), indes erscheint eine **Begründung** im Sinne einer konventionsrechtsfreundlichen Auslegung vor dem Hintergrund der Art. 6 Abs. 1 S. 1 EMRK sowie der Rechtsprechung des EGMR überwiegend geboten.

Literatur: *Barczak*, Rechtsschutz bei Verzögerung verfassungsgerichtlicher Verfahren – Zugleich die Konturierung eines verfassungsrechtlichen Anspruchs auf Verzögerungsfolgenkompensation, in: AöR 138 (2013), 536 ff.; *Borm*, Überlange Verfahrensdauer im Verfassungsbeschwerdeverfahren vor dem Bundesverfassungsgericht, 2005; *Brett*, Verfahrensdauer bei Verfassungsbeschwerden im Horizont der Rechtsprechung des Europäischen Gerichtshofs für Menschenrechte zu Art. 6 Abs. 1 S. 1 EMRK, 2009; *Hummer*, Justizgewährung und Justizverweigerung in verfassungsrechtlicher Sicht, 1972; *Kirchhof*, Verfassungsrechtliche Maßstäbe für die Verfahrensdauer, in: Hailbronner/Ress/Stein (Hrsg.), Festschrift für Karl Doehring, 1989, 439 ff.; *Klein*, Straßburger Wolken am Karlsruher Himmel – Zum geänderten Verhältnis zwischen Bundesverfassungsgericht und Europäischem Gerichtshof für Menschenrechte seit 1998, in: NVwZ 2010, 221 ff.; *Zuck*, Rechtsschutz bei überlangen Gerichtsverfahren vor dem BVerfG, in: NVwZ 2012, 265 ff.; *ders.*, Die verfassungsprozessuale Verzögerungsbeschwerde, in: NVwZ 2013, 779 ff.

7. Teil. Einstweiliger Rechtsschutz

§ 26 Einstweilige Anordnung (§ 32 BVerfGG)

I. Zum Kontext des einstweiligen Rechtsschutzes im Verfassungsprozessrecht

1 Von verfassungsprozessual kaum zu überschätzender Bedeutung ist die Möglichkeit des Bundesverfassungsgerichts, mittels des Erlasses einer einstweiligen Anordnung die **Wirksamkeit und Umsetzbarkeit der nachfolgenden verfassungsgerichtlichen Entscheidung zu sichern** (BVerfGE 91, 70 (76) – *Isserstedt*). Vorläufiger Rechtsschutz ist zwar kein Unikum des Verfassungsprozessrechts; in Anbetracht der aus dem rechtsstaatlichen Effektivitätsgebot folgenden Notwendigkeit, insbesondere auch rechtzeitigen Rechtsschutz zu gewähren, sehen fast alle Prozessordnungen entsprechende Möglichkeiten vor, um den Eintritt irreversibler Folgen vor der gerichtlichen Entscheidung in der Hauptsache wo geboten zu verhindern (vgl. etwa §§ 920 ff., 935, 940 ZPO, §§ 47 Abs. 6, 80 ff., 123 VwGO). Anders als jedoch etwa in der verwaltungsgerichtlichen Anfechtungssituation (§ 80 Abs. 1 S. 1 VwGO) kommt dem verfassungsprozessrechtlichen Hauptsacheverfahren regelmäßig keine aufschiebende Wirkung zu. Will ein Antragsteller daher die trotz seines Antrages fortbestehende Rechtslage bzw. den Rechtsakt zu seinen Gunsten modifizieren, bis das Bundesverfassungsgericht – nach wohl längerer Verfahrensdauer – endgültig entscheidet, so verbleibt ihm allein die Möglichkeit des einstweiligen Rechtsschutzes.

2 Eine aufschiebende Wirkung des Einleitungsantrages sehen jedoch ausnahmsweise § 16 Abs. 1 WahlPrG für die Mandatsverlustprüfung sowie § 18 Abs. 4a S. 2 BWahlG für die Nichtanerkennungsbeschwerde von Parteien vor.

3 Auch wenn einstweilige Anordnungen in der Praxis zahlenmäßig am häufigsten an Verfassungsbeschwerdeverfahren geknüpft sein dürften (dies legt allerdings bereits der quantitative Überhang der Verfassungsbeschwerdeverfahren an sich nahe), ist der Erlass einer einstweiligen Anordnung nicht auf einzelne Verfahrensarten be-

schränkt, sondern kommt **im Hinblick auf alle Verfahrensarten** in Betracht, für die nach Art. 93 GG und § 13 BVerfGG eine Zuständigkeit des Bundesverfassungsgerichts besteht. Unabhängig von der Verfahrensart der Hauptsache handelt es sich beim einstweiligen Rechtsschutz jedoch immer um ein **Nebenverfahren** im Verfassungsrechtsstreit.

Sonderregelungen abseits des § 32 BVerfGG finden sich etwa für die Präsidenten- (§ 53 BVerfGG), die Richteranklage (§§ 58 Abs. 1, 53 BVerfGG) sowie das Verfahren nach § 105 BVerfGG (§ 105 Abs. 5 BVerfGG). 4

II. Zulässigkeitsvoraussetzungen

Die Zulässigkeit eines Antrags auf einstweilige Anordnung nach § 32 BVerfGG setzt wegen der Akzessorietät zum Hauptsacheverfahren zunächst voraus, dass dem Bundesverfassungsgericht nach Art. 93 GG, § 13 BVerfGG überhaupt die **Zuständigkeit für das zu sichernde (potentielle) Hauptsacheverfahren** zukommt (BVerfGE 3, 267 (277); 42, 103 (119f.); 108, 34 (40)). Mit dem Tatbestandsmerkmal *„Streitfall"* bezweckt § 32 Abs. 1 BVerfGG keine Begrenzung der einstweiligen Anordnung auf kontradiktorische Verfahren; das Bundesverfassungsgericht legt den Begriff weit aus und erstreckt § 32 BVerfGG auf alle Hauptsacheverfahrensarten vor dem Bundesverfassungsgericht (dahingehend etwa BVerfGE 1, 85 (85ff.); 46, 337 (338); 104, 51 (56) – *Lebenspartnerschaften*). Zulässig sind dabei **auch isolierte Anträge auf Erlass einer einstweiligen Anordnung**. Der Antrag kann insoweit nicht nur während eines laufenden Hauptsacheverfahrens gestellt werden, sondern auch bevor ein solches überhaupt anhängig wird, soweit zu einem späteren Zeitpunkt jedenfalls noch ein Hauptsacheantrag gestellt werden kann, der nicht bereits unzulässig oder offensichtlich unbegründet ist (BVerfGE 7, 367 (371) – *Volksbefragung*; 66, 39 (56) – *Nachrüstung*; 113, 113 (120) – *Visa-Untersuchungsausschuss*; 134, 135 (137); 150, 163 (166)). 5

Vorläufiger **vorbeugender Rechtsschutz**, das heißt das Ersuchen um Eilrechtsschutz noch bevor ein antizipierter Streitfall überhaupt konkret eingetreten ist, ist in aller Regel unzulässig (BVerfGE 150, 163 (167)). Ausnahmen hiervon macht das Bundesverfassungsgericht jedoch etwa in Fällen von Zustimmungsgesetzen zu völkerrechtlichen Verträgen, bei denen vorbeugender Rechtsschutz noch vor der Ausfertigung der Ratifikationsurkunde durch den Bundespräsidenten nicht ausgeschlossen ist (BVerfGE 132, 195 (232ff.) – *Eu-* 6 *ropäischer Stabilitätsmechanismus*; ausnahmsweise im Rahmen einer Entscheidungsverfassungsbeschwerde vgl. BVerfG, Beschl. v. 11.3.1999, 2 BvQ 4/99, in: NJW 1999, 2174 ff.). Von der Möglichkeit des Erlasses einer entsprechenden Anordnung wird das Bundesverfassungsgericht aus Rücksichtnahme auf und Verfassungsorgantreue zum Amt des Bundespräsidenten jedoch zumeist absehen, soweit dieser erklärt, die Ratifikationsurkunde bis zur endgültigen Entscheidung des Bundesverfassungsgerichts nicht auszufertigen (vgl. etwa BVerfGE 89, 155 (164) – *Maastricht*; 123, 267 (304) – *Lissabon*). Seine Zurückhaltung formal aufgegeben hat der Zweite Senat jedoch mit seiner jüngst ergangenen Zwischenentscheidung (sog. **„Hängebeschluss"**) zum Eigenmittelbeschluss-Ratifizierungsgesetz, mit der es dem Bundespräsidenten bis zur Entscheidung über den Antrag auf einstweilige Anordnung die Ausfertigung des Gesetzes untersagte (vgl. BVerfG, Beschl. v. 26.3.2021, 2 BvR 547/21). Ob das Bundesverfassungsgericht dem Bundespräsidenten wegen der großen internationalen Beachtung einer vorübergehenden Nichtratifikation Deutschlands die institutionelle Verantwortlichkeit ersparen wollte, oder eine informelle Absprache auf der Arbeitsebene scheiterte, wird sich abschließend nicht beurteilen lassen. Eine Abkehr vom prinzipiellen Verzicht auf eine formelle Anordnung dürfte dies jedoch kaum darstellen.

7 Für die **Antragsberechtigung** des einstweiligen Rechtsschutzes findet sich weder in § 32 BVerfGG, noch im Bundesverfassungsgerichtsgesetz allgemein eine ausdrückliche Regelung. Sie erschließt sich aber aus der Natur des einstweiligen Anordnungsverfahrens als bloßes Nebenverfahren: Nur (potentielle) Beteiligte des mittels der einstweiligen Anordnung zu sichernden Hauptsacheverfahrens – Antragsteller sowie ggf. Antragsgegner und beigetretene Beteiligte – können einen entsprechenden Einleitungsantrag stellen (BVerfGE 31, 87 (90)).

8 Ist das Hauptsacheverfahren bereits anhängig, kommt nach ständiger Rechtsprechung des Bundesverfassungsgerichts auch eine **einstweilige Anordnung von Amts wegen** in Betracht, das heißt ohne, dass es eines dahingehenden Antrages überhaupt bedürfte (BVerfGE 1, 74 (75); 1, 349; 46, 337 (338)). Dogmatisch begründet hat es diese Auffassung bislang nicht, sie scheint jedoch im Hinblick auf die Sicherungsfunktion sowie das rechtsstaatliche Effektivitätsgebot durchaus vertretbar, etwa weil allein dem Bundesverfassungsgericht die dringende Gebotenheit der Anordnung bekannt ist oder ein entsprechender Antrag im Interesse des Gemeinwohls nicht mehr abgewartet werden kann. Die bisweilen vom Bundesverfassungsgericht geäußerte Ansicht, für den Erlass einer einstweiligen Anordnung von Amts wegen müsste noch nicht einmal das Hauptsacheverfahren anhängig sein, sondern es genüge bereits, dass zu erwarten sei, dieses werde demnächst anhängig werden (BVerfGE 42, 103 (119 f.), überspannt jedoch den Bogen der Sicherungsfunktion der Anordnung und liefe im Ergebnis auf eine mit seiner Gerichtseigenschaft nicht vereinbare Selbstbefassung des Bundesverfassungsgerichts hinaus.

Ferner gilt auch für den Verfassungsprozess grundsätzlich das aus den fachgerichtlichen Eilverfahren bekannte **Verbot der Vorwegnahme der Hauptsache**. Ein Antrag, der allein auf die eilige, letztlich aber doch endgültige Entscheidung über die im Hauptsacheverfahren angegriffene Maßnahme abzielt, ist insoweit regelmäßig unzulässig (BVerfGE 11, 306 (308); 12, 276 (279); 34, 160 (162) – *Wahlsendung NPD*; 147, 39 (47)). Von diesem im Allgemeinen wenig konturierten Verbot lässt das Bundesverfassungsgericht mehrere Ausnahmen zu. So sieht es sich zur Vorwegnahme der Hauptsache veranlasst, wenn die Entscheidung in der *Hauptsache „möglicherweise zu spät käme und dem Antragsteller in anderer Weise ausreichender Rechtsschutz nicht gewährt werden könnte“* (BVerfGE 147, 39 (47); 151, 152 (160)) oder ihm andernfalls ein *„schwerer, nicht wieder gutzumachender Nachteil entstünde“* (BVerfGE 147, 39 (48)). 9

Über den tatsächlichen Inhalt der Entscheidung sagt die Formel des Verbots der Vorwegnahme der Hauptsache ohnehin wenig aus. In der Praxis erlässt das – an den konkreten Antrag nicht gebundene – Bundesverfassungsgericht nach (bisweilen verdeckter) summarischer Prüfung der Hauptsache nicht selten eine einstweilige Anordnung, die im Ergebnis **mit der späteren Hauptsacheentscheidung übereinstimmt** (vgl. hierzu *Berkemann*, in: JZ 1993, 161 (167)). An der regelmäßigen Unzulässigkeit eines dahingehenden Antrages ändert dies nichts. 10

Der **Subsidiaritätsgrundsatz** entfaltet auch im Eilverfahren seine Wirkung. Der Erlass einer einstweiligen Anordnung kommt daher nur in Betracht, wenn der Antragsteller die bestehenden Möglichkeiten **fachgerichtlichen Eilrechtsschutzes ausgeschöpft** hat (BVerfG(K), Beschl. v. 24.3.2014, 1 BvQ 9/14, in: NVwZ 2014, 882 (883); Beschl. v. 30.8.2020, 1 BvQ 94/20, in: NVwZ 2020, 1508 (1509)). 11

Ausnahmsweise entbehrlich ist dies nur, wenn dem Antragsteller ein weiteres Abwarten auch nach § 90 Abs. 2 S. 2 Alt. 2 BVerfGG nicht zumutbar wäre, weil ihm schwere und unabwendbare Nachteile entstünden (BVerfG(K), Beschl. v. 23.10.2020, 1 BvQ 120/20, BeckRS 2020, 30113). 12

Grundsätzlich ist das Verfahren der einstweiligen Anordnung nach § 32 BVerfGG ferner auch **subsidiär zum fachgerichtlichen Hauptsacheverfahren** (BVerfG(K), Beschl. v. 19.12.2003, 2 BvQ 68/03, BeckRS 2012, 56282). Ist die in der Hauptsache zu erhebende Verfassungsbeschwerde mangels Erschöpfung des fachgerichtlichen Hauptsacheverfahrens unzulässig, so gilt dies auch für das akzessorische 13

Nebenverfahren der einstweiligen Anordnung. Weil verfassungsgerichtlicher Eilrechtsschutz bei strikter Beachtung dieses Grundsatzes jedoch praktisch leerliefe, ist das vorherige Durchlaufen des fachgerichtlichen Hauptsacheverfahrens jedoch **im Ausnahmefall verzichtbar**, insbesondere wenn der Antragsteller gerade die Versagung einstweiligen Rechtsschutzes rügt (BVerfGE 59, 63 (84) – *Eurocontrol II*), das Hauptsacheverfahren keine hinreichende Möglichkeit bietet, der Rechtsverletzung abzuhelfen (BVerfGE 79, 275 (279); 104, 65 (71) – *Schuldnerspiegel*) oder das Beschreiten des Rechtswegs in der Hauptsache dem Antragsteller nicht zumutbar ist (BVerfGE 86, 46 (49)).

14 Die **Ordnungsgemäßheit und Begründung** des Antrages richten sich nach § 23 BVerfGG. Auch der Antrag auf Erlass einer einstweiligen Anordnung ist schriftlich (§ 23 Abs. 1 S. 1 BVerfGG) beim Bundesverfassungsgericht einzureichen und hat den Darlegungs- und Substantiierungserfordernissen zu genügen (§ 23 Abs. 1 S. 2 BVerfGG, ggf. i. V. m. § 92 BVerfGG). Insbesondere hat der Antragsteller zur Zulässigkeit sowie zu den einzelnen Stufen der Begründetheitsprüfung (sogleich unter III.) vorzutragen. Ausnahmen erscheinen lediglich in extremen Eilfällen vorstellbar (BVerfG(K), Beschl. v. 1.6.2017, 2 BvR 1226/17, BeckRS 2017, 112184). Eine gesonderte **Frist** für den Antrag nach § 32 BVerfGG existiert nicht; er ist jedoch kraft Akzessorietät unzulässig, wenn die Frist zur Antragstellung im Hauptsachverfahren bereits verstrichen ist (BVerfGE 71, 299 (304 f.)).

III. Begründetheitsprüfung

15 Nach § 32 Abs. 1 BVerfGG erlässt das Bundesverfassungsgericht eine einstweilige Anordnung, wenn dies zur Abwehr schwerer Nachteile, zur Verhinderung drohender Gewalt oder aus einem anderen wichtigen Grund zum gemeinen Wohl dringend geboten ist. Der Wortlaut der Norm erfordert insoweit das Vorliegen einer der drei Tatbestandsalternativen sowie zusätzlich die dringende Gebotenheit der Anordnung zum gemeinen Wohle. In der Spruchpraxis des Bundesverfassungsgerichts lässt sich diese differenzierte Systematik gleichwohl kaum wiederfinden. Die Prüfung der Begründetheit einer einstweiligen Anordnung nach § 32 BVerfGG gehört zu den verfassungsprozessrechtlich umstrittensten Fragen, gerade weil das Bundesverfassungsgericht bisweilen dazu tendiert, das Prüfprogramm in den prozessualen Dienst des Einzelfalls zu stellen und gegenfügig

auch zu durchbrechen und deshalb kaum klar erkennbare Linien hervortreten. Beim nichtsdestotrotz erforderlichen Versuch der Systematisierung lässt sich noch am Ehesten ein **dreifach gestuftes Prüfprogramm** erkennen.

1. Gestuftes Prüfprogramm

a. Erste Stufe: Summarische Prüfung der Erfolgsaussichten der Hauptsache. Aller formelhaften Beteuerungen des Bundesverfassungsgerichts, im Rahmen der einstweiligen Anordnungen haben „*die Gründe, die für die Verfassungswidrigkeit des angegriffenen Hoheitsaktes vorgetragen werden, grundsätzlich außer Betracht zu bleiben*" (BVerfGE 117, 126 (135) – *Hufbeschlaggesetz*; 121, 1 (15) – *Vorratsdatenspeicherung*; 132, 195 (232) – *Europäischer Stabilitätsmechanismus*) zum Trotz hat sich eine **summarische Prüfung der Erfolgsaussichten der Hauptsache** zum festen Bestandteil des Prüfprogramms der Begründetheit entwickelt. Sie wird nunmehr nicht nur in Fällen, in denen der Erlass der einstweiligen Anordnung ausnahmsweise die Hauptsache vorwegnähme, herangezogen, sondern dient im Allgemeinen als Vorstufe der Begründetheitsprüfung. So wie die Unzulässigkeit des Hauptsacheantrags zur Unzulässigkeit des Antrags auf Erlass einer einstweiligen Anordnung führt, führt seine **offensichtliche Unbegründetheit** regelmäßig auch zur Unbegründetheit des Eilantrags (vgl. etwa BVerfGE 130, 367 (369ff.); 104, 23 (28); 117, 126 (135) – *Hufbeschlaggesetz*). 16

Für die Beurteilung der **Offensichtlichkeit** scheint das Bundesverfassungsgericht auf seine Rechtsprechung zur *a limine-Abweisung* (§ 24 BVerfGG) zu rekurrieren (vgl. etwa BVerfGE 89, 334 (345)); allein auf eine prima facie erkennbare Offenkundigkeit scheint es nicht abzustellen (vgl. BVerfGE 122, 374 (385ff.)). 17

Von besonderer Relevanz zeigt sich die vorgelagerte summarische Prüfung der Hauptsache in Fällen von **Versammlungsverboten**, in denen der einstweilige Rechtsschutz wegen des drohenden Zeitablaufs in der Praxis zumeist die Rolle des Hauptsacheverfahrens übernimmt. Das Bundesverfassungsgericht macht gerade hier daher zu Recht von der summarischen Prüfung der materiellen Vereinbarkeit des Verbots mit Art. 8 Abs. 1 GG Gebrauch (vgl. etwa BVerfG, Beschl. v. 14.7.2000, 1 BvR 1245/00, in: NJW 2000, 3051 (3052)). Ausnahmsweise hiervon ab sieht es nur dann, wenn das Verfahren Anlass zu schwierigen Rechtsfragen gibt, die im Rahmen des einst- 18 weiligen Anordnungsverfahrens nicht beantwortet werden können (BVerfGK 2, 1 (5); 6, 101 (102)). Eine summarische Prüfung der Erfolgsaussichten der Hauptsache kann auch dann geboten sein, wenn der Antrag ein **Zustimmungsgesetz zu einem völkerrechtlichen Vertrag** zum Gegenstand hat und insbesondere dann, wenn die berechtigte Besorgnis einer Verletzung des Art. 79 Abs. 3 GG eine einstweilige Anordnung zum Schutz der Verfassungsidentität erforderlich macht (BVerfGE 132, 195 (233) – *Europäischer Stabiltitäsmechanismus*).

19 **b. Zweite Stufe: Folgenabwägung.** Scheitert die Begründetheit eines Eilantrages nicht bereits an der offensichtlichen Unbegründetheit eines entsprechenden Hauptsacheantrages oder ist der Ausgang des Hauptsacheverfahrens ungewiss, so löst sich die Prüfung auf zweiter Stufe vom materiellen Recht und erfolgt als **Folgenabwägung nach der Doppelhypothese**. Das Bundesverfassungsgericht wägt dabei die Nachteile, die einträten, würde die einstweilige Anordnung nicht ergehen, das Hauptsacheverfahren jedoch Erfolg haben mit denjenigen Nachteilen gegeneinander ab, die entstünden, wenn die einstweilige Anordnung erlassen würde, das Hauptsacheverfahren aber erfolglos bliebe (BVerfGE 131, 47 (55); 132, 195 (232f.) – *Europäischer Stabilitätsmechanismus*; 140, 99 (106) – *Zensusgesetz 2011*). Dabei berücksichtigt das Bundesverfassungsgericht nicht allein die Interessen des Antragstellers, sondern alle in Frage kommenden Belange und widerstreitenden Interessen (BVerfGE 12, 176 (280); 94, 166 (217) – *Flughafenverfahren*). Für diese Folgenabwägung legt das Bundesverfassungsgericht ob der durch eine bundesverfassungsgerichtliche Anordnung ausgelösten Folgen schon regelmäßig einen **strengen Prüfungsmaßstab** an (BVerfGE 55, 1 (3); 131, 47 (55); 132, 195 (232) – *Europäischer Stabilitätsmechanismus*). Soweit der Antrag die vorläufige Außerkraftsetzung eines Gesetzes zum Gegenstand hat, verdichtet es diesen nochmals zu einem *„besonders strengen Maßstab“* aus (BVerfGE 3, 41 (44) – *Amtszeitverkürzung*; 122, 63 (85); 140, 211 (219f.)). Im Falle völkerrechtlicher und außenpolitischer Implikationen greifen weitere Verschärfungen des Prüfungsmaßstabes (BVerfGE 83, 162 (171f.) – *Einigungsvertrag*; 129, 284 (298); 132, 195 (232) – *Europäischer Stabilitätsmechanismus*).

20 Bei seiner Abwägung bezieht das Bundesverfassungsgericht üblicherweise die Schwere der Beeinträchtigungen für das als verletzt behauptete Recht und die Wahrscheinlichkeit deren Eintritts mit ein. **Geringfügige Nachteile** und

solche, die bei Unterlassen einer einstweiligen Anordnung **nachträglich wieder beseitigt oder kompensiert** werden können, hat der Antragsteller in aller Regel hinzunehmen (BVerfGE 108, 45 (50)). Sind die sich bei der Doppelhypothesenbetrachtung gegenüberstehenden Nachteile **gleichwertig**, so sieht das Bundesverfassungsgericht zumindest im Falle der Außervollzugsetzung von Gesetzen wegen der gebotenen Zurückhaltung gegenüber der Gestaltungsfreiheit des Gesetzgebers davon ab, eine einstweilige Anordnung zu erlassen (BVerfGE 104, 51 (60) – *Lebenspartnerschaften*; 108, 45 (51); 140, 99 (107) – *Zensusgesetz 2011*).

c. Ggf. dritte Stufe: Bloße Vertretbarkeitskontrolle. Ist dem Bundesverfassungsgericht aufgrund **eklatanter Zeitnot** – zumeist handelt es sich hierbei um kurzfristig gestellte Anträge, die Versammlungen betreffen – eine verantwortbare Folgenabwägung ausnahmsweise nicht möglich, so bedient es sich einer bloßen Vertretbarkeitskontrolle daraufhin, ob der angegriffene Akt der öffentlichen Gewalt die einschlägigen Grundsätze des Verfassungsrechts verkannt hat (vgl. etwa BVerfG(K), Beschl. v. 11.9.2015, 1 BvR 2211/15, BeckRS 2015, 52396 Rn. 6). Ist selbst dies dem Bundesverfassungsgericht nicht mehr möglich, so beschränkt es sich auf die Feststellung, sich mangels der Möglichkeit der Kenntnis der maßgeblichen Umstände zu einer abweichenden Beurteilung außer Stande zu sehen (BVerfGE 56, 244 (246, 72, 299 (301) – *Wackersdorf*; 83, 158 (161)). 21

2. Dringlichkeit der Anordnung

Grundsätzlich sieht § 32 Abs. 1 BVerfGG zwar die Dringlichkeit der einstweiligen Anordnung als erforderliches Tatbestandsmerkmal für ihren Erlass vor, eine gesonderte Prüfung lässt sich in der einschlägigen Spruchpraxis jedoch kaum finden. Das Bundesverfassungsgericht scheint dabei der Ansicht anzuhängen, dass **gewichtige Nachteile in aller Regel bereits die Dringlichkeit der Anordnung indizieren** und verortet Fragen der Dringlichkeit daher regelmäßig auch als solche des Vorliegens eines hinreichenden Nachteils. An der erforderlichen Dringlichkeit mangelt es Anträgen regelmäßig jedenfalls, wenn das Bundesverfassungsgericht „sich darauf verständigt", über die **Hauptsache so rechtzeitig zu entscheiden**, dass die Nachteile vermieden werden oder jedenfalls rückgängig gemacht werden können (BVerfGE 104, 23 (28); 108, 34 (41) – *Bewaffnete Bundeswehreinsätze*). Gleiches gilt, wenn die Verfahrensbeteiligten des Hauptsacheverfahrens bis zur abschließenden Entscheidung **zum** 22

Stillhalten bereit sind (BVerfGE 89, 155 (164f.) – *Maastricht*; 123, 267 (304) – *Lissabon*).

IV. Entscheidung, Entscheidungsinhalt & Entscheidungswirkungen

23 Anders als dies die Formulierung des § 32 Abs. 1 BVerfGG auf den ersten Blick nahelegt, steht der Erlass einer einstweiligen Anordnung **nicht im freien Ermessen** des Bundesverfassungsgerichts. Liegen die Voraussetzungen – die Zulässigkeit und Begründetheit des Antrags – vor, so ist das Bundesverfassungsgericht zum Erlass der einstweiligen Anordnung verpflichtet. Die Entscheidung im einstweiligen Anordnungsverfahren kann nach § 32 Abs. 2 S. 1 BVerfGG **ohne mündliche Verhandlung** ergehen. Das Gericht hat den Beteiligten sowie den Beitritts- und Äußerungsberechtigten jedoch grundsätzlich die Möglichkeit einzuräumen, zu dem Antrag Stellung zu nehmen. In Fällen besonderer Dringlichkeit kann hiervon nach § 32 Abs. 2 S. 2 BVerfGG ausnahmsweise abgesehen werden. Entscheidungen über einstweilige Anordnungen nach § 32 BVerfGG trifft *„das Bundesverfassungsgericht"*. Die **Spruchkörperzuständigkeit** bestimmt sich akzessorisch zur Hauptsache; der verfassungsprozessrechtliche Regelfall ist – wie für das Hauptsacheverfahren auch – die Entscheidung des zuständigen Senates.

24 Ist in der Hauptsache eine Verfassungsbeschwerde statthaft, so entscheidet nach § 93 Abs. 2 S. 1 BVerfGG die zuständige **Kammer** auch über den Antrag auf einstweilige Anordnung. Wird mit dem Antrag auf jedoch die **vollständige oder teilweise Aussetzung der Anwendung eines Gesetzes** begehrt, so entscheidet auch in Verfassungsbeschwerdeverfahren der zuständige Senat (§ 93 Abs. 2 S. 2 BVerfGG). In Fällen besonderer Dringlichkeit und gleichzeitiger Beschlussunfähigkeit des Senats sieht § 32 Abs. 7 BVerfGG die Möglichkeit vor, einen aus mindestens drei seiner Mitglieder zusammengesetzten **Notsenat** entscheiden zu lassen.

25 Unzulässige und unbegründete Anträge auf Erlass einer einstweiligen Anordnung werden ***„abgelehnt"*** (vgl. etwa BVerfGE 112, 321 (322); 132, 287 (287); 149, 374 (375)); die Tenorierung zeigt sich insoweit wenig differenziert. Für unzulässige und offenkundig unbegründete Anträge besteht ferner die Möglichkeit der **Verwerfung** nach § 24 S. 1 BVerfGG (a limine-Abweisung). Eine Entscheidung über den Antrag ist jedoch überhaupt nur dann erforderlich, wenn sich

dieser nicht **aus anderen Gründen erledigt** hat, etwa wegen der Nichtannahme der in der Hauptsache anhängigen Verfassungsbeschwerde. Der potentielle **Entscheidungsinhalt** einer einstweiligen Anordnung beugt sich keiner Systematik, sondern ist von der Verfahrensart der Hauptsache ebenso abhängig wie vom jeweiligen Einzelfall. Anders als dies für das „*Ob*" der einstweiligen Anordnung zutrifft, steht der Inhalt der einstweiligen Anordnung im Ermessen des Bundesverfassungsgerichts. So kann es mittels einstweiliger Anordnung etwa ein Handeln, Dulden oder Unterlassen auferlegen, gerichtliche und behördliche Entscheidungen aufheben, Gesetze vorläufig außer Kraft setzen oder ihre Anwendung nur nach vom Bundesverfassungsgericht festgesetzten Maßgaben zulassen.

Aufgrund des Nebenverfahrenscharakters nimmt die einstweilige 26
Anordnung im Wesentlichen auch an den **Entscheidungswirkungen** des jeweiligen Hauptsacheverfahrens Teil; ihr kommt formelle und materielle Rechtskraft ebenso zu, wie Bindungswirkung nach § 31 Abs. 1 BVerfGG. Trotz des bisweilen summarischen Charakters der verfassungsrechtlichen Prüfung haben die Fachgerichte die verfassungsgerichtliche Eilentscheidung daher auch über den konkreten Einzelfall hinaus zu beachten (BVerfGK 7, 229 (237)). Wird durch die einstweilige Anordnung ein Gesetz vorübergehend außer Kraft gesetzt, so hat diese Entscheidung auch Gesetzeskraft (§ 31 Abs. 2 BVerfGG). Die einstweilige Anordnung tritt nach einer zeitlich auf **sechs Monate befristeten Geltungsdauer** außer Kraft (§ 32 Abs. 6 S. 1 BVerfGG). Bestehen die gesetzlichen Voraussetzungen für den erstmaligen Erlass weiter fort, so kann die Anordnung durch eine mit Zwei-Drittel-Mehrheit gefasste Entscheidung jedoch beliebig oft wiederholt werden (§ 32 Abs. 6. 2 BVerfGG); einstweilige Anordnungen von Kammern bedürfen wie Kammerentscheidungen im Allgemeinen der Einstimmigkeit (§ 93d Abs. 3 S. 1 BVerfGG). Die Gültigkeit von einstweiligen Anordnungen eines „Notsenats" ist – ohne eine Bestätigung durch den Senat – nach § 32 Abs. 7 S. 2 BVerfGG auf einen Monat beschränkt. Die Entscheidung über einen Antrag auf einstweilige Anordnung ist grundsätzlich stets zu **begründen** (§ 30 Abs. 1 S. 2 BVerfGG). Die Begründung kann aber ausnahmsweise entfallen, wenn der Antrag wegen der – nicht begründungspflichtigen – Nichtannahme der Verfassungsbeschwerde in der Hauptsache gegenstandslos wird. In besonders dringlichen Fällen besteht nach § 32 Abs. 5 BVerfGG die Möglichkeit der nachträglichen, gesonderten Übermittlung der Begründung.

27 Gegen eine durch Beschluss erlassene oder abgelehnte (nicht jedoch eine nach § 24 BVerfGG verworfene), einstweilige Anordnung des Bundesverfassungsgerichts eröffnet § 32 Abs. 3 BVerfGG die Möglichkeit des **Widerspruchs**; andere nationale Rechtsbehelfe bestehen nicht. Wer Widerspruch einlegen kann, lässt sich nicht direkt § 32 Abs. 3 BVerfGG entnehmen, sondern richtet sich akzessorisch nach dem (potentiellen) Hauptsacheverfahren. Widerspruchsberechtigt ist demnach nur, wer im zugehörigen Hauptsacheverfahren auch die Stellung als Beteiligter besitzen kann (BVerfGE 31, 87 (90)). Größere quantitative Relevanz büßt das Widerspruchsverfahren schon durch den Ausschluss der Verfassungsbeschwerdeführer als Widerspruchsberechtigte ein (§ 32 Abs. 3 S. 2 BVerfGG). Über den Widerspruch entscheidet der zuständige Senat nach mündlicher Verhandlung, soweit er ihn nicht nach § 24 BVerfGG verwirft.

Literatur: *Bäcker*, Die einstweilige Anordnung im Verfassungsprozessrecht, in: JuS 2013, 119 ff.; *Berkemann*, Das „verdeckte“ summarische Verfahren der einstweiligen Anordnung des BVerfG, in: JZ 1993, 161 ff.; *Erichsen*, Die einstweilige Anordnung, in: Starck (Hrsg.), Festgabe 25 Jahre Bundesverfassungsgericht, Bd. I, 1976, 170 ff.; *Granderath*, Die einstweilige Anordnung im Verfahren vor dem BVerfG, in: NJW 1971, 542 ff.; *Hillgruber*, Verfassungsprozessuale Besonderheiten bei der Entscheidung über die Anträge auf Erlass einer einstweiligen Anordnung zur Verhinderung der Ratifikation des ESM-Vertrages, in: JA 2013, 76 ff.; *Karpen*, Der einstweilige Rechtsschutz im Verfassungsprozeß, in: JuS 1984, 455 ff. *Klein*, Die einstweilige Anordnung im verfassungsgerichtlichen Verfahren, in: JZ 1966, 461 ff.; *Niesler*, Die einstweilige Anordnung nach § 32 BVerfGG in der Fallbearbeitung, in: JURA 2007, 362 ff.; *Schoch/Wahl*, Die einstweilige Anordnung des Bundesverfassungsgerichts in außenpolitischen Angelegenheiten, in: Klein (Hrsg.), Festschrift für Ernst Benda, 1995, 265 ff.; *Schoch*, Einstweilige Anordnung, in: Badura/Dreier (Hrsg.), Festschrift 50 Jahre Bundesverfassungsgericht, Bd. I, 2001, 695 ff.; *ders.*, Vorläufiger Rechtsschutz durch das Bundesverfassungsgericht, in: Ehlers/Schoch (Hrsg.), Rechtsschutz im Öffentlichen Recht, 2009, § 19.

Stichwortverzeichnis

Die fetten Ziffern verweisen auf die Paragraphen, die mageren Ziffern auf die Randnummern.